Detlef Lehnert (Hg.)

Revolution 1918/19 in Preussen

HISTORISCHE DEMOKRATIEFORSCHUNG
Schriften der Hugo-Preuß-Stiftung und der Paul-Löbe-Stiftung
Band 15

Herausgegeben von Detlef Lehnert

Wissenschaftlicher Beirat:

Peter Brandt, Dian Schefold, Peter Steinbach

Detlef Lehnert (Hg.)

Revolution 1918/19 in Preußen

Großstadtwege in die Demokratiegründung

Ⓜ METROPOL

Umschlagabbildung:
Novemberrevolution 1918. Massendemonstration in Berlin, Unter den Linden,
anlässlich der Ausrufung der Republik. (Rechts im Bild die Neue Wache),
9. November 1918
BArch, Bild 183-R72522

ISBN: 978-3-86331-464-4
ISBN: 978-3-86331-914-4 (E-Book)

© 2019 Metropol Verlag
Ansbacher Str. 70, 10777 Berlin
www.metropol-verlag.de
Druck: buchdruckerei.de, Berlin

Inhalt

DETLEF LEHNERT

Eine sozialdemokratische Revolution 1918/19 in den Großstädten von Preußen-Deutschland

Reinhard Rürup (1934–2018) gewidmet

Kaum eine geschichtspolitische These konnte etwaige Jubiläums-Stimmung zu nunmehr 100 Jahren Novemberrevolution 1918[1] dermaßen vertreiben wie diejenige des liberalen Publizisten Sebastian Haffner, die er 50 Jahre zuvor erstmals verbreitet hatte: „Die deutsche Revolution von 1918 war eine sozialdemokratische Revolution, die von den sozialdemokratischen Führern niedergeschlagen wurde."[2] Das Paradoxon in dieser effektvollen Formulierung löst sich auf, wenn sie von ihrer doppelten Entdifferenzierung befreit wird: In der *ersten* Phase von den Novemberereignissen 1918 bis zur freien und gleichen Wahl einer Nationalversammlung (künftig: NV) am 19. Januar und der Preußischen Landesversammlung am 26. Januar 1919 fand durchaus eine sozialdemokratische Revolution statt. Die breite Partizipationsbasis der NV-Wahl, dass erstmals die mindestens 20 Jahre alten Frauen und Männer teilnehmen konnten, würdigte der englische Historiker Adam Tooze jüngst so: „Es handelte sich um das bei weitem eindrucksvollste demokratische Schauspiel in der ganzen westlichen Welt in der unmittelbaren Nachkriegszeit."[3] Den zutreffenden Teil der Haffner-These können gerade auch die Einzelbeiträge in diesem Band mit den erforderlichen

---

1   Als eine aktuelle Textsammlung zu Themenbereichen dieses Bandes: Reinhard Rürup, Revolution und Demokratiegründung in Deutschland 1918/19, Hg. Peter Brandt/Detlef Lehnert, Göttingen 2019.

2   Sebastian Haffner, Die deutsche Revolution 1918/19, Reinbek 2004, S. 10 (dem Nachwort S. 246 gemäß nicht verändert gegenüber der Erstausgabe, die wie dort S. 4 erwähnt als Bern 1969 unter dem polemischen Titel „Die verratene Revolution" erschienen war). Eine geschichtspolitisch dann auch so gemeinte Neuauflage von Haffners ursprünglichem Titel ist der Text von Klaus Gietinger, November 1918. Der verpasste Frühling des 20. Jahrhunderts, Hamburg 2018.

3   Adam Tooze, Sintflut. Die Neuordnung der Welt 1916–1931, München 2015, S. 299 (Schauspiel nicht im Sinne von bloßer Inszenierung gemeint, sondern von durchaus substanziellem In-Szene-Setzen).

Differenzierungen in den Geschehnissen und Auseinandersetzungen jeweils konkret vor Ort bestätigen. Die Akteure dieser vorwiegend friedlichen Revolution beschlossen selbst durch gewählte Delegierte der Arbeiter- und Soldatenräte (künftig: AuSR) auf einem Reichskongress in Berlin kurz nach Mitte Dezember 1918 die Januarwahlen. Diese Entscheidung erfolgte mit überwältigender Mehrheit von recht nahe an 90 % der Sozialdemokraten beider Parteien, der SPD wie auch der gemäßigten Kräfte in der USPD, soweit dort wesentlich die Kriegsgegnerschaft der Trennungsgrund war – und nicht eine Orientierung am Vorbild der russischen Oktoberrevolution 1917.

Beide erwähnten Wahlgänge im Januar 1919 ergaben nicht die erhoffte sozialdemokratische Mehrheit für die weitere gesellschaftliche Fundierung der Revolution, obwohl die Umwälzungen in Stimmenpotenzialen entgegen verbreiteten Kontinuitätsthesen durchaus revolutionär waren, vor allem bei der nun von konservativ-ostelbischer Bevormundung befreiten Landarbeiterschaft: Im Großwahlkreis Ostpreußen war dieser politische Erdrutsch mit nun 51,1 % SPD/ USPD gegenüber 14,8 % für die SPD 1912 – also 36,3 % Zuwachs – am spektakulärsten.[4] Wenn der Hauptgrund für das Verfehlen der absoluten Mehrheit der Stimmen und Mandate (bei Proportionalwahlrecht ohne Sperrklausel fast identisch) benannt werden soll, war es die revolutionstragende Klassenlinien überlagernde konfessionelle Trennlinie; diese wurde von weit überproportionaler Stimmabgabe der nun erstmals wahlberechtigten Frauen zugunsten der katholischen Zentrumspartei noch weiter befestigt. Für Köln, die zweitgrößte preußische und (ohne den Stadtstaat Hamburg) deutsche Stadt, liegt eine Sonderauszählung für die NV-Wahl 1919 vor, die solches drastisch belegt: Bei den Männern lag die SPD nun mit 46,1 % zu 32,2 % des Zentrums ebenso weit voran, wie unter den Frauen die Zentrumspartei mit 47,6 % gegen 32,9 % der SPD dominierte. Das war nicht vornehmlich situativ bedingt durch eine seitens des Kultusvolksbeauftragten Adolph Hoffmann (USPD) kurzzeitig forcierte Konfrontationshaltung zur Kirche: Die wegen der rheinländischen Nachkriegsbesetzung erst am 5. Oktober 1919 stattfindenden Kölner Stadtverordnetenwahlen zeigten eine noch extremere Differenz von nunmehr sogar 53,0 % Frauen- zu nur 32,2 % Männerstimmen des Zentrums.[5]

---

4   Tabelle bei Detlef Lehnert, Sozialdemokratie und Novemberrevolution. Die Neuordnungsdebatte 1918/19 in der politischen Publizistik von SPD und USPD, Frankfurt a. M. 1983, S. 270 f.

5   Gabriele Bremme, Die politische Rolle der Frau in Deutschland. Eine Untersuchung über den Einfluß der Frauen bei Wahlen und ihre Teilnahme in Partei und Parlament, Göttingen 1956, S. 248. Seit 1924 verfügbare bayerische Sonderauszählungen belegen, dass der

Diese reale Paradoxie, dass die Verwirklichung der seit 1891 im Erfurter Programm der SPD verankerten progressiven Forderung des Frauenstimmrechts sich zunächst (und noch bis einschließlich der 1960er-Jahre) politisch gemäßigt konservativ auswirkte, galt auch insgesamt für den Epochenumbruch. Die SPD hatte gegen den kaiserzeitlichen Obrigkeitsstaat sowie insbesondere das Dreiklassenwahlrecht im Hegemonialstaat Preußen und seinen Gemeinden wirkliche *Volks*vertretungen des allgemeinen und gleichen Wahlrechts gefordert. Dann konnte sie aber diese Verheißung umfassender Demokratisierung nicht urplötzlich in das Konzept einer mehr als temporären Diktatur der AuSR verengen. Wer gegen den mit erdrückender Mehrheit legitimierten Beschluss des Dezemberkongresses der AuSR zum Januaraufstand mobilisierte oder die aus der Weimarer NV bereits legalisierte Koalitionsregierung mit Gewalt stürzen wollte, befand sich in solcher *zweiten* Phase dann eben jenseits *sozialdemokratischer* Revolutionsstrategien. Eine ganz andere und über diese Einleitung hinaus auch in mehreren Beiträgen zu erörternde Frage betrifft die legitimen Mittel der Abwehr von nach den Januarwahlen und Februarbeschlüssen der NV illegalen Gewaltaktionen, die aber von ebenso legitimen sozialen Konflikten wie Streiks auch bei weitreichenden Forderungen zu unterscheiden sind.

Hier geht es nun aber zunächst noch um die Stichworte einer knappen historischen Abklärung: Welches Revolutionsverständnis war in klassischer sozialdemokratischer Literatur vorgeprägt? Welche Geschehensdeutungen fanden sich in den Revolutionsmonaten 1918/19 in relevanten Wortmeldungen, vor allen in Tageszeitungen als damals wichtigster Quelle der Information und Orientierung? Woran lässt sich die sozialdemokratische Prägung einer relativ offenen Situation der ersten Revolutionsmonate jenseits der Befunde von Lokal- und Regionalstudien tatsächlich festmachen – und womit jenseits der historisch und strukturell wenig plausiblen Fixierung auf Russland ggf. sinnvoller vergleichen?

1. Revolutionsbegriffe und zeitgenössische Deutungsmuster

Schon im Gründungsjahr 1863 des Allgemeinen Deutschen Arbeitervereins hatte Ferdinand Lassalle in seiner Rede „Die Wissenschaft und die Arbeiter" ein sozialdemokratisches Grundverständnis vorgeprägt: „Revolution heißt

---

Frauenbonus des politischen Katholizismus in ländlichen Gebieten dort noch etwas stärker ausgeprägt war als in städtischen: Jürgen Falter u. a., Wahlen und Abstimmungen in der Weimarer Republik. Materialien zum Wahlverhalten 1919–1933, München 1986, S. 85.

Umwälzung, und eine Revolution ist somit stets dann eingetreten, wenn, gleichviel ob mit oder ohne Gewalt – auf die Mittel kommt es dabei gar nicht an –
ein ganz neues Prinzip an die Stelle des bestehenden Zustandes gesetzt wird.
Reform dagegen tritt dann ein, wenn das Prinzip des bestehenden Zustandes
beibehalten und nur zu milderen oder konsequenteren und gerechteren Folgerungen entwickelt wird. Auf die Mittel kommt es wiederum dabei nicht an.
Eine Reform kann sich durch Insurrektion und Blutvergießen durchsetzen und
eine Revolution im größten Frieden."[6] Wie ein „neues Prinzip" auch konkreter
verstanden werden konnte, hat nur ein Jahr darauf Karl Marx in einem Rundschreiben der Ersten Internationale hervorgehoben: Es sei gegenüber „dem
Fehlschlag der Revolutionen von 1848" bereits die englische Gesetzgebung zum
Zehnstundentag – dabei zunächst auch nur für Jugendliche und Frauen geltend – „nicht bloß eine große praktische Errungenschaft, sie war der Sieg eines
Prinzips", nämlich ein „Sieg der politischen Ökonomie der Arbeit über die politische Ökonomie des Kapitals".[7] Erst recht durfte also der von der Zweiten Inter-
nationale seit 1889 dann insbesondere auf den alljährlichen Maifeiern geforderte und mit der Novemberrevolution erreichte Achtstundentag als ein solcher
historischer Durchbruch gelten.

Zwar wurde später zuweilen über die Formulierung des „Cheftheoretikers"
Karl Kautsky von 1893 gespottet: „Die Sozialdemokratie ist eine *revolutionäre*,
nicht aber eine *Revolutionen machende* Partei." Aber er hatte im gleichen Artikel
unmittelbar davor zur durchaus anzusteuernden, jedoch nicht willkürlich aus-
lösbaren *„politischen Revolution"* auch bereits klargestellt: Eine *„demokratische
Republik"* sei diejenige „bestimmte Staatsform, in der allein der Sozialismus verwirklicht werden kann".[8] Eine Generation vor Kautsky war dessen häufig miss-
verstandener Gedanke von Lassalle vorweggenommen worden, der in seinem
„Arbeiter-Programm" von 1862 schrieb: „Man kann *nie* eine Revolution *machen*;

---

6   Ferdinand Lassalle, Gesammelte Reden und Schriften, Hg. Eduard Bernstein, Bd. 2, Berlin
     1919, S. 275 f. (alle Kursivschrift in Zitaten dieses Bandes zeigt Hervorhebungen im Ori-
     ginal). Daran knüpfte teilweise auch Rosa Luxemburgs bekannte Formulierung im gegen
     Bernstein argumentierenden Text von 1899 „Sozialreform oder Revolution?" an: „Für
     die Sozialdemokratie besteht zwischen der Sozialreform und der sozialen Revolution ein
     unzertrennlicher Zusammenhang, indem ihr der Kampf um die Sozialreform das Mittel,
     die soziale Umwälzung aber der Zweck ist", zit. nach Peter Brandt/Detlef Lehnert, „Mehr
     Demokratie wagen". Geschichte der Sozialdemokratie 1830–2010, Berlin 2013, S. 87.
7   Inauguraladresse der Internationalen Arbeiter-Assoziation, in: Der Social-Demokrat
     Nr. 2 u. 3 v. 21. u. 30. 12. 1864.
8   Karl Kautsky, Ein sozialdemokratischer Katechismus, in: Die Neue Zeit 12/1 (1893/94),
     S. 361–369, hier S. 368.

man kann immer nur einer Revolution, die schon in den tatsächlichen Verhältnissen einer Gesellschaft eingetreten ist, auch äußere *rechtliche Anerkennung*
und *konsequente Durchführung* geben. Eine Revolution *machen* wollen, ist eine
Torheit unreifer Menschen, die von den Gesetzen der Geschichte keine Ahnung
haben."[9]

Wie man sich dennoch eine künftige Revolution tatsächlich vorstellen
konnte, hatte Friedrich Engels 1895 im Vorwort zur Neuausgabe von Karl Marx
„Klassenkämpfe in Frankreich 1848 bis 1850" als gewissermaßen politisches
Testament hinterlassen, wo sich nicht allein die Aussage fand: „Das Recht auf
Revolution ist ja überhaupt das einzige *wirklich* ‚historische Recht', das einzige,
worauf alle modernen Staaten ohne Ausnahme beruhen." Während es aber bislang nur „Minoritätsrevolutionen" oder „Revolutionen von oben" gegeben habe,
galt nun in den von ihm allein ins Auge gefassten entwickelten Gesellschaften:
„Die Zeit der Überrumpelungen, der von kleinen bewußten Minoritäten an der
Spitze bewußtloser Massen durchgeführten Revolutionen ist vorbei. Wo es sich
um eine vollständige Umgestaltung der gesellschaftlichen Organisation handelt,
da müssen die Massen selbst mit dabei sein, selbst schon begriffen haben, worum
es sich handelt, für was sie mit Leib und Leben eintreten." Engels schloss mit
einem historisch sehr weit ausholenden Vergleichsblick auf „die große Christen-
verfolgung des Jahres 303 unserer Zeitrechnung. Sie war die letzte ihrer Art. Und
sie war so wirksam, daß siebzehn Jahre später die Armee überwiegend aus Chris-
ten bestand".[10]

Ganz unverkennbar wollte Engels mit dieser geschichtlichen Anspielung
sagen: Auch der übermächtig erscheinende preußisch-deutsche Militärstaat
werde mit immer mehr zum Waffendienst rekrutierten sozialdemokratischen
Wählern sich am Ende das eigene Grab geschaufelt haben. So kam es dann auch
zunächst am Ende des verlorenen Ersten Weltkriegs. Wenn Marx in dem von
Engels nachkommentierten Bezugstext geschrieben hatte: „Die Revolutionen
sind die Lokomotiven der Geschichte"[11], so galt das im November 1918 sogar
wörtlich: Außer über Zeitungsmeldungen verbreitete sich die Revolutionsbewegung auch deshalb innerhalb weniger Tage von der Küste über das gesamte Land,
weil Matrosen und andere Soldaten mit der Eisenbahn rasch vorankamen. Sie

---

9   Lassalle, Reden, Bd. 2 (wie Fn. 6), S. 165. Die Abkürzung Fn. (Fußnote) bezieht sich in die-
     sem Band stets auf den jeweiligen Eigentext, hingegen Anm. (Anmerkung) auf Fremd-
     texte.
10   Marx-Engels-Werke (MEW), Bd. 22, Berlin 1972, S. 509–527, Zit. S. 524, 513, 516, 523
     u. 527.
11   MEW 7, S. 85.

besetzten dann auch im Beisein der ortsanwesenden Bevölkerung die Bahnhöfe, ohne sich vorher die vielzitierte Bahnsteigkarte gekauft zu haben.

Dass es sich um eine Revolution und nicht allein um einen militärischen Zusammenbruch handelte, stand zeitgenössisch noch wenig in Zweifel. Es wird aber meist nur der Linksliberale Theodor Wolff zitiert, der im „Berliner Tageblatt" am 10. November 1918 „die größte aller Revolutionen" würdigte.[12] Doch schon am Vortag hatte z. B. die Metallarbeiter-Zeitung (= MZ) von einer „gewaltigen Umwälzung" und einer „Neuschöpfung von weltgeschichtlicher Größe und Bedeutung" berichtet.[13] Eine Woche darauf bezeichnete sie der Leitartikel dort als „die größte und unblutigste Revolution aller Zeiten".[14] Derartige Stimmen einer politischen Euphorie des Neubeginns ließen sich aus der Parteipresse fast beliebig vermehren. Das „Volksblatt" der Bochumer SPD erweiterte am 14. November den Gegenwartsblick sogar bereits in eine zukünftige geschichtspolitische Perspektive: „Wir haben endlich die revolutionäre Tradition, um die wir andere Völker bisher beneidet haben." So wichtig manche Berufung auf die Revolution von 1848/49 auch sein mochte, die Erinnerung blieb stets zugleich eine an deren Scheitern. Auch der sprachmächtige SPD-Mitvorsitzende Philipp Scheidemann, dessen Republikausrufung vom 9. November in keinem Geschichtsbuch fehlt, formulierte gut eine Woche darauf ohne Legalitäts- und Legitimitäts-Skrupel: „Revolutionen tragen ihr Recht und ihre Notwendigkeit in sich und haben es nicht nötig, sich erst beglaubigen zu lassen."[15]

Über Generationen hinweg dominierten zählebige Klischeebilder von einer Weimarer „Traditionskompagnie", die angeblich rat- und hilflos dem Untergang der Republik gewissermaßen entgegenwerkelte. Dabei wird der zugleich personelle Aufbruchsimpuls des November 1918 unterschätzt, gerade auch in der Öffnung zu Intelligenzberufen in Ergänzung der soliden Massenbasis im Arbeitermilieu. Ein prominentes Beispiel ist der als „Vater des Arbeitsrechts" geltende Hugo Sinzheimer. Er wurde schon nach wenigen Jahren Parteimitgliedschaft und als vom AuSR bestellter Polizeipräsident von Frankfurt am Main, das Teil

---

12   Das übernahm Robert Gerwarth, Die größte aller Revolutionen. November 1918 und der Aufbruch in eine neue Zeit, München 2018 (dort mit dem Beleg S. 10).

13   MZ 9. 11. 1918: Der Anfang vom neuen Deutschland; dieser Leitartikel hob (indirekt Lassalle zitierend) hervor, es sei „keine Revolution im Heugabelsinne". Auch das gemäßigte freigewerkschaftliche Correspondenzblatt 4. 1. 1919: Rückblick auf das Jahr 1918, sprach darin ganz selbstverständlich von „Weltenwende" und „Revolution".

14   MZ 16. 11. 1918; für die MZ 4. 1. 1919: Wo stehen wir?, hatte sich „am 9. November 1918 die politische Revolution durch den Sturz der alten Gewalten vollzogen" als die „größte aller bisherigen politischen Revolutionen" mit „geringen Opfern an Menschenleben".

15   Vorwärts 18. 11. 1918: Philipp Scheidemann, Die Wahlen zur Nationalversammlung.

der nachfolgenden Studien zu Stadtprofilen der Revolution 1918/19 ist, in die NV gewählt. Dort wirkte er maßgeblich am Räteartikel 165 der Weimarer Verfassung mit. Zwei Wochen nach Revolutionsbeginn ließ Sinzheimer in der SPD-„Volksstimme" bereits mit einem Grundsatztext „Der Geist der Revolution" seinen auf umfassendere Demokratisierung zielenden Ansatz erkennen: „Es wäre eine Niederlage der Revolution, wenn sie nur mit einer Änderung der politischen Form enden, die ökonomischen Grundverhältnisse aber im wesentlichen unberührt lassen würde."[16] Und am 14. Dezember schrieb Sinzheimer den Leitartikel „Der Weg der Revolution" im gleichen Presseorgan: „Die deutsche Revolution von 1918 ist die größte und tiefste, aber auch die unblutigste Revolution gewesen. Niemals wurde eine revolutionäre Gewalt mit so reinen Händen gebraucht, wie die Gewalt der Arbeiter- und Soldatenräte."

Als namhaftester weiblicher Neubeitritt zur SPD ist Adele Schreiber zu erwähnen, die immerhin von 1904 bis 1933 Vizepräsidentin des Weltbundes für Frauenstimmrecht gewesen ist.[17] Sie war zuvor seit 1912 eine der drei Vorsitzenden der linksbürgerlichen Demokratischen Vereinigung und beteiligte sich dann auch an Eduard Bernsteins „Einigungsstelle" von SPD- und USPD-Vertretern[18]; von 1920 mit einer durch Auslandsaufenthalt bedingten Unterbrechung bis 1933 gehörte sie als eine der wenigen Frauen der SPD-Reichstagsfraktion an. Ein nachfolgend als Broschüre publizierter Vortrag Adele Schreibers vom 4. Dezember 1918[19] wollte die These belegen: „Zwischen Revolution und Frauenrecht besteht seit alters her ein enger Zusammenhang"; sie verwendete in jenem Text auch schon den zumeist dem Staatsrechtler Hermann Heller zugeschriebenen Begriff des „sozialen Rechtsstaates".[20]

---

16 Volksstimme (Frankfurt a. M.) 23. 11. 1918.

17 Adele Schreiber/Margaret Mathieson, Journey Towards Freedom. Written for the Golden Jubilee of the International Alliance of Women, Kopenhagen 1955.

18 Asja Braune, Konsequent den unbequemen Weg gegangen: Adele Schreiber (1872–1957), Diss. HU Berlin 2003 (http://edoc.hu-berlin.de/dissertationen/braune-asja-2003-01-27/PDF/Braune.pdf), S. 161 u. 303. – Alle Weblinks dieses Bandes wurden per 20. 3. 2019 überprüft.

19 Die Veranstaltungsanzeige findet sich im Berliner Tageblatt 4. 12. 1918 M. Ein Vortrag „Frauen lernt wählen!" datiert 26. 11. 1918 befindet sich auch im Nachlass Schreiber (Bundesarchiv), vgl. Christl Wickert, Unsere Erwählten. Sozialdemokratische Frauen im Deutschen Reichstag und im Preußischen Landtag 1919 bis 1933, Bd. 2, Göttingen 1986, S. 204.

20 Adele Schreiber, Frauen! Lernt wählen! Revolution und Frauenrecht, Berlin o. J. (1918), S. 3 u. 15 (http://library.fes.de/pdf-files/netzquelle/a-29514.pdf); die Angabe 1912 bei Braune, Adele Schreiber (wie Fn. 18), S. 548 ist ersichtlich ein Abschreibfehler.

Es ließe sich bezüglich des sozialdemokratischen Neuengagements profilierter Köpfe die Liste sehr beträchtlich verlängern.[21] Hier soll allein noch der Angestellten-Gewerkschafter Siegfried Aufhäuser genannt werden, der sogar von den linksbürgerlichen Demokraten über die SPD zur USPD wechselte und den freigewerkschaftlichen AfA-Bund rasch zum mitgliederstärksten Angestelltenverband führte. Sein Name stand dann im März 1920 allein neben dem des ADGB-Vorsitzenden Carl Legien unter dem Generalstreikaufruf zur Verteidigung der Republik gegen die reaktionären Kapp-Lüttwitz-Putschisten.[22] Mit diesen exemplarischen Namensnennungen mehr aus der zweiten Reihe der historiographischen Beachtung wird auch schon ein Anknüpfungspunkt geliefert, um in einer weiteren Annäherung den Blick auf die Struktur und Prägekraft überregionaler Organe der Revolution 1918/19 und kurz auch einige Nachbarländer zu richten.

2. Politisches Führungspersonal und Vergleichsperspektiven

Eine komprimierte Analyse der sozialdemokratisch akzentuierten, relativ offenen ersten Phase der Revolution 1918/19 führt von der Bildung des sechsköpfigen Rates der Volksbeauftragten im November über den Reichsrätekongress im Dezember bis zur NV-Wahl im Januar. Während sich die AuSR als Organisationsform des Übergangs in den Revolutionsmonaten bewährten, waren die Soldatenräte ihrem Ursprung entsprechend nicht auf eine weitere Sonderrolle nach Demobilisierung der letztlich besiegten Fronttruppen angelegt.[23] Selbst wenn angesichts der Zuständigkeit für 60 % der Gesamtbevölkerung die mehr als ein Dutzend Mitglieder der preußischen Revolutionsregierung mitberücksichtigt

---

21 Vorwärts 17. 1. 1919: Für das neue Deutschland!, versammelte Stellungnahmen diverser Kulturbürgerlicher; von ihnen befürworteten nur einzelne wie Käthe Kollwitz und Franz Oppenheimer einen befreienden „Sozialismus", aber nicht wenige versprachen sich mit Heinrich Mann eine „geistige Erneuerung" aus der „Revolution", und seinem zuvor deutlich konservativeren Bruder Thomas Mann schwebte nun auch der „soziale Volksstaat" als Kompromiss von Bürgertum und Arbeiterschaft vor.

22 Gunter Lange, Siegfried Aufhäuser (1884–1969). Ein Leben für die Angestelltenbewegung, Berlin 2013.

23 Das ist der weithin anerkannte Forschungsstand seit den grundlegenden Studien von Eberhard Kolb, Die Arbeiterräte in der deutschen Innenpolitik 1918–1919 (1962), Frankfurt a. M. 1978; Ulrich Kluge, Soldatenräte und Revolution. Studien zur Militärpolitik in Deutschland 1918/19, Göttingen 1975.

werden, blieben von beiden Kabinetten nur vier Personen längere Zeit danach an politisch exponiert leitender Stelle tätig: Friedrich Ebert als Reichspräsident, Otto Braun als preußischer Ministerpräsident und in zweiter Reihe noch die ehemaligen USPD-Politiker Wilhelm Dittmann und Rudolf Breitscheid als Mitvorsitzende der SPD-Reichstagsfraktion.[24] Durchaus typisch für revolutionäre Zeiten gab es also nicht allein eine hohe Mobilität in politische Machtzentren *hinein*, sondern für die meisten zunächst Beteiligten recht bald auch wieder aus ihnen *heraus*.

Etwas mehr Kontinuität zeigte sich auf der nächstfolgenden Repräsentationsebene: Die Essener „Arbeiter-Zeitung" nannte den Reichsrätekongress kurz vor dessen Zusammentritt „eine sozialdemokratisch-gewerkschaftliche Delegiertenversammlung mit einem kleinen linksoppositionellen Einschlag".[25] Das war nicht unzutreffend formuliert, zählten doch gut 60 % der registrierten Mandate zur SPD, knapp 20 % zur USPD, nur knapp 5 % zur linksliberalen DDP und gar nur gut 2 % zu den Linksradikalen. Auch bei den verbleibenden gut 10 %, die sich teilweise nur als „Soldaten" zu erkennen gaben, konnten mehrheitlich sozialdemokratische Präferenzen angenommen werden.[26] Allein schon 40 % der Delegierten waren hauptamtliche Funktionsträger, die Hälfte davon als Gewerkschaftsangestellte und ein weiteres Viertel aus der Parteipublizistik.[27] Entgegen immer noch kontrafaktisch geglaubten Oligarchisierungs-Thesen zur SPD-Geschichte[28] zählten dort Parteifunktionäre zu den geringeren Anteilen, so wie auch Genossenschaftsangestellte und Arbeitersekretäre. Wie vor dem und im Krieg übertrafen die Gewerkschaften die Parteien im Organisationsgrad an der Basis wie in der Funktionsträgerschaft bei weitem. Für die USPD kamen sogar

---

24　Selbst wenn ergänzend zum Rat der Volksbeauftragten die ressortleitenden (bürgerlichen) Staatssekretäre und die sozialdemokratischen Beigeordneten mitgezählt werden, hatte nur Robert Schmidt als Reichsminister weiter größere Bedeutung.

25　Arbeiter-Zeitung (Essen) 14. 12. 1918: Vor der Reichsversammlung der A.- und S.-Räte.

26　Sabine Roß, Politische Partizipation und nationaler Räteparlamentarismus. Determinanten des politischen Handelns der Delegierten zu den Rätekongressen 1918/1919, Köln 1999, S. 141. – Bei der Nachwahl von zwei Mandaten zur NV unter nicht rechtzeitig in die Heimat rückführbaren Soldaten der Ostfront erzielte die SPD eine überwältigende Mehrheit, s. u. S. 233.

27　Roß, Partizipation (wie Fn. 26), S. 91; hier so wie auch bei den Bildungsangaben hat die Autorin beide Rätekongresse zusammengefasst, was schon wegen der viel geringen Kopfzahl des zweiten für die Grundaussagen unproblematisch ist.

28　Zur Korrektur Detlef Lehnert, Die „klassische" Sozialdemokratie als Organisationsbewegung im späten Kaiserreich und in der Weimarer Republik, in: Stefano Cavazza u. a. (Hg.), Massenparteien im 20. Jahrhundert, Stuttgart 2018, S. 61–77.

78 % der Redebeiträge von im vorgenannten Sinne Berufspolitikern, bei der SPD waren es 65 % – insoweit ähnelten sich beide Kongressfraktionen.[29]

Dennoch war – zumal aus heutiger Sicht – der Rätekongress fast schon jugendlich besetzt, das Durchschnittsalter lag auch ohne die Soldaten unter 40 Jahren.[30] Nicht übersehen werden sollte die so bewirkte Aufstiegsmobilität in doppelter Hinsicht: 80 % Volksschulabsolventen, was auch die meisten Gewerkschafts- und Parteibeschäftigten einschloss, standen 8 % Promovierte und weitere gut 7 % mit Universitätsbesuch oder abgeschlossenem Lehrerseminar gegenüber. Auffällig war, dass mit unter 5 % das recht breite Zwischenspektrum angefangen von Mittelschulbesuch ohne Abschluss bis zu höherer Schule mit Abschluss, doch ohne Studium, nur vollkommen nachrangig anzutreffen war.[31] Noch krasser fiel auf dem Rätekongress die Nichtberücksichtigung von ungelernten Arbeitern und auch insgesamt der Frauen mit jeweils nur marginalen 0,4 % aus.[32] Auf den in der Nominierung mehr Vielfalt zulassenden sozialdemokratischen Großwahlkreis-Listen zur NV wurden dann immerhin 12 % SPD/USPD-Frauen gewählt.[33] Die sozialdemokratischen Rätevertreter waren also ganz überwiegend männliche Facharbeiter, ergänzt um diverse Akademiker. So leitete die kleine linksradikale Fraktion Dr. Heinrich Laufenberg, die USPD-Fraktion Dr. Curt Geyer, die SPD-Fraktion der Ingenieur Hermann Lüdemann.[34] Nur Lüdemann, wie sein USPD-Gegenstück Aufhäuser bis 1912 Mitglied der Demokratischen Vereinigung und dann Angestelltengewerkschafter, stieg bald vorübergehend zum preußischen Finanzminister und nach 1945 zum SPD-Ministerpräsidenten von Schleswig-Holstein auf. Solche revolutionsgetragene Offenheit für danach eher untypische Parteikarrieren wurde in der Geschichtsschreibung bislang kaum beachtet. Auch ist die Rekrutierung nachfolgender parlamentarischer Mandatsträger aus dem Rätekongress bemerkenswert: Während im Kaiserreich nur 3–4 % dieser Delegierten bereits Reichs- und Landtagsmandate innehatten, waren es im Weimarer Reichstag dann über 10 % und in Landtagen über 15 %.[35] Dabei bleiben die Kommunalmandate noch unberücksichtigt, die kaum flächendeckend zu recherchieren sind.

---

29   Roß, Partizipation (wie Fn. 26), S. 156.
30   Ebd., S. 67.
31   Ebd., S. 80.
32   Ebd., S. 91 u. 331, mit dem Hinweis, dass auf dem zweiten Rätekongress (im April 1919) gar keine Frau vertreten war.
33   Dieses Startniveau ist erst 1987 von der SPD-Fraktion im Bundestag deutlich übertroffen worden.
34   Roß, Partizipation (wie Fn. 26), S. 140.
35   Ebd., S. 100.

Die Funktion des Rätekongresses, den Brückenschlag von der Revolution zur NV zu bewerkstelligen, hat Sinzheimer bereits im Vorfeld so formuliert: „Die Revolution gibt mit Berufung eines solchen Organs zur Rechtsbildung ihre Macht ab an eine Körperschaft, die berufen ist, das Recht der revolutionären Macht in die Macht des revolutionären Rechts zu verwandeln."[36] Für die breite Mehrheit von etwa 400 zu 50 Stimmen zugunsten des frühestmöglichen Wahltermins 19. Januar 1919[37] spielte wohl auch eine Rolle, dass zur Kongresseröffnung am 16. Dezember ermutigende Landtagswahlergebnisse des Vortags bekannt wurden: In Anhalt erzielte die SPD ein Rekordergebnis von 58 % der abgegebenen Stimmen, sogar im ländlich-agrarischen Mecklenburg-Strelitz mit 50,2 % die absolute Mehrheit.[38] Auch das USPD-Hauptblatt „Die Freiheit" zeigte sich deshalb nach einem Wahlerfolg in Braunschweig überzeugt, „daß die Wahlen zur Nationalversammlung nach aller Wahrscheinlichkeit eine sozialistische Majorität ergeben werden".[39] Das war dann aber bekanntlich einen Monat später mit 37,9 % SPD und 7,6 % USPD – also zusammengerechnet 45,5 % – nicht der Fall, und zwar aus diesem Hauptgrund: Es blieb der katholische Zentrumsturm auch im Revolutionsansturm uneinnehmbar. Das manifestierte sich dann bereits am 5. und 12. Januar in den badischen und bayerischen Landtagswahlen mit nur etwa einem Drittel sozialdemokratischer Stimmenanteile.[40]

Zwar bezog sich die SPD-Wahlmobilisierung nach außen hin immer noch offensiv auf Revolutionsimpulse. So nannte der „Vorwärts" die NV ein „Kind der Revolution, der 9. November ist ihr Geburtstag".[41] Der am Neujahrstag veröffentliche und weitläufig verbreitete Wahlaufruf des Parteivorstands bekannte sich zur eigenen Tradition, wenn dort zu lesen war: „Die sozialdemokratische Partei war stets *revolutionär* in dem Sinne, daß sie die vollständige *Umwälzung* des Staates zur Demokratie, der Wirtschaft zum Sozialismus anstrebte." Unmittelbar nachfolgend wurde aber hinzugefügt, es habe sich „die Revolution fast

---

36   Volksstimme (Frankfurt a. M.) 14. 12. 1918: Hugo Sinzheimer, Der Weg der Revolution.

37   Vorwärts 20. 12. 1918 M: Kongreß der A.- und S.-Räte; auch Die Freiheit 20. 12. 1918 M: Der Reichskongreß der A.- und S.-Räte, berichtete ohne Zahlenangabe von „Überwältigender Mehrheit" für den 19. 1. und nur eine „kleine Minderheit" für den 16. 2. 1919 oder später.

38   Falter u. a., Wahlen (wie Fn. 5), S. 89 u. 99 (sowie S. 88: jeweils nur 4 % Katholiken); Vorwärts 16. 12. 1918 A brachte auf der Titelseite den Rätekongress und „Glänzender Wahlsieg in Anhalt!".

39   Die Freiheit 17. 12. 1918 M: Sozialistische Hochflut.

40   Falter u. a., Wahlen (wie Fn. 5), S. 90 f.

41   Vorwärts 18. 1. 1919: Die Wahlen zur Nationalversammlung.

schmerzlos und ohne Opfer durch den Zusammenbruch der alten Macht" vollzogen.[42] Das galt allerdings nicht gleichermaßen für alte Mächte wie die Schwerindustrie und den Großgrundbesitz. Hier lässt sich auch ein so gemäßigter Kritiker wie Heinrich August Winkler zitieren mit einer „Erfahrung der europäischen
Revolutionsgeschichte: Eine parlamentarische Demokratie setzt gesellschaftliche
Bedingungen voraus, die niemals nur mit parlamentarischen Mitteln hergestellt
worden sind."[43] Auch Generalfeldmarschall Paul von Hindenburg wurde trotz
seines dies recht geräuscharm erlaubenden Alters von 71 Jahren nicht sogleich in
den bereits einmal 1911 angetretenen Ruhestand zurückversetzt. So verkörperte
Hindenburg, vom Kriegsteilnehmer und Offizier bereits 1866 und 1870/71 bis
hin zur Machtübergabe an Hitler 1933, geradewegs in Person eine fortwirkende
Teilkontinuität alter Mächte.

Im Jahr seiner zweiten Kanzlerschaft und zum 10. Jahrestag 1928 veröffentlichte Hermann Müller ein Erinnerungswerk mit dem Titel „Die November-
Revolution". Zu deren Versäumnissen merkte er an, ohne die sozialdemokratischen Spaltungsfolgen „hätte es auch in Deutschland ähnlich wie in Österreich
möglich sein müssen, ein republikanisches Heer auf demokratischer Grundlage aufzubauen".[44] Ein wichtiger Mitarbeiter des sozialdemokratischen Res-
sortverantwortlichen beim Aufbau der österreichischen Volkswehr war jener
Mittvierziger Theodor Körner, der ganz andere Kontinuitätslinien als Hindenburg verkörperte: Großneffe des gleichnamigen Dichters, vom 1900 verlie-
henen Adelsprädikat auch bis 1918 kaum Gebrauch machend, im Ersten Weltkrieg mehrfach Generalstabschef von Armeekorps, wurde General a. D. Körner
nach dem Zweiten Weltkrieg für die SPÖ Wiener Bürgermeister und dann der
erste vom Volk gewählte österreichische Bundespräsident. Von den mit Zentral-
europa kaum sinnvoll vergleichbaren „russischen Verhältnissen" ließen sich führende SPD-Vertreter bald allzu sehr schrecken und wachsende Teile der USPD
dann allzu sehr inspirieren. Der naheliegende Blick hinüber zu einer in Österreich nicht gespaltenen Sozialdemokratie hätte da vielleicht manche Versäumnisse und Fehlgriffe vermeiden helfen.[45]

Allein in Österreich und der Tschechoslowakei, letztere weiterhin als Viel-
völkerstaat gewissermaßen der geschichtliche Haupterbe von Habsburg nun
als Republik, konnten sich Neudemokratien ähnlich wie die von Weimar über

---

42   Vorwärts 1. 1. 1919: Wähler! Wählerinnen!

43   Heinrich August Winkler, Die Sozialdemokratie und die Revolution von 1918/19, Berlin
     1980, S. 64.

44   Hermann Müller, Die November-Revolution. Erinnerungen, Berlin 1928, S. 194.

45   Instruktiver Vergleich bei Francis L. Carsten, Revolution in Mitteleuropa 1918–1919,
     Köln 1973.

mehr als ein Jahrzehnt etablieren. Der hierzulande noch seltener als Öster-
reich bemühte Vergleichsfall Tschechoslowakei ist auch wegen seines Langzeit-
Präsidenten (1918–1935) Tomáš Garrigue Masaryk aufschlussreich: Schon zu
Ebert, noch viel ausgeprägter gegenüber Hindenburg stellte dieser eine politisch-
intellektuelle Kontrastfigur des Neubeginns dar, auch weil seine politisch aktive
Ehefrau Charlotte Garrigue die seltene Kombination einer sozialdemokratischen
Frauenrechtlerin und Amerikanerin hugenottischer Abstammung verkörperte.
Doch quasi-revolutionäre Situationen, ohne dass wie in Italien ziemlich rasch
der Gegenschlag bis hin zum Faschismus erfolgte, gab es 1918/19 in unterschiedlicher Weise auch in anderen Staaten: Vom „Landesstreik" der Schweiz über den
„Irrtum Troelstras" (Machtübernahme-Anspruch des Führers der niederländischen Sozialdemokratie)[46] bis zu Massenaktionen bei den europäischen Haupt-
siegermächten Frankreich und Großbritannien reichte das Spektrum der unmittelbaren Nachkriegskonflikte. Während solches nur in Norwegen schon früher galt, vollzogen am Ende des Ersten Weltkriegs dann auch Dänemark und
zuletzt Schweden die letzten Schritte dortigen Übergangs von der konstitutio-
nellen Monarchie zur parlamentarischen Demokratie.[47] Wenngleich dies evolu-
tionär ähnlich dem britischen, niederländischen und belgischen Muster geschah,
waren doch vielfach politische und soziale Massenkämpfe bis hin zu Generalstreiks in diese Machtverschiebungen eingelagert. – Nun muss aber der gesamt-
staatliche und grenzüberschreitende Vergleichsblick in den Folgeabschnitten auf
eine regionalisierende Perspektive zurückkommen.

3. Großstadträume in Revolutionszeiten

Geschichtsschreibung bewegt sich dermaßen selbstverständlich in „Raum und
Zeit", dass nur selten auf den Zusammenhang dieser „fundamentalsten Determinanten sozialer Existenz in historisch konkreten Lebenswelten"[48] hinführend

---

46   Adrian Zimmermann, Die Niederlande und die Schweiz im November 1918, in: Schwei-
     zerische Zeitschrift für Geschichte 63 (2013), S. 453–478; Roman Rossfeld, Streik! Wege
     und Desiderate der Forschung zur Geschichte des schweizerischen Landesstreiks vom
     November 1918, in: Archiv für Sozialgeschichte 57 (2017), S. 413–437.

47   Peter Brandt, Vom endgültigen Durchbruch der parlamentarischen Demokratie bis zu den
     Anfängen des sozialdemokratischen Wohlfahrtsstaates – Nordeuropa in der Zwischen-
     kriegszeit, in: Christoph Gusy (Hg.), Demokratie in der Krise: Europa in der Zwischen-
     kriegszeit, Baden-Baden 2008, S. 155–228.

48   Wolfgang Hardtwig, Einleitung, in: Ders. (Hg.), Ordnungen in der Krise. Zur politischen
     Kulturgeschichte Deutschlands 1900–1933, München 2007, S. 11–17, hier S. 13.

reflektiert wird. Auch ein moderner Klassiker von theorieorientierter Historik wie Reinhart Koselleck lieferte zwar gleich zu Beginn der Einleitung zu seiner Textsammlung über „Zeitschichten" ein dieses begründendes Stichwort:
„Denn Zeit ist nur über Bewegung in bestimmten Raumeinheiten anschaulich
zu machen"; das gelte für „Zeiten, die nicht nur metaphorisch, sondern auch
empirisch auf bestimmte räumliche Vorgaben bezogen bleiben". Doch gravitiert
Geschichtsdenken eher zu Fernand Braudels „longue durée", rekurriert also
dann auf „jene lange Dauer, die strukturell allen Einzelgeschichten zugrunde-
oder vorausliegt", während „in unserer technisch überformten Welt der Neu-
zeit" nicht zuletzt auch die „Beschleunigungserfahrung" kennzeichnend geworden ist.[49]

Wo freilich Koselleck ein gerade auch für den beschleunigten historischen
Umbruch 1918/19 wichtiges Spannungsfeld von „Erfahrungsraum" und „Erwartungshorizont" in Anschlag bringt, ist von bestimmten historischen Zeit-
punkten und *Zeit*räumen fachspezifisch erwartungsgemäß sehr konkret, von
den Geschichts*räumen* der Erfahrungshorizonte jedoch nur metaphorisch die
Rede.[50] In anderem Zusammenhang wird aber vom gleichen Autor ein spezifi-
sches Merkmal der „Moderne" hinsichtlich der Überschreitung von Horizonten
hervorgehoben: „Die unmittelbaren Erfahrungsräume enthalten seit der globa-
len Interdependenz aller Ereignisse nicht mehr alle Faktoren, die diese Erfahrung konstituieren. Das heißt, die wirkliche Erfahrung hier und jetzt, die unseren Alltag bestimmt, wird zunehmend bedingt durch soziale und politische
Faktoren, die sich dieser Erfahrung entziehen."[51] Das führt natürlich zu einem
Bedeutungszuwachs medial vermittelter Zeit- und Raumerfahrungen. In diesem
Kontext ist auch die „Gleichzeitigkeit des Ungleichzeitigen, eines der aufschluß-
reichsten historischen Phänomene", zu verorten: „Was ereignet sich nicht alles zu
gleicher Zeit, was sowohl diachron wie synchron aus völlig heterogenen Lebens-
zusammenhängen hervorgeht."[52]

---

49   Reinhart Koselleck, Zeitschichten. Studien zur Historik, Frankfurt a. M. 2000, S. 9, 12 u.
     15 f. – Dazu auch Hartmut Rosa, Beschleunigung. Die Veränderung der Zeitstrukturen
     in der Moderne, Frankfurt a. M. 2005.
50   Reinhart Koselleck, „Erfahrungsraum" und „Erwartungshorizont" – zwei historische
     Kategorien, in: Ders., Vergangene Zukunft. Zur Semantik geschichtlicher Zeiten (1979),
     Frankfurt a. M. 2000, S. 349–375.
51   Ders., Die Verzeitlichung der Begriffe, in: Ders., Begriffsgeschichten. Studien zur Seman-
     tik und Pragmatik der politischen und sozialen Sprache, Frankfurt a. M. 2006, S. 77–85,
     hier S. 85.
52   Ders., Zeitschichten (wie Fn. 49), S. 9.

Die verdichtete Beschleunigung in Revolutionszeiten könnte also eine spezifischere Fokussierung auf Raumdimensionen als Handlungsrahmen nahelegen. An einem neueren Buchtitel „Räume der Revolution"[53] lassen sich aber ungelöste Probleme eines Konstruktivismus der Geschichtsschreibung sehr deutlich erkennen. Die auf eine weiter gefasste Revolutionsära 1918–1920 bezogene Studie von Julian Aulke, eine Göttinger Dissertation von 2015 (S. 7)[54], beklagt eingangs gewissermaßen einen methodologischen Kollektivismus der themenrelevanten Forschungstraditionen: „Die Rolle des Einzelnen, des politisch nicht motivierten, des vermeintlich parteilosen, der in der Masse aufgeht, ist für diesen wichtigen Untersuchungszeitraum, der Etablierung der ersten deutschen Demokratie, bisher stark vernachlässigt worden" (S. 22). Nun steht dies aber in einem ungeklärten Verhältnis zu dem anderen Defizithinweis auf die bislang unzureichend bediente „Hypothese, dass die mediale Repräsentation der Ereignisse entscheidenden Einfluss auf die Deutung der Zeitgenossen hatte" (S. 29). Die sonst in den Quellen meist „stummen" individuellen Zeitzeugen waren, und das wäre nun ein brückenschlagendes Interpretationsangebot über jenen Autor hinaus, immerhin ganz überwiegend als Lesende und Wählende realhistorisch mit „anwesend". Die in dem hiermit vorgelegten Band zur Revolution 1918/19 in Großstadträumen Preußens wesentliche Einbeziehung der Wahlen und Wahlkämpfe zur NV, zur Preußischen Landesversammlung und auf Kommunalebene sowie die Konzentration auf die örtlichen Tageszeitungen als Quellenbasis bemüht sich jedenfalls gleichzeitig um eine solche Breite und Vertiefung der Herangehensweise.

Tatsächlich werden hingegen in jener Publikation Aulkes wesentlich nur die Schwerpunktregionen der bisherigen Revolutionsforschung auf erweiterter Materialbasis reproduziert: Berlin als „Zentrum der Revolution" und der „rheinisch-westfälisch-industrielle Raum" mit „Begleiterscheinungen einer krisenhaften Moderne" sowie nur ergänzend als „Kontrollbeispiel" noch München

---

53   So der Titel von Julian Aulke, Räume der Revolution. Kulturelle Verräumlichung in Politisierungsprozessen während der Revolution 1918–1920, Stuttgart 2015. Auf die sachlichen Mängel des Textes kann hier nicht weiter eingegangen werden, aber 26 Fundstellen der falschen Schreibweise „Mühlheim" (an der Ruhr) gegenüber 0 der richtigen Mülheim sind ebenso befremdlich wie die folgende Einordnung von recht häufig erwähnten Akteuren: „Die Spartakusgruppe war eine politische Strömung, welche aus der KPD entstanden ist" (S. 345/Anm. 214) – doch es war genau umgekehrt: Die Spartakusgruppe (bzw. dann Spartakusbund im November 1918) war neben den „Internationalen Kommunisten Deutschlands" eine der Vorläuferorganisationen der KPD-Gründung zur Jahreswende 1918/19.

54   Alle Seitenzahlen in Klammern dieses Absatzes und der beiden nächsten beziehen sich auf Aulke, Räume (wie Fn. 53).

in der Bedeutung einer „zweiten großen Metropole der Zeit" (S. 15 f.). Letzteres wird man in Bayern so gesehen haben, aber es dürfte selbst außerhalb Preußens – mit seinen diversen Nebenmetropolen von Breslau im Osten bis Köln im Westen – z. B. am wichtigen Revolutionsort Hamburg anders perzipiert worden sein. Abgesehen vom – autorenseitig eingeräumt – nur nachrangigen Blick auf den „Entwicklungsverlauf" (S. 48), also die temporale Dimension der raum-zeitlichen Deskription und Deutung, verfließt der westdeutsche Aktionsraum durch Einbeziehung von in das sonst betrachtete „Ruhrgebiet"[55] kaum integrierten Städten wie „Düsseldorf und Münster" (S. 16).[56]

Eine ähnliche Raumdiffusion, die problematische Aspekte mancher postmoderner Neigungen zu einer „Konstruktion verschiedener Realitäten" (S. 17) betrifft, ist gerade im Untersuchungszeitraum für das in der Literatur allzu häufig unpräzise aufgerufene „Berlin" zu berücksichtigen: Die politische Gemeinde (Alt-)Berlin als preußische und reichsdeutsche Haupt- sowie hochgradig verdichtete Mietskasernenstadt auf nur 66 qkm war vom seit 1912 bestehenden verwaltungsrechtlichen (Zweck-)Verband Groß-Berlin auf rund 3500 qkm unter Einschluss von sechs kreisfreien Städten und den Kreisen Niederbarnim und Teltow sehr deutlich zu unterscheiden. Diese synchrone Doppelstruktur wurde ferner in diachroner Perspektive 1920 durch Bildung von Groß-Berlin auf 878 qkm (somit nahezu heutigem Gebiet entsprechend) zusätzlich noch komplexer. Wenn eine bevorzugte Berücksichtigung der – auch noch zwei Tage nach der Abdankung Wilhelms II. am 11. November 1918 mit der Unterzeile „Königlich privilegierte Berlinische Zeitung von Staats- und gelehrten Sachen" erscheinenden – „Vossischen Zeitung" als „Organ des liberalen Bürgertums" und mit dessen Status als „seriöse Zeitung im Sinne objektiver und gründlicher Berichterstattung" gerechtfertigt wird, gerät dabei nicht allein die zuvor durchaus erwähnte „parteiliche Provenienz" wieder aus dem Blick (S. 53 mit Anm. 222). Hingegen ist es so naheliegend wie erstaunlicherweise immer noch ungebräuchlich, für Zeiten demokratischen Massenwahlrechts ein breites Meinungsspektrum vor Ort und dabei eben auch die auflagenstarke Massenpresse heranzuziehen. Diese hat es hauptstädtisch für das Revolutionshalbjahr 1918/19 in Gestalt der „Berliner Volks-Zeitung" des Mosse- sowie der „Berliner Morgenpost" des Ullstein-Verlags gegeben.[57]

---

55 Zur Eingrenzung vgl. in diesem Band den Beitrag von Wilfried Reininghaus (S. 249–308).

56 Dabei tritt hinsichtlich letztgenannter Stadt wohl kaum ein anderer Grund hervor als der breit verfügbare Archivbestand (S. 437 f.).

57 Der Beitrag von Holger Czitrich-Stahl in diesem Band hat sie wesentlich mitberücksichtigt.

Schließlich führt auch ein interdisziplinärer Blick herüber zu einer „Raumsoziologie"[58] mit deren spezifischerem Forschungsprogramm „Eigenlogik der Städte" und der Selbstvergewisserung, „dass die Soziologie selbst ein Kind der Großstadt ist"[59], nicht unmittelbar auf die Spuren geeigneter *historischer* Zugänge. Denn es gravitiert die Stadtsoziologie, auch wenn sie klassisch z. B. bei Max Weber zur Kategorienbildung geschichtlich sehr weit zurückgegriffen hat[60], in jüngerer Zeit doch eher zu raumanalytischen Betrachtungen unter tendenzieller Abblendung der Zeithorizonte jenseits der jüngeren Vergangenheit. Ein verheißungsvoller Buchtitel „Soziologie der Städte" interessiert sich dann eben auch mehr für aktuellere „Strategien des *City Brandings*"; so kommen wieder einmal herausgehoben „Berlin und München" zur konkreteren Darstellung[61] – insoweit ganz ähnlich den um besonders spektakuläres Geschehen wie die Gewaltexzesse 1919 zentrierten Geschichtswerken.[62]

4. Preußische Landes- und Gemeindeebene – einige Forschungsdesiderate

In den kombinierten Zeit- und Raumdimensionen im Umbruch 1918/19 ist dieses bislang zu wenig berücksichtigt worden: Nach der NV-Wahl am 19. Januar und den Länderneuwahlen überwiegend im Dezember 1918 und Januar 1919 hat auch die Gemeindeebene zumeist bis Anfang März 1919 die wichtige Proklamation „mit Gesetzeskraft" des revolutionären Rates der Volksbeauftragten vom 12. November umgesetzt: „Alle Wahlen zu öffentlichen Körperschaften sind fortan nach dem gleichen, geheimen, direkten, allgemeinen Wahlrecht

---

58   Martina Löw, Raumsoziologie, Frankfurt a. M. 2001 (insbes. „Stadtsoziologie ohne Raum" S. 44 ff. und „Städtische Räume" S. 254 ff.).

59   Helmuth Berking, „Städte lassen sich an ihrem Gang erkennen wie Menschen" – Skizzen zur Erforschung der Stadt und der Städte, in: Ders./Martina Löw (Hg.), Die Eigenlogik der Städte, Frankfurt a. M. 2008, S. 15–32, hier S. 17.

60   Uwe Prell, Max Webers Stadt – zwischen Politik, Ökonomie und Kultur, in: Detlef Lehnert (Hg.), Max Weber 1864–1920. Politik – Theorie – Weggefährten, Köln 2016, S. 247–268, mit weiterer Literatur.

61   Martina Löw, Soziologie der Städte, Frankfurt a. M. 2010, S. 20 u. 187 ff.; Überblick zu diesen und konkurrierenden Ansätzen: Sybille Frank u. a., Der aktuelle Perspektivenstreit in der Stadtsoziologie, in: Leviathan 41 (2013), S. 197–223.

62   Mark Jones, Am Anfang war Gewalt. Die deutsche Revolution 1918/19 und der Beginn der Weimarer Republik, Berlin 2017 (engl. Cambridge 2016 in anderer Version unter dem Titel: Founding Weimar. Violence and the German Revolution of 1918–1919).

auf Grund des proportionalen Wahlsystems für alle mindestens 20 Jahre alten männlichen und weiblichen Personen zu vollziehen."[63] Das war fast im Wortlaut eine Übernahme aus dem Erfurter Programm der SPD von 1891, zu dem sich ebenso weiterhin die klare Mehrheit von USPD-Wortmeldungen der ersten Revolutionswochen bekannt hat.[64] Dieser gebietskörperschaftliche Stufenbau demokratischer Neuordnung wurde auch für zeitgenössisches Lesepublikum nachvollziehbar akzentuiert, wofür der Einleitungsabsatz eines Leitartikels des Magdeburger SPD-Organs exemplarisch zitiert werden soll: „Nach den Reichs- und Staatsparlamenten werden nun auch in kürzester Zeit die *Gemeindevertretungen* auf demokratischer Grundlage erneuert werden. Die preußische Regierung hat bekanntlich die Vornahme dieser *Wahlen* bis zum 2. März angeordnet, und die andern Bundesstaaten werden hinter diesem Fortschritt in der Demokratie nicht lange zurückbleiben können, soweit sie Preußen nicht schon vorausgegangen sind."[65] Diese politisch statuierte Zeitbegrenzung erklärt, warum mit wenigen Ausnahmen (z. B. besetzte Gebiete) die Gemeindeneuwahlen in Preußen bis zum 2. März 1919 erfolgten.[66] Zuweilen geschah dies sogar früher, wie in der (alten) Stadtgemeinde Berlin am 23. Februar, bei gesunkener Beteiligung nun mit einer führenden Position der USPD (33 %) gegenüber der SPD (31,8 %).[67] Als eine wesentliche neue politische Arena dieser sich 1919 weiter fortsetzenden Linksverschiebung darf in Berlin zwar auch die Teilöffentlichkeit der Betriebe angesehen werden; sie konnte aber vor Ort mit dem auflagenstarken USPD-Hauptorgan „Die Freiheit" ein wirksames Medium der Verbreitung auch von zugelieferten Berichten aus der Betriebssphäre in die Stadtöffentlichkeit nutzen.[68]

Im Kaiserreich hatte es neben 22 Gliedstaaten mit einer monarchischen Spitze nicht nur die drei Freien Hansestädte, sondern auf Einzelstaats- und

63   Zit. nach Gerhard A. Ritter/Susanne Miller, Die deutsche Revolution 1918–1919. Dokumente, Hamburg 1975, S. 104.

64   Das ist das Ergebnis einer Presseauswertung bei Lehnert, Sozialdemokratie (wie Fn. 4).

65   Volksstimme (Magdeburg) 30. 1. 1919: Am Pfluge der Demokratie.

66   Die Rechtsgrundlage der Neuwahlansetzung in Preußen war die „Verordnung über die anderweite Regelung des Gemeindewahlrechts" vom 24./31. Januar 1919 (Preußische Gesetzessammlung 1919, S. 13 u. 15), vgl. Paul Hirsch, Der Weg der Sozialdemokratie zur Macht in Preußen, Berlin 1929, S. 143.

67   Detlef Lehnert, Kommunale Politik, Parteiensystem und Interessenkonflikte in Berlin und Wien 1919–1932, Berlin 1991, S. 48–51.

68   Ders., Die Revolution als Lohnbewegung? Arbeitskämpfe und Massenaktivierung im Handlungsfeld von Parteien, Gewerkschaften und sozialen Bewegungen in Berlin 1918/19, in: Helmut Konrad/Karin M. Schmidlechner (Hg.), Revolutionäres Potential in Europa am Ende des Ersten Weltkrieges, Wien 1991, S. 27–61, insbes. S. 30 u. 38.

Gemeindeebene auch höchst unterschiedliche Wahlsysteme zwischen extremen Besitzprivilegien und relativer Annäherung an das allgemeine und gleiche Stimmrecht der Männer ab 25 Jahre zum Reichstag gegeben. Entsprechend unterschiedlich war auch der Revolutionsverlauf 1918/19 in den Einzelstaaten, was hier nicht vergleichend dargestellt vorausgeschickt werden kann.[69] Die preußische Entwicklung im Revolutionswinter 1918/19 ist als Teil des Weges in das neue parlamentarisch-demokratische Preußen skizziert worden.[70] Einen Tag nach der erwähnten Proklamation des Rates der Volksbeauftragten für das allgemeine und gleiche Wahlrecht vom 12. November bekräftigte die neue preußische Regierung unter Paul Hirsch (SPD) und Heinrich Ströbel (USPD) nicht allein u. a. diesen politischen Neubeginn „für alle Gemeindevertretungen in Stadt und Land"; vielmehr bediente sie sich auch eines schon in der Anbahnung des Umwälzungsprozesses häufig verwendeten Leitmotivs: „Freiheit, Frieden, Brot".[71]

Nach Verbesserungen im Reallohnindex von 58 auf 100 = plus 72 % in gut einer Generationsspanne von 1880 bis 1913[72], was für eine Mehrheit der Beschäftigten und ihre Angehörigen die Ersetzung des extremen Massenelends durch einen bescheidenen Mindeststandard bedeutet hatte, war besonders in der zweiten Kriegshälfte der tägliche Existenzkampf um das „Brot" auch in die heimatlichen Wohnquartiere zurückgekehrt. Der mit dem Waffenstillstandsabkommen vom 11. November 1918 eingeleitete Weg zu einem – mit dem Versailler Vertrag dann härter als zunächst erhofft ausfallenden – Friedensschluss nährte auch die Erwartungen an die Rückkehr zur Vorkriegsentwicklung und weitere Verbesserungen. Die parallel zur Wahlrechtsproklamation erfolgende Ankündigung des Rates der Volksbeauftragten: „Spätestens am 1. Januar 1919 wird der achtstündige Maximalarbeitstag in Kraft treten", bedeutete die Erfüllung einer Kernforderung der internationalen Arbeiterbewegung. Darin lag auch ein Stück neu erstrittenen demokratischen Freiheitsgewinns, so wie in der Wahlrechtserweiterung und den ersten vier Punkten dieses besonderen Regierungs-

---

69 Erich Kittel, Novemberumsturz 18: Bemerkungen zu einer vergleichenden Revolutionsgeschichte der deutschen Länder, in: Blätter für deutsche Landesgeschichte 104 (1968), S. 42–108; Lothar Machtan, Die Abdankung, Berlin 2008 (zum Sturz der zahlreichen Monarchien); Anke John, Der Weimarer Bundesstaat. Perspektiven einer föderalen Ordnung (1918–1933), Köln 2012 (mit knappen Passagen S. 230 ff. zu einzelstaatlichen Neuordnungen 1918/19).

70 Horst Möller, Parlamentarismus in Preußen 1919–1932, Düsseldorf 1985, S. 33–61; Siegfried Heimann, Der Preußische Landtag 1899–1947, Berlin 2011, S. 126–132.

71 Zit. nach Ritter/Miller, Revolution (wie Fn. 63), S. 105.

72 Tabelle bei Jürgen Kocka, Arbeitsverhältnisse und Arbeiterexistenzen. Grundlagen der Klassenbildung im 19. Jahrhundert, Bonn 1990, S. 495.

programms: „Der Belagerungszustand wird aufgehoben", „Das Vereins- und Versammlungsrecht unterliegt keiner Beschränkung", „Eine Zensur findet nicht statt", „Meinungsäußerung in Wort und Schrift ist frei".[73] Es gehört zu den Faktoren der Enttäuschung von Erwartungen im ersten Halbjahr 1919, dass noch vor der Zäsur von „Versailles" und parallel zu den Nachholbewegungen des Lohnniveaus gegenüber der kriegsfolgebedingten Inflationsdynamik die Gewalteskalation durch Aufstände und Freikorpseinsätze sogar diese garantierten demokratischen Freiheitsrechte in etlichen Regionen wieder beschränkte.[74]

Dass insgesamt eine Demokratisierung der Kommunalpolitik durch Neuwahlen teilweise sogar nachhaltig mehr veränderte als die vorausgegangenen Revolutionsmonate selbst, zeigt eine Übersicht zum „Amtswechsel 1918/19 in Städten mit mehr als 200 000 Einwohnern"[75] und allerdings einem Stichtag 1. Oktober 1919, der hier eine zusätzliche Differenzierung erfordert.[76] Jenseits von Preußen und den Freien Hansestädten fand in keiner dieser sonst ohnehin nur sieben bedeutenderen Großstädte (Leipzig, Dresden und Chemnitz in Sachsen, München und Nürnberg in Bayern, Stuttgart in Württemberg und Mannheim in Baden) vor Juni 1919 eine Neubesetzung des Oberbürgermeisteramtes statt. Das galt für Berlin und seine größten Vorstädte Charlottenburg und Neukölln sogar bis zum Herbst 1919 und für die Ruhrgebietsstädte Dortmund, Duisburg und Essen noch deutlich länger. Auch in Köln als der größten Stadt mit einer vorwiegend katholischen Wählerschaft stand ein Name (Konrad Adenauer seit 1917) für Amtskontinuität über den politischen Systemwechsel im Reich und in Preußen hinaus.

Im zunächst USPD-dominierten Düsseldorf wurde der Oberbürgermeister Adalbert Oehler im Januar 1919 zwar vertrieben, aber so keine nachhaltige

---

73 Zit. nach Ritter/Miller, Revolution (wie Fn. 63), S. 103.

74 Gleichermaßen die grundlegenden demokratischen Fortschritte wie deren Einschränkungen werden aufgezeigt in der neuen Überblicksdarstellung von Wolfgang Niess, Die Revolution von 1918/19. Der wahre Beginn unserer Demokratie, Berlin 2017; als Forschungsüberblick vgl. ders., Die Revolution von 1918/19 in der deutschen Geschichtsschreibung. Deutungen von der Weimarer Republik bis ins 21. Jahrhundert, Berlin 2013.

75 Wolfgang Hofmann, Zwischen Rathaus und Reichskanzlei. Die Oberbürgermeister in der Kommunal- und Staatspolitik des Deutschen Reiches von 1890 bis 1933, Stuttgart 1974, S. 67. Die Angabe zu Chemnitz ist dort fehlerhaft, der Oberbürgermeister 1917 bis 1930 war Johannes Hübschmann, auch erfolgte der Wechsel von Otto Geßler zu Hermann Luppe in Nürnberg entgegen der Listenangabe nach dem 1. Oktober 1919.

76 Dazu auch Detlef Lehnert, Eine politische Revolution der Städtevielfalt. Die deutsche Republikgründungszeit auf kommunaler Ebene, in: Andreas Braune/Michael Dreyer (Hg.), Zusammenbruch, Aufbruch, Abbruch? Die Novemberrevolution als Ereignis und Erinnerungsort, Stuttgart 2019, S. 15–32.

Revolutionierung erreicht, denn auch der erst im Herbst 1919 gewählte Nachfolger Emil Köttgen war ein bürgerlicher Verwaltungsbeamter. In Königsberg wurde sogar der rechtslastige Siegfried Körte bereits zu Beginn der Revolution abgesetzt, es folgte ihm der DDP-Mitbegründer Hans Lohmeyer, so wie in Breslau Otto Wagner (DDP) noch im Dezember 1918 den konservativeren Vorgänger Paul Matting ersetzte. Während im zugrunde gelegten Zeitraum bis Ende September 1919 in den preußischen Regionalzentren Kiel, Frankfurt am Main und Stettin keine Neubesetzungen erfolgten (die besonderen Entwicklungen in den Stadtstaaten Bremen und Hamburg wurden in einer vorausliegenden Publikation bereits ausführlich erläutert[77]), verbleiben in den Revolutionsmonaten zwei preußische Großstädte des norddeutschen Raums mit einem politischen Umbruch zu einem Oberbürgermeister der SPD: In Hannover wurde, nach Amtsflucht des rechtsnationalen Vorgängers Heinrich Tramm, schon am 13. November 1918 unter dem unmittelbaren Eindruck der revolutionären Ereignisse Robert Leinert sogar von der alten bürgerlichen Mehrheit mit zum Oberbürgermeister gewählt.[78] Auch in Magdeburg resignierte der bisherige Amtsinhaber Hermann Otto Reimarus noch im Januar 1919, während sein dann über ein Jahrzehnt viele kommunalpolitische Spuren im Stadtbild hinterlassender Nachfolger Hermann Beims im April 1919 nach den Stadtverordnetenwahlen des Vormonats ins Amt gelangte.[79]

Für die hinsichtlich einer weiterführenden Forschungsstrategie besonders wichtigen Eckdaten von der Entstehung einer vorrevolutionären Situation im Oktober 1918 bis zum (vielerorts) mit den Gemeindewahlen im März 1919 innenpolitisch einstweilen komplettierten demokratischen Neuordnungsprozess ergeben sich einige zusätzliche Gliederungsstationen.[80] Als Entwicklungsabschnitt innerhalb der deutschen Revolution von 1918/19 kann die schon zeitgenössisch gebräuchliche Blickperspektive auf eine „Novemberrevolution"[81] noch weiter in zwei Phasen untergliedert werden: Die Ausgangskonstellation vom November

---

77 Detlef Lehnert (Hg.), Revolution 1918/19 in Norddeutschland, Berlin 2018.

78 Mit u. a. diesem Revolutionsbezug Anna Berlit-Schwigon, Robert Leinert. Ein Leben für die Demokratie, Hannover 2012.

79 Hermann Beims. Magdeburgs großer Oberbürgermeister 1919–1931, Magdeburg 1992.

80 Für den erweiterten Revolutionszeitraum die kompakteste Gesamtdarstellung bietet Ulrich Kluge, Die deutsche Revolution 1918/1919. Staat, Politik und Gesellschaft zwischen Weltkrieg und Kapp-Putsch, Frankfurt a. M. 1985.

81 Das gilt außer für H. Müller, November-Revolution (wie Fn. 44) auch für den linkssozialistischen Antipoden Richard Müller, Eine Geschichte der Novemberrevolution. Vom Kaiserreich zur Republik – Die Novemberrevolution – Der Bürgerkrieg in Deutschland (1924/25), Berlin 2011.

blieb auch bis einschließlich des Reichsrätekongresses von Mitte Dezember 1918 in den Grundelementen wirksam. Erst die für sich genommen zunächst episodenhaften Weihnachtskämpfe, in folgenreicher Verbindung mit dem Konflikt um die Umsetzung der Militärbeschlüsse des Reichsrätekongresses, und der so veranlasste Austritt der USPD-Vertreter aus der Reichs- und Preußenregierung zur Jahreswende führte jene Verschärfung der Gegensätze herbei, die in den Januarkämpfen eskalierten. Aber nach deren blutiger Niederschlagung unter Einsatz von revolutionsfeindlichen Freikorpsverbänden und zugleich in politisch konstruktiver Hinsicht mit den NV- und Preußenwahlen am 19. und 26. Januar 1919 endete diese zweite Phase der „Novemberrevolution". Dieser auch jenseits kalendarischer Plausibilität (die ebenso in der russischen „Februar- und Oktoberrevolution" schwerlich auf jene Monate verengt werden kann) nicht mehr zurechenbar waren die nach Schaffung einer neuen demokratischen Legalität[82] und Legitimität weiterhin auflebenden Versuche, die Revolution „weitertreiben" zu wollen. Dies bezog sich nicht zuletzt auf die – auch innerhalb der Anerkennung demokratischer Mehrheitsentscheidungen ihre Berechtigung unverändert behaltenden – klassenpolitischen Fragen einschließlich von Streiks und Versuchen des Erkämpfens anderer Machtverhältnisse in den Betrieben.[83]

5. Tageszeitungen als historische Quelle zur Revolution 1918/19

Nur selten wurde bislang geschichtswissenschaftlich reflektiert, in welch umfassendem Wortsinne gerade in bestimmten historischen Perioden die Tageszeitungen als *Medium* dienten: Sie bewirkten eine Vermittlung zwischen den sich beschleunigt verändernden, übergreifend wirksamen Zeitumständen und den stets begrenzten alltäglichen Erfahrungsräumen. In welchem Maße die Massenperiodika in den beiden Dekaden eines „Durchbruchs der Moderne"[84] selbst *alltäglich* geworden sind, ist bereits den schlichten Daten zu entnehmen. Nachdem schon 1897 bei einer – damals nicht einmal kompletten – Erfassung mit einer Auflage deutscher Tageszeitungen von ca. 9 Mio. zu rechnen war, hat sich diese Zahl bis 1910 auf ca. 18 Mio. verdoppelt.[85] Gesamtschätzungen belaufen sich gar

---

82 Schon das von der Weimarer NV beschlossene „Gesetz über die vorläufige Reichsgewalt" vom 10. Februar 1919 (Reichsgesetzblatt 1919, S. 169) normierte wesentliche demokratische Grundprinzipien.

83 Peter von Oertzen, Betriebsräte in der Novemberrevolution, 2. erw. Aufl. Berlin 1976.

84 Hardtwig, Einleitung (wie Fn. 48), S. 11.

85 Jürgen Wilke, Grundzüge der Medien- und Kommunikationsgeschichte, Köln 2000, S. 275.

auf bis zu (freilich nicht verkauften Drucküberschuss enthaltenden) 25 Mio. Zeitungsexemplaren vor dem Ersten Weltkrieg[86], was auch die nicht mehr steigerungsfähige Ausgangslage zu Beginn der Weimarer Republik definierte.

Zumal viele Zeitungsexemplare durch mehrere Hände gingen und das Vorhandensein unterschiedlicher Tageszeitungen im gleichen Haushalt nur ein Minderheitsphänomen gewesen sein dürfte, ist die Relation zu den 30,5 Mio. abgegebenen Stimmen[87] der ab 20-jährigen Frauen und Männer zur erstmals volldemokratischen NV-Wahl am 19. Januar 1919 recht plausibel. Wenn auch schon 1907/1912 eine Wahlbeteiligung von knapp 85 % unter den noch allein stimmberechtigten Männern ab 25 Jahre erreicht wurde[88], hatte sich dies begleitet von der erwähnten Ausweitung der Gesamtauflage deutscher Tageszeitungen vollzogen. Ohne einen vollständigen Zusammenhang behaupten zu wollen, konnte damals von einer ungefähr der hohen Wahlbeteiligung entsprechenden mindesten Lesefähigkeit und -praxis ausgegangen werden.[89] Zum thematisierten Gesamtkomplex hat das interdisziplinäre Forschungsteam einer intensiven Zeitungsauswertung für die leichter zu erfassende kleine Schweiz prägnant vorausgeschickt: „Öffentlichkeit ist der Raum, in dem Gesellschaften sich ihrer Existenz als Gesellschaften bewusst werden. Politisch wird Öffentlichkeit, wo sie die Vermittlung zwischen Staat und Gesellschaft sucht. Am Anfang dieses modernen Typus politischer Konfliktbearbeitung stehen die Zeitungen. Sie gehören zur modernen Demokratie wie die Parteien."[90]

Der Blick auf „Practicing Democracy"[91] wird freilich, gerade auch in dem hier betrachteten Preußen, erst im Übergang zur Republik umfassend möglich. Denn wer Demokratie mit Volks*herrschaft* im Sinne von „Die Staatsgewalt geht vom Volke aus" – wie es Art. 1 der Weimarer Reichsverfassung seit deren ersten

---

86   Rudolf Stöber, Deutsche Pressegeschichte, Konstanz 2000, S. 147.

87   Falter u. a., Wahlen (wie Fn. 5), S. 67.

88   Gerhard A. Ritter/Merith Niehuss, Wahlgeschichtliches Arbeitsbuch. Materialien zur Statistik des Kaiserreichs 1871–1918, München 1980, S. 41 f.

89   Wenn Jürgen Osterhammel, Die Verwandlung der Welt. Eine Geschichte des 19. Jahrhunderts, München 2009, S. 1118 an der Spitze der „Massenalphabetisierung" um 1910 Großbritannien, die Niederlande und Deutschland mit „100 Prozent" listet, vernachlässigt das funktionalen Analphabetismus – und erst recht mindere Leseschwächen, die aber z. B. bei Flugzetteln mit Kurzparolen und Zeitungswahlparolen nicht voll ins Gewicht fielen.

90   Kurt Imhof u. a. (Hg.), Zwischen Konflikt und Konkordanz. Analyse von Medienereignissen in der Schweiz der Vor- und Zwischenkriegszeit, Zürich 1993, S. 1 (Vorwort).

91   Margaret Lavinia Anderson, Practicing Democracy. Elections and Political Culture in Imperial Germany, Princeton/N. J. 2000.

Entwürfen zu Jahresbeginn 1919 beinhaltete – definieren will, kann im späten Kaiserreich lediglich demokratische Organisations- und Massenpraktiken teilweise *angebahnt* sehen. Treffender können diese Wahlen vor 1914 als „Lehrjahre"[92] für die Republikzeit charakterisiert werden, zumal neben allen Frauen auch die Anfang 1919 unter 32-jährigen Männer zum letzten Reichstag 1912 noch gar nicht wählen durften. Bei den sich gerade in Revolutionswochen nicht in der Abgabe von Stimmzetteln erschöpfenden demokratischen Praktiken ist mit einer politik-, kultur- und sozialwissenschaftlichen Herangehensweise primär die Analyse von Massenquellen als den regionalisierten Einfluss-Agenturen und zugleich Arenen des Meinungs- und Machtkampfes zielführend. Das führt zu einer mit Recht von einem der Autoren dieses Bandes in einem Forschungsüberblick vertretenen Ausgangsthese: „In jeder Revolution kommt dem Kampf um die Meinungs- und Deutungshoheit eine zentrale Bedeutung zu. [...] Pressehäuser und Druckereien waren vielerorts die umkämpftesten Orte der Revolution."[93]

Ein Spezifikum der Tageszeitungen ist stets deren evidente Historizität, denn ihre Verortung in Zeit und Raum ist durchweg unmittelbar eindeutig: Es steht das Erscheinungsdatum in (nur Sonn- und Feier- sowie Konflikttage teilweise ausnehmender) lückenloser Periodizität auf jeder Ausgabe; bis hin zu den führenden „Weltblättern" wie dem „Berliner Tageblatt" und der „Frankfurter Zeitung" trugen sie häufig schon im Haupttitel, sonst mit wenigen Ausnahmen ersatzweise in dessen Unterzeile einen Ortsnamen bzw. hatten sonst einen verzeichneten Regionalbezug. Keine andere Quellengattung vermag eine solch präzise Rasterung gleichermaßen auf der Zeitschiene wie in der Ortsvielfalt zu liefern. Etwas zugespitzt formuliert: Ohne systematische, also nicht bloß auf selektive Ausschnitts-Sammlungen vertrauende Auswertung von Tagespublizistik mit Blick auf damalige Zeit historisch Forschende können vorwiegend nur finden, was sie nach den häufig von Gegenwartshorizonten geleiteten Schwerpunktsetzungen bevorzugt suchen bzw. damals z. B. von Verwaltungen nach deren Regeln und Gewohnheiten archiviert wurde. Hingegen vermitteln die informations- und meinungsgesättigten Zeitungsdokumente authentischere und weitere Gesichtspunkte öffnende Zugänge, die weniger von retrospektiven Narrativen oder früherer zeitgenössischer Selektion enggeführt werden können.[94] Eher

---

92	So in deutschsprachiger Fassung dies., Lehrjahre der Demokratie. Wahlen und politische Kultur im Deutschen Kaiserreich, Stuttgart 2009.

93	Volker Stalmann, Die Wiederentdeckung der Revolution von 1918/19, in: Zeitschrift für Geschichtswissenschaft 64 (2016), S. 521–541, hier S. 537.

94	Themenorientierte Problemskizzen liefert Boris Barth, Die Revolution 1918/19 und das Problem massenmedialer Kommunikation, in: Sven Grampp u. a. (Hg.), Revolutionsmedien – Medienrevolutionen, Konstanz 2008, S. 347–366.

schon gibt es das forschungspraktische Problem des zwar wegen des regelmäßigen Erscheinens recht gut abschätzbaren, jedoch stets hohen Aufwands der kompletten Durchsicht.[95] Das gilt sogar für konzentrierte Zeitspannen wie hinsichtlich eines ungefähren Revolutionshalbjahrs 1918/19, wobei autorenseitig je nach
den besonderen Entwicklungslinien in den betrachteten Stadträumen vor die
Oktoberkrise 1918 zurück- und auch über den März 1919 der Kommunalwahlen
etwas hinauszugreifen war.

6. Zu den Beiträgen dieses Bandes

Das erste Auswahlkriterium der hier einbezogenen preußischen Städte ist deren
in die wirtschaftliche, soziale, kulturelle und politische Bedeutsamkeit einflie-
ßende Bevölkerungszahl[96]: Berlin, Köln, Breslau, Essen, Frankfurt am Main,
Düsseldorf, Charlottenburg, Hannover, Dortmund und Magdeburg waren 1919
in dieser Reihenfolge die zehn bevölkerungsreichsten preußischen Großstädte.
Angesichts der erwähnten Besonderheiten des Berliner und rheinisch-westfälischen Großraums wurde zum einen auf besondere Studien zu Charlottenburg verzichtet (es wird aber ebenso wie z. B. Neukölln, als elftgrößte preußische Stadt vor beider Eingemeindung 1920, im Berlin-Text zuweilen erwähnt).
Zum anderen hat der Beitragsautor *Wilfried Reininghaus* für die westliche Indus-
trieregion einen auch zur Ergänzung des rheinischen Köln dienenden westfälischen Schwerpunkt auf Dortmund (und dann im Vergleich die kleineren Großstädte Bochum und Gelsenkirchen) gesetzt, wobei dann allerdings Düsseldorf
und Essen zuweilen mit in sein Blickfeld gerückt werden. Auch sonst bleiben
autorenseitig jenseits des betrachteten Kernzeitraums und der auszuwertenden
Tageszeitungen eigene Akzente zu den für erwähnungsbedürftig gehaltenen
Informationen jeweils legitim.

Dem unmittelbar nachfolgenden Beitrag von *Holger Czitrich-Stahl* über Berlin kommt auch die Aufgabe zu, die in der Hauptstadtpresse berichteten und kommentierten Entwicklungen ausführlicher zu präsentieren. So können sie dann in
den anderen Städten nur knapp mit einbezogen und sonst die Schwerpunkte auf
regionalem und insbesondere lokalem Geschehen und Debattenverlauf gesetzt

---

95   Für die verlässliche Zulieferung der beauftragten Zeitungsauszüge ist Jörg Pache (Ber-
     lin) und Tobias Stingel (Hannover) zu danken, für die auswertende Lektüre und den Text
     sind die Autoren dieses Bandes allein verantwortlich.
96   „Ortanwesende" gemäß Statistisches Jahrbuch für das Deutsche Reich 41 (1920), Berlin
     1920, S. 6 (Volkszählung 1919, gerundet).

werden. Gerade im Vergleich ist hervorzuheben, wie sehr das Alt-Berlin von
1918/19 vor den Eingemeindungen zu Groß-Berlin heutiger Dimension auch
ein politischer Sonderfall war: Es gab trotz dessen Verankerung in den Regierungen und Verwaltungen nach der frühen antisemitischen Stoeckerschen Episode um 1880 fast keinen öffentlich relevanten Konservatismus oder Nationalliberalismus. Das bewahrende und sich nur mühsam zum Massenzeitalter hin
öffnende Element war ein vom Dreiklassenwahlrecht begünstigter Kommunal-
freisinn, der erst mit der DDP-Gründung und dem republikfreundlichen Kurs
der ihr nahestehenden Richtungs- und Massenpresse teilweise erneuert wurde.
Das politische Erbe einer mit über 75 % der Stimmen bei den Reichstagswahlen
1912 in Berlin geradewegs erdrückend führenden SPD teilten sich bereits in den
Revolutionsmonaten zwei Nachfolgerinnen: die vor Ort sehr bald auch quantita-
tiv nicht mehr zutreffend Mehrheits-SPD zu nennende Partei, die zeitgenössisch
gleichermaßen in Selbst- wie Fremdbezeichnung nicht „MSPD" hieß[97] (deshalb
in diesem Band auch nicht so bezeichnet wird), und die USPD, die im Berliner
Raum eine ihrer zunächst noch wenigen Hochburgen konzentrierte. Neben der
in der preußisch-deutschen Metropole besonders tiefen Spaltung zwischen dem
linken USPD-Ortsmilieu und den SPD-Regierungsmitgliedern bestand gewiss
auch ein Mehrebenen-Problem: also gleichermaßen Alt-Berlin, werdendes Groß-
Berlin, preußische und deutsche Revolutionshauptstadt sein zu müssen, was
mit verhinderte, dass mehr als nur punktuell ein kommunales Analogon zum
„Roten Wien" entstehen konnte.[98]

Das im Text von *Jörg Pache* behandelte Breslau war auch wegen seiner Lage
recht weit im preußischen Südosten die einzige Regionalmetropole dieses Bandes mit einem vormals einflussreichen Parteikonservatismus als vorwiegend nur
ostelbisches Phänomen. Dennoch war die SPD wie in fast allen nicht mehrheitlich katholischen Großstädten die nun klar führende und zunächst häufig auch
die absolute Mehrheit erzielende politische Massenkraft. Indem abweichend vom
sonst in Preußen dominierenden AuSR ein auch in Südwestdeutschland anzu-
treffender „Volksrat"[99] gebildet wurde, gab die als gleichermaßen integrations-
stark nach links (fast keine USPD) wie relativ gemäßigt auftretende SPD bereits

---

97 Nachweis dazu bei Detlef Lehnert, Soziale Demokratie als Synthese von Demokratie
    und Sozialismus?, in: Stefan Berger u. a. (Hg.), Gewerkschaften in revolutionären Zeiten.
    Europa 1917 bis 1923, Essen 2019 (i. E.).
98 Zum umfassenden Vergleich beider deutschsprachiger Hauptstädte ders., Kommunale
    Politik (wie Fn. 67).
99 Peter Brandt/Reinhard Rürup (Bearb.), Arbeiter-, Soldaten- und Volksräte in Baden
    1918/19, Düsseldorf 1980.

politische Kooperationsbereitschaft zu erkennen; diese zeigte sie auch gegenüber einem – nach durchaus revolutionsbedingter Ablösung eines konservativen Vorgängers – neuen DDP-Oberbürgermeister. Im „Volksrat" klang damals
auch keine Verleugnung eines „Klassenstandpunkts" mit an, was allein schon
die Namen von SPD-Organen dieses Bandes illustrieren: „Volkswacht" (Breslau), „Berliner Volksblatt" (Untertitel des „Vorwärts"), „Volksstimme" (Magdeburg und Frankfurt am Main), „Volkswille" (Hannover und episodisch Gelsenkirchen), „Westfälische Allgemeine Volkszeitung" (Dortmund) und „Volksblatt" (Bochum). Auch das neben dem Berliner USPD-Zentralorgan „Die Freiheit" (dieser Name klang so wenig „proletarisch" wie jener des Chefredakteurs
Dr. Rudolf Hilferding) für die betrachteten Städte einzige USPD-Blatt, nämlich
in Frankfurt am Main, hieß nicht etwa in langer SPD-Tradierung, sondern als
revolutionäre Neugründung „Volksrecht", und das wichtigste USPD-Organ aus
einem linken SPD-Erbe war die „Leipziger Volkszeitung".[100]

Ein separat nachfolgender Vergleich (S. 245–248) der in mehrfacher Hinsicht
relativ benachbarten Städte Hannover und Magdeburg ist auch wegen schon
erfolgten Hinweises auf den Wechsel zu SPD-Oberbürgermeistern (und zudem
eigener Autorenschaft) hier ebenso auszusparen wie die komplexeren, teilweise
bereits skizzierten Eigenheiten des Ruhrgebiets. So verbleiben noch zwei ein-
bezogene preußische Regionalmetropolen sehr eigenen Profils kurz vorzustellen. Das von *Peter Steinbach* behandelte Köln bildet zur westfälisch zentrierten
Ruhrstädte-Studie die rheinische Ergänzung mit wesentlich zwei Besonderheiten: Einerseits war Köln als Erzbischofssitz mit dem weltbekannten Dom wohl
die wichtigste deutschsprachige katholische Großstadt nach Wien, das aber nur
die vom Antisemiten Lueger 1895/97 begründete christlich-soziale Ära zwischen
dem vorausgehenden elitären Kommunalliberalismus und der seit 1919 allein
von der schwarzen und dann braunen Diktatur unterbrochenen sozialdemokratischen Hegemonie erlebte. Hingegen wurde die 1917 noch im Kaiserreich begonnene und sich über die Weimarer Republik erstreckende Ära Adenauer, dessen
öffentlich wahrnehmbare Bedeutung 1918/19 wohl eher überschätzt worden ist,
nach 1945 gesamtbundesrepublikanisch fortgesetzt, wenn z. B. an die wesentlich
von ihm bewirkte Ansiedlung der zunächst als provisorisch gedachten Hauptstadt im unmittelbar benachbarten Bonn erinnert wird. Andererseits gehörte
Köln 1918/19 zu einer von den westlichen Siegermächten durch Besetzung kon-
trollierten Zone, was den Spielraum revolutionärer Aktivitäten begrenzte und
sogar zur Verschiebung der Kommunalwahl in den Herbst 1919 führte.

---

100 Eine Gesamtübersicht bietet dazu Kurt Koszyk, Die Presse der deutschen Sozialdemokratie, Hannover 1966.

Auch Frankfurt hatte als Teil der – sich an die besetzte anschließenden – entmilitarisierten Zone besondere Handlungsbedingungen, die im Beitrag von *Volker Stalmann* erläutert werden. Einesteils waren so der Existenz von Soldatenräten enge Grenzen von nur einigen Wochen gezogen, anderenteils konnten aber deswegen auch nicht frühzeitig gewalteskalierende „Regierungstruppen" gegen rebellisches Potenzial eingesetzt werden. Das verschaffte dem Arbeiterrat und der USPD woanders im Frühjahr 1919 so nicht mehr vorhandene Bewegungsräume. Insgesamt war Frankfurt nicht allein sozusagen die „beute-preußische" (Annexion der Freien Stadt 1866) Grenzstation zum süddeutschen Raum und Traditionsort der Revolution 1848/49, sondern die auch am ehesten *pars pro toto* zu setzende deutsche Regionalmetropole der Revolution 1918/19: Die SPD war gleich den meisten größten Städten die führende Massenkraft, streifte aber nicht Frankfurts linksliberale Tradition gänzlich ab, wofür auch ein bald prominentester Sozialdemokrat wie jener erwähnte, von der linksbürgerlichen Demokratischen Vereinigung herstammende Hugo Sinzheimer gestanden hat.[101] Daneben gab es die ungefähr in Richtung des Reichsdurchschnitts erstarkende USPD mit ebenfalls weit über die Region hinaus Bedeutung erlangenden Persönlichkeiten wie Robert Dißmann und als (noch seltenes) weibliches Pendant Toni Sender, die beide 1922 zur SPD zurückkehrten. Auch wenn dies zur Republikgründung ohne publizistische Resonanz blieb, kommt zur Komplettierung gerade eines breiten demokratischen Spektrums hinzu, dass bei einem Katholikenanteil von preußisch repräsentativen gut 30 % dann ab 1923 in Frankfurt die „Rhein-Mainische Volkszeitung" als Sprachrohr des entschieden die Weimarer Koalition mittragenden Zentrumsflügels erschien.

7. Fazit und Ausblick

Während gegenüber den allermeisten Stadtparlamenten des kaiserzeitlichen Privilegienwahlrechts die AuSR noch eine bewegungsdemokratische Partizipationserweiterung dargestellt hatten, galt dies nicht mehr nach der – sie insofern rasch delegitimierenden – Neuwahl der Gemeindevertretungen durch alle erwachsenen Frauen und Männer. Hinzu kam, dass weit entfernt von wenigen frühzeitigen und viel mehr späteren Theorien der Rätealltag auch in den Revolutions-

---

101 Christoph Müller, Hugo Sinzheimer (1875–1945), in: Detlef Lehnert (Hg.), Vom Linksliberalismus zur Sozialdemokratie. Politische Lebenswege in historischen Richtungskonflikten 1890–1945, Köln 2015, S. 145–174.

monaten von lokalen und allenfalls regionalen Aufgaben bestimmt wurde.[102] Fernerhin war für die verschiedenen kurzen Experimente mit Räterepubliken neben der räumlichen Zersplitterung und keiner realistischen Machtchance zur Etablierung von so etwas wie einer Berliner oder sonstigen „Commune" (nach revolutionärem Pariser Vorbild 1871) eine Ungleichzeitigkeit zu registrieren: insbesondere zwischen den frühen norddeutschen Kulminationszentren der politischen Radikalisierung und den um entscheidende Wochen oder Monate späteren mittel-, west- und süddeutschen. Es ist bislang zu wenig beachtet worden, dass nur auf Länderebene, außer in Braunschweig auch den Stadtstaaten Bremen und Hamburg (und dann München als bayerisches und nicht kommunales Experiment zuordnend), radikalere politische Räte-Experimente gewagt worden sind, die vorübergehend auf ein neues *Regierungs*system zielten. Hingegen wurden Kommunalorgane, und das galt letztlich auch für USPD-Hochburgen wie Leipzig[103], offenkundig als Teil eines *Verwaltungs*gefüges gesehen, das man über Personalergänzung und Kontrollfunktionen von Rätegremien zureichend in den Griff zu bekommen meinte – und seitens der Revolutionsträger auch nicht in der für Versorgungsleistungen vor Ort existenzwichtigen Funktionsfähigkeit grundstürzend beeinträchtigen wollte.

Diese Selbstbeschränkung auch in einem tiefgreifenden großstädtischen Machtumlagerungs- und Neuordnungsprozess ließ die Revolution 1918/19 in Preußen als fast durchweg sozialdemokratisch geprägt erscheinen. Das galt unter den betrachteten Städten allemal für Breslau, Hannover, das westfälische Ruhrgebiet und Köln, wo sich eine USPD-Konkurrenz zur SPD kaum entfaltete und „Spartakus" zunächst weitgehend nur ein gegenstandsdiffuses Schlagwort war. Doch auch die Frankfurter USPD um Dißmann/Sender, und das galt ebenso für den USPD-Lokalmatador Alwin Brandes in Magdeburg, verließ nicht grundsätzlich (linke) sozialdemokratische Traditionslinien. Wenn dieser Seitenblick ins zweitgrößte Land Bayern hier ausnahmsweise in einem Preußenband gestattet sei: Nach der sozialdemokratischen Revolution Kurt Eisners blieb – nach dessen Ermordung als schon auf dem Weg zum Rücktritt befindlicher bayerischer Ministerpräsident – die Radikalisierung der Räterepublik kommunalpolitisch eine kurze Episode; die in breiter Empörung über die Brutalität von „Regierungstruppen" zur stärksten Fraktion gewachsene USPD

---

102 Detlef Lehnert, Rätealltag und Regionalismus in der deutschen Revolution 1918/19, in: Heinz-Gerhart Haupt u. a. (Hg.), Jahrbuch Arbeiterbewegung. Geschichte und Theorie 1982: Selbstverwaltung und Arbeiterbewegung, S. 73–109, insbes. S. 93–97.

103 Werner Bramke/Silvio Reisinger, Leipzig in der Revolution von 1918/1919, Leipzig 2009.

wählte im Juni 1919 sogar den SPD-Kandidaten Eduard Schmid mit zum neuen Stadtoberhaupt.[104] Das war jedoch unter west- und süddeutschen Bürgermeisterverfassungen eine greifbarere Option als im Rahmen der in nördlicheren und östlicheren Teilen Preußens geltenden Magistratsverfassung. Sogar die vor München bereits in Berlin stärkste USPD-Fraktion versuchte nicht den seit 1912 amtierenden Oberbürgermeister Adolf Wermuth aus dem Amt zu drängen. Im Gegenteil führten letztlich publizistische Angriffe aus dem bürgerlichen Lager 1920 zu seiner Resignation aus zuvor deutlichem Bemühen um ein Arrangement mit der 65 % der Mandate ausmachenden sozialdemokratischen Mehrheit trotz deren Spaltung.[105]

Während es *die* eine gleichzeitig umfassend erzählende und tiefschürfend analysierende Gesamtdarstellung zur deutschen Revolution 1918/19 schon deshalb kaum jemals geben dürfte, weil sie dermaßen viele Landes- und zumindest Großstadtentwicklungen zusammenführen müsste[106], haben jüngste Überblicksschriften doch auch neue Akzente gesetzt. Während zuvor das Urteilsspektrum zwischen verpassten Chancen und vermiedenen Katastrophen schwankte, werden nun deutlicher langfristig positive Wirkungen hervorgehoben. Ein bereits etwas überakzentuiert erscheinender Untertitel wie „Der wahre Beginn unserer Demokratie"[107] (wer kann schon Auskunft über den „wahren" Ursprung historischer Konstellationen erteilen?) spricht nicht zufällig von „unserer" Demokratie, also jener des Grundgesetzes mit fortgeschriebenen Entwicklungsperspektiven bis in die Gegenwart. Die Weimarer Verfassung als Ergebnis der Aktions- und Legitimationskette Novemberrevolution – Reichsrätekongress – NV-Wahl – Verfassunggebung wird längst deutlich positiver, nämlich teils näher am Grundgesetz, teils sogar mit unter günstigeren Bedingungen zusätzlich nutzbaren Potenzialen ausgestattet gesehen.[108] Wenn nach 1848 nun endlich auch „1918" als ein „Aufstand für die Freiheit" in breiterer publizistischer Öffentlichkeit anerkannt wird und aus damaliger „Geburt der Demokratie in Deutschland" ein „Lob der

---

104 Elisabeth Angermair, Eduard Schmid (1861–1933). Ein sozialdemokratischer Bürgermeister in schwerer Zeit, München 2001, S. 57 f.

105 Lehnert, Kommunale Politik (wie Fn. 67), S. 77 f.

106 Zu den weniger beachteten ländlichen Revolutionsbewegungen vgl. ergänzend Heinrich Muth, Die Entstehung der Bauern- und Landarbeiterräte im November 1918 und die Politik des Bundes der Landwirte, in: Vierteljahrshefte für Zeitgeschichte 21 (1973), S. 1–38.

107 Niess, Revolution 1918/19 (2017, wie Fn. 74).

108 Exemplarisch Horst Dreier/Christian Waldhoff (Hg.), Das Wagnis der Demokratie. Eine Anatomie der Weimarer Reichsverfassung, München 2018.

Revolution" erwächst[109], ist es fast schon wieder an der Zeit, auch die Grenzen der tatsächlich und nachhaltig erreichten Neuordnung gebührend mit hervorzuheben. Die in diesem Band versammelten Studien zu den wichtigsten preußischen Großstädten und urbanen Verdichtungsräumen sollen jedenfalls einen Beitrag zu solcher angemesseneren Synthese leisten.

Wenn abschließend noch ein hervorstechender Befund aus der städteübergreifenden Zeitungsauswertung besonders akzentuiert werden soll, dann ist es der frühe Einsatz der Dolchstoßlegende zur fundamentalen Diskreditierung der Novemberrevolution in Preußen, aber dies nur an einigen Orten. Die allgemeine Geschichte der Anbahnung einer solchen, die militärische und politische Führung des untergehenden Kaiserreichs tatsachenwidrig entlastenden Version der Kriegsniederlage ist seit langem bekannt.[110] In dem vorausgegangenen Band zu Norddeutschland wurde autorenseitig nur für Lübeck eine diesbezügliche rechtsbürgerliche Verwendung in den Tageszeitungen (auch erst Februar 1919) vermerkt.[111] Dass in Breslau ein DNVP-nahes Blatt wie die „Schlesische Zeitung" gelegentlich eine Dolchstoßpropaganda enthielt, kann nicht verwundern. Doch auch für Köln besteht kein Zweifel, dass eine schon Ende November 1918 verzeichnete wörtliche Vollversion der Legende, dass Deutschland „hinterrücks aus den eigenen Reihen einen tödlichen Dolchstoß" erhalten habe (S. 318), der Grundtendenz einer damals ausgeprägt national- und rechtskatholisch akzentuierten „Kölnischen Volkszeitung" (KVZ) entsprach. Aus Hannover sind – hier nicht einmal vorab aufzählbar – zahlreiche, im Wortlaut unterschiedliche Versionen jener Dolchstoßlegende überliefert, die aber dort primär mit der DVP bis hin zu ihrem Parteiführer Gustav Stresemann verbunden waren, der so auch seinen imperialistisch-annexionistischen Habitus aus den Kriegsjahren zunächst fortführte. Das strahlte auch noch auf die nationalliberale „Magdeburgische Zeitung" ab, die nur vorübergehend ihre DDP-Wahlunterstützung zugleich inhaltlich unterfütterte.

Was im publizistischen Kontrast dazu sonst auffällt, ist zweierlei: Schon die zur DDP wechselnden ehemaligen Nationalliberalen hielten gegenüber Dolchstoßlegenden zumeist historisch-politischen Abstand. Erst recht galt das für SPD-Blätter, die teilweise von defensiver Betonung ihrer loyalen, aber friedenswilligen

---

109 Joachim Käppner, 1918 – Aufstand für die Freiheit. Die Revolution der Besonnenen, München 2017; Lars-Broder Keil/Sven Felix Kellerhoff, Lob der Revolution. Die Geburt der Demokratie in Deutschland, Darmstadt 2018.

110 Ausführlich dazu Boris Barth, Dolchstoßlegenden und politische Desintegration. Das Trauma der deutschen Niederlage im Ersten Weltkrieg 1914–1933, Düsseldorf 2003.

111 Lehnert, Revolution 1918/19 (wie Fn. 77), S. 291.

Grundhaltung zur offensiven Schuldzuweisung an den kriegführenden und kriegsverantwortlichen Obrigkeitsstaat übergingen und so der Propagandalüge vom Dolchstoß offensiv entgegentraten. Fernerhin übertrug sich das örtliche Parteienspektrum ersichtlich auf die öffentliche Behandlung dieser Thematik: Die Rheinfront-Zentrumsagitation der KVZ fand sich nicht in den katholischen Tageszeitungen Breslaus und Hannovers, ebenso wie der alldeutsch gefärbte rechtsnationalliberale „Hannoversche Kurier" keine Entsprechung in anderen DVP-nahen Tageszeitungen wie der reichsweit beachteten „Kölnischen Zeitung" mit ihrem weiter gefassten Meinungsspektrum hatte. Allerdings war eine DDP-Liberalisierung vormals rechtsbürgerlich-nationaler Blätter ihrerseits auch eine Revolutionsfolge, nicht zuletzt durch eine kulturbürgerliche Erweiterung der zeitprägenden Autorenschaft. Der sich im Laufe der zweiten Hälfte des betrachteten Winterhalbjahrs 1918/19 teilweise verschärfende Ton in der polarisierten Auseinandersetzung kündigte freilich bereits eine Tendenzwende an, die in der Agitation gegen den Versailler Vertrag dann auch die in der Anbahnung nicht geleugneten Errungenschaften der Weimarer Verfassung überschattete. Allerdings kann nicht die Revolution 1918/19, weder in Preußen noch den anderen deutschen Einzelstaaten, wesentlich für die antirepublikanischen gegenrevolutionären Kräfte oder gar überhaupt die internationalen Rahmenbedingungen nach einem verlorenen Weltkrieg verantwortlich gemacht werden.

HOLGER CZITRICH-STAHL

Revolution in der Hauptstadt und ihrer Presse: Berlin 1918/19

Berlin ist zu keiner Zeit ein abgeschlossenes Kapitel gewesen, immer hat es sich mit dem Zeitgeschehen und mit seinen Protagonisten verändert, stets veränderte es auch selbst die Zeitläufte. In den Jahren 1918 und 1919 hatte Berlin in seiner damaligen territorialen Größe die Einwohnerzahl von 2 Mio., die es von 1905 bis 1913 stets übertraf, nicht wieder erreicht. Der Krieg und die Einberufung der wehrfähigen Männer ließen die Kopfzahl bis Ende 1917 auf rund 1,75 Mio. sinken. Die diesen Einwohnern zur Verfügung stehende Fläche betrug rund 65 km² und bestand wesentlich aus den heutigen Ortsteilen Mitte, Wedding, Kreuzberg und Tiergarten sowie einem Teil des heutigen Friedrichshain. Dies änderte sich erst mit der Bildung Groß-Berlins am 27. April 1920, wodurch die Fläche der Metropole auf 878 km² anwuchs und nun annähernd 4 Mio. Alt- und Neuberliner beherbergte. Mit dieser großen Verwaltungs- und Gebietsreform kamen Städte wie Charlottenburg, Schöneberg, Lichtenberg, Neukölln, Wilmersdorf und Spandau hinzu.

Den größeren Anteil der Fläche aber stellten die ehemaligen, nun eingegliederten Landgemeinden um das alte Berlin herum, die – bereits erheblich verstädtert und seit 1912 im „Zweckverband Groß-Berlin" verbunden – zuvor den Landkreisen Niederbarnim oder Teltow-Beeskow angehörten; sie wölbten sich wie Kragen um die ins Umland hineinwachsende Metropole und stellten im Nahbereich zu Berlin wichtige Arbeitskraftpotenziale und Wohnquartiere zur Verfügung.

1. Politik und Presse in der Metropole Berlin

Zur Zeit der Revolution existierte Groß-Berlin also noch nicht, aber mit der Infrastruktur und der wirtschaftlichen Verflechtung war es längst lebenskräftig. Damit ist beispielsweise die Lokalisierung der „Märzkämpfe" von 1919 im Osten der Stadt und in Lichtenberg erklärbar: Hier lebte und wohnte ein Großteil der streikenden Arbeiterschaft, wohingegen die gehobeneren Klassen

Berlins im Westen der Stadt oder im Südwesten vor ihr residierten.[1] Auch die politischen Präferenzen bildeten diese Segregation von West nach Ost ab: Während es der SPD bis zum Kriegsbeginn im I. Reichstagswahlkreis, der klassischen Mitte, nie gelang, den Reichstagsabgeordneten zu stellen, erreichten 1912 Otto Büchner (IV) 82,6 %, Georg Ledebour (VI) 80,6 %, Robert Schmidt (V) 70,4 %, Wilhelm Pfannkuch (III) 66,2 % und Richard Fischer (II) 59,9 %. Zählt man Niederbarnim (Arthur Stadthagen, 71,6 %) Teltow-Beeskow-Charlottenburg (Fritz Zubeil, 58,9 %) hinzu, kann man von einer absoluten Dominanz der Sozialdemokratie in Groß-Berlin sprechen.[2] Diese politische Macht war während des Krieges in den Aprilstreiks 1917 und dem Januarstreik 1918 deutlich zum Ausdruck gebracht worden, auch als Demonstration der Ablehnung der Politik des „Burgfriedens".[3]

Diese organisatorische und politische Macht der Arbeiterbewegung stand der in Berlin zentralisierten Staatsmacht des Reiches und seines mit Abstand größten Bundesstaates Preußen gegenüber. Der Deutsche Kaiser war in Personalunion König von Preußen, der Reichskanzler zugleich preußischer Ministerpräsident. Doch galten zwischen der kaiserlichen und der königlichen Politik nicht immer identische Prinzipien. Besaß das Reich ein für damalige Zeiten fortschrittliches gleiches Männerwahlrecht, wählten die männlichen Preußen das Abgeordnetenhaus nach dem Dreiklassenwahlrecht. Dieses galt auch für die Gemeindewahlen und Stadtverordnetenversammlungen (künftig: SVV) und beinhaltete dort Exklusionsregelungen wie das „Hausbesitzerprivileg", das die Sozialdemokratie noch zusätzlich benachteiligte. In Berlin befanden sich die Landratsämter der umliegenden Landkreise. Der Reichstag als das parlamentarische Zentrum der Sozialdemokratie des Reiches besaß seit 1895 sein Domizil im heutigen Reichstagsgebäude, das Preußische Abgeordnetenhaus hingegen ließ die SPD wegen des Dreiklassenwahlrechts bis 1908 außen vor. Insofern bot diese Doppelstruktur genügend politisch-ideologischen Entwicklungsspielraum zwischen Reformismus und Radikalismus.

Berlin war zugleich eine Metropole der Kultur und der Presse. Dieser Wesenszug einer „Zeitungsstadt" begann mit den Pionieren Leopold Ullstein,

---

1   Vgl. Detlef Lehnert, Das „rote" Berlin. Hauptstadt der deutschen Arbeiterbewegung?, in: Gert-Joachim Glaessner u. a. (Hg.), Studien zur Arbeiterbewegung und Arbeiterkultur in Berlin, Berlin 1989, S. 1–36, hier S. 1–3.

2   Landesarchiv Berlin, A Pr Br Rep 030, Bl. 90.

3   Vgl. Geschichte der revolutionären Berliner Arbeiterbewegung, Berlin (DDR) 1987, Bd. 2, S. 11–17; Ralf Hoffrogge, Richard Müller. Der Mann hinter der Novemberrevolution, Berlin 2008, S. 38–62.

Rudolf Mosse und August Scherl, die 1848, 1861 und 1883 nach Berlin kamen und dort ihre Zeitungen etablierten. Ullstein gründete die „Berliner Zeitung", kaufte die „Berliner Illustrirte Zeitung" und später die „Vossische Zeitung". Auch die „Berliner Morgenpost" gehörte zu seinem „Imperium". Mosse betrieb zahlreiche Zeitungen im ganzen Reich, in Berlin ragten besonders die „Berliner Volks-Zeitung", das „Berliner Tageblatt" und die „Berliner Morgenzeitung" heraus. Scherl vertrat im Unterschied zu Ullstein und Mosse eine konservative journalistische Grundrichtung, die im „Berliner Lokal-Anzeiger" und anderen Periodika seines Verlags zum Ausdruck kam. Alfred Hugenberg übernahm während des Krieges die bekanntesten der in wirtschaftliche Schwierigkeiten geratenen Periodika Scherls wie den „Berliner Lokal-Anzeiger" und gründete darauf, auch wenn die ideologische Radikalisierung durch Hugenberg erst später deutlicher hervortrat, sein deutschnationalistisches Presseimperium.[4] Jedes dieser Verlagshäuser einschließlich des „Vorwärts" der SPD lag im Gebiet um die südliche Friedrichstraße, sodass sich für dieses Areal die Bezeichnung „Zeitungsviertel" ausprägte. Die Zeitungsvielfalt war dort so groß, dass Peter de Mendelssohn Berlin als einmalig, in dieser Hinsicht noch bedeutender als New York und London einstufte.[5]

Die sozialistische Parteipresse nahm ihren Anfang mit dem lassalleanischen „Der Social-Demokrat" von 1865–1871. Doch der Durchbruch zu einem sozialistischen Massenblatt gelang erst mit dem von Paul Singer finanzierten „Berliner Volksblatt", das noch unter dem „Sozialistengesetz" seit 1884 eine Auflage von 25 000 Exemplaren erreichte. Nach dessen Fall ging es im „Vorwärts" auf, verblieb aber im Untertitel und beherbergte den Zeitungsteil der Berliner Partei. Bis zum Ersten Weltkrieg erreichte das Blatt eine Auflage von rund 154 000 Exemplaren.[6] Als die Redaktionsmehrheit nach 1914 zu einer kritischen Haltung zur Politik des „Burgfriedens" fand, wurden die der „Sozialdemokratischen Arbeitsgemeinschaft" (SAG), der Vorläuferin der USPD, nahestehenden Redakteure wie Heinrich Ströbel, Arthur Stadthagen und Carl Leid durch den Parteivorstand entlassen. Chefredakteur wurde nun Friedrich Stampfer, der das Blatt zu einem Sprachrohr der Mehrheits-SPD gestaltete.

Die aus der „Vorwärts"-Redaktion Entlassenen übernahmen als Teil der linken Berliner Parteimehrheit das „Mitteilungsblatt des Verbandes der sozialdemokratischen Wahlvereine Berlins und Umgegend" und führten es als Wochenzeitung der USPD fort. Doch die lediglich wöchentliche Erscheinungsweise war

---

4   Kurzbiographien in Peter de Mendelssohn, Zeitungsstadt Berlin (1982), Berlin 2017.
5   Hermann Rudolph, Geleitwort zur Neuausgabe, ebd., S. 10.
6   Walther G. Oschilewski, Zeitungen in Berlin, Berlin 1975, S. 126–137.

unbefriedigend und machte die Herausgabe einer eigenen Tageszeitung sinnvoll. Diese erschien seit dem 15. November 1918 als „Die Freiheit" unter der Leitung von Rudolf Hilferding und Paul Hertz. Sie existierte bis zum 30. September
1922, als die USPD und die (M)SPD sich wieder zur (V)SPD zusammenschlos-
sen. Man kann Walther G. Oschilewski zustimmen, wenn er feststellt: „Die
von der ‚Freiheit' (wie auch vom ‚Vorwärts') betriebene Politik war ein Spiegelbild der Irrungen und Wirrungen beider rivalisierender Arbeiterparteien."[7] Als
intellektuell wertvoll erwies sich die Hinzuziehung der „Republik" des Pazifis-
ten und Linkssozialisten Wilhelm Herzog, die zwar nicht auflagen-, aber mei-
nungsstark eine mehr kultursozialistische Position der Räterevolution verfocht.
Die „Rote Fahne" der KPD hatte ebenfalls nur eine geringe Auflage, ist aber in
der DDR aus deren Perspektive entsprechend gewürdigt worden, sodass sie hier
unberücksichtigt bleiben kann – zumal die KPD im Untersuchungszeitraum bis
zum Frühjahr 1919 auch in Berlin noch schwach war und eher „Die Republik"
jene Kräfte publizistisch unterstützte, die mit der USPD-Linken um den Räte-
theoretiker Ernst Däumig nach der Vereinigung im Herbst 1920 die KPD erst zur
Massenpartei werden ließen.

Doch gerade diese bis zum „Bruderkampf" ausgetragene Rivalität macht es
lohnenswert, einerseits den „Vorwärts" und andererseits das „Mitteilungsblatt",
„Die Freiheit" und „Die Republik" auf ihre Rolle von der nicht länger zu leug-
nenden Kriegsniederlage im September/Oktober 1918 bis zu den „Märzkämpfen"
1919, mit der „eigentlichen" Novemberrevolution 1918 im Zentrum, zu untersuchen. Hinzu kommen die (links-)liberalen Blätter „Volks-Zeitung" und „Berliner Morgenpost", die „bürgerliches" Meinungsspektrum auflagenstark repräsentierten und darüber hinaus ein Massenpublikum erreichten. Inwieweit informierten sie ihre Leserschaft, dokumentierten sie die Ereignisse sachlich oder
wertend? Wie nahmen sie als politische Tendenz- bzw. Richtungsblätter eine
mobilisierende Funktion wahr, und das ganz besonders in den Situationen politischer und militärischer Eskalation und Gewaltanwendung? Befeuerten sie gar
die Konfrontation bzw. die Feindbildentwicklung und trugen so zur Gewalt bei,
oder wirkten sie mäßigend?[8]

Konservative Blätter kommen hier nur am Rande zur Sprache, wenn sie
andernorts zitiert wurden. Bei den Reichstagswahlen 1912 waren in (Alt-)Berlin
neben dominierenden 75,3 % SPD nur 17,2 % der Liberalen (die wegen des Dreiklassenwahlrechts in der SVV die Mehrheit innehatten) erwähnenswert, der Rest

---

7   Ebd., S. 138 f.
8   Hervorhebungen (Sperrdruck) in den Zeitungen sind nachfolgend wegen deren großen
    Anteils nicht übernommen.

war bedeutungslos zersplittert.[9] Insofern soll die Betrachtung der sozialistischen und der liberalen Blätter auch die heftigen Richtungskämpfe zwischen einer vorwiegend politischen Umgestaltung mit dem Ziel einer bürgerlich-demokratischen Republik und einer auf Rätesozialismus und Sozialisierung abzielenden sozialen Revolution spiegeln.

2. Von der Niederlage zur (vor)revolutionären Situation: Ende September bis Anfang November 1918

2.1 Das Ende der Siegesillusionen und die innere Reformdiskussion

Als sich im Hauptquartier der Obersten Heeresleitung (OHL) im belgischen Spa die Erkenntnis durchzusetzen begann, dass die deutschen Truppen den durch die USA verstärkten Armeen der Entente keinen dauerhaften Widerstand mehr würden entgegensetzen können, ahnte in der „Heimat" kaum jemand etwas davon. Das „Mitteilungsblatt" (künftig: Mbl.) als wichtigstes Presseorgan der USPD jedenfalls schrieb am 22. September, dass man angesichts „der zurzeit in Deutschland planmäßig durchgeführten Redeoffensive", der „alles andere als eine friedliche Grundidee zugrunde liegt […] tatsächlich jede Hoffnung auf ein Kriegsende begraben" müsse. Die von der Regierung Österreich-Ungarns unterbreitete „Friedensnote" vom 14. September 1918 konstatierte, dass es bislang nicht gelungen sei, trotz des Wunsches aller kriegführenden Völker, die das baldige Kriegsende herbeisehnten, „jene Vorbedingungen zu schaffen, die geeignet wären, die Friedensbestrebungen ihrer Verwirklichung näherzubringen und die Kluft, die die Kriegführenden gegenwärtig voneinander trennt, zu überbrücken". Der „ernste Friedenswillen breiter Bevölkerungsschichten aller durch den Krieg in Mitleidenschaft gezogenen Staaten" sei dabei ein wichtiges Motiv für diese diplomatische Offerte, man sprach von Seiten der k. u. k.-Monarchie sogar von einer allgemein versöhnlicheren Atmosphäre. Doch wurde die Dringlichkeit dieser Offerte am Schluss der Note abgeschwächt: „Zu diesem Behufe hat die k. u. k. Regierung die Regierungen der kriegführenden Staaten zu einer vertraulichen und unverbindlichen Aussprache an einen Ort des neutralen Auslandes eingeladen und an sie eine in diesem Sinne verfasste Note gerichtet." Aus Sicht der USPD konnte es sich bei dieser Note vor allem um ein „Friedensmanöver" handeln, wie auch im Leitartikel ausgeführt: „Von einer

---

9   Gerhard A. Ritter/Merith Niehuss, Wahlgeschichtliches Arbeitsbuch. Materialien zur Statistik des Kaiserreichs 1871–1918, München 1980, S. 69.

Friedensaktion oder gar von einer Friedensoffensive kann man in Bezug auf den österreichischen Vorstoß nicht reden. Es handelt sich im besten Falle nur um ein Friedensmanöver, das in absehbarer Zeit wieder abgebrochen werden dürfte, wenn es die wirklich ausschlaggebenden Befehlsgewalten für notwendig halten." Das „Mitteilungsblatt" hielt es für geraten, die Arbeiterschaft vor „irgendwelchen optimistischen Illusionen auf ein baldiges Zustandekommen des Friedens" zu warnen (22. 9. 18).

Die Friedensnote nahm auch die „Berliner Morgenpost" (künftig: BM) am 15. September unter die Lupe. Auch ihr Resümee fiel pessimistisch aus: „Die Diskussion von einer öffentlichen Tribüne zu anderen, wie sie bisher zwischen den Staatsmännern der verschiedenen Länder stattgefunden hat, war eigentlich nur eine Serie von Monologen. [...] Bei allen öffentlichen Kundgebungen dieser Art wird eine Form der Beredsamkeit angewendet, die mit der Wirkung auf große Distanz und auf die Massen rechnet. Damit vergrößert man aber – bewusst oder unbewusst – den Abstand von der gegnerischen Auffassung, erzeugt Missverständnisse [...] und erschwert den freimütigen, einfachen Gedankenaustausch." Bevorzugt wurde eine Verständigungsebene auf der Basis von Diplomatie unter Ausschluss der Öffentlichkeit. Allerdings wurde auch in der Redaktion der BM die Kriegslage offensichtlich verkannt, wenn man zwar Gespräche befürwortete, ihren Geltungsbereich aber auf – wie vorgeschlagen – unverbindliche Sondierungen beschränkt sah, bei denen die Kriegshandlungen fortgesetzt werden könnten. In die gleiche Richtung gingen die Bemerkungen von Prof. Hans Delbrück, eines bekannten früheren Reformkonservativen und nun tendenziell eher gemäßigten Liberalen, in einer Leserzuschrift am selben Tage: „Meine Schlussfolgerung ist, dass all diejenigen zur Kriegsverlängerung beitragen, die nicht zum unbedingten Durchhalten aufrufen, und dass ebenso all diejenigen zur Kriegsverlängerung beitragen, die es unterlassen, die Alldeutschen und ihre Forderungen zu bekämpfen."

Währenddessen berichtete am 10. September der „Vorwärts" (künftig: Vw) seiner Leserschaft über die Versuche der SPD, im Kontext der Landesverteidigung die Abschaffung des Dreiklassenwahlrechts in Preußen zu thematisieren. Nur wenige Tage später erörterte auch das Zentralblatt der SPD die österreichische Friedensnote und rechnete in der Ausgabe vom 19. September mit der Ablehnung durch die Alliierten. Der vermutete propagandistische Zweck der Wiener Friedensnote wurde erkennbar, als nach der aus Großbritannien geäußerten Distanz geschlussfolgert wurde, „was uns auch sonst aus dem Ententelager der Wilson und Genossen unhold genug entgegen tönt, klingt wahrscheinlich nicht nach Fähigkeit und Willigkeit zur Verständigung!" (BM 17. 9. 18). Prompt erfolgte tags darauf die Veröffentlichung der Antwort von US-Präsident Wilson, der auf Verhandlungen auf der Grundlage seines 14 Punkte-Programms vom 8. Januar 1918 beharrte. Zwar betonte in der gleichen Ausgabe der britische Außenminister Lord Balfour, dass es sich bei seinen Einlassungen um die rein persönliche Meinung eines britischen Regierungsmitglieds handele; doch er sah trotz grundsätzlicher Übereinstimmungen in der Auffassung, dass ohne den Frieden die Zivilisation auf dem Spiel stehe, noch nicht die Zeit für konkrete Verhandlungen gekommen, weil noch zu viel Unklarheit und Vielstimmigkeit herrsche. Balfour nannte u. a. explizit die Wiederherstellung und Entschädigung Belgiens sowie die Rückgabe der Kolonien und Elsass-Lothringens als Vorbedingungen für Verhandlungen (BM 18. 9. 18). Abgelehnt wurde die Note auch vom französischen Ministerpräsidenten Clemenceau (BM 19. 9. 18).

Die Zeichen bei der SPD standen auf Veränderung „von oben", wie Stampfer in seinem Artikel „Parlamentarismus und Sozialdemokratie" am 20. September zum Ausdruck brachte. Gleichzeitig bekräftigte er den Willen zur Mitarbeit am Verfassungsprozess: „Daraus ergibt sich ganz von selbst, daß die Sozialdemokratie den Eintritt in die Regierung nicht grundsätzlich ablehnen kann [...] Die Frage, die sich heute für die Mittelparteien stellt, lautet also nicht dahin, ob sie mit Sozialdemokraten in einer Regierung zusammenarbeiten können, sondern vielmehr dahin, ob sie eine Politik zu treiben gewillt sind, für die die Sozialdemokratie die Mitverantwortung übernehmen kann." Im Übrigen gab jetzt selbst der militärische Lagebericht Hinweise auf Rückzugsgefechte im Westen. Friedrich Ebert hatte sich eine Woche zuvor mit dem niederländischen Sozialistenchef Pieter J. Troelstra in Frankfurt am Main getroffen, um unter den Sozialisten Absprachen in Bezug auf die grundsätzlichen Haltungen zu einer internationalen Friedenskonferenz zu treffen. Dies betraf auch die wichtigen Fragen der Kriegsentschädigungen, der Zukunft Elsass-Lothringens und des Separatfriedens mit Russland von Brest-Litowsk (Vw 10. 9. 18).

Am 24. September veröffentlichte der „Vorwärts" die Bedingungen der SPD für einen Eintritt in die Reichsregierung. Dieses Vorpreschen geschah, wie sich Scheidemann erinnerte, auf dem Hintergrund eines zögerlichen und lavierenden Agierens der „Mittelparteien".[10] Zu den sechs von Reichstagsfraktion und Parteiausschuss beschlossenen Bedingungen zählten ein klares Bekenntnis zu Verständigungsfrieden, Völkerbund und Abrüstung, die Wiederherstellung Belgiens, Serbiens und Montenegros, die Verhandelbarkeit des Diktatfriedens von Brest-Litowsk, die allgemeine Einführung des gleichen und unmittelbaren Wahlrechts in Preußen, eine parlamentarische Reichsregierung, die Abschaffung des

---

10   Philipp Scheidemann, Memoiren eines Sozialdemokraten, Dresden 1928, Bd. 2, S. 182.

„persönlichen Regiments" sowie die Wiederherstellung der Versammlungs- und Pressefreiheit und die Beschränkung der Zensur auf rein militärische Belange (Vw 24. 9. 18).

Das „Mitteilungsblatt" fand am 29. September für das Vorpreschen der SPD unter dem Stichwort „Ministersessel" vor allem sarkastische Bemerkungen: „Die regierungssozialistische Partei gleicht in diesen Tagen jenen vielumworbenen Schönen, die das Manko an Tugend durch erhöhte Sprödigkeit zu ersetzen suchen". Die Versuche zur Einbindung der SPD in eine neue Reichsregierung seien ein „Liebeswerben" zur Integration in die Regierung des preußisch-deutschen Militärstaates. Schon am 25. September wusste der „Vorwärts" über die Debatten zu berichten, die in der „Zentrumspartei" ausgelöst worden waren. Zwar gebe es, so wurde aus den Darstellungen im „Berliner Tageblatt" und in der „Germania" gefolgert, nicht in allen Fragen eine Übereinstimmung, aber „das Zentrum werde einer Aufnahme von Sozialdemokraten in das Kabinett Hertling grundsätzlich weiter geneigt bleiben". So erhöhte die SPD durch ihre Positionierung den Druck auf die „Mittelparteien", indem sie ihnen einerseits Verhandlungszeit einräumte und andererseits drohte, dass die jüngste Reichstagsdebatte „die Kluft zwischen den Sozialdemokraten und der Regierung nur verbreitert hat. [...] Können sich die bürgerlichen Parteien nicht dazu entschließen, ihre Ratschläge anzunehmen, so wird es ihre Sache sein, eine Lösung der großen, schwer zu überschätzenden Schwierigkeiten zu finden." Hier lohnt der Blick in die Presse, die der „Vorwärts" an diesem 25. September vorstellte. Theodor Wolffs linksliberale Haltung im „Berliner Tageblatt" wurde als volle Zustimmung bewertet und ausführlich zitiert. Doch erwähnte der „Vorwärts" auch die Stellungnahmen aus der rechtsstehenden Presse: „Unser Untergang wäre besiegelt", schrieben die „Berliner Neueste Nachrichten", die „Kreuzzeitung" warf der SPD mehr oder minder „Vaterlandsverrat" vor, die „Deutsche Tageszeitung" unkte gar über „die nächsten Etappen auf dem Weg zur sozialdemokratischen Alleinherrschaft".

Wenige Tage später beschäftigte der drohende Kriegsaustritt Bulgariens auf der Seite der Mittelmächte den „Vorwärts", da ein solcher Schritt im Südosten Europas die Kriegslage immer stärker zu Gunsten der Entente verändern würde. Auch der tägliche Kriegsbericht der OHL vermeldete zunehmende Erfolge der Alliierten an der gesamten Westfront. So nahmen im „Vorwärts" jene Stimmen zu, die eine Niederlage nicht mehr ausschließen wollten. Weiterblickenden sei immer klar gewesen, dass dieser Krieg stets mehr bedeutete „als ein reiner deutscher Verteidigungskrieg. Als solcher muß er jetzt so rasch wie möglich und so gut wie möglich zu Ende gebracht werden. Wir Volk haben dazu unsere Pflicht getan und denken nicht, sie im letzten Augenblick zu verlassen. Nun tut auch Ihr oben Eure Pflicht, bescheidet Euch in Dankbarkeit für all das, was Euch erspart und erhalten blieb und begreift, daß die neue Zeit da ist, in der die Völker sich selbst regieren!" (Vw 28. 9. 18). Hier zeigt sich das aufkeimende Bewusstsein einer Zeitenwende.

Der Zusammenhang zwischen Frieden und gesellschaftlicher Transformation wurde einen Tag später im „Mitteilungsblatt" deutlich zum Ausdruck gebracht, das die Regierungsambitionen der SPD kommentierte: „Aber uns liegt daran, daß im Interesse des Weltfriedens, des internationalen Proletariats und damit auch des deutschen Volkes jetzt im 5. Kriegsjahr endlich eine klare Erkenntnis der bestehenden Machtverhältnisse Platz greife und daß aus dieser Erkenntnis her-aus die Arbeiterklasse Deutschlands die Folgerung ziehe, die einzig und allein die Herbeiführung des Friedens beschleunigen könne [...] eines Friedens, der allein die Möglichkeit eines wirklichen Völkerbundes erschließt, eines Friedens auf der Grundlage des internationalen Sozialismus" (Mbl. 29. 9. 18). Als am 28. September Reichskanzler Graf Hertling ins Hauptquartier der OHL nach Spa auf-brach, deuteten sich bereits tiefgreifende Veränderungen an. Die Reise Hertlings ließe darauf schließen, „daß die innenpolitische Krise dicht vor der Entscheidung steht". Der „Vorwärts" mutmaßte, „daß die Tage der Kanzlerschaft Hertlings gezählt sind [...] Würde Hertling zurücktreten, so wäre die Krisis damit noch nicht gelöst, wohl aber ihrer Lösung freie Bahn geschaffen. Der springende Punkt ist noch immer die Frage einer Koalitionsregierung" (29. 9. 18). Diese aber dürfe keine bloße Erweiterung um sozialdemokratische „Passivminister" erfahren, son-dern müsse auf einer „engere[n] Verbindung zwischen Regierung und Volksver-tretung" beruhen. Doch sah sich die SPD ganz offenkundig am längeren Hebel sitzen, wenn sie die Stellungnahme der nationalliberalen Fraktion zu ihren Bedin-gungen für einen Regierungseintritt als „Halbheit" bezeichnete und somit zum Ausdruck brachte, dass man weitere Zugeständnisse erwarte.

Unterdessen vermochte der militärische Lagebericht kaum noch die riesigen Probleme mit der alliierten Offensive im Westen zu kaschieren. Bulgarien nahm die Friedensbedingungen der Entente an, sodass Deutschland den Krieg faktisch verloren geben musste. Dieses Eingeständnis nötigten Hindenburg und Luden-dorff am 29. September in Spa Wilhelm II. ab, verbunden mit dem Auftrag an eine nun von den Mehrheitsparteien zu bildende Regierung, ein unverzügliches Waffenstillstands- und Friedensangebot an die Alliierten zu richten. Diese neuen Regierungskräfte unter Einschluss der SPD sollten nach Ludendorffs angebahn-ter Dolchstoßlegende „die Suppe jetzt essen, die sie uns eingebrockt haben".[11] Im

---

11   Vgl. dazu Heinrich August Winkler, Der lange Weg nach Westen. Deutsche Geschichte 1806–1933, Bd. 1, Bonn 2000, S. 363.

„Mitteilungsblatt" hingegen erörterte man im Artikel „Bourgeoisie und soziale Revolution" an diesem 29. September nicht allein die mögliche Regierungsumbildung bzw. den bevorstehenden Regierungswechsel, sondern berichtete von der Entwicklung in Sowjetrussland, das man gegen Angriffe des Zentrumsblatts „Germania" in Schutz nahm. Hier wie bei anderen Gelegenheiten drückte sich das Bemühen der USPD aus, die russische Revolutionsentwicklung zu analysieren und in eigene Politikmuster zu gießen, wohl in dem Bewusstsein, dass eine revolutionäre Situation im Entstehen begriffen war.

Dass in Spa die Kriegsniederlage eingestanden wurde und jetzt das Deutsche Reich durch Reformen als „Revolution von oben" vor einer Revolution von unten bewahrt werden sollte, konnten die sozialistischen Parteien nicht exakt wissen, wenngleich man im Falle der SPD wohl nicht ganz ahnungslos verblieben war. Doch nun ergriffen die „Mehrheitsparteien" entschlossener die Initiative und drängten auf die Parlamentarisierung des Reiches und Preußens, getrieben einerseits von der Kriegsentwicklung, andererseits von der drängenden SPD und der Stimmung im Lande selbst. Da Graf Hertling einer parlamentarischen Regierung unter seiner Führung eine Absage erteilt hatte, begann die Suche nach einem Nachfolger. Die BM vom 1. Oktober titelte sogar: „Der Kaiser für eine Volksregierung" und dokumentierte hierdurch den bevorstehenden und unvermeidbaren Durchbruch zum Zustandekommen einer vom Vertrauen des Reichstags getragenen Regierung.

Der „Vorwärts" berichtete nah an den realpolitischen Ereignissen, was der starken Einbindung der Partei in die Parlamentarisierung geschuldet war. Andererseits fungierte er aber noch als „Kriegsberichterstatter", denn beinahe täglich wurden die Frontberichte der OHL abgedruckt und konnten so vom Leser mitbedacht oder bewertet werden. Dass manche offizielle militärische Lagedarstellung im Widerspruch zu den realen Kriegserfahrungen der Familien geriet, die Opfer zu beklagen hatten und denen die furchtbaren Ereignisse an der Front durch Feldpost oder Berichte von Heimkehrern bekannt waren, ist anzunehmen. So befand sich der „Vorwärts" in Berlin in einer Spagatstellung: einerseits nahe an der offiziellen Politik zu sein, andererseits den Erwartungen der eigenen Basis nach Brot, Frieden und Arbeit sowie Reformen gerecht zu werden. Regelmäßig thematisierte der „Vorwärts" die Berliner Ernährungslage und die Bemühungen, der gravierenden Versorgungsprobleme Herr zu werden. So berichtete allein die Ausgabe vom 5. Oktober über die Festsetzung von Höchstpreisen für Kalbs- und Hammelfleisch durch den Berliner Magistrat, über die Ausgabe von Weizengrieß in Schöneberg, von „Kindergerstenmehl" für Kinder im ersten Lebensjahr, über den Verkauf von Frischfisch, Kartoffeln etc. in Neukölln, die aktuellen Zuteilungen in Weißensee oder von Senf (berlinerisch: Mostrich) in Britz. Durch das

Thematisieren der unmittelbaren Interessen der Menschen nach Lebensmitteln, Medizin usw. könnte das Blatt im allgemeinen Bewusstsein der Berliner Arbeiterschaft den Wunsch nach einem baldigen Ende der Kriegshandlungen gefördert haben.

Das nur wöchentlich erscheinende „Mitteilungsblatt" hingegen wirkte in der Opposition gegen den Krieg und die Monarchie, versuchte aber durch Sozialismuspropaganda im Allgemeinen und durch die Berichterstattung über die Entwicklungen in Russland bewusstseinsbildend zu agieren. Insofern könnte man vermuten, dass die Anhängerschaft beider Arbeiterparteien auf unterschiedliche Weise auf die Entwicklungen eingestellt war: Die in die SPD gesetzten Hoffnungen zielten stärker auf Reformen zunächst „von oben" ab, die USPD orientierte ihre Basis eher auf ein durchaus bevorstehendes „bereit sein ist alles!"

Ein anderer Konfliktpunkt, mit dem die Sozialdemokratie Druck auf die Reichsregierung ausübte, betraf die Abschaffung des preußischen Dreiklassenwahlrechts. In ihren Mindestforderungen für eine Regierungsbeteiligung hatte die SPD diese Forderung in ihrem 4. Punkt unmissverständlich erhoben, verbunden mit der sofortigen Auflösung des preußischen Landtages, sollte das Herrenhaus nicht unverzüglich den entsprechenden Beschluss fassen. Nach dem Zustandekommen der neuen Reichsregierung am 3. Oktober kam auch Bewegung in diese Debatte. Der Verfassungsausschuss des Herrenhauses stimmte für eine Absenkung der verfassungsändernden Mehrheit in Preußen von bisher drei Viertel zu zwei Dritteln (Vw 5. 10. 18). Doch zeigte sich der „Vorwärts" am 5. Oktober wenig zufrieden mit diesem in die Wege geleiteten Teilschritt, indem er die nationalliberale „Korrespondenz" zitierte: „Das preußische Herrenhaus erweist sich in diesen Tagen als weniger reaktionär als das Abgeordnetenhaus."[12]

Zur preußischen Wahlrechtsdebatte gab die BM ein Statement des Zentrumspolitikers Adam Stegerwald auf einem Kongress der christlichen Gewerkschaften in Duisburg wieder, auf der dieser das gleiche Wahlrecht für Preußen forderte, aber vermutete, dass das Preußische Herrenhaus sich gegen dessen Einführung sperren würde (18. 9. 18). Ab dem 20. 9. konnte der unvoreingenommene Leser registrieren, dass die deutschen Truppen unter massivem Druck der alliierten Kräfte standen und sich nur unter großen Anstrengungen behaupteten (BM 20. 9. 18). Auch in der Diplomatie gelang den Mittelmächten keine Entlastung: Die deutsche Zustimmung zur österreichischen Friedensnote, am 21. 9. in der BM im Wortlaut abgedruckt, blieb wirkungslos, da die Alliierten auf die Kriegsentscheidung setzten. Ein Perspektivenwechsel bahnte sich an, als die

---

12 Die „Nationalliberale Korrespondenz" war seit 1874 das Zentralblatt der Nationalliberalen Partei.

Regierungskrise immer offensichtlicher wurde. Am 26. 9. stand auf der Titelseite des Leitartikels „Die Haltung der Parteien" als Untertitel zu lesen: „Hertlings Tage gezählt". Noch aber nahm man zumindest vordergründig die Reichsleitung gegen die OHL in Schutz. Doch zeigten sich Risse in der Fassade mit Blick auf die militärische Lage.

Interessanterweise nahm die BM am 29. 9. einen „Vorwärts"-Bericht zum Anlass, um über eine Kriegsniederlage nachzusinnen. Nach einem möglichen Ausscheren Bulgariens und Österreich-Ungarns brächen die deutschen Truppen an allen Fronten zusammen, würden Versorgungsengpässe und Nachschubprobleme die Kriegführung unmöglich machen und zur humanitären Katastrophe in der Heimat führen. Deshalb müsse man schnell, so wird der „Vorwärts" referiert, zum Frieden gelangen, allerdings müsse die Westfront halten. Doch auch ab dem 1. Oktober schlugen die sich überstürzenden Ereignisse hohe Wellen in der BM: Der kaiserliche Parlamentarisierungserlass stand auf der ersten Seite zu lesen, verknüpft mit einer Erörterung, ob der Liberale Friedrich von Payer der erste parlamentarisch verantwortliche Reichskanzler in Deutschland werden könne (1. 10. 18). Schon am 2. Oktober meldete das Blatt „Prinz Max von Baden Kanzlerkandidat". Im gleichen Artikel fand sich die Information, dass das Preußische Herrenhaus den Weg für das allgemeine, gleiche, direkte und geheime Wahlrecht unter Hinzufügung einer „Pluralstimme" freigemacht habe, die Liberalen aber hofften, dass auch diese Zusatzstimme wieder wegfiele.

Die „Berliner Volks-Zeitung" (künftig: BVZ) glich in ihrer Bewertung der Wiener Friedensnote inhaltlich weitgehend der BM. Am 24. 9. griff die Parlamentarisierungsdebatte auch auf die BVZ über. Zur möglichen Entwicklung ließ sie die „Germania" zu Worte kommen: Die Zentrumsfraktion sei zu dem Entschluss gelangt, sich nicht gegen Reichskanzler Graf Hertling auszusprechen bzw. an seinem Sturz mitzuwirken. „Sie würde aber nichts dagegen einzuwenden haben, wenn Sozialdemokraten in die Regierung eintreten würden. Da ohne das Zentrum eine Linksmehrheit nicht gebildet werden kann, dürfte damit die politische Lage im Wesentlichen geklärt sein". Dass mit dieser Aussage grünes Licht für den Prozess der Parlamentarisierung der Reichsregierung und der Integration der Mehrheitssozialdemokratie gegeben wurde, dürfte allen Beteiligten klar gewesen sein und konfigurierte die Entwicklung hin zu den Oktoberreformen.

2.2 Zwischen Oktoberreformen und militärischer Niederlage

Am 3. Oktober bildete sich die erste dem Reichstag verantwortliche Reichsregierung unter Reichskanzler Max von Baden. Noch am 1. 10. zeigte sich der „Vorwärts" in der Kanzlerfrage bedeckt: „Die Verhandlungen über die Nachfolgeschaft des Grafen Hertling haben bisher nur ein negatives Ergebnis gehabt, nachdem der Reichstagspräsident Fehrenbach und der Vizekanzler v. Payer die Annahme des Amtes definitiv abgelehnt haben. Als dritte Kandidatur ist nunmehr die des Prinzen Max von Baden aufgetaucht, der in Berlin eingetroffen ist." Gleichzeitig argwöhnte der „Vorwärts", dass die konservative Seite daran arbeite, unter der Losung der „Koalitionsregierung" eine parlamentarische Regierung zu verhindern, und gab Meldungen aus der „Kreuz-Zeitung" und dem „Reichsboten" wieder (2. 10. 18). Am 3. 10. schließlich lasen die Leser des „Vorwärts" von der Ernennung Max von Badens zum Reichskanzler und v. Payers zum Vizekanzler. Neben einigen noch zu benennenden Staatssekretären galten u. a. Scheidemann (SPD) und Matthias Erzberger (Z) als sichere Kandidaten für die Staatssekretäre. Am 4. 10. wartete der „Vorwärts" mit der Meldung über die vollständige Ernennung der Reichsregierung auf, der mit Scheidemann und Gustav Bauer erstmals zwei Vertreter der SPD angehörten. Bauer wirkte vordem als zweiter Vorsitzender der Generalkommission der Gewerkschaften Deutschlands und als Aufsichtsratsvorsitzender der „Volksfürsorge", er war ein arrivierter Sozialpolitiker. Scheidemann gehörte als Fraktionsvorsitzender der SPD im Reichstag und als dessen Vizepräsident (seit Juni 1918) sowie als Parteivorsitzender neben Ebert zum Spitzenpersonal.

Doch nährte diese Konstellation, die einen beginnenden Systemwechsel im Verfassungsverhältnis von Regierung, Staatsoberhaupt und Parlament verkörperte, die Agitation der USPD für eine soziale Revolution. Allerdings verblieben der Kabinettszuschnitt und die Amtsbezeichnungen der eigentlichen Minister als „Staatssekretäre" noch dem vorparlamentarischen Denken verhaftet.[13] Schon am 6. Oktober schrieb das „Mitteilungsblatt" unter der Überschrift „Die letzte große Illusion", dass nicht eine neue Regierung oder „unnatürliche Koalitionen" für ein „gedeihliches und friedliches Zusammenleben der Völker" sorgen würden, sondern ein Völkerfriede nur „durch eine klare Politik, aufgebaut auf den Forderungen des internationalen proletarischen Sozialismus" erreichbar sei, „Forderungen, bei denen von vornherein alle kapitalistischen, nationalistischen und dynastischen Interessen ausscheiden". Damit war der theoretische Zielkonflikt formuliert, der sowohl den Fortgang der künftigen Ereignisse als auch das Verhältnis beider sozialdemokratischer Parteien und ihrer Anhängerschaft dominieren würde.

Noch am 3. 10. sandte die neue Regierung des Prinzen Max von Baden ein sofortiges, die 14 Punkte Wilsons akzeptierendes Waffenstillstands- und

---

Friedensgesuch an den US-Präsidenten.[14] So sehr der „Vorwärts" auch den Regie-
rungseintritt der SPD feierte, galt sein Hauptaugenmerk der Friedensfrage. Man
hoffte auf die kanalisierende Rolle der sozialistischen Parteien auf Seiten der
Entente. Die Ausgabe des 8. 10. veröffentlichte als erste Meldung des Tages die
Solidaritätserklärung der französischen Sozialisten, die in einer einstimmig verfassten Erklärung Präsident Wilson zum positiven Eingehen auf das deutsche
Gesuch aufforderten. Der Leitartikel der gleichen Ausgabe trug die Überschrift
„Die Stunde der Entente-Sozialisten" und appellierte an diese bei aller wohl-
verstandenen Skepsis nach mehr als vier Kriegsjahren: „Um seiner selbst willen
muss der Sozialismus der Ententestaaten jetzt den Frieden mit aller Macht herbeiführen helfen. Was er damit der Menschheit und der Internationale leistet,
bedarf keiner Ausführung". Dass das Hilfegesuch bei den Parteien der durch den
Krieg zerrissenen Internationale unbedingt vonnöten war, offenbart die Reaktion aus London, die der „Vorwärts" am gleichen Tage kolportierte, als er einen
britischen Unterstaatssekretär des Inneren zitierte, der sich nicht davon überzeugt zeigte, dass Deutschland einen „wirklichen Frieden" wolle, sondern vielleicht einen „falschen Frieden", um seine Haut zu retten.

Am 10. Oktober druckte der „Vorwärts" auf seiner Titelseite die halbamt-
liche erste Reaktion Präsident Wilsons ab, die dem schweizerischen Geschäfts-
träger als Mittelsmann übergeben worden war. Wilson bestand auf Garantien,
dass die 14 Punkte ohne Vorbedingungen angenommen seien, dass die deutschen Truppen aus Frankreich, Belgien und Elsass-Lothringen abgezogen wurden und dass die neue deutsche Regierung in den Verhandlungen die Verantwortung für das Handeln ihrer Vorgänger übernehme. Tags darauf wurde über
die amtliche Reaktion aus dem Weißen Haus berichtet, die über die genannten
Klarstellungen hinaus Bürgschaften von der deutschen Regierung im Interesse
der Alliierten verlangte.

Das „Mitteilungsblatt" äußerte am 6. 10. seine tiefe Skepsis über das
Umschwenken der deutschen Politik auf die Verständigung mit den Alliierten. Es sei eine Illusion zu erwarten, „daß Männer, die vor sechs Jahren unter
ganz anderen Voraussetzungen in das Parlament geschickt worden sind, die vier
Jahre lang die Kriegspolitik des Militärstaates gestützt haben, nun auf einmal die
Kriegsfurie meistern und dem Frieden das Tor öffnen können". Eine Woche später mutmaßte das USPD-Organ gar, dass die neue Regierung des Prinzen Max
von Baden einschließlich der SPD-Mitglieder am Widerstand der Konservativen und der Generalität ein frühes Scheitern ihrer Verständigungspolitik erleben

---

14 Vgl. Gerhard A. Ritter/Susanne Miller (Hg.), Die deutsche Revolution 1918/19, Frankfurt
    a. M. 1983, S. 28.

könnte: „Die Vaterlandspartei knurrt und murrt in einer Kundgebung gegen den Friedenskurs der neugebackenen deutschen Regierung, die freikonservative Partei hat einen temperamentvollen Aufruf gegen die ‚Jämmerlinge‘ und ‚quakenden Unken‘ in die Welt gesandt und die alldeutsch orientierte Presse knirscht über ‚schwankende Gestalten‘ [...] Es gehört auch nicht viel Divinationsgabe dazu, um sich die Stimmung, die die Vorgänge der letzten Woche in den Köpfen bei der Generalität erzeugt hat, auszumalen [...] Auch hier wollen und sollen Männer mit starken Nerven den Krieg fortsetzen". Grundsätzlich lehnte die USPD eine Beteiligung von Sozialdemokraten an einer bürgerlichen Regierung in dieser Form ab. Max von Baden „kann gewiss bereit sein, der bürgerlichen Demokratie entgegenzukommen, aber alles nur insoweit, als das monarchische System unter allen Umständen erhalten bleibt [...] und die Demokratie muss sich mit rein dekorativen Rollen begnügen" (Mbl. 13. 10. 18).

Die BM begrüßte am 4. 10. die Ernennung Max von Badens mit dramatischen Worten zur Lage als einer Überlebenskrise des deutschen Volkes: „Den Kampf um unser Leben, die nationale Verteidigung zu organisieren – das muss Ihr Programm sein. Ein anderes können, dürfen Sie nicht haben. Äußere und innere Front müssen zu einer Einheitsfront gemacht werden." Auch die BVZ drückte am 4. 10. ihre Zustimmung zu dessen Ernennung und der seines Kabinetts aus den Mehrheitsparteien aus: „Aufgaben von ungeheurer Schwere stehen der neuen Volksregierung bevor, aber wir sind felsenfest davon überzeugt, dass sie zum Heile des Vaterlandes in dem Geiste zu lösen sein werden, dessen Herold Prinz Max schon seither war." So berichtete die BVZ am 6. 10. über das Waffenstillstandsgesuch der neuen Regierung mit unterstützenden Worten und fügte in Anlehnung an die Rede Fehrenbachs (Z) hinzu, dass nun die Alliierten und besonders US-Präsident Wilson auf die Probe gestellt seien, ihren Verständigungswillen tatsächlich unter Beweis zu stellen. Dass die Vorstellung, unmittelbar vor einer schweren militärischen Niederlage zu stehen, sich noch nicht Bahn gebrochen hatte bzw. man sie der Leserschaft noch nicht vollständig zuzumuten gedachte, kann man durchaus aus den – an den abgedruckten Redetext Max von Badens angefügten – Worten Wilhelms II. ersehen: Dieser begrüßte einen Waffenstillstand, machte bis zu seinem Zustandekommen den Truppen aber das Halten aller Stellungen zur Aufgabe. Die Frontberichte beschönigten noch immer die militärische Lage im Westen.

Insgesamt zeugten die Stellungnahmen in der liberalen und SPD-Presse von einer großen Zustimmung zur Regierungsumbildung und zur Parlamentarisierung, die durch die entsprechende Änderung der Reichsverfassung und die Reichstagssitzung vom 5. 10. an Gestalt und Tempo gewann. Dazu gehörte auch die neu festgelegte Zuständigkeit des Reichstags für Entscheidungen über Krieg und Frieden (Vw 16. 10. 18). Damit war das Deutsche Reich durch die von oben durchgesetzten Reformen zu einer parlamentarischen Monarchie geworden. Für die SPD begrüßte Ebert diese Transformation als den „Geburtstag der deutschen Demokratie".[15]

Ab Mitte Oktober begannen die deutschen Rückzugsgefechte im Westen ihre Wirkungen zu verlieren. Auch die Lageberichte kamen um das Eingeständnis nicht herum, dass immer mehr Positionen geräumt werden mussten (Vw 17. 10. 18). Dennoch forderte der „Vorwärts" noch am 20. 10. seine Leserschaft zur Zeichnung von Kriegsanleihen auf; Staatssekretär Scheidemann stand für deren Sicherheit ein. Am 21. 10. hieß es in der Schlagzeile: „Die flandrische Küste aufgegeben." Am Folgetag veröffentlichte der „Vorwärts" die Antwort der Reichsregierung auf die „Wilson-Note" vom 14. Oktober. Darin wurde den Alliierten der geordnete Rückzug ohne weitere Gewaltakte zugesichert und gleichzeitig Präsident Wilson informiert, dass die Alliierten die Friedensverhandlungen mit einer vom Volk legitimierten Regierung führen würden.

Unterdessen verschärfte die USPD im „Mitteilungsblatt" ihre Agitation gegen den Regierungseintritt der SPD. In einem am 13. 10. abgedruckten Aufruf „Arbeiter, schließt die Reihen" hieß es dazu: „Die Sozialdemokraten um Scheidemann und Ebert treten in die Regierung des Belagerungszustandes und des Ostfriedens ein. Sie werden mit ihrem Eintritt weder die innere noch die äußere Politik wesentlich beeinflussen können, aber sie werden mitverantwortlich für die Folgen des Weltkrieges! [...] Nicht um die Kriegsziele der bürgerlich-kapitalistischen Welt, sondern um die Friedensziele des internationalen Sozialismus müssen wir uns sammeln." In einer Wahlrede für den Kandidaten der USPD zur Nachwahl im 1. Berliner Reichstagswahlkreis, Richard Müller, der gegen Hugo Heimann (SPD) antrat, ging Hugo Haase noch sehr viel weiter und gab der Erwartung einer Revolution beredten Ausdruck: „Es hat Stunden in der Geschichte gegeben – und die jetzigen Stunden erinnern daran – in denen die Herrschenden zwar Konzessionen machten, ein Reförmchen bewilligten und dann glaubten, dass im Übrigen alles beim Alten bleiben könne. Sie haben sich dann getäuscht und es kam bald eine Zeit, wo in einer Stunde das gemacht wurde, wozu die Herren 30, 40, 50 Jahre Überlegung gebraucht haben" (Mbl. 13. 10. 18). Mit Süffisanz schrieb das USPD-Blatt am 20. 10. über den in der Kritik stehenden Reichskanzler, der sich vor Jahresfrist noch entschieden gegen die Friedensresolution des Reichstages positioniert hatte, und die Loyalität der Mehrheitsfraktionen ihm gegenüber: „Denn auch im Zentrum und in der Fortschrittlichen Volkspartei wie beim Regierungssozialismus sitzen massenhaft

---

15   Zit. nach Lehnert, Sozialdemokratie (wie Fn. 13), S. 52.

Leute, deren Vorstellung vom Frieden sich recht oft gewandelt hat." Vor allem sorgte sich das USPD-Organ um die Lage in Russland. Man befürchtete einen Waffenstillstand auf Kosten der Sowjet-Republik, der anzubahnende Verständigungsfrieden könne ausgebaut werden „zum Schutzwall gegen den Bolschewismus, gegen die Weltrevolution" (Mbl. 27. 10. 18).

Die BVZ berichtete am 18. 10. über „Die grausame Kriegführung der Entente" und die heftigen Kämpfe im Flandrischen. Blieben dort das diplomatische Ringen um einen Waffenstillstand und das gleichzeitige militärische Ringen an der Front im Westen die Hauptfragen, so erklärte die BM am 16. 10. zunächst die Krise um den Reichskanzler für beendet, um ebenfalls auf der Titelseite auf Präsident Wilsons Antwortnote auf das deutsche Waffenstillstandsgesuch einzugehen. Das Bestehen auf dem deutschen Rückzug aus den besetzten Gebieten und auf den Maßnahmen der Demilitarisierung noch vor Gesprächen über einen Waffenstillstand verurteilte die Redaktion als „Gewaltfrieden" statt eines „Rechtsfriedens". Weiterhin wurden die Reaktionen in Frankreich und Großbritannien dargelegt und bewertet, im letzteren Fall als „Siegesübermut". Liest man zwischen den Zeilen, so schien die BM ihren Lesern vorsichtig beibringen zu wollen, dass der Krieg trotz aller Zuversichtsbekundungen verloren war: „Deutschland fühle auf sich die Drohung einer Invasion lasten und will um jeden Preis einer Züchtigung entgehen", so wird die französische Agentur „Havas" zitiert. Am 17. 10. erörterte die Zeitung neben der Friedensfrage noch die Zukunft Österreich-Ungarns („Zerfall oder Wiedergeburt?") und den Separatismus („Bayerns Bekenntnis zum Reichsgedanken") und berichtete außerdem über eine von der Polizei aufgelöste USPD-Kundgebung. All das klang wie ein Vorgeschmack auf die revolutionären Tage im bevorstehenden November.

Nachdem am 22. Oktober der Reichstag zu seiner zweiten Sitzung seit der Regierungsumbildung zusammengekommen war, fasste der „Vorwärts" die wahrgenommene Bedeutung dieses Tages mit folgenden Worten überschwänglich zusammen: „Ohne Sang und Klang, ohne Ehren und warmen Nachruf, nach Armsünderart auf einem Schinderkarren und unter den verächtlichen Zurufen der Menge wurde gestern jemand im Reichstag zu Grabe getragen: Das bankrotte Junkerregiment, das verkrachte System des preußisch-deutschen Feudalismus […] ‚Gelebt wie gestorben in Unehren', das wird man dieser Herrschaft auf den Grabstein setzen" (23. 10. 18). Wie ein Angebot an die radikale Linke klang die Nachricht, dass auf Drängen Scheidemanns nun Karl Liebknecht aus dem Zuchthaus entlassen worden sei. Liebknecht sei „ein Draufgänger, kein Stratege" gewesen, dem viele Sozialdemokraten ihre Sympathie bewahrt hätten, selbst wenn sie seine Entscheidungen nicht immer mittragen konnten.

Am 26. Oktober verabschiedete der Reichstag die Änderungen der Reichs-
verfassung, die nun aus der rein kaiserlichen eine vorwiegend parlamentarische
Regierung machten. Gleichzeitig wurde dem Abschiedsgesuch Ludendorffs aus
der OHL die Genehmigung erteilt. Nach diesem Kraftakt forderte ein „Vorwärts"-
Artikel: „Der Parlamentarisierung des Reichs muss die Parlamentarisierung
Preußens, der Demokratisierung Preußens die der anderen Bundesstaaten fol-
gen" (27. 10. 18). Der Weg der Parlamentarisierung und Demokratisierung als
„Revolution von oben" sollte fortgesetzt werden, und trotz aller diplomatischen
Probleme bei der Herbeiführung eines Waffenstillstands schien die Zeit für diese
SPD-Strategie zu sprechen. Der Abschied Ludendorffs konnte von den Alliierten
als ein positives deutsches Verhandlungssignal bewertet werden, nachdem die
Antworten von Präsident Wilson auf die deutschen Stellungnahmen nach wie
vor unnachgiebig ausgefallen waren. Offensichtlich hatte die Zivilregierung den
„Primat der Politik" gegenüber der Militärführung durchgesetzt.[16]

Am 3. 11. blickte das „Mitteilungsblatt" auf eine Woche zurück, die das
Tempo der Veränderungen beschleunigt hatte. Die Kriegslage hatte sich dramatisch verschlechtert, die Bündnispartner des Reiches waren aus dem Krieg ausgeschieden und sahen sich tiefgreifenden Umwälzungen gegenüber. In der deutschen Regierung stand nun die Person des Kaisers Wilhelm II. zur Disposition.
Zur Kriegslage und ihrer beschönigten Darstellung im allgemeinen Blätterwald
hieß es, dass ein Vergleich von Zeitungen aus dem Juli und dem Oktober den
Eindruck erwecke, man habe „es mit zwei verschiedenen Zeitaltern zu tun [...]
Und jetzt? Ein Zusammenbruch, wie ihn die Weltgeschichte noch nicht gekannt
hat." Im Juli habe es noch stolze, siegessichere Heeresberichte und Expansions-
überlegungen zu lesen gegeben. Der Leitartikel schloss mit der Aufforderung
an die Arbeiterschaft, „aus eigener Kraft und mit eigenen Zielen eine neue Frie-
denswelt aufzubauen", also eine revolutionäre Lösung anzustreben statt auf einen
Frieden mit der Entente allzu große Hoffnungen zu setzen.[17]

Als Max von Baden am 22. Oktober zum zweiten Mal vor den Reichstag trat
und zur Lage sprach, waren seine Ausführungen wesentlich auf die außenpoliti-
sche Wirkung hin orientiert. Er wandte sich scharf gegen einen „Gewaltfrieden"
und erwog für diesen Fall die Möglichkeit einer nationalen Verteidigungsan-
strengung; der überwiegende Anteil seiner in der BM abgedruckten Rede bezog
sich auf die Wilsonschen Bedingungen und auf den darauf aufbauenden Noten-
wechsel (23. 10. 18). Am 27. 10. schließlich berichtete die BM über die Antwort

---

16   Zu Ludendorffs Entlassung siehe die Aufzeichnung des Obersten von Haeften vom
     26. 10. 1918, in: Ritter/Miller (Hg.), Revolution (wie Fn. 14), S. 30–31.
17   Vgl. dazu Lehnert, Sozialdemokratie (wie Fn. 13), S. 63.

der Regierung an Präsident Wilson, in der das Einlenken auf die Forderungen der Alliierten deutlich wird. In einem weiteren Bericht fanden sich dann in allgemein gehaltener Form die Garantieforderungen der Alliierten an Deutschland wieder, die man in Berlin bislang abgelehnt hatte: Räumung der besetzten Gebiete und Auslieferung der Waffen. Doch konnte wohl keinem aufmerksamen Leser mehr entgangen sein, dass der Krieg sich seinem Ende neigte und für das Deutsche Reich verloren war. Die Durchsetzung dieser Erkenntnis im „Vorwärts" und in den betrachteten liberalen Blättern verdeutlicht, wie schmerzhaft diese Wahrheit gewirkt haben mag. Dennoch dienten die sich zuspitzende militärische Lage und die großen Hindernisse, die Waffenstillstandsverhandlungen mit den Alliierten erschwerten, besonders den liberalen Blättern zur Beschwörung einer nationalen Notlage, die unter keinen Umständen ohne die SPD zu lösen sei. Insofern waren sie Bestandteil des Prozesses der „Revolution von oben".

2.3 Die unbemerkte Militärrevolte und die Neuordnungsbestrebungen der SPD

Während die diplomatischen Prozesse die Tür für Waffenstillstandsverhandlungen durch das Einschwenken der Regierung Max von Baden auf die präzisierten Bedingungen zu öffnen begonnen hatten, handelte die Seekriegsleitung auf eigene Faust, als sie der Schlachtflotte am 29. Oktober ohne Wissen des Reichskanzlers den Befehl zum Auslaufen erteilte. Damit wurde nicht nur die Regierung düpiert bzw. das parlamentarisch legitimierte Entscheidungsverfahren ausgehebelt, sondern jene Kettenreaktion in Gang gesetzt, die die Verdichtung und Beschleunigung des revolutionären Prozesses erzeugte und am 9. November in Berlin ihren Höhepunkt erreichen sollte. Dass hier die betroffenen Matrosen auf eine Todesfahrt um des Ehrgefühls der Admiralität und um des Prestiges des kaiserlichen Lieblingsprojektes willen geschickt werden sollten, veranlasste sie von Wilhelmshaven ausgehend zu Befehlsverweigerungen, die sich zu einer Militärrevolte ausweiteten. Die Verlegung dieser Mannschaften und der „Rädelsführer" nach Kiel sowie die Absage der geplanten Kampfaktion sollten die Lage beruhigen, konnten die anrollende Welle der Rebellion jedoch nicht mehr aufhalten. Am 3./4. November übernahmen die Aufständischen Kiel, am 5. griffen die Kämpfe auf die Hafenstädte, dann über Hamburg auf den gesamten Norden über und von dort aus in Richtung Binnenland.[18] Am 9. 11. schließlich erfassten sie Berlin mit der Wucht des Massenstreiks und wälzten das politische System im

---

18 Sönke Neitzel, Weltkrieg und Revolution 1914–1918/19, Bonn 2008, S. 155 f.; Lehnert, Sozialdemokratie (wie Fn. 13), S. 65 f.

Deutschen Reich um. Vom zerfallenden Österreich-Ungarn kommend, das am
3. 11. den Waffenstillstand unterschrieben hatte, erfasste eine weitere revolutionäre Welle den Süden des Reiches und beendete am 7. 11. die Herrschaft der Wit-
telsbacher in Bayern. Kurt Eisner (USPD) wurde vom Arbeiter- und Soldatenrat
(künftig: AuSR) zum Ministerpräsidenten des Freistaates Bayern ausgerufen.[19]

Von diesen dramatischen und im Eiltempo voranschreitenden Umwälzungen erfuhr die Zeitungsleserschaft in Preußen zunächst so gut wie nichts. Die
verhängte Pressezensur verhinderte eine zeitnahe Berichterstattung über die
lokalen Grenzen hinweg. Jedoch berichtet der „Vorwärts" auf seiner dritten Seite
am 5. 11. unter der Überschrift „Unruhen in Kiel" unter Bezugnahme auf die
„Schleswig-Holsteinische Volkszeitung" über jene Matrosendemonstration von
3000 Menschen, die die Freilassung ihrer inhaftierten Kameraden forderten. Es
folgte jene Befreiungsaktion, bei der es Schießereien mit hier gemeldeten acht
Toten und 29 Verletzten gab. Der Bericht verwies auf den Kampfbefehl der Seekriegsleitung als Auslöser der Revolte und stellte sich mit dem Hinweis auf Eberts
ablehnende Haltung zu weiteren nutzlosen Kämpfen an die Seite der Matrosen.
Außerdem informierte der „Vorwärts" über eine Demonstration der USPD in
München, auf der die Freilassung von drei inhaftierten Mitgliedern gefordert
und erreicht wurde, sowie über eine USPD-Kundgebung in Stuttgart, die einen
ersichtlich offensiven politischen Charakter besaß. Der zum Ministerium des
Innern entsandten Delegation der Kundgebung „wurde erklärt, daß die sozialen
und wirtschaftlichen Beschwerden einer umfassenden Nachprüfung unterzogen
werden, daß die revolutionären Forderungen aber nicht diskutiert werden können". Diese Berichtshinweise deuten an, dass sich eine revolutionäre Stimmung
auszubreiten begann, die USPD tatsächlich von einer bevorstehenden Revolution
ausging und die SPD nun diese Radikalisierung aufzunehmen begann. Der am
gleichen Tag im „Vorwärts" abgedruckte „Aufruf der deutschen Regierung. An
das Deutsche Volk!" trägt deutlich eine defensive, zum Durchhalten mahnende
Handschrift; die Regierung schien zu fürchten, von den Ereignissen überrollt
werden zu können, zumal die militärische Lageberichterstattung nun keinen
anderen Schluss mehr als den Zusammenbruch im Westen zuließ, wenn man
von „Rückverlegungen der deutschen Front" schrieb.

Die BVZ beschäftigte sich am 31. 10. auf ihrer Titelseite mit der beginnenden
österreichischen Revolution und trug damit sicherlich auch unter ihrer Leserschaft indirekt zum Veränderungswillen bei. „Ohne Habsburg!" fände nun die
„Umwälzung in Wien" statt, durch die der Sozialdemokrat Karl Renner, getragen

---

19   Bernhard Grau, Kurt Eisner 1867–1919. Eine Biografie, München 2001.

von den Arbeitern und Soldaten in Wien, bald zum Mann der revolutionären Stunde werden sollte. Ebenfalls auf der Titelseite befand sich ein weiterer Revolutionsbericht unter der Schlagzeile „Die Republik in Wien, Budapest und Prag" mit der Bemerkung: „Der Zerfall Österreich-Ungarns vollzieht sich in revolutionären Zuckungen". Zwei kleinere Nachrichten befassten sich mit der unmittelbar erwarteten Antwort Präsident Wilsons an die neue Regierung Deutsch-Österreichs, die die Unabhängigkeitserklärungen der Ungarn, Tschechen usw. des zerfallenden Vielvölkerstaates akzeptiere, und mit der bevorstehenden Formulierung der endgültigen Waffenstillstandsbedingungen Washingtons und der Alliierten gegenüber Berlin. Damit wurden die revolutionären Entwicklungen in Österreich-Ungarn (und nachfolgend in Bayern) den Berlinern viel früher bekannt als die revolutionäre Gärung in den deutschen Hafenstädten. Schon am 2. 11. muss es der Leserschaft der BVZ als Sensation erschienen sein, als sie auf der Titelseite las: „In die Zeitspanne bis zum Eintreffen der feindlichen Waffenstillstandsbedingungen [...] ist nun auch die Frage hineingeworfen worden, ob die Abdankung des Kaisers und der Thronverzicht des Kronprinzen unsere Lage erleichtern würde oder nicht."

Scheidemann hatte die Kaiserfrage in einem Brief an den Reichskanzler vom 29. Oktober formuliert und ihm geraten, dem Kaiser den freiwilligen Rücktritt zu empfehlen, die Fortschrittliche Volkspartei war mit dieser Forderung voraus gegangen.[20] Noch aber zierte sich Max von Baden, eine solche Adresse offensiv an Wilhelm II. zu richten, und ebenso sehr schien eine Abdankung für die BVZ noch unvorstellbar zu sein, jedenfalls offiziell, reklamierte sie doch die Kaiserwahl zu einem quasi-demokratischen Vorgang (31. 10. 18). Wilhelm II. bekannte sich zunächst zur Parlamentarisierung: „Das Kaiseramt ist Dienst am Volke", hieß es in der Stellungnahme des Monarchen, der kurz zuvor noch das Gottesgnadentum reklamierte. Dass durchaus andere Alternativen als eine parlamentarische Monarchie vorstellbar seien, ergab sich aus der Lektüre der zweiten Seite, wo es hieß: „Volksabstimmung in Ungarn über Monarchie oder Republik" (BVZ 3. 11. 18). Wohl auch vor diesem Hintergrund verstand sich die Verlautbarung der Reichsregierung, am 5. 11. publiziert, in der die bisherigen Neuordnungserfolge als Leistungsbilanz in den Vordergrund gestellt wurden, das gleiche Wahlrecht für Preußen als erfolgreichen Abschluss eines langen Ringens inbegriffen (BVZ 5. 11. 18). Es sollte eine Einigung suggeriert werden, die schon längst Makulatur geworden war. Die überstürzte Abreise des Kaisers von Potsdam nach Spa aber war ein deutliches Signal, dass in Zukunft auf ihn würde

---

20   Scheidemann, Memoiren (wie Fn. 10), S. 253 f.

verzichtet werden können. Die Artikel der BVZ zeigten in dieser Hinsicht viel Pädagogisches für die Leserschaft des Blattes: Man bereitete diese wohl auf das unvermeidbar Kommende vor.

Auch die BM gab den Kaisererlass zu Verfassungsänderungen am 3. 11. zur Kenntnis. Im Weiteren konnte man erfahren, dass nun im Reich die Pressezensur aufgehoben sei und die volle Meinungsfreiheit in Wort und Schrift bestehe. Die die Ausübung der Meinungsfreiheit einschränkenden Vorbehalte blieben freilich interpretationsfähig. Dennoch blieb die diesem Schritt innewohnende Tendenz zur weiteren Demokratisierung unübersehbar und dürfte wohl auch ein Angebot zur Beruhigung der Lage gewesen sein, hatte sich doch zuvor die USPD über die sie benachteiligende Zensur beklagt und agitierte sie unterdessen für eine revolutionäre Lösung der Krise. Außerdem erfuhr man von der Freilassung des Wiener Sozialisten und Kanzlerattentäters Friedrich Adler (Sohn des Parteigründers Victor Adler), der ebenso amnestiert wurde wie Karl Liebknecht (Sohn des Parteimitgründers Wilhelm Liebknecht) in Deutschland. Nicht nur über die Kapitulation des zerfallenden Österreich-Ungarns berichtete die BM am Folgetag, ebenso gab sie den SPD-Aufruf vom Vortag im Wortlaut wieder, in dem der Vorstand die Arbeiterschaft zu Besonnenheit und Ruhe aufrief, implizit vor revolutionären Bestrebungen der USPD warnte und der Anhängerschaft nun offiziell kundtat, dass Scheidemann dem Kaiser die Abdankung nahelegte. So sollten der evolutionäre Weg zur Demokratie abgesichert und der Friedensschluss ermöglicht werden. Dass auch schon Szenarien über die Zeit nach Kriegsende durchgespielt wurden, kolportierte ein Bericht vom gleichen Tag zu Überlegungen des Reichswirtschaftsamtes zur „Abrüstung" der Arbeiterschaft.

Die wöchentliche Erscheinungsweise des „Mitteilungsblattes" erlaubte meistens nur rückblickende Darstellungen oder Prognosen. So kritisierte es am 10. 11., am Tag nach den sich überstürzenden Umwälzungen in Berlin und Preußen, auf der Titelseite den Aufruf der SPD vom 3. 11. und konfrontierte die „Regierungssozialisten" mit dem Vorwurf, auf die Friedenssehnsucht des Volkes mit Einberufungen zum Militärdienst in letzter Minute zu reagieren. Zugleich thematisierte das Blatt die Gefahr eines Krieges gegen Sowjetrussland. Den Leitartikel aber verfasste Georg Ledebour, der Co-Vorsitzende der USPD, unter dem Titel: „Kampf ums Recht". Er schrieb von einer Volksversammlung vom 4. November, auf der er über die Rebellion in Kiel berichtete, als die Polizei die Versammlung auflöste. Es folgten ausführliche Revolutionsberichte aus Kiel und Hamburg und eine Abrechnung mit der Politik der SPD und der Politik der Kriegsbefürwortung. Schlussendlich stellte das USPD-Organ die Forderung nach einem gemeinsamen sozialistischen Friedensprogramm. Dass am gleichen Tage die Unterhändler von SPD und USPD über die Bildung des „Rates der Volksbeauftragten" (künftig: RdV) verhandelten, passt explizit zu dieser Ausgabe, in der konträre Verhandlungspositionen zwischen beiden Parteien zum Ausdruck kamen. Erstaunlich aber mutet es an, wenn immer noch von einer „unüberbrückbaren Kluft" zwischen SPD und USPD die Rede war.

Parallel zur Selbstermächtigung der rebellierenden Arbeiter und Soldaten in den Küstenstädten sowie im Süden und zur von dieser ausgehenden revolutionären Welle brach die Front im Westen zusammen, die Lageberichte waren nun unmissverständlich. Zudem gerieten die Beziehungen zu Sowjetrussland in eine Krise und wurden unterbrochen, da dessen Botschaft sich zugunsten der Linksradikalen unzulässig betätigt habe. Der Druck auf Wilhelm II., endlich abzudanken, wurde durch einen Korrespondentenbericht aus Bern erhöht, in dem die britische Haltung von einer Notwendigkeit der Abdankung ausgehe (Vw 6. 11. 18). Hinter den Kulissen wurde längst das Schicksal des Kaisers verhandelt, beteiligt waren unter anderem Max von Baden, Scheidemann und General Wilhelm Groener, der OHL-Nachfolger Ludendorffs. Gleichzeitig erfolgten Versammlungsverbote für den 6. November.[21] Als am 7. 11. in München der erfolgreiche Aufstand gegen den bayerischen Monarchen, dessen Abdankung und die Einsetzung Eisners zum Ministerpräsidenten des Freistaates Bayerns bekannt wurde, sah sich die SPD-Spitze zum unverzüglichen Handeln veranlasst und beschloss einen Aufruf, in dem u. a. die Demokratisierung Preußens, die Zurückhaltung von Militär und Polizei bei Massenaktionen sowie die Abdankung des Kaisers und der Thronverzicht des Kronprinzen bis zum Mittag des 8. Novembers gefordert wurden.[22]

Doch der „Vorwärts" vom 7. 11. gab lediglich zur Kaiserfrage bekannt, dass eine schnelle Regelung erwartet werde. Damit sollte öffentlich zwar Druck erzeugt, aber kein Öl ins Feuer gegossen werden. Am 8. 11. erfuhren dessen Leser von dem am Vortag beschlossenen Ultimatum – allerdings ohne Kaiserfrage. Weiterhin hatten die Mehrheitsparteien im Reichstag und im Preußischen Abgeordnetenhaus Einvernehmen über die Einführung des gleichen Männer- und Frauenwahlrechts im Reich und in den Bundesstaaten erzielt, was der „Vorwärts" ebenfalls vermeldete. Nun konnten auch die Waffenstillstandsverhandlungen aufgenommen werden; die deutsche Verhandlungsdelegation wurde namentlich bekannt gegeben. Von der Küste hieß es: „Bremen, Hamburg und Kiel in den Händen von Arbeiter- und Soldatenräten" (Vw 8. 11. 18). Die durchaus positive Berichterstattung weist auf die Option hin, die sich nun auch der SPD mit der Rätebewegung stellte, nachdem Gustav Noske dort den Einfluss der Partei

---

21 Ebd., S. 277.
22 Ebd., S. 279.

gestärkt hatte. Doch bestand die Strategie nicht darin, über Massenaktionen den Regimewechsel herbeizuführen, sondern unter Beruhigung der revolutionären Bewegung auf gouvernementalem Wege. Insgesamt vermittelte diese Ausgabe wohl nicht ohne Absicht den Eindruck, die SPD setze zielstrebig die politischen Veränderungen durch, die notwendig und wünschenswert seien.

Die BM vermisste noch am 6. 11. eine tatkräftige Regierung und führte die Kieler Ereignisse, über die sie auf der Titelseite berichtete, nicht zuletzt auf die Uneinigkeit innerhalb der Regierung zurück. Die Ursache für die Uneinigkeit sah die Zeitung bei der Sozialdemokratie: „Entweder es wird unter Ausschaltung der Sozialdemokratie ein Ministerium aus den bürgerlichen Parteien gebildet, oder aber, man überlässt, wenn man diesen Weg für ungangbar hält, die Bildung der neuen Regierung der Sozialdemokratie." Diese wäre eine sozialdemokratische Minderheitsregierung, aber die SPD „weiß wohl so gut, wie wir es wissen, dass ihre Tage von vornherein gezählt wären, und dass sie nur Schrittmacherin und Platzhalterin derer wäre, die links von ihr stehen". Damit gab die BM nicht nur einen Einblick in die Regierungskrise, sondern auch in die Erwartungshaltung ihrer Leserschaft, die politische Veränderungen befürwortete, so lange sie von den Liberalen schon gefordert worden waren, die soziale Revolution aber ablehnte. Diesen Eindruck unterstützend, fanden sich zwei Berichte über den sich verschärfenden Ton gegenüber Sowjetrussland auf der Titelseite, die Ausweisung des russischen Botschafters Joffe aus Berlin und die englische Haltung gegenüber den Bolschewiki thematisierend. Auf der zweiten Seite übernahm das Blatt Schilderungen der Meuterei und der Gefangenenbefreiung in Kiel aus zwei dortigen Blättern.

Am Folgetag erhielt die Leserschaft die Information, dass es auch in Hamburg und Lübeck zu Aktionen der Matrosen gekommen war, die Lage sich an der Ostsee jedoch zu beruhigen scheine. Gleich daneben platziert war die abgeschwächte Variante des SPD-Ultimatums bezüglich Demokratisierung und Abdankung (BM 7. 11. 18). Die vollständige Version brachte die Zeitung nun am 8. 11., aber die Berichte über die Ereignisse in Hamburg, Bremen und Kiel ließen deutlich erkennen, dass sich die Rebellion an der Küste zu einer Revolution beschleunigte. Des Weiteren erfuhr die Leserschaft nun von den für den 6. November von der USPD vorbereiteten, dann aber verbotenen Solidaritätskundgebungen mit Sowjetrussland. Dem Versammlungsverbot zuwider kam es dennoch zu nicht unbeträchtlichen Menschenansammlungen etwa in der Müllerstraße im Bezirk Wedding, in der Kreuzberger Bergmannstraße oder in der Umgebung des zentralen Alexanderplatzes. Die BM sorgte sich offenkundig angesichts der Schwierigkeiten, das Verbot durchzusetzen, um die öffentliche Ordnung und um die politische Stabilität: „Den Grundsätzen der Regierung hinsichtlich des Versammlungsrechtes entspricht das Verbot jedenfalls nicht und es ist kein Zweifel, dass es auch praktisch überaus bedenklich ist."

Dass sich die politischen Umwälzungen auf die politische Partizipation der Frauen zu erstrecken begannen, berichtete die Morgenausgabe der BVZ am 6. 11., als sie über eine Kundgebung für das Frauenstimmrecht, durchgeführt u. a. von der Frauenorganisation der SPD mit ihrer Rednerin Marie Juchacz schrieb. Diese rief dazu auf, die Mehrheitsparteien „zu bearbeiten, um sie dem Frauenwahlrecht günstig zu stimmen". In ihrer Abendausgabe publizierte sie, wie der „Vorwärts" bzw. die BM auch, die Neuigkeiten über die Krise mit Sowjetrussland und über das „grüne Licht" für die Waffenstillstandsverhandlungen (BVZ 6. 11. 18). Doch auch am nächsten Tag begann sich die Berichterstattung thematisch auf die Unruhen an der Küste zu verlagern. Im Aufruf des Reichskanzlers nahm dieser direkt Bezug auf die Rebellion, als er zur Disziplin aufrief und mahnte, die Umwälzungen in den Küstenstädten könnten den Frieden gefährden. Aber die Nachrichten von der Küste und der Aufruf des SPD-Parteivorstands zur Mäßigung sowie das vom Oberkommando der Marken ausgesprochene Verbot der Bildung von AuSR nach russischem Vorbild charakterisieren die defensiven Versuche, ein Überschwappen der revolutionären Wellen nach Berlin noch zu verhindern (BVZ 7. 11. 18). Diese jedoch nahten am 8. 11. immer klarer heran und drückten sich in der auch von der BVZ publizierten Abdankungsforderung an den Kaiser durch die SPD aus. Gleichzeitig rief Otto Nuschke (O. N.) dazu auf, die Kaiserfrage nicht jetzt zu beantworten, sondern die Antwort einer künftigen Volksabstimmung zu überlassen. Doch die Zentrumspartei sprach sich nun auch für die Abdankung Wilhelms II. aus, sodass der Druck auf diesen und auf Max von Baden wuchs, der gar seinen Rücktritt anbot (BVZ 8. 11. 18). Da nun auch Preußen sich auf den Weg der Parlamentarisierung machte und die Nachricht von der Abdankung des bayerischen Königs Ludwig bekannt wurde, standen auch in Preußen die Ereignisse auf „Sturm".

3. Von den Revolutionstagen zum Reichsrätekongress

3.1 Revolution und politischer Neubeginn: Der 9. und 10. November

Wie Richard Müller in seinem zeitgenössischen Erinnerungswerk schildert, begann die revolutionäre Gärung, die sich am 9. November Bahn brechen sollte, bereits in der Nacht bzw. in den frühen Morgenstunden. Das aus Naumburg nach Berlin verlegte 4. Jägerbataillon, das gegen Aufständische vorgehen sollte, weigerte sich, Dienst zu tun. Die Sympathien zur SPD machten sich geltend. Aber

die Berliner Polizei galt im Areal zwischen Schloss und Rathaus noch als schussbereit. Doch zunächst blieb es scheinbar ruhig, und die Berliner Arbeiterschaft
schien sich in den Betrieben aufzuhalten.[23] Bereits seit dem 2. 11. plante ein aus
Revolutionären Obleuten und Linkssozialisten, darunter auch Ledebour und
Liebknecht, bestehendes Revolutionskomitee den Aufstand. Zunächst orientierte
man auf einen Massenstreik und Demonstrationszüge aus den Betrieben und
Quartieren in die Stadt, dann aber wurde die revolutionäre Aktion wegen noch
unzureichender Bereitschaft in vielen Betrieben verschoben. Die endgültige Entscheidung sollte am 6. 11. fallen, doch drangen diese geheimen Absprachen an
die Polizei, die mit Verhaftungen begann, wie Ledebour ausführte.

Als am 8. November Däumig (USPD) verhaftet wurde, beschloss das Revolutionskomitee, am nächsten Morgen die Revolution zu beginnen.[24] Mit Aufrufen wurden die Belegschaften darüber informiert. Ledebour, Wilhelm Dittmann und Ewald Vogtherr verbrachten die Nacht im Fraktionszimmer der
USPD im Reichstag. Am Morgen des 9. 11. erschienen unerwartet Ebert, Scheidemann und Otto Braun bei ihnen, um das Angebot der gemeinsamen Revolution zu unterbreiten: „Bitte, meine Herren, wir sind bereit, mitzumachen, wir
haben auch so etwas im Werke".[25] Die Erfahrung in Kiel, als Noske an die Spitze
des AuSR trat, hatte der SPD-Führung nahegelegt, sich an jene der Bewegung
zu stellen. Auch Ebert hatte gegenüber dem Reichskanzler ultimativ als Druck-
mittel formuliert, dass Massenaktionen unvermeidlich seien, wenn Wilhelm II.
nicht abdanke. Insofern griffen in dieser Situation der bevorstehenden Erhebung Elemente der „Revolution von oben" durch die SPD und der „Revolution
von unten" durch das Revolutionskomitee ineinander, sodass nach der Früh-
stückspause die Massendemonstrationen ausgelöst wurden.[26] So mag es sich
tatsächlich vollzogen haben, wie es R. Müller darlegte, als er von „gewaltigen
Menschenmassen" in den Straßen, von „der Peripherie, wo die größten Fabrik-
betriebe liegen" schrieb, von der aus „sich große Demonstrationszüge [formier-
ten], die dem Mittelpunkt der Stadt zuströmten. Dass es sich nicht um eine
friedliche Demonstration handelte, zeigten die zahlreichen Pistolen, Gewehre
und Handgranaten, die überall sichtbar waren." Von den Fraternisierungen

---

23 Richard Müller, Die Novemberrevolution, Berlin 1973 (Nachdr.), Bd. 2, S. 9–11.
24 Der Ledebour-Prozeß, Berlin 1919, S. 28–30. Vgl. das Flugblatt des Vollzugsausschusses
    des AuSR mit dem Aufruf zum Kampf für eine sozialistische Republik vom 8. Novem-
    ber 1918, in: Gerhard Engel u. a. (Hg.), Groß-Berliner Arbeiter- und Soldatenräte in der
    Revolution 1918/19, Berlin 1993, Bd. 1, Dok. 3, S. 5–6.
25 Ledebour-Prozeß (wie Fn. 24), S. 32.
26 Vgl. Lehnert, Sozialdemokratie (wie Fn. 13), S. 71 f.

der Soldaten mit den Demonstranten erfahren wir bei ihm weiterhin, dass es „zumeist keiner Aufforderung [bedurfte], sie schlossen sich freiwillig den Arbei-terzügen an. Männer, Frauen, Soldaten, ein Volk in Waffen, flutete durch die Straßen den zunächst gelegenen Kasernen zu."[27]

Als es Abend in Berlin wurde, hatte Max von Baden die Abdankung des Kaisers auf eigene Faust erklärt und seine Reichskanzlerschaft an Ebert über-geben, Scheidemann gegen 14 Uhr die Republik ausgerufen und zwei Stunden nach ihm Liebknecht die sozialistische Republik, war aus einer kurzzeitigen parlamentarischen Monarchie eine demokratische Republik mit einer proviso-rischen Regierung in spe geworden, der Vertreter von SPD und USPD ange-hören sollten. Auch die Kooperation der beiden sozialistischen Parteien wurde während der revolutionären Umwälzungen vereinbart, allerdings nicht mit der Zustimmung aller Unabhängigen. Ledebour erklärte sich gegen seinen Eintritt in den RdV und gegen eine Kooperation der USPD mit der SPD in dieser revo-lutionären Übergangsregierung.[28] Scheidemann erinnerte sich beinahe etwas selbstheroisierend an die Ereignisse zwischen den Morgen- und Nachmittags-stunden des 9. November.[29] Doch wie schlug sich die Revolution in der Presse nieder?

Die Morgenausgabe der BVZ schien über den Verlauf der „deutschen Umwäl-zung", so ihr Leitartikel, eher erleichtert als beunruhigt zu sein: Obzwar sich im gesamten Reich eine „Revolution großen Stils" vollziehe, habe die „Bildung von Arbeiter- und Soldatenräten […] vielfach eine wohltuende Wirkung ausgeübt". Die Tendenz der Revolution scheine „vorwiegend sozialistisch und nur in eini-gen Fällen bolschewistisch orientiert zu sein". Doch sah das Blatt in den Arbeiter- und Soldatenbewegungen „ein gewisses planmäßiges Vorgehen", das „bei aller Unklarheit im Einzelnen – offenbar von Russland aus[gehe]" (9. 11. 18). Entspan-nung der Lage schien durch das Verstreichen des SPD-Ultimatums in der Kai-serfrage eingetreten zu sein, sodass das Blatt die Hoffnung äußerte, die Kaiser-frage könne von der Nationalversammlung (künftig: NV) entschieden werden und nicht durch den Druck der Straße. Doch die Abendausgabe brachte die Top-Nachricht von der Abdankung Wilhelms II., der Ernennung Eberts zum Reichs-kanzler und der Annäherung von SPD und USPD. Dass mit der Revolution in Berlin auch die Revolution in Preußen angekommen war, las sich unter der Nachricht: „Ministersterben in Preußen". Darüber hinaus befand sich nun auch „Dresden in der Hand des Soldatenrates". Somit hatte sich die Lageeinschätzung

---

27 Müller, Novemberrevolution (wie Fn. 23), S. 11.
28 Ledebour-Prozeß (wie Fn. 24), S. 35.
29 Scheidemann, Memoiren (wie Fn. 10), S. 296–308.

vom Morgen als unzutreffend erwiesen. Ähnlich besorgt, aber noch von der Möglichkeit einer nichtrevolutionären Krisenlösung ohne Massenaktionen ausgehend, äußerte sich auch die BM. Der Kaiser sei unterwegs nach Berlin, das SPD-Ultimatum an Prinz Max verstrichen, die Regierung in Preußen werde um zwei SPD-Minister erweitert und das gleiche Wahlrecht stehe für sämtliche Bundesstaaten ins Haus. Mit Unbehagen blickte das Blatt jedoch auf die „Unruhen im Norden", besonders nach Kiel, Oldenburg, Bremen und Hannover. Der Kommentar rief alle Deutschen zum Zusammenhalten und zur Besonnenheit auf (9. 11. 18). Offenbar sah man in der Kaiserfrage noch nicht die Vergeblichkeit, den Thron retten zu wollen.

Der „Vorwärts" gab zunächst seiner Leserschaft Auskunft über den gewährten kurzen Aufschub an den Reichskanzler. Unter der Schlagzeile „Die deutsche Freiheitsbewegung", die die gesamte Titelseite strukturierte, fanden sich zudem Meldungen über die noch nicht abgeschlossenen Waffenstillstandsverhandlungen sowie die Umwälzungen in Bayern, Braunschweig und Württemberg. Die fast komplette zweite Seite berichtete über die Ausbreitung der revolutionären Bewegung in ganz Deutschland, die dritte über die internationale Lage, aber auch über die Veränderungen in Preußen, und schloss mit einem Aufruf zur Zurückhaltung in dieser historischen Stunde: „Geschichte – keine Greuelgeschichten!" (9. 11. 18). Die Hauptausgabe entstand zweifelsohne unter größtem Zeitdruck und ohne die Gewissheit über die kommenden Vorgänge. Doch als die Ereignisse sich ab dem Vormittag zu überstürzen begannen, folgten zwei Extraausgaben des „Vorwärts". Das erste Extrablatt trug die in riesigen Lettern gedruckte Überschrift: „Generalstreik!", rief zum allgemeinen Ausstand und zur Aufrechterhaltung der Versorgung und von Ruhe und Ordnung auf, informierte die Leserschaft über die Fraternisierung der Truppen mit der Revolution und bekräftigte die gemeinsame Leitung der Bewegung durch SPD und USPD.[30] Das zweite Extrablatt wiederum gab die Abdankung des Kaisers bekannt, die Max von Baden in seiner Eigenschaft als Reichskanzler vollzogen hatte. „Der Kaiser hat abgedankt!" und „Es wird nicht geschossen!" hieß es in großen Lettern.[31] Dem Sturmschritt der Revolutionsereignisse folgend, hieß es im 3. Extrablatt: „Arbeiter, Soldaten, Mitbürger! Der freie Volksstaat ist da! [...] Fritz Ebert, der Vorsitzende der Sozialdemokratischen Partei, ist Reichskanzler geworden".[32] Die

---

30   Illustrierte Geschichte der Novemberrevolution in Deutschland, Berlin (DDR) 1968, S. 151, auch Engel u. a. (Hg.), Arbeiter- und Soldatenräte (wie Fn. 24), Bd. 1, Dok. 4, S. 9.
31   Illustrierte Geschichte (wie Fn. 30), S. 150; Engel u. a. (Hg.), Arbeiter- und Soldatenräte (wie Fn. 24), Bd. 1, Dok. 5, S. 9–10.
32   Engel u. a. (Hg.), Arbeiter- und Soldatenräte (wie Fn. 24), Bd. 1, Dok. 6, S. 10–11.

vierte Extraausgabe richtete sich speziell an die Soldaten und rief diese zur einst-weiligen Rückkehr in die Kasernen auf.[33]

In Ermangelung einer eigenen Druckerei besetzten Anhänger des Spartakus-bundes, unter ihnen Hermann Duncker, die Räume des konservativen „Berliner Lokal-Anzeigers" und publizierten zwei Tage lang die Aufrufe des Spartakus als „Rote Fahne" zur sozialistischen Revolution, bevor die Räume wieder entsetzt wurden.[34]

Am 10. November bildeten nach zähen Verhandlungen SPD und USPD den RdV als provisorische Revolutionsregierung. Der Rat aus je drei Vertretern bei-der Parteien, also Ebert, Scheidemann, Otto Landsberg (SPD) und Haase, Ditt-mann, Emil Barth (USPD), sah sich durch die AuSR einerseits und, was die Per-son Eberts anbelangt, durch die überwundene Ordnung legitimiert, hatte doch Max von Baden ihm das Reichskanzleramt am Vortag übertragen. Diesen Legi-timitätsanspruch brachte der „Vorwärts" implizit am 10. 11. zum Ausdruck, als er den Aufruf „An die deutschen Bürger!" abdruckte, der von Ebert als Reichs-kanzler sprach und in dem die künftige Regierung als „Volksregierung" ange-kündigt wurde. Gleichzeitig rief der neue Regierungschef die Beamtenschaft zur Mitarbeit auf und appellierte an deren Vaterlandsliebe. Die rechte Spalte richtete sich explizit an die Soldaten und an die Arbeiter. Die Soldaten rief man zum Ver-bleib in den Kasernen und zur Mitarbeit in den Soldatenräten auf, die Arbeiter-schaft erfuhr von der Absicht der SPD, mit der USPD gemeinsam die Umgestal-tungen in Angriff zu nehmen: „Kein Bruderkampf!" hieß es, an anderer Stelle etwas zu euphorisch, „daß alte Partei und Unabhängige sich am Tage der Revo-lution wieder zusammengefunden und zu der alten geschlossenen Partei geeint haben". Die zweite Seite des „Vorwärts" brachte Berichte zu den Massenaktionen am Vortag, den Waffenstillstandsbedingungen der Entente und über die Revolu-tionsbewegung im gesamten Reich. Der Berliner AuSR rief dazu auf, die Lebens-mittelversorgung nicht zu stören und die Infrastruktur zu sichern. Als dessen Mitglieder zeichneten u. a. Paul Hirsch, Eugen Ernst und Johannes Sassenbach (SPD) sowie Karl Leid (USPD).

Auf Seite drei erfuhren die Leserinnen und Leser die laufenden Verhand-lungen zwischen den beiden sozialistischen Parteien: „Um die Bildung der neuen Regierung". Auch das Problem der Versorgung Berlins mit Nahrungs-mitteln wurde angesprochen, dabei wirkten SPD, USPD, Gewerkschaften, Gewerkvereine, die christlichen Gewerkschaften und der Magistrat der Stadt als

---

33   Zu finden über http://fes.imageware.de/fes/web (zum 9. 11. 18 dort das fünfte Dokument
      von oben).
34   Vgl. Illustrierte Geschichte (wie Fn. 30), S. 153.

„Aktionsausschuss" zusammen. Denn in der Wiederherstellung geordneter Versorgungsverhältnisse lag eine der dringendsten Tagesaufgaben nach Kriegsende und Revolution. Insgesamt gelang es dem „Vorwärts", durch möglichst aktuelle Berichterstattung und Extraausgaben Information, politische Orientierung und Mobilisierung effektiv zu gewährleisten. Ohne Zweifel war der „Vorwärts" das wichtigste und wirkungsmächtigste Sprachrohr der Umwälzungen in Berlin. R. Müller schrieb dazu: „Der ‚Vorwärts' war an diesem Tage die Zeitung, die sich jeder Arbeiter zu verschaffen suchte […] Was der ‚Vorwärts' schrieb, wirkte ungemein stark auf die Arbeiter; selbst auf die, die noch am gestrigen Tage seine erbittertsten Feinde waren. Die ganze Kriegspolitik mit ihren Wirkungen auf die Lage der Arbeiter, der Burgfrieden mit der Bourgeoisie, alles was die Arbeiter bis aufs Blut gereizt hatte, war vergessen. Die Freude über den Sieg der Arbeiterklasse und der Widerwillen gegen den jahrelangen Bruderkampf drückten jede Überlegung nieder."[35]

Teilweise wurden Berichte aus dem regulären „Vorwärts" zusätzlich als Extraausgabe verteilt. In der 5. Extraausgabe teilte der neu gegründete Soldatenrat „an alle Militärpersonen von Groß-Berlin" mit, dass er sich am Abend „im Reichstagsgebäude, Zimmer 17" treffen werde. Es folgte die Aufforderung: „Soldaten bleibt in Euren Kasernen, Ihr werdet dort verpflegt. Zapfenstreich 10 Uhr." Auch Ebert nutzte den „Vorwärts" noch einmal als Forum. In der 6. Extraausgabe des 9.11. wandte er sich „an die deutschen Bürger" und teilte ihnen mit: „Die neue Regierung wird eine Volksregierung sein. Ihr Bestreben wird sein müssen, dem deutschen Volke den Frieden schnellstens zu bringen und die Freiheit, die es errungen hat, zu befestigen."[36] Die 7. Extraausgabe am 10.11. schließlich meldete die getroffene Übereinkunft über die Bildung des RdV mit der Schlagzeile: „Die Einigung zwischen den beiden sozialdemokratischen Parteien ist vollzogen. Ebert, Haase, Scheidemann, Dittmann, Landsberg und Barth werden die neue Regierung bilden". Es schloss sich ein Aufruf an die Soldaten zur Disziplin an, um die Bahntransporte zur Lebensmittelversorgung nicht zu gefährden.[37] Am 11.11. druckte der „Vorwärts" die Details der Einigung, die konkreten Waffenstillstandsbedingungen im Wortlaut und weitere Berichte aus der revolutionären Bewegung im Gesamtstaat ab.

Im AuSR wogte eine heftige Debatte über die Zusammensetzung des Vollzugsrates. Die Soldatenräte vor allem forderten eine paritätische Zusammensetzung zwischen revolutionären Obleuten und SPD, die Obleute und einige

---

35 Müller, Novemberrevolution (wie Fn.14), S. 35.
36 https://www.vorwaerts.de/artikel/welche-rolle-vorwaerts-beim-sturz-kaisers-spielte.
37 Wie Fn. 33 (zum 9.11.18 das vierte Dokument von oben).

Vertreter der USPD hingegen einen Vollzugsrat ohne die SPD. R. Müller dazu: „Nachdem Barth eine kurze Ansprache gehalten hatte, in der er die gefallenen Opfer der Revolution ehrte und die Bedeutung des Tages würdigte, erhielten nacheinander Ebert, Haase und Liebknecht das Wort. Ebert sprach über die schwierigen Aufgaben, die jetzt gelöst werden müssten und betonte sehr stark die Notwendigkeit der Einigung der beiden Parteien, die bereits durch die Verständigung über eine gemeinsame Regierung geschaffen sei. Alles Trennende müsse jetzt zurückgestellt werden, denn nur so könne der Sieg der Revolution gesichert werden. Haase sprach im gleichen Sinne, während Liebknecht sich scharf gegen Ebert wandte und auf die Gefahren hinwies, die von jener Seite der Revolution drohten."[38] Schließlich wurden je sieben Vertreter der SPD und der USPD und vierzehn Vertreter der Soldatenräte in den Vollzugsrat gewählt. Unter den USPD-Vertretern befanden sich Barth, der gleichzeitig Mitglied im RdV war, R. Müller, Däumig und Ledebour, für die SPD wurden u. a. Franz Büchel und Gustav Heller gewählt, Herrmann Müller kam am Folgetag im Tausch gegen Hiob hinzu.[39] Insgesamt zeigten die Debatte und die Wahl des Vollzugsrates, dass eine überwiegende Mehrheit der Rätevertreter die Einheit der Arbeiterparteien einer schnellen Durchsetzung revolutionärer Maßnahmen durch eine stärkere Linksorientierung der Leitungskörperschaften vorzog.

Nachdem das „Mitteilungsblatt" der USPD in seiner Ausgabe vom 10. 11. den Ereignissen spürbar hinterher trabte und in Sachen Aktualität in dieser Situation niemals die Attraktivität und Aktualität des „Vorwärts" erreicht haben dürfte, wandte es sich am 17. 11. mittels eines Aufrufs an die Anhängerschaft der Partei. Nach den Jahren der Spaltung und der harten Auseinandersetzungen mit der SPD galt es nun zu erklären, weshalb es doch zu einer am 10. 11. kaum möglich scheinenden Einigung zwischen den beiden Parteien kam. Der Aufruf erklärte die Revolution daher zum mehr oder weniger alleinigen Erfolg der Linkssozialisten: „Die Unabhängige Sozialdemokratische Partei Deutschlands hat vom ersten Tage ihres Bestehens an das bevorstehende Ende des Militarismus und des Imperialismus verkündet und alles getan, um die revolutionären Kräfte der Arbeiterklasse zu entfesseln [...] Die Not der Stunde verlangte gebieterisch die Herstellung einer Regierung, die dem blutigen Gemetzel ein Ende machen, die begonnenen Waffenstillstandsverhandlungen zum Abschluss [bringen] und den Frieden sicherstellen sollte. Eine Regierung, die mit Nachdruck an die Verwirklichung

---

38 Müller, Novemberrevolution (wie Fn. 14), S. 35; Engel u. a. (Hg.), Arbeiter- und Soldatenräte (wie Fn. 24), Bd. 1, Dok. 12, S. 15–24.

39 Müller, Novemberrevolution (wie Fn. 14), S. 38.

der sozialistischen Grundsätze herantritt [...] Deshalb verlangten wir, das neue politische Kabinett müsse ein rein sozialistisches sein" (Mbl. 17. 11. 18).

Zuvor bekräftigte in dieser Ausgabe des USPD-Blatts der vom Parteivorstand unterschriebene Aufruf die Legitimität des RdV als auf den AuSR beruhend. Von deren Zusammenkunft im Reichstag am 9. 11. abends berichtete das „Mitteilungsblatt" entsprechend ausführlich, gleichfalls von den Aktivitäten der USPD und der Obleute vor dem Revolutionsausbruch in Berlin sowie vom Briefwechsel zwischen den beiden sozialdemokratischen Parteien, die die Bildung des RdV einleiteten. Ebenso veröffentlichte es das am 12. November von den Volksbeauftragten verabschiedete Sofortprogramm, das die Herstellung der politischen Freiheiten, eine Amnestie für die politischen Gefangenen, die Koalitionsfreiheit für alle Arbeitergruppen, die Wiedereinführung aller geltenden Arbeitsschutzbestimmungen und die Aufhebung aller Sondergesetze und des Vaterländischen Hilfsdienstgesetzes verkündete. Außerdem sollten umgehend tiefgreifende sozialpolitische und von der Arbeiterschaft lange geforderte Reformen wie der Achtstunden-Arbeitstag und das allgemeine, gleiche, geheime und direkte Wahlrecht eingeführt werden. Doch vor zu viel Euphorie in der Revolution warnte die Abhandlung *„Seid auf der Hut!"*, die sich ausführlich auf die Revolutionsgeschichte des Berliner Demokraten Aaron Bernstein, des Onkels des Sozialisten Eduard Bernstein, bezog. Abhandlungen wie diese gaben dem „Mitteilungsblatt" mitunter eine feuilletonistische Note und waren vorwiegend auf Basis der wöchentlichen Erscheinungsweise praktikabel.

Welch atemberaubendes Tempo die revolutionäre Entwicklung erlangt hatte, widerspiegelte die Ausgabe der BM am 10. November. Nebeneinander abgedruckt finden sich die Abdankungsverkündung durch Max von Baden, hier noch Reichskanzler, und die erste Verlautbarung seines Nachfolgers Ebert auf der Titelseite. Auch der AuSR als oberste Gewalt in Berlin wurde mit seiner Ausrufung der sozialen Republik und seiner Entscheidung für Ebert dokumentiert. Im Artikel „Des Kaisers Abschied" fand der Verfasser nicht nur wehmütige Worte für Wilhelm II., sondern auch kritische, die dessen Unvermögen, den Krieg zu verhindern, deutlich aussprachen. Es folgte eine ausführliche und anschaulich geschriebene Schilderung der Massenaktionen des 9. Novembers. Auch aus Scheidemanns ad-hoc-Rede aus dem Reichstagsgebäude, von wo aus er die Republik ausrief, wurde zitiert. Natürlich erwähnte die reguläre Ausgabe die von der BM selbst ausgegebenen Extrablätter zur Revolution. Weiterhin schilderte die Zeitung Liebknechts Ansprache aus dem Berliner Schloss: Die doppelte Ausrufung der Republik durch Scheidemann (demokratische Republik) und Liebknecht (sozialistische Republik) eröffnete so verbal eine deutsche Variante einer „Doppelherrschaft" zwischen der Regierung und den AuSR.

Das kommunale Augenmerk des Blattes galt vor allem der Ernährungslage, zu der Oberbürgermeister Adolf Wermuth zu Worte kam. Sogar von der Freilassung Rosa Luxemburgs aus dem Breslauer Gefängnis erfuhren die Leser der BM. Deren Berichterstattung am 11. 11. räumte den Waffenstillstandsbedingungen den zentralen Platz auf der Titelseite ein, flankiert von der Meldung und Hintergrundinformationen zum Zustandekommen des RdV und der Flucht Wilhelms II. nach Holland.

Die BM pflegte während der Revolutionstage des 9. und 10. November eine im Ganzen objektive und informative Berichterstattung über die Ereignisse in Berlin, aber auch im Reich und blieb dort, wo sie urteilte, vorsichtig und abwägend. Liberal Orientierte dürften sich angemessen sachlich informiert und politisch orientiert gefühlt haben. Vielleicht mag sich mancher den Empfindungen Harry Graf Kesslers angeschlossen haben, der in sein Tagebuch notierte: „An der Ecke der Königgrätzer und Schöneberger Straße wurden Extrablätter verkauft: ,*Abdankung des Kaisers*'. Mir griff es doch an die Gurgel, dieses Ende des Hohenzollernhauses; so kläglich, so nebensächlich."[40]

Ähnlich wie dem „Berliner Lokal-Anzeiger", der kurzzeitig vom Spartakusbund besetzt und zur Publikation der eigenen Materialien „requiriert" wurde, erging es auch der BVZ: Am 10. 11. dürfte die treue Leserschaft nicht schlecht gestaunt haben, als sie im Kopf den Untertitel „Publikations-Organ des Arbeiter- und Soldatenrates und der Unabhängigen Sozialdemokraten von Berlin und Umgegend" präsentierte. So versuchten diese sicherlich neben der Veröffentlichung der eigenen politischen Stellungnahmen auch der Dominanz des „Vorwärts" Paroli zu bieten. Neben den direkten Äußerungen zum Ablauf der Revolution finden sich auf der Titelseite Aufrufe des AuSR, versehen mit dem Namen von Barth, an die Bäcker und die Arbeiter in Lebensmittelbetrieben, an der Sicherung der Nahrungsversorgung mitzuwirken. Auf der zweiten Seite war ein Bericht über die Liebknecht-Rede abgedruckt, außerdem eine kritische Position zur SPD, sodass hier vor allem die von der USPD und den Obleuten repräsentierte Richtung zu Wort kam. Dieses Intermezzo als revolutionäres Organ dauerte lediglich einen Tag, am 11. 11. erschien die BVZ wieder wie gewohnt. „Ein reinsozialistisches Kabinett" lautete die Schlagzeile am Morgen, „Seit 11 Uhr Waffenstillstand" jene der Abendausgabe. Die Folgeseite enthielt Berichte über die Lebensmittellage in Berlin und die Bildung des „Volksausschusses zum Schutze der gemeinnützigen Einrichtungen von Groß-Berlin", dem auch Oberbürgermeister Wermuth angehörte.

---

40   Harry Graf Kessler, Tagebücher 1918–1937, Eintrag vom 9. November 1918, Berlin 1967, S. 23.

Was für das Reich galt, setzte sich in Preußen fort. Auch hier bildeten SPD und USPD eine gemeinsame Regierung auf der Basis der Legitimierung durch den Vollzugsrat der AuSR. Ihr gehörten u. a., analog zur Struktur des RdV, Paul Hirsch, Otto Braun, Eugen Ernst und Wolfgang Heine von der SPD, Heinrich Ströbel, Adolph Hoffmann und Kurt Rosenfeld von der USPD an. Die Geschäfts-bereiche waren in der Regel paritätisch besetzt, weitere Mitglieder der Revo-lutionsregierung waren Albert Südekum und Konrad Haenisch (SPD) sowie Rudolf Breitscheid, Hugo Simon, Adolf Hofer und Emil Eichhorn (USPD). Der „Vorwärts" begrüßte diese Übereinkunft, die sich nicht zuletzt wegen der sehr unterschiedlichen Administrationserfahrungen als schwierig erweisen sollte, am 12. 11. mit der Schlagzeile: „Die preussische Volksregierung gebildet." Wäh-rend Hirsch über Erfahrungen als Stadtverordneter in Charlottenburg verfügte, war sein Pendant Ströbel vor allem als Redakteur des „Vorwärts" in Erschei-nung getreten. So konnte Otto Braun, Agrarexperte, Sozialpolitiker und „Partei-beamter", bald zum „starken Mann" in Preußen werden, den man später gar den „roten Zaren" nennen sollte.[41]

3.2 Richtungsstreit: NV oder Rätesystem?

Die Bildung des RdV als eines quasi „sechsköpfigen Reichskanzlers" (Scheide-mann) bedeutete nur den ersten Schritt einer Regierungsbildung. Es folgten weitere Personalentscheidungen auf nachgeordneter Ebene, die unterschied-liche Vorstellungen von USPD und SPD ebenso spiegelten wie auch das jewei-lige Legitimitätsverständnis. Ebert residierte, beinahe symbolisch, weiterhin im Reichskanzlerzimmer. Er war kraft seiner persönlichen Autorität und der ihm zugefallenen Ministerialkompetenzen (Militär, Inneres) der „starke Mann" innerhalb des Rates. Neben je einem Staatssekretär aus den Reihen von SPD und USPD kamen auch Bürgerliche wie Eugen Schiffer (Reichsschatzamt) und Hugo Preuß (Inneres und Verfassung) hinzu, da sie als Fachleute galten. Der Berliner Linksliberale Preuß drängte entschieden auf die Einberufung einer NV und formierte ein starkes politisches und verfassungsjuristisches Gegengewicht gegen sozialistische Vorstellungen von einer Räteherrschaft. So schrieb er schon unmittelbar nach den Tagen der Revolution: „Nicht Klassen und Gruppen, nicht Parteien und Stände in gegensätzlicher Isolierung, sondern nur das gesamte

---

41 Vgl. Lothar Wieland, „Wieder wie 1914!" Heinrich Ströbel (1869–1944), Bremen 2009. Zu Otto Braun u .a. mit weiterer Literatur Siegfried Heimann in: Peter Brandt/Detlef Leh-nert (Hg.), Sozialdemokratische Regierungschefs in Deutschland und Österreich 1918–1983, Bonn 2017, S. 159–185.

deutsche Volk, vertreten durch die aus völlig demokratischen Wahlen hervorge-
hende deutsche Nationalversammlung, kann den deutschen Volksstaat schaffen
[…] Gewiß muß eine moderne Demokratie vom Geiste eines kräftigen sozialen Fortschritts erfüllt sein, aber ihre politische Grundlage kann niemals der
soziale Klassenkampf […] bilden" (BVZ 14. 11. 18). Damit war die Richtungsentscheidung über NV oder Räteherrschaft die zu bewältigende Hauptaufgabe
der Volksbeauftragten.

Weiterhin war die Frage der künftigen Struktur der bewaffneten Macht
grundsätzlich zu klären. Nachdem General Groener noch am 10. November mit
Ebert telefoniert und die Truppen der neuen Regierung unterstellt hatte, einigte
man sich auf den Einsatz der alten Armee zur Wahrung von Ruhe und Ordnung, zur Bekämpfung des „Bolschewismus", und auf die Demobilisierung der
Truppen unter Leitung der Generalität. Damit sollten zugleich die Versuche des
AuSR zur Bildung einer eigenen bewaffneten Macht, der „Roten Garde", konterkariert werden. Am 12. 11. verabschiedete der RdV einstimmig einen Erlass zur
Wahrung der Vorrechte der Offiziere, sodass die Soldatenräte auf eine beratende
Funktion beschränkt und ebenfalls in die Staatsschutzaufgaben eingebunden
wurden. Die regionalen Gliederungen insbesondere der USPD, aber auch zahlreiche ihr nahestehende Zeitungen protestierten in den folgenden Tagen scharf
gegen diesen als gegenrevolutionär eingestuften Militärerlass.[42]

Über diese Entwicklungen berichtete der „Vorwärts" am 12. 11. in aller Ausführlichkeit. Neben der Nachricht vom Waffenstillstand appellierte die Regierung an den Korpsgeist und die Einigkeit der Soldaten sowie deren Loyalität
zur neuen Demokratie. Interessanterweise platzierte die Redaktion eine Meldung an zentraler Stelle auf der ersten Seite, in der namentlich über Hindenburgs und Groeners Initiative, die Armee der Regierung zur Verfügung zu stellen, „um ein Chaos zu vermeiden", berichtet wurde. Wie um diesem Vorgehen
mehr Vertrauen zu verschaffen, fungieren hier der Kölner und der Hamburger
Soldatenrat als Übermittler. Eine Kurzmeldung über den Militärerlass befand
sich auf der zweiten Seite, ansonsten nahm die Bildung der neuen, aus SPD und
USPD bestehenden Regierung einen breiten Raum ein. Die Ausgabe vom 13. 11.
publizierte die bereits erwähnten Verordnungen der neuen Regierung vom Vortag. In seinem Leitartikel „Die Reichsregierung und die Arbeiter- und Soldatenräte" plädierte Stampfer für eine einheitliche Versammlung der Arbeiterschaft
hinter dem RdV, mit dem Ziel, eine über die Wahl der NV legitimierte Regierung zu schaffen. Die AuSR sollten sich in den Dienst dieser Aufgabe stellen, die
Räteorganisationen also ein vorübergehendes Instrument zur Herstellung der

---

42   Vgl. Lehnert, Sozialdemokratie (wie Fn. 13), S. 83–87.

Demokratie sein. Dazu sollte auch der Aufruf zur Bildung von Bauernräten auf dem Land dienen, vor allem um die Lebensmittelversorgung zu sichern. Dass auch der Militärerlass vom 12. 11. die Räte als temporär behandelte, konnte aus seinem im Wortlaut veröffentlichten Text herausgelesen werden. Die großen Probleme der Räte zur Selbstermächtigung offenbarten sich in der Meldung des „Vorwärts" vom 14. 11., nach der der Vollzugsrat des AuSR bekannt gab, auf die Bildung der „Roten Garden" zu verzichten.[43] Damit war der Vorrang der regulären Truppen vor den revolutionären Einheiten faktisch durchgesetzt.

Auch die BM meldete am 12. 11. zunächst die Annahme der Waffenstillstandsbedingungen in Compiègne. Zur Bildung der sozialistischen Regierung in Preußen und zu den Entscheidungen des AuSR brachte das Blatt Berichte auf der Titelseite, ergänzt um die Meldungen über die Abdankung Kaiser Karls in Wien. Dass die künftige Entwicklung dem Blatt Kopfzerbrechen bereitete, erkennt man an der kommentierten Veröffentlichung einer Nachricht der konservativen „Deutschen Tageszeitung", die auf die Mitwirkungsrechte des Reichstags pochte und dessen mögliche Umgehung als „glatten Staatsstreich" verurteilte. Mitten auf der zweiten Seite erfuhr man, dass sich Hindenburg auf die Seite der Regierung gestellt habe. Somit begann hinter dem Rücken der Öffentlichkeit der Ebert-Groener-„Pakt" Wirkung zu entfalten. Dass die Lage in Berlin noch immer sehr angespannt schien, verdeutlichen einige weitere Berichte der Ausgabe. Die vom RdV vorgenommenen Richtungsentscheidungen fanden sich in der Ausgabe des 13. 11. wieder. Sowohl der Militärerlass als auch die Absicht zur Wahl einer NV sowie die Sofortmaßnahmen vom 12. 11. wurden vollständig abgedruckt. Interessant ist, dass auf der zweiten Seite die Ankunft Wilhelms II. in den Niederlanden gemeldet, der Monarch aber immer noch ohne Hinweis auf seine Abdankung als „Kaiser" bezeichnet wurde. Als einen offensichtlich großen Erfolg bewertete das Blatt die Entscheidung des AuSR auf der Titelseite der Ausgabe vom 14. 11.: „Keine Rote Garde in Berlin". Der Kommentar trug den Titel: „Soldaten gegen den Terror", eine weitere Meldung gab bekannt, dass „Hindenburg in Wilhelmshöhe" mitsamt dem „großen Hauptquartier" eingetroffen sei, um „auf dem Posten zu bleiben, bis das Heer in seine Heimat zurückgekehrt ist". Die Wirkungen des Militärerlasses und die Vorbereitung einer NV dominierten die Folgeseiten. Offenbar sollte von diesen umfangreichen Darstellungen ein beruhigender Effekt auf die Leserschaft ausgehen.

Andere Akzente setzte die BVZ, als sie am 12. 11. über die Sitzung des AuSR am 10. 11. unter der Schlagzeile „Die Soldaten gegen die Quertreiber" berichtete,

---

43 Vgl. Engel u. a. (Hg.), Arbeiter- und Soldatenräte (wie Fn. 24), Bd. 1, Dok. 26, S. 44 und Dok. 33, S. 55.

worunter die Vertreter der USPD und des Spartakusbundes verstanden und deren radikalere Initiativen mehrheitlich abgewiesen wurden. Zugleich beklagte das Blatt auf der Titelseite die „unerträglichen Waffenstillstandsbedingungen", ließ dazu allerdings die Bekundungen der bayerischen Regierung und der Vorstände von SPD und USPD zu Wort kommen, letztere – namentlich Hermann Müller und Däumig – mit einem Telegramm an die Sozialisten der neutralen Staaten. Die weitere Richtung der Revolution lag auch für die BVZ in der Einberufung einer Konstituante, wozu sie sogar den Sozialisten und Wissenschaftler Leo Arons zu Worte kommen ließ, der in der Berliner Universität einen entsprechenden Aufruf veröffentlichte. Ausführlich nahm das Blatt auf der zweiten Seite die Bildung Groß-Berlins ins Visier und sah dessen rasche Realisierung voraus.

In der Abendausgabe des 12. 11. meldete man den Verbleib Wermuths im Amt. Auch der Landrat des Kreises Niederbarnim wurde in seinem Amt belassen. Dies war umso bemerkenswerter, weil es sich um Maßnahmen des AuSR handelte, von denen so die Botschaft ausging, dass es keine komplette Umwälzung im Bereich der Kommunalverwaltungen geben werde. Dies bot natürlich größeren Spielraum für die Kooperation der SPD mit bürgerlichen Parteien oder mit Personen, die als kompetent und vertrauenswürdig galten. Damit handelte es sich um eine Integrationsmaßnahme im Sinne einer Teilhabe am revolutionären Prozess. Am 14. 11. kam ausführlich Preuß mit seinem bereits genannten Plädoyer zu Wort und beendete seinen Beitrag auf der Titelseite mit dem Satz: „Die Stellung zu der konstituierenden Nationalversammlung des deutschen Volksstaates ist zugleich die Stellung zu der Frage: Demokratie oder Bolschewismus." Damit hatte sich die BVZ eindeutig positioniert. In den Fragen der künftigen militärischen Struktur und der Priorität der NV als der die Legitimität des künftigen „Volksstaates" begründenden Instanz gab es deutliche Übereinstimmungen zwischen dem „Vorwärts", der BM und der BVZ. Vom „Volksstaat" sprachen mehr oder weniger häufig auch die beiden liberalen Blätter.

Doch wie rezipierte das „Mitteilungsblatt" diese Richtungsorientierung? Am 24. 11. bestand das USPD-Organ vorwiegend aus mehreren Grundsatzartikeln, namentlich von Rudolf Hilferding, Max Cohn und Max Adler sowie aus einer älteren Passage von August Bebel und einem Aufruf des Kieler AuSR. In dem (der „Freiheit" vom 18. 11. entnommenen) Leitartikel „Revolutionäres Vertrauen" setzte sich Hilferding mit dem Fortgang der russischen Revolution auseinander und empfahl angesichts der Situation in Deutschland den Kampf um die NV und den Weg der Demokratie als Weg zur Vollendung der sozialistischen Revolution. Davor müsste eine „Reihe wichtiger sozialistischer Übergangsmaßnahmen" durchgesetzt werden. Cohn zeigte sich ähnlich skeptisch, als er zu bedenken gab, dass zunächst die Revolution der Köpfe mittels sozialistischer

Aufklärung erfolgreich durchgeführt worden sein müsse, und vorschlug: „Eine konstituierende Nationalversammlung kann daher erst dann erscheinen und mit Recht gefordert werden, wenn diese Vorbedingungen für sie wenigstens teilweise erfüllt sind." Damit entschieden sich beide für eine Position des Hinausschiebens der NV. In die gleiche Richtung ging die Quintessenz der Proklamation aus Kiel: „Wir wollen nicht nur die politische, sondern auch die wirtschaftliche Demokratie. Unser Ziel bleibt die sozialistische Republik."

Eineinhalb Wochen nach der Einsetzung von Preuß als Staatssekretär für Inneres war die Auseinandersetzung um die Priorität von NV oder Räten in vollem Gange. Am 16. 11. war zuvor eine Vorentscheidung im Vollzugsrat der AuSR zugunsten der NV gefallen, gegen eine von Däumig (USPD) vorgelegte Resolution, die statt einer NV die Wahl eines „Zentralrats der Arbeiterräte [...], der eine neue, den Grundsätzen der proletarischen Demokratie entsprechende Verfassung zu beschließen hat", vorsah.[44] Dem widersprachen entschieden H. Müller und für die Soldaten Colin Ross, die für die NV plädierten. Der gefasste Kompromissbeschluss schwächte die Däumig-Resolution ab, indem er als Voraussetzung einer Entscheidung eine noch einzuberufende Delegiertenversammlung der AuSR vorsah, die zwar einen Verfassungsentwurf erstellen sollte, die endgültige Beschlussfassung aber einer konstituierenden Versammlung übertrug. So war zwar formal die Souveränität der Räte im Kern bewahrt, aber deutlich beschnitten in ihren Entscheidungskompetenzen. Durch diese mit der Mehrheit der SPD-Mitglieder und der Soldatenvertreter gefasste Entscheidung habe sich der Vollzugsrat, so R. Müller, „nicht nur aktionsunfähig, sondern auch lächerlich" gemacht.[45] Der Weg zum 1. Allgemeinen Reichsrätekongress, der schließlich vom 16.–21. Dezember stattfand, war damit genauso geebnet wie die Möglichkeit, dass dieser die Rätebewegung durch einen Beschluss pro NV entmachten könnte. Insofern konnten die Gegner einer Entscheidung über die NV lediglich noch auf deren Verschiebung hinwirken, sodass politische Entscheidungen in kurzer Frist über den RdV durchgesetzt werden müssten. Die Leninsche Variante, die Konstituante militärisch aufzulösen, war ohnehin unrealistisch, schon weil der AuSR die Aufstellung der „Roten Garden" abgeblasen hatte und in Russland parlamentarische Traditionen fehlten.

Doch im Umfeld dieses Richtungsstreits übte der „Vorwärts" immer stärkeren Druck auf die USPD aus, sich für die NV auszusprechen, zumal das Blatt noch

---

44 Resolutionsentwurf Däumig, abgedruckt in Müller, Novemberrevolution (wie Fn. 23), S. 83 und in Engel u. a. (Hg.), Arbeiter- und Soldatenräte (wie Fn. 24), Bd. 1, Dok. 45, S. 72–73.

45 Müller, Novemberrevolution (wie Fn. 23), S. 84.

einen erheblichen Einfluss auch auf die Anhängerschaft der USPD besaß. Am 15. 11. bemerkte der Leitartikler, nachdem sich „sämtliche sozialistischen Regierungen, die des Reichs und aller Bundesstaaten, für die konstituierende Nationalversammlung [...] ausgesprochen haben, dürfte oder sollte jede Unklarheit auch bei den Unabhängigen verschwunden sein. Für uns gibt es nur einen Weg: Durch Demokratie zum Sozialismus!" Damit beanspruchte die SPD die Meinungsführerschaft für die gesamte Sozialdemokratie und versuchte diese auch mobilisierend zur Geltung zu bringen. So titelte der „Vorwärts" am 17. 11.: „Allgemeine Volkswahlen am 2. Februar". Scheidemann verfasste dazu am Folgetag einen Leitartikel, und am 19. 11. rief der SPD-Parteivorstand zum Wahlkampf gegen die bürgerliche Rechte und die radikale Linke zugleich auf. Scheidemann dazu in seinen Erinnerungen: „Die Diktatur Liebknechts und Ledebours lehnten wir energisch ab."[46]

Auch die BVZ intensivierte ihre Mobilisierung pro NV spürbar. Sie verband in ihrem Aufmacher: „Männer und Frauen des neuen Deutschland" ihre Argumentation mit der Aufforderung „zur Sicherung der neuen Freiheit und zur Abwehr jeder Reaktion und jeder terroristischen Vergewaltigung", womit sie eine harte Frontstellung gegen die politische Rechte und die radikale Linke zu erkennen gab (16. 11. 18). In der Abendausgabe erfuhr man vom abgeschlossenen Abkommen zwischen Gewerkschaften und Unternehmerverbänden, dem „Stinnes-Legien-Pakt", der bei allen Zugeständnissen an die Gewerkschaften einen das Bürger- und Unternehmertum beruhigenden Effekt bezweckte, indem er auch für den Kernbereich der Klassenauseinandersetzungen, die Betriebe, eine Kooperation signalisierte.

Die BM weckte Hoffnungen auf eine liberale Parteieinheit in der jungen Republik, als sie am 16. 11. über Verhandlungen zwischen den Fortschrittlern und den Nationalliberalen auf der Titelseite informierte. Am 19. 11. titelte sie „Nationalversammlung ist Frieden und Brot!" Allerdings sah sie einen Gegner auf dem Weg dorthin in den AuSR, deren Mehrheit gegen die baldige Einberufung einer NV sei (BM 20. 11. 18). Insofern bahnte sie eine Frontstellung gegen die AuSR an. Dass die Erweiterung der Regierung um vorwiegend bürgerliche Politiker die Position des ehemaligen „Interfraktionellen Ausschusses" von SPD, Fortschrittlern und Zentrum insgesamt stärkte, konnte auch die Benennung von Beigeordneten aus der USPD (Bernstein, Kautsky, Däumig, Cohn, Vogtherr, Büchner) kaum verbergen. Dennoch wartete der „Vorwärts" noch am 15. November mit der Meldung auf: „Die Besetzung der Reichsämter. Bernstein und Kautsky in der

46 Scheidemann, Memoiren (wie Fn. 10), S. 337.

Regierung." Mit den Namen der beiden großen, vormals konkurrierenden Theoretiker der SPD sollte breite Einigkeit suggeriert werden.

Die Auseinandersetzungen über die baldige Durchführung von Wahlen zur NV spalteten zunehmend die AuSR. So sprach sich deren Vertreter-
versammlung in Frankfurt am Main für, der Bremer AuSR gegen eine baldige
Konstituante aus (Vw 21. 11. 18). Ebenso berichtete der „Vorwärts" über positive Voten von Rätegremien in Breslau (21. 11. 18), in Baden, in Hamburg und
an der Ostfront (23. 11. 18). Diesen Rückenwind nutzte der RdV am 23. 11., um
seine Absicht zu bekräftigen, die Einberufung einer NV bald einzuleiten. Allerdings, so Ebert, solle man zumindest so lange warten, bis die Truppen von der
Front in die Heimat zurückgekehrt seien (Vw 24. 11. 18). Weitere derartige Stellungnahmen erfolgten von den AuSR in Hannover (25. 11. 18), Allenstein und
Königsberg (27. 11. 18) und durch die Reichskonferenz der Bundesstaaten am
25. November (Vw 26. 11. 18). Parallel verschärfte sich die Tonlage gegen USPD
und Spartakusbund. Immer häufiger tauchte nun im Kontext des Spartakus
die Formel vom „Bolschewismus" auf, um sich als SPD deutlich abzugrenzen
(Vw 24. 11. 18); außerdem interpretierte man den politischen Druck auf die
USPD bzw. auf deren gemäßigten Flügel um Haase durch die radikaleren Kräfte
um R. Müller und Ledebour bzw. den Spartakus als eine Zwickmühle, die in
einer Wahlniederlage enden müsse (Vw 27. 11. 18). Dass diese Polarisierung
nicht nur auf eine klare Entscheidung bei der Wahl zur NV abzielte, sondern
schon im Vorfeld klare Mehrheitsverhältnisse organisieren sollte, ergibt sich aus
der Terminierung des 1. Allgemeinen Reichsrätekongresses, dessen Eröffnung
am 16. Dezember stattfinden sollte. So war es durch den Vollzugsrat vorgeschlagen worden (Vw 25. 11. 18).

Beinahe hilflos wirkte die defensive Reaktion der USPD in dieser Situation. Am 1. 12. kritisierte das „Mitteilungsblatt", dass die NV organisatorisch zu
früh käme und auf unaufgeklärte Soldaten träfe. Außerdem führte sie ins Feld,
dass die Bourgeoisie „mit verdächtiger Eile" die NV fordere. Offenbar sah man
sich von der Entwicklung und der deutlichen Stimmung pro NV überfahren
(Mbl. 1. 12. 18). Am 22. 11. verfasste Stampfer im „Vorwärts" einen flammen-
den Appell „An die Mitglieder der Arbeiter- und Soldatenräte", in dem er rhe-
torisch alle Register zog: „Der Sieg, den Ihr errungen habt, war und soll sein ein
Sieg des Rechts, nicht der Gewalt. Nicht für Euch, sondern für das ganze Volk
habt Ihr ihn errungen." Doch die SPD verneinte keinesfalls die Risiken, die eine
frei gewählte Konstituante mit sich bringen könnte. Sie „muß die neue deutsche
Republik nach außen verhandlungsfähig und nach innen, nach der wirtschaftlichen Seite hin, geschäftsfähig machen", schrieb Scheidemann (Vw 18. 11. 18).
Diese „alterfahrenen Praktiker der Bewegung", wie Stampfer formulierte,

könnten dann scheitern, wenn „die Neuangekommenen, die Himmelstürmer, die nur Ziele sehen und keine Wege", sich durchsetzten, womit er die Radikalen unter den Revolutionären charakterisierte (Vw 22. 11. 18). Der „Vorwärts" jedenfalls positionierte sich in dieser Phase deutlich gegen die Kritik an der schnellen Einberufung der Konstituante und richtete seine Attacken dabei vor allem gegen „Spartakus" und den linken USPD-Flügel, nicht selten verbunden mit dem Bolschewismusvorwurf.

Die BVZ fragte am 21. 11.: „Kommt der Bolschewismus?" und beschrieb diesen als Resultat einer massiven Proletarisierung sowie als „Diktatur der Straße", als Schreckgespenst. In der Frage der NV widmete das Blatt der Reichskonferenz der Bundesstaaten und ihrer Bekräftigung einer Konstituante eine volle Titelseite am 26. November. Geradezu genüsslich berichtete die Zeitung über die offen ausgetragenen Konflikte innerhalb des Berliner AuSR in der Ausgabe vom 29. 11., insbesondere über die politischen Angriffe auf R. Müller, der sich massivster Kritik seitens der SPD-orientierten Soldatenvertreter ausgesetzt sah.[47] Dass die Zusammenarbeit zwischen SPD und USPD auch im RdV immer schwieriger wurde, berichtete die BVZ am 30. 11., teilweise unter Bezugnahme auf andere bürgerliche, zum Teil konservative Zeitungen wie die „Deutsche Tageszeitung". Offen wurden die USPD-Mitglieder in der Regierungsarbeit kritisiert, die SPD-Vertreter hingegen in Schutz genommen. Persönliche Attacken richtete die Zeitung gegen Ledebour und Liebknecht in der Abendausgabe des 30. November. Hier also waren eine politische Zuspitzung und eine Personalisierung der Konflikte unverkennbar. Stellvertretend drückt diese Haltung die folgende Passage des Artikels vom 21. 11. aus: „Es mag ja sein, daß uns auf Dauer der sozialistische Staat nicht erspart bleibt […] Was aber keineswegs angängig ist, das ist die Einführung durch die Diktatur der Straße, durch einen Haufen von Schreiern und Verbrechern, die unter Vorspiegelung anderer Zwecke unverständige Menschen mit sich reißen und irgendeinen beliebigen Agitator zum Diktator machen".

Die BM stand dem wenig nach, denn auch sie formulierte am 21. 11. die Alternative: „Bolschewismus oder Demokratie?" und fügte hinzu: „Ohne die schnelle Einberufung der Nationalversammlung und ohne Wahlen bei völlig freier Wahlagitation wird Deutschland unrettbar dem Bolschewismus verfallen". Am 24. 11. verbanden sich auf der Titelseite offensichtlich die Intervention der Alliierten an der Seite der „Weißen" im ausbrechenden russischen Bürgerkrieg und die deutsche Innenpolitik miteinander, als es aus dem Munde des Generals

---

47   Vgl. dazu Hoffrogge, Richard Müller (wie Fn. 3), S. 80–89.

Denikin hieß: „Die Stunde der Bekämpfung des Bolschewismus ist gekommen!", platziert gleich neben einer Überschrift „Der Millionen-Raub. Spartakus-Taktik." Am 29. 11. gab die Zeitung ein Interview mit Preuß wieder, der ein Wahlgesetz ankündigte, das der Terminfestsetzung der Wahlen zur NV vorausgehen solle. In der gleichen Ausgabe erfuhr die Leserschaft von der Zustimmung des Vollzugsrates zur Einberufung der NV. Ausführlich wurde dabei der Auftritt Scheidemanns auf der Rätetagung geschildert. Jener schrieb in seinen Erinnerungen über das Tauziehen um den Wahltermin zwischen SPD und USPD bzw. Vollzugsrat: „Schließlich kam ein Beschluss zustande, nach dem die Entscheidung über den Wahltermin dem einzuberufenden allgemeinen Kongreß der Arbeiter- und Soldatenräte überlassen bleiben sollte. Wir Sozialdemokraten zweifelten nicht daran, daß der Kongreß ganz im Sinne unserer Wünsche entscheiden würde."[48]

Von der USPD wurde eine argumentative Verbindung der NV mit einer potenziellen Gefahrenabwehr gegen Bolschewismus, aber auch Separatismus und Kriegsgefahr heftig kritisiert. „Die Freiheit", die jetzt täglich erschien, nahm „Hindenburg und Stampfer" sogleich ins Visier (23. 11. 18). Das „Mitteilungsblatt" veröffentlichte am 1. 12. den Aufruf „An die Partei!", in dem die Führung der USPD davor warnte, die kaum noch aufzuschiebende Konstituante könne als Mittel der Gegenrevolution missbraucht werden. Im Artikel „Feinde ringsum!" hieß es gar: „Der Schrei nach der Nationalversammlung ist heute der Sammelruf für alle gegenrevolutionären und kapitalistischen Kreise geworden. In ihn stimmen auch alle die ein, denen vor der Weiterentwicklung der sozialen Revolution graut", was auf die SPD gemünzt gewesen sein dürfte. Schon R. Müller resümierte angesichts dieser gegen die Rätebewegung und gegen eine Rätestruktur gerichteten Koalition von der SPD bis zur Generalität, dass die „sozialdemokratische und bürgerliche Presse und die hinter ihr stehenden Politiker vom Tage des Umsturzes an den Kampf für die Nationalversammlung und gegen ein Regime der Arbeiter- und Soldatenräte [...] geführt und geschürt haben."[49] Tatsächlich knüpften sich nicht nur verfassungspolitische, sondern auch wirtschaftliche Machtfragen an die Richtungsentscheidung. Würde es überhaupt noch eine Sozialisierung im Bereich der Industrien geben können, wenn die NV für die Machtfragen zuständig ist? So zeigte sich auch die linkspazifistische „Republik" am 5. Dezember skeptisch über die Aussichten einer sozialistischen Umgestaltung der Wirtschaft: „Ist die Entwicklung so weit, dass die Vergesellschaftung, die Enteignung des Privateigentums der Arbeiterklasse als reife Frucht in den

---

48   Scheidemann, Memoiren (wie Fn. 10), S. 337.
49   Müller, Novemberrevolution (wie Fn. 23), S. 98.

Schoß fällt? Ich glaube nicht!" Der Autor des Artikels mit dem Pseudonym „Cerberus" vermisste die umfassenden Grundlagen eines solchen Projektes und rief deshalb zu entschlossenem Handeln auf: „Die Revolution gebiert Recht aus sich selbst und ist naturnotwendig rücksichtslos. Sonst versandet sie."

Bevor der Reichsrätekongress zusammentreten konnte, erschütterten Berlin am 6. 12. mehrere bewaffnete Zusammenstöße. Ausgangspunkt waren Versammlungen des Spartakusbundes, die friedlich verliefen. Doch hatten sich Gardefüsiliere, als regierungstreu deklariert, an der Ecke Chausseestraße/Invalidenstraße schussbereit aufgestellt und eröffneten das Feuer auf die Demonstranten. 16 Tote und 12 Schwerverletzte sowie zahlreiche weitere Verletzte forderte die Beschießung. Gleichzeitig kam es durch mehrere Tausend Soldaten zu Solidaritätsbekundungen vor der Reichskanzlei für Ebert, den sie zum Reichspräsidenten ausrufen wollten. Parallel dazu verhinderte Barth den Versuch anderer Uniformierter, den Vollzugsrat im Abgeordnetenhaus zu verhaften.[50] Dieser Gewaltakt wurde als Putschversuch verurteilt, die Rolle der SPD, besonders Eberts, blieb unklar, aber die Verantwortung wurde ihm angelastet, besonders scharf durch Ledebour.[51] Die Lage spitzte sich jedenfalls spürbar zu. Der „Vorwärts" berichtete am 7. Dezember über „Straßenkampf im Norden Berlins" in einer relativ verharmlosend klingenden Wortwahl, gab jedoch unterschwellig dem Spartakusbund zumindest eine Mitschuld an den blutigen Zusammenstößen. Der „Vorwärts" und Scheidemann spielten die versuchte Inhaftierung des Vollzugsrats als „Köpenickiade" herunter. Am 9. und 10. 12. richteten sich die Stellungnahmen im „Vorwärts" massiv gegen Liebknecht und gegen „Spartakus-Exzesse", was die Verschärfung der Tonlage widerspiegelt.

Am 8. 12. hatte die SPD selbst Großkundgebungen veranstaltet, auf der die Hauptrepräsentanten der Partei sprachen (Vw 7. 12., 9. 12. 18). In der Ausgabe vom 9. 12. allerdings erging auch eine deutliche Warnung an die USPD, die sich nicht schützend vor eine Bewegung stellen dürfe, „die den gewaltsamen Sturz der sozialdemokratischen Kollegen in der Regierung offen als ihr Ziel verkündet [...] Das Wort ist frei, die Waffe nicht. Es darf niemandem erlaubt sein, mit Maschinengewehren in Berlin herumzufahren, außer – im äußersten Notfall – den Truppen der Regierung". Dass die Spartakusdemonstration unbewaffnet vonstatten ging, blieb unerwähnt, vielmehr ging es wohl um die Bekräftigung des Militärerlasses an die Adresse der radikalen Linken. Auch die BVZ schrieb am 7. 12. von einem missglückten Putsch der Spartakisten, rechtfertigte das Verhalten der Soldaten als „rechtzeitig" und warf Liebknecht „Blutschuld" vor.

---

50   Siehe ebd., S. 167–169.
51   Ebd., S. 175; Ledebour-Prozeß (wie Fn. 24), S. 37 f.

Desgleichen befassten sich die Schlagzeilen der Folgetage mit den Zusammenstößen in der Chausseestraße. Die BM hingegen las sich dazu etwas moderater, verband die Darstellung der Ereignisse aber mit der Forderung einer vorgezogenen
Wahl zur NV: „In jeder Verzögerung liegt neue Gefahr, und jede Woche Zau-
derns könnte neue Opfer bringen!" (7. 12. 18). Damit traf sie den politischen Kern
der Konflikte, nämlich die Richtungsentscheidung der Revolution.

Völlig anders die „Republik": Am 9. 12. urteilte sie, dass zwar noch nicht
alle Umstände aufgeklärt seien, „aber das Wesentliche steht fest, und dieses
Wesentliche ist, daß der Putsch nicht vom Spartakusbund, sondern von einer
Geheimorganisation von Gegenrevolutionären unternommen wurde". Auch
die „Freiheit" vom 7. 12. betonte den friedlichen Demonstrationscharakter und
sah in der spontanen Empörung über gegenrevolutionäres Aufmarschieren
keinerlei Militanz, die das Schießen hätte rechtfertigen können. Sie beschrieb
unter dem Stichwort „Gesindel!" die dämonisierende Stimmung gegen die radikale Linke: „Seit Tagen hatten sich alle Kloaken der Großstadt geöffnet, und
eine Schlammflut von Verleumdungen häßlichster Art, von niedrigsten Het-
zereien gegen die Träger der Revolution ergießt sich über die Stadt. Schlagt die
Juden tot! Tötet Liebknecht". Aus Sicht Haases kamen maßgebliche Initiativen
aus dem Auswärtigen Amt, wobei gleichzeitig zu berücksichtigen ist, dass die
ehemalige OHL, das „Große Hauptquartier" um Hindenburg, eine eigenständige Strategie verfolgte, die auf die Hinausdrängung der USPD aus der Regierung und auf die Entmachtung der AuSR abzielte, wobei Ebert zum Reichspräsidenten mit außerordentlichen Vollmachten ausgerufen werden sollte. Diese
Gedankenspiele kursierten schon seit dem Dezemberanfang und zielten auf den
10. Dezember hin, jenes Datum, an dem die heimkehrenden Truppen in Berlin
einziehen sollten.[52]

Der „Freiheit" waren die gegenrevolutionären Stimmungen nicht verborgen geblieben, zumal sie sich auch anderenorts bemerkbar machten, worüber das
USPD-Blatt vom 8. bis 12. 12. berichtete. Dass gleichzeitig Vorstöße aus den Reihen der Zentrumspartei laut wurden, den Reichstag schnellstens einzuberufen,
was auf eine Teilrestauration der alten politischen Verhältnisse hinauslief, verdeutlicht nicht minder eine erstarkende Front gegen die Revolution. Hinter dem
„Reichstagscoup" stand insbesondere der ehemalige Reichstagspräsident Fehrenbach.[53] Dahinter stand die Überlegung, über den Unwillen der Entente, mit einer
Räteregierung über den Frieden zu verhandeln, die Macht der AuSR zu brechen.
Über die wachsende Bedrohung der Revolution hinaus trugen die politischen

52   Vgl. Lehnert, Sozialdemokratie (wie Fn. 13), S. 157–169.
53   Ebd., S. 171–173.

Zuspitzungen um die Richtung der Neuordnung, die Einberufung der NV, um die Sozialisierung sowie die gegenrevolutionären Provokationen dazu bei, das Klima im RdV und zwischen SPD und USPD generell zu verschlechtern. Aus der USPD äußerte sich immer drängender der Ruf nach einer Abkehr von der Zusammenarbeit mit der SPD: „Ebert-Haase. Ein Bündnis?" fragte das „Mitteilungsblatt" am 8. Dezember.

3.3 Der 1. Allgemeine Reichsrätekongress vom 16. bis 21. Dezember 1918

Am 16. 12. trat der lang erwartete Reichsrätekongress im Preußischen Abgeordnetenhaus zusammen. War es ein „Reichsparlament der Revolution", wie die „Freiheit" an diesem Datum titelte? Konnte diese „Konstituante der Revolution" die drängenden Fragen der künftigen Richtung der politischen Entwicklung beantworten oder würde sie zur Arena der Auseinandersetzungen zwischen SPD und USPD werden? Die Mehrheit der 489 Delegierten stand auf Seiten der SPD (296), wohingegen die USPD (96) und die 11 „Vereinigten Revolutionäre" die radikale Linke repräsentierten. Ferner standen 24 Delegierte der DDP nahe, 25 bezeichneten sich nur als Soldaten, weitere 37 machten keine Angaben. Somit konnte die SPD auf eine solide Mehrheit von über 60 % setzen.[54] Liebknecht und Rosa Luxemburg waren ohne Mandat geblieben, wie Scheidemann hervorhob.[55] R. Müller fügte hinzu, dass die Demokraten und nicht gebundenen Räte fast ausschließlich mit der SPD gestimmt hätten, was deren Übergewicht nochmals verstärkte.[56] Die SPD-Fraktion auf dem Kongress habe strikteste Fraktionsdisziplin praktiziert, erinnert sich Müller. Carl Severing, der zum Fraktionsvorstand der SPD-Räte gehörte, bezeichnete es als die Absicht seiner Partei, „zu verhindern, daß dem Völkerkrieg ein noch grausamerer Bürgerkrieg folgen würde [...] Die Parole ‚Alle Macht den Arbeiter- und Soldatenräten' war der Kriegsruf der Spartakusgruppe geworden."[57] Die Sorge der Befürworter der NV als der Souveränitätsquelle hingegen drückte der „Vorwärts" in seiner Schlagzeile am 14. 12. mit den Worten aus: „Die Entente erkennt die Räte nicht an!"

54   Sabine Roß, Politische Partizipation und nationaler Räteparlamentarismus. Determinanten des politischen Handelns der Delegierten zu den Rätekongressen 1918/1919, Köln 1999, S. 141.

55   Scheidemann, Memoiren (wie Fn. 10), S. 337.

56   Müller, Novemberrevolution (wie Fn. 23), S. 204.

57   Carl Severing, Mein Lebensweg, Bd. 1, Köln 1950, S. 232.

Der „Vorwärts" bot seinem Leserkreis am 15. 12., dem Tag vor der Eröffnung des Rätekongresses, die Schlagzeile „Sozialdemokratischer Sieg in Gross-Berlin" und präsentierte das hiesige Endergebnis der Arbeiterratswahlen, bei denen die SPD sieben Delegierte, die USPD fünf und die „freien Berufe" einen Delegierten gewannen. Die sechs Soldatenratsmandate verteilten sich auf vier SPD- und zwei USPD-Delegierte. Am Eröffnungstag berichtete die Morgenausgabe zunächst über die Bildung der Fraktionen der SPD und USPD sowie über die Konflikte innerhalb des Neuköllner AuSR, dem die Kritiker aus der SPD vorwarfen, unrechtmäßig zu handeln und die Lebensmittelversorgung zu gefährden. In Stralau und Lichtenrade hingegen sei es zu spontanen Verbrüderungsszenen zwischen den Wahlvereinen von SPD und USPD gekommen. Tatsächlich sah sich die USPD durch die eigenständige Politik des Spartakusbundes, der vor dem Abgeordnetenhaus Kundgebungen organisierte, auf denen besonders zwar die SPD-Politik im RdV, aber auch die USPD-Partizipation angegriffen wurde, unter Druck gesetzt, sodass die Forderung nach dem Austritt Haases, Dittmanns und Barths aus dem Rat immer lauter wurde (Vw 16. 12. 18). Der „Vorwärts" wiederum versuchte einen Keil in die USPD zu treiben, indem er am 17. 12. zwischen dem „guten" Dittmann und den „Bösen" wie R. Müller unterschied und von der „hysterischen Angst der Spartakisten und ihres linksunabhängigen Anhangs vor der Demokratie" schrieb. Im Weiteren berichtete er ausführlich und teils im Wortlaut von den Debatten.

Eine Weichenstellung für die politische Entwicklung erfolgte am 18. 12., als ein Antrag von Hermann Lüdemann (SPD), der die bis zur endgültigen Regelung durch die NV einstweilige Übertragung von Legislative und Exekutive an die Volksbeauftragten vorsah, mit „gewaltiger Mehrheit zum Beschluß" erhoben wurde. Damit begann die weitere Entmachtung der Rätebewegung, und wie zur Bekräftigung las man im Vorwärts am 19. 12. die Zwischenüberschrift „Die Entente erkennt die A.- und S.-Räte nicht an" ein weiteres Mal. Zum 19. 12. war die Entscheidung über die Zukunft Deutschlands anberaumt worden: NV oder Räteverfassung? Für die SPD begründete Max Cohen-Reuß den Antrag auf Einberufung einer Konstituante, für die USPD Däumig die Implementierung einer Räteverfassung. Nach den beiden Statements, die durchaus auch Vermittelndes formulierten, votierte eine überwältigende Mehrheit von 400 gegen 50 Stimmen für den Antrag Cohens, die Wahl zur NV am 19. Januar durchzuführen.[58] Der ihrer Verschiebungsstrategie entsprechende Antrag der USPD auf einen späteren Wahltermin am 16. März verfiel mit vergleichbarer Stimmenzahl der Ablehnung.

---

58 Lehnert, Sozialdemokratie (wie Fn. 13), S. 192–196. Für den Antrag Däumigs stimmten 98 und gegen ihn 344 Delegierte.

Damit konnte sich die von der SPD angeführte, von Gewerkschaften und Demokraten unterstützte Position deutlich durchsetzen, was der „Vorwärts" mit der Schlagzeile „Wahlen am 19. Januar. Sieg der Sozialdemokratie auf dem Kongreß" goutierte und hinzufügte: „Wir stehen nur für unsere eigene Politik ein, nicht aber für die Politik kleinerer Gruppen, die allen Boden unter den Füßen verloren haben" (20. 12. 18).

Dass damit auch die unterlegene USPD getroffen werden sollte, durfte man daraus schließen, dass sie mit der „siegreichen Sozialdemokratie" nicht gemeint sein konnte. Dieser Alleinvertretungsanspruch musste letztlich darauf hindeuten, dass auch die Tage der Kooperation zwischen beiden Parteien im RdV gezählt waren. Die Schlusstage des Kongresses widmeten sich vornehmlich der Sozialisierung und der Friedensfrage. Zur Sozialisierung hielt Hilferding ein Referat, das der „Vorwärts" so bewertete, dass es auch von einem „Rechtssozialisten" hätte gehalten werden können. Die sieben „Hamburger Punkte" regelten nach intensiver Debatte die Demokratisierung des Militärs, der Kommandostrukturen und das Ende der Privilegien des Adels.[59] Der Beginn der Sozialisierung vor allem des Bergbaus sowie die Einsetzung eines „Zentralrats der Deutschen Sozialistischen Republik" wurden ebenfalls beschlossen. Da die USPD dessen letztendliche Konstruktion zu boykottieren beschlossen hatte, gehörten ihm ausschließlich SPD-Vertreter an. Seine Lebensdauer blieb kurz und endete faktisch mit der Eröffnung der NV am 6. Februar.[60]

Mag das Ergebnis des Reichsrätekongresses für die radikale Linke ernüchternd gewesen sein, so führt ein Blick in die Ausgabe der BVZ vom 16. 12. die Tragweite der Umwälzungen dennoch vor Augen: „Es liegt eine gewisse Ironie darin, daß das revolutionäre Vorparlament gerade im Sitzungssaale des preußischen Dreiklassenhauses tagt. Hier, wo noch in den Vorwehen der großen Umwälzung König Heydebrand herrschte und die Wahlreformversuche störte, hier ist zum ersten Male eine Art Parlament der jungen deutschen Republik zusammengetreten, wenn auch noch kein wahres Parlament."[61] Nicht ohne Hintersinn verwies das Blatt zugleich auf den Sitzungspräsidenten des Kongresses, Robert Leinert (SPD), der schon einmal mit Polizeigewalt aus dem Hause entfernt worden und nun zu einer der Schlüsselpersonen des Kongresses aufgestiegen war. Die

---

59 Jörg Berlin (Hg.), Die deutsche Revolution 1918/19, Köln 1979, S. 229–231; Lehnert, Sozialdemokratie (wie Fn. 13), S. 186–191.

60 Vgl. zu dieser Debatte, die die Kluft zwischen SPD und USPD vertiefte, Lehnert, Sozialdemokratie (wie Fn. 13), S. 197–203. Siehe auch BVZ 17. 12. 18.

61 Ernst von Heydebrand war der mächtige Vorsitzende der Fraktion der Deutschkonservativen im Preußischen Abgeordnetenhaus von 1906–1918.

zunehmende Isolation des Spartakusbundes innerhalb der USPD nahm die BVZ
zum Anlass, um über die Absage Haases an eine Regierungszusammenarbeit
mit dem Spartakusbund zu berichten und gleichzeitig zu melden, dass Ledebour
erbitterte Angriffe gegen die Volksbeauftragten, vor allem gegen Ebert, vorgetragen habe. So spiegelten sich für die Leserschaft die Trennungsprozesse innerhalb der USPD plakativ wider. Außerdem brachte die Zeitung der Leserschaft die
Räumung des vorübergehend vom radikal dominierten AuSR genutzten Neuköllner Rathauses durch reguläre Truppen zur Kenntnis (17. 12. 18).

Die Weichenstellungen des Rätekongresses für die NV wurden emphatisch
begrüßt: „Gegen eine Rätediktatur" hieß es in der Morgenausgabe der BVZ am
19. 12., am Folgetag nach der Abstimmung pro Konstituante gar „Die Niederlage
der Diktatoren". Erleichterung über die Sozialisierungsentscheidung gemäß den
Ausführungen Hilferdings brachte der Beitrag in der Abendausgabe des 20. 12.
zum Ausdruck. Die Sozialisierung solle nicht „nach Liebknechtschem Konzept mit gewaltsamer Konfiskation, sondern systematisch vorgenommen werden". Dass das Feindbild nach der erfolgten Richtungsentscheidung eindeutig
fixiert wurde, ergab sich aus den Bemerkungen zum zwar radikalen, aber politisch eher einflusslosen Spartakusbund, die aus der rechtsnationalen „Täglichen
Rundschau" kolportiert wurden. Dort bezeichnete man Liebknecht, Paul Levi,
Luxemburg und Karl Radek u. a. als „Gegenrevolutionäre", um ihnen die Legiti-
mation ihrer über die bisherigen Umwälzungen hinausgehenden Vorstellungen
abzusprechen (BVZ 21. 12. 18). Dementsprechend resümierte die BVZ über den
Rätekongress: „Mit Lärm hat's begonnen, mit Lärm hat's geendet", um dann den
Sieg über die Vertreter der radikaleren Positionen hervorzuheben. Man schien
bereit, nun zur „Tagesordnung" überzugehen, und die richtete sich auf die Wahlen zur NV am 19. Januar.

Die letzte Nummer des „Mitteilungsblattes" am 29. 12. zog eine ernüch-
terte Bilanz des Reichsrätekongresses. Dieser habe „erneut den Beweis erbracht,
daß alle energischen und durchgreifenden Maßnahmen auf den Widerstand der
Rechtssozialisten stoßen". Als Beleg nannte das USPD-Blatt die Militärreform
und die Kompetenzen des Zentralrats. Mit Blick auf den Wahlkampf zur NV
richtete man den Aufruf an die Genossinnen und Genossen, „daß sie mit ganzer
Kraft die Zeit ausnützen, zur Werbung für die sozialistischen Ideen, zur Aufrüt-
telung der Massen, zur Gewinnung neuer Mitglieder. Wir wollen behaupten, was
wir erobert haben: die volle Demokratie in der neuen deutschen einheitlichen
Republik. Wir wollen die Eroberung der Staatsmacht als Hebel benutzen, um die
kapitalistische in die sozialistische Gesellschaft umzuwandeln." Doch die nachfolgenden Beiträge, unter anderem von Luise Zietz, richteten den Blick auf die
Hindernisse zu diesen selbstgesteckten Zielen, denn das mal als „schwächliche

Politik", mal als „Sichstemmen gegen die Revolution" bezeichnete Agieren der SPD verhindere „eine wirkliche sozialistische Republik". Als Grundstimmungen werden hier das Bewusstsein der Niederlage und das Verharren in der politischen Defensive zum Ausdruck gebracht. Die Niederlage in der Verfassungsfrage kommentierte die „Freiheit" gelassen und rief zum Wahlkampf mit voller Kraft auf (20. 12. 18). In dem getroffenen Kompromiss in der Sozialisierungsfrage jedoch schien ein Hebel für weitergehende USPD-Vorstellungen geschaffen worden zu sein.[62]

Die „Republik" sparte ebenfalls nicht mit Kritik an der Kongresstaktik der SPD und an deren Berichterstattung: „Die Deutsche Tageszeitung der Revolution, das sich ‚Vorwärts' nennende ‚Zentralorgan der Sozialdemokratischen Partei Deutschlands', wendet sich in heftigen Worten gegen die Arbeiter und Soldaten ‚der Straße', die nicht nach seiner Dudelsackpfeife tanzen, d. h. nicht einen Schritt vorwärts und zwei zurück machen wollen" (19. 12. 18). Sich an der Seite der Rätebefürworter und der USPD positionierend, stellte dieses Blatt am 20. 12. fest: „Däumigs Antrag wurde abgelehnt. Die Fraktion der unabhängigen Sozialisten hat sich von den Kabinettsmitgliedern, ihren bisherigen Führern, getrennt [...] Eine neue Periode der Revolution beginnt". Das Fazit der „Republik" zum Gesamtverlauf des Kongresses lautete dort am 21. 12. dementsprechend: „Die Revolution steht still!"

Ähnlich wie die BVZ und der „Vorwärts" drückte die BM ihre klare Befürwortung der NV aus: „Die Massen wollen die Nationalversammlung" hieß es am 19. 12., und die getroffene Entscheidung wurde mit den Worten „Die Nationalversammlung mit siebenfacher Mehrheit beschlossen" am 20. 12. begrüßt. Dass die Niederlage der radikalen Linken dem Wunsch der Redaktion entsprach, machte diese mit dem Resümee deutlich, dass die Mehrheit aus SPD und Demokraten den Kongress insgesamt auf einem Kurs der Vernunft gehalten und dieser zum Sieg verholfen habe (BM 21. 12. 18). Damit hatte sich auch publizistisch eine künftige Weimarer Koalition bewährt und dafür geworben, dass die eingeschlagene Richtung der politischen Umgestaltung der parlamentarisch-demokratischen Logik folgen würde, wohingegen die Hoffnungen auf eine sozialistische Transformation einen herben Rückschlag erlitten. Die USPD jedenfalls, die nun auch innerparteilich auf eine Zerreißprobe zwischen dem Flügel um Haase und Dittmann und jenem um Ledebour und R. Müller zusteuerte, wurde allgemein als Kongressverlierer eingestuft, und das sicherlich mit Recht.

---

62 Lehnert, Sozialdemokratie (wie Fn. 13), S. 196.

4. Vom Bruch im RdV bis zur „zweiten Revolution"

4.1 Die „Weihnachtskämpfe" um das Berliner Schloss (23./24. Dezember)

An den beiden Tagen vor dem Weihnachtsfest kam es rund um das Berliner Schloss zu bewaffneten Auseinandersetzungen zwischen den Einheiten der „Volksmarinedivision" und den regulären Regierungstruppen unter dem Befehl des „Großen Hauptquartiers". Die Ursachen lagen im Machtkampf um die Durchsetzung des Militärerlasses einerseits, der die Kommandogewalt den Offizieren zuerkannt und die Truppen ihrer Befehlsgewalt unterstellt hatte, und andererseits im Bestreben der Regierung, nach der Richtungsentscheidung pro NV die radikale Revolutionspartei auch militärisch zu entmachten.[63] Die Erinnerungsliteratur der politisch Beteiligten fällt naturgemäß unterschiedlich aus. Scheidemann erinnerte sich vor allem daran, dass Otto Wels (SPD) als Stadtkommandant das Ziel radikaler physischer Gewalt war, wohingegen Ledebour darauf verweist, dass der Volksmarinedivision die Zahlung des Soldes verweigert werden sollte bzw. die Matrosen dies befürchteten.[64] Außerdem lief das Gerücht durch Berlin, die Volksmarinedivision würde im Schloss marodieren. Noch am 16.12. erklärten sich die Räte der Berliner Garderegimenter mit den roten Matrosen solidarisch. Diese beriefen sich auf eine Vereinbarung mit dem Finanzministerium, nach der sie am 20.12. das Schloss räumen würden, wenn ihnen ein anderes Quartier zur Verfügung gestellt werde. Obgleich das Ministerium die Vereinbarung torpedierte, übergab die Volksmarinedivision die Schlüssel zum Schloss dem USPD-Volksbeauftragten Barth, der mit Wels über die Auszahlung des Solds verhandelte, doch Wels stellte sich stur. Daraufhin beschlossen die Matrosen für den 23.12. eine Demonstration vor Wels' Amtssitz.

Auf Anordnung Eberts wurden aus Potsdam reguläre Truppen nach Berlin beordert, um die Demonstration aufzulösen. Doch die Matrosen besetzten aus Protest Teile der Reichskanzlei und sperrten den Telefonverkehr, was aber kurz darauf beendet wurde. Die Regierungstruppen eröffneten das Feuer auf die Matrosen und töteten drei von ihnen, gleichzeitig begann Wels mit der Ausgabe des Solds. Die erzürnten Matrosen nahmen ihn und zwei weitere Personen gefangen. Es drohte eine bewaffnete Auseinandersetzung zwischen Regierungstruppen und der Volksmarinedivision, die lediglich auf Intervention Barths bei Ebert und Landsberg vermieden werden konnte. Barth und Ledebour waren als Vermittler

---

63   Vgl. ebd., S. 209; Müller, Novemberrevolution (wie Fn. 23), S. 188–202.
64   Scheidemann, Memoiren (wie Fn. 10), S. 339 f.; Ledebour-Prozeß (wie Fn. 24), S. 39.

eingeschaltet worden. Doch bereits am folgenden Morgen des 24. 12. eskalierte der Konflikt erneut. Um 8 Uhr eröffneten Regierungstruppen das Feuer auf den Marstall, der von der Volksmarinedivision belegt war. Im Nu solidarisierten sich Hunderte von Arbeitern mit den Matrosen und ließen sich bewaffnen. Nach einer Feuerpause, um Frauen und Kinder aus der Schusslinie zu nehmen, kam es abermals zum gegenseitigen Beschuss, wobei die personell weit unterlegenen Matrosen und Arbeiter sich nicht aus dem Marstall vertreiben ließen und einen Waffenstillstand erwirkten, der einem Sieg gleichkam: Wels wurde freigelassen, aber abgesetzt, die Division blieb bestehen, die Regierungstruppen mussten sich zurückziehen.[65] Es war den Gemäßigten nicht gelungen, die Linkssozialisten und ihre Einheiten aus allen Machtbastionen zu verdrängen. Aber die Zusammenarbeit zwischen SPD und USPD war de facto zerbrochen. Dieser Riss führte wenige Tage darauf zum Austritt der USPD-Mitglieder aus dem RdV.

Doch inwiefern hatte die politische Richtungspresse diesen Gewaltausbruch begleitet oder sogar forciert? Däumig schrieb in der „Republik" am 27. 12.: „In den ersten Novembertagen dieses Jahres wurden die ‚blauen Jungs' bis weit in die bürgerliche Presse hinein als die Vorkämpfer der deutschen Freiheit gefeiert. Heute dagegen möchten die Mosse-, Ullstein- und Vorwärtsleute die Marinemannschaften am liebsten vom Erdboden vertilgt sehen." Die „Freiheit" kritisierte die Unverhältnismäßigkeit der militärischen Reaktion auf eine zunächst rein materiell orientierte Kundgebung (24. 12. 18). Auch wurde in einer direkten Auseinandersetzung zwischen „Vorwärts" und „Freiheit" (30. 12. 18) der Vorwurf laut, die SPD-Volksbeauftragten hätten den Konflikt militärisch bewusst eskalieren lassen. Tatsächlich hatte der „Vorwärts" bereits am 21. 12. den Matrosen im Schloss Plünderungen und Zerstörungen vorgeworfen und über „unlautere Elemente" geschrieben. Die „Republik" brachte eine Version des Tathergangs bei der Verhaftung von Wels bereits am 24. 12.; auch hier wies man auf den unpolitischen Charakter des Matrosenprotestes hin. Am 25. 12. verurteilte die „Republik" den erteilten Schießbefehl – ohne Kenntnis der USPD-Mitglieder – durch die Volksbeauftragten als „Verbrechen gegen die Vorkämpfer der Revolution", das elf Matrosen das Leben kostete, und dokumentierte die getroffene Einigung, die vordergründig ein Erfolg der Matrosen zu sein schien.

Die BVZ schrieb am 24. 12. von einem „Matrosenputsch in Berlin" sowie einem Überfall auf die Reichskanzlei und fragte: „Wann wird Ordnung?" Die Abendausgabe formulierte es geradezu martialisch: „Artillerieschlacht auf dem Schloßplatz. Strurmtrupps und Kavallerie gegen Matrosen und Spartacisten"

---

65 Vgl. Müller, Novemberrevolution (wie Fn. 23), S. 197–201; Lehnert, Sozialdemokratie (wie
    Fn. 13), S. 209–212; Ledebour-Prozeß (wie Fn. 24), S. 39–41.

sowie „Die Schlacht um Schloß und Marstall". Zugleich fand das Blatt abfällige
Worte gegen den AuSR, auf dessen Sitzung es zu lautstarken Auseinandersetzungen und sogar Handgreiflichkeiten zwischen Anhängern der USPD und der
Demokraten gekommen war, sicherlich befeuert durch den Gewaltausbruch im
Schlossbezirk. Der Bericht nannte dies „Radauversammlungen". Doch es misch-
ten sich auch kritische Töne in die Wortwahl der BVZ, als es am 25. 12. mit Blick
auf die SPD-Volksbeauftragten und die Regierungstruppen hieß: „Man konnte
die Insassen des Schlosses und des Marstalls von der Verbindung mit der Außen-
welt abschneiden. Dann hätten sie sich alsbald ergeben müssen. Aber es scheint,
als ob die Regierung, angesichts mancher begleitender Vorgänge, nicht glaubte,
dieses Ergebnis abwarten zu sollen." Ähnlich las sich die Berichterstattung in der
BM, auch hier erfolgte die Schuldzuweisung an die Matrosen, ihr anfänglicher
Protest sei ein „Gewaltstreich", der den Zwecken anderer, gemeint waren wohl
die Spartakisten, gedient hätte. Das Blatt bezifferte die Opferzahl auf 34 Tote und
60 Verwundete. Der „Vorwärts" ordnete am 24. 12. die Kämpfe als „Matrosenputsch" und als „Straßenschlacht in Berlin" ein, Stampfer verurteilte die Matrosen unter der Überschrift „Volksherrschaft oder Verbrecherherrschaft": „Meuterei und Aufruhr gegen die Behörden unserer Republik dürfen wir nicht dulden, keinen, der sie predigt oder fördert, können wir als einen ehrlichen Kameraden betrachten." Dass in der gleichen Ausgabe eine einseitige Anzeige der „Antibolschewistischen Liga" mit der reißerischen Überschrift „Bolschewismus, der
Militarismus der Faulenzer" abgedruckt worden war, mag als ein politischer
Richtungshinweis gelesen werden.

4.2 Der Bruch im RdV und die Gründung der KPD

Für den 29. 12. war der Trauerzug für die Opfer der „Weihnachtskämpfe" anberaumt. Die „Revolutionären Obleute und Vertrauensleute der Groß-Betriebe von
Groß-Berlin" wiesen die Verantwortung für die Toten den SPD-Volksbeauftragten zu, wie es in der „Republik" vom Vortag auf der Titelseite zu lesen war. Gleich
daneben geißelte das Blatt die Darstellung der Weihnachtskämpfe und des Verhaltens der Gardetruppen von General Lequis im konservativen „Deutschen
Anzeiger", der den Volksbeauftragten vorgeworfen hatte, unvorbereitet auf die
Matrosen reagiert zu haben, und bilanzierte: „Trotzdem haben sich die Soldaten des Generalkommandeurs General Lequis glänzend geschlagen." Angesichts
der vorausgegangenen Kämpfe aber war eine Regierungskrise unvermeidlich
und spürbar geworden. Am 29. 12. schließlich wartete die „Republik" mit der
Top-Nachricht auf: „Die Volksbeauftragten Haase Dittmann, Barth sind heute
Nacht nach mehrstündigen Verhandlungen mit Ebert, Scheidemann und Lands-

berg und dem Zentralrat aus dem Rat der Volksbeauftragten ausgetreten." Zu ihren Nachfolgern wurden Noske, Rudolf Wissell und zunächst auch Paul Löbe benannt, der allerdings die Berufung durch den Zentralrat umgehend ablehnte (Republik 31. 12. 18). Er hielt sich nach eigenen Worten „für eine solche Aufgabe noch nicht hinreichend vorbereitet".[66] So blieb Löbe, der zuvor die Spaltung der Partei abgelehnt hatte, sogar an Einigungsbestrebungen beteiligt war, die Verantwortung für die Folgen der Konfrontation zwischen SPD und USPD erspart.

Im Wortlaut dokumentiert finden sich die von Dittmann, Haase und Barth an den Zentralrat gerichteten Fragen zu den Umständen des Militäreinsatzes, die ihnen gegebenen Antworten sowie die Austrittserklärung der USPD-Volksbeauftragten (Republik 29. 12. 18). Darin hieß es unter anderem: „Unvermeidlich wurde eine klare Entscheidung zwischen Mehrheitssozialisten und Unabhängigen, als am 24. Dezember Schloss und Marstall bombardiert wurden und neue Blutopfer fielen." Die Antworten an die USPD seitens des Zentralrats waren „bemerkenswert ausweichend formuliert" und sollten wohl vor allem eine Entlastung der drei SPD-Volksbeauftragten bewirken, indem man pointiert nur die durch die Lequis-Truppen praktizierte Gewalt missbilligte.[67] Im „Vorwärts" selbst wurden auch in den Tagen nach den „Weihnachtskämpfen" die Ereignisse rekapituliert. Dabei stand, sicher nicht ohne Rechtfertigungsabsicht, die Gefangennahme von Wels durch die Matrosen im Vordergrund, dessen Befreiung Schlimmeres verhindern sollte (27. 12. 18). Desgleichen hieß es noch in der Abendausgabe: „Keine Regierungskrise!" Für den Folgetag rief die Parteispitze zu Massendemonstrationen unter dem Motto „Waffen heraus!" in Berlin, Charlottenburg, Neukölln und Schöneberg auf (Vw 28. 12. 18). Dass nun doch eine Krise infolge der Kämpfe existierte, konnte nun auch der „Vorwärts" nicht mehr bestreiten und berichtete am Abend des 28. 12. unter der Überschrift „Die Regierungskrise".

Im Zentralrat verortete man zwei Strömungen, von denen die eine das sofortige Ausscheiden der USPD erwarte und begrüße, die andere erst die Wahlen zur NV abwarten wolle. Doch unter dem Strich musste das Ende der Kooperation näher gerückt sein. Diesen Moment schließlich meldete das Blatt am 29. 12. als „Lösung der Regierungskrise: „Haase, Dittmann und Barth ausgeschieden! Um ½ 1 Uhr nachts wird uns aus der Reichskanzlei mitgeteilt: Die Volksbeauftragten Haase, Dittmann und Barth sind aus der Regierung ausgeschieden". Der Ausgabe lag ein Aufruf der „aus Rußland zurückgekehrten Reichsdeutschen" bei, der massiv vor dem „Bolschewismus" warnte und sich vor allem an die Arbeiter,

---

66 Paul Löbe, Erinnerungen eines Reichstagspräsidenten, Berlin 1949, S. 49.
67 Lehnert, Sozialdemokratie (wie Fn. 13), S. 220 f.

Soldaten und Bürger wandte. Dass nun der RdV lediglich aus SPD-Mitgliedern zusammengesetzt war, betitelte das SPD-Zentralorgan als „Sozialdemokratische Arbeiterregierung" (Vw 30. 12. 18). Süffisant kommentierte es die vormaligen Probleme zwischen SPD und USPD: „Als kleine Partei mit geringen Kräften kamen die Unabhängigen durch das eigentümliche Doppelpostensystem, das sie selber ausgedacht haben, in große Verlegenheit. Es wurde infolgedessen mancher Notnagel eingeschlagen, der nun wieder ausgezogen wird." Als ob es nun im Eiltempo weitergehen solle, berichtete die Abendausgabe am 30. 12. über die Konturen der künftigen Reichsverfassung.

Die Silvesterausgabe nahm künftige Konflikte schon vorweg. Über die Reichskonferenz des Spartakusbundes, aus der die KPD-Gründung hervorging, schrieb der „Vorwärts": „Bruch mit den Unabhängigen. Keine Wahlbeteiligung an der Nationalversammlung. Spartakus will die Nationalversammlung sprengen! Bolschewistische Weltkriegshetze". Die von einer Mehrheit gegen die Einwendungen Rosa Luxemburgs getroffene Entscheidung zur Wahlenthaltung wurde heftig kritisiert, die Gefahr einer gewaltsamen Auflösung durch Aktionen der neuen Partei nach dem Muster der Auflösung der Konstituante in Russland beschworen (31. 12. 18/1. 1. 19). So verlagerte die Berichterstattung im „Vorwärts" die Konfliktlinie nach links gegen den Spartakusbund bzw. die KPD, aber auch gegen die USPD. Diese ließ sich sogar noch ein Hintertürchen zur Kooperation mit der SPD offen, indem sie die Antwort des Zentralrates auf ihre Fragen als Kritik an der Politik vor allem Eberts interpretierte (Freiheit 29. 12. 18). Dass sich genau in dieser Situation der Boykott der Zentralratsbesetzung durch die USPD auf dem Reichsrätekongress sträflich zu rächen schien, merkte die „Freiheit" an (30. 12. 18). Die USPD sah ihre Aufgabe nun in der Opposition zur Wahrung der revolutionären Errungenschaften, thematisierte aber auch die Gefahren des Hegemonieanspruchs der SPD und ihres Zugriffs auf das Militär.

Die „Republik" machte die KPD-Gründung des Jahreswechsels zum Thema ihrer Titelseite vom Silvestertag: „Eine deutsche kommunistische Partei" und setzte hinzu: „Trennung des Spartakusbundes von der U.S.P. – Spartakus wählt nicht zur Nationalversammlung." Nach der Wiedergabe der Debatte um die Beteiligung an der Wahl vom 19. Januar, besonders ausführlich aus den Reden Liebknechts und Levis, beeindruckt vor allem die Analyse der Konsequenzen dieser gegen den Willen Luxemburgs, Liebknechts und Levis getroffenen Boykottentscheidung: „Jetzt, wo die Versammlung für die Nicht-Beteiligung entschieden hat, wird sie zwischen zwei Wegen sich durchzusetzen, zu wählen haben: Entweder das Abwarten bis zum entscheidenden Zeitpunkt oder das Vorgehen der russischen Bolschewisten, die mit Maschinengewehren die Konstituante auseinanderjagten".

Die BM hingegen hatte die Gegner unmissverständlich in den Spartakisten ausgemacht. Für die von der SPD unterstützten Großdemonstrationen „Waffen heraus" warb auch sie, allerdings mit den Worten, dass die Weihnachtskämpfe die Erregung der Berliner Bevölkerung „gegen das terroristische Treiben der Spartacusgruppe zur Siedehitze" gesteigert hätten (28. 12. 18). Der radikalen Linken warf man die „Nachäffung des russischen Terrors" vor. Den Rücktritt von Wels als Stadtkommandant nahm das Blatt zum Anlass, den von der USPD gestellten Polizeipräsidenten Eichhorn und dessen „merkwürdige Rolle" bei der kurzzeitigen Besetzung des „Vorwärts" durch Matrosen am 25. 12. zu thematisieren und ihm die Bewerbung um die „Ehrenmitgliedschaft im Spartakus-Bund" nahezulegen (BM 29. 12. 18). Die Besetzer hatten einen „Roten Vorwärts" herausgegeben und die „sozialistische Weltrevolution" hochleben lassen, gleichzeitig die SPD-Politik scharf kritisiert, die Polizei hatte auf Geheiß Eichhorns auch Waffen konfisziert.[68]

Die Berichterstattung am 30. 12. galt vorwiegend der neuen Regierung nach dem Austritt der USPD. Die Ausgabe am Silvestertag berichtete über die Spartakuskonferenz und im Besonderen über den Boykott der Wahlen zur NV. Levi hatte für die Teilnahme, Otto Rühle dagegen plädiert. Insgesamt wurde auch in diesem Bericht der Stab über die radikale Linke gebrochen, denn der „Bedarf an bolschewistischer Propaganda durch Liebknecht und Rosa Luxemburg" sei „völlig gedeckt" (BM 31. 12. 18). Etwas zurückhaltender formulierte zu den gleichen Aspekten die BVZ am 30. Dezember. Dennoch solidarisierte sie sich mit den Großkundgebungen der SPD. Der Verfasser riet den Spartakusanhängern, „daß sie sich nicht länger als Herren von Berlin aufspielen dürfen", und fügte mit Blick auf den Rücktritt Haases, Dittmanns und Barths hinzu, „daß die Massen sich schon entschieden haben für eine einheitliche, feste Regierung, die nicht länger gehemmt wird durch die vom ‚Spartacus-Bund' abhängigen ‚Unabhängigen'". Damit waren auch die Frontlinien für den bevorstehenden Wahlkampf gezogen.

4.3 Zwischen Aufstand und demokratischem Aufbruch: Die Wahlkampfphase bis zum 19. Januar

Schon nach den Weihnachtskämpfen trafen vor allem die „Spartakisten", aber auch die USPD die publizistischen Attacken der Parteipresse von SPD und DDP bzw. auch der konservativen Blätter. Zunächst richtete sich die Attacke des „Vorwärts" gegen den Polizeipräsidenten Eichhorn, dessen Name immer häufiger in

---

68 Illustrierte Geschichte (wie Fn. 30), S. 272–274.

einem Atemzug mit dem Spartakusbund genannt wurde (30. 12. 18). Ziel der
Regierung sei es, ihn aus dem Amt zu entfernen, da er sich „im Solde Rußlands"
befände (Vw 4. 1. 19). Am 4. 1. erhielt er seine Entlassungsurkunde, ausgestellt
vom preußischen Innenminister Ernst (SPD); die USPD-Mitglieder waren am
Vortag aus der preußischen Regierung ausgetreten (Vw 4. 1. 19). Der „Vorwärts"
hielt zusätzlich eine weitere Kraftprobe, diesmal mit der Berliner Polizei, für
wahrscheinlich (5. 1. 19).

In dem gegen ihn wegen seiner führenden Teilnahme am Januaraufstand
geführten Prozess erklärte rückblickend Ledebour: „Ich lege Wert darauf, hier an
dieser Stelle zu erklären, daß alle diese Verleumdungsgeschichten, die gegen meinen Freund Eichhorn vorgebracht wurden, vollkommen ungerechtfertigt sind
[…] Als diese Treibereien am Werke waren, war natürlich die Arbeiterschaft Berlins der revolutionären Parteien auf das heftigste empört. Es wurde uns klar, daß
beabsichtigt war, demnächst Eichhorn unter irgendeinem Vorwande zu beseitigen. Eichhorn war zu Beginn der Revolution von der siegreichen revolutionären Arbeiterschaft ins Amt eingesetzt worden, von dieser hatte er seinen Auftrag erhalten, ebenso wie der Stadtkommandant Wels und wie die ganze Regierung, die Herren Ebert, Scheidemann und Landsberg, ebenso wie meine Freunde
Haase, Dittmann und Barth. Die ganze Regierung ist nicht auf ‚legalem' Wege
zustandegekommen, sondern durch die Erhebung der revolutionären Arbeiterschaft." Auch Ledebour berief sich auf die revolutionäre Legitimität, die im Übrigen auch für die Amtsträger der SPD gelte.[69]

Die Leitung der USPD und die Revolutionären Obleute riefen für den 5. Januar
zu einer Solidaritätskundgebung mit Eichhorn auf, an der sich rund 100 000
Menschen, die „Freiheit" vom 6. 1. schrieb gar über „Hunderttausende", beteiligten.[70] Die aufgeheizte Stimmung eskalierte und mündete in spontane Besetzungen des Gebäudes des „Vorwärts" und anderer Berliner Zeitungen. Die blutigen Ereignisse nahmen ihren Lauf, die als „Januaraufstand" oder „Spartakus-
aufstand" in die Geschichte eingingen. Besonders die Besetzung des „Vorwärts"
trieb die Eskalationsspirale voran. Das SPD-Zentralorgan wurde nun durch die
Besetzer als „Organ der revolutionären Arbeiterschaft Groß-Berlins" herausgegeben und glich inhaltlich stark der „Roten Fahne" der KPD. Durch diese spontanen und eher auf Aktionismus denn auf strategischer Planung beruhenden
Zeitungsbesetzungen sollten der Sturz der „Regierung Ebert-Scheidemann", den
ein von den Revolutionären Obleuten und der Berliner USPD initiierter Revolutionsausschuss am 6. 1. erklärt hatte, und der dazu eingeleitete Generalstreik

---

69   Ledebour-Prozeß (wie Fn. 24), S. 43 f.
70   Eduard Bernstein, Die deutsche Revolution von 1918/19 (1921), Bonn 1998, S. 190.

unterstützt werden. Für den Revolutionsausschuss hatten Ledebour, Liebknecht und Paul Scholze dieses Dokument unterschrieben.[71] Doch hatten die Aufständischen ihre eigene Stärke über- und die Handlungsmöglichkeiten der Regierung unterschätzt. Schon am 6. und 7. Januar bot sich die USPD-Führung an, zwischen Aufständischen und Regierung zu vermitteln, wie die „Freiheit" berichtete; als Zeichen des guten Willens verzichtete sie auf den Aufruf zu weiterer Massenstreiks (7.1.19). Innerhalb der SPD-Führungsebene entbrannten Debatten über das Für und Wider von Verhandlungen, eine Vermittlungsinitiative von Kautsky wurde schließlich negativ beschieden, sodass sich die Befürworter eines harten Kurses zur Entsetzung der Pressehäuser durchgesetzt hatten. Weder erschien der „Vorwärts" bis zum 12. 1. einschließlich, auch die BVZ und die BM waren wie andere Organe der Verlage Büxenstein, Mosse, Scherl, Ullstein und das Wolffsche Telegraphenbüro besetzt.[72]

Während der Verhandlungen kam es immer wieder zu Scharmützeln mit Toten und Verletzten in der Innenstadt und um das Zeitungsviertel, wie sich Graf Kessler erinnerte.[73] Unterdessen wurde dem Volksbeauftragten Noske der Oberbefehl über die Regierungstruppen übertragen, dabei fiel der berüchtigte Satz, dass einer der „Bluthund" sein müsse.[74] Am 9. 1. beschloss die Regierung die gewaltsame Niederschlagung des Aufstandes. Die „Freiheit" befürchtete deshalb den Bürgerkrieg (9.1.19). Trotz zahlenmäßig bedeutender Unterstützung aus vielen Berliner Großbetrieben für eine friedliche Lösung begannen Regierungstruppen mit Angriffen auf die besetzten Zeitungshäuser, die teilweise freiwillig geräumt wurden. Am 11.1. schließlich gingen die Freikorps gegen die Besetzer des „Vorwärts" vor, wobei es zu willkürlichen Erschießungen kam.[75] Am 13.1. konnten die Zeitungen regulär wieder erscheinen, in der BM jubilierte Ludwig Sternang: „Sonnabend abend. Es geht auf halb acht. In die heimliche Konferenz der heimatlosen Ullstein-Redakteure schrillt ein Telefonruf: Das Haus ist frei!" Die BVZ berichtete am gleichen Tag ihrer Leserschaft von der Aufgabe der Besetzer nach schwierigen Verhandlungen.

Schon am 12. 1. eröffnete der „Vorwärts" sein Wiedererscheinen mit den Worten: „Das ‚Vorwärts'-Gebäude wurde gestern von den Truppen des Oberbefehlshabers Noske (Regiment Potsdam) im Sturme genommen und von der

---

71 Illustrierte Geschichte (wie Fn. 30), S. 310–313.
72 Ebd., S. 310; Näheres zu den Verlagshäusern siehe Mendelssohn, Zeitungsstadt (wie Fn. 4), S. 96–149.
73 Kessler, Tagebücher (wie Fn. 40), S. 92–101.
74 Lehnert, Sozialdemokratie (wie Fn. 13), S. 233.
75 Ebd., S. 245 f.

Abteilung Kuttner besetzt. Die Regierungstruppen hatten 5 Tote und einige
Verwundete, die Verluste der Spartakisten sind zahlenmäßig noch nicht festgestellt, aber sehr groß." Stampfer kommentierte am nächsten Tag apodiktisch:
„Mit Spartakus und allen, die ihm nahestehen und ihn fördern, ist eine Einigung
unmöglich. Sie war unmöglich, lange bevor Blut im Bruderkrieg geflossen war,
sie ist noch unmöglicher jetzt." In den Augen der „Republik" war die Militäraktion ein „Wahnsinn in Berlin", und sie fügte hinzu: „Unter den Trümmern des
‚Vorwärts' liegen etwa 100 Tote und Verwundete." Den SPD-Volksbeauftragten
empfahl sie verbittert: „Nennt euch fortab, wie immer ihr wollt, aber nicht mehr
Sozialisten" (12. 1. 19). Auch die „Freiheit" verurteilte den Militäreinsatz, indem
sie Haase zitierte, der in einer Rede gesagt hatte: „Ich kenne kaum einen Fall in
der Geschichte, in der man so leichtherzig, so frivol ein Blutbad angerichtet hat"
(13. 1. 19).

Insgesamt kostete die Militäraktion wahrscheinlich 156 Menschenleben der
Besetzer, 13 der Soldaten. Die bekanntesten Opfer der Militäraktion waren Rosa
Luxemburg und Karl Liebknecht, die von Soldaten der Gardekavallerie-Schützendivision am 15. Januar 1919 hingerichtet wurden. Die „Republik" meldete
ihre Ermordung am 17. 1., die BM, die am 16. noch eine Verhaftung Liebknechts
vermutete, veröffentlichte die Todesnachricht ebenfalls am 17. Januar. Beide Blätter aber kolportierten die offiziöse Version, nach der Liebknecht auf der Flucht
erschossen und Rosa Luxemburg von einer Menschenmenge gelyncht worden
sei. Die BVZ gab diese Nachricht in gleicher Weise schon am Abend des 16. 1.
heraus, der „Vorwärts" schrieb am 16. von Liebknechts Verhaftung, berichtigte
sich aber am 17. mit der Todesnachricht beider und dem Hinweis darauf, dass
es sich um die offizielle Darstellung der Einsatztruppen handelte. Die erst später vollständig ermittelten Umstände der Tötung beider Spartakusführer durch
Militärangehörige konnte das Ziel der offiziellen Darstellung der Einsatztruppen,
die Strafvereitelung, nicht verhindern, lösten aber weitere Unruhen im Reich aus.
Graf Kessler schrieb in seinem Tagebuch in Berufung auf Zeitungsberichte schon
eine annähernd richtige Version ihrer Tötungen auf.[76]

Unruhen und Racheaktionen verdüsterten die Wahlen zur NV, die am
19. Januar stattfanden. So erläuterte die BM noch am 17. 1. das gegenüber dem
alten Reichstagswahlrecht um die Frauen und die 20- bis 25-jährigen Männer
erweiterte neue Wahlrecht. Sie schloss mit dem eindringlichen Appell an ihre
Leser, dieses als eine Wahlpflicht zu verstehen, um den authentischen Volkswillen zum Ausdruck zu bringen (17. 1. 19). Am 19. 1., dem „Tag der Entscheidung",

---

76   Kessler, Tagebücher (wie Fn. 40), S. 106.

wie die BM titelte, erörterte der Leitartikel eine Wahlempfehlung. Sowohl ein Votum für die DNVP als auch die DVP wurde ausgeschlossen, ebenso die Wahl der USPD. Wählbar seien nur Parteien, „die demokratisch unbedingt zuverlässig sind. Das Volk Herr seiner eigenen Geschicke! Das muß die Losung sein". Dass damit primär die DDP, aber auch die SPD gemeint war, ist anzunehmen. Ein vergleichbares Vorgehen fand sich auch in der BVZ. Unter der Überschrift „Wie muß der Handwerker wählen?" gab der Vorsitzende der Berliner Handwerks-kammer seine Gedanken zum Besten und empfahl die Wahl der DDP (17. 1. 19). Am 18. 1. berichtete die BVZ über eine antisemitische Schmähung gegen die DDP als angeblicher „Partei der Juden" und bezichtigte die DNVP dieser Aktion. Am Wahltag bekräftigte das Blatt die DDP-Empfehlung, auch als Gegengewicht zur SPD, und riet entscheiden von einem Votum für die DVP oder die DNVP ab. Beide Zeitungen stellten sich auf die politisch gewollte und teilweise erprobte Zusammenarbeit mit der SPD ein.

Der „Vorwärts" beschäftigte sich bereits am 28. 12. mit der Wählerentwick-lung für die Sozialdemokratie in Anhalt, Mecklenburg-Strelitz und Braun-schweig, wo sich ein deutlicher Anstieg bei den Landeswahlen feststellen ließ. Aus diesem „Genossen Trend" folgerte er die Möglichkeit einer absoluten Mehrheit am 19. Januar. Am 30. 12. veröffentlichte das Blatt die Kandidaten-listen der SPD mit den Spitzenkandidaten für Berlin (Scheidemann), Preußen (Hirsch) und Teltow-Beeskow (Ebert), aber berichtete auch über die Richtungs-kämpfe bei der Kandidatenwahl der Berliner USPD, in der sich Eichhorn gegen Haase durchsetzte. Am Neujahrstag veröffentlichte der Vorstand der SPD sei-nen zentralen Wahlaufruf. Die SPD, so hieß es, sei „stets revolutionär in dem Sinne, daß sie die vollständige Umwälzung des Staates zur Demokratie, der Wirtschaft zum Sozialismus anstrebte". Der Aufruf formulierte zugleich eine deutliche Abgrenzung zur USPD wie auch zu den bürgerlichen Parteien, die unter neuem Namen die alten Interessen verträten: „Keine Stimmenzersplit-terung unter Arbeitern, Sozialisten!" Die SPD sah sich zur Führung des neuen Staates berufen, wie es ein Artikel am 2. 1. nahezu wortgleich ausdrückte. Außerdem wurden mehrfach Kopfzeilen mit Aufrufen zur Prüfung der Wäh-lerlisten und zur Wahlbeteiligung eingedruckt, etwa: „Frauen, seht die Listen ein! – Geht wählen! Wenn Ihr nicht wählt, hebt Ihr die Stimmen Eurer Männer auf!" (Vw 4. 1. 19).

Nach dem Ende des Aufstandes im Zeitungsviertel galt die Wahlagitation vor allen Dingen der Abgrenzung nach links zur USPD, aber auch gegenüber der DNVP, der ein eigener Artikel gewidmet wurde (Vw 16. 1. 19). Am 17. 1. präg-ten die bevorstehenden Wahlen vor allem die Beilage des „Vorwärts", in der Scheidemann das Vorgehen gegen die Aufständischen rechtfertigte, den Mord

an Luxemburg und Liebknecht ausdrücklich bedauerte, nicht ohne hinzuzu-
fügen, dass die beiden längst keine Sozialdemokraten mehr gewesen seien. Das
klang nach Schadensbegrenzung zur Linken hin. Am 18. 1. versuchte das Blatt
noch einmal Einfluss auf potenzielle USPD-Wähler zu nehmen („Wir sind über-
zeugte Sozialisten"), aber auch unentschlossene Liberale zu gewinnen („Wahl-
maskerade. Die bürgerlichen Parteien einst und jetzt"). Dabei präsentierte der
„Vorwärts" die SPD als Garantin einer starken Arbeiterbewegung: „Die Zukunft
der Republik und des Sozialismus steht nicht bei Splittern und Trümmern, sondern nur bei der großen, alten, einigen deutschen Sozialdemokratie! Helft ihr
zum Sieg!" Dabei bedienten sich die Beiträge oft einer klassischen sozialistisch-
marxistischen Diktion.

Die „Freiheit" sprach früh von den „bedeutungsvollsten Wahlen [...] in der
Geschichte des deutschen und internationalen Sozialismus" (24. 12. 18). Zudem
betonte die USPD-Zeitung den Klassencharakter der Wahlen. Die „Haupt-
schlacht" würde zwischen dem Bürgertum und dem Proletariat geschlagen, es sei
der „Kampf zwischen Kapitalismus und Sozialismus", „Klasse gegen Klasse", in
dem der „gemeinsame Feind rechts steht".[77] Doch bei allen Appellen zur Einheit
der Arbeiterklasse konnte der Gegensatz, zumindest die Konkurrenz zwischen
SPD und USPD nicht geleugnet werden. So wie der „Vorwärts" nicht mit Angriffen auf die USPD geizte, blieb auch die „Freiheit" der SPD wenig schuldig: „Wie in
Feindesland unter Ludendorff, so haust jetzt die Soldateska Ebert-Scheidemann-
Noskes in der Heimat gegen die eigenen Volksgenossen" (18. 1. 19). Allerdings
verzichtete die USPD dabei keinesfalls auf Sachaussagen wie über ein demokratisches Milizsystem und über die Einführung der Betriebsräte mit ausgedehnten Rechten der Mitbestimmung bzw. Selbstverwaltung. An die Adresse der SPD
gerichtet stichelte die „Freiheit", diese sei „die Partei der großen Worte und der
kleinen Taten" sowie „die Partei der halben Demokraten und der halben Sozialisten" (19. 1. 19). Während es der SPD um die vermeintlich erreichbare absolute
Mehrheit ging, kämpften die bürgerlichen Parteien um ein Gegengewicht zur
dominanten Sozialdemokratie und die USPD um die Behauptung einer linkssozialistischen Alternative zur SPD. Von daher fanden sich in der Presse sowohl
Appelle an die Einheit der jeweiligen Anhängerschaft als auch heftige Attacken
auf die Konkurrenz, was der angespannten, noch immer explosiven Lage Rechnung trug.

77   Vgl. Lehnert, Sozialdemokratie (wie Fn. 13), S. 253/Anm. 35, 36 u. 37.

4.4 Der Souverän am Werk: Wahlen zur NV, in Preußen und Berlin

Das endgültige Wahlergebnis vom 19. Januar brachte nicht die klaren Entscheidungen, so wie sie besonders die SPD sich erhofft hatte. Doch vor allem begrüßte die Presse den friedlich verlaufenen Wahlgang. So schrieb die BVZ am 20. 1.: „Das Wahlgeschäft verlief überall durchaus ungestört [...] Die Wahlen hatten diesmal eine besondere Note durch die Frauen erhalten. Den jungen Soldaten merkte man es deutlich an, daß sie politisch nicht allzu orientiert waren und sich bisher um Wahlreglements noch nicht gekümmert hatten. Typisch waren gestern die Familienwahlen. Unter der Führung des Oberhauptes erschienen in der Regel alle Familienmitglieder, um ihr politisches Glaubensbekenntnis abzulegen." Die BM hob am gleichen Tag außerdem hervor: Das „deutsche Volk ist sich der überragenden Bedeutung des gestrigen Tages bewußt geworden. Die Wahlbeteiligung war so groß wie noch nie zuvor." Die „Freiheit" indes bestritt zuvor einen friedlichen Wahlverlauf: „Nicht in der Luft der Freiheit, sondern in der Atmosphäre des weißen Schreckens finden die Wahlen zur Nationalversammlung statt" (18. 1. 19).

Der „Vorwärts" setzte am 20. 1. den Akzent auf den Vergleich zwischen SPD und USPD: „Es zeigt sich, daß die Sozialdemokratie, wie nicht anders zu erwarten war, die weitaus stärkste Partei im Reiche ist, daß die Unabhängigen mit ihr nur in einigen ihrer Hochburgen um die Palme ringen, daß aber auch hier, ganz vereinzelte Orte ausgenommen die Sozialdemokratie wohl in der Vorhand bleibt". Am 20. Januar gab es noch keinen Gesamtüberblick zum Wahlausgang, doch veröffentlichte der „Vorwärts" einzelne Resultate aus Berlin, Preußen und dem Rest des Reiches. Erst am 24. 1. wartete er mit endgültigen Ergebnissen auf. Die SPD war mit 37,9 % der Stimmen (11,51 Mio.) und 163 Abgeordneten zur weitaus stärksten Partei gewählt worden. Zählt man die ca. 2,32 Mio. der USPD (7,6 %, 22 Abg.) hinzu, kam die gesamte Sozialdemokratie auf 45,5 %, blieb aber von einer absoluten Mehrheit der 421 Sitze deutlich entfernt. Die BVZ bejubelte die Wahl als „Sieg der Demokratie" und führte sodann die von der DDP entsandten, bis dahin bekannten Abgeordneten an. Am 21. 1. standen 39 als gewählt fest, am Ende sollten es 75 sein, die ein Wahlresultat von 18,5 % und rund 5,64 Mio. Stimmen repräsentierten (21. 1., 24. 1. 19).[78] Die BM feierte das linksliberale Ergebnis zugleich als „Sichere Mehrheit der Linken" und mutmaßte eine kommende Regierung aus SPD und DDP (21. 1. 19).

---

78 Die wiedergegebenen Wählerstimmenzahlen differieren in den Zeitungen. Daher sind die genannten Zahlen entnommen aus Karl-Dietrich Bracher u. a. (Hg.), Die Weimarer Republik 1918–1933, Düsseldorf 1987, S. 630.

Ein respektables Votum vermochte auch das katholische Zentrum mit 5,98 Mio. Stimmen (19,7 %) und 91 Abgeordneten zu verzeichnen. Die Parteien des „Interfraktionellen Ausschusses" aus der Zeit des „Burgfriedens" am Ende des Kaiserreichs kamen somit auf 76,1 % der Stimmen, wobei die Bürgerlichen und die gemäßigten Sozialdemokraten sich die Waage hielten. Die rechtsorientierten (DVP) und rechten (DNVP) Parteien kamen insgesamt lediglich auf 14,7 %, die USPD blieb als linke Flügelpartei auf der fünften Position stehen. So betrachtet blieb der SPD wohl kaum eine andere Alternative als eine Koalition mit zumindest der DDP, auch wenn sie sich zunächst zierte (Vw 23. 1. 19). Als Fazit bestätigte dies auch die konservative „Post": „Da die Deutschdemokraten als voraussichtlich stärkste bürgerliche Partei aber nicht mit den anderen bürgerlichen, sondern mit den sozialdemokratischen Parteien zusammengehen werden, so dürfte die Nationalversammlung von einer sozialdemokratisch-demokratischen Mehrheit beherrscht werden" (zit. nach BVZ 21. 1. 19). Kurzzeitig erwog die „Freiheit" eine erneute Kooperation der USPD mit der SPD, auch als ein Minderheitenkabinett (21. 1. 19), konnte aber nach Bekanntwerden des abschließenden Wahlergebnisses nicht umhin, eine sozialdemokratisch-bürgerliche Koalitionsregierung in Rechnung zu stellen (23. 1. 19).

Dass gerade in Berlin die militärischen Auseinandersetzungen die Arbeiterbewegung insgesamt geschwächt und das politische Klima extrem polarisiert hatten, ergibt sich aus dem Gesamtverlust des Stimmenanteils von SPD/USPD zur Reichstagswahl von 1912 um 11,7 %. Die SPD erreichte 36,4 %, die USPD 27,6 %, die bürgerlichen Parteien (dabei vor allem die DNVP gegenüber den 1912 vor Ort nahezu fehlenden Konservativen) gewannen insgesamt 12,4 % hinzu. Auch die Potsdamer Wahlkreise, darunter der Niederbarnim und Teltow-Beeskow, ehedem SPD-Hochburgen, verzeichneten Gesamtverluste von 7,4 %.[79] Die SPD entsandte für Berlin fünf, die USPD vier Abgeordnete in die NV, die DDP brachte es auf zwei, DNVP, DVP und Zentrum auf je einen Abgeordneten (BVZ 21. 1. 19).

Bereits am 26. Januar standen die Wahlen zur Preußischen Landesversammlung ins Haus. Die Gazetten schalteten umgehend ihre Berichterstattung um. In der BVZ vom 21. 1. bekannte sich die DDP in ihrem Wahlaufruf zu einem neuen Preußen mit demokratischem Wahlrecht für Männer und Frauen und legte Konturen eines umfassenden Reformprogramms vor. Der Wahlaufruf schloss mit dem Appell: „Darum, wer ein starkes, neues Preußen will, der wähle die Kandidaten der Deutschen demokratischen Partei!" Besorgnis erregte bei der BM am

---

79   Lehnert, Sozialdemokratie (wie Fn. 13), S. 270 f.

26. 1. der dem alten Dreiklassenwahlrecht geschuldete Umstand der traditionell relativ niedrigen Wahlbeteiligung als Verweigerungshaltung, sodass sie die Wähler dringend zur Stimmabgabe aufforderte, denn es „muß der demokratische Sieg vom 19. Januar diesmal vervollständigt werden". Pathetisch formulierte auch der „Vorwärts" am 25. 1.: „Auf zur Wahl! Herbei, herbei, Genossen all! In Massen eilt zur Preußenwahl! Dem freien Deutschland soll's gebühren, den Kampf ums Brot aus dieser Not zum Siege durchzuführen!" Gleichzeitig forderte die SPD zu einer noch höheren Wahlbeteiligung als am Vorsonntag mit 83 % auf, denn die „bürgerlichen, insbesondere die reaktionären Parteien, müssen noch weniger Mandate erlangen als bei der Reichswahl". Ihnen wurde der Vorwurf gemacht, der am DDP-Aufruf jedoch vorbeiging, „Preußen weiterhin zum verhaßten Reaktionshort in Deutschland machen" zu wollen. Die SPD bot für Berlin Paul Hirsch, für Teltow-Beeskow Otto Hue und für Potsdam 1–9 Konrad Haenisch auf. Im eigentlichen Aufruf zur Wahl bezeichnete am 25. 1. die SPD, die vor dem Kriege jahrelange Kampagnen gegen das Dreiklassenwahlrecht geführt hatte, die Sozialdemokratie als die einzige wirkliche Vorkämpferin der deutschen und der preußischen Demokratie und postulierte, wohl auch mit Blick auf potenzielle USPD-Wähler, den Charakter der Preußenwahl als epochemachend: „Es gibt keinen anderen Weg zum Sozialismus als den über die Demokratie!" Schließlich war am 3. 1. auch in Preußen die sozialdemokratische Koalitionsregierung zerbrochen.

Eine weitere Sorge galt aus Sicht der Liberalen der territorialen und politischen Fortexistenz Preußens, das als Staatsgebiet nicht angetastet werden dürfe. Eine Attacke führte die BVZ gegen die DNVP und die DVP als „Wahlrechtsfeinde" aus der Zeit vor der Revolution und forderte zur Wahl der demokratischen Listen auf (23. 1. 19). Überhaupt präsentierte sich die BVZ als das aktivste Meinungsblatt in Bezug auf die Preußenwahl im Zeitraum zwischen den beiden bedeutenden Wahlgängen. Die Angriffe wurden vornehmlich gegen DVP und DNVP gerichtet, am 24. 1. diese gar als „Kriegsurheber" bezeichnet. Die Leserschaft erfuhr zudem, dass Hugo Preuß als Demokrat die Zukunft Preußens zur Disposition gestellt habe und nun politisch in der DDP in dieser Frage isoliert sei (BVZ 25. 1., 26. 1. 19). Das eigentliche DDP-Wahlziel formulierte die BVZ am Wahltag, nämlich eine sozialdemokratische Mehrheit zu verhindern. Deshalb umrahmten Aufrufe zur Wahl der DDP, jeweils an Arbeiter, Handwerker, Handlungsgehilfen und Beamten gerichtet, die Blattseiten. Die „Republik" indessen berücksichtigte die Wahlauseinandersetzungen, Ergebnisse und die politischen Folgen kaum und widmete sich vor allem der Aufklärung der Morde an Luxemburg und Liebknecht und der Beisetzung Liebknechts. Darüber schrieb auch Graf Kessler am 25. 1. einen Tagebucheintrag. Für seine Wahrnehmung der

Revolution als der eines Linksliberalen ist im Übrigen der Eintrag vom 27. 1. aufschlussreich: „Kaisers Geburtstag; heute vor einem Jahr ungefähr begann die Revolution"[80], nämlich mit dem Aufruf zum Munitionsarbeiterstreik 1918.

Innerhalb einer Woche konnten Verschiebungen der politischen Mehrheiten nicht erwartet werden, auch unterschied sich Preußen nur wenig von der Sozial- und Konfessionsstruktur des Reiches. So erhielten die SPD am 26. Januar 36,4 % (Reich 37,9 %), das Zentrum 22,2 % (19,7 %) und die DDP 16,2 % (18,5 %); die DNVP schnitt mit 11,2 % besser ab (10,3 %), die USPD stagnierte bei 7,4 % (7,6 %), die DVP erlangte 5,9 % (4,4 %). Auch bei den Mandaten für die Verfassunggebende Landesversammlung ergab sich ein ähnliches Bild: Die SPD erhielt 145 und die USPD 24 Sitze, das Zentrum mit 93 und die DDP mit 65 Mandaten folgten, weiterhin bekamen die DNVP 48 und die DVP 23 Sitze. Insgesamt also wählte Preußen (dem katholischen Westen und agrarischen Osten gemäß) etwas stärker das Zentrum und die Rechten und schwächte die Linken gegenüber der Wahl im Reich. Die Sozialdemokratie als Ganze besaß demnach an entscheidender Stelle keine Mehrheit und brauchte Koalitionspartner wie die DDP bzw. das Zentrum. Nachdem ihm früh schwante, dass der Wahlausgang eher eine Stagnation denn einen Fortschritt bedeutete, versuchte der „Vorwärts" am 29. 1. dem Ergebnis Positives abzugewinnen: „Dieses Wahlresultat sagt, daß das Stärkeverhältnis der Parteien in der preußischen Nationalversammlung fast genau das gleiche sein wird wie in der Nationalversammlung des Deutschen Reichs. Die Sozialdemokratie kann mit dem Wahlverlauf wohl zufrieden sein. Wiederum ist sie als weitaus stärkste Partei aus der Urne hervorgegangen, die Zahlen aller anderen Parteien nehmen sich zwergenhaft neben den ihren aus."[81]

Die „Freiheit" versuchte das (prozentual stagnierende) Resultat der USPD positiv unter dem Gesichtspunkt zu deuten, dass man der SPD einige Mandate abnehmen konnte und es in Berlin einen Linksruck zu vermelden gäbe (28. 1. 19). Die BM beklagte am 27. 1. eine schwächere allgemeine Mobilisierung und vermutete am Folgetag bei SPD und DDP einen stärkeren absoluten Stimmenrückgang als bei der USPD und den Rechtsparteien.[82] Die BVZ bot am 27. 1. für den niedrigeren Mobilisierungsgrad zwei Erklärungen an: „Der deutsche Reichsgedanke wirkt offenbar stärker auf die Wählermassen ein als der preußische Staatsgedanke. Auch kleine Menschlichkeiten dürften mitgespielt haben: die fünf Grad Kälte haben wohl manches empfindsame Frauengemüt von der Urne

---

80 Kessler, Tagebücher (wie Fn. 40), S. 114.
81 Siehe auch den Vorwärts vom 27. 1., 28. 1. 19.
82 Tatsächlich lag die Wahlbeteiligung mit rund 74 % um etwa 9 % niedriger als bei der Wahl zur NV am 19. Januar 1919.

fortgescheucht." Zwei Tage später stellte sie fest, dass es auch in Preußen keine Mehrheit von SPD und USPD, wohl aber eine „demokratisch-sozialistische" gebe. Am gleichen Tag meldete das Blatt ebenso wie der „Vorwärts" den Tod ihres vormaligen Redakteurs bzw. Autors, des bedeutenden SPD-Historikers und KPD-Mitbegründers Franz Mehring. Insgesamt legten beide Wahlen durch ihren Ausgang eine Koalition von SPD und DDP nahe. Dass später das Zentrum als weiterer Koalitionär hinzukommen sollte, entwickelte sich aus der Weigerung der DDP, allein mit der SPD zu koalieren.

Für die Berliner aber nahm der Wahlmarathon noch kein Ende. Am 23. Februar sollte die erste Wahl zur SVV nach demokratischem Wahlrecht stattfinden. Gleiches galt (zumeist eine Woche später) für das gesamte Preußen. Interessant waren aber nicht nur die Berliner Kommunalwahlen, sondern auch die der umliegenden Städte wie Charlottenburg, Neukölln, Lichtenberg, Deutsch-Wilmersdorf, Spandau und Schöneberg, die längst mit Berlin einen gemeinsamen Verdichtungsraum bildeten. Die Hauptprobleme der Stadt bestanden zunächst vor allem in der Wiederaufrichtung einer funktionierenden Infrastruktur, in der Ernährungsversorgung, aber auch in allen weiteren Bereichen der öffentlichen Daseinsvorsorge, und spiegelten sich immer auch in der Presse wider. Gleichzeitig bedurfte der demokratische Staat in demokratischen Kommunen auch einer Verwaltung, die den Bürgerwillen repräsentierte und nicht vor allem hoheitliche Aufgaben verrichtete. Von daher bedurften die Magistrate einer selbstbewussten SVV. In Berlin hatten schon seit langer Zeit die Liberalen vom Dreiklassenwahlrecht profitiert, von dessen Aufhebung war eine deutliche Verschiebung hin zur Sozialdemokratie zu erwarten. Dabei war die Frage, welche der beiden sozialdemokratischen Parteien die Nase vorn haben würde, durchaus offen. In Neukölln waren USPD und Spartakusbund sehr offensiv aufgetreten, und die USPD sah für sich durchaus Chancen, stärkste Kraft zu werden.

Die SPD begann sich in den ersten Februartagen mit den Wahlen und der Kandidatenaufstellung zu befassen. Mehrere Dutzend Versammlungen von Berliner Wahlvereinen und solchen aus der Umgegend kündigte der „Vorwärts" am 4.2. an. Am 7.2. schrieb Adolf Ritter, SPD-Stadtverordneter, der „Vorwärts"-Leserschaft ins Stammbuch, dass es auf dem Gebiet des Schulwesens und des bisherigen Gemeindeverwaltungsrechts in Preußen viel aufzuräumen gebe. „Eine gesunde Wohnungs- und Steuerpolitik ließ sich in der bisherigen Zusammensetzung, wo das kapitalkräftige Bürgertum die Mehrheit und zum Teil persönliche Interessen hatte, nicht betreiben. Ein Vertreterkreis, in der [sic] die Mehrheit aus Anhängern des politisch selbständig denkenden Proletariats zusammengesetzt ist, hat keine persönlichen Interessen zu vertreten, seine Aufgabe ist, auf demokratischem Wege dem Gemeinwohl der Bevölkerung zu dienen." Besonders radikal klang das nicht, aber Aufklärung betrieb der „Vorwärts" vor allem in diesem Zeitraum häufig. So schrieb am 20.2. Gertrud Zucker im „Vorwärts" über „Die Frauen und die Gemeindepolitik". In einem Gastbeitrag rief Oberbürgermeister Wermuth (parteilos, aber sozialpolitisch engagiert) zum „Wettstreit am 23. Februar" auf (Vw 21.2.19). Am 22.2. belehrte das Blatt seine Leserschaft „Warum wählen wir sozialdemokratisch? [...] Alle Welt redet von Sozialisierung. Wer kann sozialisieren? Das Reich, der Staat, die Gemeinde."

Hugo Heimann, der Spitzenkandidat der SPD und Mäzen der „Roten Häuser" in der Prinzenallee in Berlin-Gesundbrunnen, mit denen die SPD die Erschwernisse für die Kandidatenaufstellung durch das kommunalrechtliche „Hausbesitzerprivileg" abmildern konnte, schrieb am 22.2. über „Revolution und Gemeindewahl" und rief besonders die Frauen zur Wahlteilnahme auf, die „als Hüterin und Leiterin des Haushalts von allen Maßnahmen der Gemeinde in erster Reihe betroffen" seien. Darüber hinaus breitete Heimann einige Grundprobleme aus, die als „Essentials" des „Munizipalsozialismus" gelten können: „Nicht nur Bildungs- und Finanzwesen, Gesundheitspflege, Wohnungsfürsorge und Wirtschaftspflege, Sozialpolitik im Allgemeinen und im Besonderen, Armen- und Waisenpflege sind im Interesse und nach den Bedürfnissen der werktätigen Bevölkerung mit neuem Geist zu erfüllen, sondern es müssen neben den zahlreichen sich neu bietenden Aufgaben auch die immer noch verzögerte Kommunalisierung des Verkehrs- und Siedlungswesens begonnen und durchgeführt werden." Am Wahltag erschien der „Vorwärts" unter der Überschrift „Der Tag der Gemeindewahlen" mit dem Aufruf „Auf zur Gemeindewahl!"

Aus der BM erfuhr man ein durchaus breiteres Spektrum kommunalpolitischer Informationen. So war die Stadt Schöneberg mit ihrem Bürgermeister Alexander Dominicus (DDP) mehrmals Thema in der Zeitung, zum Beispiel in Sachen des kommunalen Wohnungsbaus (1.10.18). In Wilmersdorf bildeten die Parteien von DDP bis DNVP einen „Bürgerblock" zur Gemeindewahl (BM 10.2.19). Eine Übersicht über die Konstellationen zu den Gemeindewahlen in Berlin und den umliegenden bedeutenderen Kommunen publizierte das Blatt am 21. Februar. Dort wurden die bürgerlichen Parteien für ihren nun festeren politischen Zusammenschluss gelobt, während gleichzeitig das Scheitern jeglicher sozialdemokratischen Einigungsbestrebungen festgestellt wurde. Dass die Kommunalwahlen unter den Schock der Ermordung des bayerischen Ministerpräsidenten Eisner (USPD) am 21.2. zu geraten drohten, war der Ausgabe der BM am Wahltag selbst abzulesen. Erst auf der zweiten Seite fanden sich Beiträge zur Kommunalwahl. Das amtliche Endergebnis ließ am 24.2. noch auf sich warten, aber mit getrübter Freude stellte die BM fest: „Groß-Berliner Gemeindewahlen. Schwache Beteiligung, ungestörter Verlauf."

Auch die „Freiheit" definierte die Gemeindewahlen als elementar für den sozialistischen Aufbau: „Bei dem Kommunalsozialismus der Zukunft handelt es sich nicht um Experimente im Kleinen, sondern um den lokalen Unterbau einer sozialistischen Volkswirtschaft" (6. 2. 19). Die Berichte in der „Freiheit" während dieser Wahlkampfphase beschäftigten sich sehr intensiv mit den sozialen Problemen der Berliner Arbeiterschaft, also der wachsenden Arbeitslosigkeit, der Mietsteigerungen und Wohnungskündigungen, der Demonstrationen gegen die vielfältigen Verschlechterungen der sozialen Lage, die auch reichsweit wieder politische Sprengkraft anzunehmen begannen und zu einer Radikalisierung innerhalb der Arbeiterschaft führten. Dabei stand die Sozialisierungsforderung immer stärker im Fokus der Protestbewegungen. Die USPD versuchte, in ihrem Wahlkampf diese ökonomischen und politischen Konflikte aufzunehmen und sich als Alternative zur SPD und den bürgerlichen Parteien zu profilieren. Ihr Spitzenkandidat wurde Hermann Weyl, auch Emanuel Wurm, Adolph Hoffmann, Kurt Rosenfeld, Robert Wengels, Karl Leid, Fritz Zubeil und Klara Weyl kandidierten (Freiheit 12. 2. 19). Erschwerend für die USPD kam hinzu, dass die KPD und ihre noch in der USPD verbliebenen Sympathisanten wie schon am 19. 1. einen Wahlboykott durchzusetzen versuchten; doch die „Freiheit" stellte fest, „daß nicht alle Kommunisten den Standpunkt der politischen Abstinenz teilen" (21. 2. 19). Der Schock der Ermordung Eisners in München spiegelte sich in der USPD-Zeitung, die am Folgetag ihrer Leserschaft mitteilte: „Die Rechtssozialisten sind Feinde des Volkes, ebensogut wie die Reaktionäre" (22. 2. 19).

Die angestrebte Linksentwicklung durch die Verzahnung der Protestbewegungen mit den kommunalen Wahlen als Selbstermächtigung der radikalen sozialistischen Kräfte, der Rätebewegung, der Streikbewegungen etc. sollte sich als erfolgreich erweisen. Die USPD erhielt 33 % der Stimmen = 47 Mandate in der SVV, die SPD sank auf 31,8 % = 46 Sitze. Es folgte die DDP mit 14,5 % (21), die DNVP mit 10,4 % (16), das Zentrum mit 5,7 % (8) und die DVP mit 4,6 % (6).[83] H. Weyl wurde so Vorsitzender der SVV, Heimann sein Stellvertreter. Trotz der erdrückenden Mehrheit von 93 USPD/SPD gegen 51 Bürgerliche blieb Wermuth (1912 auf zwölf Jahre gewählt) im Oberbürgermeisteramt, auch ein Zeichen für Kooperationswilligkeit und Anerkennung. Die Wahlbeteiligung jedoch war auf 57,6 % gefallen. Die „Freiheit" schloss aus den SPD-Verlusten: „Bei dieser Abnahme scheinen namentlich die neuen Wählerschichten, die Frauen und die Jugendlichen, beteiligt zu sein" (24. 2. 19). Tatsächlich stellte die USPD mit sehr beachtlichen 14 von 28 gewählten Frauen die Hälfte aller

---

83 https://de.wikipedia.org/wiki/Wahl_zur_Stadtverordnetenversammlung_von_Berlin_
1919. Siehe auch BM 25. 2. 19.

weiblichen Stadtverordneten (BM 25. 2. 19). In Neukölln siegte die SPD (31 Sitze) vor der USPD (26) und besetzte mit Alfred Scholz den Vorsteher, zu dessen Stellvertreter Franz Künstler (USPD) gewählt wurde.[84] Auch in Charlottenburg und Schöneberg wurde die SPD stärkste Kraft, in Lichtenberg hingegen die USPD, in Wilmersdorf der Bürgerblock. Die DDP wurde in Charlottenburg und Schöneberg die zweitstärkste Kraft (BM 25. 2. 19). Die Polarisierung innerhalb der Arbeiterschaft aufgrund der verschärften sozialen Problemlagen und der wachsenden Streikbewegungen stärkte insgesamt die USPD, und schon unmittelbar danach sollte sie zur nächsten Explosion drängen.

4.5 Die Tage von Weimar: Verfassungsberatungen und Abschluss der politischen Revolution

Nach den Unruhen im Januar, die sich auch nach der Niederschlagung des Aufstandes im Berliner Zeitungsviertel in verschiedenen Städten wie Düsseldorf und Bremen fortsetzten, entschieden sich die Volksbeauftragten für Weimar als den Ort des Zusammentretens der NV. Die diesem Entschluss vorausgehende Debatte fand ihrerseits durch die USPD kurzzeitigen Eingang in den Berliner Wahlkampf, jedoch ohne erkennbare Auswirkungen.[85] Am 6. Februar, als im Weimarer Hoftheater, das anlässlich der Wahlen zur NV in Nationaltheater umbenannt wurde, die Konstituante zusammen kam, schrieb die „Freiheit" recht versöhnlich, aber dennoch skeptisch: „Für uns ist Weimar nicht der Brennpunkt der Politik […] Wenn wir in der Nationalversammlung bis zu einem gewissen Grade die Trägerin der Demokratie erblicken, so sehen wir in den Arbeiterräten Hüter des sozialdemokratischen Gedankens der Revolution". Der „Vorwärts" hingegen formulierte recht feierlich: „Zur Stunde, in der dieses Blatt in die Welt geht, läuten in Weimar die Glocken ein neues Deutschland ein. Dann wird ohne großes Pathos und ohne weit ausholende Gesten, die unserem Wesen nicht liegen, die Nationalversammlung eröffnet werden, von der wir alle wissen, daß von ihren Schicksalen und Erfolgen zum großen Teil Schicksal und Zukunft unseres ganzen Volkes abhängt" (6. 2. 19). Die BM schrieb bedeutungsschwanger: „Die Erwählten des deutschen Volkes, erwählt nach dem in Wahrheit freiesten Wahlrecht, das es in der Welt gibt, haben sich heute nachmittag im hiesigen Nationaltheater versammelt. Durch sie beginnt nun das deutsche Volk als sein eigener Souverän sein Schicksal zu bestimmen" (7. 2. 19.) Die BVZ bediente sich fast

---

84   Ingrid Fricke, Franz Künstler (1888–1942). Eine politische Biographie, Berlin 2016, S. 117.
85   BVZ 23. 1. 19; Vw 31. 1. 19; Freiheit 23. 1. 19.

gleichlautender Worte und urteilte zu Recht: „Dieses ist ein großer Tag in der Geschichte des deutschen Volkes" (6. 2. 19).

Doch schon am 7. 2. zeigten sich die politischen Konflikte und Konstellationen in der Presse. Im „Vorwärts" hieß es anlässlich der Eröffnungsrede: „Ebert spricht. Es ist andachtsvoll still im weiten Raum, dann fallen die Zwischenrufe ein, von ganz rechts und ganz links. Die Opposition, Reaktionäre und Unabhängige, gibt ihre Visitenkarte ab. Die Unabhängigen haben den ihnen angebotenen Eintritt in die Regierung höhnisch abgelehnt: auch diese geschichtliche Versammlung soll nach ihrem Willen zum Schauplatz von Kämpfen werden, die zwischen Arbeitervertretern geführt werden!" Auf die Dokumentation der Rede Eberts folgte der Bericht über die Übernahme der vorläufigen Versammlungsleitung durch den sozialdemokratischen Veteranen Wilhelm Pfannkuch. Dass die USPD keine politischen Argumente für eine Regierungsbeteiligung sah, stattdessen eine Oppositionsrolle einzunehmen veranlasst war, spielte der künftigen Regierungsbildung in die Karten, denn die BVZ mutmaßte am zweiten Verhandlungstag, „daß eine Kombination von Sozialdemokraten, Demokraten und Zentrum nicht sehr unwahrscheinlich ist" (7. 2. 19). Für die BM stellte sich das Verhalten der USPD als „unehrlich" dar. Sie hätte durch ihre „Begünstigung der Spartakusumtriebe" die Errungenschaften der Revolution in Gefahr gebracht, „auch die sozialistischen" (7. 2. 19).

Die beiden liberalen Presseorgane und der „Vorwärts" bedienten sich einer in dieser Situation naturgemäß „staatstragenden" Berichterstattung, wohingegen die „Freiheit" und die „Republik" deutlich kritisch berichteten bzw. kommentierten. Die ersten Schritte auf dem Weg zur neuen Verfassungsordnung bestanden in der Feststellung einer vorläufigen Verfassung, um die Grundlage für die Wahlen des Reichspräsidenten und der Reichsregierung zu schaffen. Der „Vorwärts" erläuterte seiner Leserschaft diese Vorgänge am 7. Februar. Die nächste Morgenausgabe schilderte feierlich die Wahl Eduard Davids (SPD) zum Präsidenten der NV und der Vizepräsidenten Fehrenbach (Z), Haußmann (DDP) und Dietrich (DNVP). Die Abendausgabe enthielt u. a. die Information über einen abgelehnten USPD-Antrag, die NV sofort nach Berlin zu verlegen (Vw 8. 2. 19). Danach trat die NV in die Verfassungsberatungen ein und nahm zunächst den Bericht entgegen, den Preuß noch als Staatssekretär erstattete. Auf der Titelseite reklamierte die SPD deutlich ihren Anspruch auf die Ämter des Reichspräsidenten und des Reichskanzlers. Zwar, so rechnete der „Vorwärts" am 8. 2. vor, hätten die bürgerlichen Parteien gegenüber den sozialistischen Parteien eine Mehrheit von 236 gegen 185 Stimmen, seien jedoch untereinander viel zu zerstritten, um eine antisozialistische Regierung zu bilden. Außerdem sei die „Sozialdemokratie viel zu stark, um einfach ausgeschaltet werden zu können, nicht nur, weil

sie 163 Mandate hat, sondern noch viel mehr deshalb, weil sie die aufsteigende
Macht ist, wie ihre ganze Geschichte, besonders im Krieg und in der Revolution
beweist". Damit legitimierte der Autor im Handumdrehen auch noch einmal die
Politik des „Burgfriedens". Doch die Regierungsbildung musste erst einige Hür-
den überwinden, wie sich Scheidemann erinnerte. Das Zentrum und die DDP
wollten nicht ausschließlich Sozialdemokraten in den höchsten Verfassungsäm-
tern akzeptieren, sodass David sein Amt als Präsident der NV an Fehrenbach
vom Zentrum abgab. In der SPD-Fraktion selbst gab es zunächst Unstimmigkei-
ten über die Besetzung der Staatsämter, doch am Ende wurden Ebert als Reichspräsident und Scheidemann als Reichskanzler nominiert.[86]

Die BM verbreitete am 9. 2. eine nur teilweise zutreffende Kabinettsliste einer
Regierung Scheidemann und berichtete über die erste Lesung der Notverfassung,
die von Preuß eingeführt wurde. Dieser erläuterte die grundlegenden Probleme
der Verfassungsstruktur, etwa eines Gleichgewichts zwischen Unitarismus und
Föderalismus. Außerdem erhoffte sie sich eine Regierung „auf breitester parlamentarischer Basis, so daß sie mit vollem Recht namens des ganzen deutschen
Volkes dem Auslande wird gegenübertreten können", schließlich standen die
Friedensverhandlungen in Versailles auf der Tagesordnung. Wie zur Bestätigung
der Verlegung der NV nach Weimar fand sich auf der Titelseite eine Kurzmeldung über Straßenkämpfe am Berliner Alexanderplatz (BM 9. 2. 19). Dass die
künftigen Friedensverhandlungen alles andere als einfach sein würden, las sich
aus der Wiedergabe einer Stellungnahme des „Manchester Guardian" in der BM
des 10. 2., in der die Eröffnungsrede Eberts, der auf gleichberechtigte Verhandlungen gepocht hatte, als „weder sehr würdig noch vorteilhaft" kritisiert worden
war. Die Wahl Eberts zum Reichspräsidenten am 11. 2. wurde in der Ausgabe
des Folgetages ausführlich dokumentiert, gewürdigt und mit Biographie und
Portrait des neuen Staatsoberhauptes unterlegt. Bedachtsamkeit, Geschick und
Redegabe würdigte die BM besonders an Ebert und stellte ihn somit recht stilvoll
und wohlwollend ihrer Leserschaft vor.

Der „Vorwärts" berichtete am 9. 2. auf der Titelseite sowohl über die Unruhen im Osten Deutschlands, im Grenzgebiet zu Polen, dem kommenden „Polnischen Korridor", als auch über die Verfassungsberatungen. Zunächst machte
er deutlich öffentliche Stimmung gegen „die Gegner von rechts und links, Monarchisten und Sowjetisten", die sich nun pro oder contra zur republikanisch-
demokratischen Verfassung stellen müssten. Die Beilage des Blattes dokumentierte ausführlich die Rede von Preuß, der vor dem Zusammentreten der NV

---

86 Scheidemann, Memoiren (wie Fn. 10), S. 357–360. Sehr illustrativ dazu Löbe, Erinnerun-
    gen (wie Fn. 66), S. 50–62.

seine Überzeugung für die Notwendigkeit einer Zusammenarbeit von bürgerlichen Demokraten und SPD zum Ausdruck gebracht hatte.[87] Der Prozess der Verfassunggebung sei „der erste und wahrlich nicht bedeutungsloseste Schritt zum Wiederaufstieg des deutschen Volkes". Gleichzeitig nahm das SPD-Blatt am 10. 2. einen Artikel Hilferdings in der „Freiheit" zum Anlass, um noch einmal mit der Politik der USPD ins Gericht zu gehen. Hilferding hatte geschrieben: „Alles Unheil kommt von der Spaltung", und sah die Verantwortung überwiegend bei der SPD, aber nicht ohne USPD-Fehler einzuräumen. Diesen Standpunkt wies der „Vorwärts" zurück. Aber Hilferding hatte zu mäßigen versucht: Die Spaltung „hat in beiden Flügeln die Extreme gestärkt und bei den Mehrheitssozialisten der äußersten Rechten die Diktatur gesichert". Zur Wiederherstellung einer Einigung der Sozialisten regte er Masseninitiativen von der Basis der Betriebe, von den Arbeiterräten her an, aus denen Einheitsversammlungen hervorgehen sollten (Freiheit 9. 2. 19). Überhaupt widmete sich die „Freiheit" in den Tagen der Weimarer NV weit mehr den Fragen der Arbeitslosigkeit, der Unruhen in der Berliner Weinmeisterstraße, als Soldaten fünf Menschen erschossen, den Lohnkämpfen und dem bevorstehenden USPD-Parteitag als den Beratungen der Konstituante. Die Regierungsbildung wurde als „Kuhhandel" abgefertigt (8. 2. 19).

Die „Republik" fand kritische Worte über die Konstituante. Das künftige Kabinett aus SPD, DDP und Zentrum sei die Regierung der in Anführungszeichen gesetzten „sozialistischen Republik", in die das Zentrum lediglich aus „vaterländischen Interessen" einzutreten erwäge, seien doch für die christliche Volkspartei die Sozialdemokraten durch ihre „verhetzende Agitation" verantwortlich für den militärischen Zusammenbruch (9. 2. 19). Ansonsten veröffentlichte sie Augenzeugenberichte der Kämpfe in der Weinmeisterstraße und ordnete die Schuldigen dem bewaffneten Arm der Regierung zu. Ein weitaus größeres Augenmerk richtete das Blatt außerdem auf den Internationalen Sozialistenkongress in Bern, die Wahl Eberts zum Reichspräsidenten wurde eher beiläufig vermeldet (12. 2. 19). Die „Freiheit" schrieb süffisant „Habemus Papam!" und sah sich an den 6. 12. erinnert, als es zu Schießereien und zur verwirrenden Ausrufung Eberts zum Präsidenten durch Militärangehörige kam (12. 2. 19). Die beiden linksoppositionellen Blätter betrachteten die NV und deren Beschlüsse nicht als Konstituierung eines neuen, republikanisch-demokratischen Staatswesens, sondern als Machtsicherung eines Bündnisses aus SPD, Bürgerlichen und dem Militär gegen eine sozialistische Revolution. Die Forderung nach einer „zweiten Revolution" lag somit in der Luft.

---

87   Dazu auch Hugo Preuß, Zum Verschwinden des Gegensatzes von DDP und SPD (1919), in: Ders., Gesammelte Schriften, Bd. 4, Hg. Detlef Lehnert, Tübingen 2008, S. 77–78.

Brachten die „Republik" und vor allem die „Freiheit" die Positionen der
sozialistischen Opposition zum Ausdruck und war die „Rote Fahne" das Sprachrohr der Kommunisten, so wirkte der „Vorwärts" quasi zugleich als Leitorgan
der Weimarer Koalition, die sich nun formierte. So gab er einen ausführlichen
Überblick über die Verfassungsdebatte und verkündete, dass „Die Reichsverfassung in Kraft" sei (11. 2. 19), womit das „Gesetz über die vorläufige Reichsgewalt"
in seinen demokratischen Kernbestimmungen gemeint war. In der Abendausgabe des 11. 2. nannte der „Vorwärts" erste Namen der künftigen Reichsregierung, gab „Die Wiedererstehung der Arbeiterinternationale" in Bern bekannt,
informierte über „Verschärfung der Waffenstillstandsbedingungen" und charakterisierte den Aufruf „An das revolutionäre Proletariat Deutschlands" des
USPD-Vorstands, in dem mit der Politik der SPD seit Revolutionsbeginn scharf
abgerechnet wurde (Freiheit 11. 2. 19), polemisch als „nationalliberal". Nachdem Ebert zum Reichspräsidenten gewählt wurde, erschien der „Vorwärts" am
12. 2. unter der Schlagzeile „Ebert Volkspräsident der Deutschen Republik". Für
Ebert stimmte eine überwältigende Mehrheit von 277 Abgeordneten gegen 49 für
den Konservativen Graf von Posadowsky-Wehner und 51, die ungültige Stimmen abgaben. Das SPD-Organ präsentierte eine Kurzvita des neuen Staatsoberhauptes, blieb aber eher zurückhaltend im Überschwang. Der 13. 2. gehörte der
Wahl des Reichskanzlers und der Ernennung der neuen Reichsregierung. Auf
der Titelseite des „Vorwärts" erfuhr man über das Regierungsprogramm und
las aus der Rede Eberts, der hier noch von der Sozialisierung und vom Sozialismus sprach. Gleichzeitig aber bahnte sich angesichts der bald zu beginnenden
Friedensverhandlungen eine „Stimmungsmache für die Verschärfung des Waffenstillstandes" an, gegen die sich die künftige Regierung vor allem mit Blick
auf Frankreich zu wappnen hatte. Die Tonlage gegenüber der Siegermacht verschärfte sich spürbar.

Die Ausgaben des „Vorwärts" am Abend des 13. und am Morgen des 14. 2.
zur NV galten der Wahl der neuen Regierung, deren Zusammensetzung und
Programm, das Scheidemann vorstellte. Am 15. 2. berichtete das Blatt über die
Rede des neuen Außenministers Graf Brockdorff-Rantzau (parteilos), die sich
auch gegen verschärfte Waffenstillstandsbedingungen richtete, da nun die Pariser Friedensverhandlungen ihre Schatten voraus warfen. Insofern endete diese
Konstituierungsphase der neuen Republik in Weimar mit einem deutlich pro-
republikanischen Ergebnis, repräsentiert durch die neue „Weimarer Koalition"
aus SPD, DDP und Zentrum und Ebert als Reichspräsidenten, geriet aber umgehend in das schwierige Fahrwasser der Bewältigung der Folgen des Weltkrieges.
Deutlich repräsentierten der „Vorwärts" und die liberalen Blätter wie die BVZ
und die BM (auch teilweise die hier nicht näher beleuchtete Zentrums-Presse)

die Weimarer Koalition. Die „Freiheit", die „Republik" und weitere linkssozialistische oder kommunistische Zeitungen standen für diejenigen Kräfte, denen die bürgerlich-demokratische Republik als Sinnbild einer abgebrochenen, wenn nicht gar „verratenen" Revolution galt. Die wegen anfänglicher Einflusslosigkeit in Berlin hier nicht näher betrachtete konservative, deutschnationale und nationalliberale Presse blieb in Opposition aus vorwiegend monarchistischer Perspektive.

4.6 Beginn der „Zweiten Revolution"? Die „Märzkämpfe" in Berlin

Die durch die NV beschlossene Kernverfassung mit ihrer Gewaltenteilung und einem starken Reichspräsidenten beendete die Periode einer, wenn auch immer mehr nur pro forma bestehenden, Machtteilung zwischen Regierung und Räten. Die Verfassung ließ die AuSR als Verfassungsorgane überflüssig werden und stufte sie auf die betriebliche bzw. rein wirtschaftliche Ebene zurück. Diese Niederlage im Machtkampf um die Revolution – „Verfassungsfragen sind Machtfragen" (Lassalle) – wurde von den Unterlegenen keineswegs kampflos hingenommen; stattdessen führten die ausbleibenden Sozialisierungen, die Arbeitslosigkeit und die Angriffe auf die Arbeiterbewegung zu einer gewaltigen Streikwelle, die bereits im Februar ihren Anfang nahm und mit den opferreichen „Märzkämpfen" in Berlin und Lichtenberg ihr Ende fand. Die Kämpfe breiteten sich vor allem in den Bergbaugebieten des Ruhrgebiets, Oberschlesiens und Mitteldeutschlands seit etwa Mitte Februar aus, führten zum Teil zu ergebnislosen Verhandlungen zwischen den Arbeitervertretern und der Reichsregierung wie im Falle der Hallenser Region, und mündeten in Generalstreiks im Ruhrgebiet, in Mitteldeutschland, in Braunschweig und später in Oberschlesien und Groß-Berlin.[88]

Neben dem Ruhrgebiet und den klassischen Zentren der Arbeiterbewegung in Mitteldeutschland wurden im März in und um Berlin die erbittertsten Kämpfe geführt. Den Auftakt der „Märzkämpfe" bildete der Generalstreikbeschluss der Vollversammlung der Berliner AuSR vom 3.3., dem sich nach schwierigen Debatten auch KPD und SPD anschlossen, wohingegen die meisten Befürworter wohl der USPD nahestanden. Zentrale Forderungen der Streikbewegung, die vermutlich rund eine Million Beschäftigte mobilisierte, waren die Sozialisierung der Schlüsselbetriebe, die Demokratisierung der Streitkräfte und die Entwaffnung der reaktionären Freikorps sowie die Einrichtung von mit Entscheidungskompetenzen versehenen Räten im Bereich der Wirtschaft und der

---

88 Vgl. dazu Axel Weipert, Die Zweite Revolution. Rätebewegung in Berlin 1919/1920, Berlin 2015, S. 41–159.

einzelnen Betriebe. Doch die Regierung aus SPD, DDP und Zentrum mit Scheidemann als Kanzler ließ sich durch die (auch teilweise antidemokratische) Presse und durch unsachliche Berichte der Truppen dazu hinreißen, der sich nun der Straßen bemächtigenden Streikbewegung mit bewaffneter Gewalt entgegenzutreten. Reichswehrminister Noske erteilte den Schießbefehl und erlaubte Standgerichte, die die Freikorps bzw. Reichswehreinheiten sehr eigenmächtig und brutalstmöglich auslegten. In Lichtenberg und im Berliner Osten, wo die heftigsten Kämpfe ausgetragen wurden, schossen die Uniformierten mit Artillerie in die Wohngebiete und führten Massenerschießungen durch, denen rund 1000 Menschen zum Opfer fielen. Der Generalstreik selbst wurde am 8. März beendet, doch die Racheaktionen der Freikorps in den Arbeiterquartieren gingen noch bis zum 16. 3. weiter.[89]

Dabei wird die verhängnisvolle Rolle der ehemaligen kaiserlichen Streitkräfte immer wieder deutlich. Der Rachefeldzug der rechten Freikorps gegen die streikenden Berliner Arbeiter vom März blieb kein einmaliges Verbrechen gegen die sozialen Kräfte, die die gewonnene politische Demokratie zu einer wirtschaftlichen Demokratie durch Sozialisierung weiterentwickeln wollten. Dass trotz der 1200 Opfer der „Märzkämpfe" die betriebliche Mitbestimmung als „Betriebsrätegesetz" im Januar 1920 verabschiedet werden konnte und auch heute nicht wegzudenken ist, verdankt sich neben dem Wirken von Arbeiterparteien und Gewerkschaften vor allem der sozialen Macht der Rätebewegung. Damit wurden die „Märzkämpfe" zu einem Umschlagpunkt der Revolution. Die erste Revolution hatte die Veränderungen zu einer parlamentarischen Republik und die Freiheiten und Rechte herbeigeführt, die für die Gleichberechtigung der Arbeiterschaft notwendig waren und seit Generationen eingefordert wurden. Doch der Sozialismus war ausgeblieben bzw. zurückgedrängt worden. Hier nun setzten die radikalen Massenaktionen an, die im Februar 1919 begannen und erst nach dem erfolgreichen Generalstreik gegen den Kapp-Lüttwitz-Putsch und der folgenden Niederschlagung des Ruhraufstandes im März 1920 ihr Ende fanden.

Doch wie spiegelten sich diese Kämpfe in der Presse? Schon am 16. 2. schrieb der „Vorwärts" über „Spartakusherrschaft in Gelsenkirchen" und von Plünderungen in der Stadt. Dass sich die Kämpfe ausbreiteten, ging aus der Ausgabe vom 17. 2. hervor. Gleichzeitig hatte Reichswehrminister Noske die Absetzung des Generalsoldatenrates des 7. Armeekorps in Münster durch General von Watter angeordnet, um Widerstandsnester gegen die Reichsregierung im Militär zu

---

89 Dazu auch Mark Jones, Am Anfang war Gewalt. Die deutsche Revolution 1918/19 und der Beginn der Weimarer Republik, Berlin 2017.

zerschlagen. Die Ausgabe vom 18. 2. ließ die weitere Eskalation erkennen, die damit verbunden war, denn aus Protest gegen den Einmarsch der Regierungstruppen hatten USPD und KPD in Mülheim, Oberhausen, Hamborn, Sterkrade und Düsseldorf den Generalstreik ausgerufen, der auch in Bochum und Gelsenkirchen durchgeführt wurde. Der „Vorwärts" lastete die Kämpfe stets den „Spartakisten" an und rechtfertigte gleichzeitig den Einsatz des 7. Armeekorps gegen die Streikenden in Hervest-Dorsten, der 21 Tote auf Seiten der Arbeiter und fünf Todesopfer bei der Watter-Armee gefordert hatte. Dazu dienten auch Belegschaftsbeschlüsse gegen die Streikteilnahme z. B. aus Essen (Vw 16.–19. 2. 19). Auch in den folgenden Ausgaben spiegelten sich die teils heftigen bewaffneten Kämpfe wider; Unruhen hatten längst auch Bremen oder München ergriffen, wo am 21. 2. Eisner (USPD) durch ein Attentat des Grafen Arco-Valley ermordet wurde und Erhard Auer (SPD) beinahe im Landtag ums Leben kam. Arco-Valley war ein Rechtsradikaler, der Auer-Attentäter ein Linksradikaler, der Auer fälschlicherweise der Urheberschaft am Eisner-Mord verdächtigt hatte (Vw 21. 2. 19). Am 22. 2. schrieb der „Vorwärts": „Der wilde Sturm im Ruhrgebiet ist verrauscht […] Selbst die unabhängigen und spartakistischen Arbeiter sehen ein, daß sie mit dem Kopf nicht durch die Wand kommen, wie sie vor wenigen Stunden noch geglaubt haben."

Es war wohl eher die bewaffnete und brutal eingesetzte Macht der Watter-Armee, darunter das berüchtigte „Freikorps Lichtschlag", die die Einstellung des Generalstreiks beschleunigt und Verhandlungen erzwungen hatte. Die „Beruhigung des Ruhrreviers", so die Schlagzeile am 24. 2., beendete keinesfalls die Unruheherde im gesamten Reich, schon gar nicht in München. So bahnte sich neue Unruhe in Berlin an, als der „Vorwärts" am 27. 2. meldete: „Auch in Berlin soll's wieder losgehen. Spartakus putscht zum Massenstreik". Die liberale Presse hatte zuvor viel weniger Kenntnis von den Kämpfen um die Sozialisierung und die Rechte der Arbeiterräte genommen, aber am 28. 2. erschien die BVZ mit der Titelzeile: „Der Generalstreik in Spandau beschlossen […] Der Streik richtet sich gegen die Regierung, zur Unterstützung der Umtriebe in Mitteldeutschland und zur Errichtung des kommunistischen Staates." In der „Republik" konnte man vor allem den Verlauf der Kämpfe in Mitteldeutschland nachverfolgen, so am 27. 2 und 1./2. 3, als die Bewegung auf das Groß-Berliner Gebiet übergegriffen hatte. Als das Militär offen mit Gewalt im Falle eines Generalstreikaufrufes drohte und aufforderte: „Arbeiter! Bürger! Helft mit, daß dem lichtscheuen Gesindel nicht wieder Gelegenheit zum Plündern, Rauben und Stehlen gegeben wird!", kommentierte es die Redaktion am 2. 3. mit den Worten: „Wenn die Arbeiter streiken sieht die sozialistische Regierung sie nicht als Arbeiter an, sondern als Räuber und Plünderer. Die Gerechtigkeit ihrer Söldlinge ist bekannt."

Der „Vorwärts" berichtete nunmehr ausführlich über die Streikbewegung in Mitteldeutschland und über die Unruhen in München. Gleichzeitig gab er am 28. 2. kritische Stimmen aus der eigenen Partei zur Regierungspolitik wieder, die Verständnis für die materiellen und politischen Forderungen der Streikenden signalisierten: „Es ist das Recht und die Pflicht eines jeden Sozialdemokraten auszusprechen, daß der Arbeiter mit dem bisherigen Entwicklungsgang der Revolution und den derzeitigen Ergebnissen gerade in Bezug auf Arbeiterfragen nicht zufrieden sein kann". Doch wurde offensichtlich die Lage in Berlin unterschätzt, denn am 1. März versuchte das SPD-Organ, die sich anbahnende Streikbewegung in der Hauptstadt als Propaganda des Spartakus und ein Doppelspiel der USPD abzutun. Die Reichsregierung wandte sich am 2. 3. mit dem Aufruf zur Besonnenheit an die Arbeiterschaft und versprach die gesetzliche Verankerung von Betriebsräten sowie Sozialisierungen im Bergbau- und Energiesektor. Da das Sozialisierungsversprechen vage blieb, dürfte ein damit verbundener Versuch der Lageberuhigung ins Leere gelaufen sein, zumal dem Zuckerbrot die Peitsche an die Seite gestellt wurde: „Die Revolution gibt keinen Freibrief auf Raub, Mord und Gewalttätigkeiten aller Art. Über allem steht das Leben des Volkes! Wer sich an ihm vergreift, ist unser Feind! Die Strenge des Gesetzes wird ihn treffen". Noch am 3. 3. versuchte das Blatt, einen Generalstreikbeschluss zu verhindern, indem es von „Tyrannei" schrieb, die Kampagne erneut der KPD und der USPD zuschob, die, wie in Spandau, nur eine Minderheit der Arbeiterschaft verträten und den „ausländischen Imperialisten und Annexionisten" in die Karten spielten. Ferner bemühte der „Vorwärts" einen anders interpretierten Klassenkampfgedanken in der Bemerkung: „Jeder politische Massenstreik nützt daher nicht mehr den deutschen Arbeitern, nein, er nützt nur den deutschen Kapitalisten".

Doch alle Versuche, die Integrationskraft der SPD in der Arbeiterschaft zur Verhinderung des Generalstreiks in Berlin zu mobilisieren, schlugen fehl: Am 3. 3. erklärte der Vollzugsrat der Arbeiterräte den Generalstreik und übertrug dessen Streikleitung mit R. Müller an der Spitze seinem Vollzugsrat.[90] Da aber die Streiks im Ruhrrevier und anderen Regionen niedergeschlagen oder im Abflauen begriffen waren und es überdies keine zentrale Aktionsleitung gab, schien dessen Wirkung von vornherein begrenzt zu sein. Müller stellte am 26. 2. in der „Freiheit" angesichts der Entmachtung der Räte, des Ausbleibens der Sozialisierung und der von Woche zu Woche steigenden Arbeitslosenzahlen in Berlin und den umliegenden Großstädten die Forderung auf: „Sofort muß ein Zentralkongreß der Arbeiterräte zusammentreten, der das Rätesystem für unser künftiges

---

90   Hoffrogge, Richard Müller (wie Fn. 3), S. 116.

Wirtschaftsleben festlegt".[91] Am nächsten Tag berichtete die „Freiheit" über den Proteststreik der Arbeiter der Artillerie-Werkstatt Süd in Spandau. Schon seit dem Ausbruch der Kämpfe im Ruhrgebiet erfuhr die Leserschaft regelmäßig die neuesten Entwicklungen in den Kampfregionen.

Überhaupt lässt sich in der Zeitung der USPD die Gärung nachvollziehen, die sich seit Wochen vollzog und nun über das Ruhrrevier und Mitteldeutschland auch Groß-Berlin erfasste. Drastisch schrieb das Blatt am 1. März, noch vor dem Ausbruch der Berliner Kämpfe von der „Phase der Noske-Diktatur, der Schießerlasse, der Kanonen, der Handgranaten und Maschinengewehre, der gefüllten Zuchthäuser und der Spartakus-Prozesse, kurz, des organisierten weißen Schreckens". Die Ausgabe vom 3. 3. bestand aus Stimmungsberichten, die erahnen lassen, wie heftig die Auseinandersetzungen der nächsten Tage werden sollten, und sie spiegelt vor allem die durchaus revolutionäre Stimmung an der Basis wider. Doch zog z. B. die „Freiheit" aus der massiven Stimmung der Empörung und der Enttäuschung zu optimistische Schlüsse hinsichtlich der Erfolgschancen weitgehend spontaner Streikbewegungen ohne eine zentrale Leitung, die zudem zeitlich versetzt um ihre Forderungen kämpften. Noch am 3. 3. schrieb sie euphorisch: „Wir stehen nach der halben Revolution des November am Vorabend einer neuen Revolution, die das begonnene Werk befestigen und vollenden soll. Auch diese Revolution wird von niemandem ‚gemacht'. Sie kommt aus der Tiefe des Massenbewußtseins." Rückblickend gibt diese Einschätzung zwar den Umschlagpunkt zur „zweiten Revolution" durchaus exakt wieder, benennt aber unbewusst dessen Schwachstelle: das spontane Massenbewusstsein, das sich eruptiv entlud, aber keine wirksamen Angriffspunkte im politischen Bereich ausfindig machen konnte.

Doch gehörte zum Berliner Generalstreik auch die Bestreikung der Druckereien, sodass eine authentische zeitnahe Berichterstattung nicht erfolgte und somit auch Gerüchte oder Mundpropaganda an Bedeutung gewannen. Außerdem gab man durch eine derartige Selbstbestreikung, sei sie auch aus Solidaritätsgründen geschehen, die Mobilisierungsfunktion der eigenen Presse für die eigenen Ziele aus der Hand. Der „Vorwärts" konnte so an den meisten Tagen erscheinen, die „Freiheit" pausierte vom 4. bis 7. März vollständig. Der Generalstreik verlor schnell an Wucht, und der Zentralausschuss beging den Fehler, neben den Druckereien auch die Gas-, Wasser- und Elektrizitätsbetriebe einzubeziehen. Dadurch drängte man die bislang einbezogenen SPD-Vertreter aus der Streikleitung, was die Gesamtbewegung erheblich schwächte. Ab dem 6. 3.

---

91   In dieser Ausgabe finden sich auch die damals aktuellen Arbeitslosenzahlen für Groß-Berlin insgesamt, aber auch für die Städte im Einzelnen.

bröckelte der Streik ab, nachdem sich auch die Gewerkschaftskommission aus der Streikleitung zurückgezogen hatte. Seit dem 5. 3. rückten Truppen des General-kommandos unter dem Befehl des späteren Kapp-Putschisten Walther von Lütt-witz gegen die Streikenden vor. Verhandlungen in Weimar mit der Reichsregie-rung über die Zusicherung der Aufnahme der Arbeiterräte in die Verfassung waren zunächst ergebnislos geblieben, sodass sich Ernüchterung breitmachte und die alten Gegensätze wieder aufbrachen.

Der Streik wurde am 8. 3. abgebrochen, die Kämpfe im Nordosten und Osten der Stadt setzten sich fort, bis die Militäreinheiten unter Einsatz schwerer Geschütze und unter Anwendung des Standrechts Lichtenberg am 13. 3. erobert hatten. Reichswehrminister Noske erließ am 9. 3. abends die Weisung: „Jede Per-son, die mit der Waffe in der Hand, gegen Regierungstruppen kämpfend ange-troffen wird, ist sofort zu erschießen.“[92] Das Vorgehen der Regierungstruppen charakterisierte Graf Kessler (mit scharfer Kritik an wohl zuvor auch „seinem“ liberalen „Weltblatt“) so: „Das ‚Berliner Tageblatt‘ heult gegen Spartakisten und Unabhängige wie ein Derwisch, dem der Schaum vor dem Munde steht: Blut-durst-Exhibitionismus […] Und die Regierung gibt heute abend bekannt, daß die standrechtlichen Erschießungen begonnen haben; gleich als Anfang drei-ßig Mann auf einem Haufen […] Der weiße Schrecken wütet ungehemmt. Die Erschießung von vierundzwanzig Matrosen durch Regierungstruppen auf dem Hofe eines Hauses in der Französischen Straße scheint ein grauenhafter Mord gewesen zu sein. Die Leute wollten in dem Hause bei ihrer Kassenverwaltung bloß ihre Löhnung holen.“[93]

Als Minister Noske am 16. 3. den Schießbefehl wieder aufhob, waren rund 1200 Tote zu beklagen. „Mit 1176 Toten im Ergebnis eines amtlichen Unter-suchungsergebnisses verliefen die Berliner Märzkämpfe weitaus blutiger als die in der Geschichtsschreibung aufgrund des grausamen Schicksals der bekann-ten Persönlichkeiten Luxemburg/Liebknecht gemeinhin überbewerteten Januar-unruhen (196 Tote).“[94] Der „Vorwärts“ legitimierte am 15. 3. das brutale Vorge-hen der Regierungstruppen auf Geheiß Noskes: „Im Kampf auf Leben und Tod wird keine Seide gesponnen. Und angesichts der hinterhältigen meuchlerischen Kampfesweise der spartakistischen Dachschützen war es nur zu begreiflich, daß

---

92 Zum Schießbefehl siehe Osterroth/Schuster, Chronik der deutschen Sozialdemokratie, Bd. 1: Von den Anfängen bis 1945, Bonn 2005, S. 193.

93 Kessler, Tagebücher (wie Fn. 40), S. 153–155.

94 Detlef Lehnert, Die Revolution als Lohnbewegung?, in: Helmut Konrad/Karin M. Schmidlechner (Hg.), Revolutionäres Potential in Europa am Ende des Ersten Welt-krieges, Wien 1991, S. 27–61, hier S. 34.

die Regierungtruppen mit Zorn und entschlossener Derbheit ihre Pflicht erfüllten." Die BVZ druckte den Dank des Generalkommandeurs v. Lüttwitz an seine Truppen für ihre Pflichterfüllung ab (15. 3. 19), die „Republik" dokumentierte noch am 18. 3. Augenzeugenberichte über Erschießungen durch Regierungssoldaten.

Die „Freiheit" war am 10. März für einen Tag verboten worden. Als Ausblick auf die Periode der kommenden Unruhen in der Weimarer Zeit gerade auch in Berlin lässt sich dazu wohl die folgende Feststellung vom publizistischen in den politischen Raum mit seinem Parteienspektrum übertragen: „Obgleich diese Episode die stärkste Partei Berlins nur diesen einen Tag zum Schweigen verurteilte", konnte eine „derartige krasse Verletzung der Pressefreiheit" (Freiheit 11. 3. 19) „in Verbindung mit dem brutalen Einsatz der Freikorpstruppen die erbitterte Rivalität der sozialdemokratischen Parteien endgültig zur Feindschaft eskalieren".[95] Tatsächlich kann man die exemplarisch betrachtete politische Presse als integralen Bestandteil der Revolutionsgeschichte bilanzieren. Sie informierte, analysierte, mobilisierte ihre Anhängerschaft, aber sie trug genau so als Sprachrohr der Träger unterschiedlicher Revolutionsziele zu den geschilderten Ausbrüchen politischer und militärischer Gewalt bei und scheute keineswegs deren Legitimierung.

95 Ebd.

JÖRG PACHE

Breslau in der Revolution 1918/19

Breslau war die mit 528 000 Einwohnern (1919) nach Berlin und Köln drittgrößte Stadt Preußens. In der historischen Forschung zur Novemberrevolution 1918 hat die Stadt wegen ihrer geographischen Randlage und ihrer späteren Zugehörigkeit zu Polen wenig Aufmerksamkeit erfahren.[1] Breslau war aber ein bedeutendes Wirtschafts- und Industriezentrum und die Handelsmetropole für Schlesien. In dem relativ niedrigen Anteil von Industriearbeiterinnen und -arbeitern (1912) zeigte sich die Bedeutung des Handwerks und des Handels in Breslau. Die wichtigsten Branchen waren Metallverarbeitung, Maschinen- und Werkzeugbau, Holz-, Nahrungs- und Bekleidungsindustrie.[2] Als Provinzhauptstadt war Breslau für ganz Schlesien und damit auch für Oberschlesien zuständig, mithin auch für die dortigen Konflikte um die Gebietszugehörigkeiten mit den sich neu gründenden Staaten Polen und der Tschechoslowakischen Republik.

Die Breslauer Bevölkerung war überwiegend deutschsprachig mit knapp 5 % Personen tschechischer oder polnischer Muttersprache. Religiös verteilte sie sich auf 58 % evangelischer, 37 % katholischer und 5 % jüdischer Konfession, stand kulturell also vor allem unter dem Einfluss der evangelischen Kirche bei einer starken katholischen Minderheit und einem bedeutenden jüdischen Bürgertum. Politisch verwaltete ein liberal-konservativer Magistrat unter einem konservativen Oberbürgermeister die Geschicke der Stadt. Bedingt durch die Regelungen des preußischen Dreiklassenwahlrechts hatte in der letzten Wahl zur Breslauer Stadtverordnetenversammlung (künftig: SVV) 1916 die SPD nur 16 von 102 Mandaten erlangt. Die tatsächlichen Kräfteverhältnisse zeigten die Ergebnisse unter dem freien Reichstagswahlrecht, denn 1912 hatte die SPD beide Mandate für die Breslauer Wahlbezirke errungen: In Breslau-Ost gewann der nach

1   Die Ereignisse zwischen Oktober 1918 und April 1919 fanden in der deutschsprachigen Literatur bislang als Bestandteile biographischer Untersuchungen Erwähnung: Roland B. Müller, Otto Wagner (1877–1962) im Spannungsfeld von Demokratie und Diktatur. Oberbürgermeister in Breslau und Jena, Leipzig 2012; Theodor Oliwa, Paul Löbe. Ein sozialdemokratischer Politiker und Redakteur. Die schlesischen Jahre (1875–1919), Neustadt a. d. Aisch 2003.
2   Siehe Statistisches Jahrbuch deutscher Städte, 21. Jg., Breslau 1916.

Carl Legien reichsweit als dessen Stellvertreter einflussreichste Freigewerkschaftler Gustav Bauer, in Breslau-West der neben Karl Kautsky, Rosa Luxemburg und Rudolf Hilferding bedeutendste Parteitheoretiker, aber im Unterschied zu den Vorgenannten auch (seit 1902 mit Unterbrechungen bis 1928) im Reichstag tätige Eduard Bernstein.[3]

1. Breslau im Oktober 1918

Breslaus sozialökonomische Lage im Herbst 1918 beschrieben alle Zeitungen als prekär, die Einschätzungen waren aber auf ihre jeweiligen Zielgruppen ausgerichtet. Alle Blätter berichteten über Forderungen der Angestellten und Beamten nach Gehaltszulagen, die bürgerlichen mehr über Probleme der Hausbesitzer und des Mietmarktes, die sozialdemokratische „Volkswacht für Schlesien" (künftig: VfS) meldete entsprechende Forderungen der Arbeiterinnen und Arbeiter. „Es wird immer weniger mit unserer Ernährung", kommentierte die VfS am 15. Oktober, Ende Oktober herrschte „unzufriedene Stimmung" hinsichtlich der Versorgungslage (VfS 29. 10. 18).[4] Zugleich berichtete sie positiv über die Arbeit der kommunalen Behörden und die über die Landes- und Reichsregelungen hinausgehenden städtischen Zulagen.

Bereits seit Anfang September waren aus Breslau weitreichende Demokratisierungsforderungen erhoben worden. So hatte die Breslauer SPD am 9. September – noch zwei Tage vor der preußischen SPD-Führung und dem Parteivorstand – wegen der Ablehnung der Wahlrechtsreform die Auflösung des Preußischen Abgeordnetenhauses verlangt (VfS 10. 9. 18). Während die Partei über die verheerende Kriegslage weiterhin im Unklaren blieb und auf Friedensoptionen durch die Kriegsmüdigkeit der alliierten Bevölkerungen hoffte (VfS 21. 9. 18), opponierte der schlesische Parteiführer Paul Löbe mit einer kleinen Gruppe im SPD-Parteivorstand erfolglos gegen eine Regierungsbeteiligung ohne Garantien für Wahlrechtsreform und Ende der Zensur. Er warnte davor, Mitverantwortung für eine nicht von der Partei verschuldete schlechte Lage zu übernehmen, da dies nur von „unsere[n] Todfeinde[n]" der „Militärautokratie" benutzt werden würde, „die morgen wiederkommen und uns wegjagen!".[5]

---

3   Zur SPD in Breslau vgl. Oliwa, Paul Löbe (wie Fn. 1).

4   Zur sozialökonomischen Lage 1918 s. Eduard Mühle, Breslau. Geschichte einer europäischen Metropole, Köln 2015, S. 204 f. u. Oliwa, Paul Löbe (wie Fn. 1), S. 277.

5   Vgl. Oliwa, Paul Löbe (wie Fn. 1), S. 279 f., hier zit. S. 280 aus: Protokolle der Sitzungen des Parteiausschusses der SPD, 23. 9. 1918, S. 599 f.

„Die Herrschenden beginnen, Teile ihrer Macht an das Volk abzutreten!", kommentierte die VfS am 1. Oktober den Kaisererlass zur Bildung einer Regierung aus den Mehrheitsparteien des Reichstags. Entsprechend Löbes Vorbehalten versah das Blatt die Überschrift „Regierung des Volkes?" mit dem Fragezeichen und sprach skeptischer von einer „Regierung aus dem Volk". Dennoch sei dies „der größte innenpolitische Fortschritt seit der Gründung des Reiches im Jahre 1871". Verhalten zuversichtlich hieß es: „Der Anfang ist gemacht! Freilich, es ist nur der Anfang". Nun müsse eine „Reform an Haupt und Gliedern, bis in die letzten Verzweigungen der Verwaltung" folgen, auch wenn die fehlende „Ausbildung staatsmännischer Mitarbeiter" durch „die bisherige Machtlosigkeit des Reichstags" dies erschwere. Programmatisch müsse „erste Aufgabe des neuen Kabinetts selbstverständlich der Versuch der Herbeiführung des Friedens sein" und angesichts der erwarteten Regierungsbeteiligung der SPD deren Minimalprogramm umgesetzt werden. Auffällig war der knappe Hinweis der VfS auf die Gründe der Reformen: „Die militärische Lage hat den Wandel im Inneren mit herbeigeführt, sie wird auch die ersten Amtshandlungen der neuen Männer beeinflussen." Die VfS zeigte sich erfreut über Max von Badens Ankündigung einer Koalitionsregierung ohne „Eroberungspolitiker". Das Ende des Dreiklassenwahlrechts in Preußen sei „ein Zeichen der Zeit, das wie ein Fanal durch die Lande leuchtet und zeigt, was die Glocke geschlagen hat", und eine Niederlage der „nationalliberalen Schwereisenfritzen, die bisher mit einer gewissen Protzigkeit dem Volke sein Recht verweigerten". Da nun „auch diese Stütze des mittelalterlichen Preußen wankt, wird es mit anderen Fortschritten etwas schneller gehen" (VfS 2. 10. 18).

Wesentlich verhaltener begrüßte die liberale „Breslauer Morgen-Zeitung" (künftig: BMZ) die Parlamentarisierung. Nun müsse das „Vertrauen des Volkes" wiedergewonnen werden, „wenn es nicht kommen soll, daß die Feinde doch noch ihr Ziel erreichen". Sie forderte ein Ende der „gräßlichen Zensur" und der Versammlungsbeschränkungen, legte aber eher eine Kriegswende als einen Friedensschluss und umfassende Demokratisierung nahe (BMZ 1. 10. 18). Das zweite liberale Blatt, die „Breslauer Neuesten Nachrichten" (künftig: BNN), begrüßte die „Idee des Verständigungsfriedens". Für die Demokratisierung sei auch „eine gewisse Neuordnung der Verwaltung" nötig, als Problem sah es wie die VfS die dünne Personaldecke der Mehrheitsparteien (BNN 2. 10. 18).

Die konservative „Schlesische Zeitung" (künftig: SZ, A = Abendblatt) sah das Reich vor der „Schicksalswende" und distanzierte sich von „dem umstürzlerischen Treiben der Hauptausschussmitglieder", die eben nicht „vom Vertrauen des Volkes getragen" seien. Sie umriss klar ihre politische Position: „Demokratie ist unersättlich, unduldsam, hat noch niemals verstanden, zum Wohle des

Ganzen zu entsagen", sie sei eine „unheilvolle Macht". Grundsätzlich akzeptierte sie Parlamentarisierung und Wahlrechtsreform, jedoch sei die Reichstagsmehrheit eine bloße „Zufallsmehrheit", von der „die Minderheit vergewaltigt wird", wohingegen „Volkseinheit" nur gedeihen könne, „wenn eine starke Hand sie zusammenhält" (SZ 1. 10. 18 A). In noch schärferem Ton kommentierte die SZ unter der Titelzeile „Sieg oder Schmach" die Erfordernisse der Gesamtlage: „Flaumacherei und Pessimismus waren 1914 lächerlich, später wurden sie eine Sünde, jetzt sind sie ein todeswürdiges Verbrechen" (2. 10. 18).

Mit der Regierungsbildung am 3. Oktober trat der Breslauer Reichstagsabgeordnete Gustav Bauer als Staatssekretär für das Reichsarbeitsamt in die Regierung ein. Rückwirkungen auf Breslau, wo der Königsberger wenig im schlesischen Parteiapparat verankert war, gab es dabei kaum. Die Regierungsbildung mit SPD-Beteiligung zeige, so die VfS, „daß etwas sehr Ernstes im Werke ist". Es gelte, in Erwartung des Friedens „Ordnung im Inneren" und damit die Verteidigung aufrechtzuerhalten. Der Tag der Regierungsvereidigung am 5. Oktober werde „neben dem 4. August 1914 stehen – als Tag des kommenden Friedens". Ihre innenpolitischen Erwartungen formulierte die VfS unter dem Schlagwort „Der Umsturz": „Jahrzehntelang ist er von unseren Gegnern in den schwärzesten Farben an die Wand gemalt worden, der Umsturz der ‚Göttlichen Ordnung', den die Sozialdemokratie erstrebte. Und nun sind wir mitten im Umsturz", der jedoch völlig gewaltfrei verlaufe. Es sei allgemeine Überzeugung, „daß noch viel mehr umgestürzt werden muss, um dem deutschen Volk nach den furchtbaren Zeiten dieses Krieges Licht und Luft zu schaffen, zu neuem Gedeihen" (VfS 4. 10. 18). Nach dem Waffenstillstandsersuchen der Regierung argumentierte die VfS für einen Frieden auf Basis von Wilsons 14 Punkten – lehnte aber die Gebietsabtretungsforderungen in Elsass-Lothringen und, für Schlesien besonders wichtig, im Osten ab; zu den Friedenschancen äußerte sie sich vorsichtig optimistisch und prognostizierte „gute Aussichten" (5. 10. 18).

Unter den Begriff „Volksstaat" stellten die BNN am 4. November das Ziel der Politik, die von „der demokratischen Regierung des Prinzen Max" erwartet werde. Das Blatt verband damit auch Abschreckung, indem der Volksstaat auch den „Volkskrieg" zu führen imstande wäre, sollte die Entente einen gerechten Frieden auf der Grundlage von Wilsons 14 Punkten verweigern. Auch ihr Verlangen nach demokratischer Erneuerung des Verwaltungsapparats auf allen Ebenen las sich wie die Forderungen der VfS, ergänzt um die liberale Maxime einer besonderen Förderung von „Tüchtigkeit" (BNN 4. 10. 18).

Bei der Bildung der Mehrheitsregierung sei durch den Ausschluss der „rechtsstehenden Parteien", so die SZ, „der Gedanke des kaiserlichen Erlasses zerstört" worden; das Blatt folgerte: „Wir, die wir nicht Anteil haben an dem Geiste der neuen Machthaber, müssen nun uns zusammenscharen und unsere Stimmen erheben, wenn dieser Geist Deutschlands Zukunft gefährdet", und man erhoffte einen mäßigenden Einfluss des Zentrums auf die „radikale" Sozialdemokratie, sodass wenigstens die notwendige Fortsetzung des Krieges gesichert werden könne (4. 10. 18). Ein „Aufruf der Freikonservativen" formulierte bereits die Dolchstoßlegende: In der gegenwärtigen „Schicksalsstunde" sei es ein „Heer der Mies- und Flaumacher", das „Seelen, Herz und Hirn des Volkes" vergifte, es gelte jedoch: „dem Feinde die gewappnete Faust ins Gesicht und Eisen gegen Eisen!" (SZ 7. 10. 18). Der Kommentar der SZ vom 10. Oktober fand sich mit einem Frieden auf Basis der 14 Punkte ab, solange „Deutschlands Ehre und Unversehrtheit" erhalten bliebe, befürchtete jedoch Erweiterungen hin zu einem „Vernichtungsprogramm".

Im Oktober traf die erneute Grippewelle Breslau, die Blätter verzeichneten täglich mehr als 1000 Neuinfektionen, ebenso viele starben in diesem Monat an der Grippe (VfS 31. 1. 19). Ausfälle bei allen öffentlichen Einrichtungen (BNN 26. 10. 18) und auf dem Land verschärften die ohnehin angespannte Versorgungslage (SZ 17. 10. 18 A). Protestversammlungen der städtischen Arbeiter und Beamten- und Lehrerverbände forderten Teuerungszulagen (BNN 13. 10. 18). Magistrat und SPD gelang es ohne Widerstand, Volumen und Berechtigtenkreis der Unterstützungszahlungen auszudehnen (VfS 19. 10. 18).

Vorboten eines regionalen Konflikts, der die Umbruchsituation in Schlesien und Breslau nicht unerheblich beeinflussen sollte, offenbarte eine Protestnote des Polnischen Provinzialwahlkomitees gegen Zensur und Verbote der polnischen Sprache in Oberschlesien, auf die die SZ mit Ablehnung reagierte: Oberschlesien habe nie zum „polnischen Mutterlande" gehört, es handle sich also um hierher verpflanzte polnische Agitation, eine polnische Muttersprache in Oberschlesien gebe es nicht (12. 11. 18). Auch in der Folge war die besonders kritische Darstellung der polnischen Selbstbestimmungsbestrebungen eine Domäne der SZ, während das Zentrumsblatt „Schlesische Volkszeitung" (künftig: SVZ) den Protest vorsichtig unterstützte (13. 11. 18).

Mit ihrem Leitartikel „Wilson gegen den Kaiser" am 16. Oktober propagierte die VfS als eine der ersten Zeitungen im Reich den Rücktritt des Kaisers. Löbes Blatt erklärte: „Worauf Wilson hinaus will, das ist offenbar die Abdankung des deutschen Kaisers. [...] Die Feinde verlangen den Rücktritt der Hohenzollern [...]. Man gehe zu Wilhelm II. und stelle ihm das vor!" Darauf wurde die VfS für drei Tage verboten, durfte aber nach Protesten tausender Arbeiter bereits nach zwei Tagen wieder erscheinen (VfS 8. 11. 19). In ihrer Ausgabe vom 21. Oktober bekannte die VfS offen, wenn auch an wenig prominenter Stelle, der inkriminierte Artikel entspräche ihrer „festbegründeten Überzeugung von dem, was heute in Deutschland nötig ist".

Provokante und selbstsichere Zukunftsprognosen prägten die VfS Ende Oktober. Unter der Überschrift „Fahnen heraus!" umriss das Blatt die erwartete Entwicklung: „Der Breslauer Krippenverband bittet um Windeln und Kinderwäsche. [...] Das entbehrlichste Stück Tuch ist die Fahne, von denen fast in jedem Haus eine oder mehrere vorhanden sind. Die Fahnen sind durchweg unbrauchbar, denn Siegesfeste sind nicht mehr zu feiern. Und wenn der Friede kommt, erscheint er wohl im Rot der Internationale. Gebt sie also hin, die weißen, schwarzen, gelben und sonstigen Zeichen der Vergangenheit. Als Kinderwindeln können sie immerhin noch einen nützlichen patriotischen Zweck erfüllen" (VfS 21. 10. 18). Dazu propagierte sie die Enteignung „der Alldeutschen, der Vaterlandspartei, der ‚Kaisertreuen'" (VfS 22. 10. 18).

Die Versammlung der Breslauer Vaterlandspartei am 18. Oktober stand unter der Durchhalteparole „Arbeiten und nicht verzweifeln!" und endete mit einer Treueerklärung an den Kaiser (SZ 19. 10. 18 A). Im bürgerlich-liberalen Spektrum stellten sich die Nationalliberalen Schlesiens am 20. Oktober zwar „rückhaltlos auf den Boden der neuen Ordnung", befürworteten aber die Kriegsfortsetzung als „nationale Verteidigung" (SZ 22. 10. 18). Die Katholischen Kaufleute Breslaus wollten „geschlossen einer für alle, alle für einen, hinter unserer Regierung stehen und mitarbeiten zur Verteidigung des Vaterlandes, zum Schutze von Thron und Altar" (SZ, SVZ 27. 10. 18). „Mit Gott für König und Vaterland" beschwor der Deutschkonservative Verein seine Treue zum Herrscherhaus und richtete eine Huldigung an den zurückgetretenen Ludendorff (SZ 29. 10. 18).

Entsprechend warnte der auf der Titelseite der VfS gedruckte Aufruf des SPD-Vorstands „An Deutschlands Männer und Frauen!" vor den sich formierenden „dunklen Mächten der Gegenrevolution", die die „notwendige innenpolitische Umwälzung" bedrohten, die im Aufruf auch „friedliche Revolution" genannt wurde – und so zum ersten Mal in der VfS den Terminus der Revolution für den Wandlungsprozess einführte. Der Appell, der „angesichts der Morgenröte des Friedens und der Freiheit" auch die Absage an alle „alldeutschen Demagogen", an „Bolschewisten", Streiks und Demonstrationen formulierte, sah das Land „auf dem Wege zu Frieden und Demokratie" (VfS 19. 10. 18). Damit setzte die Parteileitung den Ton für die VfS, grenzte die „friedliche Revolution" zur „bolschewistischen" als einen geordneten Prozess ab und erhob die unbedingte Forderung nach „Ruhe und Ordnung", die sich fortan wie ein roter Faden durch die VfS ziehen sollte.

Nach der Rede des Reichskanzlers vom 22. Oktober äußerte die SZ deutliche Vorbehalte gegenüber der „jetzigen Neuordnung" und stellte infrage, ob

„der plötzliche und umfangreiche Aufbau eines neuen Gerüstes für Deutschland" zielführend sei. Trotz mancher Fehler des alten Systems sehe man „keinen Grund, alles zu verbrennen, was wir bisher angebetet haben, und alles anzubeten, was wir bisher verbrannt haben". Nur „die aus dem monarchischen Deutschland stammende Kraft" könne im Falle des Scheiterns der Friedensverhandlungen das Reich „befähigen, den letzten, entscheidenden Kampf durchzuführen" (SZ 23. 10. 18). Die BNN begrüßten die Grundzüge der Rede. Nun sei klar, „daß der Schritt vom deutschen Gestern zum deutschen Heute, die ‚Abkehr von alten Wegen', etwas *Endgültiges* ist. Die Volksregierung wird unerschütterlich im *Reichsgesetz* verankert; ihr Ziel ist: *die politische Mündigkeit des deutschen Volkes*" (BNN 23. 10. 18). Nach der Annahme der Verfassungsänderungen im Reichstag kommentierte die SZ, ein großer Teil des Volkes, „dessen Sorgen um die Umwälzung im Inneren nicht zerstreut worden sind", habe „seine Bedenken im vaterländischen Opfersinn zum Schweigen gebracht", und schloss mit militärischen Durchhalteparolen (SZ 27. 10. 18). Die SVZ konstatierte die „ungeahnte Geschwindigkeit" der „Neuordnung", die „noch lange nicht am Ende" sei, und schrieb dem Zentrum dabei eine Mittelposition zwischen „den Lagern der beiden Extreme" zu. Sie lehnte Angriffe auf den Kaiser ab, aber ebenso die „Rauschwirkungen des Chauvinismus" und forderte „Einigkeit" in der Hoffnung auf die Umsetzung der 14 Punkte (SVZ 27. 10. 18).

In der Stadt traten weitere Arbeiterversammlungen für Zulagenerhöhungen und Arbeitszeitverkürzungen bis zum Achtstundentag ein. Die Gemeindearbeiter stellten ein Ultimatum an den Magistrat mit der Androhung, sonst „zur Selbsthilfe greifen" zu wollen, worauf der Magistrat einlenkte (BNN 26. 10. 18). Der lokale Widerpart der sozialdemokratischen und fortschrittlichen Presse war dabei weniger die zivile Stadtverwaltung, sondern die preußische Staats- und die Militärverwaltung. Während der Magistrat von den Blättern aller Seiten kaum kritisiert wurde, verurteilte die BMZ die anhaltende Weigerung der Militärbehörde, den verschärften Belagerungszustand über Breslau aufzuheben – was SVV und Magistrat bereits im Juni beantragt hatten (29. 10. 18).

In der Beurteilung der militärischen Lage verbreitete die SZ auch Ende Oktober noch Optimismus. Der Breslauer Universitätsprofessor Alfred Hillebrandt titulierte unter der Zeile „Täuschende ‚Friedensglocken'" die Friedensbefürworter als „Klageweiber, die unähnlich den altgermanischen Frauen den Kriegern den Mut nehmen", und rief die Breslauer Leserschaft auf: „Wach auf, mein Volk! Dann werden die Mießmacherträume [sic] dich verlassen, dann kann die Totenglocke noch zum Sturmgeläute werden und der Retter kommen diesem Lande, der es mit oder ohne Reichstag zum glücklichen Frieden führt" (SZ 31. 10. 18). Am Abend desselben Tages kommentierte die SZ einen

Leitartikel des „Vorwärts" und forderte, mit den Reformen „muß es nun genug sein. Über allen Paragraphen steht unser Bekenntnis zum Kaiser. Das ist ein Imponderabile, von dessen Stärke Wilson keine Ahnung hat, das aber auch unsere Sozialdemokratie verkennt. Sie wird gut tun, nicht zu sehr daran zu rühren!" Ein Kommentar „Zur Waffenstillstandsfrage" behauptete die Durchhalte-fähigkeit des deutschen Heeres für „noch viele Monate, wenn nicht Jahre"; gegen den Versuch der Entente, „das deutsche Volk zum Helotentum zu verurteilen", müsse weiter gekämpft werden. Die chaotische Lage in Österreich-Ungarn schilderte das Blatt als bloße Schwierigkeiten der Demobilisierung (SZ 31. 10. 18 A), während die BMZ den Prozess deutlicher als „Zerfall der Donau-Monarchie" beschrieb (31. 10. 18).

Die VfS fasste unter der Titelzeile „Revolution in Ungarn!" stakkatohaft die Brennpunkte von Zusammenbruch und Umsturz im Süden und Osten zusammen und folgerte: „Wir stehen mitten in der Weltrevolution, die von Weitsichtigen längst als Folge des Weltkrieges erwartet worden ist und wir wissen nicht, wie weit ihr Flügelschlag sich ausdehnen wird." Mit der Mahnung: „wohl dem Volke, wo sie sich in den geordneten Bahnen der Zivilisation vollzieht und dem Grauen des Weltkrieges nicht noch die Schrecken des Bürgerkrieges hinzufügt!", leitete die VfS zur Abrechnung mit den zitierten SZ-Artikeln über: „Daheim kriechen die seit Ludendorffs Abschied etwas verscheuchten Kriegsverlängerer wieder aus ihren Schlupfwinkeln hervor, wenden sich gegen ‚täuschende Friedensglocken' [...] und versuchen auf hundert Methoden dem Volke die Notwendigkeit des Weiterkriegens und der Ablehnung des Waffenstillstandes zu beweisen"; das SPD-Organ hoffte, „daß auch bei uns sich die Dinge einem schnellen Ende zuwenden, damit uns weitere Opfer erspart bleiben" (31. 10. 18).

Die liberale Presse plädierte verhalten für eine öffentliche Debatte um die zukünftige Verfassung, aber zwischen den Zeilen war die Abwendung vom monarchischen Status quo deutlich zu lesen: Die Kaiserfrage sei „aus dem deutschen Volke selber hervorgegangen [...] und nun nicht mehr zum Schweigen zu bringen" (BNN 2. 11. 18). Mit aller Unbedingtheit hielt die SZ hingegen am Kaisertum und an Wilhelm II. fest (SZ 2. 11. 18). Der Leitartikel der VfS vom 2. November beantwortete die rhetorische Frage nach der Fähigkeit des Kaisers, „sich an ein demokratisches Zeitalter zu gewöhnen, wie es jetzt unwiderruflich kommt", klar mit „Wir glaubens nicht" und überschrieb den Leitartikel vom 5. 11., der zum ersten Mal eine Nationalversammlung (künftig: NV) forderte und alle konservativen Behauptungen, das Volk stehe hinter dem Kaiser, zuversichtlich zurückwies, mit „Monarchie oder Republik? Das Volk mag selbst entscheiden …".

In der Waffenstillstandsfrage war in den liberalen Blättern ein Umschwenken zu verzeichnen. Während der Nationalliberale Georg Kaufmann noch am

6. November in den BNN vehement Forderungen nach Bestrafung von Kriegs-schuldigen und voreilige Rufe nach Frieden verurteilte, erklärte der Leitarti-kel vom 7. November, der Krieg möge zwar „immerhin verloren sein, er hat uns ein *neues Deutschland* gegeben und das ist ein *großer Gewinn*". Die Frage nach der „*Ehre* des deutschen Volkes" sei „unvernünftig und unpolitisch", ein Wei-terkämpfen auf Dauer nicht durchzuhalten, der Friedensschluss also trotz der harten Bedingungen „notwendig". Nahezu identisch war die Position der VfS vom gleichen Tag: Die harten Bedingungen bedeuteten „nicht viel weniger als die Kapitulation", ein Ende der Kämpfe sei aber unabwendbar. Weitere Verzöge-rung würde nur die Bedingungen verschlechtern, im Übrigen hoffte das Blatt auf Abmilderungen in den Friedensverhandlungen.

2. Die Novemberrevolution in Breslau

Die ersten Meldungen zu den Unruhen im Reich erschienen in den Breslauer Zeitungen am 5. November. In Breslau hielten SPD und USPD am 6. November Versammlungen ab, die sie aber bereits seit der Lockerung des Versammlungs-verbots am 2. November einberufen hatten. Die vorgesehenen Hauptredner, Staatssekretär Bauer für die SPD und der Reichstagsabgeordnete Fritz Kunert für die USPD, konnten nicht anreisen. Bei der SPD sprach der VfS-Redakteur Darf vor einer „Riesenversammlung" von mehreren tausend Menschen, berich-tete knapp über die Vorgänge in Norddeutschland, stellte das Regierungspro-gramm vor und endete mit Aufrufen zu Disziplin und Besonnenheit: „Man lasse sich nicht von unverantwortlichen Geistern beeinflussen, und sich auch nicht einschüchtern von Leuten, die noch nicht glauben wollen, daß die Zeit ihrer Herrschaft vorbei ist. Jederzeit bereit, auf einen Wink der selbstgewählten Führer handelnd einzugreifen, um die Entwicklung weiter zu fördern, das ist die richtige Haltung, die heute die Massen einnehmen müssen" (VfS 7. 11. 18). In der ebenfalls überfüllten USPD-Versammlung scheiterte nach Angriffen auf die „Regierungssozialisten" und die VfS eine USPD-Resolution für sofortigen Waffenstillstand, Bestrafung der Kriegsschuldigen, allgemeines gleiches Wahl-recht, politische Amnestie und die Freilassung Rosa Luxemburgs mit nur ca. 40 Fürstimmen (BNN 7. 11. 18). Die USPD habe „also bei ihrem ersten öffent-lichen Auftreten einen großen Reinfall erlitten". Daran werde sich „auch in Zukunft nichts ändern. Die Breslauer Arbeiter sind für die schönen Reden der Unabhängigen nicht zu begeistern; sie halten sich lieber an die Taten der sozi-aldemokratischen Partei, die ihnen noch allezeit vom größten Nutzen gewesen sind" (VfS 7. 11. 18).

Am 8. November lud die VfS mit großem Titel zu einer „Kundgebung für den Frieden und einen freien Volksstaat" für den übernächsten Tag ein. Gleichzeitig vermeldete sie den Abbruch aller Kommunikations- und Eisenbahnverbindungen nach Berlin und mahnte zur Ruhe: „In dieser Stunde erscheint es uns überflüssig, auch nur ein Wort der Mahnung an die Breslauer Arbeiterschaft zu richten. Obige Kundgebung wird sie auf dem Platze finden, jede Störung der Ruhe bedeutet in diesem Augenblick einen Schlag gegen unser eigenes Volk." Die Ausgabe berichtete von der Ausdehnung der „Bewegung" und ihrem Verlauf „ohne Reibung" – etwaige Unruhen führte das Blatt auf „vereinzelte Putsche von den Spartakusleuten" zurück. Da „aber die alte Partei und die Unabhängigen über die überwiegende Mehrzahl der Vertrauensleute und der Arbeiterschaft verfügen, dürfte die Bewegung dort auch in ein geregeltes Fahrwasser geleitet werden". Weiterhin kommentierte sie polemisch-sarkastisch unter der Titelzeile „Sie wollen ‚in Ehren untergehen'!" die anhaltenden Proklamationen für Kaiser und Monarchie in Breslau und Schlesien: „Auf in den Kampf, auf in die Schützengräben! Landräte und Pastoren vor die Front! Taten! Taten! Bildet Todesbataillone! Rettet, was noch zu retten ist, in den Schützengräben – aber verschont uns mit großen Worten."

Die Abendausgabe der SZ zeigte im Leitartikel „Am Scheidewege" zwar grundsätzliches Verständnis für demokratische Forderungen, hielt aber weiterhin bedingungslos zum Kaiser, der durch „[w]eite Kreise des Volkes von rechts und links" gestützt werde. Die sozialdemokratische Abdankungsforderung sei auf Wirkung bei den Massen berechnet, aber kurzsichtig, da „die Unzufriedenheit des Proletariats […] sich mit großer Wahrscheinlichkeit, auf jeden Fall in der ersten Zeit des Friedens in stärkster Weise geltend machen" werde – dann käme es aber auf starke Führer an (SZ 8. 11. 18 A). Die liberalen Blätter enthielten sich noch offener Bewertungen, die revolutionären Ereignisse firmierten unter „Unruhen" oder gar nur „Aufregung" (BMZ 8. 11. 18), während die verfassungsbezogene Demokratisierung positiv begleitet wurde.

Deutlich handfestere Nachrichten erreichten Breslau nach Beendigung der militärischen Abschottung Berlins seit dem Nachmittag des 8. November. „Die Morgenröte!" lautete die Titelzeile der VfS am 9. November, gefolgt von einer Aufzählung der teils erst erwarteten Ereignisse wie des Waffenstillstands, der Kaiserabdankung und der Kanzlerschaft Eberts. Der Leitartikel betonte die Übernahme der Führung durch die SPD in der „Bewegung", warnte vor Widerstand gegen die „Umwälzung" und verkündete das politische Programm: „Morgen schon wird ein freies Volk über den Obrigkeitsstaat triumphieren, wird in friedlicher Mitarbeit mit den gutwilligen Vertretern der bisherigen Verwaltung seinen Willen in Reich und Staat zur Geltung bringen." Damit machte das Blatt ein Kooperationsangebot an die Verwaltung unter Absage an radikalere Vorstellungen wie eine Machtübernahme durch Arbeiter- und Soldatenräte (künftig: AuSR).

„Die Abdankung des Kaisers" sahen auch die BNN voraus – angesichts des „Bolschewismus, der heute schon drohend vor unserer Türe steht", besonders der Ereignisse in München und Braunschweig, wo „sich ein vollständiger politischer Umschwung vollzogen" habe, sei auch gar keine andere Entscheidung möglich. Aus Frankfurt am Main wusste das Blatt zu vermelden – hier zeigten sich mögliche Weichenstellungen für Breslau –, dort habe „aus eigenem Entschluß […] die Stadt einen Wohlfahrtsausschuß gebildet, in dem die Behörden mit den Arbeitern und Soldaten gemeinsam arbeiten" (9. 11. 18). Demgegenüber positionierte sich die SZ auf der morgendlichen Titelseite einmal mehr mit einem Aufruf „Für Reich und Kaiser!", den nahezu die gesamte zivile Elite des alten Systems unterzeichnet hatte. Meldungen über das sozialdemokratische Abdankungsultimatum und die Schlagzeile „Bayern Republik!" umrahmten den Aufruf. „In tiefer Erschütterung und unsagbarer Trauer" musste das Abendblatt seiner Breslauer Leserschaft dann „Abdankung und Thronverzicht" des Kaisers vermelden. Erstmals bezeichnete das Blatt nun die Vorgänge als „Umwälzung" (9. 11. 18).

Hinter den Kulissen berieten die Stadträte Grund, Wagner und Prescher, „wie im Falle einer Umwälzung verhindert werden könnte, daß die städtische Verwaltung unter die Botmäßigkeit einer zügellos gewordenen Soldatenmenge geraten könne". In einer Magistratssitzung unter Hinzuziehung der militärischen Kommandeure, des Polizeipräsidenten und der Stadtverordnetenvorsteher erklärten die Militärs, mit unzuverlässigen Truppen „seien ihre Maßnahmen selbstverständlich zwecklos". Damit war eine auf Militär und Polizei gestützte Kontrolle der „Bewegung" für Breslau vom Tisch, und die Stadtverwaltung setzte den Abzug der Verstärkung für die Militärposten in den Betrieben durch, weil „wir zu den Arbeitern das Vertrauen haben, dass sie die Betriebe nicht lahmlegen werden".[6]

Die eigentliche Revolution kam per Flugzeug nach Breslau. Bereits am Morgen des 8. November hatte sich in Brieg, begünstigt durch die Funkverbindung des Fliegerstützpunktes[7], ein Soldatenrat (künftig: SR) gebildet (SZ 10. 11. 18). Dessen nach Breslau geschickte Delegierte begannen am 9. in den Kasernen der schlesischen Hauptstadt Soldatenräte zu organisieren (Prescher Bd. 1, Bl. 2 f.). Die Brieger Soldaten fanden Kontakt zur Vorbereitungsgruppe der SPD und der

---

6   Stadtrat Prescher, Aufzeichnungen aus der Zeit der Revolution und des Kapp-Putsches, 4 Bde., BArch R 9350/596-599, künftig: Prescher, hier: Bd. 1, Bl. 2 Rs.

7   VfS 9. 11. 28 (die Ausgabe zum 10-Jahres-Jubiläum).

Gewerkschaften für die am nächsten Tag geplante Großversammlung um Löbe.[8] Auch die Arbeiterbewegung war offenbar vom Übergreifen der Revolution auf Breslau überrascht worden. Löbe und seine Genossen beauftragten den Gewerkschaftsfunktionär und Sanitätssoldaten Fritz Voigt, den Kontakt mit den Soldaten zu halten. Inzwischen waren offenbar auch Matrosen in Breslau eingetroffen und agitierten in den Kasernen – Soldaten verließen die Kasernen, einige verteilten Militärgüter und Proviant und etliche „riefen in den Straßen den Frieden und die Republik aus" (so in der 10-Jahres-Rückschau: VfS 9. 11. 28).

Inzwischen hatte der Magistrat zur Kontrolle der Situation einen von der SVV einzurichtenden „Bürgerausschuss" vorgeschlagen, „um das Vertrauen zwischen der Bevölkerung und diesen Körperschaften zu vertiefen". Bereits in der Sitzung kam Kritik an der nur beratenden Funktion des Ausschusses auf, was „durch die Entwicklung längst überholt" und durch eine „überwachende oder mitwirkende Tätigkeit" ersetzt werden müsste, „damit sich ein Arbeiter- und Soldatenrat diese nicht gegen den Willen der Körperschaften aneigne" (Prescher Bd. 1, Bl. 2). In der abendlichen Stadtverordneten-Sondersitzung setzte Löbe mit dieser Argumentationslinie die Kontroll- und Überwachungsfunktion des neuen Gremiums, seine mehrheitliche Besetzung aus der Arbeiterbewegung[9], die Einbeziehung von Soldatenvertretern und die Benennung als „Volksausschuß" durch, da „die bisherigen Gewalten erledigt sind und keinen Einfluß auf die Bürger und Soldaten mehr haben" (VfS 11. 11. 18). Die beiden von Löbe für den Volksausschuss präsentierten Soldatenvertreter Voigt und der Breslauer Stadtbaurat und Reserve-Pionierhauptmann Max Berg – der bislang nicht Mitglied der SPD gewesen war und mit dessen Einbindung Löbe offenbar ein Überraschungscoup gelang (Prescher Bd. 1, Bl. 2 Rs.) – konnten sich am Folgetag an der Spitze des Gesamt-SR platzieren. Noch in der Nacht installierten die Protagonisten des Volksausschusses um Löbe und Prescher ohne nennenswerten Widerstand Kontrolleure bei den militärischen Kommandostellen und banden diese so in die neue Regierungsstruktur ein.[10] Bis auf kleinere Zwischenfälle verlief die Nacht vom 9. zum 10. November ohne größere Unruhe (VfS 11. 11. 18).

Ein Aufruf „An die gesamte Bevölkerung von Breslau!" sollte diese in den Morgenzeitungen des Sonntags auf den Stand der Dinge bringen: Da das

8   Ebd. und Paul Löbe, Der Weg war lang. Lebenserinnerungen, Berlin [2]1954, S. 70.

9   Die anfangs noch fluktuierende Besetzung wurde am 15. 11. auf 100 Mandate festgesetzt, von denen 66 der SPD zustanden, fünf davon trat sie an die USPD ab (VfS 16. 11. 18).

10 Zu den eigenen Einschätzungen der Handlungsmöglichkeiten der militärischen Stellen s. Ernst Hesterberg, Alle Macht den A.- und S.-Räten. Kampf um Schlesien, Breslau 1932, S. 10 f. u. 16.

Vertrauen in alte Gewalten im Volk geschwunden sei, begaben sich nun „die Vertreter aller Kreise unserer Einwohnerschaft, die sich auf den Boden der freiheitlichen Neuordnung Deutschlands stellen", zusammen mit den Gemeindekörperschaften in den Dienst des Volkes, damit die „gewaltige Bewegung sich in Ordnung vollzieht. [...] Arbeiter, Bürger und Soldaten zusammen bilden den Volksausschuß, der ordnend eintreten wird, wo die bestehenden Organe versagen. [...] Vertraut den Führern, die bisher Eure Interessen stets wahrgenommen haben! Euer Leben und Eigentum sind geschützt. Helft uns die Ordnung in der Stadt aufrecht erhalten!" – dies gefolgt von einer Unterzeichnerliste, die einige Repräsentanten des Zentrums und der Rechten einschloss, auf der allerdings deren prominenteste Vertreter wie der Oberbürgermeister fehlten. Die Führungskreise von Verwaltung und Volksausschuss berieten intern über den Umgang mit den preußischen Verwaltungsstellen oberhalb der Gemeinde. Beim Regierungs- und beim Oberpräsidenten sollten, „falls sie überhaupt haltbar seien", Beiräte eingerichtet werden, Entscheidungen wurden aber noch vertagt. Den Akteuren wurde die Freilassung Luxemburgs aus dem Kletschkauer Gefängnis bekannt, die allerdings keinen Einfluss auf die Breslauer Ereignisse hatte (VfS 9. 11. 28; Prescher Bd. 1, Bl. 4).

Über die Breslauer Ereignisse des 9. November berichteten die Blätter in großer Ausführlichkeit, aber ohne direkte Kommentierungen. Die Ereignisse in Berlin bewertete nur die BMZ unter der Schlagzeile „Die Umwälzung" und schlussfolgerte: „Gelingt es den besonnenen Elementen, sich zu behaupten, die Neuwahlen ordnungsgemäß durchzuführen, die Freiheit der Konstituante zu gewährleisten, so wird die politische Weiterentwicklung ohne allzu große Sprünge, die, wie die Geschichte lehrt, nur zu einer Reaktion führen würden, sich vollziehen können. Aber auch nur dann." Dabei müsse „die etwaige Minderheit des bewußtbürgerlichen Elementes ebenfalls zu Rechte kommen". Neben der obligatorischen Warnung vor einem Sieg der „bolschewistischen Cliquen" zeigte das Blatt verhaltene Zuversicht in die Führungskraft der SPD und die Disziplin der „Massen, die der sozialistischen Fahne folgen". Wichtigste Aufgabe für die neue Regierung sei „die Liquidation des Krieges", die „durch die Umwälzung nicht geschädigt" werden dürfe. Ein weiterer Kommentar begrüßte das Ende des Dreiklassenwahlrechts in Preußen und damit „die Gewinnung der Arbeitermassen für den nationalen Staat". Das Blatt hoffte, damit die Dynamik der Situation noch aufzufangen: „Oder will man den revolutionären Stachel des Klassenkampfes verewigen?" (BMZ 10. 11. 18).

Unter dem triumphalen Titel „Frieden und Revolution" informierte die VfS am 11. November über den Rücktritt des Kaisers, die Unterzeichnung des Waffenstillstandes und die neue Regierung unter Reichskanzler Ebert. Dies war

für die Breslauer SPD der „Sieg der Revolution", so der Titel des Leitartikels. Er
beschrieb den Revolutionsprozess in Naturmetaphern als „gewaltiges Unwetter",
das als „Wirbel" nun „übers ganze Land" gezogen sei, und sah den „Hauptfaktor
der Umwälzung in dem völligen Zusammenbruch der bisherigen militärischen
Autorität". Offen bekannte sich die VfS zum Breslauer Koalitionsmodell und
kritisierte die Regierungsbildung der Mutterpartei zusammen mit der USPD
im Reich: „Wir gestehen, daß uns die vorher geplante Form [der sozialdemo-
kratisch-bürgerlichen Koalitionsregierung] als die den deutschen Verhältnissen
angemessenere gilt, wo eine sozialistische Mehrheit im Volke nicht vorhanden
oder nicht nachgewiesen ist, rechtfertigt sich auch noch keine rein sozialistische
Regierung." Auch die Vorläufigkeit der auf die AuSR gestützten Regierung und
die Notwendigkeit einer NV wurden festgestellt. Es käme „nun zunächst darauf
an, daß die Volkswirtschaft unter Mithilfe der alten Gewalten ihren Fortgang
nimmt", denn „erst allmählich werden sich all die Neuerungen durchsetzen, welche die Umwandlung mit sich bringt". Dies funktioniere aktuell im Reich, und
„auch in Breslau wird der Polizeipräsident gemeinsam mit dem Volksrat für den
Sicherheitsdienst der Stadt sorgen".

Diese Gemeinschaftlichkeit der alten Verwaltung und der neuen Rätestruktur
betonte auch der in großen Lettern gesetzte Aufruf „An Alle!", der in der Beilage
die lokalen Nachrichten einleitete und über die Situation in Breslau informierte:
„Der Sieg des Volkes ist errungen! Alle Arbeiter und Angestellten kehren zu ihrer
Arbeit, die Soldaten in die Kasernen zurück. Die Verkehrsmittel Eisenbahn, Straßenbahn, Post usw. arbeiten weiter. Die Verwaltung wird von den bisherigen Behörden unter Zuziehung der neuen Räte weitergeführt. Generalkommando und Soldatenrat üben den Befehl über die Truppen. Ruhe und Ordnung ist die erste Pflicht
und wird, wenn nötig, durch schärfste Maßnahmen erzwungen. Weitere Bekanntmachungen erfolgen durch die Räte." Auf der ersten Vollsitzung am 10. November
hatte sich der Volksausschuss in Volksrat (künftig: VR) umbenannt, den Gewerkschaftssekretär und SPD-Stadtverordneten Felix Philipp zum Vorsitzenden sowie
den liberalen Stadtrat Prescher zu seinem Stellvertreter gewählt. Der VR versehe
„diejenigen Funktionen, welche andernorts durch Arbeiterräte oder Wohlfahrts-
ausschüsse versehen werden". Der ebenfalls am 10. November gebildete Zentral-
soldatenrat (künftig: ZSR) habe das Abreißen von Rangabzeichen als „überflüssig"
verurteilt, soldatische „Zucht und Ordnung" gefordert, standrechtliche Erschießung von Plünderern angedroht und seine Zuständigkeit in allen militärischen
Belangen erklärt. Insgesamt hätten sich die Entwicklungen bis zum 10. November „in Ruhe und gegenseitigem Einvernehmen vollzogen, hätten nicht zwischen-
durch einige wilde eigenmächtige ‚Soldatenräte' mit ihren Gewehren unblutige
Siege über Offiziere errungen" (VfS 11. 11. 18).

Den Verlauf des 10. November prägten die SPD-Großversammlung in der Jahrhunderthalle und die anschließende Demonstration durch das Stadtzentrum. Der VfS-Bericht darüber akzentuierte vor allem Löbes Rede vor 25 000–30 000 Breslauerinnen und Breslauern, die die Aufgabe stellte, das Land nun „ohne die Schrecken des Bürgerkrieges in eine freiere Zukunft hinüberzuführen". Man habe „innenpolitisch das errungen, was wir wollten. Wir werden jetzt auch Frieden haben. Deshalb gehört jetzt jeder Arbeiter in die Fabrik, also kein Streik mehr! [...] Die äußere Ordnung muß unter allen Umständen gewahrt werden." Es folgte die Mahnung, es sei „noch lange kein *Paradies des Friedens*" geschaffen, dies benötige noch viel Arbeit. Löbe schloss mit einem Appell in bürgerlicher Höflichkeitsform: „Helfen Sie uns alle in Gemeinsinn und Einigkeit!" Bei der anschließenden Massendemonstration zum zentralen Palaisplatz „fliegen zwei rote Fahnen an hohen Masten in die Luft und verkünden, daß eine neue politische und wirtschaftliche Ordnung in Deutschland im Anzuge ist" (VfS 11.11.18).

Die politische Programmatik der Breslauer SPD spiegelte der Leitartikel der VfS vom 13. November, der die bereits erreichten Fortschritte (Abschaffung der Gesindeordnung, Aufhebung des Belagerungszustandes und der Zensur, Ende der Hilfsdienstverpflichtungen, volle Rede-, Meinungs- und Versammlungsfreiheit und politische Amnestie) aufzählte, die Maßnahmen für die nächste Zukunft ankündigte (die Einführung des Achtstundentags und des allgemeinen, gleichen und freien Wahlrechts), die NV als „ein uns hochwillkommenes Bekenntnis zur Demokratie" begrüßte – und erneut die Rätestruktur als Übergangsphänomen einordnete: „Nur so lange weder Reichstag noch ein neues Parlament besteht, nur so lange kann die Regierung auf Arbeiter- und Soldatenräten ruhen, dann muß sie sich dem ganzen Volke stellen." Mit offensichtlichem Blick auf die Bürgerlichen schrieb das Blatt, dieses Bekenntnis entkräfte auch die Befürchtung, dass „die Regierung zum schematischen Bolschewismus hinsteuere", und erklärte apodiktisch: „Wir bleiben Anhänger der Demokratie, nicht der Diktatur!"

Solche Ängste der bürgerlichen Kreise hinsichtlich ihrer Rolle im neuen Staat auf der Reichs- und Landesebene zeigten sich in deren Berichten und Leitartikeln der folgenden Tage. Intern befürchteten die liberalen Spitzen der Stadtverwaltung bereits am 10. und 11. November eine deutliche Verminderung ihres Einflusses. Die Formierung der Regierung der Volksbeauftragten ohne bürgerliche Beteiligung habe „auch Breslau vor eine neue Situation gestellt". Die Besonderheit der Breslauer Situation war Stadtrat Prescher dabei bewusst, sie sei „aufgebaut auf ein Zusammenwirken der sozialdemokratischen Parteien und der städtischen Körperschaften, wobei letztere den Rückhalt geben sollten". Er stellte fest, „dass in keiner Stadt wie in Breslau die Organisation so gelungen ist. In den meisten Städten ist die Gemeindeverwaltung von vornherein unter die Botmäßigkeit von Arbeiter- und Soldatenräten gefallen", nun aber bestehe „die Gefahr, dass das Hinabgleiten der Bewegung auf die Bahn der unabhängigen Sozialdemokratie auch auf Breslau übergleite" und reine AuSR statt des VR die Macht übernähmen. Deswegen werde „eine Organisation der bürgerlichen Parteien in Angriff zu nehmen sein, um diesen den ihnen gebührenden Anteil zu sichern". Von der Entwicklung im Breslauer Umland wurde Prescher berichtet, „[i]m allgemeinen sei die ländliche Bevölkerung vollkommen passiv. Die größeren Gutsbesitzer sind natürlich erbittert und bestürzt. Die kleinen Leute in den Dörfern und ganze Dörfer, die früher schon als sozialdemokratisch gesinnt bekannt waren, sympathisieren mit der neuen Bewegung." Gefahr für die Breslauer Nahrungsversorgung bestünde nicht (Prescher Bd. 1, Bl. 4 Rs.–5 Rs.).

Nur knappe Meldungen zog der von der SPD erzwungene Rücktritt des konservativen Oberbürgermeisters Paul Matting am 11. November nach sich, der „als erstes Opfer der Neuordnung in Breslau gefallen" sei (VfS 15. 11. 18); nun führte zunächst der liberale Bürgermeister Hans Trentin die Geschäfte. Dies sollte die einzige „revolutionäre" Veränderung der Verwaltungsspitzen in Schlesien bleiben. Gegen die Spitzen der Provinzial- und Staatsverwaltung, vor allem den Breslauer Regierungspräsidenten v. Jagow „wegen seiner scharf hervorgetretenen konservativen Gesinnung" (SZ 13. 11. 18), den Breslauer Landrat Wichelhaus sowie eine Anzahl Landräte der Provinz betrieb die SPD die Absetzung, jedoch auf dem gesetzlichen Weg über die preußische Regierung. Je zwei Sozialdemokraten – und, was die VfS nicht erwähnte, auch Liberale und Konservative (Prescher Bd. 1, Bl. 17 Rs. f.) – ordnete der VR dem Oberpräsidenten, dem Regierungspräsidenten und dem Breslauer Landrat bei, einen Sozialdemokraten dem Polizeipräsidenten. Der VR erklärte sich zum „Zentralrat für Schlesien" und begann die Organisation von Bauernräten und Wirtschaftsausschüssen auf dem Lande, die v. a. die Lebensmittelversorgung sichern sollten (VfS 15. 11., 16. 11. 18).

Die schnelle Konsolidierung des VR war – trotz des Austritts des örtlichen Zentrumsführers Herschel (SVZ 10. 11. 18) – am Ausbleiben expliziter Kritik in der Presse erkennbar. Seine faktische Anerkennung als legitime, weil repräsentativere Ergänzung für die SVV war öffentlich unbestritten. Diese entschied auch weiter in Sachfragen ohne erkennbare Eingriffe seitens des VR. Die Exekutive, die der VR zunächst durch eine Vielzahl an Verlautbarungen und veröffentlichten Entscheidungen wahrnehmbar dominierte, war eng verzahnt mit der auch personell mit Ausnahme des Oberbürgermeisters unveränderten Stadtverwaltung. Indiz für das reibungsarme Ineinandergreifen der bestehenden Verwaltung und der neuen VR-Struktur war neben einer Vielzahl von Stadträten, -verordneten und Magistratsassessoren in der VR-Verwaltung die Personalunion in einem der wichtigsten Bereiche: Der für Ernährungsfragen zuständige Stadtrat Otto Wagner saß auch dem Ernährungsausschuss des VR vor (VfS 11. 11. 18).

3. Die Wochen nach den Revolutionstagen

Auf der ersten Großversammlung der Liberalen nach dem 9. November in Breslau machte der Reichstagsabgeordnete der Fortschrittlichen Volkspartei Georg Gothein die Außenpolitik der „Militärpartei", das „Pochen auf das Schwert" der Alldeutschen für den Kriegsverlauf verantwortlich und erklärte, die Abdankung Wilhelms II. sei unausweichlich gewesen – dies weitgehend konform mit Positionen der SPD. Gotheins Schlüsse widersprachen aber der offiziellen SPD-Linie: die jetzige „*Diktatur der äußersten Linken*" und die „*Ausschaltung des Reichstags* war ein Fehler [...], zumal der Reichstag in den letzten Zeiten sämtliche Forderungen der Demokratie durchgebracht hat oder hätte". Mit der Aufforderung, „*mitzuarbeiten gegen jede Reaktion*", grenzte er sich deutlich nach rechts ab. Die Versammlung begrüßte „die gewaltige freiheitliche Entwicklung des staatlichen Lebens des deutschen Volkes", appellierte an das Bürgertum zur Mitarbeit für die „Erhaltung und Sicherung des Rechts, der Ruhe und Ordnung" und forderte, dass „möglichst bald [...] eine Nationalversammlung geschaffen werde".

Die BMZ betonte Löbes Zusage, „daß die Sozialdemokratie mit der Bürgerschaft Hand in Hand arbeiten wolle"; die Versammlung forderte auch „gleichmäßige und gerechte Verteilung der Lasten und schärfste Erfassung der Kriegsgewinnler" (15. 11. 18) – was die VfS als „bemerkenswert" hervorhob. Löbes Kritik an der Passivität des Bürgertums gegenüber der „demokratische[n] Welle" und an den bürgerlichen Klagen „gegen 30 Tage Arbeiterdiktatur [...], wo man sich 30 Jahre Monarchendiktatur stillschweigend hat gefallen lassen", hatte die BMZ ausgelassen. Die Zusicherung Löbes, „daß nur eine demokratische Gestaltung des zukünftigen Gesetzgebungskörpers die Zukunft Deutschlands bestimmen dürfte", traf aber auf „starken Beifall" (VfS 16. 11. 18). Seine zurückhaltende Position zum von ihm selbst mitinitiierten VR als Übergangsinstrument korrespondierte mit dem Leitartikel der VfS, der erneut das Bekenntnis von SPD und Reichsregierung zur Konstituante betonte und den Kompromiss mit der USPD, alle Staatsgewalt in die Hände der AuSR zu legen, als „notwendige Hilfsorganisation zum Übergang in die vollständige Demokratie" erläuterte (VfS 16. 11. 18).

Die konservativen Reaktionen in Breslau blieben zunächst verhalten, wozu vermutlich auch die kurzzeitige Besetzung der SZ-Druckerei am 9. November beigetragen hatte (SZ 11. 11. 18 A). Am 13. November bekannte sich die deutschkonservative Partei Schlesiens in einem Aufruf zwar als „königstreu bis ins Grab", erklärte aber ihre Mitarbeit: „Parteigrundsätze oder irgendwelche Bedenken müssen zurücktreten" (SZ 13. 11. 18). Die wiedererlangte „gewisse Stetigkeit" des öffentlichen Lebens sprach der Leitartikel „Diktatur und Volkswille" der SZ vom 15. November vor allem dem „pflichttreue[n] Weiterarbeiten der Beamtenschaft" und der „Mitarbeit des Bürgertums" zu. Er erkannte aber an, „daß die Leiter der Revolution bei uns in Breslau das Streben gehabt haben, die Ordnung möglichst wenig zu stören", dadurch sei bei aller „Bitterkeit der Umwälzung für die Andersdenkenden [...] das äußerliche Sichhineinfinden in die neuen Verhältnisse [...] doch bei uns durch das gewählte Verfahren vielen ermöglicht worden". Der VR habe als „nützliche Vermittlungsstelle zwischen Bevölkerung und Soldatenrat" eine „Weiterführung der geordneten Geschäfte in Verwaltung und öffentlichem Leben" ermöglicht. Die Kritik der SZ an der Extralegalität der Revolutionsinstitutionen im Reich, die als „revolutionäre Gebilde [...] nicht der geordnete Ausdruck des Volkswillens" seien, ließ aber offen, inwieweit sie damit auch die Breslauer Situation meinte.

Angesichts der Berliner Auseinandersetzungen um die Kompetenzen von Regierung und Vollzugsrat, um Rätesystem versus NV sowie um die zukünftige Wirtschaftsverfassung verabschiedete der VR am 19. November eine Resolution für die NV und gegen die „gewissen lokalen Strömungen in Berlin, die eine neue Gewaltherrschaft an die Stelle der alten setzen wollen". Die VfS zitierte Löbes Rede: „Wir wollen die soziale Demokratie, sie entspringt nicht dem Geiste des Hasses und der Rache, sondern dem Geiste der Verbrüderung und der gegenseitigen Hilfe." Radikale Positionen „für die Diktatur" seien gefährlich, auch weil die Entente die AuSR nicht anerkenne, und gefährdeten auch die erhofften Lebensmittelhilfen: „Solange eine ordentlich gewählte Volksvertretung nicht vorhanden ist, gibt es weder Brot noch Frieden" (VfS 21. 11. 18) – eine Argumentation, die auch die bürgerliche Presse verwendete. Unter der Schlagzeile „Wer fürchtet sich vor dem Volk?" bekräftigte die VfS ihre Zuversicht auf mehrheitliche Unterstützung der SPD (VfS 23. 11. 18), während die BNN die Stabilität der SPD/USPD-Regierung bezweifelten und nach einer Initiative der Länderregierungen riefen, indem „die in den *Einzelstaaten* über Nacht entstandenen *Regierungen sich verständigen* und gemeinsam einen Wall gegen die Umsturzversuche von links und rechts aufrichten", um so die „Stärkung der deutschen Zentralgewalt" zur „*Rettung Deutschlands*" zu bewirken (24. 11. 18).

Unter der Überschrift „Acht Tage Revolution" bilanzierte die SZ (17. 11. 18), die Bevölkerung in Breslau habe sich weitgehend an die neue Lage gewöhnt, weil die Revolutionsorgane abhängig von den „obrigkeitlichen Gewalten" seien und so das andernorts vorherrschende „Chaos" ausbliebe. Um die „usurpierte

Gewalt" der in Anführungszeichen gesetzten Volksbeauftragten zu beenden, sei eine einheitliche bürgerlich-konservative Partei nötig, die dem Bürgertum seine „doch rein ziffernmäßig und noch mehr als Wirtschafts- und Kulturfaktor […]" zukommende Bedeutung" gerade „gegenüber den Zielen des extremen Sozialismus" behaupten und eventuell die Monarchie wiedererrichten könne. Diese solle mit Zentrum und „Rechtsnationalliberalen" für die „Pflege des deutschnationalen Geistes und seine Neuerweckung" arbeiten.

Demgegenüber unterstützten die BNN (17. 11. 18) ausdrücklich die „Bewegung", forderten aber auch eine starke Repräsentation des Bürgertums, das „die ungeheure Mehrheit des deutschen Volkes" und „der gesunde Kern der Nation" sei. „Von rechts und links drohen ihm Gefahren", es fehle an „innerer Einigkeit" und „an einem klaren, einfachen und zielbewußten Programm", folglich müsse „[d]ie große bürgerliche demokratische Partei […] sofort gegründet werden". Die vorgestellten Programminhalte zielten auf eine NV, Ordnung, Sicherheit, Versorgung, eine liberale Wirtschaftsordnung, jedoch mit dem Bekenntnis, „auf das Manchester-Programm verzichten" zu wollen, der Bereitschaft „zu weitestgehenden Vermögensabgaben", Sozialisierung von Monopolen und Großgrundbesitz sowie der Garantie von Arbeitnehmer- und sozialen Rechten.

Auch die BMZ erklärte sich als Mitkämpferin der neuen Partei. Mit der „Bildung einer großen schlesischen demokratischen Partei" sollte die Sozialdemokratie als „treibende Kraft der großen Umwälzung" durch das bisher passive Bürgertum ausbalanciert werden. Die Revolution müsse mehr werden als „eine Klassenrevolution". Den personellen Führungsanspruch der neuen Partei unterstrich die Forderung, sie solle der „Vorratsschrank werden, aus dem sich der künftige deutsche Staat die gelernten Geistesarbeiter, d. h. diejenige Intelligenz und Erfahrung holt, die in den proletarischen Massen naturgemäß nur eine Einzelausnahme ist" (BMZ 19. 11. 18). In ihrem Bericht von der DDP-Gründungsversammlung am 26. November betonten die BNN als Kernanliegen Frieden, „Schaffung einer neuen Rechtsordnung", Republik und Demokratie sowie Trennung von Staat und Kirche ohne „neuen Kulturkampf" und die Ablehnung einer „Alleinherrschaft der arbeitenden Klasse […], wie sie augenblicklich durch die Revolution aufgerichtet sei". Bezüglich der Koalitionsoptionen stand die Breslauer Situation Pate: „Mit der *sozialdemokratischen Partei* könne man ein gutes Stück Weges zusammengehen, sofern sie die Mäßigung bewahre wie die Breslauer Sozialdemokratie" (BNN 27. 11. 18).

Mit der DDP-Gründung war die Hoffnung auf eine Partei des gesamten Bürgertums für die SZ „ein schöner Traum", der an „Rechthabereien und Eifersüchteleien" gescheitert sei. Die Antwort auf die „Parteigründerei" in „nervöser Rührigkeit der Linken" sei nun die DNVP, in die „Verschmelzung konservativer Staatsauffassung mit durchaus freiheitlichen Ideen" möglich werde (SZ 26. 11. 18). Die von der Gründungsversammlung verabschiedeten „Leitsätze" beinhalteten den „Volksstaat", die Ablehnung der „Vorherrschaft einer Klasse" und der „Gewaltherrschaft", verwahrten sich gegen „zu weitgehende Sozialisierung", forderten „Schutz der christlichen Kirche und Schule", „Fortführung der von Wilhelm I. und Bismarck begründeten Sozialpolitik", „Schutz vom Mittelstand, Handwerk, Angestellten, Beamten und Lehrern", ein „wohldiszipliniertes Heer" sowie „Mitwirkung der Frau an öffentlichen Aufgaben". Ein „Aufruf der Konservativen Partei Schlesiens" machte den Kern der neuen Partei deutlich: im Vergleich zur „segensreichen Regierung der Hohenzollern" herrsche nun „[w]ildes Durcheinander und selbstsüchtige Klassenherrschaft", Deutschland werde „von überwiegend undeutschen Händen" zugrunde gerichtet. Zusammen mit dem Zentrum müsse man „auf die Schanzen zum Schirm unserer Kirchen, Altäre und christlichen Schulen". Man sei zwar bereit, „der Zeit die notwendigen Zugeständnisse zu machen", verteidige aber die „bewährten christlichen Grundsätze" und „Ziele von deutscher Ordnung". Dies werde „den Ansturm der sozialistischen Revolution überwinden" (SZ 30. 11. 18).

Aufgrund der sich neu formierenden Staaten im Osten und des von Wilson proklamierten Selbstbestimmungsrechts äußerten die bürgerlichen Blätter starke Befürchtungen für die Zukunft der Nachbarprovinz Posen sowie Oberschlesiens mit seiner starken polnischsprachigen Bevölkerung, seinen Kohlegruben und dem Industrierevier um Kattowitz. Dabei vermischten sich Bedenken über polnische und tschechische Gebietsansprüche mit Furcht vor „Bolschewismus", wenn die Blätter die „polnische bolschewistische Bedrohung" beschrieben und verstärkten Grenzschutz forderten (BNN 16. 11. 18). Die VfS trat den militaristischen Tendenzen durch Aufrufe zur Zusammenarbeit mit den polnischen Posenern und Schlesiern entgegen (VfS 19. 11. 18), während die SZ die AuSR in der „Ostmark" zu Vehikeln erklärte, um den „nationalpolnischen Terror" zu entfesseln (SZ 18. 11. 18 A). Die VfS verurteilte „systematische Hetzpropaganda" gegen Polen, lehnte besondere militärische Maßnahmen ab und wies auf die gut funktionierende Sicherungsarbeit der SR der Provinz hin (VfS 21. 11. 18). Gegen Versuche der „Ausspielung der Polenfrage gegen die sozialistische Regierung" setzte die VfS auf die „Gleichberechtigung der Nationalitäten" (VfS 19. 11. 18). Andererseits warnte das Blatt die oberschlesischen Minenarbeiter vor übertriebenen Lohn- und Arbeitszeitforderungen, um nicht Spartakisten und „polnischen Bolschewisten" in die Hände zu spielen (VfS 23. 11. 18).

Spätestens mit dem Aufruf des Breslauer ZSR am 30. November für Freiwilligenkorps und regierungsseitige Militäroperationen zum Grenzschutz war deren Unterstützung auch durch die VfS üblich. Unterschiede zeigten sich in Rhetorik,

Ausrichtung und Flankierung der militärischen Ansätze gegen die „Polen-
gefahr": So agitierte Löbe gegen nationalistische Germanisierung und „Polen-
unterdrückung", übte aber zugleich Kritik am polnischen Vorgehen – die Lösung
sah er in einem Friedensvertrag und einer Volksabstimmung (VfS 2. 1. 19). Die
SZ propagierte in ganzen Artikelserien harte militärische Maßnahmen zum
Erhalt des „Deutschtums" gegen „Polenübergriffe". Ab Ende November war der
Themenkomplex in allen Blättern wichtig. Als Reaktion auf die Bedrohung der
Grenzen, wiederkehrende Streikunruhen in Oberschlesien, die als mangelhaft
empfundene Unterstützung durch die Reichs- und die preußische Regierung
und die katholische Opposition gegen die preußische Kirchenpolitik entstanden
Tendenzen zur Abspaltung Oberschlesiens und Schlesiens als „Sonderrepublik"
(BMZ 29. 12. 18). Erst nach Zusagen des Volksbeauftragten Landsberg und des
preußischen Ministerpräsidenten Hirsch in Breslau beendete Ende Dezember
vorläufig ein Beschluss des VR die Spekulationen um einen solchen Sonderweg.

Ab der Jahreswende beeinflussten die mit der „Polenfrage" überlagerten
Streikbewegungen im oberschlesischen Industrierevier verstärkt die Denkmus-
ter der politischen Entscheidungen und publizistischen Bewertungen in Breslau.
In der eigenen Provinz und unter Zuständigkeit auch der Breslauer Revolutionsorgane waren Bedrohungen und Ängste, auch ganz praktisch um die Kohlen-
versorgung, näher als die Konflikte in Berlin, München, dem Rheinland oder
an der Küste. In erster Linie wurden die Reichs- und preußische Regierung für
Sicherheit und Ordnung verantwortlich gemacht, doch bedrohte die Unsicherheit der Lage in Oberschlesien auch die Legitimität der schlesischen Zentral-
Revolutionsorgane in Breslau.

4. Der Weg bis zur NV-Wahl

Ab Ende November war eine hohe Dichte an Partei- und Verbandsveranstaltungen
in Breslau zu verzeichnen, die Atmosphäre „gleichsam mit Elektrizität überladen"
(VfS 12. 12. 18). Die Zeitungen berichteten zwischen den Revolutionstagen und der
NV-Wahl von mehr als 100 politischen Versammlungen und Kundgebungen in
der Stadt. In den Fragen der Arbeiterrechte, der Sozialpolitik und der Sozialisierung erfuhren die Leserinnen und Leser der Breslauer Blätter von allen Parteien
Bekenntnisse zur Sozialpolitik. Debatten über Mitbestimmung von Angestellten
und Arbeiterinnen kamen allerdings nicht auf, und die Sozialisierungspläne fanden erwartungsgemäß allenfalls bei der VfS verhaltenes Engagement. Das Stin-
nes-Legien-Abkommen der unternehmerischen und gewerkschaftlichen Spitzen-
verbände vom 15. November streifte selbst diese nur kursorisch (VfS 19. 11. 18).

Die Fragen der Sozialisierung und künftigen Wirtschaftsverfassung prägten den ersten Wahlaufruf der VfS vom 18. November, der feststellte, die Wirtschaft könne aktuell nicht „umgekrempelt" werden, um die Versorgung nicht zu gefährden. Außerdem sei ein Mandat der NV dazu notwendig. Die Hoffnungen auf Sozialisierung dennoch aufrecht erhielt der Leitartikel vom 19. 11. mit einem Textauszug Kautskys aus dem Berliner USPD-Blatt „Die Freiheit", wonach „die Revolution, die erfolgreich durchgefochten ist, notwendigerweise in eine soziale und sozialistische umschlagen [werde], wenn daran das Proletariat als ausschlaggebende Kraft beteiligt gewesen ist". Die VfS bekannte sich ausdrücklich zur Sozialisierung der Schlüsselindustrien nach einem Wahlsieg. Wenige Tage darauf erklärte Löbe auch im VR, eine Sozialisierung könne nur „auf gesetzlichem Wege" erfolgen und „zunächst nur die Industrien umfassen, die dafür den nötigen wirtschaftlichen Reifegrad erreicht haben" (VfS 21. 11. 18). Wenig später warnte die VfS vor allzu großen Hoffnungen unter Verweis auf die gegenwärtige schwierige Lage: „Die Sozialisierung ändert an ihr nicht das mindeste" (VfS 29. 11. 18). Auch Gustav Bauer stellte in einer Rede in Breslau am 17. Dezember fest, Sozialisierungen seien nur begrenzt möglich (VfS 18. 12. 18).

Dieser Vertröstung auf zukünftige Maßnahmen, unter die zweifache Bedingung eines sozialistischen Wahlsiegs und der „Reife" der Wirtschaft gestellt, stand eine Vielzahl von Berichten über die Lohnbewegung unter den Breslauer Arbeitern gegenüber, die den Druck für durchgreifende wirtschaftliche Maßnahmen auch in Breslau vermuten ließ. Sie bezogen sich v. a. auf Arbeitszeit- und Lohnfragen – die Einführung des Achtstundentags in den größeren städtischen Betrieben hatte der Magistrat zum 1. Januar 1919 zugesagt, nachdem neunstündige Arbeitszeit noch vor der Revolution versprochen worden war (VfS 2. 11. 18). Auch die Beschäftigten der Breslauer Maschinen-, Lokomotiv- und Wagenfabriken konnten eine Vereinbarung über den Achtstundentag durchsetzen (BNN 30. 12. 18). Es gab aber auch vereinzelt Stimmen für rasche Vergesellschaftung aus der SPD; so hatte im SR dessen Vorsitzender Voigt eine Rede Dittmanns beim Reichsrätekongress zitiert, „daß der *politischen Umwälzung* recht bald eine *wirtschaftliche* folgen müsse: die allmähliche Sozialisierung", und gefordert, „das Sozialisierungsgesetz möglichst schnell unter Dach und Fach zu bringen" (BMZ 24. 12. 18).

In beginnender Absetzung von ihrem Gründungsaufruf sprach sich die DDP schon bald gegen „weitreichende" Sozialisierungen aus. Sie warnte vor wirtschaftlichen Verwerfungen, einer möglichen Beschlagnahmung von so geschaffenem Staatseigentum durch die Alliierten und verwies auf die Unmöglichkeit von Entschädigungen bei der klammen Finanzlage des Reiches (BMZ 28. 12. 18).

Die SZ sorgte sich zunächst vor allem um die drohende Aufteilung des Groß-
grundbesitzes (17. 12. 18 A) und hielt den sozialistischen Vorstellungen das frisch
geschriebene Wirtschaftsprogramm der DNVP entgegen, die sich als soziale
Mittelstandspartei darstellte (18. 12. 18), zwar ihre Anerkennung des Stinnes-
Legien-Abkommens erklärte (22. 12. 18), aber die Aufrechterhaltung der bisherigen Wirtschaftsordnung forderte (30. 12. 18). Sie griff auch die sozialisierungs-
skeptischen Äußerungen aus der SPD auf, argumentierte dabei in schärferem
Ton, aber inhaltlich wie die Liberalen und verwies darauf, dass „einer der eigenen
Männer der Regierung, Staatssekretär August Müller […] die Unmöglichkeit des
Achtstundentages, die Unmöglichkeit der industriellen und landwirtschaftlichen Sozialisierung klar betont" habe (SZ 5. 1. 19). Im Wahlkampf berichteten
die liberalen und konservativen Blätter mehrfach von der Skepsis und Ablehnung der Breslauer Industriellenverbände und Berufsvereinigungen gegenüber
den Sozialisierungsplänen. Kurz vor den Wahlen schaltete die DNVP entsprechende Anzeigen: „Die deutschnationale Volkspartei will Schutz des Eigentums
und der Privatwirtschaft" (SZ 15. 1. 19). Allein die USPD forderte eine rasche und
umfassende Sozialisierung und griff auch in Breslau die SPD für ihre zögerliche
Haltung scharf an (VfS 31. 12. 18).

Die grundsätzlich positive, aber abwartende Haltung der SPD zur Sozialisierung gab den bürgerlichen Blättern die Gelegenheit, die Schlüssigkeit der SPD-
Position in Frage zu stellen, indem USPD- und SPD-Forderungen als nicht klar
unterscheidbar dargestellt wurden. Breslauer DDP-Politiker erklärten, nur „eine
tatkräftige Mitarbeit der bürgerlichen Demokratie gewährleiste Sicherheit vor
gefährlichen wirtschaftlichen Experimenten, persönliche Freiheit und die Ordnung". Von konservativer Seite hieß es, die sozialistische Regierung habe keinen wirtschaftlichen Zukunftsplan und werde folglich von „den Geistern, die sie
gerufen hat", getrieben – was das Bürgertum zu beenden habe (SZ 5. 1. 19).

Die Ergebnisse des Reichsrätekongresses wurden breit rezipiert; von besonderer Bedeutung für die Bewertung in der Breslauer Presse war dabei – neben
der von allen Seiten mit Befriedigung aufgenommenen Zustimmung des Kongresses zur NV und der Vorverlegung des Wahltermins – angesichts der bedrohten Grenzen die Frage der Militärverfassung. Der SR-Vorsitzende Voigt kritisierte den Beschluss zu den Rangabzeichen: „Folgenschwer dürfte für uns Schle-
sier besonders die Ausführung des Beschlusses über die Entfernung sämtlicher
Rangabzeichen sein", dabei müsse man „so schonungsvoll als möglich" vorgehen
(VfS 24. 12. 18), und er kündigte an, „daß bei der Ausarbeitung der Richtlinien
für Schlesien ein gewisser Spielraum geschaffen wird" (BMZ 24. 12. 18). Begleitet von weiterreichender Kritik der Rechten vor allem an der Wahl der Offiziere
gelang es dem ZSR, die Ausnahme Schlesiens von der Abzeichen-Entfernung

durchzusetzen. Der Topos des schlecht geführten und disziplinlosen Heeres blieb weiterhin regelmäßiger Bestandteil rechtsbürgerlicher Kritik an den Räten.

Gegen die Räte argumentierte die SZ Anfang Dezember nicht mehr bloß politisch, sondern warf ihnen „eine unerhörte Verschleuderung von Staatsgeldern" und Selbstbereicherung vor (SZ 10. 12. 18). Die AuSR als „Notbehelf" seien untauglich für Deutschlands komplexes Verwaltungssystem und produzierten deshalb „unvermeidlich Unordnung und Geldverschwendung". Solche „Klagelieder" über Amtsmissbrauch und Geldverschwendung der Räte wies die VfS als „Heuchelei" zurück, zählte die Tätigkeitsfelder des ZSR für Schlesien auf und erinnerte an die nie monierten Ausgaben für Fürsten und Krieg – die bürgerliche Presse schreie aber „weiter über den drohenden Staatsbankerott, den die Revolution verschuldet" hätte (VfS 23. 12. 18).

In der Folge der Berliner Weihnachtsunruhen verschärften die Konservativen ihre Vorwürfe. Der Leitartikel der SZ vom 29. Dezember behauptete enorme Geldverschwendung der Revolutionsinstitutionen durch „Aufsicht, Überaufsicht, Oberaufsicht" und drohte, irgendwann würde das Volk „Abrechnung von den Vergeudern" fordern. Zugleich setzte der Artikel den weiter verschärften Ton in der Kritik an der Regierung. Seit dem Regierungsaustritt der USPD seien „die ‚Volksbeauftragten'" aufgrund „ihrer eigenen Schwäche und Uneinigkeit, ihrer Furcht vor den Radikalen, ihres Liebäugelns mit dem Bolschewismus und nicht zuletzt ihrer blinden Annahme der schmachvollen Waffenstillstandsbedingungen" am Ende, die SPD-Regierung ein „völliges Fiasko". Die Revolution habe nichts Gutes gebracht habe, deren Versprechen von „Frieden, Freiheit und Brot" könne nur die NV erfüllen, jedoch „nur durch die Kraft des Bürgertums, nicht durch die der Sozialdemokratie". Über die konkurrierenden bürgerlichen Parteien hieß es, die DDP sei nur Anhängsel der SPD, wohingegen die DNVP „in der Führung des neuen Kulturkampfes gemeinsam mit dem Zentrum gehen" sowie „die selbständige Kraft des deutschen Bürgertums erhalten und in dem Rahmen der neuen Zeit den nationalen Gedanken pflegen" müsse. Als Partei der Ordnung vertrete sie auch am besten die Arbeiterinteressen und sei ohne Glaubensunterschiede für alle da, nicht ohne sich antisemitisch von einem „deutsch- und ordnungsfeindlichen Judentum" abzugrenzen.[11] Mit allen Kräften gelte es, sich „von

---

11   „Die Tatsache, daß unter den Revolutionären und besonders auch unter den Bolschewisten ein sehr großer Prozentsatz Juden sind, hat das Erstarken der antisemitischen Bewegung mit Notwendigkeit zur Folge gehabt. Aber neben diesem deutsch- und ordnungsfeindlichen Judentum gibt es auch ein staatstreues, deutsch gerichtetes Judentum, das mit uns gegen die Selbstvernichtung Deutschlands kämpfen will, und dessen Mitarbeit wir nicht entbehren wollen."

dem Berliner Unheilsgeiste loszumachen, unsere heiligsten Güter und unser wirtschaftliches Leben zu sichern, unsere Grenzen gegen Tschechen und Polen zu schützen, unsere Westprovinzen wiederzuerhalten, unser deutsches Staatswesen, wenn auch in veränderter Form, als ein einiges deutsches Reich wiederaufzubauen, uns wieder Machtmittel zu schaffen und unser Ansehen in der Welt wiederherzustellen, wie es uns einst Bismarck hinterließ und wie wir es auch unter unserem Kaiser bis in den Herbst dieses Jahres besaßen."

Die Wahlpropaganda der SPD zielte nicht ausschließlich auf ihre traditionelle Klientel der Arbeiterschaft. Die städtischen Beamten und Angestellten galten als stark SPD-orientiert. In einer Vielzahl von Versammlungen umwarb die Partei diese kommunalpolitisch wichtigen Gruppen, aber auch das freie Handwerk, versuchte unter den Studenten der Breslauer Universität und unter der agrarischen Landbevölkerung Anhängerschaft zu gewinnen. Auch die Soldaten der Mannschaftsränge galten im Wesentlichen als SPD-Unterstützer, um die die bürgerlichen Parteien gar nicht erst spezifisch warben. Kernobjekte des liberalen Wahlkampfs waren vor allem Mittelstand, Handwerker und Beamte. Die DNVP zielte neben dem Beamtentum, den Angestellten und dem handwerklichen Mittelstand vor allem auf das protestantische kirchliche Milieu. Seit Ende des Jahres 1918 versuchte sie sich mit einer Betonung eines Sozialprogramms explizit als Mittelstandspartei zu inszenieren, die die Interessen des „Volksganzen" besser als die anderen Parteien im Blick habe. Das Zentrum verstand sich als Volkspartei und „das treueste Spiegelbild des deutschen Volkes, aller seiner Stände und Schichten, aller seiner Stämme und Eigenarten" (SVZ 15. 11. 18). Über die katholischen Vereine und Arbeiterorganisationen sprach es auch in Breslau kontinuierlich alle Gruppen an und betonte ein ausgewogenes Sozialprogramm auch für „die wirtschaftlich schlechteren Volksschichten überhaupt" (SVZ 2. 2. 19).

Die wichtigste neue Wählergruppe, die nun erstmals wahlberechtigten Frauen, wurden in Breslau von den Parteien deutlich weniger umworben als die Berufsgruppen. Zwischen Anfang November und der Wahl zur NV berichtete die Presse über fünf größere Frauenversammlungen der SPD, drei der DDP und zwei der DNVP, dazu kam eine Handvoll Versammlungen von Frauenverbänden, darunter auch den kirchlichen. Im Wesentlichen ging es um „politische Aufklärung" der Neuwählerinnen. Spezifisch auf weibliche Themen der Arbeits- und Reproduktionssphäre zugeschnittene Themen fanden sich in der Presse kaum, vielmehr zeigen die Forderungen männlicher Berufstätiger nach Herausdrängung der Frauen aus Industrie, Handel und Verwaltung eine deutliche Missachtung der Frauen in der Arbeitswelt. Publizistisch am intensivsten warben SPD und Zentrum um die weibliche Wählerschaft. Die SPD versuchte sich als diejenige Partei, die das Frauenwahlrecht schon immer gefordert hatte, von der Konkurrenz abzusetzen, was auf direkten Widerspruch des Zentrums stieß, das sich „von keiner Partei [...] in der Wahrung der Rechte der Frauen je übertreffen lassen" würde (SVZ 29. 1. 19). Das Zentrum adressierte die „Frauen als geborene Ordnungspartei" (SVZ 9. 2. 19) und betonte deren Rollen als Mütter und in der Familie. Ihre Unzufriedenheit mit ihrer Beteiligung brachten Frauen in einer Versammlung am 4. Januar zum Ausdruck, indem sie für den Fall, dass die Parteien keine Kandidatinnen auf die vordersten Listenplätze setzten, eine eigene Frauenliste ankündigten. Die auf dieser Versammlung geäußerte Ansicht, „daß doch jetzt nicht die Zeit wäre, besondere Frauenrechte zu fordern", sondern es vielmehr darum gehe, „daß jeder seiner Wahlpflicht genüge", gab im Wesentlichen den Tenor der Breslauer Presse von der SPD bis zu den Konservativen wieder (BMZ 6. 1. 19).

Mit den Versuchen der neuen preußischen Regierung und ihres Kultusministers Hoffmann (USPD) zur Durchsetzung der Trennung von Kirche und Staat öffnete sich im Bereich von Kirche und Schule ein heiß diskutiertes Konfliktfeld. Die Agitation gegen diese Pläne insbesondere zur Beschneidung der kirchlichen Rechte im schulischen Religionsunterricht bildeten sowohl von katholischer wie auch evangelischer Seite einen wichtigen Teil der Angriffe auf die SPD. Eine Reihe von Großversammlungen der Kirchen gab sich zwar überparteilich, wurden von der Presse aber als klar gegen die sozialdemokratische Kirchenpolitik gerichtet interpretiert. Ein Hirtenbrief der katholischen Bischöfe vom 24. Dezember bezeichnete die Trennungspläne als „Unrecht und Frevel gegen Gott den Herrn" (SVZ 24. 12. 18). Die VfS argumentierte heftig gegen den Vorwurf der „Religionsfeindschaft" (24. 12. 18) – das Schlagwort blieb aber ein Hauptargument der konservativen Presse im weiteren Wahlkampf. Die SZ stellte fest, die SPD sei „von Partei wegen religionsfeindlich und damit kulturfeindlich" (17. 1. 19). Eben diese Vorwürfe auf einer weiteren Großversammlung der Evangelischen Kirche in der Jahrhunderthalle am 5. Januar kanzelte die VfS als „das ewige Lied gegen die Sozialdemokratie" ab (6. 1. 19). Demgegenüber charakterisierte die SZ die Veranstaltung befriedigt als bisher „größte Versammlung" seit der Revolution und stellte eine entschiedene Stimmung gegen die sozialistischen Eingriffe in die Religionsrechte fest (6. 1. 19). Die VfS tat dies als „schiefe Darstellung" und „Kirchenkampf" mit „Lügen" ab (8. 1. 19). Die DDP versuchte sich als im Unterschied zur SPD prinzipiell kirchenfreundlich darzustellen, beharrte aber auf einer weitgehenden Trennung von Kirche und Staat.

Den ersten handfesten Konflikt brachte der Wahlkampf am 27. Dezember hervor, als der VR Plakate der DNVP beschlagnahmen ließ. Deren Parolen – „Was ist in wenigen Wochen durch die Revolution erreicht worden: Schmachvoller Waffenstillstand! Besetzung von Elsaß-Lothringen! Vergeudung der

Staatsgelder! Aufhebung des Religionsunterrichts! Verwilderung der Jugend! Mangel an Lebensmitteln und Kohle! Mangel an Rohstoffen!" und weitere „Schwindeleien" – beantwortete die VfS mit scharfen Angriffen auf „Junker", Kriegsgewinnler und Hochfinanz und warnte die Konservativen, „daß sie sich durchaus nicht alles erlauben dürfen, nachdem die Revolution so glimpflich mit ihnen verfahren ist". BMZ und SZ beklagten die Plakatbeschlagnahme als Eingriffe in die Pressefreiheit[12], während die „Schlesische Tagespost" als Antwort auf die „Attentate" zu „Steuerverweigerung" aufrief (VfS 28. 12. 18).

Kommunalpolitische Weichen stellte am 12. Dezember die Wahl des liberalen besoldeten Stadtrats Otto Wagner zum Oberbürgermeister. Die SPD verzichtete mit dieser Entscheidung ohne erkennbare öffentliche Debatte auf die Positionierung eines Sozialdemokraten, obwohl eine absolute Mehrheit bei einer baldigen Neuwahl des Stadtparlaments zu erwarten war. Offensichtlich bereitete sich die Breslauer SPD auf eine langanhaltende Zusammenarbeit mit den Linksliberalen vor, vermutlich auch aus der Einsicht, keine genügend qualifizierten Kandidaten aus den eigenen Reihen stellen zu können. Solche Erwägungen bewogen auch Löbes Ablehnung, nach dem Austritt der USPD aus dem Rat der Volksbeauftragten am Jahresende in die Regierung einzutreten – er verwies auf seinen Erfahrungshorizont und seine schlesischen Aufgaben (VfS, BMZ 30. 12. 18).

Zeitgleich waren die ersten größeren USPD-Versammlungen in Breslau zu verzeichnen. Die Versammlung am 28. Dezember kritisierte die Zurückhaltung der Regierung in Wirtschaftsfragen, forderte die Beschlagnahme hoher Vermögen und die Sozialisierung „so schnell wie möglich und so weit wie möglich" umzusetzen. Auf gemischtes Echo stieß ein SPD-Redner, der die Sozialisierungspläne für nicht reif erklärte, da man „Bewegungsfreiheit" bei der Beschaffung von Rohstoffen, Nahrung und Arbeit brauche. Er verwies auf die Zukunft: „die große Weltrevolution wird einmal kommen", jetzt gehe es darum, „am Tage der Nationalversammlung das Glück [zu] schmieden". Befriedigt beschrieb die VfS das Ende der Versammlung: „Der Vorsitzende ließ ein Hoch ausbringen auf die unabhängige Sozialdemokratie; aus der Versammlung erklang sofort ein begeistertes Hoch auf die alte Sozialdemokratie" (VfS 30. 12. 18). Eine Versammlung am 30. Dezember agitierte gegen die NV, weil „die Frauen und die Jugend nicht aufgeklärt" seien und die Fraktionen dort „die Herde der Gegenrevolution" bilden würden. Bei nur „etwa 10 Prozent" Unabhängigen unter den Besuchern sei die Reaktion jedoch „kühl" geblieben (VfS 31. 12. 18). Der Austritt von drei der fünf USPD-Mitglieder aus dem VR Anfang Januar verschärfte die Kritik von

---

12   BMZ, SZ 29. 12. 18.

links am Breslauer Modell der Kooperation von Revolution und alter Kommunalverwaltung (BNN 2. 1. 19; VfS 3. 1. 19).

Der das neue Jahr einläutende Leitartikel der SZ erklärte das Zustandekommen der Revolution noch einmal als Dolchstoß: Bis September sei alles gut gegangen, „doch war inzwischen schon durch unablässiges Bohren und Unterwühlen
von der Heimat her, durch erkaufte Verräter und durch anarchistische Fanatiker,
die mit russischem Gelde das russische Gift bei uns verbreiteten, die Kraft unserer Waffen gelähmt, ‚von hinten erdolcht‘, wie es eine neutrale Zeitung bezeichnet hat“; das verneinte einmal mehr Legitimität und Handlungsmacht der Regierung. Außerdem machte die SZ Regierung und SPD für die verschlechterte Versorgungslage und die oberschlesischen Streiks verantwortlich. Die SPD versuche
zu verschleiern, „daß die Revolution uns *Mangel an Lebensmitteln und Kohlen*
gebracht habe“, und die oberschlesischen Bergarbeiter gefährdeten „durch ihre
erfolgreichen Bemühungen um die Einführung des Nullstundentages“ zusätzlich die Versorgung. Auch wenn einige ihrer Führer Ordnung wollten, sei die
Sozialdemokratie „nur mit Hilfe der ordnungsfeindlichen Elemente hochgekom-
men“ und bringe „infolgedessen nicht die Kraft auf, diese wirksam niederzu-
halten“ (SZ 1. 1. 19).

Offensiv antwortete die VfS am 2. Januar: Ihr Rundumschlag gegen die
Bürgerlichen prangerte den Wahlkampf der „Kriegsgewinner“ an, die mit Geld
und durch „bezahlte Wanderredner“ versuchten, „das Volk aufs neue einzu-
seifen“. Zu Recht wies die VfS darauf hin, dass „[l]iberale und demokratische
Zeitungen in Breslau und besonders in der Provinz [… trotz Papiermangels]
seitenlange Propaganda für die Deutschnationale Partei – gegen gute Bezah-
lung im Annoncenteil“ machten. Die Argumentationslinien insbesondere der
Konservativen analysierte sie als „furchtbar einfach. […] Alles, was der Krieg
an Unheil brachte, wird der Revolution in die Schuhe geschoben. Jede ihrer
Ausschreitungen wird in zehnfacher Größe vorgeführt, damit man dahinter
das Elend des Krieges und seiner Urheber verstecken kann. Um ein abgerisse-
nes Offizier-Achselstück während der Revolution wird in Versammlungen und
Zeitungsartikeln mehr gejammert als um zehn abgerissene Köpfe im Kriege,
schließlich ist ja aber das Volk im Kriege dazu da, sich die Köpfe abreißen zu
lassen. […] Bei der Revolution sieben sie Mücken, beim Krieg verschlucken
sie Kamele“, die Stimmung in den Versammlungen zeige aber: „das Volk fällt
auf den Schwindel nicht mehr hinein“, sondern wisse, dass „all die ‚Volkspar-
teien‘ […] nur Decknamen sind für das alte Unrecht, das man am Volke ver-
übte und gegen das sich nur die Sozialdemokratie in Presse und Reichstag zur
Wehr gesetzt hat“. Angesichts des erst teilweise beseitigten alten Systems mit
„Drill“, „Kadavergehorsam“, „Militaristenübermut“, „Beamtenhochmut“ und

„Schikanen" müsse die Wahl zur NV der SPD „nun den Einfluß geben, das neue, das Bessere an seine Stelle zu setzen".

Während die DDP-nahe Presse am SPD-Programm vor allem zu weitgehende Sozialisierungsideen kritisierte, startete die SZ in einem Leitartikel am 4. Januar einen „patriotischen" Generalangriff, indem sie die Demokratie zugleich als Geld- und als Pöbelherrschaft einordnete. Sie sei eine von der Entente aufgezwungene „Plutokratie", die neben dem ebenfalls Entente-geförderten Bolschewismus Deutschland zerstören solle. Dem republikanischen Modell stellte die SZ eine kaiserlich-deutsche Tradition der Sozialpolitik „seit 1881" entgegen, die für die Entwicklung der „Lebensbedingungen unserer Lohnarbeiterschaft" weit angemessener sei. Gegen kapitalistische wie auch gegen sozialistische Vorstellungen sollte eine Sozial- und Wirtschaftsordnung in der Tradition des Kaiserreichs die DNVP als Sachwalter des Mittel- und auch des Arbeiterstandes präsentieren.

Pathetisch beschrieb die SZ eine große DNVP-Versammlung vom 3. Januar, die sich zu „einer mächtigen Kundgebung für alles das, was Deutschlands Stolz, Größe und Ehre war, gestaltete" und deren Reden die Zuhörer „herausrissen aus dem trüben Alltag, sie auf die Höhen deutschen Wesens führten". Die DNVP sei gegen Internationalismus und Pazifismus der Sozialdemokratie, die „uns feindlich gegenüber" stehe und dabei von der DDP hofiert werde. Die Partei übernehme „die Erbschaft des Konservatismus und des Liberalismus. Das Vaterland geht uns im Gegensatz zur Sozialdemokratie über alles. So lange die Nationalversammlung sich nicht für die Republik ausgesprochen hat, so lange denken wir auch gar nicht daran, unsere monarchistische Überzeugung zu verleugnen" (SZ 4. 1. 19). Die VfS verspottete diese Versammlung von „Salondamen" und „Herren, denen der Krieg noch nicht langt", und kritisierte deren antisemitische Tendenzen (VfS 4. 1. 19). In SPD-Versammlungen machten Gustav Bauer und lokale Parteiführer klar, die Partei erkenne „völlig die auf Jahrzehnte hinaus während Schwierigkeit der wirtschaftlichen Verhältnisse, sehe aber trotzdem froh in die arbeitsreiche Zukunft", und sie wiesen auf die Notwendigkeit moderater Forderungen hin. Löbe unterschied zwei „Heerhaufen, deren einer, nach rechts hinneigend, seine Grundsätze in der Gewalt- und Machtpolitik sehe, während der zweite, links stehend, die den Blick hoffnungsvoll emporrichtenden Scharen des arbeitenden Volkes und des freiheitlichen Bürgertums umfasse". Damit formulierte Löbe eine Bündniszusage an die DDP, machte aber durch den Hinweis, dass die dazwischen stehenden Parteien „sich entscheiden müssen" (VfS 13. 1. 19) – auch ein Angebot an das Zentrum, wie die BMZ berichtete (13. 1. 19).

Die SZ behauptete einen Gesinnungswechsel der SPD bei der Sozialisierung: „Nachdem sie früher goldene Berge versprochen hat, die sie jetzt nicht bieten

kann, versucht sie die von ihr selbst aufgepeitschten Massen wieder abzuwiegeln"; daher sei „das jetzige gemäßigte Gesicht der Mehrheitssozialisten nur
eine Maske [...], bestimmt, das Bürgertum zu täuschen, die dann fallen wird,
sobald die Sozialdemokratie ihre Macht gesichert sieht" (13.1.19 A). Mit Befriedigung zitierte sie Scheidemanns Distanzierung von USPD und Spartakus und
erklärte, gegen die „spartakistische Gewaltherrschaft in anderen Teilen des Reiches" könne „nur die Selbsthilfe der Gewalt helfen". In ungleich schärferem Ton
stellte ein weiterer Kommentar dem Demokratieverständnis der SPD, die „nur
das Wohl einer einzelnen Klasse im Auge hat und es fördert", das eigene entgegen: Das Volk sei nicht nur „Arbeitermasse", und die errungene „Demokratie" müsse ohne Parteiinteressen und „national [...] bis auf die Knochen" sein.
Hingegen sei „diese ganze Bewegung, die uns in den Bürgerkrieg hineintreiben
und der Hölle des russischen Bolschewismus überantworten will [...] eine Lei-
besfrucht der Sozialdemokratie". Man wolle „kämpfen gegen die rote Internationale, gegen bolschewistische Pläne, [...] für die Erhaltung des Deutschtums,
für Erhaltung der christlichen Kirche und Schule, für wirtschaftliche Freiheit
und Sicherung wohlerworbener Rechte; wir treten ein für weiterer Ausbau der
Sozialpolitik, wir kämpfen gegen alle sozialistische Beglückungsutopien um
erreichbare Ziele, um den Wiederaufbau des zusammengebrochenen Vaterlands,
um die *deutsche Zukunft*!" (SZ 12.1.19).

Die Bewertungen und Kundgebungen aus dem liberalen Spektrum waren
nuancierter und moderater. Redner einer DDP-Versammlung urteilten über das
Zentrum, es sei ganz das alte geblieben, die SPD habe sich „während des Krieges
durchaus gut national gehalten, ihr eigentliches Wesen mache indes das Bekenntnis zum Marxismus aus", und erklärten sie damit als für das bürgerliche Publikum
unwählbar. Die Spartakisten seien „ganz sinn- und kopflose Revolutionäre", und
die DNVP bleibe „die alte feudal-demokratisch-militaristische Clique aus Konservativen, Antisemiten und abgesprengten Nationalliberalen" (BMZ 10.1.19) –
wobei „feudal-demokratisch" nur ironisch gemeint sein konnte.

Angesichts des Januaraufstandes grenzte der BNN-Leitartikel vom 12. Januar
die lokalen Verhältnisse scharf gegen Berlin ab, das ein „großes, unheimliches
Tollhaus" sei: „Breslau ist nicht Berlin. Breslau ist eine Stadt, in der jeder einzelne seinen Heimatstolz hat. Wir haben nicht den traditionslosen Mob, der in
der Reichshauptstadt Unterschlupf gefunden hat und sehr bald seinen Führern
entgleiten wird. Wir haben Bürger, denen es ausnahmslos *Ehrensache* ist, unsere
Stadt nicht mit Bürgerblut zu beflecken." Die BNN seien „stolz auf unsere Stadt,
in der Ruhe erste Bürgerpflicht ist. *Vernunft regiert uns und Vernunft soll uns
weiter regieren.*" Selbst die wenigen Spartakisten „bei uns in Breslau" hätten „bis
jetzt immer noch mit Argumenten gekämpft", und es sei anzunehmen, „daß es

ihren Führern auch weiterhin gelingen wird, auch weiterhin zu verhindern, daß aus einer politischen Auseinandersetzung Plünderung und Raub wird". Es folgte eine „ernste Mahnung" auch „nach der anderen Seite hin", nämlich an die Unternehmer, sie möchten statt Unzufriedenheit Arbeit schaffen.

Auch die BMZ erläuterte ihr Demokratieverständnis am klassischen Vorbild: „Ihre schwarz-rot-goldenen Fahnen pflanzt [die DDP] auf dem Boden der *Republik*, aber nicht der aristokratischen, in der eine kleine Clique regiert, auch nicht der ochlokratischen, die unter der Pöbelherrschaft zittert: sie will *die echte demokratische Republik*, in der der Wille des gesamten Volkes entscheidet. [...] Sie vertritt einen liberalen Sozialismus, einen sozialen Liberalismus" mit einem staatlich garantierten Existenzminimum einschließlich der „Kultur [der] Seele", aber auch einem staatlichen „Existenz-Maximum" an Besitz. Der Leitartikel verlangte „die religiöse Bildung unseres Volkes" bei allen Freiheiten und die „nationale Einheitsschule" als Grundpfeiler für den „kulturellen Aufbau des neuen Deutschland" und positionierte die DDP klassen- und religionsbezogen zwischen SPD auf der einen und DNVP und Zentrum auf der anderen Seite (BMZ 12. 1. 19).

Die Auseinandersetzung zwischen DDP und DNVP zeigte sich exemplarisch anlässlich des Wechsels eines prominenten Nationalliberalen zur DNVP. Die Führungsfigur der Breslauer Liberalen Gothein verurteilte die DNVP als bloße „*Fortsetzung* der alten *konservativen* Parteien unter neuer Firma", die die DDP vehement „mit ordinärem Antisemitismus und dem verlogenen Schlagwort, wir seien ‚die Partei des internationalen Großkapitals'" bekämpfe und auf dem Land wie früher „die wirtschaftlichen Abhängigkeitsverhältnisse" missbrauche. Während die DDP der SPD „ihre unklaren, doktrinären und gefährlichen wirtschaftlichen Ziele", einen „Mangel an Entschlußkraft in der Bekämpfung des [...] Terrors, die würdelose Nachgiebigkeit gegen Polen, Spartakisten und wahnsinnige Lohnforderungen Streikender, schließlich die Aushöhlung der Disziplin im Heer" vorwerfe, befürworte sie dennoch „keine bürgerliche Mischmaschpartei gegen die Mehrheitssozialisten". Wäre zwar eine SPD-Mehrheit ein „schweres Unglück", so galt Gothein eine „*reaktionäre Mehrheit*" als „*ebenso großes Unglück*" (BMZ 13. 1. 19).

Am 1. Januar verabschiedete sich der Breslauer Polizeipräsident Lewald „aus Gesundheitsgründen" (BNN 2. 1. 19). Die „Gerüchte" um die seit langem von der SPD betriebene Ersetzung v. Jagows durch einen „Kommunalmann aus der Breslauer Schule", der „als Verwaltungsbeamter in der neuen Bewegung eine Rolle spielt" (SZ 8. 1. 19 A), bestätigten sich Anfang Februar mit der Ernennung Preschers zum kommissarischen Regierungspräsidenten (VfS 7. 2. 19). Weitere Stabilität brachte am 6. Januar die Bestätigung des bereits im Dezember gewählten neuen Oberbürgermeisters Wagner durch die preußische Regierung. Die Versorgungslage in der Stadt hatte sich aber mittlerweile „wesentlich verschlechtert" (VfS 16. 1. 19), Kürzungen bei den Rationen wurden angekündigt (VfS 15. 1. 19) und der Krankenstand wuchs, begleitet von immer noch hohen Opferzahlen der Grippe. Die Zeitungen meldeten verschärften Mangel bei Milch, Fleisch, Kohlen und Elektrizität. Als Indikator wachsender sozialer Spannungen in Breslau ließ sich die Gründung des Spartakusbundes Breslau am 7. Januar lesen (BMZ 8. 1. 19), zudem demonstrierten Mitte Januar erstmals Arbeitslose in größerer Zahl in der schlesischen Metropole (VfS 18. 1. 19).

In die letzten Wahlkampftage fiel die offizielle Amtseinführung des Oberbürgermeisters Wagner am 16. Januar, über dessen Rede die VfS berichtete, er habe sich stolz über Breslau, wo sich die Revolution „in einer Weise abgespielt [habe], die einzig in der Geschichte dasteht", geäußert und für die Zukunft zuversichtlich gezeigt: „Zielbewußt und sicher geht die Bewegung ihren Weg. An der Spitze stehen Männer, die aufbauen und nicht zerstören wollen." Im weiteren Verlauf der Sitzung zeigten sich die Verwerfungen zwischen den Fraktionen in Breslau anlässlich eines Streits um die schlechte Finanzlage, für die auch einige Liberale den Achtstundentag verantwortlich machten, während das Zentrum meinte, der „finanzielle Zusammenbruch ist nur ein Ausschnitt des allgemeinen Zusammenbruchs". Die Kritik an „übertriebenen Lohnforderungen" wies die SPD für Breslau unter Berufung auf den Kämmerer zurück, der sich über „die Haltung der Breslauer Arbeiterschaft [...] hocherfreut" gezeigt habe. Als einziges Blatt veröffentlichte die VfS die Arbeitslosenzahlen von 13 000 Männern und 2000 Frauen (VfS 17. 1. 19).

Deutlich negativ bewertete die SZ die Sitzung, indem ihr Bericht die „erschreckend" gewachsenen „finanziellen Anforderungen durch das neue Regime" in den Mittelpunkt stellte, die „durch die *Verkürzung der Arbeitszeit* und die anhaltend hohen *Lohnsteigerungen*" bedingt seien. Angesichts der zu erwartenden weiteren Preissteigerungen, eines hohen Einkommensteuerzuschlags und der unbekannten Kosten des VR sei klar, „wohin die ‚volksbeglückende neue Zeit' führt, nämlich zum wirtschaftlichen Ruin" (17. 1. 19). Die Atmosphäre im Wahlkampf und die „stärker hervortretende politische Gegensätzlichkeit", so die SVZ, „nahm so scharfe persönliche Formen an, daß man erkennen mußte, daß die Zeiten des Burgfriedens vorbei sind". In den Magistratsberichten zur Finanzlage „klang, wenn es auch unausgesprochen blieb, [...] all das mit durch, was zu Lasten der Neuordnung zu buchen ist". Dazu kritisierte die SVZ die Unterrepräsentanz der Katholiken im VR und die ungelösten oberschlesischen Probleme (17. 1. 19). Zu ersten Ausschreitungen während des Wahlkampfes kam es am 17. Januar. „Soldaten, Matrosen und junge[] Burschen" setzten zwei Reklame-Wagen der DDP in Brand, stürmten in deren Wahlbüro und verbrannten Propagandamaterial auf der Straße – angeblich unter Hochrufen auf die Sozialdemokratie. Die VfS distanzierte sich dezent von dem „Unfug" (18. 1. 19). Am folgenden Tag demonstrierten ca. 2000 Kriegsversehrte. Löbe und andere forderten dort Ruhe und Ordnung, aus dem Zug kam es aber zu Übergriffen auf Wahlwerber des Zentrums (BMZ 19. 1. 19).

Für die Stadt Breslau brachten die Wahlen zur NV der SPD eine komfortable Mehrheit von 55,2 %, ihre beiden Breslauer Mandate gingen an Löbe und Bauer. Es folgten die DDP mit 16,4, das Zentrum mit 14,7 und die DNVP mit 13,5 %, während die USPD mit 801 Stimmen gerade einmal 0,3 % erzielte. Im Wahlkreis Breslau, also einschließlich der Landgebiete, konnte die SPD hingegen keine Mehrheit erringen und musste sich mit 48,2 % (die USPD holte 0,1 %) einer „bürgerlichen Mehrheit" knapp geschlagen geben. Zweitstärkste Kraft wurde hier das Zentrum mit 20,9, dahinter folgten DDP mit 15,5 und DNVP mit 15,3 % (SZ 22. 1. 19 A). „Mit uns das Volk, mit uns der Sieg! Siege ringsum!", titelte die VfS am Tag nach der Wahl, musste aber am 22. ernüchtert einräumen, dass im Wahlkreis insgesamt keine Mehrheit für die Sozialdemokratie abzusehen war. Das Blatt räumte regionale Mobilisierungsdefizite in Mittelschlesien ein, immerhin sei auch eine „bürgerliche Sammlung" unmöglich.

Die BNN-Wahlanalysen hoben die Stärke des Zentrums in Breslau hervor und führten dies auf die Hoffmannsche Schulpolitik, die Attraktivität des Zentrums für Frauen und Wechselwähler aus dem konservativen Lager zurück. Zur „Überlegenheit der sozialdemokratischen Wählermasse" habe „die Popularität der Namen Bauer und Löbe, die auch in gegnerischen Kreisen viel Vertrauen genießen", beigetragen. Das Zurückbleiben der DDP hinter den Erwartungen sei darauf zurückzuführen, „daß viele Anhänger der alten nationalliberalen Partei sich von der liberalen Sache abgewendet und in das frühere konservative Lager abgeschwenkt sind". Wegen der „Unterlassungssünden der alten Konservativen" habe aber auch die DNVP nicht gut abgeschnitten (BNN 21. 1. 19). Den reichsweit dritten Platz der DDP sah das Blatt als „großen Erfolg", als Mehrheitsbeschafferin habe die Partei die Möglichkeit, „mit links" Wegbereiter „sozialer Gerechtigkeit und freiheitlicher Entwicklung" zu sein und „mit rechts" das „Kultur- und Wirtschaftsleben [...] schützen" zu können: Nun werde der Block SPD-DDP-Zentrum eine bürgerliche Republik ohne sozialistische Experimente umsetzen können. Verhalten positiv lautete das Fazit: „Noch ist die Revolution nicht erstickt, noch der Krieg nicht bezahlt, noch wissen wir nicht, welche Bedingungen der Gegner uns auferlegen wird. Aus verhängtem Himmel aber leuchten schon in schwachen Umrissen die Verheißungen: *Friede und Freiheit, Arbeit und Brot!*" (BNN 22. 1. 19).

5. Preußenwahl am 26. Januar 1919

In Breslau verstetigten sich die unmittelbar nach den Wahlen zur NV begonnenen Arbeitslosendemonstrationen. Ein Rat der Erwerbslosen richtete ein Büro ein und hielt wöchentliche Versammlungen ab (BMZ 24. 1. 19). Stadtverwaltung und VR glaubten, dass viele wegen der deutlich höheren Breslauer Arbeitslosenunterstützung aus Berlin zuzögen (BMZ 19. 1. 19) und erörterten daraufhin die Abschiebung auswärtiger Arbeitsloser (BMZ 23. 1. 19). Von konservativer Seite kritisierte die SZ die Wirtschafts- und Lohnpolitik der Regierung und befürwortete Arbeitszwang und Zuweisung zur Landarbeit (24. 1. 19 A). Die Erwerbslosen forderten in ihren Versammlungen höhere Unterstützung (VfS 25. 1. 19), auch Löbe gelang es in einer unruhigen Versammlung am 24. Januar kaum, mit seinem Verweis auf die schwierige Lage und Warnungen vor „unüberlegten Handlungsweisen" die Stimmung zu beruhigen. Der Rat der Erwerbslosen verlangte Sitz und Stimme im VR, die der Versammlung nachfolgende Demonstration endete „beinahe" in Ausschreitungen (BNN 25. 1. 19). Ein kurzer Streik, den ungelernte Arbeiter gegen den Willen der Gewerkschaftsführer bei den Linke-Hofmann-Werken, einem der größten Betriebe Breslaus auslösten, konnte erst nach Zugeständnissen der Arbeitgeber beendet werden (BNN 22. 1., 23. 1. 19).

Als einziges neues preußisches Thema entspann sich eine Agitation um den eben veröffentlichten Verfassungsentwurf und damit das Fortbestehen Preußens. Am Wahltag, dem 26. Januar, feierte die SZ im Leitartikel das NV-Wahlergebnis als „Absage an den Sozialismus" und rief dazu auf, nun den geplanten „sozialdemokratischen Preußenmord" zu verhindern. Dafür komme nur die DNVP in Frage, „die das Nationale allem anderen voranstellt" und Preußen als „Rückgrat" des Reiches verteidige (26. 1. 19). Hingegen forderte die Breslauer DDP die Erhaltung Preußens wegen der „Notwendigkeit eines starken zentralen Schutzes der Randprovinzen, nicht zum wenigsten Schlesiens, gegen feindliche Lösungsversuche" (BMZ 26. 1. 19). Die BNN thematisierten bereits die Kommunalwahlen, deren Regelung durch das Land neben wirtschaftlichen und Steuerfragen sie als bedeutenden Grund für die Beteiligung an der Preußenwahl angaben (26. 1. 19).

Das amtliche Ergebnis der Wahl zur Preußischen Landesversammlung zeigte auch für Breslau erhebliche Rückgänge in der Wahlbeteiligung. Die SPD erhielt 53,5 % (Stadt) bzw. 47 % (Wahlkreis), die DDP konnte nun in der Stadt mit 16,1 % ganz knapp den zweiten Rang erlangen, landete aber im Wahlkreis mit 14,6 % diesmal hinter der DNVP. In der Stadt Breslau erreichte das Zentrum 16,1 und im Wahlkreis 22,2 %, die DNVP in der Stadt 13,8 und im Wahlkreis 16,1 %. Mit nur 668 (Stadt) und 837 (Wahlkreis) Stimmen blieb die USPD bei 0,2 bzw.

0,1 % irrelevant. Von den 18 Mandaten des Wahlkreises entfielen 9 auf die SPD, 4 auf das Zentrum, 3 auf die DNVP und 2 auf die DDP.

Die VfS wertete das SPD-Ergebnis trotz der leichten Verluste gegenüber der NV-Wahl durch den Vergleich mit dem alten preußischen Landtag auf. Die Verluste begründete das Blatt mit dem Schneewetter, der schnellen Wahlabfolge und einem teilweise mangelnden Verständnis insbesondere von Frauen für die Bedeutung dieser Wahl. Das Zentrum habe „durch das Ausräumen aller Kranken- und Siechenhäuser" seine Ergebnisse stabiler gehalten, dafür seien aber „[t]rotz des kirchlichen Verbots [...] über die Hälfte der Katholiken der Sozialdemokratie treu geblieben" (VfS 27. 1. 19). Dagegen behauptete die BMZ die Niederlage der SPD, die sich zwar als Siegerin gebe, doch „mit dem Wahlergebnis nicht zufrieden sein" könne, „der Traum einer Eroberung Preußens ist endgültig ausgeträumt". Auch mit den enormen Zuwächsen gegenüber dem Dreiklassenwahlrecht sei „für die Partei aber nichts gewonnen, da sie nach wie vor für sich *allein* politisch unmaßgeblich ist". Hingegen seien die Rechten nur noch „eine hoffnungslose Minderheit", es gebe aber auch Zeichen „beginnender Konsolidierung auf der Rechten" durch deren Erfolge in Berlin, Mittelschlesien und besonders in „Breslau (unter den Beamten!)". Dies sei „Wirkung der wenig sauberen Agitation" der Rechtsparteien. Die DDP hingegen sei in „die *ausschlaggebende Stellung* gelangt" und jetzt mehrheitsentscheidend. Insgesamt sei die Wahl ein „Urteil des preußischen Volkes über die unter dem Dreiklassenwahlrecht ausgeübte Vergewaltigung" und „so eindeutig, daß es daran nichts zu deuteln gibt", nämlich Ausdruck „eines *unbestrittenen Sieges der Demokratie* auch in Preußen" (BMZ 1. 2. 19). Mit einer humoristischen Erklärung für die erwarteten SPD-Erfolge auf dem Land wartete die SZ auf, indem sie auf die Beschriftung der Listen nach den Spitzenkandidaten verwies: hier habe „wohl auch der ‚Bauer Löbe', mit dem die sozialdemokratische Liste begann, auf manche Landleute einen Einfluß ausgeübt, die den Stimmzettel nahmen, ohne ihn zu lesen und sich zu überzeugen, daß gar kein richtiger Bauer an erster Stelle stand" (SZ 25. 1. 19).

6. Zur Gemeindewahl am 2. März 1919

Bereits vor der Preußenwahl hatte in Breslau die Debatte über die Verordnung der preußischen Regierung, die Neuwahl der Gemeindeparlamente bis spätestens zum 2. März durchzuführen, begonnen. Sie eskalierte am 30. Januar in der SVV, als die bürgerliche Mehrheit die Neuwahl von drei Stadtverordneten durchsetzte und den Einspruch der SPD-Fraktion ignorierte, dies sei gemäß Ministerialerlass erst nach der SSV-Neuwahl statthaft. Die bürgerliche Mehrheit verabschiedete darüber hinaus eine Protestnote an die preußische Regierung: Die Verordnung der Neuwahl überschritte die Zuständigkeit der Landesregierung und stünde nur der soeben gewählten preußischen Landesversammlung zu. Löbe hielt dem entgegen, die Konstituante „selbst sei kraft revolutionärer Gewalt entstanden und nicht auf ‚gesetzlichem‘ Wege. Kraft derselben Gewalt soll nun allen Bürgerinnen und Bürgern selbst die Entscheidung über die neue Vertretung der Stadt übergeben werden." Er warb dafür, „[d]ie neuen Gemeindewahlen sollen das Rätesystem durch gewählte Stadtvertretungen ablösen". Angesichts der Widerstände ergänzte er drohend in Anspielung auf den aufständischen Sohn des biblischen Königs David, vielleicht „sei man in Breslau etwas ‚sänftiglich mit dem Knaben Absalom‘ umgegangen" (VfS 31. 1. 19/Zitate; BNN 31. 1. 19).

Am Tag nach dieser Sitzung kündigte der VfS-Leitartikel an, nach den Wahlen würden „die meisten großen Gemeinden Deutschlands und viele kleinere und kleine unter sozialdemokratischer Herrschaft stehen". Dabei sei aber „die Demokratie [...] der Weg zum Sozialismus", denn keine „kommunal-sozialistische Maßnahme" sei ohne Mehrheit und „willige Mithilfe der Bevölkerung" durchzuführen. Diejenigen, die über ausbleibende Sozialisierung und die Gefahr einer „bürgerliche[n] Geldsackrepublik" klagten, sähen „den Wald vor lauter Bäumen nicht". Sozialisierungen würden „allein aus finanzieller Notwendigkeit kommen", es werde „in den Kommunen soviel Sozialisierungsarbeit geben, daß der Bedarf für einige Zeit gedeckt sein dürfte". Dies erfordere „eine Unzahl sozialistisch geschulter, fähiger und in Verwaltungsangelegenheiten einigermaßen erfahrener Kräfte", für die die Partei „ihren letzten brauchbaren Mann heranholen" müsse. Mit praktischen Erfolgen durch „kommunale Gemeinwirtschaft" sei „für die sozialistische Republik mehr getan als durch das Herumreiten auf Schlagworten oder gar durch Begünstigung naiver Putschereien". So werde „das Wirken des Gemeindesozialismus eine Art Generalprobe für den Reichs- und Staatssozialismus bilden: Von der Tätigkeit und den Erfolgen unserer Gemeindeverwalter wird es in hohem Grade abhängen, welche Stimmenzahlen wir bei künftigen Reichs- und Landeswahlen mustern werden" (VfS 31. 1. 19).

Worauf die legalistischen Einsprüche der Bürgerlichen gegen das neue Gemeindewahlrecht zielten, machte die Breslauer DDP-Leitfigur Gothein klar: Er forderte eine längere Ortsansässigkeit und ein höheres Wahlalter wegen des „Tiefstand[s] der Moral" besonders bei der Jugend, wofür er als Beispiel die hohen Lohnforderungen anführte. Auch habe er praktische Bedenken, „zu der gewaltigen Unordnung, die wir bei allen behördlichen Organisationen infolge der Revolution ohnehin haben, noch eine neue in der Gemeindevertretung zu schaffen" (BMZ 2. 2. 19). Angesichts der Widerstände mahnte die VfS, die Arbeiterschaft müsse weiter scharf über ihre Rechte wachen – durch Verlängerung der Rätemandate: Wo sich nicht an die Gesetze gehalten werde, solle nach dem 2. März per AuSR die Stadtvertretung ersetzt werden: „Wenn die von deutschnationaler und anderer Seite aufgeputschten Herrschaften wieder frech werden, dann müssen ihnen die Arbeiter einmal deutlicher ihre Krallen zeigen. Sie gebärden sich jetzt schon reichlich unverschämt" (VfS 3. 2. 19).

Während dieser Auseinandersetzung stieg die Unruhe unter den Arbeitslosen. Obwohl der Magistrat den extremen Mangel an offenen Stellen bestätigt hatte, bezeichnete die DNVP-nahe „Schlesische Tagespost" die Erwerbslosen als „Faulenzer", die Arbeitslosenunterstützung als SPD-Wahlwerbung und forderte die Einstellung jeglicher Unterstützung. Die VfS polemisierte scharf gegen „die harte Ungerechtigkeit dieser Auffassung" durch die „Spießbürger" (1. 2. 19). Die wöchentliche Arbeitslosenversammlung kritisierte den VR und forderte einen auch mit Erwerbslosenvertretern besetzten Ausschuss, der „im Geist der neuen Zeit" gegen „Verschleppung" durch den Beamtenapparat bei der Arbeitsbeschaffung vorgehen solle. In radikaler Formulierung drohten sie, sonst werde „das Volk noch ganz anders revolutionieren. Formelle Widerstände werden nicht geduldet". Die anschließende Demonstration mehrerer tausend Arbeitsloser griff zu handfesten Mitteln und zerstörte am 2. Februar Schaukästen vor den Redaktionsbüros der „Tagespost" und der SZ (VfS 3. 2. 19). Die konservativen Blätter, aber auch die BMZ versuchten, der VfS und der SPD die Mitverantwortung für die Ausschreitungen anzulasten: die zwar prinzipiell moderate SPD profitiere bei den Wahlen vom „Protest", durch ihr „Schielen nach links" scheine nun auch in Breslau „der Radikalismus der Straße allmählich an Einfluß zu gewinnen". Sorge bereite die „Wandlung, die in den Gemütern der führenden Sozialdemokraten vorzugehen scheint", das zeige Löbes Drohung, „daß viele seiner Parteigenossen mit der sammetweichen Art, wie in der Revolutionszeit das Breslauer Bürgertum angefasst worden sei, sehr wenig zufrieden wären" und „daß es nun bald anders damit werde" (BMZ 4. 2. 19).

Am 12. Februar musste auch Breslau Gewaltausbrüche und die ersten Todesopfer der Revolution verzeichnen. Im Anschluss an eine Arbeitslosenversammlung zogen Tausende demonstrierend durch die Stadt. Vor dem Landgericht forderte die Menge die Freilassung zweier Arbeitslosenaktivisten. Die Situation eskalierte, als Demonstranten in das Gerichtsgebäude eindrangen und die Menge die angerückte Sicherheitswache entwaffnete. Der Darstellung des VR zufolge hätten Demonstranten die entwaffneten Sicherheitskräfte misshandelt, dann sei aus der Menge auf die eintreffende Verstärkung geschossen worden. Trotz Warnsalven aus deren Maschinengewehren seien aus der Menge weitere Schüsse gefallen und die Menschen weiter gegen die Sicherheitskräfte vorgerückt. Die Verstärkung feuerte aus zwei Maschinengewehren in die Menge, die Behörden registrierten

16 Tote und unzählige Verletzte. Damit habe das Kommando laut VfS vertretbar gehandelt, um „einen vorbereiteten Putsch" zu vereiteln und „die Ruhe und Ordnung in Breslau, wenn nötig mit Gewalt, aufrechtzuerhalten" (3. 2. 19).

Die Presse teilte die Einschätzung der Stadtverwaltung und des VR, die „blutigen Vorfälle am Mittwoch" seien auf „gemeingefährliche Elemente" und spartakistische Verhetzung zurückzuführen. Die Mehrheit der Arbeitslosen habe damit nichts zu tun (BMZ 16. 2. 19; VfS 17. 2. 19). Oberbürgermeister Wagner vertrat im VR eine harte Linie: „Soll es bei uns zum Bolschewismus kommen? Nein, es muß Ruhe und Ordnung herrschen, die Arbeitslosen dürfen sich nicht durch unruhige Elemente aufpeitschen lassen. [...] Möge das Blut, das in Breslaus Mauern am 12. Februar vergossen wurde, wenigstens das eine zur Folge haben, daß es niemals wieder geschieht und *alle die Überzeugung haben, wer sich gegen die Staatsgewalt vergeht, kommt durch sie um*" (VfS 17. 2. 19). Beim Rat der Erwerbslosen, der USPD und den Spartakisten überwog – der BMZ zufolge – die Bewertung des Vorgehens der Sicherheitskräfte als „Verbrechen gegen das Volk", sie erklärten den Bericht des VR als „bewußt gefärbt" und forderten eine „aus den ‚wirklich' sozialistischen Parteien" gebildete Untersuchungskommission (17. 2. 19). Tatsächlich setzte der VR eine Untersuchungskommission ein (Prescher Bd. 3, Bl. 10 Rs.; VfS 22. 2. 19), die offenbar keine Ergebnisse brachte.

Während des Wahlkampfs ging die Mobilisierung der Arbeitslosen weiter. Am 21. Februar kritisierten sie auf einer Kundgebung mitten in der Stadt den Arbeitszwang, der vor einigen Tagen auch im Leitartikel der VfS verteidigt worden war (17. 2. 19) und forderten ein Ende der bürgerlichen „Hetze" gegen Arbeitslose. Dazu kamen vehemente Sozialisierungsforderungen, der Ruf nach Kapital-Beschlagnahmung und die Ablehnung des Grenzschutzes – zu dem möglichst viele Arbeitslose angeworben werden sollten – als „Blutarbeit" (VfS 22. 2. 19). Gerüchten zufolge würde in kommunistischen Kreisen „die *bolschewistische Revolution für das Frühjahr* prophezeit" (BMZ 17. 2. 19). Unterdessen eskalierte die SZ den Streit um die Neuwahl mit der Aufforderung, sich „mit allen gesetzlichen Mitteln" dagegen zu wehren (16. 2. 19). Der neue Regierungspräsident Prescher und der VR mussten Beamte, die sich unter Berufung auf deren Ungesetzlichkeit weigerten, die Wahlvorbereitungen durchzuführen, mit Entlassung bedrohen.

Im Kampf um Wählergruppen warnte die DNVP, die „kommunalen Sozialisierungspläne" der SPD seien eine Fortführung der Kriegs-Zwangswirtschaft zum Schaden der Gesamtheit (SZ 18. 2. 19 A). Vor allem durch die avisierte „*Sozialisierung der Lebensmittelberufe*" drohe der Ruin für den Mittelstand, den auch SPD und DDP umwürben. Da diese die Partei des Großkapitals sei, bleibe

zum „Schutz des Mittelstands" nur die Wahl der DNVP (SZ 25. 2. 19). Die SPD
habe bereits dafür gesorgt, dass Arbeiter oft mehr verdienten als ältere und sogar
akademisch gebildete Beamte (SZ 26. 2. 19). Angesichts der bisherigen Wahlergebnisse sah die BMZ keine Gefahr von rechts mehr, wohl aber im angeblichen
Versuch der Sozialdemokratie, mit Hilfe der als Folge der Demobilisierung reichlich vorhandenen „vorläufig unseßhafte[n] Elemente" eine Mehrheit zu erlangen. Die zu erwartende Folge sei eine „einseitig vom Haß gegen die Besitzenden geleitete[] Verteilung der Steuerlasten einer rein oder überwiegend sozialistischen Kommunalwirtschaft". Dies sei nur „aus den Taschen des Bürgertums"
zu bezahlen und führe zwangsläufig zum Ende der „Freiheit von Handel und
Gewerbe, den Quellen städtischen Wohlstands" (23. 1. 19).

Für „organische" statt „mechanische Demokratie" und mithin abermals für
ein ständisches Modell plädierte der SZ-Leitartikel vom 15. Februar. Er forderte
einen Föderalismus mit „weitgehender Berufsorganisation und sozialer Fürsorge" statt eines westlich-plutokratischen Systems, das den „verelendeten und
zum Teil der Macht des Kapitalismus preisgegebenen Sklaven des Wirtschaftslebens" nicht mehr als „das formale Recht einräumt, Stimmzettel abzugeben".
Eine „repräsentative Volksvertretung" könne durch ein System der zwei Kam-
mern, bei der eine aus allgemeiner Wahl, eine aus den Berufsständen hervorgehe,
eine „einseitige Majoritätsherrschaft zu verhindern" helfen. Dies würde auch
„das nationale Erbe des geschichtlich gewordenen deutschen Staates" bewahren,
statt einen „Parlamentarismus englisch-französischer Prägung" überzustülpen.

Die VfS propagierte in ihrem Leitartikel vom 24. Februar das demokratische Wahlrecht vom Reich bis in die Gemeinden als eines der Hauptverdienste
der Revolution. Die SPD habe „stets den Standpunkt vertreten, die Demokratie
und nur sie schaffe freie Bahn für den Sozialismus". Das könne aber nicht sofort
„in ein neues Glücksland hinüberführen". Die auch von der bürgerlichen Presse
betonte überragende Bedeutung der Kommunalwahlen erläuterte das SPD-Blatt
so: „Wenn man aber einmal den Tag nennen wird, der für die Geschichte des
Sozialismus in Deutschland entscheidend geworden ist, dann hat der Tag, der
sozialdemokratische Mehrheiten in der Gemeinde bringt, bessere Aussichten als
der 9. November 1918. Denn der 9. November hat nur die Furchen aufgerissen,
der 2. März aber ist ein großer Tag der Aussaat."

Eine spartakistische Versammlung am 23. Februar warb für „sozialistische
Kampfesmittel" und „Enteignung des Kapitals und der ganzen Landwirtschaft".
Ein Redner habe gefordert, das Proletariat dürfe sich nicht auf den „Boden der
Gesetzlichkeit" stellen (VfS 25. 2. 19). Im Kampf um die Stimmen der Arbeitslo-
sen, die sich durch eine gemeinsame Liste mit der bisher in Breslau bei Wahlen
völlig bedeutungslosen USPD zu organisieren versuchten, appellierte die VfS an

die Erwerbslosen, nicht auf die Spartakisten hereinzufallen, die nur das Wirtschaftsleben störten: „Arbeitsgelegenheit kann sich nur vermehren, wenn Ordnung im Land herrscht." Die SPD sei die Partei der Erwerbslosen, die Arbeitslosenfrage „eine Klassenfrage des Proletariats!" (VfS 27. 2. 19). „Ende schlecht, alles schlecht!", kommentierte die VfS die letzte Sitzung der nach altem Recht gewählten SVV am 27. Februar und begrüßte das Ende des „Dreiklassen-Mummenschanz" (28. 1. 19). SZ und BMZ betonten in ihren Berichten die prekäre Finanzlage der Kommune. In der Sitzung lieferten sich die Stadtverordneten aus dem bürgerlichen und SPD-Lager Wortgefechte über die Qualität ihrer Arbeit und über den Umgang mit den Arbeitslosen (BNN, SZ 28. 2. 19). Die Debatte wirkte auch in den Zeitungen nach, die sich um den jeweiligen Anteil ihrer politischen Richtungen an Anträgen und Erfolgen der SVV befehdeten.

Für den 28. Februar verzeichnete die Presse die erste KPD-Versammlung Breslaus, die die VfS nur unter Berufung auf die „Breslauer Zeitung" als „recht gut besucht" beschreiben konnte. Der Breslauer KP-Redner habe Arbeiterräte in allen Betrieben, die Bewaffnung des Proletariats und die Bildung von Kampforganisationen gefordert – ein SPD-Gegenredner sei zeitweise niedergeschrien worden (VfS 1. 3. 19).

Das Breslauer Ergebnis der Gemeindewahl war für die SPD ein deutlicher Rückschlag: Die Partei konnte nur noch gut 49 % erreichen, dank der Zersplitterung der Stimmen erhielt sie aber eine knappe Mehrheit im Stadtparlament. Auch die DDP verlor gegenüber der vorigen Wahl gut 2 %, allerdings erhielt die eher liberale „Angestelltenliste" ungefähr diesen Anteil. Hingegen konnten sich vor allem das Zentrum, aber auch die DNVP verbessern. Deutliche Zuwächse hatte auch die USPD-Liste zu verzeichnen, die nun mit fast 2 % der Stimmen ein Mandat erringen konnte.[13] Die VfS begründete die herben SPD-Verluste von ca. einem Drittel der Gesamtstimmen gegenüber der Preußenwahl mit der schwachen Wahlbeteiligung von 60–65 % und durch „das Geschick aller Regierungsparteien; sie wurde von allen Seiten angegriffen". Dennoch zeigte sich die VfS verhalten optimistisch: „Die Bahn für den Fortschritt ist freigelegt, wenngleich sich unsere Arbeit in der Gemeinde auch nicht hemmungslos vollziehen wird, da hierzu die völlig sichere Mehrheit nicht vorhanden ist" (3. 3. 19).

---

13 Die auf den Rückgang der Wahlbeteiligung gestützte Mutmaßung Müllers, die KPD habe zur Kommunalwahl im März 1919 über eine Anhängerschaft von ca. 40 000 in Breslau verfügt, die aber die Wahl boykottiert hätten, findet keinerlei Stütze in der hier ausgewerteten Presse; sie erscheint vielmehr auch mit Blick auf die fortbestehende USPD-Schwäche vollkommen undenkbar, ebenso aufgrund der Wahlergebnisse der folgenden Jahre; Müller, Otto Wagner (wie Fn. 1), S. 102.

Laut BMZ hätten zur niedrigen Wahlbeteiligung neben Wahlmüdigkeit wohl auch am Vorabend der Wahl aufgekommene Putschgerüchte beigetragen – darin vermutete sie „eine Art modernen Wahlmanövers", das „von spartakistischer Seite ersonnen" worden sei, um „ängstliche Gemüter, insbesondere der nicht sozialistischen Kreise" abzuhalten und so „ein besseres Stimmenverhältnis der radikalen Linken" zu generieren". Die SPD-Mehrheit von einem Mandat setze disziplinierte Anwesenheit voraus. Für die SPD „dürfte das heutige Wahlergebnis keine geringe Enttäuschung sein" (3. 3. 19). Trotz der „Ungerechtigkeit" des gewählten Verhältniswahlsystems sei das Ergebnis angesichts der großen SPD-Verluste „umso beschämender für die bürgerlichen Parteien". Die DDP habe „folgenschwere Fehler" durch die Ablehnung von Listenverbindungen und in der Organisation gemacht (BMZ 4. 2. 19). Auch in der SZ-Analyse lag die SPD-Mehrheit an Mandaten „an der Ungerechtigkeit und Fehlerhaftigkeit der Verrechnungsart des von der Sozialdemokratie dekretierten Verhältniswahlsystems". Schuld „in zweiter Reihe" seien DDP und Zentrum, die Listenverbindungen abgelehnt hatten. Die gespannte Stimmung habe einige aus Angst vor Unruhen und andere aus „Verärgerung, daß es der neuen Regierung immer noch nicht in den vier Revolutionsmonaten gelungen ist, aus dem Trümmerhaufen Deutschlands ein behagliches Zimmer mit wohlgedeckter Tafel zu machen", zuhause bleiben lassen. Trotzdem könne man „mit dem Resultat immer noch zufrieden sein" (3. 3. 19).

Die VfS verlangte weiter geordnete Arbeit, um Wirtschaft, Kaufkraft und Lebensmittelversorgung des Reiches nicht noch weiter zu gefährden. Eine ganzseitige Anzeige verkündete die sofortige Sozialisierung des Kohlensyndikats, die des Kalibergbaus sei „in schleunigster Vorbereitung". Die Gesetzesvorlage begründe „an Stelle der früheren schrankenlosen Privatwirtschaft die deutsche Gemeinwirtschaft". Dies ging dem Erwerbslosenrat nicht weit genug, er forderte die Sozialisierung aller Lebensmittel und ein Speiseausgabeverbot in Gaststätten, was mit Streiks durchgesetzt werden müsse (6. 3. 19). Auf einer KPD-Versammlung Anfang März seien „in gehässigster Weise" Angriffe auf Regierung und VfS geführt worden (VfS 5. 3. 19), und in der zweiten Märzwoche erschien mit „Spartakus" das erste eigene Blatt der radikalen Linken in Breslau, das heftige Abwehr und Verbotsforderungen bei der Rechten auslöste (SZ 11. 3. 19). Die VfS reagierte auf die wachsende Popularität der radikalen Linken mit weiteren Artikeln, die das „Geschrei nach – Spartakus" gerade jetzt, da der Sozialismus „in greifbarer Nähe erscheint", als kontraproduktiv brandmarkten und zu Geschlossenheit aufriefen (7. 3. 19). In einer KPD-Versammlung am 10. März mit ca. 400 Teilnehmenden erhoben die Redner neben Angriffen auf die SPD Forderungen ähnlich denen der Berliner Streikenden nach Änderungen der Wehrgesetze

(VfS 12. 3. 19). Neben die Meldungen über die Märzkämpfe in Berlin auf den Titelseiten traten Ende der ersten Märzwoche auch wieder verstärkt Nachrichten über die erneut aufflammende Streikbewegung in Oberschlesien und Gerüchte über dort geplante spartakistische Putsche.

Solche Gerüchte schienen sich für Breslau zu bewahrheiten. Mit „Breslau in Gefahr? – Spartakus in Breslau" (VfS) und „Vereitelter Spartakusputsch in Breslau!" (SZ) betitelten die Blätter am 12. März ihre Berichte über die militärische Besetzung zentraler Orte der Stadt. Das Generalkommando hatte dafür im Einvernehmen mit VR und ZSR auswärtige Truppen eingesetzt, um einem seit Wochen befürchteten spartakistischen Putsch zuvorzukommen. Die Atmosphäre beschrieb die VfS als „ruhig wie an jedem anderen Tage", wiewohl die Stadt „heute einem kleinen Heerlager" gliche. Die Behörden unternähmen offensichtlich „alles zur Sicherung gegen spartakistische Attentate und Zerstörungswut". Zwar erschienen die Maßnahmen „im Hinblick auf die geringe Bedeutung der Breslauer Spartakisten etwas reichlich", aber akzeptabel (12. 3. 19).

Die Blätter berichteten von einem aufgefundenen Plan zur Besetzung öffentlicher Gebäude und der Versorgungsinfrastruktur, der Befreiung von Gefangenen und der Ausrufung der „zweiten Revolution" in Breslau, wie die BMZ ein der mutmaßlichen Putschistengruppe zugeschriebenes Flugblatt zitierte (13. 3. 19). Die SZ vermerkte neben der Erleichterung der Bürger „auch eine ganze Menge verdächtiger Gestalten, die langsam die Straßen entlang wandelten und sich sehr genau die Verteidigungsmaßnahmen betrachteten". Für die Zukunft sei es „unbedingt nötig, daß mit dem politischen Verbrechertum rücksichtslos aufgeräumt wird!" (13. 3. 19). Die Behörden verhafteten die Breslauer Anführer der Bewegung, der Putsch sei aber in Berlin geplant und in Breslau nur „überarbeitet" worden. Die VfS versicherte, die auswärtigen schwerbewaffneten Truppen seien nicht als Gegenrevolutionäre gekommen und würden nach Beruhigung der Lage wieder abgezogen (13. 3. 19).

Trotz des Ausbleibens von Todesopfern verschärfte die rabiate Reaktion der Behörden die Konfrontation zwischen einer Fraktion, die eher auf Verhandlungen und Kooperation mit den Linksradikalen setzte, und denjenigen, die für eine auch gewaltsame Bekämpfung der „spartakistischen" Protagonisten in Breslau optierten. Die Frage, ob die Verhängung des Belagerungszustandes über Breslau angeraten sei, führte zu heftigen Auseinandersetzungen zwischen dem Oberbürgermeister und dem VR einerseits und den Soldatenräten andererseits, die solche Maßnahmen erfolgreich ablehnten (Prescher Bd. 3, Bl. 26 R f.). Die Abwesenheit der führenden Sozialdemokraten zur NV machte sich bei diesen Ereignissen und auch in den folgenden Monaten destabilisierend bemerkbar – mehr Präsenz Löbes und Philipps forderte der VR dann Anfang April ein (Prescher Bd. 4, Bl. 13).

In ihrem Leitartikel zu den jüngsten Breslauer Ereignissen und „brudermörderischem Kampf" in Berlin erklärte die VfS (14. 3. 19): „Ortsfremde Hetzer, die in Breslau in Versammlungen aufgetreten sind, haben sich immer sehr ‚gewundert‘, daß hier die Arbeiter so ruhig blieben." Trotz der Spartakisten hätten „die Breslauer Arbeiter auch jetzt der ‚schuldbeladenen Regierung Ebert-Scheidemann‘ noch nicht den Generalstreik" erklärt, und auch „als in diesen Tagen im Breslauer Straßenbild plötzlich Kanonen und Maschinengewehre, Gulaschkanonen und Stahlhelme auftauchten, machte das die Arbeiterschaft nicht sonderlich nervös". Das Blatt versicherte das Vertrauen der Arbeiterschaft in die SPD: „Man wartete in Ruhe die nötige Aufklärung über den sonderbaren Vorgang ab – zum Generalstreik würde nötigenfalls die erprobte Führerschaft schon rufen, wenn etwa die Reaktion ihre Hand im Spiele hätte." Das Erreichte sei die Frucht jahrzehntelanger harter Arbeit und strahle von Breslau in die ganze Provinz aus, „ohne daß die Arbeiterschaft jemals zum ‚Rüstzeug der Barbaren‘ gegriffen hätte". Die Breslauer Arbeiterschaft sei „nicht durch Phrasen, sondern durch die Erkenntnis politischer und wirtschaftlicher Notwendigkeiten groß geworden".

7. Ausblick

Mit den Wahlergebnissen vom 2. März hatten sich die politischen Machtverhältnisse in der Stadt gefestigt. Die Zusammenarbeit von DDP-Verwaltungsfachleuten und einer langsam zunehmenden Zahl von SPD-Stadträten (neben den zur SPD gewechselten bisherigen Stadträten Berg und Hacks wurden als unbesoldete Stadträte im Frühjahr 1919 noch drei weitere Sozialdemokraten in den Magistrat gewählt), die im VR einvernehmlich funktioniert hatte, setzte sich auch in der SVV und im Magistrat fort. Dem offensichtlichen Mangel an entsprechend vorgebildetem und wirtschaftlich abgesichertem Personal versuchte die SPD durch Rotation in der SVV abzuhelfen, was offenbar ihrem Einfluss nicht unbedingt zugute kam.[14]

Die Breslauer Linksradikalen versuchten weiterhin, ihren Einfluss zu vergrößern. Bereits Ende März forderten sie, den VR durch einen aus den Betrieben gewählten Arbeiterrat zu ersetzen, was auch aus Teilen der SPD und der Gewerkschaften Unterstützung erfuhr. Auch Löbe und einige der ehemaligen

---

14   Müller, Otto Wagner (wie Fn. 1), S. 103–106.

Protagonisten des VR hatte diesen als Institution bereits aufgegeben. Aus den
Auseinandersetzungen zwischen der radikalen Linken auf der einen und der die
lokale Verwaltung verantwortenden SPD und DDP auf der anderen Seite erwuch-
sen in den folgenden Monaten weitere Konflikte, die vor allem in der Frage der
Arbeiterräte kulminierten. Allerdings reduzierte die praktische Bedeutung der
neu legitimierten Stadtverwaltung und die Ernennung des schon am 6. April für
die oberschlesischen Belange als Reichskommissar eingesetzten Sozialdemokraten Otto Hörsing zum Reichskommissar für die gesamte Provinz Schlesien am
6. Juni den Einfluss des VR erheblich.

Ende Juni 1919 entstand aus den Spannungen um die Frage der Arbeiterräte angesichts von Arbeitslosigkeit, Teuerung und Versorgungsproblemen ein
Breslauer Generalstreik mit heftigen Ausschreitungen, zu deren Beendigung
Hörsing gegen den Willen des VR und des Polizeipräsidenten Voigt den Belagerungszustand verhängte (Prescher Bd. 4, Bl. 126–128). Der VR, aber auch die
in der Staatsverwaltung eingesetzten Breslauer Revolutionsakteure, insbesondere Oberpräsident Philipp und der Breslauer Regierungspräsident Prescher,
verloren an Einfluss. Erst mit dem allmählichen Abflauen der Arbeitslosigkeit
verminderte sich die Konfrontation auf den Straßen wieder. Der seit Sommer
nur noch als Zentralrat für Schlesien existierende VR wurde im Dezember 1919
aufgelöst.[15] Die SPD verlor zwar in den folgenden Kommunalwahlen ihre absolute Mandatsmehrheit in Breslau, blieb aber stärkste Partei und verwaltete die
Geschicke der Stadt bis 1933 mit.

DETLEF LEHNERT

Die Revolution 1918/19 in den SPD-Hochburgen Magdeburg und Hannover

Wer eine aktuelle Deutschlandkarte oder eine der Weimarer Republik zur Hand nimmt, wird auf den ersten Blick erkennen, wie relativ zentral Hannover in der Nordhälfte gegenüber den beiden Millionenstädten Berlin und Hamburg sowie dem großstädtischen Verdichtungsraum Ruhrgebiet liegt. Für Magdeburg gilt das, ohne das rheinisch-westfälische Industriegebiet betrachtet, ganz ähnlich in einer großstädtischen Mittellage zwischen Hamburg im Norden, Berlin im Osten, Hannover im Westen und Leipzig im Süden. Dies findet eine politgeographische Entsprechung in einer für das ‚Weimarer‘ relative Stabilisierungsjahr 1928 verfügbaren Wahlkarte aus annähernd 900 Gebietsergebnissen: Als seither nur die SPD mit knapp 30 % bei den Reichstagswahlen 1928 noch eine hinreichend massenverankerte Stütze der Republik war, befand sich zwischen Hannover und Magdeburg – mit einer unteren Begrenzung bis Kassel – das Zentralgebiet ihrer Flächenhochburg. Etwas weniger kompakt heben sich die beiden anderen West-Ost-Gebietsstreifen von SPD-Hochburgen optisch ab, die zwischen Hamburg und Stettin nördlich und von Leipzig nach Breslau südlich davon verliefen.[1] Bei den Wahlen zur Nationalversammlung (nachfolgend: NV) am 19. Januar 1919 wurden im Wahlkreis 13, dem Regierungsbezirk Magdeburg zusammen mit dem Land Anhalt, 58,3 % für die SPD abgegeben. Das war ein Rekordwert nur hauchdünn hinter dem Wahlkreis 30 mit Teilen der älteren Flächenhochburg Sachsen.[2] Ein überdurchschnittliches Niveau (43 %) zeigte auch

1   Jürgen Falter u. a., Wahlen und Abstimmungen in der Weimarer Republik, München 1986, S. 214 u. 220 f.; dortiges Kriterium für das oberste Fünftel des SPD-Anteils von 29 % der Wahlberechtigten bedeutet auf eine Wahlbeteiligung von 75,6 % (ebd., S. 71) bezogen über 38 % Stimmenanteil. Ein für 1920–1928 ermitteltes „Median SPD vote" bei Stein Rokkan u. a., Centre-Periphery Structures in Europe, Frankfurt a. M. 1987, S. 131 weicht im Ergebnis nur darin ab, dass die Flächenhochburg auch zwischen Breslau und Leipzig ähnlich kompakt erscheint (wobei der Kategorie „over 30 %" an der Seite die Einfärbung fehlt, aber die Karte im Abgleich mit Falter u. a. konsistent erscheint).

2   Auf einer Karte der Wahlkreisgewinne zum Reichstag 1912 war die Stärke der SPD in Sachsen und Thüringen noch ersichtlich, an zweiter Stelle aber schon ein Streifen

damals schon der WK 16 mit den Regierungsbezirken Hannover, Hildesheim und Lüneburg sowie dem Land Braunschweig.[3]

Zwar ist der mit seiner Republikausrufung am 9. November 1918 in keinem Geschichtsbuch fehlende erste Weimarer Regierungschef nach der NV-Wahl, Philipp Scheidemann, dann seit 1920 für eine Halbdekade der Oberbürgermeister seiner Geburtsstadt Kassel gewesen.[4] Doch fällt diese Stadt mit nur gut der Hälfte (162 000) der Einwohnerzahl Hannovers (310 000, ohne den zu Jahresbeginn 1920 eingemeindeten Vorort Linden mit weiteren 82 000), gelegen an der Leine, und der Elbestadt Magdeburg (286 000) an Bedeutung ab. Das gilt auch für Braunschweig (140 000)[5], das in der Revolutions- und frühen Republikzeit eine USPD-Hochburg war[6], aber in seinem Doppelcharakter als Regierungssitz des eigenständigen Landes Braunschweig nicht zum – in diesem Band betrachteten – Preußen gehörte.

Die Stadtprofile dieser SPD-Hochburgen manifestierten sich jeweils auch in der Kommunalpolitik: Robert Leinert (SPD) wurde in Hannover bereits am 13. November 1918 nach gewissermaßen Amtsflucht des rechtsnationalliberalen Vorgängers Heinrich Tramm[7], noch von einer bürgerlichen Mehrheit in Hinnahme der revolutionären Machtverschiebung, zum Oberbürgermeister gewählt.[8] In Magdeburg erfolgte die Resignation des bisherigen Amtsinhabers

        darüber vom Berliner Raum bis nach Südniedersachsen: https://de.wikipedia.org/wiki/Reichstagswahl_1912#/media/File:Karte_der_Reichstagswahlen_1912.svg.

3   Vgl. Gerhard A. Ritter, Kontinuität und Umformung des deutschen Parteiensystems 1918–1920 (1970), in: Ders., Arbeiterbewegung, Parteien und Parlamentarismus, Göttingen 1976, S. 116–157, hier S. 147 f. – wobei die Stärke der SPD in Magdeburg und weiterer Umgebung auch mit der USPD-Schwäche einherging (3 %), während die USPD wegen der Einbeziehung Braunschweigs in das Umfeld Hannovers immerhin knapp durchschnittliche 6,6 % erzielte und sonst die Position der welfischen Regionalpartei (DHP) ins Gewicht fiel.

4   Walter Mühlhausen, „Das große Ganze im Auge behalten“. Philipp Scheidemann – Oberbürgermeister von Kassel (1920–1925), Marburg 2011.

5   „Ortanwesende“ gemäß Statistisches Jahrbuch für das Deutsche Reich 41 (1920), Berlin 1920, S. 6 (Volkszählung 1919, gerundet).

6   Friedhelm Boll, Massenbewegungen in Niedersachsen 1906–1920. Eine sozialgeschichtliche Untersuchung zu den unterschiedlichen Entwicklungstypen Braunschweig und Hannover, Bonn 1981, S. 19; Bernd Rother, Die Sozialdemokratie im Land Braunschweig 1918 bis 1933, Bonn 1990, S. 27 ff.

7   Dirk Böttcher u. a., Hannoversches Biographisches Lexikon, Hannover 2002, S. 362 f. (dort auch Kurzbiographien anderer hier nur knapp erwähnter Personen).

8   Anna Berlit-Schwigon, Robert Leinert. Ein Leben für die Demokratie, Hannover 2012, S. 51–57; Boll, Massenbewegungen (wie Fn. 6), S. 255 f.

im Januar 1919 und die Wahl von Hermann Beims (SPD) im April 1919 nach der mit knapp 53 % der Stimmen deutlichen Mehrheit seiner Partei bei den Stadtverordnetenwahlen am 2. März 1919.[9] Doch mit dem Wechsel des Stadtoberhauptes war nicht schon das bürgerlich-nationale Gegenmilieu in die Bedeutungslosigkeit zurückgedrängt. Weil Infanteriegeneral Paul von Hindenburg nach einer Zwischenstation als Kommandeur in Magdeburg 1911 Hannover zum Wohnsitz der ersten Ruhestandsjahre gewählt hatte, überließ ihm die Stadt noch im Oktober 1918 eine Villa zur lebenslangen Nutzung, wovon er nach seinem Rücktritt von der höchsten Militärstellung im Sommer 1919 dann auch Gebrauch machte.[10] In Magdeburg hat im Dezember 1918 der Fabrikbesitzer und Reserveoffizier Franz Seldte den bald republikfeindlich auftretenden „Stahlhelm. Bund der Frontsoldaten" gegründet.[11] Die Ursprünge einer symbol- bzw. auch örtlichen machtpolitischen Polarisierung waren also in beiden Städten bereits im Untersuchungszeitraum vom Herbst 1918 bis zum Frühjahr 1919 angelegt. Das lenkt den Blick zunächst auf die Entstehungsbedingungen einer solchen lokalgeschichtlichen Konfiguration.

1. Magdeburg und Hannover im späten Kaiserreich bis zur Septemberkrise 1918

Wenn die besondere Ausgangslage in *Magdeburg* am Ende des Ersten Weltkriegs historisch erklärungskräftig charakterisiert werden soll, machen stadtgeschichtliche Rückgriffe über Jahrhundert- oder gar Jahrtausendspannen hierfür keinen erkennbaren Sinn.[12] Derart radikal wie der völlige Kontinuitätsabriss einer in diesem Ausmaß singulären Zerstörung im Dreißigjährigen Krieg (wohl nur ca. 500 Einwohner 1639 nach ca. 34 000 bereits 1550) waren die Kriegsfolgen 1914 bis 1918 zwar nicht. Aber 7682 Gefallene von 35 445 zum Kriegsdienst

---

9　Manfred Wille, Die Goldenen Zwanziger. Magdeburg vom Ausgang des Ersten Weltkrieges bis zum Beginn der NS-Diktatur, Magdeburg 1994, S. 20 mit Anm. 16/S. 147 (Beleg aus dem Amtsblatt); die Angabe von ca. 55 % bei Martin Gohlke, Die Räte in der Revolution von 1918/19 in Magdeburg, Diss. Oldenburg 1999, S. 132 ist unzutreffend.

10　Wolfram Pyta, Hindenburg. Herrschaft zwischen Hohenzollern und Hitler, München 2007, S. 37 u. 442.

11　Volker R. Berghahn, Der Stahlhelm. Bund der Frontsoldaten 1918–1935, Düsseldorf 1966, insbes. S. 15 ff.

12　Der Vollständigkeit halber: Helmut Asmus, 1200 Jahre Magdeburg, Bd. 3: Die Jahre 1848 bis 1945, 2. Aufl. Magdeburg 2008; Matthias Puhle/Peter Petsch (Hg.), Magdeburg. Die Geschichte der Stadt 805–2005, Dössel 2005.

eingezogenen Magdeburgern hatten dennoch ihre vielfältigen Nachwirkungen.[13] Auch das „Hungern an der Heimatfront" (S. 169) mit einem stark kohlzentrierten Speiseplan am Beispiel des Januar 1917 (S. 176 f.) sowie der „Kohlenmangel" (S. 181) unterschieden sich kaum von anderen Großstadtregionen. Im Winter 1916/17 dokumentierten über 50 000 Personen als Empfänger von behördlicher „Kriegsunterstützung" und 60 000 Teilnehmende an der „Massenspeisung" das gestiegene Ausmaß der Bedürftigkeit (S. 380 u. 410). Spezifischer waren „kriegswirtschaftliche Strukturen" in Magdeburg als „wichtiger Verkehrsknotenpunkt" (S. 195), so dass allein im „Krupp-Gruson-Werk" die Gesamtbelegschaft zwischen 1914 und 1918 von 4200 auf 12 000 anstieg (S. 199). Gerade auch dort gab es nicht nur im Frühjahr 1917 und Januar 1918 die ebenso in anderen Landesteilen zu verzeichnenden Proteststreiks (S. 266, 268 u. 314)[14], sondern im Metallarbeiterverband auch die relativ größte linkssozialistische Minderheit gegenüber einer sonst mehrheitlich eher reformistischen Magdeburger Sozialdemokratie (S. 262 f.); zur USPD gehörten 1917 aber nur etwa 600 Mitglieder (S. 267).

Noch sprunghafter verlief die Entwicklung bei der ortsansässigen Firma Polte, die nun vorwiegend als Munitionsfabrik von 900 auf 14 000 Arbeitskräfte expandierte und dabei in großer Mehrzahl Frauen einsetzte (S. 204). Insgesamt stieg die Zahl der weiblichen Arbeitskräfte während des Krieges in Magdeburg von 15 000 auf 51 000 (S. 313). Es kam bei Fa. Polte frühzeitig zu spontanen Arbeitsniederlegungen von zumeist jugendlichen Arbeitskräften (S. 263). Die Kriegswirtschaft und der Ausfall von Wohnungsneubau mit entsprechend längeren Arbeitswegen steigerten von 1914 bis 1918 das Fahrgastaufkommen der Straßenbahn um 73 % (S. 228 f.). Anfang 1917 wehrten sich die Straßenbahnschaffnerinnen mit einem Streik erfolgreich gegen Arbeitszeitverlängerung (S. 265 u. 313 f.). Auf dem entgegengesetzten Spannungspol des massenwirksamen politischen Spektrums galt Magdeburg als Garnisonstandort, wo Hindenburg die letzten regulären Dienstjahre von 1903 bis 1911 als preußischer General verbracht hatte, wegen der Mitgliederdichte als „Stadt der Kriegervereine" (S. 330).

Bis auf das Jahr 1900 muss eine Konstellationsanalyse der Ausgangslage in Magdeburg zum Herbst 1918 schon deshalb zurückgreifen, weil nach einer wechselvollen Frühgeschichte erst seither die SPD als konsolidierte Parteiorganisation kontinuierlich wirken konnte. Bei einem Mitgliederstand der parteinahen Freien

---

13 Maren Ballerstedt u. a. (Hg.), Magdeburg im Ersten Weltkrieg 1914 bis 1918, Halle/Saale 2014, S. 312 mit Anm. 2/S. 327 (Seitenzahlen im Text dieses und des nächsten Absatzes aus jenem Sammelwerk, angesichts dort zahlreicher Kurzbeiträge ohne deren Ausweis der Autorenschaft).

14 Zu den Streikbewegungen mit weiteren Belegen auch Gohlke, Räte (wie Fn. 9), S. 35–37.

Gewerkschaften 1902 von knapp 7500 wurde in diesem Jahr der ursprünglich gelernte Tischler und spätere Oberbürgermeister Beims zum hauptamtlichen Gewerkschaftssekretär gewählt; schon 1905 fand durch eine Personalergänzung die Erweiterung zum Arbeitersekretariat mit zusätzlichem Beratungsangebot statt, ebenso die Anstellung eines hauptamtlichen Parteisekretärs.[15] Zwar fiel das örtliche Reichstagsmandat seit 1884, mit Ausnahme der auch überregional für bürgerlich-nationale Mobilisierung bekannten Wahlen von 1887 und 1907, stets an die Sozialdemokratie; im Januar 1912 entsprach die Stimmenrelation von 30 930 zu 25 692 der bürgerlichen Sammlungskandidatur einem SPD-Anteil von 54,6 % (S. 256 f.). Von registrierten nur 750 Parteimitgliedern im Jahr 1900 mit einer immer noch bescheidenen Zwischenstation 1905 bei 2100 war dann über nun genauer erfasste 5646 für 1910 (davon 825 Frauen) bis 1914 auf 7577 ein Durchbruch zur Massenorganisation zu verzeichnen (S. 265). Erst recht galt dies gewerkschaftlich mit nun bereits über 30 000 Organisierten (S. 260 f.), auch getragen von größeren Arbeitskämpfen in diversen Branchen (S. 79–92). Das wurde begleitet von unternehmerischen Gegenoffensiven wie z. B. seit 1907 mit „gelben" wirtschaftsfriedlichen Gewerkvereinen bei Krupp-Gruson[16] und anderen Firmen sowie 1912 einer sich ebenso auf Hannover erstreckenden Metallarbeiteraussperrung (S. 92–97). Seit 1905 war mit gleicher Tendenz auch der „Reichsverband gegen die Sozialdemokratie" in Magdeburg stark vertreten (S. 178).

Das SPD-Blatt „Volksstimme" expandierte parallel zur vorgenannten Polarisierung von 10 000 Abonnenten 1901 bis 1914 auf 34 000 (S. 259). Ein hervorstechendes Beispiel für den fachhistoriographisch hohen Informationswert der Zeitungsanalyse lieferte die „Volksstimme" bereits vom 27. bis 29. März 1907 mit detaillierten Sozialstatistiken zur Wähler- und (weniger als 10 % ausmachenden) Nichtwählerschaft im Ergebnis der eigenen umfangreichen Auswertungen von amtlichen Quellen. Als nach dem 1907 unterlegenen Parteiveteranen Wilhelm Pfannkuch bei den Reichstagswahlen 1912 erstmals der vormalige Magdeburger Stadtverordnete (1903–1909) und spätere Volksbeauftragte sowie Reichsjustizminister Otto Landsberg[17] für die SPD erfolgreich kandidierte, ließen sich darüber hinaus sogar leichte Strukturverschiebungen in der Wählerschaft feststellen.

---

15 Ingrun Drechsler, Die Magdeburger Sozialdemokratie vor dem Ersten Weltkrieg, Oschersleben 1995, S. 75 f. u. 104 (daraus auch Seitenzahlen im Text dieses Absatzes und der beiden nächsten).

16 Sie umfassten annähernd ein Drittel der Belegschaft, vgl. Gohlke, Räte (wie Fn. 9), S. 30.

17 Der seit 1895 in Magdeburg als Rechtsanwalt tätige Dr. Otto Landsberg (1869–1957) darf lokalgeschichtlich nicht mit seinem bloßen Namensvetter Prof. Dr. Otto Landsberg (1865–1942) verwechselt werden, der in Magdeburg seit 1904 Direktor des Statistischen

Ein Rückgang des Anteils der Arbeiter in Privatbetrieben von 47,7 % auf 44,2 % als Kernwählerschaft wurde offenkundig durch Zugewinne an SPD-Stimmen bei einfachen Angestellten, Beamten und Selbständigen mehr als kompensiert (S. 191 f.). Dass Landsberg bei der kleinen linksbürgerlichen Demokratischen Vereinigung gegen den antisozialdemokratischen Sammelkandidaten (Fleischermeister Kobelt) zusätzliche Unterstützung fand (S. 190), deutete auf Neuorientierung bei Intelligenzberufen hin. In der Massenstreikdebatte 1905 war gegenüber der skeptischen Haltung nicht zuletzt auch von Beims und Landsberg bereits die u. a. vom hauptamtlichen Metallarbeitergewerkschafter und späteren USPD-Politiker Alwin Brandes[18] repräsentierte Linksopposition hervorgetreten (S. 234). Kommunalpolitisch vermochte die SPD gegenüber dominierendem rechtsbürgerlichen Nationalliberalismus bis 1914 kaum Einfluss zu nehmen, zumal sie wegen des preußischen Dreiklassenwahlrechts nur maximal 12 der (seit 1910) 81 Stadtverordneten erlangte und so unter der Schwelle von 20 für Beratungspflicht von Anträgen gehalten wurde.[19]

Für den reichsweit stattfindenden Umschwung von Antikriegsdemonstrationen zur Kreditbewilligung und Burgfriedenspolitik und ist auch Landsberg ein prominentes Beispiel, der auf einer Massendemonstration am 29. Juli 1914 noch ausrief: „Wir wollen den Frieden und wünschen, daß die deutsche Regierung Österreich die Sinnlosigkeit seines Unternehmens klarmacht. In den Abgrund, in den Österreich jetzt zu springen beabsichtigt, braucht Deutschland sich nicht mitreißen zu lassen" (S. 241). Eine Kriegsbegeisterung wurde trotz der eindeutigen Unterstützung der SPD-Mehrheitslinie auch im Folgejahr bei seinem Parteigenossen Beims nicht verbreitet: „Als ob eine Lawine des Wahnsinns alle Völker der Erde ergriffen hätte, so rast der Krieg über die Länder dahin"; negativ betroffen war zugleich die eigene Partei, mehr durch Einberufungen als Sozialnot und Protestaus- sowie -übertritte halbierte sich bereits 1915 nahezu die Mitgliederzahl auf 4000 und erreichte Ende März 1918 den registrierten Kriegstiefpunkt mit 2315 (S. 243). Auf Delegierten- und Generalversammlungen der SPD hatten sich vor der USPD-Abspaltung die kritischen Stimmen gegenüber

---

Amtes war und als 1917 besoldeter Stadtrat zu den bürgerlichen Sozialpolitikern gehörte: http://www.uni-magdeburg.de/mbl/Biografien/0672.htm (beide starben im Exil).

18   https://www.igmetall-bbs.de/fileadmin/user/Dokumente/2018/IGM_9Bov_Brosch_181023b-FINAL.pdf, S. 13–29 bringt mit einer Kurzwürdigung auch die Ankündigung (S. 29) einer umfassenden Biographie „Alwin Brandes (1866–1949): Oppositioneller – Reformer – Widerstandskämpfer" für den Herbst 2019 (im gleichen Verlag wie dieser Band).

19   Gohlke, Räte (wie Fn. 9), S. 22 f.

der Kriegskredit- und Burgfriedenspolitik sowie einer Maßregelung entschiedener Oppositioneller von einem Fünftel bis zu einem Drittel erhöht.[20]

Über die relative geographische Nähe jedenfalls in solcher Stadtgröße und die über Jahrzehnte nachhaltig starke Position der SPD hinaus gab es zu Magdeburg auf den ersten Blick in *Hannover* weitere themenrelevante Übereinstimmungen. Auch in Hannover war die SPD – noch ausgeprägter – pragmatisch-reformistisch orientiert, ohne dass zunächst in den entscheidenden Augusttagen 1914 eine Kriegsgeneigtheit anzutreffen war.[21] Ebenso fand eine ähnliche Expansion der Gewerkschaftsmitglieder von 1902 (einschließlich der Umgebung wie insbesondere Linden gerechnet) knapp 10 000 auf einen Vorkriegshöchststand 1912 mit knapp 40 000 statt (S. 58). Parallel dazu und zugleich deutlich überproportional stieg die Anzahl der Parteimitglieder von erstmals zum Jahreswechsel 1905/06 erfassten 4173 auf 19 112 (davon 3911 Frauen) am 1. April 1914 (S. 103). Sehr nahe an den Magdeburger Vergleichszahlen lag im Juli 1914 mit 31 000 in Hannover die Auflage des SPD-Organs „Volkswille" (S. 170).[22] Noch stärker als in der Elbestadt waren an der Leine die „Gelben" und ein „Herr-im-Hause-Standpunkt" von (gerade auch Metall-)Arbeitgebern verbreitet (S. 68 f. u. 74), so dass vor Ort ein „angriffslustiges Unternehmertum" anzutreffen war.[23] Die latente Abwehrschwäche hing mit einem hohen Anteil von ungelernten Arbeitskräften (S. 47) und dem am größten Einzelbetrieb der Continental-Gummiwerke mit knapp 10 000 Beschäftigten (S. 41) ablesbaren Vorrang der „Friedensindustrien" mit besonderen Einbußen in den Kriegsjahren zusammen (S. 187 u. 189). Entsprechend sporadisch und wenig explizit politisiert verliefen dann auch die Proteste zur Versorgungslage und die nur begrenzt zu verzeichnenden Streiks (S. 201 f. u. 217).[24] Die innerparteiliche Opposition auf ohnehin seltenen Vertreterkonferenzen blieb mit klar unter 10 % ebenfalls unbedeutend (S. 166). Im Gegenteil fiel das SPD-Blatt „Volkswille" bald auch überregional mit offensiver Kriegsunterstützung unter Hervorhebung der gewerkschaftlichen Trägerschaft von Massendisziplinierung auf (S. 158–160 u. 163).

20   Ebd., S. 27.
21   Boll, Massenbewegungen (wie Fn. 6), S. 116 f., 122 f. u. 151 f. (daraus auch Seitenzahlen im Text dieses und des nächsten Absatzes).
22   Andreas Müller, Die groß-hannoversche Sozialdemokratie vom Vorabend des Ersten Weltkriegs bis zur Novemberrevolution, in: Hannoversche Geschichtsblätter NF 33 (1979), S. 143–186, hier S. 155 nennt 33 420 für 1913, davon 19 524 aus Hannover und Linden.
23   Friedrich Feldmann, Geschichte des Ortsvereins Hannover der Sozialdemokratischen Partei Deutschlands vom Gründungsjahr 1864 bis 1933, Hannover 1952, S. 55.
24   So Müller, Sozialdemokratie (wie Fn. 22), S. 177 f. u. 183–185.

Einen deutlichen Unterschied gegenüber Magdeburg mit dem promovierten Akademiker jüdischer Herkunft Landsberg als Abgeordneter gab es in der Vertretung des Wahlkreises Hannover/Linden im Reichstag (von 1906 bis 1932) durch August Brey: Er war gelernter Schuhmacher und auch regionaler SPD-Chef (seit 1906), aber zugleich Vorsitzender (seit 1890) des freigewerkschaftlichen Hilfs- und Fabrikarbeiterverbandes (S. 107). Auch der spätere Oberbürgermeister Leinert hatte als Maler einen der schlichteren Handwerksberufe gelernt, war aber schon 1900 gewerkschaftsnaher Arbeitersekretär, noch 1902 „Volkswille"-Redakteur sowie dann 1906 hauptamtlicher Parteisekretär der Provinz Hannover und 1908 einer der ersten preußischen Landtagsabgeordneten geworden (S. 108), ohne jemals dem Reichstag anzugehören.[25] Ein besonderes Kontrastprofil beinhaltete zuvor der Mandatsgewinn im (zunächst Norddeutschen) Reichstag für Hannover/Linden seitens der welfisch-partikularistischen Deutsch-Hannoverschen Partei von 1867 bis 1881, bevor dann ab 1884 ebenso regelmäßig die Sozialdemokratie erfolgreich war. Das geschah bis 1893 in der Stichwahl (seit 1887 gegen Nationalliberale), ab 1898 jedoch stets bereits im ersten Wahlgang gegen diverse Konkurrenz, mit dem frühen Spitzenwert 1903 von 55 %, auch 1912 immerhin 53 %. Allerdings brachten mit Ausnahme von 1903 nur die teilweise deutlich über 70 % liegenden SPD-Anteile in Linden die Partei über die 50 %-Schwelle.[26]

2. Friedensbestrebungen und Oktoberreformen

Die „Volksstimme" (= Vs) der SPD in *Magdeburg* forderte im Zeichen der sich unverkennbar verschlechternden Kriegslage gleich zu Beginn des ersten Umbruchsmonats die „volle Demokratisierung" mit dem Ziel: „Der Obrigkeitsstaat hat zu verschwinden. Über Nacht" (1. 10. 18).[27] Zugespitzt lautete am Folgetag die Schlagzeile „Demokratie oder Diktatur", was die Gefahr meinte, es könne

---

25   Vgl. auch Berlit-Schwigon, Robert Leinert (wie Fn. 8), S. 29–43, insbes. S. 29–33 zu seinem frühen Weg und Wirken.

26   Dieter Brosius u. a., Geschichte der Stadt Hannover, Bd. 2, Hannover 1994, S. 346 f.

27   Ohne weitere Angabe wie B (für Beilage oder Blatt) bzw. A oder M (für Abend- oder Mittagsausgabe) meint jede Datumsziffer in diesem Beitrag stets die einzige oder Morgenausgabe jenes Tages und die Titelseite oder jedenfalls den Leitartikel, der sich ggf. bis auf die zweite Seite erstreckte – zumeist ohne dass Seitenzahlen verzeichnet waren. Der in damaligen Zeitungen häufige Sperr- oder Fettdruck wurde nicht übernommen, sinnwichtige Hervorhebungen solcher Art werden aber *kursiv* gestellt. An heutige Schreibweise angepasst werden Zitate nur in wenigen rein formalen Dingen wie ä statt ae usw.

an die Stelle des endgültig gescheiterten Reichskanzlers Hertling ein „General" treten. Dennoch sei hinsichtlich des Kabinetts der „Eintritt von Sozialdemokraten nur dann möglich, wenn er mit einer entschiedenen Linksschwenkung des *ganzen* politischen Kurses verbunden ist". Weil nunmehr „Stunden der Entscheidung" nahten, wurde unter dieser zweiten Hauptschlagzeile das Gerücht, Max von Baden könnte Hertling nachfolgen, also „ein Prinz als Reichskanzler", umgehend als „etwas so Absurdes, daß man schleunigst von der Idee wieder abkommen sollte", sehr deutlich ablehnend kommentiert (Vs 3. 10. 18). Die gegenteilige Entscheidung schien zunächst unerörtert hingenommen zu werden, vielleicht auch wegen des Themenwechsels zu der Schlagzeile: „Was wird Wilson antworten?" Darunter fand sich aber weiterhin eine betont kritische Einschätzung der bisherigen Veränderungen: „Das deutsche Regierungsprogramm ist erst der *Beginn* der Demokratisierung; die Völker des Westens dagegen genießen die *volle* Demokratie. Über den deutschen Fortschritt werden daher in Frankreich, England und Amerika die Hühner lachen" (Vs 8. 10. 18). Am Folgetag wurde zu der Schlagzeile „Wie es kam" gewissermaßen schon präventiv einer Dolchstoßlegende widersprochen: „Nein, was wir jetzt erleben, ist die Folge der Kriegshetze vor 1914, der Verletzung der belgischen Neutralität, des unbeschränkten U-Boot-Kriegs, des Brest-Litowsker Friedens, kurz aller der Taten, gegen die die Sozialdemokratie mit Verzweiflung gekämpft hat". Dennoch erschien nun erstmals absehbar, „daß der furchtbarste aller Kriege vor seinem Ende steht" und auch „Sorge für die Heimkehrenden" das zweite Hauptstichwort des Tages war (Vs 11. 10. 18).

Die Empörung sollte anstatt nach außen sich gegen die „ganze verbrecherische Gewissenlosigkeit der konservativ-alldeutschen Clique" richten (Vs 12. 10. 18). Gegen die Schuldigen an der Kriegsverlängerung im eigenen Land wurde unter der Schlagzeile „Warum erst jetzt?" eine Drohung formuliert: „Diese Abrechnung wird gründlich, fest und unerbittlich sein." Insoweit es darüber hinaus „Um die Zukunft" ging, war die Auseinandersetzung mit der USPD bei aller wechselseitigen Polemik mit subtiler Ironie verbunden: „Auch die Unabhängigen sind ebenso wie wir, um die russische Terminologie zu gebrauchen, Menschewiki, der Unterschied besteht nur darin, daß wir das offen aussprechen, während es die Unabhängigen mitunter lieben, sich bolschewistisch zu kostümieren, um zu zeigen, daß sie doch ganz andre Kerle sind als wir" (Vs 10. 10. 18). Im Hinblick auf Papierknappheit und Preissteigerungen bei wachsendem Interesse des Publikums wurde nun auch noch „Geistige Nahrungsmittelnot" befürchtet (Vs 11. 10. 18 B). Eine Schlagzeile „Revolutionen östlich des Rheins" zielte auf bevorstehende deutsche Folgewirkungen der Erkenntnis: „Österreich-Ungarn ist gewesen" (Vs 13. 10. 18). Wegen der Enthüllung dessen früherer Ablehnung der Friedensresolution des Reichstags erschien nun bereits ein „Kanzlersturz in Sicht" (Vs 15. 10. 18). Offenbar wegen des über die Wilson-Noten lancierten Stichworts „Abdankung des Kaisers" (Vs 17. 10. 18) und massiver Kritik an „The Kaiser" (Vs 18. 10. 18) meldete das Magdeburger SPD-Organ einen Rückfall in die Kriegszensur: „Das Erscheinen der Volksstimme war für die Tage des 18., 19. und 21. Oktober verboten worden", was allerdings noch am 19. 10. revidiert wurde, den Inhalt aber weiter beeinträchtigte (Vs 22. 10. 18 B). Auch gab es weiterhin „Eigenmächtigkeiten" wider die Pressefreiheit durch „militärische Befehlshaber", die „für ihre Truppenteile das Lesen und Halten der ‚Volksstimme' verboten" hatten (Vs 24. 10. 18 B).

Ein nunmehr veröffentlichter Aufruf des zentralen SPD-Vorstands vom 17. 10. „An Deutschlands Männer und Frauen!" sah dennoch bereits „Parlamentarisierung und Demokratisierung […] tatkräftig in Angriff genommen", benannte aber zugleich Gefährdungen: „Schon regen sich gegen diese friedliche Revolution die dunklen Mächte der Gegenrevolution" (Vs 22. 10. 18).[28] Die nachfolgende Schlagzeile „Republik Deutsch-Österreich" ließ kaum Zweifel an der auch für Deutschland erwarteten politischen Grundtendenz (Vs 23. 10. 18). In der gleichen Ausgabe unter „Magdeburger Angelegenheiten" wurden „Stadtratswahlen nach Fraktionsstärke" gemeldet, sodass nach dem ersten SPD-Vertreter (Beims) „seit etwa anderthalb Jahren" in bisheriger Zusammensetzung bei klarer Übermacht auch der rechts- gegenüber der linksbürgerlichen Fraktion es nicht besser werden konnte als „Rechte 10, Linke 4, Sozialdemokraten 3 Stadtratssitze".[29] Die Schlagzeile „Recht oder Gewalt" im Sinne von „Rechtsfrieden gegen den Gewaltfrieden" (Vs 24. 10. 18) enthielt gegenüber früherer Hauptkritik an Verantwortlichen im Inneren eine Akzentverlagerung.

Zugleich wurde unter dem Stichwort „Liebknecht in Freiheit" bei aller Skepsis gegen „Draufgängerei" seine nicht bestrittene Popularität mit „einer durch und durch ehrenhaften Persönlichkeit" ohne „niedrige Kampfesweisen" erklärt (Vs 25. 10. 18). Alltagsprobleme wie „Drohender Zusammenbruch", und zwar nicht militärisch gemeint, sondern „in der Kartoffelversorgung", wurden im Lokalteil berücksichtigt (Vs 26. 10. 18 B). Die verschärften Wilson-Noten waren nun zum „Entweder – oder" zugespitzt: es müssten „Verfassungsänderungen und Machtumstürze, die diese Revolution gewährleisten und die das Maß der bisherigen Reformen *weit* hinter sich lassen", ebenso

---

28 In Auszügen zitierte diesen auch die gegnerische „Magdeburgische Zeitung" (MZ 19. 10. 18 B), und der „Volkswille" in Hannover druckte am gleichen Tag den vollen Wortlaut auf der Titelseite.

29 So berichtete es auch die MZ 18. 10. 18 A.

rasch erfolgen (Vs 26. 10. 18). Ohne ein „Gefährliches Spiel" zu dulden, konnte auch eine „politisch ganz ahnungslose Heeresleitung" nicht übersehen werden, zumal sich Hindenburg und Ludendorff „stets als Werkzeuge der alldeutschen Politik mißbrauchen" ließen (Vs 27. 10. 18). Inzwischen bestand kein Zweifel mehr: „Deutschland ist besiegt" (Vs 30. 10. 18). Bei eher nur knapper Erwähnung der „Verfassungsreformen, die in den letzten Tagen vorgenommen wurden", fand sich unter der Schlagzeile „Wie es kommen kann" die von Gelassenheit bestimmte Voraussicht: „Deutschland wird zwar mit Landverlust, aber unzertrümmert aus dem Kriege hervorgehen" (Vs 31. 10. 18).

Mit welchem Profil die traditionsreiche, seit der Reichsgründungszeit nationalliberale „Magdeburgische Zeitung" (= MZ) in die Umbruchsperiode eintrat, verdeutlichten bereits die Hauptschlagzeile und die anschließende Überschrift der ersten Oktoberausgabe: „Erneute feindliche Angriffe auf der ganzen Kampffront gescheitert. Regierung mit dem Volke" (1. 10. 18). Die in SPD-Blättern häufig nur mehr pflichtgemäß abgedruckten, redaktionell zunehmend delegitimierten Frontberichte wurden von nationalliberalen Zeitungen noch immer sozusagen wie bare Münze in Umlauf gebracht. Einer Parlamentarisierung stimmte man zu, aber eine Demokratisierung sollte es nicht sein, nur irgendwie mit dem Volk, nicht durch seine Vertreter regiert werden. In einer Zuschrift von „einem nationalliberalen Politiker" wurden unter „Die neue Lage" auch „die Schattenseiten des parlamentarischen Systems an ausländischen Erfahrungen" festgemacht (MZ 1. 10. 18 M). Für die Unterstützung des Kabinetts Max von Baden waren gleichwohl die „parteiamtliche Nationallib. Corresp." und ein Schreiben von Stresemann als Vorsitzender der Reichstagsfraktion zitierbar (MZ 5. 10. 18 M), was die Parteinähe unterstrich. Unter der Hauptschlagzeile „Amerikanische Angriffe zwischen Argonnen und Maas abgewiesen" wurde der „Friedensschritt" des Kabinetts in entsprechendes Licht gerückt: „Das unbesiegte Deutschland wendet sich an den Präsidenten der Vereinigten Staaten von Amerika" (MZ 7. 10. 18). „Den Kämpfern an der Westfront" sollte auch redaktionell und nicht allein durch übernommene offizielle Frontberichte suggeriert werden, „weiter bis zum Eintritt des Winters standhalten" zu können (MZ 9. 10. 18). In unvermitteltem Spannungsverhältnis zu den nationalpolitisch aufgeladenen Tendenzmeldungen und Meinungsartikeln stand die für eine klassische Qualitätszeitung typische breite Berichterstattung über in- und ausländische Stimmen verschiedener Herkunft.

Programmatische Bedeutung hatte ein Leitartikel über „Die parlamentarische Regierung" des bisherigen nationalliberalen Reichstagsabgeordneten Frhr. v. Richthofen, der nach der Revolution zur DDP wechselte und hinsichtlich des befürworteten Umbaus von der „Obrigkeitsregierung" zur „Volksregierung" auch kritisch mit der eigenen Parteirichtung umging: „Man gefiel sich bei uns auch in liberalen Kreisen darin, auf die Regierungsmethoden der westlichen Länder herabzusehen". Stattdessen empfahl der Autor zugleich aus Gründen der „Weltpolitik" eine Neuordnung: „Die dem Volke die Macht gebende und daher im besten Sinne demokratische Regierungsform des parlamentarischen Systems wird aber gewiß auch in Deutschland siegreich das Feld behaupten" (MZ 12. 10. 18). Zu solcher Öffnung passte der Bericht über einen Vortrag der (bald zur DVP gehörenden) Berliner Politikerin Clara Mende in Magdeburg mit Kritik an Konservativen und ansonsten der „Hoffnung auf Vereinigung der verschiedenen Ströme der Frauenbewegung" einschließlich der Sozialdemokratinnen (MZ 12. 10. 18 B). Aus einer detailreichen Schilderung des Generalleutnants a. D. v. Ardenne (am Ende seiner Dienstzeit Kommandeur in Magdeburg bis 1904) zur „Kriegslage" vermochten urteilsfähige Leser wohl auch ihre eigene Schlussfolgerung zu ziehen, was das Ergebnis sein musste: „Die deutsche Armee hat allein den Kampf gegen drei Großmächte England, Frankreich, Amerika und ihre buntscheckigen Satelliten auf die Schulter zu nehmen" (MZ 13. 10. 18 B).[30] Allmählich war trotz anderslautender Frontberichte redaktionell nicht mehr zu verschweigen: „Nun geht der Krieg wohl in diesem Herbst zu Ende, aber wie anders als man uns hoffen machte" (MZ 14. 10. 18 A). Die Realität wurde freilich nur widerwillig hingenommen: „Nicht die gute, gerechte Sache, sondern die Technik und die Masse triumphiert" (MZ 19. 10. 18).

„Die Schuldfrage" versuchte das nationalliberale Blatt zu dethematisieren: „Früher haben sich die Deutschen über die Beute gestritten, die sie noch nicht hatten. Jetzt beginnen sie einen Streit darüber, weshalb sie keine Beute hatten" (MZ 22. 10. 18). Nahe an schizophrener Wahrnehmung konnte es für die Leserschaft erscheinen, direkt unter einer Propaganda-Schlagzeile „Französische Angriffe von der Oise bis zur Aisne gescheitert" den Leitartikel „Schwarze Stunden" mit dem Satz beginnen zu sehen: „Noch ehe der Sieg der Feinde besiegelt ist, muß Deutschland alle Bitternisse des Unterlegenen kosten" (MZ 26. 10. 18). Erst als der Rücktritt Ludendorffs gemeldet wurde, schuf ein Anonymus über „Unsere Lage" völlige Klarheit: „Wir haben den Krieg verloren in einem bis zuletzt von den Verantwortlichen – den militärischen wie den politischen – dem Volke verheimlichten Umfange, in einem vor einigen Wochen noch *keinem* Deutschen vorstellbaren Maße." Der Autor verschonte die eigenen Landsleute nicht vor pointierter Kritik: „Bismarcks Erfolge hatten uns, das muß einmal ausgesprochen werden, größenwahnsinnig gemacht. [...]

---

30   Ein Leitartikel dieses Autors in der MZ 20. 10. 18 und ein weiterer Beitrag (MZ 27. 10. 18 B) zeugte allerdings nicht von dessen Einsicht in die militärische Lage.

Mit der ganzen Ungebärdigkeit kräftiger Jugend tobten wir unsere weltpoliti-
schen Flegeljahre aus. [...] Aus ‚Nibelungentreue‘ sind wir für den ‚brillanten
Sekundanten‘ Österreich-Ungarn in den Krieg gezogen, um ein Reich erhalten
zu helfen, das heute aus allen Fugen ist" (MZ 27. 10. 18). Es wurde „Zur nationalen Selbstkritik" dann noch ausführlich „der Berliner Historiker Prof. Friedrich Meinecke" zitiert mit einer Serie in der Norddeutschen Allgemeinen Zeitung (MZ 31. 10. 18 B, 5. 11. 18 A). Die Berichte über „Republikanische Meuterei
in Budapest" und „Republikanische Strömung auch in Wien" (MZ 31. 10. 18 M)
konnten in der Wirkung kaum noch durch weiterhin geschönte Frontberichte
und Durchhalteparolen konterkariert werden.

Der auflagenstarke „Central-Anzeiger"[31] (= CA) wusste, als der Rücktritt
des Kabinetts Hertling als „Der entscheidende Schritt" bekannt wurde, schon
zu Beginn der Umbruchswochen: „Ohne das Volk kann heute keine Politik
mehr gemacht werden" (1. 10. 18). „Der Ernst der Stunde" (CA 4. 10. 18) brachte
„Die erste deutsche Volksregierung" (CA 5. 10. 18). Der Zusammenhang von
„Krieg und Politik" wurde offenkundig: „Der Zug der neuen Zeit geht über die
ganze Erde" (CA 13. 10. 18), davon war „Die Ummodelung der Donaumonar-
chie" (CA 18. 10. 18) wegen deren Nähe hervorzuheben. „Das Gebot der Stunde"
wurde allerdings nationalpolitisch akzentuiert: „Lohte der Geist vom August
1914 noch in uns, dann stünde es heute anders um Deutschland!", wobei man
dem SPD-Organ vorwarf, dass es „den Geist der Revolution im Volke schürt"
(CA 19. 10. 18). „Der Abfall Österreich-Ungarns" (CA 30. 10. 18) deutete auf das
Kriegsdebakel hin. Aus „Treue und Pflichtgefühl" hätten nun alle „geschlossen hinter der neuen Regierung zu stehen", aber der Autor A. Schmid weckte
längst unerfüllbar gewordene Erwartungen: „Dann wird der Kampf zu unseren
Gunsten entschieden" (CA 31. 10. 18).

Das SPD-Organ „Volkswille" (= Vw) in *Hannover* ließ den langjährigen
braunschweigischen Reichstagsabgeordneten (und künftigen württembergischen
Ministerpräsidenten) Wilhelm Blos von Magdeburg abweichende Töne anschla-
gen: „Dieser Weltkrieg geht nunmehr, nachdem das Zarentum gefallen, um die
englisch-amerikanische Weltherrschaft [...] Die Finanzaristokratie der Entente
zwingt Deutschland, seinen Verteidigungskrieg weiterzuführen" (2. 10. 18). Den
Leitartikel über „Die Herbstkämpfe in Frankreich" schrieb der liberale Oberst
a. D. Richard Gädke mit dem Fazit: „Die Aussichten stehen im Westen keineswegs

---

31 1914 betrug die Auflage ca. 55 000 gegenüber nur 12 000 der MZ (was 1929 mit 16 000
nicht viel anders war); https://www.volksstimme.de/nachrichten/sonderthemen/120_
jahre_volksstimme/jubilaeumsausgabe_120_jahre_volksstimme/93381_Die-Magde
burger-waren-Leseratten.html.

für uns ungünstig" (Vw 5. 10. 18).[32] Auch innenpolitisch äußerte man sich weniger dezidiert kritisch: „Die Ansichten über die Kanzlerkandidatur des Prinzen Max von Baden sind unter den Sozialdemokraten geteilt" (Vw 4. 10. 18). Unter „Lokales" wurde dann „Ein systematischer Volksbetrug" z. B. durch alldeutsche Propagandisten zurückgewiesen, „die auch heute noch dem Volke die Tragik der Verhältnisse verheimlichen, und es so hinstellen, als stände alles aufs beste und bedürfte es nur eines kriegerischen Besinnens" (Vw 10. 10. 18). Als „Das Werden des Weltfriedens" über die Rolle des US-Präsidenten Wilsons näher rückte, wurde die „Briefaffäre des Prinzen Max" kritischer gesehen (Vw 16. 10. 18), allerdings sich zuweilen auch mit einer Schlagzeile wie „Erneute feindliche Durchbruchsversuche gescheitert" nur auf die „Mitteilung der obersten Heeresleitung" gestützt (Vw 20. 10. 18). Die „Möglichkeiten des Friedens" nach wohlgemerkt einem „verlorenen Krieg" waren u. a. auf die Annahme gegründet, dass „unsre jetzigen Feinde kein nach Vergeltung und Rache rufendes deutsches Volk wünschen können" (Vw 23. 10. 18).

Aus einer Ansprache des gegnerischen Stadtdirektors Tramm zitierte der „Volkswille" unter „Lokales" auch höchst fragwürdige Passagen: „Die Zaghaftigkeit und der Mißmut der Heimat übertragen sich stark auf die Krieger der Front." Es sei mit Frontbriefen nun alles wieder gezielt „zurückzuführen zu der Stimmung der großen Tage des Jahres 1914".[33] Die Kritik an solchen Durchhalteparolen wurde auf die „sich verschlechternden Ernährungs- und Bekleidungsverhältnisse" zentriert (Vw 23. 10. 18). Unter gleicher Rubrik beklagte man kurz darauf „Eine Katastrophe in der Kartoffelversorgung", und es fand sich dort eine zweistündige Rede Leinerts auf einer Mitgliederversammlung des SPD-Ortsvereins mit scharfer Kritik an den Kriegsverlängerern, aber Mahnung „zur strengsten Disziplin" zusammengefasst (Vw 25. 10. 18). Die vom Reichstag beschlossenen Verfassungsänderungen trafen unter der Schlagzeile „Die Militärautokratie hinweggefegt" auf ein positives Echo, auch wenn „erst die ungünstige Kriegslage die bürgerlichen Parteien dazu gebracht hat" (Vw 29. 10. 18). Das aus Berlin wiedergegebene Eingeständnis „Wir sind besiegt" stand unter der Schlagzeile „Der Zusammenbruch Österreichs"; im Lokalteil wurde die Volldemokratisierung der Kommunalebene gefordert und bürgerlichen Teilzugeständnissen als „25 Jahre zu spät" eine Absage erteilt (Vw 30. 10. 18).

---

32 Auch zwei Wochen näher am Kriegsende ließ man ihn noch Illusionen verbreiten, dass die „Partie remis" ausgehen könne (Vw 18. 10. 18).

33 So auch im HK 18. 10. 18: Ein Appell des Stadtdirektors Tramm an die Hannoverschen Kriegerfrauen; HT 18. 10. 18 A: Stadt Hannover und Linden; DV 19. 10. 18: Aus der Stadt Hannover; HVZ 19. 10. 18, 2. B: Städtische Kollegien zu Hannover.

Das rechtsnationalliberale Blatt „Hannoverscher Kurier" (= HK)[34] verband mit dem aktuellen Stichwort „Parlamentarisierung" auch „zu große Nachgiebigkeit der Mittelparteien gegenüber den Radikalisierungsbestrebungen der Linken" (1. 10. 18). Auf Skepsis traf „Das Rütteln am Fundament der Bismarckschen Reichsgründung" (HK 2. 10. 18). Die Wortverbindung „Parlamentarisierung, Wilsonisierung" (HK 4. 10. 18) war charakteristisch. Von allen Kriegskabinetten erschien nun dieses unter dem Prinzen Max, aber mit den Parteien der Reichstagsmehrheit „als das unsympathischste, bedenklichste" und somit das Fernbleiben der Nationalliberalen geboten (HK 5. 10. 18). Im Lokalteil „Stadt-Kurier" wurde die Schenkung eines bebauten Grundstücks „in unmittelbarer Nähe der Stadtdirektorenwohnung" an Hindenburg zu seinem 71. Geburtstag gemeldet und das Antworttelegramm gedruckt, in dem vom „Lebensabend im lieben Hannover" die Rede war (HK 7. 10. 18 A).[35]

Dem Krieg war außenpolitisch mit „Deutschlands Burenkampf" eine antienglische Deutung beigegeben (HK 8. 10. 18). Nicht minder brachte man im Blick auch nach innen „Demokratisierung und französischer Frieden" in Verbindung, mit dieser Propagandaformel: „Als französisches Ziel der deutschen *Innen*politik ist die Bolschewisierung anzusehen" (HK 9. 10. 18). Der US-Präsident Wilson galt dem „Kurier" als „Hemdsärmelpolitiker" und seine Forderungen als „neue Beleidigung des deutschen Volkes"; angehängt war die Erklärung der „Vaterlandspartei" mit dem Aufruf zur „höchsten Widerstandskraft gegen unsere Feinde" (10. 10. 18). Konträr zu selbstkritischen Tönen über die wilhelminische Ära in Magdeburg sah das rechtsstehende Blatt Hannovers im deutschen Volk „die ihm angeborene Neigung zum bescheidenen Maßhalten und seinen Glauben an die redliche Brüderlichkeit alles dessen, was Menschenantlitz trägt", als Problem an, um letztlich auf die „Schärfe des deutschen Schwertes" zu setzen (HK 12. 10. 18).

Vom Chefredakteur F. Hartmann wurde schlicht unterstellt: „Wer sich vom Völkerbund etwas anderes verspricht, als die Erfüllung der englischen Weltmachtgelüste, der kennt angelsächsische Verfahrensweisen nicht" (HK 20. 10. 18). Man konfrontierte weiterhin „gesunden Nationalismus" mit den „Uferlosigkeiten des Internationalismus" (HK 23. 10. 18). Am Tag der Meldung des Rücktritts

---

34 Auch wenn insbesondere einige Leitartikel Namenskürzel, vereinzelt auch den vollen Namen aufwiesen, war die Grundrichtung des HK unter Chefredakteur Friedrich (Fritz) Hartmann doch so einheitlich, dass sie hier zumeist nicht hinzugefügt und aufzulösen versucht werden; für zeitungsgeschichtliches Interesse gibt es die Selbstdarstellung: 75 Jahre Hannoverscher Kurier. Festschrift den Inserenten, Lesern und Freunden unseres Blattes gewidmet vom Verlage, Hannover 1924.

35 So auch: HA 8. 10. 18.

von Ludendorff wurde als Vorform einer Dolchstoßlegende von Hartmann das „Zusammenklappen der Nerven in der Heimat" beklagt (HK 27. 10. 18). Auch wenn er den Ton gegenüber der Regierung mäßigte, verbreitete er weiterhin Illusionen: „Gleich zu gleich, so verhandeln wir, anders nicht. Von Waffenstreckung keine Rede" (HK 28. 10. 18). Ein anderer Leitartikler befürwortete nach „Österreichs Unterwerfung" statt „Frieden in Schmach" doch „lieber den letzten Entscheidungskampf" (HK 29. 10. 18). Nur etwas moderater formulierte das auch ein im „Kurier" abgedruckter und von Gertrud Bäumer unterzeichneter „Aufruf des Bundes deutscher Frauenvereine" als prestige- und nicht realpolitische Schlussformel: „Ehe das deutsche Volk Bedingungen auf sich nimmt, die das Andenken seiner Toten verleugnen und seinem Namen einen unauslöschlichen Makel anheften, würden auch die Frauen bereit sein, ihre Kräfte für einen Verteidigungskampf bis zum äußersten einzusetzen". Das rechtsbürgerliche Blatt vermisste in gleicher Ausgabe die „Entflammung des Volkes" und bediente sich einer angesichts der im Rücktritt Ludendorffs evident gewordenen militärischen Lage grotesken Schuldzuweisung: „Was geschieht seitens der Regierung, um diesen Geist von 1813 zu entfachen?" (HK 29. 10. 18 A). Die verfassungsändernden Oktoberreformen wurden nicht kommentiert.

Als „Hannoverscher Anzeiger" (= HA) erreichte diese Regionalzeitung als einzige dort eine Auflage über 100 000; sie bot außer Kriegsanalysen des schon aus der MZ erwähnten Generalleutnants a. D. v. Ardenne (2. 10., 19. 10., 25. 10., 31. 10. 18) als Blatt des Generalanzeiger-Typus vorwiegend Nachrichten und Auszüge von anderen (zumeist hauptstädtischen) Zeitungen. „Die Mehrheitsregierung" unter Max von Baden wurde in dem Sinne verhalten begrüßt, dass man „vorurteilsfrei die Taten der neuen Regierungsmänner abwarten" solle (HA 5. 10. 18). Sicher auch mit Blick auf das sozial- und nicht bloß nationalpolitische Interesse eines Massenpublikums wurde „Das Reichsarbeitsamt" unter dem SPD-Gewerkschafter Gustav Bauer als Neuerung recht freundlich aufgenommen (HA 10. 10. 18). Dazu passten unter der Rubrik „Aus der Stadt" enthaltene „Kommunalpolitische Betrachtungen" zur „Übergangswirtschaft" auch in Richtung einer „Demokratisierung" (HA 30. 10. 18). Zum Thema „Präsident Wilson und wir" hatte es zwar umfangreiche Berichterstattung gegeben, aber viel mehr als die stets patriotisch-gouvernementale Abwartehaltung derart, dass „wir die Dinge gar nicht nüchtern und kühl genug ansehen" können (HA 26. 10. 18), war an Kommentierung nicht zu finden. Eine „Kriegs-Sonderausgabe" meldete dann am 31. 10. „Republikanische Umwälzungen in Wien und Budapest".

Als „Hannoversches Tageblatt" (= HT) erschien vor Ort eine zweite dem Generalanzeiger-Typus entsprechende Zeitung. Eingesandte Beiträge der Machart

„Wie der Engländer kolonisiert" (HT 4. 10. 18) fanden sich im politischen Teil zwischen der Fülle an Nachrichten – und in zweiter Linie noch Zitaten primär der Hauptstadtpresse – nur äußerst selten. Ein leitartikelartiger Text wurde ausnahmsweise zu „Österreichs Neugestaltung" gebracht, bezogen auf ein angekündigtes „Patent des Kaisers Karl" (HT 13. 10. 18). Wo sonst auch näher über Partikularinteressen wie „Der Zusammenschluß der hannoverschen Waldbesitzer" berichtet wurde (HT 16. 10. 18, 1. B), gab es Aufmerksamkeit für „Das Friedensmanifest der britischen Arbeiter" (HT 16. 10. 18 A) ersichtlich zur deutschen Entlastung. Es folgte dann auch „Ein Aufruf des deutschen Arbeiterkongresses" der „christlich-nationalen" Richtung im Sinne der Regierungspolitik (HT 17. 10. 18 A). Ein Leitartikelappell „Schließt die Reihen!" plädierte eher diffus für eine „Front der starken Nerven" (HT 19. 10. 18).[36] Das wurde als „Die Nervenprobe" redaktionell fortgeschrieben (HT 20. 10. 18, ähnlich 25. 10. 18). Innenpolitisch klang „Der Reformreichstag an der Arbeit" recht staatstragend (HT 23. 10. 18). Ein „Gewerbliches Schieds- und Einigungswesen" zwecks „Vermeidung großer Wirtschaftskämpfe" (HT 25. 10. 18, 1. B) und danach Berichte über die freigewerkschaftlich vorgeschlagene „Arbeitslosenversicherung und Arbeitsvermittlung" (HT 30. 10. 18, 1. B) sowie ministerielle Vorbereitungen auf „Die wirtschaftliche Demobilmachung" (HT 31. 10. 18 A) rückten nun auch ins Blickfeld der absehbaren Nachkriegsfragen.

Die „Deutsche Volkszeitung" (= DV) der regionalistischen Deutsch-Hannoverschen Partei (DHP) berichtete nach zuvor meinungsarmen Nachrichtentagen über „Eine bedeutungsvolle Reichstagssitzung" als möglicher „welthistorischer Augenblick" für ein „neues Deutschland" auf dem Weg zum „Frieden" (8. 10. 18). Entsprechend wurde „Die politische Lage" so charakterisiert, „daß das Deutsche Reich aus dem Obrigkeitsstaat heraus fast unvermittelt den Schritt zum Bürgerstaat getan hat" (DV 13. 10. 18). Eher unerwartet erschienen Auszüge des Buches „Weltpolitik und Weltgewissen" des Militarismus-Kritikers Friedrich Wilhelm Foerster unter „Macht und Recht" (DV 13. 10. 18, 3. B)[37], das auch wohlwollend kurzrezensiert wurde (DV 23. 10. 18, 2. B). Gleichzeitig wurde redaktionell beklagt: „Präsident Wilson hat sich zweifellos in der Behandlung des deutschen Volkes arg vergriffen" (DV 18. 10. 18), es gehe nun in verbreiteter Sicht um „Rechtsfrieden oder Gewaltfrieden" (DV 24. 10. 18). Wo „Die Evangelische Arbeitsgemeinschaft für die Städte Hannover-Linden"

---

36 Bei dem ausnahmsweise unter dem Titel verzeichneten Namen Rudolf Stratz wird es sich um jenen Schriftsteller handeln, der 1917/18 Propagandamaterial für das Kriegs-Presse-Amt publizierte.

37 Fortgesetzt jeweils im 2. B von DV 15. 10., 16. 10., 17. 10. 18.

in einer Anzeige zu einer „Reformationsfeier" aufrief, fehlte jegliche Kultur-
kampf-Reminiszenz: „Die in Not und Tod erprobte Blutsbrüderschaft mit
unseren katholischen Volksgenossen empfinden wir als ein gottgeschenktes
Gut" (DV 27. 10. 18, 3. B).

Das kann auf die „Hannoversche Volks-Zeitung" (= HVZ) als örtliches
Blatt der Zentrumspartei überleiten, die eine katholische Minderheit von rund
einem Zehntel der Bevölkerung vertrat. Die Nachricht über die neue „Volksregierung" wurde verhalten positiv aufgenommen (HVZ 2. 10. 18). Zwar
äußerte sich die HVZ zum Kernthema jener Wochen „Um den Frieden" in
übergeordneter Perspektive aufgeschlossen: „Das von Wilson in großen Zügen
umschriebene Programm der Völkerverständigung auf der Grundlage der
Freiheit *aller* in einem künftigen Völkerbunde zusammengefaßter Nationen
können wir durchaus annehmen" (11. 10. 18). Aber die umkämpften konkreten Bedingungen für Waffenstillstand oder doch Kriegsverlängerung sah man
„Auf des Messers Schneide" (HVZ 16. 10. 18.). Die deutsche Regierungsposi-
tion wurde als mit in „Würde und Sachlichkeit" vorgetragen unterstützt (HVZ
22. 10. 18), verbunden mit der besorgten Frage: „Was wird?" (HVZ 24. 10. 18).
Auf den Weg gebrachte Verfassungsreformen fanden als „Die Proklamation
der Mündigkeit des deutschen Volkes" freundliche Aufnahme (HVZ 23. 10. 18).
Ein „Grundsätzliches Entgegenkommen" wurde an der Verbindung des Friedens mit der inneren Reform festgemacht: „Die Demokratisierung des deutschen Verfassungslebens schreitet planmäßig, zwar ohne Überstürzung, aber
doch unaufhaltsam fort" (HVZ 25. 10. 18). Auch wenn zugleich vor einem
Rechtsputsch gewarnt werden sollte, war unter dem Stichwort „Was geht vor!"
doch ebenso von der Möglichkeit des Linksumsturzes und – schon vor dem
realen Geschehen – einer „Bildung von Arbeiter- und Soldatenräten" die Rede
(HVZ 28. 10. 18).

3. Die Novemberumwälzung in den betrachteten Städten

Den neuen Monat eröffnete die „Volksstimme" der SPD in *Magdeburg* zugleich
symbolträchtig vorausweisend mit der Hauptschlagzeile „Revolution in Wien"
und weiteren Überschriften auf der Titelseite „Revolution in Budapest" und
„Die Republik auf dem Marsche". Unter den „Magdeburger Angelegenheiten"
wurde über eine ganz besonders „stark besuchte Generalversammlung" der
eigenen Partei informiert und zu einer „Massenkundgebung auf dem Roten
Horn" aufgerufen (Vs 1. 11. 18). Für diese fand sich dann weitere Mobilisierung
unter dem Stichwort „Massen heraus!" (Vs 2. 11. 18.). Der triumphale Bericht

„Wir marschieren …" schätzte die „Teilnehmer der Magdeburger Friedenskundgebung" auf „dreißig- bis vierzigtausend" und zeigte sich überzeugt: „Es ist jetzt
eine *neue* Zeit hereingebrochen."[38] Hinsichtlich der späteren Behandlung innerer Gegner war es nicht uninteressant, dass in der gleichen Ausgabe auf der Folgeseite auch „Fritz Adler frei" gemeldet wurde, den Sohn Friedrich des Parteigründers Victor Adler betreffend, dessen mit bloßem Verbal- und Symbolprotest
u. a. Karl Liebknechts (Sohn des Parteimitgründers Wilhelm Liebknecht) nicht
vergleichbare Tat offen benannt wurde: „Fritz Adler hat am 21. Oktober 1916
den reaktionären österreichischen Ministerpräsidenten Graf Stürgkh *erschossen*.
Er wollte mit seiner Tat der innern Freiheit eine Gasse bahnen" (Vs 5. 11. 18).[39]
Verbunden mit ersten Berichten zu den Kieler „Unruhen" auf der Titelseite lautete nun die Schlagzeile: „Throne stürzen, Reiche vergehen .." (Vs 6. 11. 18). Am
8. November erschien die „Volksstimme" dann mit dem Stichwort „Die rote
Fahne" (u. a. Symbol der Maifeiern) und den ersten Sätzen: „Es ist keine Frage
mehr: Von Kiel *flammt die Revolution über das Land*".

Am nächsten Tag fand sich bereits ein detaillierter Bericht über „Die Revolution in Magdeburg". Als „Der Beginn" wurden „200 junge Soldaten" einer
Kaserne identifiziert. Rasch erfasste der Straßenumzug auch die „Zivilbevölkerung. Besonders begeistert waren Frauen und Mädchen". Es folgten konkrete Sig-
nale der Machtübernahme und Symbole der Umwälzung: „Die Offiziere wurden entwaffnet. […] Die rote Fahne weht vom Rathaus." Zentral war jedoch eine
„An die Bevölkerung Magdeburgs" gerichtete politische Botschaft: „Es wird ein
Arbeiter- und Soldatenrat gebildet" (Vs 9. 11. 18).[40] Nach Arbeitsniederlegungen sollen am Vormittag des 8. November „25 000 bis 30 000 Magdeburger in
der Innenstadt" für die Umwälzung demonstriert haben.[41] Unter „Magdeburger
Angelegenheiten" war auch verzeichnet, dass von Balkonen des Gebäudes der
„Volksstimme" nun „zwei rote Fahnen" wehten (Vs 9. 11. 18 B) und einige Tage
darauf in der Bevölkerung „Rote Rosen" aus „Stoff und Papier" getragen worden
sind (Vs 13. 11. 18 B). Die erste Versammlung des AuSR war von deutlich über

---

38 Die Angaben bei Gohlke, Räte (wie Fn. 9), S. 49 mit 40 000–50 000 und 5000 bei einer
    Anschlussveranstaltung der USPD stimmen hinsichtlich des Stärkeverhältnisses von
    1 zu 8 bis 10 mit nachfolgenden Wahlergebnissen recht gut überein.

39 Es ist hier nicht der Ort für einen Vergleich mit Österreich, aber die weitere Tätig-
    keit Friedrich Adlers (während sein Vater wenige Tage darauf verstarb) für die Sozial-
    demokratie war ein wichtiger Grund dafür, dass die KPÖ nur eine Splittergruppe werden
    konnte.

40 Außer in Zitaten wird nachfolgend die Abkürzung AuSR verwendet.

41 Gohlke, Räte (wie Fn. 9), S. 51.

80 % SPD-Vertretern klar dominiert, zur USPD zählten etwa 10 % und zu den Linksliberalen gut 5 %.[42]

Am 10. November schien vieles geklärt: „Wilhelm abgedankt – Ebert Reichskanzler" und somit „Die deutsche Republik" gegründet. Auch „Die Umwälzung in Magdeburg" nahm Gestalt an: So verkündete „Genosse Brandes" (USPD) die „soziale Volksrepublik" und dass in Fabriken zum Arbeiterrat „auf je 250 Mann ein Vertreter" zu wählen sei, was nicht den Ausschluss der Frauen meinte, wie die „Wahlordnung für den Arbeiterrat"[43] auch rasch klärte, ebenso die Zusammenfassung kleinerer Betriebe (Vs 15. 11. 18). „Genosse Beims" (SPD) sprach von einer „Weltenwende" und davon, dass der „Bruderzwist" zwischen Sozialdemokraten „begraben" sei und nun der AuSR die „öffentliche Gewalt" übernehme. Auch das SPD-Organ erlebte revolutionäre Phasen: „Wir teilten vor einigen Tagen mit, daß die Auflage dicht an 60 000 emporgeschnellt war. Gestern nun ist sie auf 80 000 gestiegen" (Vs 10. 11. 18). Unter dem Motto „Wilhelm der Schuldige" wurden harte Waffenstillstandsbedingungen dem gestürzten Regime zugeschrieben und die Heucheleien der bisherigen Kriegstreiber im bürgerlichen Lager demaskiert: „Die Brutalen beklagen sich über Brutalitäten!" (Vs 12. 11. 18). Eine gemeinsame „Vertrauensmänner-Versammlung" der SPD, USPD und Gewerkschaften ließ im Zeichen der „siegreichen Revolution" auch keinen Zweifel an der neuen Ära in den Betrieben: „Von Montag an gilt in allen Arbeitsstätten der *Achtstundentag*" (Vs 12. 11. 18 B).

Eine Schlagzeile „Die Revolution bringt Nahrung" zielte auf die „Erleichterung der Hungerblockade" seitens der Westmächte (Vs 14. 11. 18); eine weitere „Die revolutionäre Gesetzestafel" galt nicht zuletzt der „konstituierenden Nationalversammlung" und lehnte die „undemokratische russische Sowjetverfassung" ab: „Sie schließt breite Schichten der Bevölkerung von der Anteilnahme am öffentlich-rechtlichen Leben aus. Sie benachteiligt insbesondere auch die Frauen" (Vs 15. 11. 18). Stattdessen konnte unter dem Stichwort „Beamtenschaft und Revolution" auch eine „Massenkundgebung der Magdeburger Beamtenschaft aller Kategorien" registriert werden, die sich auf den Boden der neuen

---

42 Ebd., S. 57 mit Anm. 104 (dort angegebene Repräsentanz von „Spartakus" im Promillebereich ist realistischer als zuvor vom Autor behauptete Impulsfunktionen bei Revolutionsbeginn, die eher bei USPD-Gruppen zu vermuten sind – insgesamt nur ca. 30 Spartakus/KPD-Mitglieder in Magdeburg im Januar blieben weiter marginal, ebd. S. 88); ebd. S. 65/Anm. 123 und S. 129/Anm. 284 zeigen sogar eine auf Kosten der wenigen Liberalen weiter gewachsene SPD-Dominanz im Dezember 1918 und Februar/März 1919 bis zur breiter angelegten Neuwahl.

43 Auch veröffentlicht in der MZ 14. 11. 18 A.

Verhältnisse stellte, woraufhin auch Delegierte zum AuSR gewählt wurden.[44] Bald darauf war unter „Magdeburger Angelegenheiten" auch zu lesen, wie sich „Die Privatangestellten Magdeburgs" mit Beiträgen ihrer Einzelverbände versammelten (Vs 26. 11. 18 B).[45] Über „Die Geschichte der Arbeiterräte" war im Rückgriff auf das Münchener SPD-Organ und im Sinne deren Funktion als zeitlich begrenzte Aktionsplattform zu erfahren: „Der erste Arbeiterrat wurde in den Oktobertagen 1905 in Petersburg gewählt" (Vs 16. 11. 18). Enthüllt wurde die Finanzierung eines Sprachrohrs der „gelben" Gewerkvereine, an der Spitze die schwerindustriellen Großbetriebe wie das Krupp-Grusonwerk (Vs 17. 11. 18).

Im Zusammenhang mit zunächst für die NV ins Auge gefassten „Wahlen am 2. Februar" erwähnte man auch „die Ernennung des sozialpolitisch stark nach links gerichteten bürgerlichen Demokraten Prof. Hugo Preuß zum Staatssekretär des Innern" (Vs 19. 11. 18). Unter dem Motto „Schließt die Reihen!" wurde bedauert, dass in der USPD keine Einigkeit über das Revolutionsbündnis bestand: „Der größere, an Intelligenzen reichere Teil vertritt das Bündnis mit der alten sozialdemokratischen Partei, während der kleinere reif ist, sich der Spartakusgruppe anzuschließen, von der ihn innerlich gar nichts trennt" (Vs 20. 11. 18). Das konnte sich auf das ebenso bekannte wie seither diskreditierende Wort des USPD-Linken Richard Müller beziehen, „der Weg zur konstituierenden Nationalversammlung gehe nur über seine Leiche" (Vs 22. 11. 18). Aber einer wiederum „Schließt die Reihen!" betitelten Erklärung des SPD-Bezirkschefs Beims zufolge war mit der USPD „Waffenstillstand vereinbart", was die Konsequenz umfasste: „Wer deshalb mit seinen Überzeugungen zur Unabhängigen Sozialdemokratie neigt, der möge sich auch dort organisieren" (Vs 24. 11. 18). Eine gemeinsame „Öffentliche Frauenversammlung" von SPD, USPD und Gewerkschaftskartell schloss mit „einem dreifachen Hoch auf die revolutionäre Sozialdemokratie" (Vs 20. 11. 18 B).

Einer Darstellung als „weltgeschichtlicher Akt", als welcher die „deutsche Revolution" zu gelten habe (Vs 23. 11. 18), wurden „Massenmörder" gegenübergestellt, die nach Münchener dokumentarischen Enthüllungen kriegsschuldig waren: „Daraus ergibt sich, daß die deutschen Machthaber von 1914 bewußt und folgerichtig auf den Ausbruch des Krieges hingearbeitet und im Bunde mit den österreichischen Regierungsverbrechern ihr Ziel erreicht haben" (Vs 26. 11. 18). Selbstkritisch wurde die eigene Vorkriegstheorie rekapituliert bzw. relativiert: „Nach der sozialistischen Theorie entspringen die Kriege den wirtschaftlichen kapitalistisch-imperialistischen Tendenzen der Gesellschaft. Das ist eben so

---

44 Dieser Bericht auch in der MZ 15. 11. 18 A: Eine Kundgebung der Beamtenschaft.
45 Auch in MZ 25. 11. 18 B: Die Privatangestellten und die neue Lage.

richtig, wie die Feststellung, daß das Verbrechen überhaupt aus den sozialen Verhältnissen heraus zu erklären ist, weshalb freilich niemand einen Raubmörder
für einen Ehrenmann halten wird" (Vs 28. 11. 18). Unter der Rubrik „Sozialdemokratischer Verein" berichtete die „Volksstimme" über eine SPD-Versammlung
am 25. 11., wo Beims den „Waffenstillstand" mit der USPD bestätigte, aber dennoch eigene Positionen in den Vordergrund rückte: „Die Arbeiter- und Soldatenräte sind ein Provisorium, das bei geordneten Verhältnissen beiseitetreten muß"
(27. 11. 18 B). Wirtschaftlich gesehen stünde Deutschland nun „Am Abgrund"
(Vs 29. 11. 18).

Die MZ fragte schon vor Revolutionsbeginn im Hinblick auf die Kriegslage
sorgenvoll: „Deutschlands Zusammenbruch?" (2. 11. 18). Über die sozialdemokratische „Massenkundgebung auf dem Roten Horn" wurde sachlich berichtet
(MZ 4. 11. 18). Den Kanzler Max von Baden interpretierte man zu den „Reformen in Deutschland" sogar als „unblutige Revolution". In gleicher Ausgabe
waren „Die Frauenverbände für politische Gleichberechtigung" zitiert mit einem
Spektrum von Marie Juchacz (SPD) bis zu Clara Mende für die Nationalliberalen (MZ 4. 11. 18 M). Als schon Meldungen über „Die Unruhen in Kiel" verbreitet
wurden, übte der reformorientierte Justizrat Georg Bamberger „Zur Finanzlage"
deutliche Kritik an der Kriegszeitpolitik und brachte u. a. die „Besteuerung des
Kriegsgewinns" zur Sprache (MZ 7. 11. 18). Die Nachordnung des Berichts „Soldatenherrschaft in Magdeburg" unter eine Schlagzeile „Ausrufung der Republik Bayern in München" (MZ 8. 11. 18 A) konnte den überregionalen journalistischen Anspruch dokumentieren. Der Aufruf des AuSR „An die Magdeburger
Bevölkerung!" und darin erklärter Übernahme der „öffentlichen Gewalt" wurde
mit Ankündigung weiterer Informationen abgedruckt (MZ 9. 11. 18 B). Über „Die
endgültige Bildung des Arbeiter- und Soldatenrates" vor Ort erfolgte informative Berichterstattung mit u. a. diesen Personalien: „Den Vorsitz führte Reichstagsabgeordneter Brandes", und dann nach weiterer Überschrift „Auf dem Rathause" noch: „Der Arbeiter- und Soldatenrat stellt dem Oberbürgermeister als
seinen Beauftragten den Stadtrat Beims zur Seite, der ja sowieso schon Mitglied
des Magistrats ist". Zur „Abdankung des Kaisers" fügte man in gleicher Ausgabe der „Unwirklichkeit seiner Traumwelt" nüchtern und selbstkritisch hinzu,
dass „Schuld" an der politischen Überforderung eines Erbmonarchen letztlich
die allzu lange unveränderte alte „Reichsverfassung" trug (MZ 9. 11. 18 A). Die
„Aufrufe des Reichskanzlers Eberts" zielten ersichtlich auf Beruhigung der
neuen Lage (MZ 10. 11. 18).

Es wurden nicht unerwartet „Brutale Waffenstillstandsbedingungen"
beklagt (MZ 11. 11. 18). Mit einigem Quellenwert war auf der Titelseite „Vom
revolutionären Staatsrecht" die Rede, als offenbar authentische Wiedergabe der

„Privatmeinung", die ein „rechtssozialistisches Mitglied der Regierung" äußerte; damit konnte nur der vormalige Magdeburger Reichstagsabgeordnete und promovierte Jurist Landsberg gemeint sein, der somit erläuterte: „Der Berliner A.- und S.-Rat muß zunächst als Volksvertretung gelten, wobei angenommen wird, daß die A.- und S.-Räte mit ihm übereinstimmen. Er ersetzt also den Reichstag, dessen Kompetenz schon deshalb aufzuheben ist, weil die anderen gesetzlichen Faktoren, Bundesrat und Kaiser, verschwunden sind. Es handelt sich hier um ein provisorisches Parlament, das von denen gewählt ist, die aktiv an der Revolution teilgenommen haben. Der Vollzugsrat des Berliner A.- und S.-Rates ist demnach etwa dem Hauptausschuss des Reichstags gleichzusetzen.[46] In den Händen dieses großen und kleinen Rats müßte also die Legislative und die Kontrolle der Regierung liegen, die dem A.- und S.-Rat verantwortlich ist. Der Rat der Volksbeauftragten dagegen, den man auch die Reichsregierung nennt (also die sechs Männer von Ebert bis Barth), hat die Exekutive auszuüben im Auftrage des A.- und S.-Rates. Er hat zu regieren; ihm unterstehen alle Reichsbehörden." Die solches aufzeichnende „Berliner Redaktion" der MZ führte bei nachgelegter Skepsis den Gedanken fort: „Wir fügen noch hinzu, daß offenbar der Berliner A.- und S.-Rat zugleich als provisorisches preußisches Parlament gilt, da er auch die neue Regierung in Preußen eingesetzt hat. Das ist ungewöhnlich – aber Revolutionen sind ja überhaupt zum Glück nichts Gewöhnliches" (14. 11. 18). Zur Repräsentationsfiktion eines hauptstädtisch begrenzten Revolutionskonvents gab es rein praktisch gesehen kaum eine Alternative. Dabei entsprach die Repräsentationserweiterung zum Reichsrätekongress einen Monat darauf und von diesem zur NV wieder nur einen Monat später gewiss auch dem Willen Landsbergs.

Die am gleichen Tag – auf das preußische Revolutionskabinett bezugnehmend – verbreitete Meldung „Die Stadtverordneten-Versammlungen bleiben", wenn auch nur bis zu Neuwahlen auf demokratisierter Grundlage (MZ 14. 11. 18 B), offenbarte eine prozedurale Differenz. Gerade in Preußen war deren Zusammensetzung weitaus undemokratischer als im Reichstag, aber zum einen die Verbindung mit anderen Gemeindeorganen nicht weggebrochen, zum anderen die Kontroll- und Interventionsmöglichkeit der AuSR vor Ort unmittelbar gegeben. Hingegen wäre auch die bloße Repräsentationsfiktion eines vor sieben Jahren nur von jetzt mindestens 32-jährigen Männern, also gerade nicht den meisten Frontsoldaten gewählten, seiner kaiserlichen und föderalen Bezugsorgane entkleideten Reichstags kaum ähnlich durch Rätegremien in einer Übergangzeit bis zur NV kontrollierbar gewesen. Auf der gleichen Zeitungsseite wurde zu „Wirkliche

---

46   Dazu Reinhard Schiffers, Der Hauptausschuß des Deutschen Reichstags 1915–1918, Düsseldorf 1979.

Demokratie" Alfred Weber aus dem „Berliner Tageblatt" recht ausführlich zitiert. Auch der Leitartikel „Ende des Wuchers?" des Sozialpolitikers Heinz Potthoff kam aus dem linksliberalen Intellektuellenkreis (MZ 16. 11. 18).

Mit einem Appell „Bürger Magdeburgs!" zur Kooperation auf (neu) geordneter Basis artikulierte sich rasch auch ein „Bürgerrat" unter dem Vorsitz des – vormals nationalliberalen – Gründers des DDP-Ortsverbands Carl Miller (MZ 16. 11. 18 B).[47] Unmittelbar darauf wurde „Zur Gründung der neuen Demokratischen Partei" in Berlin ausführlich informiert (MZ 16. 11. 18 M) sowie unter „Die Forderung der Stunde" auch über die „Verschmelzung" der Nationalliberalen mit der Fortschrittspartei in Magdeburg berichtet (MZ 18. 11. 18). „Landsberg über die Nationalversammlung" diente als Beruhigungsfaktor auch hinsichtlich der USPD-Kollegen, mit denen nur Differenzen um Wochen bestanden: „Nach seiner Überzeugung gäbe es im Kabinett kein einziges Mitglied, das nicht gleich ihm eine möglichst beschleunigte Einberufung für ein unbedingtes Erfordernis halte" (MZ 17. 11. 18 B). Kurz darauf wurde freilich eine alarmistische Schlagzeile verbreitet: „Die Berliner Arbeiterräte fordern Diktatur des Proletariats" (MZ 20. 11. 18).

Bemerkenswert detailliert war unter der Parole „Die Sache gilt's!" die Befassung mit Problemen, „eine einige Phalanx der bürgerlichen Linken herstellen" zu wollen. Zwar wandte man sich auch gegen Führungsansprüche von Alfred Weber und Theodor Wolff, noch entschiedener aber gegen die fehlende Bereitschaft der nationalliberalen Leitfigur, den Weg zur Vereinigung freizumachen: „Dr. Stresemann hat sich durch seine Tirpitz-Begeisterung, die wir seit Jahr und Tag bekämpften, durch seine blinde Gefolgschaft auch hinter dem *politischen* Ludendorff, und vor allem durch sein Verhalten in der Kaiserfrage um den Kredit als vorausschauender politischer Führer gebracht" (MZ 21. 11. 18 A). Der Stresemann des Locarno-Vertrags 1925 und Friedensnobelpreises 1926 war eben weder im Ersten Weltkrieg noch in der frühen Republikzeit bereits zu erkennen. Hingegen wurde die Magdeburger DDP durch „korporativen Beitritt der Demokratischen Vereinigung" punktuell linksbürgerlich erweitert (MZ 22. 11. 18). Ein Anzeigenkasten mit dem „Aufruf zur Gründung einer Deutschnationalen Volkspartei" in Magdeburg war mit „Prof. Lic. Meyer" unterzeichnet (MZ 29. 11. 18 B), nicht untypisch ein Vertreter des konservativ-evangelischen Milieus.[48]

Im CA war „Der Untergang des habsburgischen Reiches" (1. 11. 18) zu lesen, auch „Der Kaiser" sei, wo Staaten „in Trümmer" stürzten, vor schwierige Entscheidungen gestellt: „Zu allen Zeiten haben sich große Persönlichkeiten für ihr

---

47 Zu seiner Person und Funktion http://www.uni-magdeburg.de/mbl/Biografien/0644.htm.
48 Das ist sicher Konrad Meyer, http://www.uni-magdeburg.de/mbl/Biografien/1057.htm.

Vaterland, für ihr Volk selbst zum Opfer dahingegeben" (2. 11. 18). Eine den Ereignissen folgende Berichterstattung meldete als Schlagzeile „Die Arbeiter- und Soldatenherrschaft im Lande" und schilderte darunter „Die Vorgänge in Magdeburg" (CA 9. 11. 18). „Der Ruf nach der Nationalversammlung" sollte revolutionseinhegend, aber nicht restaurativ verstanden werden: „Man wünscht nicht, daß die undemokratische Minderheitsregierung von rechts, unter der wir bisher gelitten haben, durch eine ebenso undemokratische Minderheitsregierung von links ersetzt werde" (CA 14. 11. 18). „Gefahrvolle Zeichen" sah man nicht allein von „Revolutionsphantasien" herkommen. „Nicht genug damit: die Vernichtung unseres Landes und unseres Volkes ist Frankreichs Plan" (CA 27. 11. 18).

In *Hannover* begann der SPD-„Volkswille" den Revolutionsmonat mit den Titelzeilen „Ausräumung der Monarchie in Österreich-Ungarn" und „Die Demokratisierung des Reiches" in Deutschland (1. 11. 18). Die Anspielung „Österreich – und wir?" zielte auf das Ende auch der Hohenzollern-Dynastie (Vw 3. 11. 18). Für Preußen wurde zudem „Schleuniger Kehraus mit den altkonservativen politischen Beamten!" gefordert (Vw 2. 11. 18). Erst am 8. November waren „Die Forderungen des Kieler Soldatenrats" als Zeichen der Umsturzbewegung auf der Titelseite zu finden; in der gleichen Ausgabe wurde über den Beginn einer ähnlichen Bewegung in Hannover mit einem zu geordnetem Vorgehen mahnenden Appell „An die Soldaten und die Bevölkerung!" noch zurückhaltend berichtet. Sogar am historischen Revolutionstag waren mit der unterkühlten Schlagzeile „Der Gang der Ereignisse" des Vortags erst u. a. von Brey und Leinert unterzeichnete Aufrufe zur Besonnenheit verbunden, die informierten, dass die Bewegung der AuSR „auf Hannover übergegriffen" habe (Vw 9. 11. 18).[49] Am Folgetag hieß es knapp: „Der Kaiser hat abgedankt", ferner wurde „Das sozialpolitische Programm des Reichsarbeitsamts" vorgestellt. Im Lokalteil lautete die erste Zeile: „Auch der Stadtdirektor dankt ab", das Pensionsgesuch Tramms sei bereits zur Genehmigung empfohlen (Vw 10. 11. 18). „Die Ursachen unserer Mißstimmung" wurden in Mängeln der Innenpolitik gesucht, aber so wie 1914 weiter das Narrativ „des von Feinden umlagerten Vaterlandes" bemüht (Vw 10. 11. 18 B).

---

49 Die für das zeitgenössische Lesepublikum kaum nachvollziehbaren Vorgänge der Auslösung einer örtlichen Revolutionsbewegung durch am Bahnhof eintreffende Soldaten, die Bildung eines Soldatenrates und die Einhegung des Umsturzes durch SPD und Gewerkschaften sind dargestellt bei Werner Heine, Verlauf und Auswirkungen der Novemberrevolution 1918 in Hannover, Hannover 1978, S. 10–31. Jenseits mancher Faktenrekonstruktion kann diese Publikation aber nicht befriedigen, auch weil sie u. a. dem SPD-Blatt eine „Affinität zum späteren Sprachgebrauch der Faschisten" (S. 178) vorhält und vom Standpunkt eines in Hannover marginalen Linksradikalismus her argumentiert.

Erst am 12. 11. erschien der „Volkswille" mit der Schlagzeile „Die deutsche Revolution"; diese Neuakzentuierung, immerhin „die Demokratie auf dem Marsche" zu sehen, hing gewiss mit dem nunmehr gesicherten Wissen um „Die neue sozialdemokratische Regierung" zusammen. Im Lokalteil war zur „Sitzung des Arbeiter- und Soldatenrates" zu erfahren, dass außer zahlreichen Soldaten als Wortführer vor allem drei Abgeordnete (neben Brey und Leinert noch Gustav Fischer) und drei Gewerkschaftsangestellte fungierten. Mit dem regelrecht aus dem Amt geflüchteten Stadtdirektor Tramm[50] wurde in äußerster Schärfe („feige", „Klassen- und Kastenauffassung", „ehrgeiziger, rücksichtsloser Streber" usw.) abgerechnet, in die Schlussfrage mündend: „Und dem ‚Manne' sollen wir noch eine schwere Pension zahlen?" Die Information, dass Leinert dessen Nachfolger werde, fand sich im Lokalteil unter „Kommunale Umwälzungen" (Vw 13. 11. 18). Die Wahl am Abend des 13. 11. stand dann an gleicher Stelle ebenso präzise wie wortkarg berichtet: Vom Kollegium der Gemeindeorgane „wurden einstimmig gewählt zum Stadtdirektor Landtagsabgeordneter Genosse Leinert und zu unbesoldeten Senatoren Geschäftsführer Genosse Lohrberg und Arbeitersekretär Genosse Schrader. Der neue Stadtdirektor soll gebeten werden, den Titel ‚Oberbürgermeister' anzunehmen" (Vw 15. 11. 18). Zur Thematik „Revolution und Konstituante" wurde – unter Zurückweisung rechtsgerichteter Vorwürfe einer Verschleppung der Wahlen – ein im Ansatz modern pluralistisch anmutendes Demokratieverständnis vorgebracht: „Die Mehrheit muß entscheiden. Aber die Minderheit muß die Möglichkeit haben, ihren Standpunkt in der freiesten Weise überall zu vertreten" (Vw 14. 11. 18). Als Leitbild galt also „Demokratie, nicht Diktatur" (Vw 16. 11. 18). Der Aufruf des preußischen Revolutionskabinetts Hirsch-Ströbel (SPD/USPD) vom 13. 11. wurde kommentarlos abgedruckt (Vw 15. 11. 18). Zur Amtseinführung Leinerts war unter „Die kommunale Neuordnung in Hannover" zu lesen, dass er „den Ruf als Unterstaatssekretär in das Ministerium für öffentliche Arbeiten abgelehnt" hat (Vw 16. 11. 18). „Die Einführung des neuen Oberbürgermeisters und der beiden neuen Senatoren" in „demokratisch nüchterner Einfachheit" wurde dann einschließlich der Rede Leinerts dokumentiert, in der er sich auch zu „Demokratie und Sozialismus" bekannte (Vw 17. 11. 18, 1. B).

Die Vielfalt der Berichterstattung war daran zu ermessen, dass sich ein die konkurrierende DDP meinender Aufruf „Zur Gründung einer neuen

---

50 Vw 22. 9. 18 hatte über ein Sprengstoffattentat auf ihn berichtet, so (vor dem hier betrachteten Zeitraum) erwähnt bei Müller, Sozialdemokratie (wie Fn. 22), S. 185 – das erklärt wohl auch sein ‚Untertauchen' zu Beginn der Revolution in Hannover; die angebliche dienstliche Reise nach Berlin war jedoch eine gezielte Desinformation, so der Beleg bei Berlit-Schwigon, Robert Leinert (wie Fn. 8), S. 51.

demokratischen Partei" im Wortlaut fand (Vw 17. 11. 18). Einer „bürgerlich-republikanischen Partei mit stark sozialem Einschlag" gegenüber wurde Interesse bekundet, mit aufschlussreichem Vergleich: „Die Parteigründer haben sich offenbar die französischen Radikalsozialisten zum Vorbild genommen" (Vw 19. 11. 18), die freilich entgegen dem Namensanschein weder (nach deutschen Begriffen) radikal noch sozialistisch waren, sondern bürgerlich-links-liberale Republikaner. Auch „Ein Rat geistiger Arbeiter", der sich „auf den Boden des Volksstaates und der sozialen Republik" stellte, meldete sich zu Wort (Vw 19. 11. 18 B). Nicht alltäglich war ebenso ein Leitartikel des reichsweiten Gewerkschaftsvorsitzenden Legien über „Politischer Umsturz – wirtschaftlicher Umbau", wo das Arbeitsgemeinschaftsabkommen mit den Unternehmerverbänden vom 15. 11. erläutert und offensiv verteidigt wurde: „Die Vereinbarungen hindern nicht die Sozialisierung der Produktion, sondern sind geeignet, diese zu beschleunigen" (Vw 24. 11. 18). Das hätte die andere Vertragspartei schlicht bestritten, fasste aber die Anbahnung durch Mitwirkungsrechte der Beschäftigten ins Auge. Leinert sprach am 24. 11. gleichermaßen auf einer „Freiheits-Feier" der Stadt wie anschließend berichtet auf einer von 3000 bis 3500 Mitgliedern besuchten SPD-Versammlung, wo er den Befreiungsakt klassenspezifisch formulierte: „Die Diktatur der Junker und der Kapitalisten ist zu Ende" (Vw 26. 11. 18). Auch in der Kriegsschuldfrage sah man nach den Münchener Enthüllungen nunmehr „Die Wahrheit auf dem Marsche" (Vw 27. 11. 18).

Der rechtsnationalliberale „Kurier" meldete nur „Vollständiger Sieg der Revolution in Ungarn" und vermied eine gleiche Schlagzeile zu Wien (HK 1. 11. 18 A). Chefredakteur Hartmann wandte sich mit einem Leitartikel „Demokratie *oder* Kaisertum?" auch mit parteipolitischer Exponierung bis zuletzt gegen die Abdankungsdebatte: „Gerade unsere Partei der Reichsgründung muß scharf, klar und ohne Beding Widerspruch tun gegen alle Zetteleien, durch eine Abdankungshetze den Reichszerfall einzuleiten" (HK 4. 11. 18). Unter Bezugnahme auf die parteieigene „Natlib. Korr." wurde unverändert „Für Kaiser und Reich" argumentiert (HK 6. 11. 18). Umso mehr geriet die „Umwandlung im Reich" (HK 9. 11. 18) zur Überraschung, die „Abdankung des Kaisers" zur unkommentierten Nachricht (HK 9. 11. 18 A). Am Folgetag wurde zur Schlagzeile „Deutschland Republik" ergänzend mit „Die Revolution in Berlin" die Informationslage geklärt (HK 10. 11. 18). Nur deskriptiv war auch der auf die erfolgte Nominierung zielende Bericht „Der Abgeordnete Leinert Stadtdirektor von Hannover", wobei eine umsturzbedingte Abweichung von den bestehenden Regularien erwähnt war, in denen „Rechtskunde" für das Amt vorgesehen blieb (HK 12. 11. 18). Abgedruckt wurde, nach demjenigen auch der Reichsebene am Vortag, ebenfalls unkommentiert „Das Arbeitsprogramm der vorläufigen

Regierung in Preußen" (HK 14. 11. 18).[51] Über die „Sitzung der Städtischen Kollegien" mit der Amtseinführung Leinerts als neuer Oberbürgermeister fand sich ein längerer Bericht zu den Redebeiträgen (HK 15. 11. 18 A).[52] Mit einer Anfrage erfuhr der „Kurier" von Leinert als „Die Hauptaufgaben unseres neuen Stadtoberhauptes", dass er u. a. „in schnellster Zeit die Vereinigung von Hannover und Linden" herbeiführen wolle (16. 11. 18 A).

In einem gemeinsamen Aufruf der Nationalliberalen und Konservativen, des Zentrums und der DHP vor Ort zur Unterstützung der Regierung für „Ruhe und Ordnung" bei gleichzeitiger Forderung unverzüglicher Wahlen zur NV fehlten ersichtlich die Linksliberalen (HK 18. 11. 18 A).[53] Dementsprechend wurde über „Gescheiterte Einigungsverhandlungen" berichtet, doch ein nur zum linken Rand reduziertes Fortbestehen der Nationalliberalen unterstellt (HK 21. 11. 18). Ein zentraler „Aufruf der Nationalliberalen Partei" zielte auf den bevorstehenden Wahlkampf (HK 21. 11. 18 A), und „Das neue Programm der Nationalliberalen" sprach bereits von einer „Deutschen Volkspartei" (HK 22. 11. 18). „Eine Programmrede Dr. Stresemanns" konnte der veranstaltende „Nationalliberale Verein Hannover" referieren, mit allerlei Rechtfertigung Ludendorffs und der Schuldzuweisung, „daß die Heimatfront bereits so zermürbt war". Mit „Lebh. Beifall" wurde Stresemanns bei aller Detailkritik am gestürzten Herrschaftssystem mehr nationales als liberales Bekenntnis aufgenommen, „daß aber die Macht und Größe des Vaterlandes ihm mehr wert sei, als gewisse innere Freiheiten". Mit der Behauptung, es habe „niemals weniger Freiheit gegeben, als heute", und die „größte Zeit sei doch die seit 1870/71 unter dem Kaisertum der preußischen Könige gewesen", positionierte er sich und die DVP erkennbar weit entfernt rechts von der republikfreundlichen DDP (HK 28. 11. 18 A).

Der Aufruf für einen „Bürgerbund" als „Sammlung aller bürgerlichen Kräfte" in Hannover und Linden griff mit dem Ziel der „Erhaltung unserer tausendjährigen Kultur" noch weiter zurück (HK 29. 11. 18).[54] Wo sich „An unsere Parteifreunde!" aus Hannover „Die nationalliberalen Vertrauensmänner" unter Beteiligung von „Chefredakteur Dr. Fritz Hartmann" wandten, machte die hervorgehobene Forderung einer „Aufrechterhaltung der Verbindung von Staat und

---

51   Ebenso HVZ 14. 11. 18: An das preußische Volk!; HA 14. 11. 18: Ein Aufruf der preußischen Regierung.

52   Bericht zur Amtseinführung auch in HVZ 16. 11. 18: Aus der Stadt Hannover; DVZ 17. 11. 18, 2. B (gleicher Titel); HA 16. 11. 18: Ein historischer Tag im Rathause; HT 15. 11. 18: Einführung des neuen Oberbürgermeisters.

53   Auch in HVZ, DVZ und HA 19. 11. 18; HT 18. 11. 18.

54   Auch in HVZ und DVZ 29. 11. 18; HT 28. 11. 18.

Kirche" (HK 30. 11. 18)[55] im Einklang mit einer hier nicht im Detail nachzuzeichnenden kontinuierlichen Redaktionslinie deutlich: Es war nicht unwesentlich auch ein – im ostelbischen Raum zur DNVP tendierendes – rechtsbürgerlich-evangelisches Milieu, das in Hannover die Nationalliberalen anders als in Magdeburg von der DDP fernhielt.

Das Zentrumsblatt sah gewisse „Bolschewistische Umtriebe" am Werk (HVZ 6. 11. 18) und berichtete nur distanziert über „Die Unruhen in Hannover und in den Hansastädten" unter Erwähnung eines „Soldaten-Putsches" (HVZ 8. 11. 18). Nach vollendeten Tatsachen wurde „Die neue Zeit" einer „deutschen Revolution" als „unblutigem Umsturz" aber Versäumnissen zugeschrieben: „Die alte Regierung mit ihrer schwankenden, unentschlossenen Haltung kam mit ihren Erlassen stets *zu spät.*" Es wurde erwartet, „daß die neue Bewegung sich vollständig fern hält von Bolschewismus", was aussichtsreich erschien: „Die gewerkschaftlich erzogene Arbeiterschaft hat gelernt, Realpolitik zu treiben" (HVZ 11. 11. 18). Derart sollte auch „Das neue Regierungsprogramm" verstanden werden: „Der Volkswille herrsche, keine Diktatur!" (HVZ 13. 11. 18). Alarmistisch klang es im Kernbereich der Zentrumsidentität: „Wiederholung des Kulturkampfes?" (HVZ 19. 11. 18). Primär bezog sich „Der Kulturkampf" auf kirchenfeindliches Agieren von Adolph Hoffmann (USPD) in der preußischen Revolutionsregierung (HVZ 30. 11. 18). „Ein Aufruf der Zentrumspartei" wurde jedoch in deren Charakterisierung als „christlich demokratische Volkspartei" und ein „freier sozialer Volksstaat" als Leitbild eher zukunftsweisend eingeleitet (HVZ 22. 11. 18). „Die Schuld am Kriege" müsse unter Zugrundelegung der als nach außen schadensbringend kritisierten Münchener Enthüllungen „die deutsche Regierung" tragen, „aber das deutsche Volk hat diesen Krieg nicht gewollt" (HVZ 28. 11. 18).

Nachdem die regionalistische DVZ bis in die ersten Revolutionstage hinein nur wie ein Nachrichtenblatt anmutete, reklamierte am 12. November eine auffällige Titelseite „An alle Hannoveraner!" das „Recht auf staatliche Selbständigkeit"; man thematisierte nichts weniger als „Hannover und das Selbstbestimmungsrecht der Völker" im Streben nach Revision der preußischen „Einverleibung" von 1866 (14. 11. 18). Es mochte erstaunen, dass ausgerechnet eine Regionalpartei unter „Demokratie" wesentlich nur „diejenige Regierungsform" verstand, „die sich auf die Mehrheit des Volkes stützt" (DVZ 20. 11. 18); doch als Volk definierte man insofern zunächst das hannoversche. Unter „Neue Parteien" figurierten die hinter Stresemann versammelten Kräfte als die „Rechtsnationalliberalen" (DVZ 23. 11. 18). In einem weiteren Titelseitenaufruf „An alle Hannoveraner" wurde

---

55   Auch in HT 30. 11. 18 B.

nun offen partikularistisch „Los von Berlin!" propagiert – und darin nicht nur
die Steuerlast als „Tribut an unsere Berliner Unterdrücker" eingestuft, sondern
beim eigenen „Schicksal eines geknechteten Volkes" der abwegige Vergleich mit
dem Verselbständigungsstreben der Polen angestrengt (DVZ 24. 11. 18). Seither
wurde eine Kampagne mit Parolen wie „Los von Preußen! Hannover den Hannoveranern!" geführt (DVZ 26. 11. 18, 2. B). Wohl auch wegen der Preußenfeind-
schaft ließ man zu den Kriegsfragen zitierend den Ex-Kanzler Bethmann Hollweg
„offen von dem Teile der Schuld sprechen, die uns selbst an diesem Weltenunheil
trifft" (DVZ 28. 11. 18). Vor Ort mobilisierte nun auch die DDP mit Großanzeigen
zu einer öffentlichen Versammlung (DVZ 29. 11. 18, 2. B).

Am Berliner Revolutionstag lautete die Schlagzeile im „Anzeiger" noch
„Zurückstellung der Kaiserfrage bis Waffenstillstandsabschluß" (9. 11. 18, Son-
derausg.). Über „Die Vorgänge in Hannover" wurde detaillierter berichtet
(HA 9. 11. 18). Unter „Neue Beschlüsse des Hannoverschen Arbeiter- und Soldatenrats" fand sich die Information, daß mehr als 5000 Soldaten auf einer Versammlung am 9. 11. erschienen waren (HA 11. 11. 18). Der Aufruf des Rates der
Volksbeauftragten vom 12. 11. wurde mit der Schlagzeile „Übergang zum sozialistischen Staat" versehen, und es waren „Wichtige Änderungen in der städtischen Verfassung" auf dem Weg zur so ermöglichten Wahl Leinerts aufgelis-
tet (HA 13. 11. 18). Erst am 20. November war im Leitartikel „Die demokratische Forderung" ein deutlicherer Appell zur politischen Beteiligung zu lesen:
„Das Bürgertum muß heraus aus dem Schlaf", und im geforderten Eintreten
für rasche Wahlen zur NV sogar mit jenem Teil der Sozialdemokratie, „der
die wahre Demokratie will, einig sein". Daraufhin wurde aber die beginnende
„Heimkehr" der Frontsoldaten mit einer Generalanzeiger-typischen Überpartei-
lichkeitsideologie kommentiert: „Wir sind an der Partei zugrunde gegangen. Wir
haben den Krieg verloren, weil die Heimat sich über die Schranken der partei-
ischen Theorien nicht zusammenfinden konnte zu einer alle einigenden praktischen Tat" (HA 22. 11. 18) – über die aber nichts Konkretes zu lesen stand, da
man dann eben nur irgendwie parteilich werden konnte. Das klang auch so ähnlich in einem Leitartikel „Wohin treiben wir?" des Kunsthistorikers Prof. Georg
Biermann (HA 27. 11. 18) und im Bericht zur „Gründung des Bürgerbundes" an:
„Der Bürgerbund lehne *jede Parteipolitik* ab und müsse sich nur die Sammlung
des Bürgertums zu seiner Aufgabe machen" (HA 26. 11. 18).

Nach zurückhaltender Berichterstattung meldete schließlich auch das „Tageblatt" den „Sieg der Revolution auf der ganzen Linie" (HT 10. 11. 18) und eine
„Demokratisierung der hannoverschen Stadtverwaltung" mit vorgesehener
Wahl Leinerts und zweier SPD-Senatoren (HT 12. 11. 18 B). Die Nachrichtenpraxis unterschied sich wenig vom „Anzeiger", es wurde dann allmählich ein

Gesamtbild von „Gefahren für Deutschland im Innern und nach außen" ver-
mittelt (HT 24. 11. 18). Die sonst mit ihrem Ortsverein nur punktuell erkennbare linksliberale „Fortschrittliche Volkspartei" trat nun unter Hinweis auf die
DDP-Gründung mit einer größeren Anzeige für eine Veranstaltung „Die deutsche Revolution und wir" hervor (HT 24. 11. 18, 2. B). In dem Bericht über „Die
Fortschrittliche Volkspartei" hinsichtlich dieser Versammlung wurde auch der
Beitritt von Mitgliedern der Demokratischen Vereinigung zur DDP und die
Sonderrolle der DVP erwähnt (HT 26. 11. 18 A). Bemerkenswert war diesbezüglich auch ein Artikel „Die Revolution in der Schule", wo Paul Hildebrandt (ein
DDP-Reformpädagoge) für die „Einheitsschule" plädierte (HT 28. 11. 18). Abgedruckt wurde auch ein Beitrag des neuen Regierungschefs Paul Hirsch (SPD)
zum Thema „Das neue Preußen und die Einheit des Reiches" (HT 30. 11. 18), was
die reformliberale Offenheit des Blattes komplettierte.

4. Beginnende Polarisierung und Grundsatzdebatten im Dezember

Die „Volksstimme" in *Magdeburg* begann den Revolutionsdezember mit einer
dramatischen Schlagzeile „Wettlauf mit dem Tode" hinsichtlich der prekären
Lebensmittelversorgung, was die „Errungenschaften der Revolution" gefährde
(1. 12. 18). Zu den „Drei Gefahren" wurde neben „Anarchie" durch „Arbeitslosigkeit und Lebensmittelnot" sowie der „Gefahr des feindlichen Einmarsches"
auch die Nebenaußenpolitik von Eisner als zwar „ausgezeichneter Schriftsteller", aber „unmöglicher Ministerpräsident" von Bayern gerechnet (Vs 3. 12. 18).
In einer noch teilweise ungeklärten Informationslage zur „Einigung als Trennung" im Liberalismus galt nun DDP-Mitgründer Wolff als der „verdienst-
vollste Mann", der „an politischer Einsicht und moderner Gesinnung die meisten seiner Parteigenossen turmhoch überragt" (Vs 5. 12. 18). Dahinter wollte
man in der Gesamtanalyse zu „Fluch und Abrechnung" nicht zurückbleiben:
„Der Weltkrieg hat die Revolution gebracht. Nach der russischen sind die deutsche und die österreichische der zweite Akt. Der dritte und letzte wird dereinst
folgen. Womit allerdings uns im Augenblick nicht geholfen wird. Mir müssen
einstweilen bis zum Grunde auslöffeln, was uns unsre herrschenden Klassen
eingerührt haben" (Vs 6. 12. 18).

Bemerkenswert war gleichfalls der Text unter der Schlagzeile „Die künftige
Verfassung", wo jenseits des Einheitsstaats mit innerer Gliederung wie Frankreich die „größere Aussicht" künftig „ein republikanischer Bundesstaat" habe,
„der die größeren der bisherigen Bundesstaaten bestehen läßt, die kleineren

zusammenlegt, Preußen aber in eine Reihe von Bundesrepubliken, entsprechend den bisherigen Provinzen zerlegt". Als zweite Kernfrage wurde das Präsidentenamt angesprochen, mit Volkswahl und kompetenzstark wie in den USA – oder nicht: „Den deutschen Bedürfnissen und Gewohnheiten dürfte das französische System besser entsprechen als das amerikanische. Das letztere hat zur Voraussetzung, daß nur zwei starke Parteien im Lande vorhanden sind, die um die Herrschaft ringen. Die Präsidentschaft wird dann zur Parteiherrschaft." Das Fazit: „Es ist eigentlich erstaunlich, daß diese ungeheuerlich wichtigen staatsrechtlichen Fragen bisher in der Öffentlichkeit so gut wie gar nicht erörtert worden sind" (Vs 7. 12. 18), war auch für die Folgezeit zutreffend. Das anklingende staatsrechtliche Kenntnis- und Reflexionsniveau lässt als Autor oder zumindest Ratgeber den promovierten Juristen Landsberg vermuten, auf den auch die Empfehlung für Hugo Preuß – der Preußen aufgliedern wollte – als Verfassungsbeauftragter wohl zurückgeht.[56]

„Volk schießt auf Volk" lautete die um Bürgerkriegsgefahren besorgte Schlagzeile zu den Berliner Ereignissen des 6. Dezember (Vs 8. 12. 18). Unter dem Motto „Revolution, Freiheit und Volk" wurde für eine Massendemonstration am 8. 12. in Magdeburg zugunsten der neuen Verhältnisse mobilisiert (Vs 7. 12. 18 B). Deren spektakulärer Erfolg mit vielleicht „120 000 Köpfen" konnte der beginnenden Berliner Polarisierung entgegengehalten werden: „Wenn ihr nur einig seid …" (Vs 10. 12. 18). Daraufhin wurde eine „Vollsitzung" des AuSR am 9. 12. offensiv als „Das Magdeburger Arbeiterparlament" und „Revolutionsparlament" dokumentiert, mit Reden des „Volksstimme"-Redakteurs und SPD-Ortsvorsitzenden Ernst Wittmaack und Beims sowie Brandes, der keinen Streit um die NV empfahl und auch intern den „Bericht über die Wahlen" erstattete: „Gewählt sind 281 Vertreter der Arbeiter, 37 der Privatangestellten, 41 der Beamten, ein Vertreter der Ärzte, der nationalliberalen Partei und der Fortschrittlichen Volkspartei sind je fünf Vertreter zugestanden. Dem Soldatenrat gehören 120 Vertreter an" (Vs 11. 12. 18).[57] Da Soldaten verschiedener Herkunft waren und die liberalen Parteivertreter für das Bürgertum sprechen wollten, orientierte sich die Zusammensetzung tendenziell an der zuletzt ausgeübten Berufsarbeit. Auch „Ein Rat geistiger Arbeiter in Magdeburg" meldete sich nun zu Wort (Vs 12. 12. 18 B). Die Einsetzung einer Sozialisierungskommission wurde als „Das große Neue" begrüßt (Vs 14. 11. 18). Über die großen Linien sollte auch die „Soziale Kleinarbeit

---

56   Detlef Lehnert, Ein „obskurer" Weimarer Verfassungsvater? Oder wie Hugo Preuß seinen
     Auftrag bekam und ihn nutzte, in: Zeitschrift für Parlamentsfragen 43 (2012), S. 901–914,
     hier S. 902 f.
57   Bericht auch in der MZ 10. 12. 18 B.

der Revolution" zugunsten von „Opfern des alten Systems" einschließlich der Kriegsfolgen nicht vernachlässigt werden (Vs 11. 12. 18 B).

Mit den Absichten der Einberufung des überlebten Reichstags galt dessen vormaliger Präsident Fehrenbach nun als „Ein Diener der Entente" (Vs 15. 12. 18). Wahlergebnisse im benachbarten Anhalt wurden als „Die Probe aufs Exempel" hochgerechnet: „Eine erdrückende Mehrheit der Sozialdemokratie wird den sichersten Grundstein bilden für die feste Verankerung der sozialen und demokratischen Republik Deutschland!" (Vs 17. 12. 18). Zu einer USPD-Versammlung „Revolution und Nationalversammlung" in Magdeburg mit Luise Zietz als Rednerin erwähnte man den „weniger als mittelmäßigen Besuch" (Vs 17. 12. 18 B). „Die Tragödie der Unabhängigen" habe sich nun auf dem Reichsrätekongress mit der inneren Spaltung offenbart, wobei man hoffte, „daß die besonnenen Führer der Unabhängigen auch den letzten Mut finden, ihren Wiederanschluß an die sozialdemokratische Partei zu vollziehen" (Vs 19. 12. 18). Unter der Schlagzeile „Berlins Selbstmord" wurden letztlich doch Zerrbilder korrigiert: „Berlin ist also in seiner großen Masse vernünftig. Aber es ist eine sehr große Stadt. Es finden sich dort für jede Dummheit, jeden Unfug, jeden Spektakel einige tausend Leute, die so tun, als wären sie ganz Berlin", wobei auch der zuweilen geäußerte „Eindruck, als ob Liebknecht Berlin beherrsche, vollkommen *falsch* ist" (Vs 20. 12. 18). In Magdeburg konnte Brandes (USPD) mit SPD-Verteidigung gegenüber „Mittelstands-Spuk" von Unterstellungen im „Bürgerrat" rechnen (Vs 21. 12. 18, 1. B) und selbst den „Mittelstandsspuk" im Sinne von Interessenkonflikten aufklären (Vs 22. 12. 18, 1. B). Als „Der Schicksaltag" galten seit dem entsprechenden Beschluss des Reichsrätekongresses die Wahlen zur NV am 19. Januar (Vs 21. 12. 18). „Das Verdienst der A.- und S.-Räte" ließ sich demgemäß hervorheben (Vs 22. 12. 18).

Mit den Stichworten „Diktatur oder Demokratie" wurden sehr weitgreifende Gedanken zu dem „Sieg der angelsächsischen und französischen Bourgeoisie über die preußischen Junker, die österreichischen Bureaukraten, die madjarischen Oligarchen" angestrengt, um zu warnen: „Die ‚Diktatur des Proletariats' würde enden mit der Diktatur der Entente-Bourgeoisie über ganz Europa" (Vs 24. 12. 18). Ein „Matrosenputsch in Berlin" (Vs 25. 12. 18) und „Die Weihnachtsschlacht in Berlin" (Vs 28. 11. 18) kontrastierte mit der „Friedensweihnacht" in Magdeburg, die von einer Zukunftsvision getragen erschien: „Der Sozialismus ist die Verwirklichung menschheitsbeglückender Erlösungsgedanken des Urchristentums und Jahrtausende alten Messiashoffens" (Vs 25. 12. 18, 1. B). Profaner verliefen „überaus zahlreich" besucht „Die ersten Wahlversammlungen" vor Ort mit Reden u. a. von Landsberg und Wittmaack (Vs 28. 12. 18 B)[58]; ebenso hieß es nun

---

58 Bericht auch in MZ 27. 12. 18: Beginn des Wahlkampfes.

„Auf zur Flugblattverbreitung!" mit besonderer Erwähnung der „organisierten Jugendgenossen" (Vs 31. 12. 18 B). Über „Das Tollhaus Berlin" wurde nach den Weihnachtsereignissen nun undifferenzierter berichtet (Vs 29. 12. 18), der USPD-Austritt als „Die einheitliche Regierung" begrüßt (Vs 31. 12. 18).

Die MZ präsentierte „Die Deutsche demokratische Partei" als einzige lebensfähige politische Kraft zwischen Konservativen und Sozialdemokraten (3. 12. 18 A). Typisch für das Blattprofil war nun, dass einen Leitartikel „Nationalversammlung und Reichseinheit" (MZ 4. 12. 18 A) und einen weiteren Text „Bundesstaat und Einheitsstaat" (MZ 11. 12. 18) mit Johannes Junck ein langjähriger nationalliberaler Reichstagsabgeordneter beisteuerte, der sich dann zur DDP hin orientierte. Mit dem Wortspiel „Scheidemann am Scheideweg" wurde die Kritik an der Regierung verstärkt (MZ 4. 12. 18) und in der Anfrage „Nochmals: Wer zahlt's" auch zu Magdeburg negativer berichtet (MZ 5. 12. 18 A). Andererseits konnte dort Justizrat Bamberger zur Kriegslastenverteilung „Die Vermögensabgabe" empfehlen, beginnend mit 10 % für Vermögen zwischen 5000 und 50 000 Mark, gestuft ansteigend bis zu 60 % auf 900 000 M und mehr (MZ 6. 12. 18), woran dann jedoch Kritik in solcher Gestaltung geübt wurde (MZ 12. 12. 18 M). Im Leitartikel „Gestern überdeutsch, heute undeutsch" wurde u. a. der partikularistische Kurs der zuvor annexionistischen „Kölnischen Volkszeitung" der Zentrumspartei attackiert (MZ 6. 12. 18 A). Ein weiterer Leitartikel „Frauenstimmrecht – Pflicht der Frau" der Frauenrechtlerin Else Lüders (nicht zu verwechseln mit Marie-Elisabeth L.) räumte sogar ein: „Bisher war nur die Sozialdemokratie offiziell für das Frauenstimmrecht eingetreten", aber „Revolutionen fragen nicht nach dem Wollen oder Wünschen einzelner Gruppen" (MZ 8. 12. 18). Auch schrieb der liberale Theologe Paul Rohrbach über „Die Lehren der russischen Revolution", die zur „Despotie Einzelner" hinführte (MZ 10. 12. 18 A).

Ein Anzeigekasten, den ein „Wahlverein Magdeburg" der DDP veröffentlichte, führte unter den Vorsitzenden auch den Studienrat Georg Schümer auf (MZ 13. 12. 18 B), der ein relativ prominentes Mitglied der Demokratischen Vereinigung aus dem Umfeld Hellmut v. Gerlachs war und auf Platz 4 der Bezirksliste für das preußische Landesparlament aufgestellt wurde (MZ 30. 12. 18: Aus Magdeburg), während er später zur SPD übertrat.[59] Zu ihm passte auch das Stichwort „Die bürgerliche Linke", und von den Richtungskämpfen in Liberalismus

---

59 Volker Stalmann, Georg Schümer (1873–1945): Reformpädagoge, preußischer Landespolitiker und Pazifist, in: Detlef Lehnert (Hg.), Vom Linksliberalismus zur Sozialdemokratie. Politische Lebenswege in historischen Richtungskonflikten 1890–1945, Köln 2015, S. 205–233.

und Sozialdemokratie wusste man: „Kein Kampf ist so erbittert wie der unter ehemaligen Parteigenossen." Aber es war müßig, „die guten Bürger mit Hello v. Gerlach und Theodor Wolff" von nationalliberaler Seite her „zu schrecken", denn den „Ausschlag bei den Wahlen werden die großen alten Parteiorganisationen geben". Die angelegte Grundsatzfrage führte zu einem Redaktionsbekenntnis: „Wir wollten, wollen und werden nie ein ‚Parteiblatt' sein, sondern sehen unsre Aufgabe, wie die anderen großen Zeitungen im Reiche, etwa die Kölnische und Frankfurter Zeitung, darin, in voller Unabhängigkeit auf dem Boden der liberalen Weltanschauung mit zu arbeiten am Wohle des Ganzen" (MZ 13. 12. 18 A). Der zentrale „Wahlaufruf der Deutschen Demokratischen Partei" folgte bereits den Tag darauf (MZ 14. 12. 18 A). Ein Leitartikel „Wir Preußen" versuchte eine wieder eher reformnationalliberal klingende Mitte zu finden zwischen der Einsicht: „Preußische Art wird dabei manches hinzuzulernen haben", und dem Beharren: „Niemand soll uns den Stolz auf unsere Geschichte nehmen" (MZ 15. 12. 18). Der als französisch abgelehnten Parole „Freiheit, Gleichheit, Brüderlichkeit?" wurde aus „der Tiefe unseres eigenen deutschen Wesens" in behaupteter Übereinstimmung mit der Regierung entgegengesetzt: „Pflicht, Ordnung, Gerechtigkeit!" (MZ 15. 12. 18, 1. B). Das markierte keine Differenz zu Leitbildern eines konservativen Preußentums. Eine Gegnerschaft „Zur Trennung von Staat und Kirche" begründete erwartungsgemäß der vor Ort tätige Pastor Heinrich Danneil (MZ 17. 12. 18, 18. 12. 18, 1. B).

Als „Revolutionsgewinnler" wurden nun Arbeiter mit deutlich erhöhten Nominallöhnen angeprangert (MZ 18. 12. 18). „Was kostet die Stadt die Revolution?" (MZ 18. 12. 18, 1. B) ging in ähnlich sozioökonomisch polarisierende Richtung. Der führende DDP-Politiker Georg Gothein argumentierte über „Zur Sozialisierung reif?" differenzierter und aufgeschlossener (MZ 19. 12., 20. 12. 18). Im Leitartikel „Der Wahlkampf" klang es trotz hervorgekehrter grundsätzlicher Polarität auch kooperativ, denn eine „große bürgerlich-demokratische Partei […] muß bereit und fähig sein, mit den Sozialisten ein Stück Weges zu gehen". Dabei wurde „der Hannoversche Kurier" für seine tendenziösen Darstellungen allein einer DVP-Version attackiert (MZ 21. 12. 18). Allerdings fügte man „Kritische Anmerkungen" zum DDP-Wahlaufruf hinzu, was eine Untertreibung war, denn Alfred Weber und Theodor Wolff sollten mit „Doktrinarismus der kleinen Gruppe Republikaner des alten Reiches" diskreditiert werden, ein Bekenntnis zur Volkssouveränität sei „Extremistentum", und gegen die Propagierung von Völkerrechtsgedanken bleibe „Vorbedingung jeder guten Auslandspolitik […] ein schlagbereites Heer und eine zuverlässige Flotte" (MZ 22. 12. 18). Das alles klang mehr nach DVP, nicht DDP, und so konnte bei einer „Kundgebung der Deutschen demokratischen Partei" nicht verschwiegen werden, dass jener Artikel „bei manchem Kopfschütteln hervorgerufen habe" (MZ 23. 12. 18). Dabei schlug der regionale „Aufruf der Deutschen Volkspartei" sogar zunächst mildere Töne an, aber mit dem Appell: „Größere Geldzuwendungen erbitten wir auf das Konto ‚Franz Seldte für Deutsche Volkspartei'" (MZ 22. 12. 18, 1. B)[60] – dem als Stahlhelm-Gründer bald überregionale Bedeutung erlangenden Fabrikanten, der im DVP-„Ausschuß" zu Mittelstandswerbezwecken als „Kaufmann" firmierte.

„Der Einzug unserer 26er in Magdeburg" wurde als Truppeneinmarsch ausführlich geschildert, mit Begrüßungsreden von Oberbürgermeister Reimarus, der als Verwaltungsspitze sonst in der politischen Berichterstattung völlig im Hintergrund blieb, und von Beims für den AuSR, was die Machtverschiebung dokumentierte (MZ 23. 12. 18 A). Auch über den „Einzug unserer 66er" und den „Einzug unserer Pioniere" wurde berichtet (MZ 24. 12. 18 A, 30. 12. 18 A).[61] „Blutrote Weihnachten" bezogen sich dann auf die Berliner Ereignisse (MZ 25. 12. 18). Mit der „Erweiterung des Bürgerrats zur ‚Bürgerschaft'" (MZ 25. 12. 18, 2. B) wurde der Vertretungsanspruch des AuSR nun offensiver herausgefordert. Die überregionale Anzeigen-Mobilisierung zu einem „Reichsbürgertag!" in Berlin am 5. Januar ging in ähnliche Richtung (MZ 25. 12. 18, 1. B). „Der Kampf um die Macht" in Berlin (MZ 28. 12. 18 A) und ein dort gesehenes „Chaos" (MZ 29. 12. 18) führten zur „Umbildung des Rates der Volksbeauftragten", und „Die neue Regierung" wurde begrüßt: „Endlich ist Klarheit geschaffen", man wollte aber der SPD die politische Verantwortung überlassen: „Eine Koalitionsregierung würde den Widerstand der Radikalen verdoppeln" (MZ 30. 12. 18).

Im CA fand sich die komplette „Verordnung über die Erwerbslosenfürsorge in der Stadt Magdeburg" mit Tagessätzen von 3,70 M für männliche Personen über 21 Jahre, 2,80 M bzw. 1,20 M für solche von 16–21 bzw. unter 16 J., hingegen erhielten weibliche mit 2 M, 1,50 M und 1 M in gleicher Altersstufe deutlich weniger; hinzu kamen für erwachsene, mit zu ernährende Haushaltsmitglieder 1,50 M und 0,75 M für Kinder – dies alles rückwirkend ab 18. November (3. 12. 18). Mit „Deutschland – eine Ausbeutungskolonie" wurden Forderungen der Kriegsgegner stigmatisiert (CA 5. 12. 18). Ausgerechnet in jener Ausgabe, die „Am 19. Januar wird gewählt" meldete, stand daneben ein Leitartikel „Spartazistischer [sic] Parlamentarismus" mit äußeren wie inneren Schreckensbildern: „Schon trägt Deutschland alle Kennzeichen eines in völlige Zerrüttung übergehenden Reiches" (CA 20. 12. 18). Die innenpolitische Gesamtbeurteilung

---

60 So auch im CA 22. 12., 24. 12. 18.

61 Nach Gohlke, Räte (wie Fn. 9), S. 87 mit Anm. 183 sind insgesamt 25 000 bis 30 000 Soldaten an sechs Empfangstagen vom 15. Dezember bis 9. Januar von der Bevölkerung freundlich begrüßt und teilweise beschenkt worden.

„Der Ernst der Stunde" bewegte sich von der Zurückhaltung ins Negative: „Die Regierung Ebert-Haase hatte bis jetzt die überwältigende Mehrheit des deutschen Volkes hinter sich. [...] Liebknechts Macht breitet sich immer weiter aus. Das Vertrauen zur Regierung Ebert-Haase ist im Volk stark erschüttert" (CA 28. 12. 18). Die eigenen „Ausblicke" prägte zwar ein feindselig rechtsbürgerlich-antirevolutionärer Tenor: „Das alte System ist durch ein neues ersetzt worden, dessen Kennzeichen Straßenkämpfe, Raub und Mord sind. [...] Die Zersetzung der Westfront sowohl wie den schmählichen Waffenstillstand haben die Revolutionäre in der Regierung auf dem Gewissen" (CA 29. 12. 18). Das Ausscheiden der USPD-Volksbeauftragten sollte jedoch zunächst „Die Lösung der Krise" einleiten: „Hält aber die neue Regierung die Macht fest in der Hand, so sind die wichtigsten Errungenschaften der Revolution gesichert, der Friedensschluß ist nahe und die Hungersnot abgewendet"; dabei zählte in der „Unterhaltungs-Beilage" namens „Familien-Zeitung" zu solchen „ersten Errungenschaften" auch „Das Frauenstimmrecht in Deutschland" in einem historisch kenntnisreichen Artikel (CA 31. 12. 18).

Für *Hannover* rief der „Volkswille" nun „Auf zum Wahlkampf!" und markierte das Alleinstellungsmerkmal der SPD: „Alle bürgerlichen Parteien sind durch die Ereignisse gezwungen worden, ihren alten Namen, ihr altes Programm zu verleugnen." Von ihnen sei „höchstens eine Geldsack-Republik" zu erwarten, „von den Spartakussen droht das bolschewistische Chaos" (3. 12. 18). Zu der Frage „Was heißt Trennung von Staat und Kirche?" wurde entgegen der „Kulturkampfsfanfare" unterstrichen, dass es sich dabei „um eine alte bürgerlich-demokratische Forderung handelt, die schon 1848 ihre gesetzliche Verwirklichung gefunden haben würde, wenn damals nicht die Gegenrevolution gesiegt hätte" (Vw 6. 12. 18). Der führende Gewerkschafter und SPD-Reichstagsabgeordnete Robert Schmidt klagte unter der Schlagzeile „Hinweg mit der Diktatur!" auch über Räteeingriffe und ließ mit einer milden Sicht auf das Kriegsregime indirekt einen Grund des oppositionellen Misstrauens hervortreten: „Die Vermittlung der Gewerkschaften, die unter dem alten Regime immerhin noch möglich war, wird jetzt an einigen Stellen geradezu ausgeschaltet" (Vw 7. 12. 18). Gefordert wurde nun „Ordnung in Berlin!" (Vw 8. 12. 18). Für Behutsamkeit sollte „Das Problem der Sozialisierung" betreffend plädiert werden (Vw 11. 12. 18). Im Lokalteil motivierte die Sozialpolitikerin Hedwig Wachenheim mit „Frauen, helft schaffen!" zum Parteibeitritt (Vw 8. 12. 18 B). Auf die publizierte Aussage der prominentesten USPD-Politikerin Luise Zietz hinsichtlich gewünschter Terminverschiebung: „Wir wollen die Revolution nicht durch den Stimmzettel erwürgen lassen", antwortete ihr SPD-Pendant Marie Juchacz unter dem Stichwort „Die Frauen und die Konstituante" in doppelter Zurückweisung: „Je früher die Wahl stattfindet, um so besser wird die Zusammensetzung der Nationalversammlung sein. [...] Es ist keine Zeit mehr, um gefährliche Experimente zu machen" (Vw 18. 12. 18 B).

Der komplette Text „Gesetz betreffend Bildung einer Volkswehr" mit Unterschrift aller sechs Volksbeauftragten erschien auf der Titelseite, neben einem Regierungsaufruf auch mit dem Appell „Ihr müßt arbeiten!" und einem regionalen Bericht mit dem Tenor „Die Berliner Toleranz gegen Spartakus ist Selbstmord" (Vw 17. 12. 18). Wegen dortigen Richtungsstreits und eines Demonstrationsgeschehens am Rande des Reichsrätekongresses, von dem ein Tagesbericht begann „Leinert eröffnete die Sitzung" (als Versammlungsleiter[62]), hieß eine dramatisierende Leitfrage: „Deutschland auf dem Weg zum Chaos?" (Vw 19. 12. 18). Kurz darauf konnte schon wieder eine Teilentwarnung gegeben werden: „Der 19. Januar Wahltag!", wenn auch in relativer Nachbarschaft „das verrückte Treiben der in Braunschweig am Ruder befindlichen Unabhängigen" ebenso knapp wie polemisch kontrastiert werden sollte (Vw 21. 12. 18). Das Motto „Die Wahlarbeit ruft!" führte zu der sicher beherrschten Vorkriegsroutine zurück und war hinsichtlich etwaiger begrenzter Sozialisierungsschritte um Außengefährdungen zu ergänzen: „Nach dem Völkerrecht unterliegt nur Staatsbesitz dem Zugriff des Feindes, nicht Privatbesitz" (Vw 24. 12. 18). Die Weihnachtsmeldung „Matrosenüberfälle in Berlin" (Vw 25. 12. 18) reaktivierte die Konfrontationsstimmung mit der Schlagzeile „Die Totengräber der Revolution" (Vw 29. 12. 18) unmittelbar zum Regierungsbruch.

Nicht untypisch für einen rechtsbürgerlichen Standort beschränkte sich „Kurier"-Chef Hartmann nicht auf Forderungen nach raschen Wahlen, sondern wollte im Einklang mit dem früheren Präsidenten Fehrenbach – insoweit unter Nichtanerkennung der Revolution – eine Parlamentsrestauration zwischenschalten: „Der Reichstag besteht also rechtens weiter" (1. 12. 18). Mit einem Leitartikel „Frauenwahlrecht – Frauenwahlpflicht" verband die Schriftstellerin Heloise von Beaulieu die Mahnung: „Wenn nur die Frauen der bürgerlichen Kreise in ihrer Passivität verharren, arbeiten sie indirekt für die Anarchie" (HK 2. 12. 18 A). Mit Blick auf „Die Vorbereitung zur Nationalversammlung" unterschied man bei den „Bürgerlichen" die „Demokraten, die Liberalen und weiter rechts die Klerikalen und die Konservativen" (HK 4. 12. 18 A). Eigenwillig in der Berechnung, aber prophetisch in der Tendenz war die Spekulation des Unternehmers Hermann Rese aus dem benachbarten Hameln „Wo liegt der Sieg bei den Wahlen zur Nationalversammlung?" mit der Antwort, dass „die gewaltige Zahl der

---

62   Sabine Roß, Politische Partizipation und nationaler Räteparlamentarismus. Determinanten des politischen Handelns der Delegierten zu den Rätekongressen 1918/1919, Köln 1999, S. 146 f.

bürgerlichen Frauenstimmen" entscheide und gegen die „Trennung von Kirche und Staat" einzutreten dabei „eine der wirkungsvollsten Wahlparolen sein wird" (HK 7. 12. 18). Diese Einschätzung hatte wohl auch regionale Hintergründe, denn auf einer „Frauenkundgebung zur Wahlpflicht" mit dem Bericht nach „mehr als 4000 Personen" sprach als „erster Redner" der „Pastor D. Chappuzeau" vor den bürgerlichen Frauenvertreterinnen (HK 9. 12. 18 A).[63] Seitens der DDP wurde per Anzeige zu einer Beamtenversammlung aufgerufen (HK 7. 12. 18 A). Der „Kurier" wiederum beklagte sich im eigenen DVP-Bekenntnis über die persönliche Abweisung von Stresemann und anderen (wegen der Kriegsziel-politik) seitens der DDP und listete als Gegner diese prominenten Namen auf: „Wolff, Gerlach, Weber, und der Mitbegründer der Partei, Geheimrat Witting" (8. 12. 18). Die Orientierung auf den Reichstag als „trotz aller Revolution immer noch gegebenen parlamentarischen Machtfaktor" entgegen regierungsseitiger „Politik ohne Grund und Boden" ließ gegenrevolutionäre Tendenzen anklingen (HK 13. 12. 18 A).

Eine Versammlungsanzeige mit Stresemann als Redner wurde noch mit dem Kontinuitätsanspruch als „Deutsche Volkspartei (Nationalliberale Partei)" ebenso veröffentlicht (HK 13. 12. 18) wie sogar wiederholt der programmatische „Aufruf der Deutschen Volkspartei" (HK 18. 12., 25. 12. 18). Der Bericht über „Stresemanns Vortrag in der Stadthalle" mit geschätzten „4500 Personen" fand als Leitartikel „Das neue Deutschland" eine herausgehobene Präsentation. Stresemann näherte sich einer Dolchstoßlegende: „Die Heimatfront war es, die bei uns zuerst zusammenbrach, weil systematisch ihre Widerstandskraft zersetzt wurde." Eine Abgrenzung nahm der Redner parteipolitisch für die DVP allein nach links hin vor: „In grundsätzlicher Gegnerschaft stehe die Partei zur Sozialdemokratie. […] Im Gegensatz stehe sie auch zu der Demokratischen Partei, die nicht den linken Flügel des Bürgertums, sondern den rechten Flügel der Sozialdemokratie bilden werde" (HK 18. 12. 18 A). Auch wenn man die andere Wortwahl jener Zeit mitbedenkt, formulierte Hartmann nicht bürgerlich-liberal, sondern rechtsnationalistisch: „Will das deutsche Volk wirklich, daß gegen die frechen Übergriffe polnischer und tschechischer Raubvölker weniger Würde und Kraft gezeigt wird, als die Negerrepublik Liberia in solchem Falle aufwenden würde?" (HK 22. 12. 18).

Da klang geradewegs noch die „Deutschnationale Volkspartei. Ortsgruppe Hannover" in einer kurzen Eigenwerbung moderater (HK 25. 12. 18).[64] „An

---

63   Er gehörte dem Vorstand der niedersächsischen DDP an, wie deren Wahlaufruf zu entnehmen war: HT 25. 12. 18, 1. B.

64   Auch in HT 25. 12. 18, 3. B.

unsere nationalliberalen Parteifreunde" adressiert waren nunmehr für die DDP eintretende relativ Prominente bis hin zum Finanzstaatssekretär Schiffer in einem Aufruf bemüht, die Kontinuität bei Anerkennung der neuen Situation zu betonen (ebd.). Über „Die Parteien des Wahlkampfes" konnte eine innerbürgerliche Trennungslinie – neben Sozialisierungs- und Kirchenfragen – markiert werden: „Während also die Deutsche Volkspartei diese Staatsform als etwas nicht zu Umgehendes hinnimmt, ohne sich innerlich darauf festzulegen, macht die Deutsche demokratische Partei die *Republik* geradezu zu ihrem ersten Programmpunkt, zu ihrem grundlegenden *Bekenntnis*" (HK 28. 12. 18 A). „Demokratie und Deutsche Volkspartei" trennte die Annahme, die DDP wolle eine „parlamentarische Mehrheit von Sozialdemokraten und Linksdemokraten bilden" (HK 30. 12. 18 A).

Das „Tageblatt" berichtete recht ausführlich über „Die deutsch-demokratische Partei Niedersachsen" anhand einer größeren Versammlung (HT 2. 12. 18).[65] „Die Wahlpflicht der Frauen" wurde nun in Absetzung von früherer Politikdistanz gerade mit den in den Alltag hineinreichenden öffentlichen Angelegenheiten begründet: „Auf jedem Lebensgebiet berühren wir uns mit der Politik" (HT 4. 12. 18, 1. B), wobei „An die bürgerliche Frau" adressiert werden sollte (HT 11. 12. 18, 1. B). Die regionale DDP mobilisierte dann auch zu einer Kundgebung mit Hjalmar Schacht (HT 6. 12. 18, 1. B) und berichtete darüber mit Erwähnung von 3000 Anwesenden unter dem in jenen Tagen stark verbreiteten Leitmotiv „Der Ruf nach der Nationalversammlung" (HT 9. 12. 18). Eine Anzeige und der ausführliche Bericht zur erwähnten DVP-Veranstaltung mit Stresemann erschien (HT 13. 12. 18, 1. B, 18. 12. 18 A) ebenso wie einer zur SPD-Veranstaltung mit Leinert „Das Frauenwahlrecht und die Nationalversammlung" (HT 14. 12. 18 A). Auch die Schlagzeile „Leinert erster Präsident des Kongresses der A.- und S.-Räte" auf Reichsebene sprach für nicht allzu einseitige Nachrichtenpraxis, so wie im Lokalteil dann andererseits über eine „Deutschhannoversche Parteiversammlung" (HT 16. 12. 18). Aufschlussreich waren die Mitteilungen von Wilhelm Schickenberg (Leiter des Wohlfahrtsamtes) zur „Verordnung über die Erwerbslosen-Fürsorge", dass über 17-jährige männliche Arbeiter 100 M monatlich erhielten und weibliche 75 M (HT 14. 12. 18 B), was im norddeutschen Großstadtvergleich als niedrig einzuordnen war.[66] Der bisherige Kommunalvertretungs-„Wortführer" Wegener informierte über Tendenzen zum

---

65   Auch in HA 3. 12. 18.

66   Bei Detlef Lehnert, Die Hansestadt Lübeck in deren reformistischer Revolutionsperiode 1918/19, in: Ders., Revolution 1918/19 in Norddeutschland, Berlin 2018, S. 241–299, hier S. 281 sind höhere Sätze aus Hamburg, Kiel und Lübeck belegt.

bürgerlichen „Zusammenschluß für die Kommunalwahlen" und ließ in der Liste von zu berücksichtigenden Teilbelangen erkennen, dass solches nicht einfach sein werde: 1. Angestellte, 2. Akademiker, 3. Arbeitgeberverbände, 4. Beamten-vereine, 5. Bürgervereine (auch Grundbesitz), 6. Christliche Gewerkschaften und Werkvereine, 7. Frauenvereine, 8. Großhandel und Banken, 9. Kleingewerbe, 10. Landwirte, 11. Industrie (HT 15. 12. 18, 1. B).

Der „Anzeiger" unterstützte „Einigungsbestrebungen der bürgerlichen Parteien" gerade im Sinne der liberalen Synthese (HA 3. 12. 18). Ein Leitartikel „War Friedrich der Große Republikaner?" (HA 5. 12. 18) sollte wohl auch für Vernunftrepublikanismus werben; der Autor Erich Madsack (Sohn des Grün-ders und Verlegers) legte kurz darauf eine thematisch einschlägige Dissertation „Der Antimachiavell" (Jena 1919) vor. Schon erwähnter Prof. Biermann begann eine Leitartikelserie „Zeitenwende" mit Gedanken zur „Revolution", die histo-rische Vergleiche anstrengten und sich gegen den „dumpfen Schlaf des satten Pfahlbürgertums" und die „üblen Gewohnheiten kleinlicher Krähwinkelpolitik" wandten mit dem Appell: „Die deutsche Revolution ist eine Angelegenheit des *ganzen* deutschen Volkes" (HA 8. 12. 18). „Die Erziehung zur Politik" (15. 12. 18), „Das Recht auf Selbstbestimmung" (22. 12. 18) und „Das deutsche Erbe", für das sich letztlich nun „Demokratie und Sozialismus" verantwortlich sehen mussten (29. 12. 18), waren seine Folgebeiträge. Eine fast erstaunliche politisch-kulturelle Aufgeschlossenheit machten der „Weltbühne" entnommene längere Zitate „Aus Eberts Jugendjahren" deutlich (HA 8. 12. 18, 1. B). Die Schlagzeilen „Wiederholte feindliche Forderungen der Reichstagseinberufung" (HA 13. 12. 18) und „Der feindliche Widerstand gegen die jetzige deutsche Regierung" (HA 14. 12. 18) lie-ßen verschiedene Lesarten zu. Der bald zur DDP gehörende Rohrbach klang nationalpolitisch mit einem Vortrag „Deutsche Einheit – deutsche Zukunft" aber eher nach DVP: „Die ungeheure moralische Schuld, die Waffen vorzeitig aus der Hand gelegt und damit das deutsche Volk wehrlos gemacht zu haben, dieser Makel werde der Revolution ewig anhaften" (HA 14. 12. 18). Andererseits erkannte der von den Nationalliberalen zur DDP wechselnde Oberbürgermeister (von Zittau) Wilhelm Külz zum Thema „Alte und neue Pflichten der deutschen Frau" nun die Notwendigkeit auch ihrer „Politisierung" (HA 18. 12. 18). Als Ver-treterin der linksbürgerlichen Frauenbewegung, die gerade von einer Führungs-position der Demokratischen Vereinigung zur SPD wechselte, vertrat Adele Schreiber entschieden „Die mündig gewordene Frau" (HA 24. 12. 18).

Für die HVZ des katholischen Zentrums lieferte „Das Hoffmannsche Schul-revolutionsprogramm" (6. 12. 18) dieses preußischen USPD-Kultusvolksbeauf-tragten den Mobilisierungsanlass. Auf die wiederholte Frage „Wem gehört das Kind?" wurde zugunsten der unbedingten Forderung nach Religionsunterricht

geantwortet: „Das Kind gehört an erster Stelle Gott" (HVZ 10. 12. 18), und
„Nächst Gott den Eltern" (11. 12. 18) sowie „Nächst Gott und den Eltern ist es
die Kirche" (12. 12. 18). Doch in solcher Reihenfolge ließ sich das je nach Got-
tesbegriff auch so deuten, dass ein Universalismus der Vorstellung widerstrebte,
ein Kind würde primär den Eltern oder der Kirche „gehören". „Der Staat ohne
Gott" blieb die Kontrastfolie des Zentrumsblatts (HVZ 14. 12. 18). Die übergrei-
fende Frage „Was fordert die Zeit von uns?" sah einen „neuen Kulturkampf"
entfesselt (HVZ 18. 12. 18). Unter dem Leitsatz „Frauen, lernet wählen!" wurde
eine „gute katholische Tageszeitung" empfohlen mit dem Zusatz: „Lies sie täglich, besonders den politischen Teil" (HVZ 11. 12. 18, 2. B) – womit eigene politische Absichten offen benannt wurden. Unter dem Motto „Gemeinsame Ziele"
propagierte man nun auch ein „Zusammengehen von Katholiken und Protestanten" (HVZ 21. 12. 18). Das meinte nach dem Sichtungsartikel „Die politischen Parteien" sämtliche rechts von der DDP als Verbündete für die eigene
„christlich-demokratische Volkspartei" (HVZ 24. 12. 18, 2. B). Eine Veranstaltung mit Johannes Giesberts, der bald als Reichspostminister amtierte, wurde
für die „Zentrumspartei" als „christliche Volkspartei (interkonfessionell)"
angekündigt (HVZ 27. 12. 18).[67] Eine Schlagzeile „Die Völkerseuche: Der Bolschewismus" mit der weiteren Erläuterung „Sozialismus und Bolschewismus
sind Früchte desselben Baumes" (HVZ 31. 12. 18) leitete über zur Agitations-
frage „Wer hat die Hauptschuld?" mit mehr als zehnmal der Antwort „Die
Sozialdemokratie" und dem Schlussappell „Nieder mit der Sozialdemokratie!"
(HVZ 31. 12. 18, 2. Bl.).

Um die aktuelle Thematik „Die politische Frau" als „Erfüllung einer alten
sozialdemokratischen Forderung" kam auch das Sprachrohr der partikula-
ristischen Regionalpartei aus Eigeninteresse nicht herum (DVZ 1. 12. 18, 3. B).
„Die Zerreißung Hannovers?" im landmannschaftlichen Sinne aus Bremer und
Hamburger Neuordnungsbelangen diente als Element einer Kampagne (DVZ
3. 12. 18), die mit „Achtung, Landsleute!" (4. 12. 18) und „Kampfansage eines A.-
und S.-Rats gegen die Welfen!" (5. 12. 18) fortgeführt werden sollte. Eine DHP-
Versammlung wurde einberufen zum „Thema: Los vom Joche des Preußentums"
(DVZ 6. 12. 18). Als Referenten einer Publikumsveranstaltung am 14. 12. waren
Reichstagsabgeordneter Ludwig Alpers und Redakteur Heinrich Langwost, der
auch in die NV gewählt wurde, mehrfach angekündigt (DVZ 11. 12., 12. 12.,
13. 12. 18, je 2. B). Über Alpers' Rede war dann ähnlich wie bei der nationalen
Rechten zu lesen, „daß sich ein siegreiches Volk durch eine Revolution um den

---

67 So auch in einer Werbeanzeige für die Partei in der DVZ 11. 1. 19.

Sieg brachte" (DVZ 17. 12. 18, 2. B). Eine weitere Kundgebung „Los von Berlin – Bürger, erwachet!" mit wiederum genannten 3000 Teilnehmenden, für die auch entsprechend im Vorfeld mobilisiert worden war, hatte „Rittmeister Freiherr v. Hodenberg-Hudemühlen" als Redner aufgeboten, der außer der Revolutionsregierung auch Ludendorff als Teil der preußischen Misere kritisierte (DVZ 24. 12. 18). Zum Thema „Die Zukunft Hannovers" nannte Dr. Pauls Bartels, der später „Zur Leidensgeschichte der deutsch-hannoverschen Partei" publizierte (Hannover 1926), als nachvollziehbare (wenn auch historisch ältere) Vorbilder einer Föderalisierung die USA und die Schweiz, artikulierte jedoch zugleich die „Los von Berlin!"-Ressentiments (DVZ 15. 12. 18, 3. B). Eine Schlagzeile „Die Regierungskrisis gelöst!" zeigte sich dann vom USPD-Ausscheiden erleichtert und forderte solches auch für Preußen (DVZ 31. 12. 18).

5. Wahlkämpfe zur National- und Preußenversammlung im Januar 1919

Die „Volksstimme" in *Magdeburg* eröffnete die heiße Phase des Wahlkampfes durch Veröffentlichung des zentralen SPD-Aufrufs unter der Schlagzeile „Auf zur Wahl!" mit der Kernaussage: „Die sozialdemokratische Partei war stets revolutionär in dem Sinne, daß sie die vollständige Umwälzung des Staates zur Demokratie, der Wirtschaft zum Sozialismus anstrebte". Ein weiterer Text auf der Titelseite „Verteidigung der Revolution" widerlegte jede Dolchstoß-„Lüge" faktenreich: „Sechs Wochen vor der Revolution hat Ludendorff der Reichsregierung angezeigt, sie müsse *sofort* einen Waffenstillstand herbeiführen, die Front halte nur noch Tage, es drohe eine militärische Katastrophe. […] Nicht die Revolution hat das Heer aufgelöst, es war längst im vollen Auflösungsprozeß begriffen." Auch habe nicht „die Revolution das Wirtschaftsleben verwüstet. Richtig ist vielmehr, daß der Krieg uns hundertfünfzig Milliarden gekostet hat und uns an Entschädigungen wahrscheinlich noch einmal so viel kosten wird"; die Sozialdemokratie sei nun gewissermaßen zum „Konkursverwalter" geworden und habe „die übelste aller Erbschaften" angetreten (Vs 4. 1. 19). „An die Frauen!" wurde unter Verweis auf sozialdemokratisches Eintreten für deren Belange gesondert appelliert (Vs 7. 1. 19) und das gegnerische Verhalten unter dem Stichwort „Die umworbene Frau" kritisiert (Vs 15. 1. 19). „Menschenrecht vor Sachenrecht!" lautete eine auf „geistig und körperlich Schaffende" zielende Parole (Vs 10. 1. 19). Der Wahltag sollte auch „Der Gerichtstag!" sein gegen die Mächte des „Militarismus", des „Gottesgnadentums" und des „Großkapitalismus" (Vs 14. 1. 19). „Der Bruderkampf" (Vs 9. 1. 19) in Berlin war Gegenstand der Berichterstattung. „Gegen Spartakus – für Volksfreiheit!"

wurde zu einer „Massendemonstration" in Magdeburg für „demokratischen und sozialistischen Aufbau" mobilisiert (Vs 10. 1. 19 B).

Über „Versammlungen der Unabhängigen" wurde berichtet, die teilweise „stark besucht" waren, auch „von vielen Anhängern der Mehrheitspartei" (Vs 15. 1. 19 B). Mit der Schlagzeile „Die Völker warten" galt das Hauptinteresse der Friedenspolitik, das Stichwort „Gleiche Brüder – gleiche Kappen" attackierte scharf die Listenverbindung von der DDP bis zur DNVP (Vs 16. 1. 19). Auch noch am Vortag der Wahl sollte die „Liste Landsberg" (Beims kandidierte ebenso gesichert als Nr. 4) auf der Titelseite mit dem Verweis auf das historische Erbe der „Sozialdemokratischen Partei Deutschlands" als die „einzige wahre Volkspartei" empfohlen werden: „Sie *allein* hat weder ihren Namen noch ihr Programm geändert." Allerdings war auf der gleichen Seite zu melden „Liebknecht und Luxemburg ermordet", was bei aller Kritik an der Eskalation auch seitens der nunmehrigen Opfer die „viehische Menge des Bourgeoispöbels" zu verantworten habe. Kontrastierend sollte auf der nächsten Seite die Sozialdemokratie als „Partei des Friedens" profiliert werden, indem Wahlprüfsteinen der Deutschen Friedensgesellschaft „im vollen Umfange" zugestimmt werden konnte (Vs 18. 1. 19).

Nach dem „Wahltag für den Frieden" (Vs 19. 1. 19) wurde der „Erfolg der Sozialdemokraten" mit 7 von 11 Mandaten im „Wahlbezirk Magdeburg-Anhalt" und „Der Tag des Volkes" gewürdigt: „Es schritt noch niemals ein Volk in dieser Vollständigkeit und mit diesem Eifer zu einer öffentlichen Wahl" (Vs 21. 1. 19). Mit knapp 59 % SPD und knapp 6 % USPD im alten Reichstagswahlkreis Magdeburg wurden gegenüber dem hohen Niveau Landsbergs von 1912 nochmals 10 % hinzugewonnen. Neben der DDP mit gut 25 % blieben DVP (4,5 %), DNVP (3,5 %) und das als Christliche Volkspartei angetretene Zentrum (2 %) hier völlig bedeutungslose Splittergruppen (ermittelt aus Vs 28. 1. 19). Die über 200 Stimmlokal-Einzelergebnisse differierten enorm von über 90 % SPD/USPD-Stimmen bis unter 20 %, wobei auffiel, dass die USPD dann zu geringer Promillestärke verschwand, hingegen DVP und DNVP mit jeweils über 10 % eine singuläre absolute Mehrheit der DDP etwas begrenzten (Vs 21. 1. 19 B). In SPD-Hochburgen konnte also die USPD auch relativ mehr Anteile gewinnen, in großbürgerlichen Quartieren galt solcher verdichteter Milieueffekt zur politischen Rechten hin. Eine aufschlussreiche Ergänzung lieferte ein Nachtrag „Wie die Soldaten wählten" aus fünf „Soldatenbezirken" unter den Wahllokalen Magdeburgs: Dort erhielt die SPD 66 % der Stimmen, die USPD 11 %, die DDP 17 %, die DNVP und die DVP jeweils gut 3 % und die Zentrumliste 0,4 % (Vs 24. 1. 19 B).[68] Angesichts damals

---

68 Die Angaben sind identisch mit Vs 21. 1. 19 B, allerdings war bei der DVP die Addition zu korrigieren (die fünf Einzelziffern ergeben zusammen 70, nicht 60).

schwächerer Ergebnisse der Sozialdemokratie bei Frauen und des Generations-
faktors eines politischen Neubeginns (1912 überwiegend noch nicht Stimm-
berechtigter) waren diese Soldaten in wahlsoziologischer Sicht aber wesentlich
nur jüngere Männer.

Zur unmittelbar anschließenden Preußenwahl hatte die SPD den „Wahlvorschlag Koch" zu präsentieren, den hauptamtlichen Baugewerkschafter Julius
Koch an der Spitze, mit Wittmaack auf dem sicheren vierten Listenplatz. Auf
gleicher Titelseite stand die Frage „Erfüllung oder Enttäuschung?" danach für
das noch nicht voll absehbare Gesamtergebnis, von dem erhebliche Verluste
in Berlin (jedoch von einem singulären Rekordergebnis 1912) in Richtung des
bürgerlichen Lagers „der Wirkung der Spartakuswoche" zugeschrieben wurden (Vs 23. 1. 19). Am Preußenwahltag fand sich im Leitartikel „Die erste Weg-
strecke" zu Beginn das Eingeständnis, dass nach den süddeutschen Wahlen für
die NV „keine sozialdemokratische Mehrheit" zu erwarten war (Vs 26. 1. 19).
Jedenfalls die badischen Wahlen am 5. Januar mit führender Stellung der Zentrumspartei konnten nicht aus der Januargewalt in Berlin, sondern mussten mit
der Stärke des katholischen Milieus gerade unter Geltung des Frauenstimmrechts erklärt werden. Im Appell für die Liste mit Koch und Wittmaack versuchte „Landsberg an seine Wähler" die eigenen Erfolge seit 1912 weiter nutzbar
zu machen (Vs 25. 1. 19). „Ein neues Preußen!" und nicht das „alte Preußen der
Junkerherrschaft" stand zur Wahl (Vs 24. 1. 19).

Detaillierte Ergebnisse über „Die Preußenwahl" präsentierten den Vergleich
zum 19. 1. für den alten Reichstagswahlkreis bzw. die „eingemeindeten Orte"
mit umfassend. Im Reichstagswahlkreis hatte die SPD etwa 3 % auf knapp 56 %
eingebüßt, profitiert hatte nennenswert allein die DDP mit nun knapp 29 %.
Obwohl mit den Eingemeindungen nur 10 % mehr Stimmen zu verteilen waren,
verschob sich das Gesamtergebnis so doch ein Stück zu 57,5 % SPD, knapp 7 %
USPD und knapp 27 % DDP (ermittelt nach Vs 28. 1. 19). Wenn dabei auf die
jeweiligen Extremhochburgen geschaut wird, hielten sich die SPD-Verluste am
26. 1. in deren Kernmilieu in engen Grenzen, hingegen verlor sie im stark bürgerlich geprägten Umfeld gegenüber dem 19. 1. erheblichere Anteile, sei es an die
DDP oder überproportional in die Nichtteilnahme. Die Vorgeschichte zu 1912
und die Wahlwerbung 1919 sprechen dafür, dass Landsberg zusätzliche Stimmen
für die SPD geholt hatte, die nun zur DDP gingen.

Nachdem der nächste Termin 2. März durch Erlass der preußischen Regierung seit einigen Tagen bekannt war, hieß es „Die zweite Wahl" in Preußen hinter sich wissend bereits wieder: „Nun müssen die *Gemeindewahlen* vorbereitet werden" (Vs 28. 1. 19 B). Gerade dort sei man „Am Pfluge der Demokratie",
zudem werde eine „kommunale Gemeinwirtschaft" konkret zu praktizieren sein

(Vs 30. 1. 19). Daraufhin wurde gemeldet: „Der Oberbürgermeister tritt zurück", was allerdings mit Wirkung ab 1. Mai und gesundheitlich begründet dargestellt erschien sowie mit Würdigung und Kritik zu diesem Fazit über Reimarus hinführte: „Er war bestrebt, ‚Ordnung zu halten', die Ordnung der pflichtgetreuen Bureaukratie, und bemühte sich, vor dem Geiste der neuen Zeit die Türen fest zu schließen. Seine Gegnerschaft zeigte er stets sehr unverblümt und derb, darum war mit ihm im Meinungskampf auszukommen" (Vs 30. 1. 19 B). Eine den wiederum ereignisreichen Monat abschließende Schlagzeile „Der Zwiespalt der Demokraten" (Vs 31. 1. 19) ließ auch reichsweit schwierige Koalitionsgespräche von SPD und DDP erwarten.

Die MZ eröffnete „Neujahr 1919!" mit einem Leitartikel von Friedrich Naumann, der eine Zäsur markierte: „Mit dem Jahre 1918 schließt wahrscheinlich die deutsche Weltgeschichte. Wir Deutschen sind jetzt ein Volk, dem der Herrschaftsgedanke ausgetrieben wurde, ein Volk, das seine politische Geschichte gehabt hat und nun in Arbeit und Kultur weiterlebt, soweit es ihm von den Herren der Erde gestattet wird"; es blieb also nach der imperialen Vergangenheit nur eine Außenpolitik passend zum „Verständigungszeitalter" (1. 1. 19). „Das Deutschland von morgen" habe demgemäß zunächst Sorge zu tragen, „daß der Bürgerkrieg vermieden, der soziale Aufbau in ruhige Bahnen gelenkt" werde" (MZ 3. 1. 19). Offenbar den Wahltag ins Auge fassend, klang es im Leitartikel „Der Bankrott" nun wieder eher rechtsbürgerlich: „Die Revolution zerschlug das deutsche Heer. An die Stelle des nationalen Gedankens der Selbstverteidigung und der Wehrhaftigkeit trat der Entschluß der Kapitulation vorm Feinde" (MZ 3. 1. 19 A). Mit „Staatssekretär Schiffer in Magdeburg" begann die intensivere Berichterstattung über eine Versammlung mit „wohl an 3000 Köpfen" von „männlichen und fast ebensoviel weiblichen Zuhörern". Dem eher um einen Brückenschlag vom Nationalliberalismus zur DDP bemühten Hauptredner folgte der profilierte linksbürgerliche Pazifist v. Gerlach. Dieser prognostizierte für die NV in der Tendenz einigermaßen zutreffend „220–230 bürgerliche" zu „200–210 sozialdemokratische Stimmen" und warnte vor einem Bürgerblock, woraufhin die Redaktion sich von ihm als „Theoretiker und Ideologen" doch eher in einem DVP-Ton distanzierte (MZ 6. 1. 19 B).[69] Gerichtet „An das deutsche Bürgertum in Stadt u. Land" wurden die Wahllisten von DDP, DVP und DNVP präsentiert, aber die Wahl der DDP empfohlen (MZ 8. 1. 19 B).

Zur „Abwehr politischen Bauernfanges" der DVP ist eine Zuschrift aus DDP-Kreisen abgedruckt worden, in welcher die DVP als wesentlich bestimmt

---

69 Bericht ohne Kommentar auch im CA 7. 1. 19: Ein politischer Sonntag.

von „während des Krieges ausgesprochen vaterlandsparteilich und schwerindustriell orientierten Kreisen" dargestellt war (MZ 9. 1. 19, 1. B). Dennoch wurde zur Mandatsmaximierung die „Listenverbindung der bürgerlichen Parteien im Wahlbezirk Magdeburg-Anhalt" vereinbart (MZ 9. 1. 19 A).[70] Das Spannungsverhältnis in der Argumentation war im Leitartikel „Was gilt's?" eines Hans Fritze (Magdeburg) deutlich, einerseits der Sozialdemokratie eine „kommunistische" Weltanschauung zu unterstellen gegen die „individualistische", andererseits „nur eine linksliberale Partei" wie die DDP zu deren Bekämpfung für bestgeeignet zu halten (MZ 11. 1. 19). Dennoch konnte man sich zum Stichwort „Die Wahlen und der Neubau Deutschlands" einer nachfolgenden „Mehrheitsbildung mit den ruhigen Sozialdemokraten" nicht verschließen (MZ 12. 1. 19). Bezeichnend war es, dass jener Artikel für Hausbesitzervereine „Aus Magdeburg" die Vorlage lieferte, allein die DDP zu empfehlen (MZ 13. 1. 19 M/A). Dem Bericht „Aus der Stadtverordneten-Versammlung" mit ihrer noch vordemokratischen Zusammensetzung war zu entnehmen, dass die Kritik an der Nichtanwesenheit des Oberbürgermeisters Reimarus beim Empfang eines zurückgekehrten Regiments wohl nur den Anlass geliefert hatte, die infolge verschlechterter Gesundheit schon 1914 geäußerten Rücktrittsgedanken nun in einer neue Energien verlangenden Periode absehbar umgesetzt sehen zu wollen (MZ 10. 1. 19 B).[71]

Zum Thema „Die Angestellten und die Politik" beklagte der Leipziger DDP-Kandidat Gustav Schneider: „Das deutsche Volk hat sich im Laufe seiner glänzenden wirtschaftlichen Entwicklung *auseinanderorganisiert.* [...] Dadurch gingen unserem öffentlichen Leben die großen politischen Zusammenhänge verloren" (MZ 15. 1. 19 M). Für „Die Deutsche Volkspartei" meldete sich deren „Vorstandsmitglied der Ortsgruppe Magdeburg" Seldte in der Überzeugung zu Wort, „daß das bewußte Hochhalten der nationalen Idee einen viel größeren Anklang fand als das geistige und parteiliche Abschwenken des deutschen Bürgertums ganz nach links" (MZ 17. 1. 19 M/A). Eine namenlose Zuschrift „Wen wähle ich?" wurde auf der gleichen Titelseite vor dem Wahltag mit der Empfehlung in großen Buchstaben „Das Gebot der Stunde: Wählt deutsch-demokratisch!" eindeutig beantwortet (MZ 18. 1. 19), was dann auch weitere Appelle

---

70 So auch im CA 10. 1. 19.

71 Allerdings handelte es sich bei Reimarus nicht um einen „75jährigen", wie bei Wille, Die Goldenen Zwanziger (wie Fn. 9), S. 21 aufgeführt. Der gleiche Autor gibt später zutreffend Geburtsjahr 1857 an (er war also beim Rücktritt 61-jährig), und der Todestag 21. 4. 1920 macht plausibel, dass auch im Jahr zuvor schon die Gesundheit angeschlagen war; http://www.uni-magdeburg.de/mbl/Biografien/0645.htm.

zugunsten der „Liste Schiffer" nach sich zog (MZ 18. 1. 19 B). Der redaktionelle
Leitartikel „Warum wähle ich deutsch-demokratisch?" bewertete aber im nati-
onalliberalen Ton die Gegenwart verfallsgeschichtlich: „Wie die strahlende
Schönheit der Hohenstaufenherrlichkeit im Mittelalter abgelöst wurde durch das
Raubrittertum, so tief und noch tiefer ist auch unser Sturz" (MZ 18. 1. 19 M). Am
Wahltag selbst wurde unter „Wie wähle ich?" noch einmal mittelstandspolitisch
scharf gegen die Sozialdemokratie wegen deren Zielen der „Verstaatlichung des
Wirtschaftslebens", die DVP als „Partei der Schwerindustriellen und des Großkapitals" und die DNVP als Vertretung der „Militaristen" und „Junker" abge-
grenzt (MZ 19. 1. 19).[72]

Im Vergleich mit dem Reichstagsergebnis von 1912, das für Magdeburg als
Manifestation der Mobilisierungskraft beider politischer Lager auf einer Wahlbeteiligung von über 92 % basierte, war die „erwartete Zunahme der sozial-
demokratischen Stimmen" einzuräumen (MZ 20. 1. 19). Entgegen den Wahl-
kampfparolen zeigte man sich nun erleichtert und kooperationsbereit: „Die
Demokratie hat auf der ganzen Linie gesiegt: Mehrheitssozialisten und Deutsche
Demokraten" (MZ 20. 1. 19 M/A). Hinsichtlich der Frage „Wo soll die Nationalversammlung tagen?" wurde trotz vorausgegangener Berichterstattung zu den
Januarkämpfen für Berlin plädiert, auch mit Blick auf den „Apparat der Presse"
(MZ 21. 1. 19), aber unmittelbar darauf gemeldet: „Die Nationalversammlung in
Weimar" (MZ 21. 1. 19 A). Als sodann „Die Wahlen zur preußischen Nationalversammlung" anstanden – ein Begriffsüberhang von 1848, denn tatsächlich war
es die konstituierende preußische Landesversammlung –, wandte sich der vormals nationalliberale DDP-Politiker Robert Friedberg entschieden gegen Neu-
gliederungspläne (MZ 23. 1. 19 A). Für den Nachrang der Preußenwahl wegen
des Vorlaufs der Reichswahl war es charakteristisch, dass für die Empfehlung
der anderen DDP-Kandidatenliste erneut die ganzseitige politische Anleitung
„Wie wähle ich?" verwendet wurde (MZ 25. 1. 19).[73] Der Kommentar zum angekündigten Rücktritt von Reimarus lautete, er „war ein ausgezeichneter Spezia-
list, aber kein Oberbürgermeister, wie ihn sich Magdeburg wünschen mußte"
(MZ 29. 1. 19 B).

Im CA wurde „Der Kampf der Parteien" mit dem Gesamtspektrum kurz
beschrieben und sich unspezifisch für die „bürgerlichen Parteien" ausgesprochen (5. 1. 19). „Berlin unter dem Spartakus-Terror" (CA 7. 1. 19) war dafür
als Sammlungsparole geeignet. „Die Forderung der Stunde" wurde aber trotz
Eintretens für „eine Wehrmacht" nicht eskaliert: „Wir glauben nicht an den

---

72   So auch im CA 19. 1. 19.
73   So auch im CA 25. 1. 19.

Bürgerkrieg. [...] Deutschland ist kein Rußland" (CA 12. 1. 19). Es folgte dann auch die Schlagzeile „Berlin von der Spartakusseuche befreit" (CA 14. 1. 19). „In letzter Stunde" wurde von J. Petzon eine klare Wahlempfehlung gegeben: „Nicht nach rechts, [...] nicht nach links! [...] Wähle Dir als Steuermann die Deutsche demokratische Partei, die kühl und besonnen gewillt ist, das Ganze zu retten!" (CA 18. 1. 19). Auch ein weiterer Leitartikel „Der Kampf der Parteien" war am Wahltag deutlich zur DDP geneigt, die von „allen bürgerlichen Parteien" allein die Aussicht habe, „im künftigen Volksparlament ausschlaggebend zu sein", während die Rechtsparteien für den „Zusammenbruch" nach einer „Militär- herrschaft" verantwortlich seien. In gleicher Ausgabe wurde unter „Revolution und Presse" historisch aufgezeigt, *„daß die moderne Zeitung ein Kind der Revo- lution* ist" (CA 19. 1. 19). Das Wahlergebnis galt als „Der Sieg der Demokratie", weil eine „Mehrheit der Sozialdemokraten und Deutsch-Demokraten" feststand (CA 21. 1. 19). Auch im Appell „Auf, zur Preußenwahl!" wurde erneut allein die DDP empfohlen (CA 26. 1. 19).

Nachdem auch der „Volkswille" in *Hannover* den zentralen SPD-Aufruf ver- öffentlicht hatte (3. 1. 19), galten als „Die Verderber Deutschlands" die „Junker- clique" und die sie vertretende „Deutschnationale Volkspartei" entlarvt (9. 1. 19). Entschieden wurden Unterstellungen „Ist die Sozialdemokratie religionsfeind- lich?" im Sinne der erst befreienden Trennung der Kirche vom Staat und des Schutzes persönlichen (religiösen oder nicht-religiösen) Glaubens vor jeder Bevor- mundung zurückgewiesen – und auf gleicher Titelseite auch die „Unter volks- freundlicher Maske" auftretenden bürgerlichen Kräfte als „Geldsackklüngel" bekämpft (Vw 11. 1. 19). Auf die Grundsatzfrage „Wo steht der Feind?" wurde eine zwiespältige Form des Umgangs mit der USPD – die Kooperation im Rat der Volksbeauftragten als „verfehltes Experiment" bezeichnend – und deren Sicht auf einen „Eroberungskrieg" praktiziert, wenn behauptet wurde: „Nun war der Krieg, objektiv gesehen, immer ein Verteidigungskrieg, aber immerhin, wir haben den Genossen, die sich im Laufe des Krieges von uns trennten, immer den guten Glauben zugebilligt" (Vw 10. 1. 19). Wenn man geschrieben hätte – das Magdeburger SPD-Organ ließ sich eher dahingehend lesen –, dass die Mehrheit sich auf ihren guten Glauben bis zur Friedensresolution 1917 berufen wollte, aber spätestens den Gewaltfrieden von Brest-Litowsk Anfang 1918 und auch einige nunmehrige Informationen zum Kriegsausbruch neu zu beurteilen geneigt sei, hätte das überzeugender geklungen. Aber die Anklage „Das ist der Krieg. 763 000 Todesopfer der Zivilbevölkerung" richtete sich dann nicht nur gegen die „unmenschliche Hungerblockade unserer Feinde", sondern auch gegen die „ufer- lose Eroberungspolitik der Gewalthaber" (Vw 14. 1. 19). Zum Stichwort „Der Weg zum Sozialismus" sollte differenziert werden: „Die politische Revolution war das Werk weniger Stunden; die soziale Revolution wird das Ergebnis kühner, aber auch besonnener Arbeit vieler Jahre sein müssen" (Vw 12. 1. 19).

Fast erstaunlich hat sich – freilich in einer Zeit, als Kürzel wie SPD und DDP noch ungebräuchlich waren – der Aufklärungsbedarf dargeboten: „Demokraten und Sozialdemokraten werden vielfach noch für dieselben Parteien gehalten. Das ist nicht richtig" (Vw 15. 1. 19 B). Der wahlkreisbezogene Aufruf zugunsten der SPD-„Liste Brey" unter dem Titel „Dem Sozialismus die Zukunft!", auf der Basis von „Wirklichkeitspolitik" und „Demokratie", war auf gleicher Seite wie ein Kommentar „Zum Tode Liebknechts und Rosa Luxemburgs" zu finden: „So sehr wir aber den Terror der Spartakisten verworfen waren, ebenso scharf verdammen wir, daß Liebknecht und Rosa Luxemburg als Opfer der Gewalt gefallen sind. Liebknecht und Rosa Luxemburg sind stets reine Idealisten gewesen" – was allerdings nicht nur anerkennend gemeint war (Vw 18. 1. 19). „Die Liste Brey", in gleicher Ausgabe mit „August Brey, Verbandsbeamter" an der Spitze zweimal abgedruckt, zeigte aus Hannover und Linden sonst noch: Frida Lührs, Fürsorgerin; Gustav Fischer, Buchdrucker; Friedrich Rauch, Schriftleiter; Robert Leinert, Oberbürgermeister; Kurt Mey, Arbeitersekretär; Wilhelm Kregel, Gewerkschaftsbeamter; Johannes Lau, Parteisekretär. Das waren also zur NV nicht unerwartet Berufspolitiker, denn auch der „Buchdrucker" Fischer war seit 1912 Reichstagsabgeordneter und deshalb so hoch eingereiht. Die ebenso sicher platzierte Frau Lührs (gemäß Vw 23. 1. 19 kam auch Rauch zum Mandat) war im Abgeordnetenhandbuch nicht nur als kommunale Fürsorgerin, sondern mit einem Mittelschulabschluss und „während der Ehe 16 Jahre Geschäftsführerin einer Handelsfirma" ausgewiesen.[74] Am Wahltag rief der „Volkswille" zu einem „Hinein in die Wahlschlacht!" auch unter der Parole „Hier Kapitalismus, hier Sozialismus!" auf und empfahl die „Liste Brey!" der „Sozialdemokratie" als die „einzig wahre Volkspartei"; in einem zusätzlichen Artikel von „Frau Th. Bremer (Hannover)" wurde an „Ihr Frauen und Mädchen" appelliert, nicht der Propaganda gegen angebliche Religionsfeindlichkeit der Sozialdemokratie zu glauben (19. 1. 19).

Die für den alten Wahlkreis Hannover-Linden (nicht ganz vollständig im Abgleich mit Vw 28. 1. 19) gelisteten Ergebnisse des 19. 1. bedeuteten in Prozent: knapp 52 SPD, 21 für eine gemeinsame Liste Zentrum/DHP, 13 DVP, 10 ½ DDP, 2 ½ DNVP und nur gut 1 USPD (Vw 21. 1. 19).[75] Das war im deutlichen Unterschied zu Magdeburg gegenüber 1912 eine komplette Stagnation der Sozial-

---

74   http://daten.digitale-sammlungen.de/~db/bsb00000144/images/index.html?nativeno=212 (jedoch andere WK-Zuordnung).

75   So auch in Feldmann, Geschichte (wie Fn. 23), S. 49 und (ohne Differenzierung rechts von der DDP) aus der amtlichen Statistik bei Boll, Massenbewegungen (wie Fn. 6), S. 264.

demokratie. Die nachfolgende Schlagzeile „Glänzender Sieg der Sozialdemokratie" bezog sich auf das gesamte Wahlkreisgebiet Hannover-Hildesheim-
Lüneburg-Braunschweig mit dem Hinweis, dass vor allem in ländlichen Gebieten der Zuwachs erreicht worden sei. Gleich daneben argumentierte Leinert „Zur
Preußenwahl" auch gegen den „blöden Schlachruf ‚Los von Berlin'" im Welfen-
partikularismus: „Berlin ist der Mittelpunkt deutscher Politik und wird es auch
in Zukunft bleiben" (Vw 22. 1. 19). Die nach Weimar einberufene NV werde dort
rasch ihr Werk abschließen: „In der Verfassungsfrage wird es zwischen Sozialdemokraten und Deutschdemokraten keine unüberbrückbaren Meinungsver-
schiedenheiten geben" (Vw 23. 1. 19). „Der letzte Hieb!" sei in der vormaligen
„Trutzburg der Reaktion" zu setzen: „Der Segen der Revolution zeigt sich in
Preußen noch deutlicher als im Reiche" (Vw 26. 1. 19). „Das Wahlergebnis von
Hannover und Linden" vom 26. 1. wurde nach beiden Städten aufgeschlüsselt,
wobei nun allein für Hannover in Prozent erhielten: SPD 47 ½, Zentrum/DHP
27 ½, DVP 12, DDP 9 ½, DNVP 2 ½ und USPD 1; für Linden lautete das Ergebnis
SPD gut 71, Zentrum/DHP knapp 17, DVP 5, DDP 3 ½, DNVP ½ und USPD
knapp 3 (Vw 28. 1. 19). Verbessert gegenüber der NV-Wahl hatten sich besonders
Zentrum/DHP zu Lasten der anderen bürgerlichen Parteien in sozusagen einer
Anti-Preußen-Wahl. Auf die Frage „Ist Preußen ein Nationalstaat?" konnte auch
die Antwort der SPD nur lauten: „kein Nationalstaat, sondern die durch Eroberung und Erbschaft zusammengebrachte Hausmacht der Hohenzollerndynastie"
(Vw 30. 1. 19).

Im „Kurier" schrieb Hartmann den Leitartikel „Zeitwende" verfallsgeschichtlich über „ein Jahr, daß einen kreppschwarzen Einband bekommen muß
[...] Keine Schmach ist uns erspart geblieben" (1. 1. 19). Den bürgerlichen Demokraten wurde „Verhängnisvolle Einschläferung" vorgeworfen in der Bekämpfung der Sozialdemokratie, während das rechtsbürgerliche Blatt auch nach dem
Austritt der USPD noch eine innenpolitische Dolchstoßlegende verbreitete: „Ein
Menschenalter zähester, selbstlosester und erfolgreichster Arbeit dieser soge-
nannten Volksbeauftragten würde nicht ausreichen, um uns auch nur einen
Bruchteil dessen wiederzugeben, was sie absichtlich und willkürlich an National-
werten zerstört haben" (HK 4. 1. 19 A). Unter der insoweit passenden Überschrift
„Krieg und Politik" polemisierte Hartmann im Blick auf „Rom", wo nun „zum
Fest der Propaganda" – gemeint war der Dreikönigstag – „Jünglinge aller Haut-
farben" als „Sendboten" dienten, mit einem ganz besonderen Vergleich: „Die
Extreme berühren sich. Eine ganz ähnliche Propagandaschule haben in Mos-
kau die Bolschewisten errichtet." In gleicher Ausgabe erschien als Anzeige der
„Wahlaufruf der Deutschnationalen Volkspartei Niedersachsen", der gegen die
„Berliner Diktatur" sich „für die Errichtung eines selbständigen hannoverschen

Staates" aussprach (HK 5. 1. 19).[76] Sogar die in anderen Landesteilen ausgeprägt unitarische DDP erklärte sich in einer Wahlanzeige „Zur Welfenfrage!" für ein „selbständiges und leistungsfähiges Niedersachsen" (HK 8. 1. 19). Da wollte auch die „Kurier"-Redaktion zu „Niedersachsen und das Reich" etwas beitragen, was dann nicht ohne völkischen Tonfall daherkam: „Der niedersächsische und friesische Stamm sind die reinstgebliebenen unsres Vaterlandes, also gerade besonders wertvolle Teile des deutschen Volkstums" (8. 1. 19 A).

Unter den täglichen Agitationsparolen auf der Titelseite zugunsten der DVP befand sich auch die Dolchstoßlegende: „Nicht Krieg, nicht Waffenstillstand haben uns in diesen Jammerzustand versetzt. Die Revolution war es, die uns wehrlos machte" (HK 10. 1. 19). Von einer „Versammlung der Deutschen Volkspartei in der Stadthalle" mit mehr als 3000 Teilnehmenden wurde die Rednerin Olga Beyer bezüglich der „Religiösität" der Frauen zitiert und der Regierungspräsident v. Campe mit der in Sperrdruck gesetzten Agitationsformel: „Das deutsche Volk hat seine eigene Heeresfront hinterrücks erdolcht" (HK 10. 1. 19 A).[77] Ähnlich war Oberpräsident v. Richter auf einer Großveranstaltung über „Die Stellung der Deutschen Volkspartei zur Gegenwart und Zukunft" zu verstehen: „Nicht der Ausgang des Krieges hat uns dahin gebracht, wo wir heute sind, sondern *die Revolution hat unser Heer zermürbt* und damit unser Schicksal besiegelt" (HK 15. 1. 19 A).[78] In einer ganzseitigen Wahlwerbung sah die „Deutsche Volkspartei Hannover" Sozialdemokraten und Demokraten als „Parteien der ‚roten und goldenen Internationale'" in enger Verbindung (HK 11. 1. 19). Ein kleiner Anzeigenkasten begann mit der Kernaussage: „Die Deutschnationale Volkspartei bekämpft die Demokratie, weil sie undeutschen Wesens ist" (HK 12. 1. 19). Bei erkennbaren „Worten und Taten" der DDP sollte diese im „Kurier" damit bekämpft werden, sie habe „auch den Geist in sich aufgenommen, der namentlich im ‚Berliner Tageblatt', in der ‚Frankfurter Zeitung'" herrsche; eine große berufsständische Anzeige „Deutsche Techniker" empfahl auch nur DNVP, DVP und Zentrum (16. 1. 19).

Ein Vergleich „Spartakus und die Pariser Kommune" zeigte sich nicht zuletzt in den Opferzahlen – dreistellig in Berlin, fünfstellig in Paris – als nicht tragfähig (HK 13. 1. 19 A). Nach dem Mord an Liebknecht/Luxemburg erschien aber ein Leitartikel „Volksgericht!", der nur als präfaschistoid eingestuft werden kann: „Zwei Volksverführer von gestern, zwei Volksgerichtete von heute. Und kein Mitleid will uns packen; kein Wort des Bedauerns aus der Feder, daß hier

---

76 So auch im HT 5. 1. 19, 2. B und der DVZ 5. 1. 19.
77 Verknappter Bericht (ohne diese Zitate) auch im HT 10. 1. 19 A.
78 Verknappter Bericht auch im HT 15. 1. 19 A und HA 17. 1. 19.

ohne ordentliches Gericht die Empörung der Masse geurteilt hat" (HK 17. 1. 19).
Ein alldeutscher, von der DNVP nicht zu unterscheidender Ton klang ebenso in
Zurückweisung der Reparationsforderungen an: „Deutsche als Sklavenarbeiter"
(HK 17. 1. 19), wo sich dann auch die Wahltagsparole zugunsten der DVP anfügte:
„Lever dod as Slav!" (lieber tot als Sklave). Hartmanns Rubrik „Krieg und Politik" lief auf deren ewige Verbindung hinaus: „Heerlos, wehrlos, ehrlos. Das lehrt
die Geschichte seit fünf Jahrtausenden" (HK 19. 1. 19). Da konnte es kaum verwundern, wenn „Über das Scheitern der Einigungsverhandlungen der bürgerlichen Parteien" berichtet (HK 18. 1. 19) und gegen die DDP als „Der demokratische Bundesgenosse der Sozialdemokratie" polemisiert wurde (HK 18. 1. 19 A).
Wie zu erwarten beantwortete auch die DNVP „Wer trägt die Schuld?" wesentlich mit: die „von Demokraten und Sozialdemokraten verherrlichte Revolution"
(HK 19. 1. 19).[79]

Differenziert fielen die aufgeschlüsselten „Wahlergebnisse aus Hannover und
Linden" bei mitgeteilten 87 % Wahlbeteiligung aus. Hier nur für die 145 Stimmbezirke in Hannover betrachtet, reichten dem Stadttrend folgend die sozialdemokratischen Hochburgen nicht wie in Magdeburg über 90 %, aber knapp
über 80 %; die schwächsten Ergebnisse lagen um 15 %, wo dann gerade die DVP
als stärkste Partei auffiel, während DHP und DDP etwas gleichmäßiger verteilt
waren (HK 20. 1. 19).[80] „Nach dem Wahlkampf" (HK 21. 1. 19) klang alles unauf-
geregter. „Ein vorläufiges Bild" sah insgesamt die „nationalbürgerlichen Parteien"
in Städten hinter der DDP, auf dem Lande (was die mehr agrarische DNVP traf)
an die erstarkte SPD verlieren (HK 21. 1. 19 A). Auch für „Das Wahlergebnis in
Niedersachsen" war ein „Ruck nach links" nicht zu bestreiten (HK 23. 1. 19), der
gleiche Begriff galt für „Das Endergebnis der Wahlen" (HK 24. 1. 19 A). Unter dem
Stichwort „Noch nicht über den Berg!" wurde ein merkwürdiger Vergleich angestrengt: „Ein Ludendorff ist der brave Noske noch lange nicht" (HK 24. 1. 19). Sein
Thema „Krieg und Politik" dehnte Hartmann auch in bürgerliche Ressentiments
aus, die Inflation wegdenkend: „Noch gibts Achtstundentag bei doppeltem Lohn;
ja durch eine freigebige Arbeitslosenunterstützung ist Nichtstun zur einträglichs-
ten Tätigkeit geworden" (HK 26. 1. 19). Die Kombination aus sinkender Wahlteilnahme und geringeren Anteilen führte „Die preußischen Landeswahlen" betreffend geradewegs zur Publikumsbeschimpfung jenseits der DHP: „Im übrigen hat
das bürgerliche Lager bei den Preußenwahlen versagt" (HK 30. 1. 19).

Im „Tageblatt" klagte die „Deutsche Demokratische Partei" in „Flugblatt Nr. 1" über Probleme mit „Verkehrsnot" und „Papierknappheit", äußerte

---

79 So auch im HT 19. 1. 19, 3. B.
80 Diese Einzelergebnisse auch in DVZ 21. 1. 19.

sich dann aber eher im nationalliberalen Stil: „Die sozialistische Regierung ist zu schlapp, um den Osten des Reiches gegen kleine polnische und tschechische Banden zu schützen", sie verwende „ihre hauptsächlichste Zeit darauf, mit dem Berliner Gassenpöbel herumzudiskutieren, anstatt diese Gesellschaft so zu behandeln, wie sie es verdient" (HT 2. 1. 19).[81] Dennoch erwähnte die „Kundgebung des Bürgerbundes" nur die Listenverbindung ohne DDP (HT 8. 1. 19 A). Die Stimmungsmache von rechts gab der DDP dann auch hinreichend Anlass zum Hinweis „Achtung vor Wahllügen!", und sie wandte sich gegen Propaganda, wie sie „der entschlafene Reichsverband gegen die Sozialdemokratie" betrieben hatte (HT 9. 1. 19).[82] Eine ironische und zugleich sachlich wirkungsvoll erscheinende Form der Auseinandersetzung wählte die DDP gegenüber der DVP (HT 12. 1. 19, 2. B).[83]

In einem weiteren „Flugblatt" dieser Art „Wer trägt die Schuld!" wandte sich die DDP mit Verweis auf Ludendorffs Hinwirken auf den Waffenstillstand entschieden gegen die Reden und Artikel von „rechtsstehender" Seite, die eine „Schuld der Revolution" behaupteten: „Das ist eine dreiste Fälschung der geschichtlichen Tatsachen. […] Schuld trägt das bisherige obrigkeitsstaatliche Regierungssystem und tragen die rechtsstehenden Parteien, die bis zuletzt dieses System gestützt haben. […] Die Führer der Deutschnationalen Volkspartei und der Deutschen Volkspartei, Männer wie Graf Westarp, Stresemann, Justizrat Meyer, die zusammen mit den Militaristen und Schwerindustriellen eine für unser Volk so verderbliche Politik geführt haben, sie sollten sich wahrhaftig hüten, gegen andere Anklagen zu erheben. Es ist eine Spekulation auf die Gutmütigkeit unseres Volkes, daß sie es überhaupt noch wagen, nach einer solchen Katastrophe ihrer Politik öffentlich in Erscheinung zu treten" (HT 16. 1. 19).[84] Auch wurde von der DDP „Verwahrung gegen Wahlbetrug und anonyme Gemeinheiten" seitens der DVP bis hin zur Verteilung ihrer Stimmzettel als vermeintlich offizieller, allein gültiger Herkunft eingelegt.[85] Ein Belegstück für „Gemeinheiten" fand sich in

---

81   So auch im HA 2. 1. 19, 1. B.

82   So auch im HA 10. 1. 19.

83   Vgl. Abbildung S. 217. Dort zitierter Ludwig Windthorst war der katholische Zentrumsführer als Widersacher Bismarcks – und zugleich hannoversch-welfisch orientiert, was ein historischer Anknüpfungspunkt für das Bündnis DHP/Zentrum 1919 sein konnte, obwohl die DHP evangelisch geprägt war.

84   So auch im HT 17. 1. 19 und HA 19. 1. 19.

85   Es wurde 1919 noch die kaiserzeitliche Praxis der Parteistimmzettel mit Kandidatennamen fortgeführt, in der eine nach der Revolution demokratisch-staatsrechtlich unhaltbar gewordene Vorstellung sich manifestierte, es würden politische „Vereine" kandidieren – und dies nicht als Teil eines 1919 sogar integral staatskonstituierenden Aktes.

Flugblatt Nr. 8

Die interessanteste Partei
ist die Deutsche Volkspartei (Nationalliberale)

Diese vielseitige Partei:

Einerseits	Anderseits
1. verspricht auf dem Lande hohe Getreidepreise.	1. verspricht in der Stadt billige Brotpreise.
2. spricht auf dem Lande gegen das Wahlrecht der Frauen.	2. spricht in der Stadt für das Wahlrecht der Frauen.
3. hetzt auf dem Lande und in den kleinen Städten gegen die Juden, so daß die Reden ihrer Kandidaten Roeschamein und Held durchaus den altbekannten Reden Ahlwardts oder des Fürsten Pückler ähneln.	3. bittet in den größeren Städten die Juden um Beiträge für ihren Wahlfonds und stellt einen jüdischen Rechtsanwalt als Kandidaten auf.
4. erklärt in der Provinz Hannover, die deutschen Demokraten seien genau so schlecht wie die Sozialdemokraten.	4. fordert in dem benachbarten hessischen Wahlkreise ihre Anhänger auf, die demokratischen Kandidaten zu wählen.

Windthorst nannte seinerzeit die Nationalliberalen: Partei „Drehscheibe". Das sind sie auch jetzt noch mehr als früher, denn die wirklich liberalen Nationalliberalen sind zur Deutschen demokratischen Partei übergegangen. Bei der Deutschen Volkspartei (Nationalliberale) gibt es Einerseitsmänner und Anderseitsmänner, die, wenn es darauf ankommt, gegeneinander stimmen. Es hat also keinen Zweck, eine Partei zu wählen, die zwei Pferde vor und zwei Pferde hinter den Wagen spannt. Wer weiß, was er will, wählt nicht Deutsche Volkspartei.

Wer keine Klassenherrschaft von rechts oder links will, wählt die Partei, die weiß, was sie will:

Die Deutsche Demokratische Partei

gleicher Ausgabe als eine anonyme Werbung „Maske ab!" für alle listenverbundenen Rechtsparteien mit der Hetzparole: „Wer will, daß noch mehr Juden als die Haase, Eisner, Hirsch […] Landsberg usw. usw. […] unser deutsches Vaterland regieren sollen, der wähle nur die Demokratische Partei" (HT 17. 1. 19). Eine längere Unterzeichnerliste stellte sich am Vortag der NV-Wahl hinter einen Text zum Thema: „Warum alle wahrhaft liberal gesinnten früheren Nationalliberalen nicht Deutsche Volkspartei sondern Deutsche demokratische Partei wählen" (HT 18. 1. 19, 1. B).[86]

Das „Tageblatt" berichtete zuvor auf der Titelseite über die SPD-Veranstaltung mit Brey (HT 9. 1. 19 A). Auch eine Anzeige mit Versammlungsankündigungen und der USPD-„Vorschlagsliste" erschien, von der auch bei sensationellem Resultat aus Hannover allenfalls der (hinter dem Braunschweiger Volkskommissar Merges) zweitplatzierte Tischler Karl Aderhold sich eine minimale Chance ausrechnen konnte (HT 10. 1. 19, 1. B). Unter dem Motto „Religion ist Volkssache" mobilisierten Katholiken und Protestanten gemeinsam zu einer Kundgebung (HT 17. 1. 19 A), wo im Hintergrund sicher auch die Verbindung des katholischen Zentrums mit der evangelischen DHP stand. Der über die DHP hinausreichende Regionalismus hatte jenseits der zeittypischen

86 So auch im HA 18. 1. 19.

Stammesideologien auch eher konstruktive Seiten: Ein Vorschlag des vormaligen Rektors der TH Hannover Prof. Karl Mohrmann kam mit 15 Gebietseinheiten von Ost-/Westpreußen und Schlesien sowie Pommern über Brandenburg, Groß-Berlin und Nordelbien sowie Niedersachsen bis hin zu Westfalen, Rheinland, Hessen, Thüringen, Sachsen und den drei süddeutschen Staaten Bayern, Württemberg und Baden (HT 18.1.19) einem zunächst für die Staatenhaus-Mandate provisorisch gedachten Neugliederungsplan von Preuß einigermaßen nahe.[87] Der „Tageblatt"-Leitartikel „Der Wahltag" rief zur Teilnahme und Abstimmung nach „Gewissen" auf[88]; doch war die Erinnerung an den Reichsgründungstag 18. Januar 1871 „als die Errungenschaft eines gewaltigen, siegreichen Krieges" und nun Wahl „in der Zeit des Zusammenbruches [...] inmitten der auf Unheil sinnenden Feindesschar" ein Deutungsrahmen, der sich in einem national-bürgerlichen Mainstream bewegte, aber die parlamentarische Demokratie faktisch anerkannte: „Die Nationalversammlung wird der eigentliche Souverän des Reiches sein" (HT 19.1.19). „Die Mehrheit der Nationalversammlung" wurde auch hinsichtlich der Regierungsbildung bei SPD und DDP gesehen (HT 23.1.19).

Im „Anzeiger" praktizierte Leitartikler Biermann zu „1919" den zwar für die „neue Freiheit" offenen, aber jenseits der weithin konsensualen „Nationalversammlung" wenig konkreten Schreibstil (1.1.19). In seiner Rubrik „Zeitenwende" ließ er über „Die Frau im neuen Deutschland" aber eine klare Zustimmung zur Wahlrechtserweiterung erkennen, wobei die Parteienskepsis sogar zur Erwägung einer künftigen Frauenliste zwecks Einflussnahme hinführte (HA 5.1.19). Sein weiterer Serienbeitrag „Der Völkerbund" bekundete auch diesbezüglich Aufgeschlossenheit (12.1.19). Es wurden (von einem Autor Ed. Kl.) dann „Vor den Wahlen" die Parteien mit ihren Programmen vorgestellt (HA 7.1., 8.1., 9.1.19, jeweils 1. B). Auf der Titelseite erschien als kleiner Lektürekasten: „Hannovers Frauen! [...] Parole: ‚Wahlrecht ist Wahlpflicht!'" (HA 14.1.19). Aus den überall ähnlichen Berichten zu den Berliner Januarkämpfen sei hier nur die auffällige Schlagzeile „Spartakus versucht die Wählerlisten zu vernichten" erwähnt (HA 10.1.19).

Zu den kulturbürgerlichen Texten Biermanns passte aber so gar nicht, was dann vom Berliner Redaktionsteil unter „Liebknecht und Rosa Luxemburg†"

---

87   Die DDP bekannte sich in dem Aufruf „Wähler und Wählerinnen Niedersachsens!" zum Verfassungsentwurf von Preuß, der „erst das freie Niedersachsen ermöglicht" (HT 23.1.19, 1. B).

88   Nicht parteipolitisch orientiert war auch der Leitartikel „Die zweite Wahlschlacht" am Tag der Preußenwahl (HT 26.1.19), wie überhaupt dazu kaum neue Aspekte innerhalb einer Woche auftauchten.

formuliert wurde: „Die Regierung zumal wird befreit aufatmen, daß ihr das Richteramt vom empörten Volke abgenommen worden ist" (HA 17. 1. 19). Über „Die preußischen Landtagswahlen" wurde eine beklagte „Ermattung" berichtet und vor dem Irrtum gewarnt, dass Nichtpreußen in den Wahllisten des preußischen Gebiets nicht wahlberechtigt seien (HA 25. 1. 19). Am Wahltag erschien der rückblickende Leitartikel „Die Nationalversammlung" des Publizisten Richard Bahr mit einleitenden Attacken gegen das „dilettantische Regime" der Sozialdemokratie; doch erschien ihm „das Schlagwort von den ‚nationalen' Parteien" als „bösartiger Unfug", so dass alles wohl am ehesten zur DDP passte, wie das auch für Biermanns weiteren „Zeitenwende"-Artikel „Der Handel und die Freundschaft der Völker" galt (HA 26. 1. 19).[89] Mit Kleinanzeigen „An die Beamtenschaft" sowie „Frauen und Mädchen" warb auch die SPD in dem Massenblatt bis zuletzt für ihre preußische Liste Brey (HA 26. 1. 19).

In der HVZ erschien der Aufruf an die „Wähler und Wählerinnen der Zentrumspartei!" mit dem Bekenntnis zu einem „Zusammenschluß aller bürgerlichen Parteien" und der Präsentation einer gemeinsamen Liste mit der DHP; trotz dortiger Chancenzurechnung für Platz Nr. 5 „Pastor Dr. Wilhelm Maxen, Hannover" kandidierte nur Nr. 2 „Arbeitersekretär Lorenz Blank, Hildesheim" als Zentrumsvertreter gesichert (8. 1. 19). Der in Hannover zur DHP nachgeordnete Status kam in der wiederholten Parole „Zur Nationalversammlung wählen wir die Liste Alpers" zum Ausdruck (HVZ 9. 1., 10. 1., 11. 1., 14. 1. 19). Alpers ermöglichte dann mit Annahme des Mandats im Wahlkreis Bremen-Hamburg das Nachrücken von Maxen. „Unsere Bischöfe gegen die Sozialdemokratie" beinhaltete das „Hirtenschreiben" mit Unterzeichnung auch von „Joseph, Bischof von Hildesheim" (HVZ 13. 1. 19). „Vor der Entscheidung" positionierte sich das Zentrum als hoffnungsvolle Bürgerblockpartei: „Der Ausfall der Wahlen zu den Landtagen in Süddeutschland berechtigt zu der Erwartung, daß die bürgerlichen Parteien die Sozialdemokratie am 19. Jan. schlagen werden" (HVZ 18. 1. 19). Der Nichteinzug von Leinert in die NV wurde als Scheitern gedeutet (HVZ 22. 1. 19), aber der Oberbürgermeister hatte seine Hauptaufgabe zu erfüllen. Vor der Preußenwahl fand „Eine gemeinsame öffentl. Versammlung der deutschhannoverschen Partei und des Zentrums" statt, an der sich „4000 Frauen und Männer" beteiligten (HVZ 24. 1. 19). Ein „Gemeinsamer Wahlvorschlag" von DHP und Zentrum listete hinter dem noch nicht der NV zugehörigen Maxen als Nr. 2 den

---

89 Dazu passte, dass Bahr sich wenig später auf „Schulze-Gaevernitz" über den „Weg zum sozialen Frieden" bezog (HA 31. 1. 19), das war ein linksliberaler Reichstagsabgeordneter und inzwischen DDP-Mitglied.

„Eisenbahn-Landmesser Christian Blank" als Nr. 5 (HVZ 25. 1. 19), und „Das endgültige Wahlergebnis im 16. Wahlkreis" bestätigte das Mandat beider (HVZ 29. 1. 19).

Im DHP-Organ publizierte E. Rosenthal „Ein offenes Wort in ernster Zeit" mit Kritik am „Hurrapatriotismus" und die These vertretend, „daß der Krieg für Deutschland verloren sein *mußte*, wenn es den deutschen Waffen nicht gelang, innerhalb einer bestimmten Frist einen entscheidenden Sieg zu erringen" (DVZ 9. 1. 19, 2. B). In einem zweiten Text dieses Autors wurden auch die Folgewirkungen benannt: „Jene beiden Faktoren, das starke Hervortreten des Standesunterschieds draußen und des Kriegswuchers drinnen, haben der Revolution die Wege geebnet" (DVZ 10. 1. 19, 2. B). Wie die Rechtsparteien bekämpfte die DHP aber redaktionell auch die DDP: „Mit der Sozialdemokratie verbindet sie Wahlverwandtschaft"; auch jenseits der Listenverbindung eine partielle Wahlverwandtschaft nach rechts hin zeigte die Kommentierung „Zum Tode Karl Liebknechts und Rosa Luxemburgs", diese seien als „Opfer ihrer Gewaltpolitik zu betrachten. Sie sind gefallen nach denselben Grundsätzen, die sie beide als das Ideal ihrer verbrecherischen Politik betrachteten, nämlich denen des *unbändigen Terrors*" (DVZ 18. 1. 19). Nach dem Wahltag wurde entgegen dem großen SPD-Vorsprung „Der Sieg der deutsch-hannoverschen Partei!" behauptet (DVZ 21. 1. 19) und sodann „Auf zur Wahl für die preußische Landesversammlung!" mit u. a. der zentrumsähnlichen Frontstellung mobilisiert: „Die Sozialdemokratie ist kirchenund religionsfeindlich durch und durch" (DVZ 22. 1. 19). Angesichts der „Los von Preußen!"-Hauptparole (DVZ 25. 1. 19) war die sich von den anderen Parteien rechts der DDP wenig unterscheidende sonstige Programmatik von minderer Bedeutung. „Nach den Schlachten" konnte die DHP ihren Stimmen- und insbesondere Anteilszuwachs bei der Preußenwahl herausstellen (DVZ 30. 1. 19).[90]

6. Vor und nach den Gemeindewahlen am 23. Februar in Hannover

Nachdem die preußische Regierung die Neuwahl erstmals demokratischer Gemeindevertretungen auf spätestens 2. März anberaumt und sich die niedersächsische Metropole für den Sonntag davor entschieden hatte, kann für diesen Abschnitt sinnvoller mit Hannover begonnen werden (während Magdeburg dem

---

90 Bei minimalstem Prozentzuwachs von SPD (52,3 % gegenüber 51,9 %) und USPD (1,4 % nach 1,3 %) erhöhte sich für Hannover mit Linden der Stimmenanteil von DHP/Zentrum auf 25,4 % nach 20,6 % vorwiegend auf Kosten der DVP und DDP, vgl. Feldmann, Geschichte (wie Fn. 23), S. 49.

Beitragstitel „SPD-Hochburg" noch mehr entsprach). Dort eröffnete der „Volkswille" den Februar mit der Schlagzeile „Die Wahlen zu den Gemeindevertretungen" und einem Leitartikel „Die Bedeutung der Gemeindewahlen", der feststellte: „Nirgends in deutschen Landen ist das Wahlrecht zu den Gemeindevertretungen so rückständig wie in der Provinz Hannover. [...] In Wirklichkeit herrscht der Magistrat unumschränkt. [...] Die Revolution hat jeden Widerstand hinweggefegt" (1. 2. 19). „Die hannoversche Wahlrechtsschmach" wurde auf einem Titelblatt ausführlich erläutert: Das „reaktionäre Welfenparlament" hatte 1858 eine auch in der Preußenzeit fortwirkende Städteordnung erlassen, die noch im späten Kaiserreich in Hannover nur 11 992 wahlberechtigte „Bürger" auf 318 800 Einwohner kannte, davon 6502 als Hausbesitzer (weitere 2722 als Beamte); die Stadtvertretung konnte sich damit als „erweiterter Vorstand des Hannoverschen Haus- und Grundbesitzervereins" darbieten (Vw 9. 2. 19).[91]

Im Lokalteil fand sich eine vom „Gewerkschaftskartell Hannover-Linden (Freigewerkschaften)" bereitgestellte Statistik zur Arbeitslosigkeit, worin die männliche trotz Demobilisierung des Heeres insgesamt vom 31. 12. zum 8. 2. lediglich von 3722 auf 4479 gestiegen war, hingegen die weibliche von 324 auf 2460. Dabei blieben unter Gewerkschaftsmitgliedern (von denen insgesamt jeweils rund 5 % arbeitslos waren) die Zahlen der Männer mit 1548 bzw. 1571 sogar fast konstant, und bei den Frauen hielt sich der Anstieg von 158 auf 220 in Grenzen (Vw 13. 2. 19). Während also zu Beginn bei Männern 41 % der Arbeitslosen gewerkschaftlich organisiert waren und am Ende dieses Zeitraums 35 %, stand dieser graduellen Veränderung unter den Frauen ein Anteil von 49 % zu Beginn und ein krasses Absinken auf 9 % gegenüber. Dies lässt sich am ehesten so deuten, dass nur kriegsbedingt beschäftigte Frauen sich nicht gewerkschaftlich organisiert hatten, während die schon länger berufstätigen Frauen mit Organisationszugehörigkeit nicht häufiger arbeitslos wurden als Männer.[92]

Über „Das Gemeindewahlrecht und die Frauen" schrieb keine Hannoveranerin, sondern die Künstlerin und Autorin „Henni Lehmann, Göttingen" (Vw 5. 2. 19). „Zur Einigung der sozialistischen Parteien" wurde positiv auf „Karl Kautskys Aktionsprogramm der Unabhängigen" verwiesen und dieses für geeignet erklärt, dass „die Spaltung der sozialdemokratischen Bewegung binnen kürzester Zeit der Vergangenheit" angehören könnte. „Leider wird man sich nicht

---

91 Diese Angaben so auch ebd., S. 115 f.
92 Zahlen bis 22. 2. ließen erkennen, dass der Anstieg per 8. 2. weitgehend abgeschlossen war (Vw 26. 2. 19), per 1. 3. wurde sogar die Ziffer bei den unorganisierten Männern wieder rückläufig (Vw 7. 3. 19); bis 22. 3. sank der Anteil weiter, und dies besonders stark bei den organisierten Männern auf erstmals wieder unter 1000 (Vw 29. 3. 19).

der Hoffnung hingeben dürfen, daß die Mehrheit der Unabhängigen den verständigen Gedankengängen der Kautsky, Haase und Dittmann folgt" (Vw 2. 2. 19).
Ein Leitartikel des Gewerkschafters und „Volksbeauftragten Rudolf Wissell" mit
der suggestiven Frage „Sollen wir zugrunde gehen?" hob zwar die Hauptverant-
wortung der „alten Machthaber" und des Krieges hervor, wandte sich aber recht
pauschal gegen hohe Forderungen und Streiks: „Soll unser Wirtschaftsleben wieder gesunden, so müssen wir mehr arbeiten – wir arbeiten heute weniger. Wir
müssen billiger arbeiten – wir arbeiten teurer" (Vw 4. 2. 19).[93] Im Anzeigenteil
fand sich unter einem (sicherlich bezahlten) „Aufruf" der „Sektion Hannover"
für die industriefinanzierte „Antibolschewistische Liga" (des rechtsradikalen
Propagandisten Eduard Stadtler)[94] eine nicht zugeordnete weitere Abbildung,
wo ein Riesenfels mit der Aufschrift „Streik" auf eine miniaturisierte Industrie-
dorflandschaft herabstürzt (Vw 11. 2. 19). Sogar auf einer Nachrichtenseite gab
es in gesondertem Kasten – auch im Blick auf die „Ostgrenzen" – Werbung
für das „Freikorps Hülsen" mit dem Appell „Denkt an den Feind im Inneren!"
(Vw 12. 2. 19). Ein Text „Revolution und Kolonien", der darauf beharrte: „Wer
an die Kolonien rührt, rührt an Deutschland selber" (Vw 6. 2. 19), ließ keinerlei
Annäherung an die erwähnten gemäßigten USPD-Politiker erkennen.

Mit einem Titelseitenbeitrag über „Das hannoversche Schulelend" erweiterte das SPD-Organ das wahlkampfrelevante Themenspektrum. Der Klassencharakter des bestehenden Systems komme u. a. drastisch zum Vorschein, wenn
in Hannover je Lehrkraft in Volksschulen 46 Kinder zu unterrichten seien, in
höheren Schulen aber nur 20 (Mädchen) bis 23 (Knaben), wobei Schulgeld die
Abgrenzung nach unten zementiere (Vw 14. 2. 19). „Das Hannoversche Woh-
nungselend" behandelte einen weiteren Problembereich, wobei allerdings
nur die „nächsten Jahrzehnte" die bisherigen Versäumnisse beheben konnten
(Vw 19. 2. 19). Drastischer formuliert war „Der Hannoversche Kindermord"
im Hinblick auf die weitaus höhere Sterblichkeit von unehelichen Geburten
und Arbeiterkindern (Vw 20. 2. 19). „48 555 Hannoversche Männer und Frauen
freiwillig im Gefängnis!" bezog sich auf Obdachlose, was allerdings mehrere
Jahre addierte; doch allein im ersten Halbjahr 1914 davon 10 789 Männer und
224 Frauen zeigte das Ausmaß der Misere (Vw 22. 2. 19). Die schon erwähnte
Henni Lehmann bezog sich mit dem Leitartikel „Städtisches Schulwesen und
Jugendpflege und die Frauen" auf die „Beseitigung der Klassenunterschiede"

---

93 Auch vollständig abgedruckt in der MZ 4. 2. 19 M, mit dem Hinweis, der Artikel stamme
    aus der „Sozialistischen Korrespondenz für In- und Ausland" – aus der sich die bürgerli-
    che Presse gewöhnlich nicht bediente.
94 Aufruf auch in HK 9. 2. 19; HT 9. 2. 19, 3. B; HVZ 10. 2. 19; DVZ 11. 2. 19, 2. B.

(Vw 21. 2. 19) und behandelte in einem weiteren „Die Frauen in der städtischen Wohlfahrtspflege" (Vw 23. 2. 19). Eher noch stärker als zu den Wahlen am 19. und 26. Januar wurde nun gerade mit solchen Themen appelliert: „Frauen und Mütter, wählt sozialdemokratisch!" (Vw 22. 2. 19).

Als nur unter „Lokales" über die Kommunalwahlen berichtet wurde, fand auch die von 86 und 80 % nun auf 66 % gesunkene Beteiligungsrate zunächst Erwähnung. Die abgegebenen Stimmen teilten sich nach Prozenten auf in 41 ½ SPD, 21 ½ DHP/Zentrum, 10 Rechtsblock (DNVP/DVP), 8 ½ DDP, gut 6 einer Grundeigentümerliste, gut 5 einer Sonderkandidatur des Ex-Stadtdirek-tors Tramm, gut 3 einer Angestelltenliste, knapp 3 der USPD und gut 1 einer Wirteliste. Die Führungsposition der SPD war ebenso deutlich wie die Schlüssel-stellung der DDP für eine mögliche Mehrheit nach links oder rechts hin. In der Nachbarstadt Linden gewann die SPD ganz klar mit 68 % gegenüber 7,5 % der USPD sowie 24,5 % einer bürgerlichen Einheitsliste (Vw 25. 2. 19). Eine aus die-sen Wahlergebnissen kaum ersichtliche Gefährdungslage wurde mit der Schlag-zeile „Im Schlepptau der Spartakisten" und der Unterzeile „Arbeitslose! Laßt Euch nicht verhetzen und mißbrauchen!" vermittelt (Vw 27. 2. 19).

Aber die Alternative „Bürgerliche oder soziale Demokratie?" war unter Beru-fung auf einen Artikel des linken Austromarxisten Max Adler dennoch scharf konturiert und ersichtlich von diesem inspiriert eine „soziale Revolutionierung" im Ziel beibehalten als „Weg der revolutionären, klassenkämpferischen Sozial-demokratie" (Vw 28. 2. 19). Das Stichwort „Gemeindesozialismus" bezog sich wieder mehr auf die konkreten Anliegen, den für andere Orte geltenden Wahltag 2. März im Blick (Vw 1. 3. 19). An jenem Tag erschien der Titelseiten-Bericht über „Die neue Vertretung der hannoverschen Einwohner", wo Leinert neben den vie-len Einzelaufgaben bis hin zur „Vereinigung von Hannover und Linden" auch mit Stolz auf „die größten Erfolge der Revolution" die Gemeindedemokratie her-vorhob: „Keine Stadt der Welt außerhalb Deutschlands kann sich dieses Wahl-rechts erfreuen" (Vw 2. 3. 19). Bei den unter „Lokales" berichteten Wahlen zum Vorstand der Stadtvertretung begnügte sich die SPD als Oberbürgermeisterpar-tei mit der Stellvertreter-Position und überließ den Vorsitz dem Justizrat Georg Lenzberg von der DDP (Vw 7. 3. 19).[95]

Neben einer Ankündigung mit der Schlagzeile „Die Sozialisierung mar-schiert!", worin einem Regierungsaufruf die Zielsetzung entnommen wurde, ein „Gesetzbuch der wirtschaftlichen Demokratie" und die „konstitutionelle Fabrik" zu schaffen, war der Leitartikel „Volksbildung" des Lehrers und Schriftstellers

---

95 Bericht zur Wahl auch im HT 6. 3. 19, 1. B.

Gustav Kohne platziert, der „*Lern*anstalten" für unzureichend erklärte: „Worauf in *geistiger* Beziehung alles ankommt, ist die Fähigkeit, das *Denken* zu lernen, Schlüsse und Folgerungen zu ziehen, abzuwägen und zu vergleichen, *Urteile* zu fällen" (Vw 4. 3. 19). Eine wiederholte Schlagzeile „Die Sozialisierung marschiert" bezog sich auf eine SPD-Initiative für die NV, die „Anerkennung der Arbeiterräte" in der Verfassung zu erreichen (Vw 7. 3. 19). Die Frage „Wo stehen wir?" fokussierte auf den Problemdruck und die Massenstimmungen, wobei mit im Hintergrund „Das Bluterbe des Krieges" stand. In gleicher Ausgabe wurde auch über eine „Kommunistenversammlung in der Stadthalle" berichtet, wo der mit dem Spartakusbund verbundene führende Braunschweiger USPD-Politiker August Menges den Widerspruch von Leinert erfuhr (Vw 9. 3. 19). Dieser entgegnete auf ihn treffende Unterstellungen von besonderen Privilegien mit einem Beitrag „Die Tochter des Neides ist die Verleumdung" (Vw 12. 3. 19).

Das Stichwort „Wirtschaftlicher Selbstmord" bezog sich auf eskalierende „Streiks und politische Unruhen" (Vw 14. 3. 19). Den „Ernährungs- und Wohnungsfragen im hannoverschen Stadtparlament" galt ein Sitzungsbericht (Vw 19. 3. 19). Ein Leitartikel „Partei- und Klassendifferenzierung" fasste ausführlich Heinrich Cunow aus dem Theorieorgan „Die Neue Zeit" zusammen (Vw 21. 3. 19). Eduard „Bernsteins Abschiedswort an die Unabhängigen" wurde aus dem SPD-„Vorwärts" und der USPD-„Freiheit" in längeren Passagen zitiert (Vw 25. 3. 19). Ein Leitartikel des späteren Reichsministers Adolf Köster „Ein falsches Datum" klärte aus dessen Tätigkeit als Kriegsberichterstatter über die schon Mitte Juli 1918 aussichtslos gewordene militärische Lage auf (Vw 28. 3. 19). Der volkswirtschaftlich ausgebildete Journalist Artur Saternus beschrieb „Das Doppelgesicht des Kapitalismus" mit der Verschleierung des auch kriegsbedingt erweiterten Vermögens in Sorge vor einer Heranziehung (Vw 29. 3. 19).

Auf „Die Wahlen zum Arbeiterrat!" für Arbeiter und Angestellte bis 10 000 Mark Jahreseinkommen – das schloss nur Leitungspersonal aus – in Hannover und Linden wurde hingewiesen (Vw 8. 3. 19). In einem Leitartikel „Arbeiterräte und Arbeiterrechte" war auf einen Beitrag von Hugo Sinzheimer in der Frankfurter „Volksstimme" Bezug genommen und in einer gewerkschaftsnahen Ausdeutung solches Rätemodell an eine „Organisationspflicht" geknüpft (Vw 12. 3. 19). Zu den „Arbeiterratswahlen!" wurde mit dem Leitsatz mobilisiert: „Nachdem die politische Demokratie erreicht ist, gilt es jetzt, die soziale Demokratie durchzuführen" (Vw 13. 3. 19). Wenn die 75 gewählten Arbeiterräte der „Liste Wilhelm Stille" als „sozialdemokratische Liste, von den freien Gewerkschaften aufgestellt", nach den Hauptkategorien ausgezählt werden, befanden sich darunter 10 Gewerkschaftsbeamte, 14 einfache und 51 Facharbeiter bzw. (wenige) einfache Angestellte – und keine einzige Frau, ein lange Zeit in Rätetheorien weitgehend ignoriertes Selektionsproblem der Betriebspraxis; die USPD hatte gegenüber ihrer marginalen Bedeutung zuvor nun immerhin 11 Mandate erzielt (Vw 15. 3., 18. 3. 19).

In einer nun titelgeänderten Serie „Gärung und Klärung" ließ Hartmann im „Kurier" trotz nationalpolitischen Rückgriffs auf die Paulskirche die Orientierung an der Bismarckverfassung erkennen, die ein „sorgsam ausgewogenes Meisterstück" gewesen sei. „Auf zur neuen Gemeinde (Bürgervorsteher-)Wahl" mobilisierte in gleicher Ausgabe eine Hausbesitzer- und Gewerbe-Kandidatur unter der Parole „Politik gehört nicht aufs Rathaus!" (HK 9. 2. 19).[96] Die DDP konterte dieses kaiserzeitliche Denken umgehend durch Ankündigung einer Veranstaltung mit Justizrat Lenzberg „Warum gehört Demokratie aufs Rathaus?" (HK 13. 2. 19). Die antipolitische Phrase war nämlich immer auch eine nicht-demokratische, wie die Replik des Justizrats Hermann Poppelbaum „Die Politisierung der Gemeindewahlen und der Bürgerbund" erkennen ließ, wenn vermeintlich allein die antisozialdemokratische Bürgerblockhaltung vereinigend wirken sollte: „Demgegenüber erstrebt der Bürgerbund die Zusammenfassung der übrigen Erwerbsstände. Wenn man das ‚Politik treiben' nennen will, mag man es tun". In der erwähnten (Mit-)Trägerschaft der DNVP und DVP für eine solche Liste sei nur „*scheinbar* ebenfalls politischer Boden betreten" (HK 14. 2. 19 A). Unter einem Wahlaufruf fand sich dann auch die Unterstützung durch Bürgerbund, DVP und DNVP.[97] Unmittelbar dahinter platziert wandte sich der rechtsbürgerliche Karl Anlauf, über „Bedeutung und Aufgaben der Kommunalpolitik" schreibend, gerade an die „Wahlmüden" mit dem Hinweis auf den erfolgten Übergang „von der Wahlbürgergemeinde auf die Einwohnergemeinde" (HK 16. 2. 19). Der Studienrat Prof. Schuster (DVP) widersprach mit dem Leitartikel „Das hannoversche Schulelend" einigen Zahlen der SPD-Kritik, ließ aber die eigene Parteilichkeit erkennen, indem er die „Auflösung aller Arbeitswilligkeit, aller Zucht und Ordnung, *die wir der sozialistischen Revolution verdanken*", beklagte (HK 22. 2. 19 A).

„Die neuen Männer" der Reichsregierung verblaßten für dieses rechtsbürgerliche Blatt hinter Ludendorff als vermeintlich einem „der schwertgewaltigsten und kopfklarsten Heerführer aller Zeiten"; aber nach solcher heroisierenden Urteilsperspektive beeindruckte dann noch am ehesten „Scheidemann, sicher und selbstbewußt, eine wirkliche Nummer, gleichviel wie man politisch zu ihm steht" (HK 14. 2. 19). Eher staatskonservatives als liberales Gedankengut spiegelte das unter „Die Nationalversammlung und die Aufgaben unseres Volkes" wiedergegebene Eintreten des DVP-Abgeordneten Wilhelm Dusche auf einer

---

96 So auch in HT 9. 2. 19 und HVZ 11. 2. 19.
97 So auch im HT 16. 2. 19.

hannoveraner Regionalkonferenz seiner Partei im Ton eines Gutsbesitzers (er war seit 1890 ein solcher) für ein „Arbeitszwangsgesetz", um „das Volk wieder an die Arbeit zu gewöhnen". Auf gleicher Veranstaltung klang auch der industrienahe Stresemann nicht anders: „Wir brauchen *Ordnung* und *Unterordnung*, das ist das Primäre, erst das Sekundäre ist die Verfassungsfrage für die Nationalversammlung. [...] Es ist falsch und ein Irrtum, wenn man glaubt, wir seien über Bismarck hinausgewachsen" (HK 17. 2. 19).

Unter seiner Rubrik „Gärung und Klärung" erweiterte Hartmann die Dolchstoßlegende von der USPD und russischen Einflüssen auf den prominentesten Zentrumspolitiker: „So gut wie Haase, Joffe und feindliches Geld ist Matthias Erzberger ein Maulwurf unserer Westfront gewesen." Als Kronzeugen für eine weiter verderbliche Rolle Erzbergers dienten u. a. „der Demokrat Stinnes und der Zentrumsmann Thyssen" (HK 23. 2. 19) – diese politischen Zuordnungen rechtsgerichteter Industrieller waren so realitätsfern wie die Dolchstoßlegende. Eine den Mythos der wilden Zwanziger anbahnende Tendenz zum ausgedehnten Freizeitvergnügen stigmatisierte Hartmann als „Sklavenaufstand der rohesten Sinnestriebe gegen Ordnung, Zucht und Sitte"; letzten Endes drohe „die Gefahr, herabzusinken auf die Kulturstufe fauler Negerrepubliken" (HK 2. 3. 19). Was regierungsseitig „Der erste Schritt zur Sozialisierung" werden sollte, galt diesem rechtsbürgerlichen Blatt als ein solcher in den „Zuchthausstaat" (HK 11. 3. 19 A).

„Bürgerlicher Wahlsieg in Hannover" war angesichts einer Zentralposition der stets von rechts mit bekämpften DDP eine gewagte Interpretation. Während die Listen „Hausbesitzer", „Angestellte", „Wirte" und „Tramm" keiner näheren Analyse bedurften und für die USPD neben Aderhold ein weiterer Tischler ins Stadtparlament einzog, wurden die vier größeren Fraktionen sehr verschiedenartig zusammengesetzt (HK 24. 2. 19): Bei der SPD war der „Geschäftsführer" Ludwig Dörnke zwar ein solcher beim „Volkswille"-Verlag und gelernter Buchdrucker, dennoch fiel auf, dass neben den funktionell zu erwartenden Partei- und Gewerkschaftsbeschäftigten auch weitere Kopfarbeiterberufe bis hin zu Akademikern etwas zahlreicher als Handarbeiter vertreten waren; hinter beiden weiblichen Abgeordneten stand nur „Ehefrau". In der DHP-/Zentrumsfraktion dominierten mittlere Büro- und Meistertätigkeiten, die einzige Frau war Vorstandsmitglied der Kriegsgefangenenhilfe. Statushöher wurde die rechtsbürgerliche Fraktion besetzt, die einzige Frau war Dr. Auguste Jorns aus der evangelischen Bildungs- und Sozialarbeit. Insofern soziographisch dazwischen lag insgesamt die DDP, so war deren einzige Frau die Oberlehrerin und spätere Landtagsabgeordnete Mathilde Drees. Geradewegs symbolträchtig für nationalpolitische Tendenzen im „Kurier" stand am Ende des Betrachtungszeitraums eine *vierseitige* „Erklärung des Alldeutschen Verbandes", die in einem hier gar nicht knapp zitierbaren Phrasenschwall von der Dolchstoßlegende und dem Antisemitismus sowie der völkischen Rassenideologie nichts ausließ, was den präfaschistischen Rechtsextremismus des an der Spitze unterzeichnenden Heinrich Claß ausmachte (HK 29. 3. 19).

Hingegen fand sich im „Tageblatt" der ganzseitige „Aufruf der Deutschen Demokratischen Partei zur Gemeindewahl", der „politische Köpfe ins Rathaus" bringen wollte und die „Aufstellung besonderer Kandidatenlisten für einzelne Berufszweige" sowie auch „sozialistische Überspannungen" kritisierte (HT 9. 2. 19). Kurz vor dem Wahltag informierte die DDP außer ihren Abgrenzungen nach rechts und links u. a. darüber, dass die Angestelltenliste „deutschnationale Handlungsgehilfen" umfasse (HT 21. 2. 19, 2. B). Die DHP versuchte sich als „Rechtspartei" mit der Parole „Hannovers Rathaus den Hannoveranern!" für bürgerliche Sammlung zu präsentieren: „Die Sozialdemokratie wird jetzt Politik aufs Rathaus tragen. Dem gilt es entgegenzutreten!" (HT 16. 2. 19, 2. B).[98] Auch die Liste Tramm gab vor, „das Parteipolitische völlig auszuschalten" (HT 19. 2. 19, 2. B). Tatsächlich erhielt der Stadtdirektor a. D. mit etwas über 5 % der Stimmen deutlich mehr als für seinen Einzug nötig war, wovon die anderen bürgerlichen Parteien wegen der Listenverbindung entsprechend profitierten (HT 24. 2. 19). „Zur Arbeiterratswahl!" wandte sich die DDP „gegen das Rätesystem", empfahl gleichwohl „die Liste des Demokratischen Gewerkschaftsbundes oder die Beamtenliste"; die DVP polemisierte gegen „die ungesetzliche Ausschreibung der Wahlen zum Arbeiterrat", erklärte sich aber beteiligt an der „Liste Fritz Bicker" (HT 14. 3. 19, 1. B).

Nicht alltäglich war ein Artikel des Schriftstellers Heinrich Mann „Wir wollen arbeiten" wegen dessen Prominenz und des republikanischen Inhalts, der sich zu „Volksstaat" und „Gemeinschaft" bekannte, aber „Sonderinteressen" von Kapitaleigentümern und nur für Eigenbelange Streikenden abwies (HT 8. 3. 19). Die regelmäßige Berichterstattung zur National- und Preußenversammlung und dem mühsamen Weg zum Friedensvertrag war bloße Nachrichten-Routine wie auch die Lokalmeldungen; aber unter einer Schlagzeile „Diktatur der Arbeiter-, Bauern- und Soldatenräte in Ungarn" gab es doch einmal Anlass zu einem Leitartikel „Europas Schicksalsstunde", wo man der französischen und englischen Regierung das in Ungarn bevorstehende „Bündnis mit dem Sowjetrußland" entgegenhielt (HT 23. 3. 19).

In seiner „Anzeiger"-Serie „Zeitenwende" bezog sich Biermann mit dem Thema „Die Friedenskonferenz" bereits deutlich zuvor auf ein Mahnwort im

---

98 So auch in der DVZ 16. 2. 19, 3. B.

„Corriere della Sera", dass vielleicht „in dem großen Wettlauf zwischen Wilson und Lenin der Letztere fünf Minuten eher zum Ziele kommt" (HA 2. 2. 19). Sein weiterer Beitrag „Weltpolitik" kritisierte unbeschadet eines zeittypischen bürgerlich-nationalen Grundtons „unseren kindlichen Glauben an die brutale Macht" und „sträflichen Größenwahn" in Herausforderung der „englischen Weltherrschaft" (HA 9. 2. 19). Zum Thema „Der Nationalismus – das Schicksal Europas" kamen Biermann außer dem „Größenwahn" in Osteuropa wesentlich „die raubgierigen Imperialisten vom Schlage der Clemenceau und Lloyd George" in den Sinn (HA 9. 3. 19). Das hinderte ihn aber nicht, längerfristig „den Bund der vereinigten Staaten Europas" zu propagieren (HA 23. 3. 19). Einem „O. R." gezeichneten skeptischeren Leitartikel „Unreife Früchte" folgten unmittelbar, fast wie ein längerer Kalenderspruch, die Zeilen des Schriftstellers Julius Hart: „Ich stehe auf dem Boden der Revolution. Ich fühle mich sympathisch mit der jetzigen Regierung verbunden und hoffe zuversichtlich, daß auf den Trümmern des alten Staates und der alten Staatsordnung, unter deren Herrschaft ein ewiger Kampf Aller wider Alle tobte, ein neues Gemeinwesen fruchtbar schaffender Arbeit, gegenseitiger Hülfen und Förderungen entstehen wird" (HA 4. 2. 19). Der Schriftsteller Paul Ernst wurde mit der Aussage zitiert: „Ich halte den sozialistischen Aufbau Deutschlands für möglich, wenn geeignete Männer an der Spitze stehen" (HA 11. 2. 19). Das klang wie so manches an kulturbürgerlichen Gastbeiträgen diffus, aber neuordnungsfreundlich.

Unter der Schlagzeile „Friedrich Ebert zum Reichspräsidenten gewählt" folgte in der „Früh-Sonderausgabe" eine verhalten positive Kommentierung über eine „politische Laufbahn, wie sie erst unser neues demokratisches Zeitalter möglich machen konnte" (HA 12. 2. 19). Den liberalen Grundzug der meisten Kommentare bestätigen auch die im Leitartikel „Rätesystem oder demokratischer Aufbau" von Emil Zimmermann (mutmaßlich der Kommunalpolitiker dieses Namens) neben der inneren Gewaltablehnung bekundeten internationalen Kooperationsgedanken: „Die Völker sind wie die Menschen aufeinander angewiesen. Wenn weite Teile der Welt dauernd von schweren Krisen heimgesucht sind, leiden alle Menschen." Der nachfolgende Text „Die neuen Bürgervorsteher-Wahlen" stammte vom bereits erwähnten Zittauer Oberbürgermeister Külz und betonte das „politische Moment" aus der Wahlrechtserweiterung und eine sich daraus ergebende Rivalität mit der erstarkten Sozialdemokratie (HA 14. 2. 19).[99]

Der Berliner Korrespondent des Blattes behandelte „Die Schuldfrage" in der „Früh-Sonderausgabe" zumindest im Sinne der Weimarer Koalitionsredner mit

---

99 Ähnlich von Külz auch städteübergreifend im CA 23. 2. 19: Bedeutung der neuen Stadtverordnetenwahlen.

schonungsloser Kritik an der Kriegspropaganda und einem drastischen Vergleich zum nicht rechtzeitig beendeten Krieg: „daß eine insolvent gewordene Firma nicht mehr zu sanieren ist, wenn es überhaupt keine Masse mehr gibt", und nur einen „Frieden des Ausgleichs" erwarten kann, „wer noch einigermaßen mit gesunden Gliedmaßen am Konferenztisch erscheint" (HA 21. 2. 19). Was Heinz Potthoff über „Die Zukunft der Arbeiterräte" als eine „systematische Organisierung der Arbeiter zur Vertretung der beruflichen Interessen und zur Demokratisierung unserer Wirtschaft" befürwortete, ging in die Richtung des letztlich beschlossenen Art. 165 der Weimarer Verfassung und klang akzentuiert sozialliberal: „Die dreifache Vertretung der Arbeiter in Gewerkschaften, amtlichen Berufsräten und in der Mehrheit des Parlaments sichert die Durchführung der sozialen Demokratie und leitet die aus der Revolution entstandenen Arbeiterräte zweckmäßig in eine dauernde Neuordnung über" (HA 21. 2. 19). Der DDP-Gewerkvereinspolitiker und NV-Abgeordnete Gustav Hartmann äußerte sich über „Arbeiterrechte und Arbeiterpflichten" sogar etwas defensiver (HA 28. 2. 19).[100]

Wie sehr die Texte von deren (ohne Autorenangabe nicht ermittelbarer) Herkunft abhingen, zeigte einerseits der Kommentar unter dem Bericht „Eisners Ermordung"; dort wurde nicht nur die Legende vom „ostgalizischen Journalisten" (Eisner war jedoch Berliner Jude und schon über ein Jahrzehnt in Bayern) verbreitet, sondern auch von „sozialistischen Theorien, die schon Liebknecht und Luxemburg mit dem Leben bezahlen mußten", sodass Eisner letztlich „sein eigener Totengräber" geworden sei (HA 22. 2. 19). Im (O. R.)-Leitartikel „Wegweiser" war andererseits zwar nun die Rede von „den Gefahren einer zweiten Revolution", doch ohne Herabsetzung der ersten: „Der rechtverstandene Sozialismus ist ein Sohn des Friedens, will nicht die Zerstörung, sondern den Aufbau", wobei die Berufung auf den französischen pazifistischen Schriftsteller Henri Barbusse dann sogar Wilson gewissermaßen links überholte, denn „nur über einen geläuterten, gesunden, menschenaneinanderschließenden Sozialismus können wir zu der letzten, höchsten Stufe des freien Völkerbundes gelangen" (HA 25. 2. 19). Das hinderte den gleichen Autor nicht, unter „Heimkehr" den Generalmajor v. Lettow-Vorbeck (am Kapp-Putsch mitbeteiligt und später DNVP-Reichstagsabgeordneter) als „Helden von Ostafrika" zu empfangen (HA 4. 3. 19).

Auch der Leitartikel „Jugend!" des vormals jungliberalen DDP-Politikers Dr. Robert Kauffmann begann zur „Revolution" zunächst im alten nationalliberalen Stil: „Ein paar meist sehr nette Fürsten sind beseitigt; das deutsche Heer ist zertrümmert; die deutsche Volkswirtschaft so gut wie totgeschlagen – sonst nichts."

---

100 So auch städteübergreifend in der MZ 28. 2. 19, 1. B.

Aber dann folgte Aufbruchsrhetorik: „Die Jugend ist *demokratisch* [...] Sie ist *sozialistisch* [...] im Blick auf den gemeinen Nutzen [...] Die Jugend ist *pazifistisch* [...] Aber sie ist darum nicht minder *national* gesinnt" (HA 5. 3. 19)[101] – und solche Kombination führte irgendwie nachvollziehbar zum DDP-Engagement. Auch Prof. Franz v. Liszt, der „Zwei Entwürfe einer Völkerbunds-Verfassung" erläuterte (HA 6. 3. 19), bestätigte als vormaliger linksliberaler Reichstagsabgeordneter solches überwiegende Autorenprofil, das vom Liszt-Schüler Prof. Alexander Graf zu Dohna mit „Preußen und das Reich" für die liberalen Kräfte in der DVP ergänzt wurde (HA 20. 3. 19).

Doch entsprach die Titelwahl des Leitartikels von O. R. „Die Pariser Unfriedens-Konferenz" dem Zwiespalt, weiterhin der Völkerbundidee anzuhängen, aber die französischen und englischen Forderungen als deren Verderb zu stigmatisieren: „Die Freiheit von Völkern ist kein Schacherobjekt" (HA 11. 3. 19). Auch wurden Berliner Straßenkämpfe alarmistisch mit „Russische Entwicklung?" kommentiert (HA 12. 3. 19). Auf die Frage „Was versteht das Volk unter Sozialismus?" war rein „*Negatives,* nämlich als den Protest und den Kampf gegen den Kapitalismus", für unzureichend erklärt und eine recht bemerkenswerte Definition eines „Progressismus" geliefert, der Kapitalvermehrung und sozialen Ausgleich zu einer dritten Lösung verknüpfte: „Streben nach Verringerung der Vermögensunterschiede bei gleichzeitiger Vergrößerung des Durchschnittsvermögens" – und das vermochte „Kommunismus" bzw. „Bolschewismus" so wenig zu leisten wie unregulierter Kapitalismus (HA 19. 3. 19). Solche Perspektive war sicherlich auch dem sozialliberalen DDP-Arbeitersekretär Anton Erkelenz nicht fremd, der sich über „Die westdeutsche Republik" anti-partikularistisch, aber im Sinne eines stärker dezentralisierten Unitarismus äußerte (HA 21. 3. 19).[102] Zum Linksliberalismus war ebenso Alice Salomon zu rechnen, die im Leitartikel „Der Abbau der Frauenarbeit" für eine die jeweiligen Lebensverhältnisse berücksichtigende Vorgehensweise plädierte (HA 22. 3. 19).

Im Zentrumsorgan sollte „Arbeit an der Partei" im Sinne einer „Volkspartei demokratischer Prägung" verstanden werden (HVZ 4. 2. 19). Die von deren Reichstagsfraktion mitgetragene Wahl Eberts zum Präsidenten wurde eher verhalten und abwartend kommentiert: „Wir müssen uns mit dem Gewordenen abfinden. [...] Ob Ebert diese Hoffnungen erfüllt, werden die nächsten Wochen zeigen" (HVZ 14. 2. 19). Es folgte aber noch ein freundlicher Text „Ebert. Nach persönlichen Eindrücken" des nun in Weimar tätigen Berichterstatters mit dessen Aussage, er sei „Zeuge davon gewesen, wie schwer er persönlich unter all

---

101 Der Artikel fand sich auch in der MZ 2. 3. 19.
102 Auch städteübergreifend in der MZ 20. 3. 19.

den furchtbaren Wirren in Berlin litt. Den unabweislichen Entschluß, schließlich mit Waffengewalt den Spartakusaufruhr niederzuwerfen, faßte er unter Tränen" (HVZ 15. 2. 19). Der gemeinsame Aufruf von Zentrum und DHP zur Gemeindewahl erschien wenige Tage vor dieser ganzseitig mit vielen Einzelpunkten ohne besonders scharfe Konturen (HVZ 20. 2. 19).[103] Es gab dann auch „Eine große öffentliche Versammlung der deutschhannoverschen Partei und der christlichen Volkspartei" (HVZ 21. 2. 19, 2. B). Kaum verständlich war allerdings, wie ein christliches Blatt (hier offenbar vom weiter rechts angesiedelten bayerischen Zentrum beeinflusst) die „Ministermorde in München" mit dem tatsächlich insoweit allein getöteten Eisner zwar gleich dem Mord an Liebknecht/ Luxemburg „verworfen" hat, aber ihn „voll und ganz begreifen" konnte: „Neben Liebknecht hat kaum ein Mitglied der äußersten Linken soviel Zündstoff zusammengetragen, der eine Entladung geradezu herausforderte, als eben Kurt Eisner" (HVZ 22. 2. 19) – was hinsichtlich der „äußersten Linken" schon der redaktionelle Kurzlebenslauf dahinter als Desinformation enthüllte, weil dieser Eisner durchaus zutreffend den „Revisionisten" der Vorkriegszeit zuordnete.

Erstaunlicherweise wurden „Die Gemeindewahlen in Hannover" zwar hinsichtlich des Wetters und der „Werbetätigkeit" der USPD (u. a. mit deren Braunschweiger Tageszeitung) sowie der geringeren Beteiligung kommentiert, aber der Prozentzuwachs für die gemeinsame Liste mit der DHP den bloßen Zahlen nicht als Information hinzugefügt (HVZ 24. 2. 19). Ein Titelseitenbeitrag „Wie stehen wir?" von „unserem parlamentarischen Vertreter in Weimar" (gemeint war vermutlich Maxen) deutete kommende „Fäden von rechts zur Mitte" an, während daneben ein Text „Räte und kein Rat!" von „unserem Weimarer Vertreter" (der auch Ebert freundlich geschildert hatte) sich offen für ein „Rätesystem im Wirtschaftsleben" im Sinne einer „Arbeitsgemeinschaft" zeigte (HVZ 7. 3. 19). Wie die Märzkämpfe als „Der neue Berliner Spartakus-Aufstand" von „unserem Berliner Vertreter" als wesentlich mitgeprägt von einem „verbrecherischen Gesindel" beschrieben wurden (HVZ 12. 3. 19), stand in der Kontinuität der auch das Bündnis mit der DHP tragenden hauptstadtfeindlichen Berichterstattung. „Europas Ende?" zielte primär auf die ungarischen Ereignisse, und der später (bis hin zum CDU-Bundesminister) prominent gewordene Heinrich Krone hatte natürlich keine Mühe, „Bolschewismus u. Christentum" scharf zu kontrastieren (HVZ 26. 3. 19). Im Text über „Die Wahlen zum Arbeiterrat in Hannover und Linden" wurde beklagt, „daß den 93 sozialdemokratischen und unabhängigen Abgeordneten nur 45 bürgerliche gegenüberstehen" (HVZ 17. 3. 19). Das war bei

---

103 So auch in der DVZ 22. 2. 19.

einem „Arbeiterrat" jedoch weder überraschend noch terminologisch überzeugend, da auch die politisch „Bürgerlichen" vorwiegend für Arbeitnehmerbelange gewählt waren, mit Ausnahme der Liste Bicker, die in einem weiteren Artikel „Die Arbeiterratswahlen" mit den „gelben Gewerkschaften" in Zusammenhang gebracht wurde, und der hier ebenso schwach abschneidenden Sonderkandidatur der DHP (HVZ 18. 3. 19, 2. B).

Im DHP-Blatt wurde auf „Eberts Rede" zur Eröffnung der NV, wo er für die schwierige Lage das „alte Regime verantwortlich macht", dem vor Ort anzutreffenden rechtsbürgerlichen DVP-Tenor analog erwidert, „daß die *vollständige Wehr- und Waffenlosigkeit*, mit der wir jetzt allen Forderungen und Anmaßungen unserer Feinde preisgegeben sind, doch in erster Linie der Revolution aufs Schuldkonto zu setzen ist" (DVZ 8. 2. 19). Nach der Wahl Eberts zum Reichspräsidenten war die Charakterisierung als „Mann aus dem Volke" aber freundlicher (DVZ 13. 2. 19). Nahezu ganzseitig abgedruckt fand sich die „Verordnung über Erwerbslosen-Fürsorge im Bereiche des Demobilmachungs-Ausschusses Hannover", datiert 10. Februar und von Leinert unterzeichnet sowie nach Verkündung geltend, mit in § 8 geregelter Höhe der Unterstützung für (Sonn- und Feiertage aussparende) „Wochentage" an „den männlichen Erwerbslosen im Alter von 14–16 Jahren 2.50 M, von 16–18 Jahren 3.50 M, von 18–21 Jahren 4.50 M und von über 21 Jahren 6 M"; für weibliche Erwerbslose lautete die gleiche (damaligen Lohndifferenzen folgende) Altersstaffelung 2, 2.50, 3.50 und 4.50 M, dabei jeweils zusätzlich 1 M für mit zu ernährende weitere Familienmitglieder (HVZ 14. 2. 19, 2. B). Wenn 25 Tage je Monat anzurechnen waren, bedeutete dies also für männliche Erwachsene 150 M, für weibliche 112,50 M; letztere Summe galt aber nur für die nicht zu den weiteren Familienmitgliedern gehörenden Frauen, so dass ein Haushalt eines männlichen Unterstützungsempfängers mit Frau und zwei Kindern auf 225 M kam.

Wie das Zentrumsblatt berichtete auch jenes der DHP nur im Lokalteil und relativ zurückhaltend „Von den Bürgervorsteherwahlen", obgleich deren gemeinsame Liste mit 20 Mandaten zu 35 der SPD entgegen der sonstigen bürgerlichen Zersplitterung gut abgeschnitten hatte (DVZ 25. 2. 19, 2. B). Erst nach dem Einzug von Tramm in die Stadtvertretung erschien diesem es nützlich, ein Gespräch mit dem Blattmitarbeiter Erich Rosenthal[104] unter „Warum Stadtdirektor Tramm aus dem Amte schied" an die Öffentlichkeit gelangen zu lassen. Er bekannte darin neben den Konflikten um die Ernährungslage auch sein Eintreten für „nationale Kriegsziele" im Sinne einer „Entschädigung für den

---

104 Dieser war auch für den HA tätig und verfasste nach einer Namensänderung in Rosendahl etliche Schriften zur niedersächsischen Landesgeschichte.

uns aufgezwungenen Krieg" und beschrieb sich „gegenüber den neuen Macht-habern als die allerungeeignetste Persönlichkeit, zu verhandeln", womit er sein Pensionsgesuch als Stadtdirektor rechtfertigte (DVZ 27. 2. 19).

Ein Leitartikel „Du sollst nicht töten!" eines „Hauptmann a. D. W. v. d. Decken – Hannover" bezog sich dann auf „Liebknecht, Luxemburg, Eisner" als „neues Unrecht", woraufhin nicht „der oberflächliche Kastengeist-Schrei nach dem politisch starken Manne im ehemals alldeutsch-vaterlandsparteilichen Sinne" eines „unsittlichen Blut- und Eisen-Gewaltsystems" hilfreich sei, vielmehr „allein die Rückkehr zu Gott und seinen heiligen zehn Geboten" (DVZ 2. 3. 19). Das klang ungefähr nach jener Version des evangelischen Zentrums, die ein Bündnis der DHP mit der katholischen Partei trug. In Fragen der Neugliede-rung griff „Das Rundschreiben der deutsch-hannoverschen Abgeordneten" der NV mit Unterschrift dieser Zentrums- und DHP-Vertreter sogar Gedanken aus „dem ersten Entwurfe des Reichsministers Dr. Preuß (§ 11)" auf und betonte den Bruch der Staatskontinuität: „Die Revolution hat die auf Gewalt beruhende Herr-schaft Preußens über Hannover gebrochen und die frühere Staatsgewalt besei-tigt" (DVZ 5. 3. 19). Das war in der Novemberrevolution eine mögliche Situa-tionsdeutung; es hatte sich allerdings spätestens mit der Preußenwahl Ende Januar eine neue demokratische Staatsgewalt etabliert. Seither fehlte den ständi-gen „Los von Preußen"-Parolen das konstruktive Ziel, und der Vorwurf „Taube Ohren!" (DVZ 26. 3. 19) gegen die Mehrheitsparteien fiel auf die wortstarken Rufer aus Hannover zurück.

7. Vor und nach den Gemeindewahlen am 2. März in Magdeburg

Dem Überblick „Frauen in der Nationalversammlung" der SPD-„Volksstimme" in Magdeburg war ein ambivalenter Kommentar zu den wenigen Sonderaus-zählungen nach Geschlecht angehängt: „Ohne das Wahlrecht der Frau hätte wahrscheinlich die Sozialdemokratie allein die absolute Mehrheit in der Natio-nalversammlung. [...] Trotzdem wird kein Sozialdemokrat bedauern, daß die Frauen das Wahlrecht gehabt haben" (Vs 1. 2. 19). Es konnten „Noch zwei Sozial-demokraten!" für die NV von den „Ergänzungswahlen" der „Ostfront" gemel-det werden, zwar mit geringer Beteiligung infolge der Transportsituation, aber mit erdrückender SPD-Mehrheit von (nach gültigen Stimmen gerechnet) 60 % sowie 15 % USPD gegenüber 13 % DDP und 12 % „Parteilose"/sonstige Bürgerli-che (Vs 16. 2. 19, 3. B). Man darf an der Ostfront unterrepräsentierte Katholiken vermuten, aber selbst wenn deswegen rechts von der DDP 5 % auf 17 % hinzu-gefügt werden und so SPD mit 57 %, USPD mit 14 % und DDP mit 12 % in eine

Modellrechnung einfließen: Das wird so für jüngere Männer nicht untypisch gewesen sein, wenn allgemeine wahlsoziologische Kenntnisse zur Wiederholung früherer Wahlentscheidungen (zumindest im jeweiligen politischen Lager) und zum damals sehr erheblich abweichenden Frauenwahlverhalten berücksichtigt werden.[105] Über „Das neue Gemeindewahlrecht" wurde dahingehend informiert, dass nur sechsmonatiger Aufenthalt zu den Anforderungen der Wahlberechtigung hinzutrat (Vs 2. 2. 19, 3. B). Zu der auf den 2. März angesetzten „Neuwahl der Stadtverordneten-Versammlung" traf die vormaligen Privilegienträger eine Negativbilanz: „Praktisch war die bürgerliche Politik im bisherigen Stadtparlament ein beständiges Intrigieren, gegenseitiges Bekämpfen von *Interessengruppen*" (Vs 2. 2. 19, 1. B).

Wie in Hannover wurde auch in Magdeburg der Wissell-Leitartikel mit dem erwähnten Mehrarbeits-Appell „Sollen wir zugrunde gehen?" abgedruckt (Vw 5. 2. 19). Im Lokalteil sollte „Die Arbeitslosenunterstützung" aber zugleich gegen „Unsinn" der „Provinzpresse" verteidigt werden, auf 4 Mark für den erwerbslosen Mann, 1,25 M für die Frau (im gleichen Haushalt) und 0,75 M für Kinder verweisend: „Die Herrschaften, die über die ‚hohe' Unterstützung zetern, mögen einmal versuchen, mit dieser Summe zu wirtschaften" (Vs 6. 2. 19 B). Das waren statt in Hannover 225 M für die vierköpfige Familie bei gleicher Berechnungsart (25 Werktage) nur knapp 170 M. Als es in Magdeburg zu bewaffneten Gefängnisbefreiungen und Plünderungen gekommen war, sah das SPD-Organ „Verbrecher am Werk", lehnte aber Schuldzuweisungen ab: „Nicht die Revolution hat die moralische Verkommenheit und die wilden Instinkte geweckt, die sich jetzt austoben, sondern der 4 ½ jährige Krieg" (Vs 5. 2. 19 B). Es folgte ein Leitartikel „Der Arbeitslose" mit Verständnis und Lösungsansatz: „Die Arbeitslosen sind *Kriegsopfer* wie die Kriegskrüppel. [...] Sozial eingliedern, ihn überall beteiligen, ihn mitbestimmen lassen: das ist die einzige Art, die Verbitterung des Arbeitslosen zu heben [...] Hunger- und Gewaltkuren müssen versagen, Maschinengewehre

---

105 Da es keinerlei Chance auf kompletten Nachweis gibt, kann nur Zahlenplausibilität angestrebt werden: Den Sonderauszählungen verschiedener Gebietsebenen sei entnommen, dass reichsweit am 19. 1. 1919 wohl nicht mehr als 40 % der weiblichen, aber etwas mehr als 50 % der männlichen Stimmen für SPD/USPD (zusammen 45,5 %) abgegeben wurden (auch noch bei den präzisen Sonderauszählungen 1957 bis 1965 lag der Faktor der Frauen- gegenüber den Männerprozenten der SPD nicht viel über solchen 0,8). Wenn man es für unwahrscheinlich hält, dass die schon 1912 wahlberechtigten Männer (ab 25 Jahre) ihr Votum um *mehr* als 10 % von knapp 35 % auf ca. 45 % verändert haben, ergibt sich rechnerisch, dass die 1919 gegenüber 1912 erstmals wahlberechtigten 20- bis 32-jährigen Männer (auch die Kerngruppe der Soldaten) dann zu sehr deutlich über 60 % SPD/ USPD gewählt haben müssen.

würden eine Wildheit entfesseln, die das Land zum Schlachthaus macht" (Vs 7. 2. 19) – eine unverkennbare Warnung vor dem möglichen Bürgerkrieg.

Von einer „Arbeitslosenversammlung" wurden Forderungen nach einem Unterstützungssatz von 8 M wie in Kiel berichtet, allerdings ebenso die 6 M von Leipzig (einer USPD-Hochburg) erwähnt (Vs 9. 2. 19, 1. B). Unter „Die Kundgebung der Arbeitslosen" waren Meldungen in der bürgerlichen Presse im Hinweis auf den überwiegend moderaten Verlauf zurückzuweisen (Vs 23. 2. 19, 1. B). „Sozialdemokratische Lohnpolitik" galt es auch für die städtischen Arbeiter zu entfalten, und zwar im Bewusstsein der Vorbelastungen nicht allein der Inflation: „Die Kriegswirtschaft, wie sie von den alten Behörden mit Unterstützung der bürgerlichen Parteien getrieben wurde, war *wildeste Anarchie*." Aus der „4. Sitzung der Stadtverordneten" ließ sich erfahren, dass erhöhte Löhne nun jeweils ab dem 3. Jahr für Arbeiterinnen (Lohnklasse 1) täglich 8 M und für die Lohnklassen 2 bis herauf zu 5 zwischen 12 und 16,80 M betragen sollten.[106] Derartiges Nachgeben wurde sogar vom SPD-Redner Wilhelm Haupt kritisiert, der auf einen gerade vereinbarten Metalltarif mit Stundenlöhnen von 1,45 M für Ungelernte und 1,75 M für Gelernte verwies (Vs 15. 2. 19 B). Das waren dann bei achtstündiger Arbeitszeit immerhin auch 11,60 bis 14 M. In Nachverhandlungen „Zu den Lohnforderungen der städtischen Arbeiter" willigten deren Vertreter ein, die erwähnte Staffelung auf 7,20 M (0,90 M Stundensatz) der Lohnklasse 1 und 9,60 bis 16 M (1,20 bis 2 M/Std.) von Klasse 2 bis 5 zu reduzieren (Vs 23. 2. 19, 1. B), was in dieser besonderen Zurückstufung der ungelernten Männer sich wieder mehr an der zuvor geltenden Spreizung orientierte.

In der regelmäßigen Weimar-Berichterstattung wurde natürlich „Reichspräsident Ebert" hervorgehoben, auch in seiner Herkunft als „Sattler", folglich aus dem „Proletariat" (Vs 13. 2. 19, 1. B). Auch darüber und die Wahl des ehemaligen Schriftsetzers Scheidemann zum Regierungschef hinaus galt es „Historische Stunden" zu würdigen, den „Inhalt der großen deutschen Revolution" als „die *soziale* Idee" in Ergänzung von Werken „der westlichen Demokratien" zu begreifen: „Die englische Revolution hat der Welt den Parlamentarismus gespendet, die amerikanische hat zum Prinzip der verfassungsbegründeten Regierungsweise das Recht der Selbstbestimmung der Völker hinzugefügt, die französische hat die Flamme der politischen Gleichheit durch die Welt gejagt" (Vs 19. 2. 19). Besonders gewürdigt wurde außerdem unter der Schlagzeile „Die Frau auf der Tribüne" die insofern erstmalige Rede von Marie Juchacz mit einem „neuen Zug der Menschlichkeit" (Vs 21. 2. 19).

---

106 Aus dem Bericht „Lohnforderungen im Stadtparlament" in der MZ 14. 2. 19 B geht hervor, dass solche Tagessätze für sechs Wochentage vorgesehen waren.

Der Listenführer Wittmaack hob auf einer Parteiversammlung „Sozial-
demokratie und Gemeindewahl" die Bedeutung auch des 2. März hervor: „Die
Gemeindepolitik verläßt den Bürger nicht von der Wiege bis zum Grabe." Der
Redner bewies auch gute Textkenntnis außerhalb des Parteischrifttums: „Der
jetzige Staatsminister Preuß hat erst kürzlich festgestellt, daß zur Schande des
Bürgertums gesagt werden muß, daß die kommunalpolitische Literatur der
Sozialdemokratie der des Bürgertums weit überlegen ist" (Vs 18. 2. 19 B). Jenseits der Schlagzeile „Auf zur Gemeindewahl!" gab es auf der unteren Titelblatt-
Hälfte noch eine weitere „Die Münchner Morde", wo über den mit den „mör-
derischen Kugeln eines alldeutschen Offiziers" erschossenen Eisner in einem
durchaus intellektuell-politischen Stil dessen geistige Herkunft aus Kants „Kritik
der praktischen Vernunft" betont wurde: „Eine Herzenssache war es ihm, nachzuweisen, daß der Weg von Kant zur Demokratie und zum Sozialismus führen
müsse, ganz besonders aber zur Demokratie", wodurch Eisner aber „die Demokratie der Ententeländer in verklärtem Lichte" gesehen habe (Vs 23. 2. 19). Die
seinen Unterstützern zugerechnete Eskalation nach diesem Mord führte unter
„Der Wahnsinn rollt …" zu einer negativeren Gesamtbewertung, „denn Eisner,
der rein geistige Willensmensch, war zu allen Zeiten und in jeder Lage Illusio-
nist" (Vs 25. 2. 19).

In größerer Nähe zum Gemeindewahltag waren „Die Vorschlagslisten" genauer zu beurteilen; außer der „nationalliberal-konservativen Verbrüderung", die
als „reaktionär" galt, musste der Blick auf die Hauptkonkurrenz fallen: „Ein bun-
tes Abbild des bunten bürgerlichen Durcheinanders ist die Liste der Demokratischen Partei. Alle Interessengruppen sollten berücksichtigt werden" (Vs 26. 2. 19,
2. B). Auch über „Versammlungen der Kommunisten", die nicht kandidierten
und nur die Wahlbewegungszeit nutzten, war knapp zu berichten (Vs 27. 2. 19 B).
Die Schlagzeile „Arbeiter wehrt euch!" bezog sich auf linksradikale Einzelaktio-
nen, denen es in Magdeburg am 26. 2. sogar gelungen war, „den Eisenbahnver-
kehr lahmzulegen" (Vs 28. 2. 19). Ein Aufruf der zentralen SPD-Führungsorgane
„Gegen die Tyrannei!" zielte in gleiche Richtung (Vs 4. 3. 19). Zum kommunalen Wahltag fand sich bei der Abwehr von liberalen Verdächtigungen gegen die
SPD in einem Leitartikel „Der leere Säckel" eine unerwartete Aussage zu soliden
Finanzen bis zum Kriegsausbruch: „Zum erheblichen Teil ist dies das Verdienst
des jetzt zum 1. Mai in den Ruhestand tretenden Oberbürgermeisters Reimarus";
aber die Kriegsausgaben hatten zu einer Überschuldung von 25 Mio. M gegenüber
dem Vermögensbestand geführt (Vs 2. 3. 19).

Das Ergebnis der „Gemeindewahlen" wurde trotz der klaren absoluten Mehrheit der SPD mit zunächst gemeldeten 45 von 81 Mandaten (23 DDP,
6 USPD, 5 DVP/DNVP, 1 Zentrum, 1 „Liste Becker"), unter Hinweis auf das

„Fehlen der Soldaten" mit nun anderem Aufenthalt, dennoch kritisch gesehen: 34 % Rückgang der Stimmenzahl für die SPD und auch 32 % bei DVP/DNVP, aber nur 14 % der DDP und 11 % der USPD (sowie 17 % des vor Ort unbedeutenden Zentrums) dokumentierten relative Verluste der SPD an die USPD, jedoch relative Gewinne der – so doppelten gestärkten – DDP von DVP/DNVP. Wenn daneben auch noch die 13 „Wahlresultate aus den Stadtbezirken" betrachtet werden, ergibt sich, dass die Liste Becker offenkundig lokalen Differenzen mit der nur dort erheblich geschwächten DDP entsprang[107] und die SPD überall führend blieb, in drei Quartieren allerdings sehr knapp vor der DDP; die USPD war erneut in Hochburgen der SPD auch relativ zu dieser stärker als sonst, ein analoger Effekt der relativen Milieuverdichtung galt auch nach rechts hin zugunsten der DVP/DNVP in DDP-Hochburgen (Vs 4. 3. 19).[108] Einen Tag darauf wurde allerdings über nur 30 bürgerliche von 81 Mandaten als „Betrübte Lohgerber" gespottet (Vs 5. 3. 19 B). Das amtliche Ergebnis war um einen Sitz von der SPD (44) zur DVP/DNVP (6) zu korrigieren, die unter „Magdeburger Angelegenheiten" gelisteten Stimmenziffern bedeuteten in Prozent: SPD 53, DDP 28 ½, USPD 7 ½, DVP/DNVP 7, Zentrum gut 2 und Becker knapp 2 (Vs 9. 3. 19, 1. B). „Aus der Stadtverordnetenfraktion" war zu vermelden, dass Wittmaack deren Vorsitzender wurde und die zehn der SPD proportional zustehenden unbesoldeten Stadträte ihre Mandate auf Beschluss an Nachrücker abgeben sollten (Vs 7. 3. 19 B).

Zu der von regionalen Massenstreiks durchrüttelten Gesamtlage erschienen vorwiegend Schlagzeilen wie „Inmitten der Anarchie" (Vs 7. 3. 19), jedoch mit Verweisen auf „Das blutige Erbe" des Krieges (Vs 9. 3. 19). Unter dem Stichwort „Die Magdeburger Funktionäre zum Generalstreik" wurde die Ablehnung desselben „mit überwältigender Mehrheit" beschlossen, wobei entgegen dem KPD-Tenor der USPD-Vertreter Brandes zur „Einigkeit" aufrief.[109] Neben diesem Bericht stand der programmatische Beitrag „Deutsche Gemeinwirtschaft" von Wissell mit Bezugnahme auf die Vorlage eines „Sozialisierungsgesetzes", das einer quasi-syndikalistischen Basisbewegung den Wind aus den Segeln nehmen sollte (Vs 12. 3. 19). Dabei wurde unter den „Aufgaben der Gegenwart" auch ein Zugriff auf die „ungeheure Vermögens- und Einkommensmehrung, die nicht auf Arbeit beruht", insbesondere der „Grubenbarone", deutlich hervorgehoben

---

107 Politische Zurechnung von „Becker (Südost)" zur DDP in der MZ 5. 3. 19 B: Ein Epilog zu den Stadtverordnetenwahlen.

108 Wahllokalergebnisse in der MZ 3. 3. 19 B.

109 In der MZ 27. 2. 19 fand sich unter „Die Organisationen gegen den Generalstreik" eine gemeinsame Erklärung des Gewerkschaftskartells, der SPD und der USPD mit Abgrenzung von den „Kommunisten (Spartakus)".

(Vs 13. 3. 19). In Übernahme des „Vorwärts"-Beitrags von Bernstein war der „Zwang zur Einheit" auch damit zu untermauern, dass bei den Magdeburger Arbeiterratswahlen „für die Unabhängigen nur ein Sechstel der Stimmen, die auf den Kandidaten der alten Partei entfielen", abgegeben wurde (Vs 18. 3. 19).

Was über „Die Arbeiterrats-Wahlen" an Ergebnissen zu melden war, konnte doch ein nuancierteres Gesamtbild vermitteln: Bei geschätzt nur rund 30 % Beteiligung (knapp 35 000 Stimmen nach knapp 128 000 bei der Kommunalwahl, wo es auch viel mehr Berechtigte gab) entfielen von den gültigen Stimmen in Prozenten auf: SPD 54, USPD 10, KPD gut 4, DDP gut 21, DVP/ DNVP 5 ½, Christl. 2, Beamtenliste knapp 3. Offenbar hatten nur USPD- und KPD-Anhänger überdurchschnittlich teilgenommen. Auf der gleichen Zeitungsseite war „Die Arbeitslosigkeit" statistisch aufgeschlüsselt: Ähnlich wie in Hannover waren die Magdeburger Zahlen vom 3. 2. bis 13. 3. von 3668 auf 3281 etwas rückläufig und schufen keine zusätzliche Protestbasis seit den Januarwahlen (Vs 18. 3. 19 B). Die 250 gewählten Arbeiterratsmitglieder (Vs 19. 3. 19 B) detailliert zu analysieren, würde relativ wenig Abweichung von den jeweiligen Gemeindevertretern zutage fördern, aber der Frauenanteil sei erwähnt: 2 Zeitungsausträgerinnen und das bekannte „Urgestein Auguste Bosse, seit 1908 Gauleiterin im Verband der graphischen Hilfsarbeiter"[110], von 136 auf der SPD-Liste = 2 % und gar 0 von 25 bei der USPD (eine Arbeiterin von 10 der KPD), aber 7 von 54 = 13 % bei der DDP und 3 von 14 = 21 % auf der DVP/DNVP-Liste (keine bei Christlichen und Beamten). Den bürgerlichen Parteilisten gelang es offenbar leichter, besonders Frauen aus Beamten- und Angestelltenberufen zu rekrutieren, als dass Arbeiterinnen für die Sozialdemokratie kandidierten.

Mit dem Stichwort „Es gärt überall" wurden soziale und politische Unruhen in Frankreich und Großbritannien thematisiert, in gleichzeitiger Hoffnung auf einen äußeren Entlastungseffekt (Vs 21. 3. 19). „Notwendige Klarheit" beanspruchte die SPD hinsichtlich der Verankerung des wirtschaftlichen Rätesystems in der Verfassung ohne Konkurrenz zur politischen Demokratie (Vs 26. 3. 19). Über „Die Umbildung der Magistrate" wurde zum hauptberuflichen Personal anders geurteilt als bei der Besetzung der unbesoldeten Stadträte nach Fraktionsstärke: „Daß keine Stadt die *besoldeten* Stadträte und Bürgermeister auf Knall und Fall ohne schwerste Schädigung des Verwaltungskörpers

---

110 Beatrix Herlemann, „Wir waren doch überall dabei gewesen". Die Magdeburger Sozialdemokratinnen in der ersten Hälfte des 20. Jahrhunderts, in: Eva Labouvie (Hg.), Leben in der Stadt. Eine Kultur- und Geschlechtergeschichte Magdeburgs, Köln 2004, S. 115–134, hier S. 122.

entbehren kann, wird jeder Vernünftige einsehen. Diese eingearbeiteten Kräfte sind in der Verwaltungsmaschine nicht durch xbeliebige andre zu ersetzen. Hier muß die Umformung langsam geschehen" (Vs 19. 3. 19). Wo aber „Ein gefähr-liches Spiel" begonnen hatte, enthüllte der Abdruck einer von Reichswehrmi-nister Noske und Hauptmann Pabst[111] gezeichneten Vollmacht für „Fabrik-besitzer Oberleutnant d. Res. Franz Seldte aus Magdeburg" zur „Aufstellung einer Einwohnerwehr", wozu der redaktionelle Kommentar lautete: „Seldte ist ferner hervorragender Förderer des Stahlhelms, einer Verbindung von Solda-ten, zumeist Offizieren, die unentwegt alldeutsch geblieben ist. Diesem konser-vativen Seldte gibt Noske die Vollmacht, eine Einwohnerwehr zu bilden! [...] Es muß dagegen *schärfste Verwahrung* eingelegt werden, daß man Leute mit der-artigen Vollmachten ausstattet, die entschiedene Gegner der neuen politischen Zustände sind." Auch wenn vermutet wurde, dass Noske dabei „hintergangen worden" sei, konnte auch das keine beruhigende Version sein (Vs 26. 3. 19 B). Über Gewaltexzesse von „Regierungstruppen" war in solchen Anführungs-strichen zu berichten. Die Frage „Wo steht der Feind?" wurde auch deshalb mit Blick auf die „Gegenrevolutionäre" sowie den notwendigen *„Kampf gegen rechts"* beantwortet (Vs 28. 3. 19) und dies mit der Schlagzeile „Kampfruf gegen rechts!" bekräftigt (Vs 29. 3. 19).

„Zur Besetzung öffentlicher Ämter" war von einer örtlichen SPD-Funk-tionärskonferenz neben der Neuschaffung eines Sozialdezernats mit dem Perso-nalvorschlag Haupt auch der Oberbürgermeister-Kandidat Beims zu nominieren unter dem Gesichtspunkt, „daß die neue Zeit mit ihren ganz neuen und gewal-tigen Aufgaben nicht so sehr juristische Examina, als vielmehr Organisations-talent, Willenskraft und schöpferische Gedanken" erfordere (Vs 29. 3. 19 B). Auf der „7. Sitzung der Stadtverordneten" erfolgte noch Ende März die „Wahl von 17 unbesoldeten Magistratsmitgliedern", davon 10 SPD-Vertreter, unter ihnen eine „Frau Steuerwald" (Vs 29. 3. 19, 2. B). Die Schlagzeile „Landsberg verhaf-tet" (Vs 8. 4. 19) und die weitere Nachricht „An die arbeitende Bevölkerung!", dass „Alwin Brandes verhaftet worden ist" und der Streik dagegen unterlassen werden solle (Vs 8. 4. 19 B), standen für eine zunächst unübersichtliche Eskala-tion, bevor unter „Belagerungszustand über Magdeburg" die Information ver-breitet wurde, dass Landsberg gewissermaßen als Geisel zur Befreiung von Bran-des diente (Vs 9. 4. 19). In die vorübergehende Entführung Landsbergs war der Magdeburger KPD-Mitgründer Albert Vater verwickelt.[112]

---

111 Er war u. a. vormaliger Liebknecht/Luxemburg-Mordbefehlshaber und späterer Kapp-Putschist.
112 Gohlke, Räte (wie Fn. 9), S. 151.

Landsberg und Brandes kamen rasch wieder frei, aber der Bericht „Es fließt Blut" bezog sich auf einen Toten und etliche Verwundete bei einem Sturm auf den Sitz der „Volksstimme", während bei weiterem Blutvergießen nach Einmarsch von „Regierungstruppen" auch die Meinung zu lesen war, dass deren „Schießen nicht nötig gewesen sei" (Vs 10. 4. 19). Ein Straßenbild „Im Zeichen des Stahlhelms", auch wenn es „Tumulte, Plünderungen" gegeben hatte, war in der Ordnungsfunktion fragwürdig: „Die sehr kriegsmäßige Aufmachung des Belagerungszustandes hat aber auch noch eine andere Wirkung: Zwischen Publikum und Regierungssoldaten wollen sich durchaus keine günstigen Beziehungen bilden" (Vs 12. 4. 19 B). Im Lokalteil unter „Der Generalstreik und die Unabhängigen" wurde die verschärfte Polarisierung deutlich, weil die USPD nun Beims verdächtigte, für die Verhaftung von Brandes und die Regierungstruppen verantwortlich zu sein (Vs 18. 4. 19, 1. B). „Oberbürgermeister Beims" war dann nur eine Zeile in kleinen Buchstaben; der Bericht erwähnte 58 Stimmen für ihn (SPD und DDP) und 10 leere Stimmzettel (USPD und Rechtsbürgerliche), es folgte noch ein Lebenslauf des 1863 geborenen Beims mit dem Hinweis: „Die Absicht seiner Eltern, ihn Lehrer werden zu lassen, scheiterte an der Krankheit seines Vaters und an dessen im Jahre 1878 erfolgten frühen Tod" (Vs 28. 4. 19, 1. B).

Die MZ wollte „Die neue Zeit" nicht recht sehen, weder im Inneren auch wegen des eigenen Dauerthemas „Spartakus" noch in der Außenpolitik im Zeichen der Siegermächte: „Der heroische Jahrtausendtraum des Gewaltstaats ist noch längst nicht ausgeträumt, der neue Staat des Brudertums und des Gewissens ist eine Chimäre" (1. 2. 19 A). Über „Grenzen der Sozialisierung" urteilte der zwar sozialpolitik- und gewerkschaftsfreundliche, aber jedem Staatssozialismus gegenüber ablehnende Lujo Brentano auch im reklamierten Konsumenten-Interesse restriktiv: „Nur, wo es sich um Unternehmungen mit mehr oder weniger routinehaftem Betrieb handelt, ist die Sozialisierung am Platze" (MZ 2. 2. 19). „Schwere Ausschreitungen in Magdeburg" wurden als bewaffnete Gefangenenbefreiung und anschließende Raubzüge ohne ersichtliche politische Ziele geschildert (MZ 4. 2. 19 M), so auch nachfolgend als „Der räuberische Handstreich in Magdeburg" unter Hinweis auf zuvor nur kriminelle Gefängnisinsassen (MZ 4. 2. 19 A). Ohne Zusammenhang damit war über „Das Erwerbslosen-Problem" zu lesen, dass es ziemlich genau 3500 Unterstützte in Magdeburg gab, davon weniger als 20 % Frauen (MZ 18. 2. 19, 2. B). „Demonstrierende Arbeitslose" erschienen trotz nicht unfriedlichen Verlaufs primär wegen der „Mängel unseres Sicherheitsdienstes" erwähnenswert (MZ 21. 2. 19 A).

Grundsätzlicher angelegt war der Leitartikel „Die Schuld am Weltkriege", der zwar mehr Vorbereitung „außerhalb" sah, aber ein inneres politisches Versagen einräumte: „Daß wir den Krieg durch die Mittel des Krieges allein gewinnen wollten, war der verhängnisvolle Irrtum unserer Heerführer" (MZ 5. 2. 19 M). Der frühere deutsche Botschafter in den USA und künftige DDP-Politiker Graf Bernstorff äußerte sich zu „Wilson und der Völkerbundgedanke" aus eigenen Kontakten sehr positiv (MZ 7. 2. 19 A).[113] „Graf Bernstorff über Demokratie und öffentliche Meinung" zitierte indirekt Lincoln, „daß *Demokratie eine Regierung des Volkes durch das Volk und für das Volk* bedeute" (MZ 11. 3. 19 B). Der Zentrums-Unterstaatssekretär im Reichsarbeitsministerium Giesberts erläuterte „Deutschlands sozialpolitisches Programm für den Völkerbund" (MZ 10. 2. 19 A). Im weiteren Verlauf hieß es dann aber „Der Völkerbund der Alliierten. Eine grausame Enttäuschung" (MZ 18. 2. 19).

Über „Die Präsidentenwahl" in der NV äußerte sich der redaktionelle Berichterstatter zum Vorsitz durch Eduard David freundlich (MZ 8. 2. 19). Abwertend urteilte man jedoch über „Präsident Ebert" als Erfolg von „Parteibonzentum", während „der mit viel stärkeren Eigenschaften ausgestattete Scheidemann" eher akzeptabel erschien (MZ 12. 2. 19). Es fand sich bald auch der anderweitig bekannte Artikel von Max Weber (Ges. Pol. Schriften, S. 498–501) „Der Reichspräsident" (MZ 26. 2. 19). Die Alternative „Bolschewismus oder Demokratie" verkündete der zum rechten Flügel der DDP gehörende Ernst Müller-Meiningen (MZ 20. 2. 19). Die Nachricht „Kurt Eisner†" wurde mit feindseliger Desinformation kommentiert: „Er verherrlichte die verderbliche Tätigkeit Liebknechts und der Luxemburg, trat mit fanatischem Eifer für das Sowjetsystem nach russischem Muster ein", und „ihn von seinem Posten zu entfernen, haben jetzt die Revolverschüsse eines bayerischen Offiziers vollbracht". Nur wer den Artikel zu Ende gelesen hat, erfuhr noch die mehr pflichtschuldig klingende Distanzierung: „Daß die unsinnige Tat des verblendeten Fanatikers rückhaltlose Verurteilung verdient, braucht nicht besonders betont zu werden" (MZ 21. 2. 19 A).

Unter dem Stichwort „Die Oktroyierung des Kommunal-Wahlrechts" wandte sich der NV-Abgeordnete Georg Gothein (DDP) gegen Wahlberechtigung ab 20 und bei lediglich halbjähriger Ortsanwesenheit (MZ 10. 2. 19 B). Die Magdeburger DDP mit ihrer „Liste Böer" (Presseamtsleiter Oskar B.) eröffnete ihre Wahlwerbung mit der Suggestivfrage „Bürger, wollt Ihr hohe Steuern?" und der Antwort: „Dann wählt die Sozialdemokraten mit ihren uferlosen Forderungen" (MZ 20. 2. 19, 1. B, auch 28. 2. 19 A). „Parteipolitik auf dem Rathause?" wurde im Grundsatz gegen die „unpolitische Denkungsart großer Teile des Bürgertums"

---

113 Ein „Graf Bernsdorff" anderer Schreibweise unter dem „Aufruf", den die „Antibolschewistische Liga" um Stadtler u. a. in der MZ 9. 2. 19, 1. B mit Gegenpropaganda zum „Weltbolschewismus" platzierte, könnte trotz dortiger Mitunterzeichnung auch durch DDP-Prominenz (Naumann, Troeltsch) eine andere Person gewesen sein.

für unvermeidlich erklärt (MZ 22. 2. 19, 2. B). Eine „Wählerversammlung der Deutschen demokratischen Partei" hatte auch die „gründliche Politisierung der Stadtparlamente" als Grundlage anzuerkennen (MZ 24. 2. 19 M). „Warum Liste Böer?" argumentierte über die DDP-Grundsätze hinaus wesentlich mit der Konzentration bürgerlicher Stimmen gegenüber der Sozialdemokratie (MZ 25. 2. 19, 1. B). Dementsprechend lautete die abschließende Mobilisierungsfrage: „Bürgerliche oder sozialdemokratische Mehrheit?", wobei der „große Wahlsieg in Hannover" motivierend wirken sollte (MZ 1. 3. 19, 2. B). Unter den 81 Gewählten (darunter zwei Frauen bei der DDP, drei der SPD und eine der USPD) ragten aus historischem Blickwinkel Seldte bei der DVP-Liste und Beims (SPD) sowie Brandes (USPD) heraus. Während das Sozialprofil der Fraktionen die zu erwartende Struktur zeigte, war die kritische Anmerkung mit Blick auf bald neue Akzente in Magdeburg (Bruno Taut wurde dort 1921 Stadtbaurat) recht aufschlussreich: „Als einen Mangel empfinden wir die geringe Zahl erfahrener Bausachverständiger, vor allem aber Architekten von Ruf" (MZ 3. 3. 19).

Unmittelbar nach der Kommunalwahl hieß es in einer „Sturmbeschwörung?" mit Blick auf die Gesamtlage der Streikbewegungen: „Wir stehen mitten in der zweiten Revolution" (MZ 3. 3. 19 A). Unter „Deutschland und der Bolschewismus" wurde über einen auf „Veranlassung des Kaufmännischen Vereins" in Magdeburg gehaltenen Vortrag Stadtlers berichtet, wo er schlichte Propaganda auch hinsichtlich des „bolschewistischen Charakters der deutschen Revolution" verbreitete (MZ 4. 3. 19, 1. B). Das redaktionelle Stichwort „Vernunft und Gewalt" diente einer Unterstützung der Regierung gegen die Massenstreikwelle und schloss ein, die „Bedenken gegen die Sozialisierung zurückzustellen", damit die „Mehrheitssozialisten" die „Massen" auch tatsächlich „in der Hand behalten", was Entgegenkommen verlangte: „Weder der Erkenntnis, daß diese Revolution eine sozialistische ist, noch den Folgerungen daraus darf sich das Bürgertum entziehen. Ein Schritt in den Sozialismus hinein muß gewagt werden, wenn wir den Fall in den Bolschewismus vermeiden wollen. Die Gefahr bleibt riesengroß" (MZ 8. 3. 19). Zur Thematik „Die Zukunft der demokratischen Partei" wurde ein Theoriedefizit eingeräumt: „Für die demokratische Partei hat kein Marx und kein Engels gedacht" (MZ 11. 4. 19 A). Die NV-Abgeordnete Gertrud Bäumer (DDP) wandte sich zwar gegen von Deutschland geforderte „Reue!", aber unter „der Erkenntnis einer *Weltschuld*" verstand sie Abkehr von „der einseitigen Herrschaft des wirtschaftlichen Machtgedankens, dem alles Leben versklavt war" (MZ 18. 4. 19). Der NV-Abgeordnete und DDP-Gewerkschafter Hartmann vertraute zu „Demokratie oder Diktatur?" insoweit auf die SPD (MZ 25. 4. 19). Sogar ein „Weltfeiertag" am 1. Mai war nun erwünscht: „Wir Bürgerlichen haben erkannt, daß sozial vieles anders werden muß, wir wollen, daß unser Staat ein wirklich sozialer Staat sein soll", freilich unter Verabschiedung des „sozialen Kampfes" (MZ 1. 5. 19).

Überraschend kam ebenso das Eintreten „Für das Rätesystem", zwar ersichtlich zwecks Mobilisierung bürgerlicher Wähler zur Arbeiterratswahl, doch auch in Anerkennung von betrieblichen sowie überbetrieblichen Mitwirkungs- und Vertretungsrechten (MZ 9. 3. 19, 1. B). Ein Leitartikel „Die dritte Revolution" erklärte die zweite für „gescheitert", äußerte sich zum Rätesystem und zur Sozialisierung im Zeichen nur unkoordinierter Restproteste nun wieder ablehnend, weil der „bürgerliche Linke" genannte Liberalismus „der Zersetzung innerhalb der Sozialdemokratie mit absoluter Kühle zusehen" könne (MZ 14. 3. 19 A). Über „Volksherrschaft" schrieb der anhaltinische Staatsrat Hermann Cohn (DDP) in einem anderen, mehrfach „Linksliberale und Sozialdemokraten" verbunden sehenden Tenor (MZ 15. 3. 19, 1. B, 15. 3. 19 M). Konrad Haenisch (SPD) konnte „Die Politik des Kultusministeriums" erläutern (MZ 11. 4. 19). Zu einer „Politik der Experimente" wurde die Vermeidung polarisierter Standpunkte propagiert: „Der Glaube an die Methode des ‚laisser aller‘ ist als irrig längst aufgegeben. Allein sein Gegensatz, das Vertrauen zur Reglementierung aller Wirtschaftsprozesse, ist vermutlich genau so falsch" (MZ 1. 4. 19 A). „Die Lage des Arbeitsmarktes in Magdeburg" fand eine detaillierte Beschreibung: Statt am 1. 11. noch 107 952 (davon 54 961 Frauen, also knapp die Mehrheit) „Pflichtmitglieder bei den Krankenkassen" gab es am 1. 3. nur 91 185 (davon 33 132 Frauen). Allein die Firmen Krupp und Polte hatten 6000 Männer entlassen, die aber offenbar zumeist woanders Beschäftigung fanden, denn allein vom 1. bis 19. März wurde auch wetterbedingt ein Rückgang der Arbeitslosigkeit von 3840 auf 2829 (davon 763 Frauen) registriert (MZ 3. 4. 19, 2. B). Die Massenentlassungen konzentrierten sich auf die zuvor kriegswichtige Metall- und Maschinenbau-Branche, wo auch der Abbau der beschäftigten Frauen von Anfang November bis Anfang Februar von 11 437 auf 1457 besonders drastisch ausfiel.[114]

Mit dem Leitartikel „Neue Männer im Magistrat" wurde ausführlich die Situation nach der Neuwahl erörtert und zur „Oberbürgermeisterfrage" eine aufschlussreiche Verbindungslinie gezogen: „Die Sozialdemokratie glaubt – und sie folgt dabei der Wahl Leinerts in Hannover – daß, nachdem sie die Macht in ihre Hände überführen konnte, auch das Oberhaupt der Stadt aus ihren Reihen genommen werden müsse." Dabei wurde zwar grundsätzlich anerkannt, „daß der Oberbürgermeister einer Großstadt nicht nur ein Verwaltungsmann

---

114 Wille, Die Goldenen Zwanziger (wie Fn. 9), S. 26.

ist, sondern zugleich [...] vom Vertrauen der Mehrheit getragen werden muß". Dem SPD-Kandidaten Beims sollte nicht die Fähigkeit, aber die besondere Eignung abgesprochen werden, wobei auch der Einwand vorzubringen war, dass politisches Mehrheitsprinzip und weiterhin zwölfjährige Amtszeit nicht harmonierten (MZ 26. 3. 19 A). Die Meldungen über „Verhaftungen von Unabhängigen in Magdeburg" (MZ 7. 4. 19 M) und „Reichsminister Landsberg in Magdeburg festgenommen" (MZ 7. 4. 19 A) sowie „Belagerungszustand über Magdeburg" (MZ 8. 4. 19 M) durchrüttelten wie erwähnt vorübergehend die Stadt. Nach der Wahl von Beims wurde „Das neue Stadtoberhaupt" in einem ausführlichen Lebenslauf vorgestellt, daneben aus der „Stadtverordnetensitzung" die „Erklärung der Demokratischen Fraktion" abgedruckt, die Beims mitwählte, und die ablehnende Haltung der USPD, die nun fast nach Vorkriegsstatus für die „*Ausschreibung* der Stelle" eintrat (MZ 25. 4. 19, 2. B).

Für den CA waren die Gefangenenbefreiungen und Plünderungen in Magdeburg ohne ernstlichen Beleg ein „Räuberischer Überfall einer Spartakusbande" (5. 2. 19). Streikende Arbeiter wurden als „Revolutionsgewinnler" bezeichnet (CA 8. 2. 19). In Abgrenzung dazu, was „Ein deutschnationaler Kommunalpolitiker" u. a. gegen jede Kooperation mit der SPD ausgeführt hatte, trat man aber offen „für die Liste der Deutschen demokratischen Partei" ein, die freilich in der Wahlwerbung eine Stimme des Bürgers zugunsten der SPD als „für seinen eigenen Untergang" bezeichnete (CA 21. 2. 19). „Der Abschied vom alten Stadtparlament" wurde im gemeinsamen demokratischen Sinne als „das übelste aller Wahlsysteme, das Dreiklassenwahlrecht" überwindend kommentiert (CA 28. 2. 19). „Die Demokratisierung des Gemeindelebens" propagierte als Versammlungsredner der vormals nationalliberale Bankdirektor Schacht (CA 2. 3. 19). Der Ergebnisbericht „Die Stadtverordnetenwahlen in Magdeburg" war aber stark auf den angenommenen Politiküberdruss des Publikums eingestimmt und reduzierte textlich die Teilnahme auf „etwas mehr als die Hälfte", während danach aufgeführte Ziffern 128 019 von 197 902 (CA 4. 3. 19) tatsächlich korrekt gerundet 65 % bedeuteten, was man auch knapp zwei Drittel nennen konnte. Für „Die Neuwahlen zum Arbeiterrat" wurde erwartungsgemäß die DDP-Liste empfohlen und darüber aufgeklärt, dass auch (somit fast alle) Beamte bis 10 000 M Jahreseinkommen wahlberechtigt waren (CA 14. 3. 19). „Der Erfolg des Bürgertums bei den Arbeiterratswahlen" war nur gegenüber der bisherigen revolutionären Konstellation aus SPD und USPD zu behaupten, wobei die Wahlberechtigten auf 80 000 bis 110 000 und somit etwa die Hälfte der allgemeinen Wahlen geschätzt wurden (CA 18. 3. 19).

Ein Leitartikel von Fritz Bernays „Arbeiterräte oder Arbeiterkammern?" entsprach teilweise „Hilferdings Vorschlägen" der künftigen Fernhaltung von der

Machtrivalität zum demokratischen Parlamentarismus: *„Wirtschaftliche Funktionen statt politischer Macht, das ist die Zukunft des Rätesystems!"* Der Regierungsaufruf „Die Sozialisierung ist da!" folgte in gleicher Ausgabe (CA 7. 3. 19). Die Schlagzeile „Ausrufung der Räterepublik Bayern" und darunter „Generalstreik in Magdeburg?" kennzeichnete die temporäre Zuspitzung der politischen Situation (CA 8. 4. 19). Aber „Magdeburg unter Belagerungszustand" (CA 9. 4. 19) blieb episodisch, auch wenn „9 Tote und 39 Verwundete" infolge der geschilderten Eskalation zu beklagen waren, allerdings nicht unter den Regierungstruppen unter dem Kommando des Generalmajors Maercker: „Das Landesjägerkorps hat noch keine Verluste aufzuweisen" (CA 10. 4. 19). Kurz darauf hieß es dann „Wiedereinkehr der Ruhe in Magdeburg" (CA 12. 4. 19); es folgte diesbezüglich ein „Aufruf des Polizeipräsidenten Krüger", den in Magdeburg die SPD stellte, und auch „Das Ende der Räteregierung in Bayern" war an jenem Tag voreilig zu vermelden (CA 15. 4. 19). „Die Wahl des neuen Stadtoberhauptes" wurde dramatisierend als „unter dem Schutze von Maschinengewehren und Handgraten" beschrieben, weil das „Landesschützenkorps" wegen einer „Arbeitslosenversammlung" postiert, jedoch vom Stadtverordnetenvorsitzenden dann „zum Abzug" veranlasst worden war (CA 25. 4. 19).

8. Vergleichende Schlussbetrachtungen

Dass Magdeburg und Hannover jeweils nicht mit Berlin und dem Ruhrgebiet gesondert von der Einleitung in diesen Band sinnvoll verglichen werden können, leuchtet unmittelbar ein. Aber ebenso Breslau an der südöstlichen Peripherie und Köln an der westlichen zeigten durchaus Spezialfaktoren: einen starken Katholizismus und/oder Konservatismus neben Einflüssen der Grenz- und nicht Zentrallage. Auch die Gemeinsamkeit von Hannover mit Frankfurt a. M. als jeweils nur gewissermaßen „beute-preußisch" (Annexionen 1866) endete weithin bereits damit; eine Welfentradition hatte wenig Ähnlichkeit mit der freien Bürgerstadt Frankfurt und deren ausgeprägtem Linksliberalismus sowie einer größeren katholischen Minderheit. Wenn also die relative geographische Nähe auch die beste Vergleichbarkeit der in diesem Band behandelten preußischen Großstädte im Konkordanzsinne ergibt, bleiben doch auch Differenzen zwischen Magdeburg und Hannover jenseits dessen Niedersachsen-Partikularismus hervorzuheben. Das beginnt schon bei der ein Jahr darauf erfolgenden Eingemeindung von Linden, was mit dort konzentrierter Arbeiterschaft das zuvor überproportional bürgerlich geprägte Hannover sozialstrukturell gewissermaßen erst komplett machte. Dies war die umgekehrte Relation zur ebenfalls

1920 in Nachwirkung der Revolution erfolgenden Bildung von Groß-Berlin: Die mit Ausnahme von Neukölln und Lichtenberg stärker bürgerlichen Vorstädte reduzierten die 1912 bei den Reichstagswahlen singulär erdrückende Dominanz von gut 75 % Stimmenanteil für die Sozialdemokratie noch weiter. Die Zweimillionenstadt (Alt-)Berlin war insoweit eine Großversion der Arbeiterstadt Linden und des sozial und politisch ähnlich strukturierten, zur Provinz Hannover gehörenden Harburg vor dessen späterer Eingemeindung nach Hamburg gewesen.

Ferner bedarf die im Beitragstitel gewählte Kurzformel „SPD-Hochburgen" für Magdeburg und Hannover einer Differenzierung. Wenn für Hannover die Formulierung gelten soll: „Auch nach dem Kriege die sozialdemokratische Hochburg"[115], dann trifft dies so eher besonders für Magdeburg zu. Gerade auch in Zusammenrechnung von SPD und USPD stand Magdeburg mit knapp 65 % sozialdemokratischen Anteilen bei den NV- und Preußenwahlen mit an der Spitze aller Großstädte. Doch auch die etwas bescheideneren knapp 53 % allein der SPD bei den Stadtverordnetenwahlen zu Anfang März 1919 rechtfertigen wie jede absolute Mehrheit in einem Mehr- bis Vielparteiensystem den Begriff „Hochburg" und ermächtigten nach dem Rücktritt des Vorgängers Reimarus zur Wahl von Beims ins Oberbürgermeisteramt. Das galt so für Leinert in Hannover nicht, der zunächst allein wegen Amtsverzichts des Vorgängers Tramm in den Revolutionstagen des Novembers 1918 zum Stadtoberhaupt werden konnte und für die immerhin etliche Jahre behauptete Position zweier Nachjustierungen seiner Mehrheitssicherung bedurfte: Eingemeindung der eigentlichen SPD-Hochburg Linden und Kooperationsbereitschaft der DDP.

Auf die in Magdeburg, nach dem täuschenden Start 1919 mit nationalliberalen Übernahmen, zu freisinnig-fortschrittlichem Normalmaß eingeschrumpfte DDP war nach dem reichsweit absoluten Tiefpunkt der SPD im Mai 1924, wo dann ebenso in Magdeburg wieder gewählt wurde, auch Beims angewiesen. Darüber hinaus benötigte er für die ein Weiterarbeiten ermöglichende Hälfte der nun 66 Sitze bei nur 25 der SPD neben 6 der DDP auch noch einen sich deren Fraktion anschließenden Zentrums-Dissidenten, der nicht zum Rechtsblock (dann 21) – schon gar nicht zu den Völkischen (5) oder der KPD (7) – gehören wollte, sowie einen „Rentner"[116], also einen örtlichen Mandatsträger des 1920

---

115 Feldmann, Geschichte (wie Fn. 23), S. 41, ähnlich S. 150.

116 Hermann Beims, Die Sozialdemokratie in der Stadtverwaltung Magdeburg, in: Die rote Stadt im roten Land. Ein Buch über das Werden und Wirken der Sozialdemokratie in der Stadt Magdeburg und dem Bezirk Magdeburg-Anhalt, Magdeburg 1929, S. 13–38, hier S. 30.

gegründeten Deutschen Rentnerbundes.[117] In Hannover entstand hingegen im Mai 1924 eine knappe Mehrheit rechts von der DDP, die mit einer scharfen Frontstellung gegen Leinert unter nicht unwesentlicher Beteiligung seines Vorgängers Tramm und dessen Unterstützer in der Verwaltung bis hin zu unrechtmäßiger Drohung mit dem Instrument der nachinflationären Personalabbauverordnung agierte. Daraufhin nahm Leinert ohne hinreichende Rücksprache mit seiner Partei vor Ort ein Pensionsangebot der rechtsbürgerlichen Gegenkräfte an und war dann nur noch Abgeordneter des Preußischen Landtags, wenn auch zuvor dessen Präsident.[118] Im Stadtparlament von Hannover erreichte aber sogar zum Weimarer Krisenbeginn im November 1929 die SPD eine knappe absolute Mehrheit der Mandate[119], was in Magdeburg primär wegen stärkerer KPD ebenso knapp trotz SPD-Zuwachses nicht gelang, aber eine nun aktive Majorität zusammen mit der DDP herstellte.[120]

Wenn es in einem Überblickstext heißt: „Die eigentliche Revolution – was man auch immer darunter zu verstehen vermag – hat es in Magdeburg gar nicht gegeben"[121], so ist eben dieses wenig auf den synchronen Vergleich bezogene diffuse Revolutionsverständnis das „eigentliche" Problem. Auch das „rote Wien" begann nicht vor demokratischen Gemeinderatswahlen im Mai 1919, obwohl staatsweit der revolutionäre Kontinuitätsbruch tiefgreifender war.[122] Dahinter blieb Magdeburg als „rote Stadt im roten Land"[123] diesbezüglich ebenso wenig zurück wie mit einer zuletzt von Ernst Reuter 1931 bis 1933 nach dem Ende der regulären Amtszeit von Beims fortgeführten sozialdemokratischen Kommunalära.[124] In diesen und anderen Fällen wurde die nun auf Gemeindeebene

---

117 Johannes Reichel, Gesicherter Ruhestand oder erhöhtes Verarmungsrisiko? Die Kleinrentnerfürsorge in der Weimarer Republik nach Krieg und Inflation, in: Historical Social Research 24,1 (1999), S. 32–74, hier S. 39.

118 Berlit-Schwigon, Robert Leinert (wie Fn. 8), S. 187–213.

119 Feldmann, Geschichte (wie Fn. 23), S. 127 (48,6 % der Stimmen reichten wegen der Zersplitterung).

120 Wille, Die Goldenen Zwanziger (wie Fn. 9), S. 113.

121 Ebd., S. 5. In einer anderen Fassung des Autors heißt es aktionsfixiert verengend: „Die eigentliche Revolution [...] reduzierte sich in Magdeburg auf eine mehrstündige Militärrevolte", so bei Manfred Wille, Magdeburgs Aufbruch in die Moderne, Magdeburg 1995, S. 14.

122 Detlef Lehnert, Kommunale Politik, Parteiensystem und Interessenkonflikte in Berlin und Wien 1919–1932, Berlin 1991, insbes. S. 51–56.

123 Buchtitel oben in Fn. 116.

124 Matthias Tullner, Kommunalpolitik unter wachsendem Radikalisierungsdruck. Ernst Reuters Magdeburger Jahre 1931–1933, in: Heinz Reif/Moritz Feichtinger (Hg.), Ernst Reuter. Kommunalpolitiker und Gesellschaftsreformer 1921–1953, Bonn 2009, S. 173–181.

ermöglichte „reformistische" Demokratie und Sozialpolitik erst durch voraus-
liegende Revolutionsmonate ermöglicht.

Wenn „man für das Ende der Novemberrevolution in Magdeburg die Monate
April bis Juni 1919 angeben" will[125], so wird der revolutionäre Charakter der hier
zumindest in den April hinüberragenden Umbruchsperiode vom November 1918
bis ins Frühjahr 1919 nicht bestritten. Immerhin „42 Räteparlamentarier arbeiteten in der 81-köpfigen Stadtverordnetenversammlung von 1919–1924 mit",
was primär über die ihrerseits die Rätegremien beherrschenden „Organisationen der Arbeiterbewegung" vermittelt war.[126] Die auch in einer deutlich radikalere Umwälzungsschritte befürwortenden Darstellung nicht angezweifelte „politische Klugheit des USPD-Führers Alwin Brandes"[127] unterschied sich zum Nutzen der Möglichkeit, den reformistisch-kommunalparlamentarischen Weg von
Beims nicht zu durchkreuzen, vorteilhaft gegenüber dem bis zur Beteiligung an
der Entführung von Landsberg reichenden Extremismus des KPD-Mitgründers
Vater. In Hannover, ohne solchen Druck von links, dafür umso stärkerem von
rechts, beschränkte sich die politische Revolution wesentlich auf den bereits nach
wenigen Tagen bewirkten Wechsel im Stadtdirektoren-/Oberbürgermeisteramt
von Tramm zu Leinert – und eine damals überall im vormals obrigkeitsstaat-
lichen Preußen anzutreffende Mitwirkung des AuSR auf den Großstadtwegen
einer Demokratiegründung 1918/19.

---

125 Gohlke, Räte (wie Fn. 9), S. 202.
126 Ebd., S. 220.
127 Ebd., S. 197 (einer der vielen Textfehler jener materialreichen, aber eben nicht publika-
     tionsreif durchgearbeiteten Studie wurde in diesem Zitat stillschweigend korrigiert).

WILFRIED REININGHAUS

Die Ruhrgebietsstädte Dortmund, Bochum und Gelsenkirchen in der Revolutionszeit 1918/19

Mag das Ruhrgebiet von außen als ein zusammenhängender Ballungsraum erscheinen, so fallen bei näherer Betrachtung erhebliche Unterschiede zwischen seinen Teilgebieten auf. Geographisch und wirtschaftsgeschichtlich lassen sich von Nord nach Süd fünf Zonen ausmachen. Die erste Zone liegt beiderseits der namengebenden Ruhr, wo die Kohle oberflächennah ausstreicht. Hier begann im Mittelalter der Abbau von Steinkohle. Der Hellweg mit den Städten Duisburg, Essen, Bochum und Dortmund bildet die zweite Zone. Dorthin griff der Bergbau nach 1840 aus, als tiefere Lagerstätten erschlossen wurden. In das Emschertal, der dritten Zone mit Hamborn, Oberhausen, Gelsenkirchen und Herne, stießen Zechen nach 1850 vor. Die vierte, vestische Zone mit Bottrop, Gladbeck, Buer und Recklinghausen wurde nach 1870 erreicht. Zechen in der fünften Zone an der Lippe (Dorsten, Marl, Waltrop und Hamm) wurden erst nach 1900 abgeteuft.

Die knapp drei Millionen Menschen, die 1914 in diesen fünf Zonen lebten[1], besaßen zu diesem Zeitpunkt noch kein gemeinsames Ruhrgebietsbewusstsein. Es entstand erst in den 1920er-Jahren, als Gemeinsamkeiten über Verwaltungsgrenzen hinweg entdeckt wurden. Der 1920 gegründete Siedlungsverband Ruhrkohlenbezirk als Zusammenschluss von Städten und Kreisen förderte diese Entwicklung. Zu Beginn des 20. Jahrhunderts hieß das Gebiet „rheinisch-westfälisches Steinkohlenrevier" oder „rheinisch-westfälisches Industriegebiet". Solche Bezeichnungen drückten aus, dass der montanindustrielle Komplex die Grenzen der beiden nach dem Wiener Kongress gebildeten preußischen Provinzen Rheinland und Westfalen überschritt. Die Aufteilung auf zwei Provinzen und drei Regierungsbezirke (Düsseldorf, Arnsberg und Münster) sowie auf 15 kreisfreie Städte und 14 Landkreise (Stand 1914) gehörte zu den Hindernissen bei der Bildung eines Ruhrgebietsbewusstseins. Gravierend war die Herkunft der Arbeiterschaft aus unterschiedlichen Herkunftsgebieten. Das Bevölkerungswachstum von 474 416 Einwohnern (1858) auf 2 613 897 (1905) basierte auf Zuwanderung,

---

1   Wolfgang Köllmann u. a., Bevölkerungsgeschichte, in: Ders. u. a. (Hg.), Das Ruhrgebiet im Industriezeitalter, 2 Bde., Düsseldorf 1990, S. 111–197, hier S. 114.

vor allem aus dem übrigen Rheinland und Westfalen, Hessen und – vermehrt seit 1890 – aus den preußischen Ostprovinzen (Polen, Masuren). Zum Wanderungsverhalten gehörte die hohe Fluktuation der Belegschaften, die im Durchschnitt jährlich einmal den Arbeitsplatz wechselten. Die Zuwanderung schuf eine konfessionelle Mischgesellschaft, in der Kirchengemeinden, landsmannschaftliche Vereinigungen und Kolonien direkt neben den Werksanlagen lebensweltliche Bezugspunkte schufen.

Auch auf kommunaler Ebene war das Industriegebiet zersplittert, weil auch übergroße Landgemeinden nicht zu Städten erhoben wurden. 1910 lebte jeder dritte Einwohner des Ruhrgebiets in einer von 31 Gemeinden mit nicht-städtischer Verfassung von über 10 000 Einwohnern.[2] (Duisburg-)Hamborn als Extrembeispiel überschritt 1910 sogar die Marke von 100 000 Einwohnern, ohne Stadtrechte zu besitzen. Nach der Landgemeindeordnung ließen sich die „Industriedörfer" nicht adäquat verwalten und die Bedürfnisse der dort lebenden und arbeitenden Menschen befriedigen. Dennoch kam es nur zögerlich zur Bildung größerer Städte und zur Verleihung von Stadtrechten im Ruhrgebiet. So schloss sich z. B. Gelsenkirchen erst 1903 mit sechs Umlandgemeinden zusammen, als jegliche Chance auf eine vorausschauende Stadtplanung längst vertan war.[3]

Gemeinhin wird der südlich dem Steinkohlenrevier vorgelagerte bergisch-märkische Raum nicht zum Ruhrgebiet gerechnet. Dort hatte bereits vor 1800 eine gewerbliche Verdichtung eingesetzt, die zwischen Hagen, Iserlohn und Lüdenscheid im Osten und Remscheid/Solingen im Westen zur Frühindustrialisierung führte. Prägend waren die Metallgewerbe sowie im Wuppertal (Elberfeld/Barmen und Umgebung) die Textilgewerbe. Düsseldorf, die ehemalige bergische Hauptstadt und Sitz einer Bezirksregierung, fand im Laufe des 19. Jahrhunderts Anschluss an diese Entwicklung und überschritt zur Wende des Jahrhunderts die Grenze von 200 000 Einwohnern. Im Unterschied zum Ruhrgebiet basierte der bergisch-märkische Raum nicht auf Großbetrieben, sondern in der Regel auf Betrieben mit kleineren Belegschaften. Die Grenzen zwischen Ruhrgebiet und bergisch-märkischem Raum waren fließend, weil z. B. in Hagen und Düsseldorf Stahlwerke errichtet wurden oder im Kreis Schwelm Zechen, Textil- und Metallwerke nebeneinander standen. Die Austauschprozesse zwischen beiden Räumen sind aber noch kaum erforscht. Für den Gang der Revolution 1918/19 im Ruhrgebiet ist es notwendig, die Region zwischen Hagen und Düsseldorf mit in den

---

2   Detlef Vonde, Revier der großen Dörfer. Industrialisierung und Stadtentwicklung im Ruhrgebiet, Essen 1989, S. 128.

3   Stefan Goch, Sozialdemokratische Arbeiterbewegung und Arbeiterkultur im Ruhrgebiet. Eine Untersuchung am Beispiel Gelsenkirchen 1848–1975, Düsseldorf 1990, S. 100.

Blick zu nehmen, weil hier die politische Geschichte noch vor 1918 einen anderen Verlauf nahm, der in das Ruhrgebiet ausstrahlte.

1. Das Ruhrgebiet am Ende des Kaiserreichs und im Ersten Weltkrieg

Das Ruhrgebiet[4] bildete zu Beginn des 20. Jahrhunderts das industrielle Herz Deutschlands. Fast die Hälfte aller Beschäftigten in Berg- und Hüttenwerken im Deutschen Reich arbeitete hier. Zechen und Hüttenwerke waren im Laufe mehrerer Jahrzehnte an der Ruhr zu einem montanindustriellen Komplex verschmolzen, der in Europa seinesgleichen suchte. Unter den Bedingungen des Ersten Weltkriegs änderten sich die Belegschaftsstrukturen der Werke grundlegend.[5] Für einberufene Arbeiter rückten Frauen, Jugendliche, über 40-jährige und Kriegsgefangene nach. Sie machten Anfang 1917 fast 40 % aller Arbeitskräfte im Bergbau aus. Mit dem Rückgang der Stammbelegschaften gingen die Fördermengen zurück, mit dem verstärkten Raubbau stieg das Unfallrisiko. Hinzu kamen angeordnete Überstunden, die die Bergleute auslaugten. Zu ihrer Verbitterung trugen sinkende Reallöhne bei, mit denen gestiegene Lebenshaltungskosten nicht mehr zu decken – falls überhaupt Lebensmittel zu bekommen – waren. Hunger machte sich im dritten Kriegswinter 1916/17 breit, die britische Seeblockade zeigte Wirkung gerade im Ruhrgebiet, dessen Bevölkerung auf die Versorgung von außen angewiesen war. Der ersten Welle von Streiks der Bergleute im Sommer 1916 gingen deshalb Protestzüge von Frauen gegen die Kartoffelknappheit voraus. Danach rissen Hungerdemonstrationen und -krawalle nicht mehr ab. Auf der Agenda der streikenden Bergleute standen deshalb im Januar 1917 höhere Löhne und eine bessere Lebensmittelversorgung. Im Winter 1917/18 formulierten die Proteste im Ruhrgebiet zusätzlich den Wunsch nach Frieden, der sich, wie am 9. 12. 1917 in (Gelsenkirchen-)Buer, mit Forderungen nach freien und gleichen Wahlen verband. Der Herr-im-Haus-Standpunkt der Zechenverwaltungen radikalisierte die Arbeiterschaft weiter, wenngleich die Streiks noch keine Flächendeckung erreichten. Aber bei den Vertretern des Staates wuchs die Sorge, die Situation nicht mehr beherrschen zu können. Der

---

4   Vgl. zum Ruhrgebiet allgemein Köllmann u .a. Hg. (wie Fn. 1); Karl Ditt/Klaus Tenfelde (Hg.), Das Ruhrgebiet in Rheinland und Westfalen. Koexistenz und Konkurrenz des Raumbewusstseins im 19. und 20. Jahrhundert, Paderborn 2007; Klaus Tenfelde/Thomas Urban (Hg.), Das Ruhrgebiet – ein historisches Lesebuch, 2 Bde., Essen 2010.
5   Karin Hartewig, Das unberechenbare Jahrzehnt. Bergarbeiter und ihre Familien im Ruhrgebiet 1914–1924, München 1993.

Regierungspräsident von Arnsberg berichtete Anfang Oktober 1918 nach Münster: „In den breiten Massen der Arbeiter und des proletarischen Volkes ist die Neigung für revolutionäre Unruhen […] vielfach vorhanden".[6]

Bei den Reichstagswahlen 1912 waren die Wahlkreise im Steinkohlenrevier und im bergisch-märkischen Industriegebiet besonders umkämpft. Der Ausgang in allen Wahlkreisen des hier betrachteten Raums stand erst nach Stichwahlen fest. Sieben Wahlkreise gewann die SPD, der Gesamtsieger der Wahl. Sie hatte mit Friedrich Ebert (Elberfeld/Barmen), Philipp Scheidemann (Solingen) und Wilhelm Dittmann (Remscheid/Mettmann) erfolgreich Prominenz aufgeboten. Ihre regionalen Parteisekretäre setzten sich in Hagen/Schwelm (Max König) und Düsseldorf (Karl Haberland) durch, in Altena/Iserlohn siegte der Gewerkschaftssekretär Karl Spiegel, in Dortmund der Redakteur Dr. August Erdmann. Das Zentrum gewann den Wahlkreis Recklinghausen/Borken durch den Gewerkschafter Karl Matthias Schiffer sowie Essen durch Karl Giesberts, einen Exponenten der Katholischen Arbeiterbewegung. Schmerzhaft für das Zentrum war die Niederlage in Düsseldorf, einer ihrer Hochburgen, wo der SPD-Vertreter überraschend die Stichwahl gewann. Die bürgerlichen Parteien brachten zwei Kandidaten durch. In Bochum/Gelsenkirchen löste der Bochumer Stadtverordnete Karl Heckmann Otto Hue (SPD) ab, in Duisburg/Mülheim setzte sich der Redakteur Hugo Böttger durch. Beide gehörten der Nationalliberalen Partei an. Die Trennung der USPD von der Mehrheits-SPD 1917 hatte unmittelbar Auswirkung auf diese Konstellation, denn Dittmann gehörte zu den Gründungsmitgliedern der USPD und fand dabei Unterstützung in den Ortsvereinen zwischen Hagen und Düsseldorf. Der komplette SPD-Bezirk Niederrhein (mit Duisburg, Mülheim und Düsseldorf) wandte sich der USPD zu. Aus der Provinz Westfalen schlossen sich Hagen und der Ennepe-Ruhr-Kreis dem USPD-Unterbezirk an, der neben Berlin und Leipzig eine der Hochburgen der neuen Partei bildete.

2. Die Industriegroßstädte Bochum, Dortmund und Gelsenkirchen vor 1918

Das Ruhrgebiet in seiner Gesamtheit im Rahmen dieses Beitrags zu untersuchen, war nicht möglich. Eine einzelne Stadt beispielhaft herauszugreifen, erschien jedoch genauso unpassend, weil damit der Vielfalt der Ruhrgebietsstädte nicht Rechnung getragen worden wäre. Die Einbeziehung von drei Städten, Bochum,

---

6   Regierung Arnsberg an Oberpräsidium Münster, 16. 10. 1918, Landesarchiv NRW Abt. Westfalen, OP 6128, fol. 380.

Dortmund und Gelsenkirchen, stellt einen Kompromiss dar. Einerseits unterschieden sie sich hinsichtlich ihrer Geschichte und wirtschaftlich-sozialen Struktur, andererseits wiesen sie 1918/19 Gemeinsamkeiten auf. Alle drei Städte gehörten damals zum Regierungsbezirk Arnsberg, aus dem Gelsenkirchen erst 1929 ausschied, alle drei zum SPD-Bezirk Westliches Westfalen, der in Wahlkreisvereinen organisiert war: Dortmund schloss sich mit dem Stadt- und Landkreis Hörde zusammen, Bochum mit Gelsenkirchen, Witten und Hattingen.

Dortmund schied 1875 aus dem Landkreis aus und bildete einen eigenen Stadtkreis. Am Schnittpunkt der Köln-Mindener und der Bergisch-Märkischen Eisenbahn hatte seit 1848 ein Wirtschaftswachstum eingesetzt, das die beschauliche ehemalige Reichsstadt innerhalb von weniger als zwei Generationen radikal veränderte.[7] Zwischen 1843 und 1914 wuchs Dortmund von 7620 auf 253 000 Einwohner. Als Verkehrsknotenpunkt, in der Nähe von Steinkohlenfeldern und Kohleneisenstein-Vorkommen gelegen, wurde die Stadt ein attraktiver Standort für Eisen- und Stahlwerke und Folgeindustrien. Sie bildete mit der benachbarten Stadt Hörde und den beiden Umlandkreisen Dortmund und Hörde eine Einheit, in der 1914 über 500 000 Menschen lebten. 1910 und 1918 kam es zu ersten Eingemeindungen nach Dortmund. Trotz konjunktureller Rückschläge mangelte es der wachsenden Stadt und ihrem Bürgertum im Wilhelminischen Zeitalter nicht an Selbstbewusstsein. Sie verstand sich als Metropole Westfalens, wetteiferte mit der Provinzialhauptstadt Münster, schaffte es aber vor 1914 nicht, eine Technische Hochschule zu errichten oder Sitz eines Regierungsbezirks zu werden.[8]

Begünstigt durch das Dreiklassenwahlrecht dominierte im Kaiserreich die Nationalliberale Partei mit den Exponenten der Schwerindustrie die Dortmunder Kommunalpolitik. Der seit 1910 amtierende Oberbürgermeister Eichhoff stand ihr nahe. Zwar hatte die SPD 1895 überraschend eine Nachwahl im Reichstagswahlkreis Dortmund-Hörde gewonnen, doch ging 1898 der Sitz wieder an die Nationalliberalen verloren. Interne Turbulenzen schwächten die

7   Vgl. Wilfried Reininghaus, Von der Freien Reichsstadt zur Westfalenmetropole? Dortmunds Selbstwahrnehmung im Raum und in der Zeit, in: Ditt/Tenfelde (Hg.), Ruhrgebiet (wie Fn. 4), S. 315–351.

8   Gustav Luntowski, Das Jahrhundert der Industrialisierung (1803 bis 1914), in: Ders. u. a., Geschichte der Stadt Dortmund, Dortmund 1994, S. 215–351; Stefan Mühlhofer u. a., Deutscher Historischer Städteatlas 5: Dortmund, Münster 2017, S. 18–27. Zur SPD: Ralf Lützenkirchen, Der sozialdemokratische Verein für den Reichstagswahlkreis Dortmund-Hörde, Dortmund 1970; Matthias John, Bio-statistisches Handbuch zur westfälischen Sozialdemokratie unter besonderer Berücksichtigung Dortmunds für den Zeitraum von 1900 bis 1914, in: Beiträge zur Geschichte Dortmunds und der Grafschaft Mark 105 (2014), S. 109–409.

Partei. Erst bei der Vorbereitung der Reichstagswahlen 1903 stabilisierte sich die Dortmunder SPD wieder. Als Landesvertrauensmann für den Agitationsbezirk Westliches Westfalen baute Max König eine weit über Dortmund hinausgreifende Parteiorganisation auf, die 1903, 1907 und 1912 nacheinander drei Wahlsiege feiern konnte. Bei den Richtungskämpfen innerhalb der SPD setzten sich die Reformisten durch. Als 1917 der 1912 gewählte Dortmunder Reichstagsabgeordnete Erdmann zur USPD 1917 übertrat, folgten ihm kaum andere Parteimitglieder. Erst mit Verspätung wurde im September 1917 eine Ortsgruppe der USPD gegründet. In der Dortmunder Arbeiterbewegung blieb 1918/19 die SPD tonangebend.

In *Gelsenkirchen* begann die Industrialisierung 1847 mit der Eröffnung des Bahnhofs an der Köln-Mindener Eisenbahn.[9] Bald danach begannen links und rechts der Strecke Abteufarbeiten, 1860 wurde die erste Steinkohle gefördert. Im Gefolge des Bergbaus ließen sich hier Eisen- und Stahlwerke, Bergbauzulieferer und Unternehmen zur Gewinnung von Kohlenebenprodukten nieder. Dörfliche Siedlungen wuchsen daraufhin zu einer Industriegroßstadt zusammen, die zeitweise die bedeutendste Kohlestadt Europas war. Noch ohne die umliegenden Gemeinden wurde Gelsenkirchen 1875 Stadt, die 1896 aus dem Kreis ausschied. 1903 wurden die sechs Gemeinden Schalke, Ueckendorf, Bulmke, Hüllen, Bismarck und Heßler mit Gelsenkirchen vereinigt. Damals zählte Gelsenkirchen 138 000 Einwohner, 1914 in seinen damaligen Stadtgrenzen 175 000 Einwohner. Rund 10 % der Einwohnerschaft waren katholische Polen, rund 20 % sozialkonservativ-patriarchalisch eingestellte protestantische Masuren. Katholiken und Protestanten waren in der Stadt gleich stark.

Die Zusammensetzung der Bevölkerung wirkte sich unmittelbar auf die Organisationen der Arbeiterschaft aus. Sozialdemokratie und Freie Gewerkschaften hatten es schwer, sich einerseits gegen das Zentrum und den Christlichen Gewerkverein, andererseits gegen evangelische Arbeitervereine, Zechenherren und Nationalliberale zu behaupten. Dennoch war die SPD im Wahlkreis Bochum-Gelsenkirchen in den Wahlkämpfen 1903 und 1907 mit dem populären Bergarbeiterführer Otto Hue erfolgreich. Der Streik der Bergarbeiter 1912 gilt als erster geplanter und nicht-spontaner Ausstand in der Geschichte des Ruhrgebiets. Die Nichtbeteiligung der christlichen Richtungsgewerkschaft hinterließ bei den Streikenden eine lange andauernde Wut. Im SPD-Wahlkreisverein Bochum-Gelsenkirchen war nach 1914 im Unterschied zu Dortmund die innerparteiliche Opposition gegen die Burgfriedenspolitik vergleichsweise stark. Sie zwang

---

9   Zum folgenden Abschnitt vgl. Goch, Arbeiterbewegung (wie Fn. 3); ders./Cornelia Kneppe (Bearb.), Westfälischer Städteatlas X 3, Altenbeken 2008.

Hue im November 1916, von seiner Kandidatur in einem künftigen Reichstags-
wahlkampf zurückzutreten. Im Mai 1917 gründete sich ein eigener USPD-Verein
für den Wahlkreis Bochum-Gelsenkirchen. Dem Vorstand gehörte der Gelsenkirchener August Woczek an.

Die jüngste der drei behandelten Großstädte war *Bochum.*[10] 1904 überschritt
die Stadt nach der Eingemeindung der Gemeinden Wiemelhausen, Hamme,
Hofstede und Grumme die Marke von 100 000 Einwohnern. 1918 zählte Bochum
140 928 Einwohner, davon 46,5 % evangelische und 51,9 % katholische. Die
kleine Landstadt hatte schon im 18. Jahrhundert als Sitz eines Landgerichts und
des Bergamts für die Grafschaft Mark einen Zugewinn an Zentralität erfahren.
In der Provinz Westfalen wurde Bochum 1817 Mittelpunkt eines Kreises, dessen Bevölkerung in den folgenden Jahrzehnten ständig wuchs. Ursache war die
Aufnahme des Bergbaus in der Umgebung der Stadt. Die Fördermengen der
Umlandzechen vervielfachten sich seit 1840 infolge der einsetzenden Mechani-
sierung. Hinzu kam 1842 eine Gussstahlfabrik, die seit 1854 als Bochumer Verein Weltruhm erlangte. Das Ausgreifen der Werksanlagen des Bochumer Vereins in das westlich der Stadt gelegene Umland war charakteristisch für den flie-
ßenden Übergang der Montanbetriebe von einer Gemeinde in die andere. Der
Landkreis Bochum war 1885 mit rund 200 000 Einwohnern einer der größten
in ganz Preußen. Ein Jahr später schied die Stadt Bochum aus dem Landkreis
aus. Dessen Gestalt veränderte sich in den folgenden Jahrzehnten immer wieder – durch Ausgliederung von Gelsenkirchen und durch Umbildung der Ämter.
Das 1899 neu gebildete Amt Bochum-Nord wurde bereits fünf Jahre später von
der Stadt Bochum vereinnahmt, deren Verhältnis zu den verbliebenen Umlandgemeinden bis zur Kommunalreform 1929 problematisch war. 1907 arbeiteten
45,8 % (= 15 709) der Bochumer Industriebeschäftigten in Berg- und Hüttenwerken, 14,8 % (= 5071) in der Metallverarbeitung.[11]

Das Bevölkerungswachstum war Folge der Massenzuwanderung, die in
Bochum vor allem durch Polen und Masuren geprägt war. 1912 lebten von ihnen
18 747 auf Bochumer Stadtgebiet, 28 512 im Landkreis, die meisten waren Bergarbeiter. Wie in Gelsenkirchen blockierte der hohe Anteil von Polen und Masuren die Entwicklung der Freien Gewerkschaften und der SPD. Bochum wurde
das Zentrum der Ruhrpolen mit zahlreichen Vereinen und Verbänden und ihrer

10   David Crew, Bochum. Sozialgeschichte einer Industriestadt 1860–1915, Frankfurt a. M.
      1980; Peter Friedemann/Gustav Seebold (Hg.), Struktureller Wandel und kulturelles
      Leben. Politische Kultur in Bochum 1860–1990, Essen 1992; Jürgen Mittag/Ingrid Wölk
      (Hg.), Bochum und das Ruhrgebiet. Großstadtbildung im 20. Jahrhundert, Essen 2005.
11   Crew, Bochum (wie Fn. 10), S. 23.

1912 gegründeten Berufsvereinigung ZZP. Der Streik von 1905, der in Bochum begann, ließ die Mitgliederzahl des freigewerkschaftlichen Alten Verbandes steigen. Sie lag 1908 doppelt so hoch wie die der zentrumsnahen Christlichen Gewerkschaften. Dennoch verlor Otto Hue als Vertreter der SPD den Reichstagswahlkreis Bochum-Gelsenkirchen, weil sich das Zentrum und die Nationalliberalen gegen ihn verbündet hatten. Als Sitz der Ruhrknappschaft seit 1890 und des Alten Verbandes der Bergarbeiter war Bochum zu Beginn des 20. Jahrhunderts Verwaltungszentrum für den Bergbau im Ruhrgebiet.

3. Die Zeitungslandschaft der betrachteten Ruhrgebietsstädte und der Forschungsstand

Da die Hauptquelle für die folgende Darstellung die Zeitungen der drei Städte sein werden, sollen sie kurz vorgestellt werden.[12] Unter den behandelten Städten besaß Dortmund 1918/19 die reichste Zeitungsszene. Mit dem „Generalanzeiger für Dortmund und die Provinz Westfalen" (künftig: GA DO) erschien hier die auflagenstärkste Tageszeitung Westfalens. Nach eigenen Aussagen betrug 1914 die tägliche Auflage 155 000 Exemplare. Die 1889 gegründete Zeitung erschien im Verlag C. L. Krüger und war linksliberal ausgerichtet. Chefredakteur Karl Richter genoss in Dortmund einen legendären Ruf. Die Zeitung „Tremonia" (Tr DO) erschien täglich seit 1876 im Verlag Gebr. Lensing und richtete sich an die katholische Leserschaft in Dortmund und dem angrenzenden Raum. Die Auflage wurde 1918 mit 40 000 Exemplaren pro Tag angegeben. Verleger Lambert Lensing gehörte für das Zentrum seit 1891 der Stadtverordnetenversammlung sowie seit Februar 1914 dem Reichsausschuss der Partei an. Lensing war eng mit allen führenden deutschen Zentrumspolitikern vernetzt. Die „Dortmunder Zeitung" (DO Z) ging auf das „Dortmunder Wochenblatt" von 1841 zurück und erschien ebenfalls im Verlag C. L. Krüger. Ihr Untertitel „Unabhängiges Organ für nationale Politik" deutet die Nähe zur Nationalliberalen Partei an. Im politischen Spektrum weiter links angesiedelt war das seit 1874 erscheinende „Dortmunder Tageblatt" (DO T), das ursprünglich der Fortschrittspartei zugewandt war und im Januar 1919 offizielles Parteiblatt der DDP in Westfalen wurde. Sie erschien zweimal täglich in einer Morgen- und Abendausgabe. Die jüngste Zeitungsgründung in Dortmund war die „Westfälische Allgemeine Volkszeitung" (WAVZ). Sie

---

12   Zu den Zeitungen vgl. Kurt Koszyk, Verzeichnis und Bestände westfälischer Zeitungen, Münster 1975; Gert Hagelweide, Quellenkunde zur Pressegeschichte Dortmunds und der Grafschaft Mark, München 1990.

trug diesen Namen erst seit 1917 und war aus der 1892 gegründeten „Rheinisch-Westfälischen Arbeiterzeitung" hervorgegangen. Die WAVZ war Sprachrohr des SPD-Bezirks „Westliches Westfalen", mit dem sie das Gebäude Kielstraße 5 im Dortmunder Norden teilte. Für die WAVZ und ihre Vorgängerin arbeiteten nacheinander führende SPD-Politiker des östlichen Ruhrgebiets: Konrad Haenisch (1900–1905), Ernst Mehlich (1910–1918) und Fritz Henßler (1911–1933).[13] Die Auflage blieb mit 25 000 Exemplaren bis 1918 vergleichsweise niedrig.[14]

Als SPD-Organ für die Reichstagswahlkreise Bochum/Gelsenkirchen/Witten/Herne sowie Recklinghausen/Borken trat neben die WAVZ das „Volksblatt Bochum" (VBB). In Gelsenkirchen, Herne und Recklinghausen wurden Zweigbüros unterhalten. Ursprünglich eingerichtet als Kopfblatt der „Rheinisch-Westfälischen Arbeiterzeitung", erschien das VBB seit 1902 als selbständige Zeitung. Als Verleger firmierte Friedrich Husemann, Sekretär und späterer Vorsitzender des Deutschen Bergarbeiterverbandes.[15] Der verantwortliche Redakteur Friedrich Steinkamp schaltete sich aktiv für die SPD in die Bochumer Kommunalpolitik ein. Die tägliche Auflage betrug 1914 22 000 Exemplare. Als älteste Bochumer Tageszeitung und lokaler Marktführer gilt der „Märkische Sprecher" (MS), der 1918 zugleich als „Bochumer Zeitung" erschien. Seine Wurzeln gehen in das Jahr 1829 zurück, sein Verleger Wilhelm Stumpff engagierte sich als Stadtrat und Exponent des Bürgertums in der Kommunalpolitik. Die „Westfälische Volkszeitung" (WVZ) wurde 1872 als Gegengewicht zum MS durch den katholischen Verlag Schürmann & Klagges gegründet. Von 1884 bis 1893 richtete Redakteur Johann Fusangel die WVZ aus Sicht ihrer Gegner ultramontan aus; er gehörte von 1893 bis 1907 für das Zentrum dem Reichstag an. Der „Bochumer Anzeiger" (BOAnz), gegründet 1893, nannte sich zwar im Untertitel „Generalanzeiger für Bochum und umliegende Industriebezirke", blieb aber mit seiner Auflage (13 000 täglich) weit hinter seinem Dortmunder Pendant zurück. Nicht berücksichtigt werden konnte die Zeitung der Polen im Ruhrgebiet, der in Bochum erscheinende „Wiarus Polski".

In Gelsenkirchen erschienen 1918 nur zwei Tageszeitungen; beide waren parteipolitisch eindeutig ausgerichtet. Die „Gelsenkirchener Zeitung" (GZ) wurde seit 1865 vom Verleger Christian Münstermann herausgegeben und war zentrumsnah. Die „Gelsenkirchener Allgemeine Zeitung" (GAZ) ging auf die Beilage einer bergbaulichen Wochenschrift zurück, die 1903 anlässlich der Stadterweiterung

13   Zu diesen drei Redakteuren vgl. Matthias John, Konrad Haenisch (1876–1925) – „und von Stund an ward er ein anderer", Berlin 2003; ders., Bio-statistisches Handbuch (wie Fn. 8), S. 329–332 (Mehlich), S. 275–278 (Henßler).
14   Goch, Arbeiterbewegung (wie Fn. 3), S. 120.
15   Zu Husemann vgl. John, Bio-statistisches Handbuch (wie Fn. 8), S. 285–288.

Gelsenkirchens zu einer Tageszeitung erweitert wurde. Mit dem Hauptschrift-leiter Paul Steinfurth war die GAZ nationalliberal ausgerichtet und wurde vor allem von den Protestanten in Gelsenkirchen gelesen. Ihr Verleger Dr. Carl Ber-tenburg griff wiederholt 1918/19 mit Leitartikeln selbst zur Feder. In der Revolu-tionszeit unterstützte die GAZ die DVP. Das 1919 gegründete Gelsenkirchener SPD-Organ „Volkswille" hat sich ebenso wenig erhalten wie die im gleichen Jahr dort bestehenden USPD- bzw. KPD-Blätter „Ruhr-Echo" und „Ruhrwacht".

Das Fehlen von USPD-Blättern im Meinungsspektrum der drei Ruhrge-biets-Städte im Herbst 1918 war kein Zufall. Denn nach dem Ausscheiden der Unabhängigen 1917 behielt die Mehrheits-SPD die Parteiblätter des Ruhrgebiets in ihrem Besitz. Diesen Zustand änderte die USPD im Herbst 1918 nach Auf-hebung der Zensur. Sie gründete zum 1. Dezember 1918 in Mülheim (Ruhr) die Tageszeitung „Die Freiheit" (F-MH). Als „Organ für die Interessen des werktäti-gen Volkes", so der Untertitel, wählte sie von vornherein ein weites Verbreitungs-gebiet, das neben Mülheim auch Duisburg, Oberhausen, Hamborn, Moers-Rees und Essen umfasste. Am 24. 1. 1919 eröffnete die F-MH eine Dortmunder Redaktion unter Leitung von August Winzen, einem abtrünnigen Funktionär der SPD.[16] Bis Ende März berichtete Winzen, ehe die F-MH ihr Erscheinen ein-stellen musste, ausführlich über Dortmunder Ereignisse aus einer Position, die der SPD kritisch gegenüberstand. Die Mülheimer „Freiheit" bewegte sich in die-ser Zeit auf den linken Flügel der USPD und die KPD zu.

Um das Geschehen im Ruhrgebiet 1918/19 zu untersuchen, ist punktuell die Einbeziehung der Organe der beiden Richtungsgewerkschaften im Berg-bau sinnvoll. Die „Bergarbeiter-Zeitung" (BaZ) wurde in Bochum verlegt und vom Alten Verband herausgegeben; die Auflage von 160 000 Exemplaren fand vor allem im Ruhrgebiet Verbreitung. Sie erschien ebenso am Samstag wie „Der Bergknappe", das in Essen erscheinende Organ des Gewerkvereins christlicher Bergarbeiter Deutschlands. Wegen ihrer vergleichsweise langsamen Erschei-nungsweise veröffentlichten Otto Hue und andere Vertreter des „Alten Ver-bandes" allerdings aktuelle Stellungnahmen in der Presse der SPD. Der For-schungsstand zur Geschichte der drei behandelten Städte in der Revolutions-zeit ist sehr unterschiedlich.[17] Zu Dortmund trug Inge Marßolek in dem durch

---

16 Zu Winzen vgl. John, Bio-statistisches Handbuch (wie Fn. 8), S. 402; zur Mülheimer „Frei-heit" vgl. Irmgard Steinisch, Linksradikalismus und Rätebewegung im westlichen Ruhr-gebiet. Die revolutionären Auseinandersetzungen in Mülheim an der Ruhr, in: Reinhard Rürup (Hg.), Arbeiter- und Soldatenräte im rheinisch-westfälischen Industriegebiet. Stu-dien zur Geschichte der Revolution 1918/19, Wuppertal 1975, S. 155–237, hier S. 174 f.

17 Allgemein zur Forschungsgeschichte zur Regionalgeschichte der Revolution in West-falen: Wilfried Reininghaus, Die Revolution 1918/19 in Westfalen und Lippe als

Reinhard Rürup 1975 herausgegebenen Sammelband über Arbeiter- und Soldatenräte (künftig: AuSR) im Ruhrgebiet eine Fallstudie bei.[18] Sie ist bis heute
nicht überholt. Gelsenkirchen wurde von Klaus Wisotzky und Stefan Goch 1983
bzw. 1990 eingehend untersucht.[19] Studien zur Revolutionszeit in Bochum sind
rar. Es liegen nur zwei quellennah verfasste Qualifikationsarbeiten vor.[20] In seiner Gesamtheit ist das Ruhrgebiet in den Jahren 1918/19 in jüngerer Zeit kaum
monographisch behandelt worden. Die Arbeit des Deutsch-Australiers Jürgen
Tampke wurde auch wegen der fehlenden Übersetzung aus dem Englischen nur
unzureichend rezipiert.[21] Trotz einer verdienstvollen neueren Quellensamm-
lung[22] ist vor allem wegen der vielen edierten Quellen ein Rückgriff auf das
Werk von Hans Spethmann aus dem Jahr 1928 notwendig.[23] Als Auftragsarbeit
des Zechenverbandes ist es aber in seinen Interpretationen tendenziös.

4. Oktober- und erste Novembertage 1918

Die Ernennung des badischen Thronfolgers Prinz Max zum Reichskanzler, die
Aufnahme prominenter Vertreter aus SPD und Zentrum in das Kabinett und
die sich abzeichnende Parlamentarisierung lösten im Ruhrgebiet unterschiedliche Reaktionen aus. Selbst in der sozialdemokratischen Presse war zunächst
keine einheitliche Linie zu erkennen. Das Bochumer „Volksblatt" verband unter

Forschungsproblem. Quellen und offene Fragen. Mit einer Dokumentation zu den Arbei-
ter-, Soldaten- und Bauernräten, Münster 2016, S. 15–33.

18   Inge Marßolek, Sozialdemokratie und Revolution im östlichen Ruhrgebiet. Dortmund
     unter der Herrschaft des Arbeiter- und Soldatenrates, in: Rürup (Hg.), Arbeiter- und Sol-
     datenräte (wie Fn. 16), S. 239–314.

19   Klaus Wisotzky, Gelsenkirchen in revolutionärer Zeit. Politische und soziale Unruhen
     1918–1920, in: Beiträge zur Stadtgeschichte 11 (1983), S. 143–188; Goch, Arbeiterbewe-
     gung (wie Fn. 3), S. 201–273.

20   Annemarie Lorenz, Novemberrevolution in Stadt- und Landkreis Bochum, Staatsexa-
     mensarbeit für Sekundarstufe II Bochum 1980; Robert Laube, Die Revolution 1918/19 in
     der Stadt und im Landkreis Bochum, Hausarbeit für die Erste Staatsprüfung Sekundar-
     stufe I/II, Bochum 1989 (beide Arbeiten benutzt im Stadtarchiv Bochum).

21   Jürgen Tampke, The Ruhr and the Revolution. The Revolutionary Movement in the
     Rhenish-Westphalian Industrial Region 1912–1919, Canberra 1979.

22   Werner Abelshauser/Ralf Himmelmann (Hg.), Revolution in Rheinland und Westfalen.
     Quellen zu Wirtschaft, Gesellschaft und Politik 1918–1923, Essen 1988.

23   Hans Spethmann, Zwölf Jahre Ruhrbergbau. Aus seiner Geschichte vom Kriegsanfang
     bis zum Franzosenabmarsch 1914–1925, Bd. 1: Aufstand und Ausstand bis zum zweiten
     Generalstreik April 1919, Berlin 1928.

den Überschriften „Große Umwälzung im Inneren" und „Das Gebot der Not"
die „Führung der nationalen Verteidigung" durch die Sozialdemokratie mit der
Forderung nach „dem sofortigen Übergang zur Demokratie": Die Sozialdemokratie „kann weniger als je jetzt daran denken, die Notwendigkeiten der nationalen Verteidigung zu verneinen" (VBB 1.10.18). Die WAVZ in Dortmund verschrieb sich zu diesem Zeitpunkt nicht so explizit einer Fortführung des Krieges,
veröffentlichte aber am 4.10. Friedrich Stampfers Artikel „Sozialdemokratie in
die Friedensregierung". Darin hieß es (gesperrt im Original): „Wehe dem Volk,
das seine Waffen zu früh an die Wand stellt". Es galt offenbar eher die Beteiligung der SPD an der Regierung zu feiern, als die Folgen eines verlorenen Krieges zu bedenken. Als neuer Leitbegriff tauchte jetzt „die Volksregierung" auf
(WAVZ 7.10./WBB 10.10.18). Die Losung für die aktuellen Aufgaben gab der
SPD-Bezirk Westliches Westfalen vor. Mit der „großen geistigen Umwälzung
[...] und der großen politischen Umwälzung in Deutschland und der Änderung
der bisherigen Regierungsweise" sei „eine neue Zeit [...] verheißungsvoll ange-
brochen". Sie „verlangt ein starkes Geschlecht, das weiß, was die Stunde gebietet
und bereit ist, für seine Sache einzustehen". „Dringlichstes Erfordernis" sei „der
Zusammenschluß der Volksmassen" unter dem „Banner der Sozialdemokratie"
(WAVZ 9.10.18).

Freilich war die SPD und ihre Presse nicht blind gegenüber den Folgen aus
der sich militärisch abzeichnenden Niederlage. Redakteur Steinkamp bemerkte
in seinem Kommentar „Das Werden des Weltfriedens", im Westen und Osten
drohe der Verlust von Territorien (VBB 16.10.18). Noch zwei Wochen später erklärte sich seine Zeitung unter der Überschrift „Deutschland hat ewig
Bestand" für den Verbleib von Elsass-Lothringen beim Reich (VBB 1.11.18).
Der Wunsch nach Frieden in der Bevölkerung konnte jedoch nicht länger über-
gangen, sondern musste respektiert werden, denn – so der SPD-Vorstand – „der
Wille des Volkes" sei „oberstes Gebot" (VBB 19.10.18). Das Volk wollte Frieden und demonstrierte dies auf Massenkundgebungen in Dortmund, Bochum
und Herne an zwei aufeinanderfolgenden Sonntagen, am 20. und 27. Oktober
(VBB 26./28.10.18). An der Dortmunder Kundgebung am Fredenbaum nahmen
20 000 Menschen teil. „Frieden und Freiheit" war das Leitthema der von der SPD
organisierten Veranstaltungen.

Max König, Hauptredner am Fredenbaum am 20. Oktober, sollte wenige
Tage später zum besoldeten Stadtrat von Dortmund gewählt werden (WAVZ
29.10.18).[24] Die Stimmenthaltung von drei Vierteln der Stadtverordneten bei

---

24 Zu Max König vgl. John, Arbeiterbewegung (wie Fn. 8), S. 306–310.

seiner Wahl drückte zwar Skepsis des bürgerlichen Lagers gegen die Sozialdemokratie aus. Dennoch empfand die WAVZ Genugtuung über die Wahl, weil damit die „Demokratisierung auf kommunaler Ebene eingeleitet" sei. Sie hielt jedoch nur einen Stadtrat für „nicht der Stärke der Partei angemessen". Dortmund war aber damit immerhin Bochum einen Schritt voraus. Hier löste die Wahl Königs Verbitterung aus, denn „das nationalliberale Großkapital, welches das Bochumer Rathaus in seiner Gewalt hat, hintertreibt jeglichen Ausgleich mit der Sozialdemokratie" (VBB 29.10.18). Redakteur Steinkamp zog daraus den Schluss: „In Bochum muß uns erst der Kampf bringen, was höhere Einsicht und Vernunft nicht vermocht haben wie in anderen Städten". Der klassenkämpferische Ton seines Kommentars klang in dieser Zeit mehrfach durch. So kam es in Dortmund wegen der Proteste der SPD gegen die „Vaterländischen Kundgebungen" des bürgerlichen Lagers zu einem Schlagabtausch mit drastischen Worten. Die WAVZ prangerte das „brutale Zechenkapital" an, „mit dem die Stunde der Abrechnung noch einmal schlägt" (WAVZ 14.10.18). Hintergrund waren die Maßregelung von Genossen durch Bergwerksdirektoren und die Misshandlungen von Bergleuten durch Beamte auf Zeche Oespel (WAVZ 26.10.18). Die SPD verband dies mit der Frage nach den Schuldigen für den Weltkrieg: „In den Krieg haben unsere [innenpolitischen, W.R.] Gegner das Volk hineingeführt, es wieder hinauszuführen, das kriegen sie nicht fertig" (WAVZ 10.10.18). Unter dem Titel „Hauptschuldige!" wurden die Alldeutschen und die Schwerindustrie angeklagt, von denen „das deutsche Volk Rechenschaft verlangen" müsse (WAVZ 16.10.18).

Wenn das VBB den Bund der Landwirte bzw. die Alldeutschen und die USPD auf eine Stufe stellte als „Gegner der neuen Regierung", die die Friedenarbeit hintertreibe (VBB 8./26.10.18), zeigt dies, dass die SPD im Oktober gegen rechts *und* links Position bezog. Fast jeden Tag erschienen in der SPD-Presse des Ruhrgebiets Warnungen vor der USPD und ihren „Umtrieben". Sie folgte damit dem Berliner Parteivorstand, der als Störenfried „auf dem Weg vom Obrigkeitsstaat zum Volksstaat" auch die USPD ausgemacht hatte: „Alle putschistischen Treibereien durchkreuzen diesen Weg, dienen der Gegenrevolution" (VBB 19.10.18). Bergarbeiterführer Otto Hue legte in mehreren Reden und Aufsätzen nach. Am 30 10. warf er in einem grundlegenden Artikel im VBB die Frage „Demokratie oder Anarchie?" auf. Er beschwor „die politischen und gewerkschaftlichen Kerntruppen der Arbeiterschaft, dafür zu sorgen, daß kein anarchistischer Durchbruch ihrer Reihen geschieht". Noch hoffte Hue, die USPD für „die opferwillige demokratische Selbstzucht" zu gewinnen, die „vor einem anarchistischen Durcheinander" behütet. Ob sich die SPD ernsthaft mit der USPD auf lokaler Ebene arrangieren wollte, darf aber bezweifelt werden, wie die Episode um die

Volksversammlung der USPD am Fredenbaum am 27. Oktober zeigt. Geworben wurde für diese Veranstaltung nur im linksliberalen Generalanzeiger (GA DO 25. 10. 18). Dieser äußerte sich zu jener Zeit positiv über die USPD und lobte eine „große Rede" von Haase (24. 10. 18); auch berichtete er im Nachgang über die Volksversammlung (28. 10. 18). Erdmann (USPD) sprach dort über die „Demokratisierung Deutschlands". Unter der Überschrift „Putschisten an die Arbeit" warf die WAVZ (29. 10. 18) der USPD vor, „Hochverrat am Volk" zu begehen, indem sie eine Auflösung des Heeres wie in Russland nur als erstes Stadium der sozialen Revolution sehe. Deswegen wurde im Nachgang der Generalanzeiger als „großkapitalistisches Blatt" getadelt, zugleich die USPD als anarchistisch abgestempelt. Der Bericht „Hoch Wilson" des „Bochumer Anzeiger" prangerte hingegen Erdmanns Begründung für die eingeleiteten Reformen an; das gleiche Wahlrecht und andere Reformen seien nur dem amerikanischen Präsidenten Wilson zu verdanken (31. 10. 18). Nicht nur die russische Revolution, sondern auch die friedliche Revolution in Österreich instrumentalisierte die SPD-Presse gegen die USPD. Das Bochumer „Volksblatt" prognostizierte eine Wandlung der USPD zum Bolschewismus und meinte voraussehen zu können: „Blutige Revolution und gewaltsamer Umsturz bewirken auf der Gegenseite die Gegengewalt und es fließt unnützes Blut, vielleicht das Blut der Besten" (26. 10. 18).

Wie reagierten die nicht-sozialdemokratischen Zeitungen auf die politischen Veränderungen vor dem 9. November? Die Zeitungen der Zentrumspartei changierten zwischen verhaltener Aufbruchsstimmung einerseits und Festhalten am monarchischen System andererseits. Für die erste Spielart steht die WVZ in Bochum, die am 7. 10. ihren Aufmacher „Am Meilenstein der neuen Zeit" überschrieb. Gegenüber der SPD-Presse ist eine Verspätung um fast eine Woche festzuhalten, wenngleich sich im Laufe des Oktobers eine positive Wertung des Wandels durchsetzte. Die Regierungsbeteiligung des Zentrums und das neue Wahlrecht wurden unter das Motto „Deutscher Volksstaat und die neue Zeit" gestellt – so in einer Rede des Essener Abgeordneten Giesberts in Wanne am 14. Oktober (GZ 15. 10. 18). Die Schlüsselbegriffe waren jetzt beinahe die gleichen wie bei der SPD. So stand eine Bochumer Veranstaltung des Zentrums am 2. November unter dem Motto „Friede, Freiheit, Vaterland" (WVZ 4. 11. 18). Lediglich das Stichwort „Vaterland" kam in den Schlagworten der SPD nicht vor. Beim Zentrum hatte diese Heraufbeschwörung des Patriotismus spezifische Gründe. Die Zentrumspresse wollte nämlich nicht vom Kaiser lassen. Aussagekräftig ist der Artikel in der „Tremonia" am 19. 10.: „Die Wahl zwischen dem Kaiser und dem Frieden". Darin hieß es: „Dem deutschen Fühlen entspricht – von seinen Uranfängen an – ein Volkskönigtum". Und noch am 6. November verteidigte die „Tremonia" den Kaiser und fragte suggestiv „Warum soll der Kaiser abdanken?" Ähnlich lehnte die „Gelsenkirchener Zeitung" am 1. November den von der SPD und dem Freisinn geforderten Rückzug des Kaisers ab (1. 11. 18).

Hinsichtlich des Festhaltens am Kaiser schoss ausgerechnet der Christliche Gewerkverein der Bergarbeiter den Vogel ab. In seiner Wochenschrift „Der Bergknappe" plädierte er noch am 9. November „Für Kaiser und Monarchie".[25] Diese Haltung ist kaum verständlich, würdigte doch gerade der Arbeitnehmerflügel des Zentrums um Adam Stegerwald das neue Wahlsystem (WVZ 4. 11. 18).[26] Hatte die Zentrumspresse Angst vor einer „demokratischen Lawine"? Unter diese Überschrift stellte die „Gelsenkirchener Zeitung" den Bericht über eine SPD-Veranstaltung in Essen (12. 10. 18), auf der Otto Hue über „Demokratisierung" einschließlich seiner Auswirkungen auf das Gemeindewahlrecht gesprochen hatte (WAVZ 16. 10. 18). Das Zentrum griff dagegen erleichtert seine Gedanken über Toleranz auf. Hue wurde wie folgt zitiert: „Wir denken nicht daran, eine neue Klassenherrschaft aufzurichten oder die demokratischen Grundsätze zu verleugnen".

Das Festhalten am Kaiser war den Zeitungen des Zentrums und des bürgerlichen Lagers gemeinsam. Sie registrierten „nüchtern", „ernst" und „mit Sorge" den politischen Wandel im Oktober (MS 1. 10. 18: Kanzlerwechsel). Erhebliche Skepsis gegenüber der Beteiligung der SPD an der Regierungsverantwortung war verbreitet, wenngleich der „Bochumer Anzeiger" zum Ende des Monats auf die Linie der von der SPD veranstalteten Volksversammlungen einschwenkte (28. 10. 18). Das den Nationalliberalen nahestehende Blatt zitierte zustimmend Reden von König und Steinkamp und riet, „das Vertrauen zur Regierung zu stärken, den Mut zu beleben und die Bevölkerung vor Unbesonnenheit zu warnen". Es riet von einem „Frieden um jeden Preis" ab und griff Königs befriedenden Gedanken auf: „Wer sich einfügt in die Neuordnung, der braucht nicht gestürzt zu werden". Abschreckend wirkten Russland und Bulgarien. Auch beim „Gelsenkirchener Anzeiger" zeigte sich im Laufe des Oktobers ein Lernprozess: Huldigte er noch am 9. 10. allen Abgeordneten, die im Preußischen Landtag gegen das gleiche Wahlrecht gestimmt hatten, so war dort unter „Kaiser und Demokratie" am 1. November mit Berufung auf den Kaiser zu lesen, „daß die Demokratisierung Deutschlands keine vorübergehende Laune sein kann", sondern eine „wirkliche Umschichtung des Staatsgedankens und eine Erneuerung vom Scheitel bis zur Sohle ist".

---

25 Zu diesem Artikel vgl. Michael Schäfer, Heinrich Imbusch. Christlicher Gewerkschaftsführer und Widerstandskämpfer, München 1990, S. 92 f.

26 Zu seiner Haltung Adam Forster, Adam Stegerwald (1874–1945). Christlich-nationaler Gewerkschafter, Zentrumspolitiker, Mitbegründer der Unionsparteien, Düsseldorf 2003, S. 201–220.

Vor allem die SPD-Presse im Ruhrgebiet griff im Oktober die Verhandlungen zwischen den Bergbaugewerkschaften und dem Zechenverband auf. Das Essener Gespräch vom 18. Oktober fand bereits tags darauf im Bochumer „Volksblatt" Erwähnung, wobei die Überschrift „Verständigung zwischen Zechenverband und Bergarbeiterverband" euphemistisch war, denn „das Ergebnis der ersten Kollektivverhandlungen im Ruhrbergbau" war für die Gewerkschaftsseite „eher dürftig".[27] Aber allein die Tatsache, dass nunmehr die lange angestrebten Verhandlungen aufgenommen worden waren, durften die Gewerkschaften als Erfolg werten. So stellten VBB und WAVZ wie „Der Bergarbeiter" die ausführlichen Berichte über das Essener Gespräch am 22., 24. bzw. 26. 10. unter die Überschrift „Ein bedeutungsvoller Tag für die Bergarbeiter".

5. Berichte zu den Novemberereignissen 1918 und deren Kommentierung

5.1 Die Woche vor dem 9. November

Am ersten Novembersonntag (3. 11.) veranstalteten alle Parteirichtungen im Ruhrgebiet stark besuchte Volksversammlungen. Am ausführlichsten analysierte das Bochumer „Volksblatt" die Veranstaltungen seines Verbreitungsgebiets in einem Sammelbericht „Volkskundgebungen" (4. 11. 18). Es stellte dabei die Erfolge für SPD und Gewerkschaften heraus, die neue Mitglieder gewonnen hatten. Die Berichterstattung über Veranstaltungen anderer Parteien zeigte nicht nur Kritik, sondern partielle Übereinstimmung. In Herne habe sich erheblicher Widerstand erhoben, als der christliche Gewerkschaftsführer Imbusch „begann, für die Monarchie Propaganda zu machen". Freilich kritisierten in Recklinghausen die Zentrumspolitiker Stegerwald und Gilsing, Bochumer Stadtverordnete, den „rückwärtsgerichteten Standpunkt" des Bochumer Magistrats, was das „Volksblatt" aufmerksam registrierte. Für die USPD hätte Karl Dittmann in Herne sprechen sollen, an seiner Stelle referierte Erdmann mit gemäßigten Tönen: „Viele Zuhörer waren im Zweifel, ob es sich um eine unabhängige oder sozialdemokratische Versammlung handele". Der Auftritt in Herne war der

---

27 Manfred Dörnemann, Die Politik des Verbandes der Bergarbeiter Deutschlands von der Novemberrevolution 1918 bis zum Osterputsch 1921 unter besonderer Berücksichtigung der Verhältnisse im rheinisch-westfälischen Industriegebiet, Diss. phil. Würzburg 1965, Bochum 1966, S. 20 f.; Rudolf Tschirbs, Tarifpolitik im Ruhrbergbau 1918–1933, Berlin 1986, S. 41.

letzte Erdmanns im Ruhrgebiet. Er ging nach Düsseldorf, wo er bei der Bildung des AuSR eine führende Rolle spielen sollte.[28]

Im ganzen Ruhrgebiet fand eine Veranstaltung in Gladbeck Beachtung.[29] Eingeladen hatten zum Thema „Frieden, Demokratisierung und Kaiserfrage" SPD, Zentrum und Vaterlandspartei, je drei Gewerkschaften und Frauenverbände sowie weitere Verbände. Hauptredner zur „Schicksalsstunde des deutschen Volkes" waren der Zentrumsabgeordnete Wildermann (Recklinghausen) und der Redakteur der WAVZ Mehlich aus Dortmund. Die Veranstaltung endete mit einer Entschließung zum „baldigen Frieden". Den Grundton der Kundgebungen am ersten Novembersonntag kommentierte die WVZ: „Begeisterungspolitik ist jetzt verfehlter wie [!] früher" (5. 11. 18). Es machte sich „Sehnsucht nach Erlösung vom Übel des Krieges" (GZ 4. 11. 18) breit.

Im Kontrast dazu stand der verhaltene Optimismus, den das Bochumer „Volksblatt" in diesen Tagen verbreitete. Ausgelöst durch die Neueintritte in die SPD und die neuen Abonnenten für das Blatt, vor allem durch die Anerkennung als Regierungspartei nach jahrzehntelanger Ächtung, entwarf es ein Programm für „Die Anhängerschaft der Sozialdemokratie" (6. 11. 18). Es verriet Weitsicht und Augenmaß und verkannte die gewaltigen Dimensionen der Aufgaben nicht: „Die Neuordnung, die durch die Initiative unserer Partei gegenwärtig durchgeführt wird, kann natürlich kein Werk einer Woche oder eines Monats sein. Bis sich alle Neuordnungen im Volke verankern und verfestigen, wird noch lange Zeit vorübergehen". Erforderlich sei, „daß die Demokratisierung auf der ganzen Linie" erfolge. „Bis zu den „Stadt- und Gemeindebehörden muß frisches demokratisches Blut hinein" kommen. Für die Sozialdemokratie bedeute dies aber, „nicht ängstlich [zu] sein, sondern mutig seine Sache [zu] vertreten". Illusionen machte sich der Redakteur des „Volksblatts" nicht: „Unsere Leser werden schon begriffen haben, wie ungeheuer schwer es ist, das reaktionäre Deutschland umzugestalten". Die USPD („die überradikalen Sozialisten") sah man für diese Aufgabe als nicht geeignet an: „Das deutsche Volk wird nach diesen entsetzlichen Kriegsleiden sich wirklich nicht mehr den Luxus gestatten können, im

---

28 Stephan Lipski, Der Arbeiter- und Soldatenrat in Düsseldorf, Diss. Düsseldorf 1978, S. 24 u. 36 f.; Mary Nolan, Social Democracy and society. Working-class radicalism in Düsseldorf 1890–1920, Cambridge 1981, S. 273 u. 278; Detlef Lehnert, Rätealltag und Regionalismus in der deutschen Revolution 1918/19, in: Jahrbuch Arbeiterbewegung 1982: Selbstverwaltung und Arbeiterbewegung, Frankfurt a. M. 1982, S. 73–109, hier S. 80 f.

29 Reininghaus, Revolution (wie Fn. 17), S. 38 f. Der ausführlichste Bericht über die Veranstaltung ist in der „Gladbecker Zeitung" am 5. 11. 1918 zu finden, ferner VBB 4. 11. 18, GZ 5. 11. 18.

Inneren einen verzehrenden und zerstörenden revolutionären Krieg zu führen, von dem man nicht weiß, zu wessen Gunsten er ausgeht". Dies bedeutete – drei Tage vor dem 9. November – eine indirekte Absage an die Revolution. Zur erneuten Kampfansage an die USPD trat die Bolschewistenfurcht hinzu, die in der SPD- wie in der bürgerlichen Presse geschürt wurde. Entsprechend groß machten sie unisono am 6. und 8. November mit der Schlagzeile „Der Bolschewismus – ein Feind des Friedens" auf und sahen die russische Botschaft als „Revolutionszentrale" entlarvt.[30]

Das Selbstvertrauen, das die Ruhrgebiets-SPD in den Tagen vor dem 9. November zeigte, drückte sich in einer Sitzung des Gelsenkirchener Kriegsausschusses für Konsumenteninteressen am 31. Oktober aus. Dem Vortrag von Bürgermeister von Wedelstaedt begegnete Heinrich Bendler (SPD) mit einer Kritik von dessen pessimistischer Weltsicht. „Der organisierten Arbeiterschaft" sei „bewußt, daß ihr Wohlergehen mit dem Wohlergehen der Industrie" zusammenhänge (GAZ 5. 11. 18: Kriegswirtschaft und Friede). Offenbar bestand bei der SPD Zuversicht, den gewaltigen Herausforderungen durch die Demobilmachung, die Bekämpfung von Hunger und Krankheit in einer konzertierten Aktion mit den Unternehmern begegnen zu können. Die Zuversicht schöpfte sich aus den aktuellen Gesprächen mit den Arbeitgebern, nicht nur im Bergbau, sondern auch in der Stahlindustrie. Freilich hatte es schon im Oktober nicht an katastrophalen Meldungen über die grassierende Grippe, über Ruhr und Typhus gefehlt. Wegen der Lebensmittelknappheit machten die in Bochum aufgedeckten Mehlschiebereien Furore in der Presse. Hinzu kam jetzt die Notwendigkeit, das Millionen-Heer aufzulösen und seine Mitglieder in die Zivilberufe zurückzuführen.

Ausführlich ging darauf im Bochumer „Volksblatt" am 9. November der Gastbeitrag „Kriegsende und Gewerkschaften" von Paul Barthel ein. Der Autor sah Arbeitslosigkeit als Folge der Demobilisierung voraus und versprach: „Zu ihrer Eindämmung und Abwehr werden die Gewerkschaften sowohl im Rahmen der Arbeitsgemeinschaften mit den Unternehmern als auch durch eigenes Wirken alle erforderlichen Maßnahmen schnellstens treffen müssen". Hierzu gehörte die Sicherung der Rohstoffbeschaffung (sprich: der Kohle) als auch die Abwehr aller Gewaltmaßnahmen. „Die Sozialisierung der Gesellschaft" wurde als Ziel nicht aufgegeben, sie dürfe aber nicht wie in Russland verlaufen. Die Zustände

---

30　Vgl. Detlef Lehnert, Propaganda des Bürgerkriegs? Politische Feindbilder in der Novemberrevolution als mentale Destabilisierung der Weimarer Demokratie, in: Ders./Klaus Megerle (Hg.), Politische Teilkulturen zwischen Integration und Polarisierung. Zur politischen Kultur in der Weimarer Republik, Opladen 1990, S. 61–101, hier S. 86–89 zum Antibolschewismus.

dort seien für die Gewerkschaften „eine Warnung". „Die Bergarbeiter-Zeitung"
beschwor am gleichen Tag und am gleichen Ort (Bochum) unter der Überschrift
„Heran an die Organisationslosen" die vollständige Mobilisierung der Arbeiterschaft durch die Gewerkschaften, weil nur so den Schwerindustriellen in Rheinland und Westfalen angemessen zu begegnen sei. „Der Übergang von der Kriegs-
zur Friedenswirtschaft [...] wird zu einem Umbildungsprozeß, der durch seine
komplizierten Gestaltungen noch viel mehr der Gewerkschaften bedarf. Selbst
die Herrenmenschen in der Industrie werden lernen müssen, sich diesen Notwendigkeiten anzupassen" (BaZ 9. 11. 18).

   Die Schlagzeilen auf der ersten Seite beherrschten in der Ruhrgebietspresse
an den Tagen unmittelbar vor dem Revolutionswochenende die Nachrichten über
den bevorstehenden Waffenstillstand und die Friedenbedingungen der Entente.
Die Kieler Matrosenrevolte fand zunächst in allen Zeitungen nur auf den hinteren
Seiten Platz. Als erste Zeitung im östlichen Ruhrgebiet erwähnte die WAVZ am
5. 11. „Unruhen in Kiel". Je weiter die Unruhen um sich griffen, Hamburg und Bremen erreichten, umso ausführlicher wurden die Meldungen und Berichte, zusammengefasst am 8. November als „Unruhen im Reiche" (DO T 8. 11. 18). Zeitgleich
erklangen die Aufrufe zu „Ruhe und Besonnenheit" (WVZ 8. 11. 18). Eine Zeitung
mit Abendausgabe wie die „Dortmunder Zeitung" konnte noch am 8. November
die Ausrufung der Republik in Bayern und die Unruhen in Köln melden.

5.2 Vom 8. bis zum 10. November 1918

Die meisten Zeitungen im östlichen Ruhrgebiet konnten am 9. November noch
nicht das volle Ausmaß der politischen Wende auf Reichsebene ermessen. Sie
reagierten auf die vorliegenden Meldungen sehr unterschiedlich, sprachen zwar
von einer „Zeitenwende" (WVZ), von der „Gärung im Reich" (BOAnz) und vom
„Ende des Militarismus", weil der Kaiser gestürzt sei (VBB). Der Dortmunder
Generalanzeiger machte „die Revolution in Braunschweig" bekannt und überschrieb den Hauptaufmacher mit „Stürmische Vorfriedenstage". Auch die „Dortmunder Zeitung" stellte die Thronentsagung an diesem Tage in den Vordergrund. In Gelsenkirchen fasste die zentrumsnahe Zeitung (GZ) relativ nüchtern
die Meldungen über „Die innere Bewegung in Deutschland" zusammen, während die andere, aus ihrer nationalliberalen Position, apokalyptisch klingende
Überschriften wählte: „Die Sturmflut!" und „Das Alte stürzt" (GAZ 9. 11. 18).
Nur zwei Dortmunder Zeitungen verwendeten bereits an diesem Tage das
Wort „Revolution" und bezogen es auch auf ihre Stadt: das „Dortmunder Tageblatt" und die WAVZ. Das Dortmunder SPD-Blatt setzte über den Aufmacher
„Die Revolution in Deutschland" einen Aufruf „An das freie Volk!" Zugleich

bewältigte der Artikel einen Spagat: „Die Revolution geht im Sturmschritt durch Deutschland" und sicherte die Bereitschaft der SPD zu, „wie immer zur Sache des Volkes zu stehen [...] und der Bewegung einen siegreichen Abschluß zu sichern". Gleichzeitig beschwor die Dortmunder SPD die Arbeiterschaft: „Sorgt selbst für Ruhe und Ordnung", andernfalls drohe „Anarchie", „Hungersnot" und „Elend". Es dürfe kein Blut fließen: „Haltet rein das Banner der Revolution!" Der Aufmacher der WAVZ fasste unterschiedliche Nachrichten zusammen: das Warten auf die Abdankung des Kaisers, die Ausrufung der Republik in Bayern und einen Bericht über die Gründung des AuSR in Dortmund am Vortag.

Die Verbindungen zu Berlin waren zeitweise abgeschnitten, deshalb herrschte am 9. November ein Informationschaos. Das „Dortmunder Tageblatt" wusste in seiner Abendausgabe an diesem Tag noch keine „zuverlässigen Nachrichten" zu berichten und erging sich in allgemeinen Ratschlägen in Richtung der sich bildenden AuSR in Deutschland. Auch die beiden einzigen am Sonntag erscheinenden Zeitungen, die „Dortmunder Zeitung" und die „Tremonia", konnten den Nachrichtenmangel nicht beseitigen. Erst zu Beginn der neuen Woche ließ sich von Dortmund, Bochum und Gelsenkirchen aus die Lage zu Hause und im Reich völlig übersehen. Jetzt gab es Gelegenheit, die unvollkommene Berichterstattung zu vervollständigen. Der „Bochumer Anzeiger" bat deshalb an diesem 11. November seine Leser um Verständnis dafür, dass „die heutige Roman-Fortsetzung [...] infolge des durch die Tagesereignisse bedingten starken Stoffandrangs ausnahmsweise zurückgestellt werden" müsse.

Die zwischen dem 9. und 12. November veröffentlichten Zeitungsberichte und Akten gestatten nicht, das lokale Revolutionsgeschehen widerspruchsfrei zu rekonstruieren. Für Dortmund fasste das „Tageblatt" zusammen, hier habe „sich der Umschwung in aller Ruhe vollzogen" (DO T 9. 11. 18). Diese beschwichtigenden Worte in der bürgerlichen Presse zielten auf „die ängstlichen Personen", die Unruhen befürchteten, die aber ausgeblieben waren. Das „Dortmunder Tageblatt" hoffte, dass es bei der „unblutige[n] Revolution" bleibe und würdigte „die Leiter der revolutionären Bewegung", die „wie anderwärts so auch hier den größten Wert darauf legen, daß sich alles glatt abwickelt". Schon zu diesem Zeitpunkt meinte das Blatt, die Entwicklung in Dortmund unterscheide sich positiv von den Regierungs-, Garnisons- und Kriegshafenstädten. Am 8. November wurden zwar Matrosen mit roten Abzeichen in der Stadt gesichtet, und es kam zur Ansammlung von Menschen. Am Vormittag hatte die SPD-Führung mit dem Magistrat die Lage beraten, „um die zu erwartende Bewegung in aller Ordnung sich vollziehen zu lassen". Dann aber zeigte sich nachmittags, „wie auch hier die Luft mit revolutionärer Energie geladen war" (WAVZ 9. 11. 18). Im Gewerkschaftshaus konstituierte sich ein Soldatenrat, den die SPD später als „wild" deklarierte

(WAVZ 11. 11. 18). Er ließ den Hauptbahnhof besetzen, beschlagnahmte Waffen, befreite Gefangene und setzte die SPD unter Zugzwang. Sie nahm Kontakt zur Dortmunder USPD auf und verständigte sich mit ihr und dem Soldatenrat über ein gemeinsames Vorgehen. Gegen Mitternacht war die Verständigung über die Bildung eines AuSR erfolgt, der am nächsten Tag die vollziehende Gewalt in der Stadt übernahm. Am Morgen des 9. November schien die Lage außer Kontrolle zu geraten, als eine große Menschenmenge auf dem Schlachthof die Fleischvorräte plündern wollte. Zu Plünderungen kam es jedoch nicht (Tr DO 11. 11. 18). Die Lage beruhigte sich durch das Arrangement zwischen Oberstleutnant v. Besser und dem Vorsitzenden des AuSR Mehlich.

Am 10. November stellte der AuSR sein Programm auf einem Flugblatt vor (WAVZ 11. 11. 18). Es machte *erstens* die Zusammensetzung des Rats bekannt, der offenbar auf Absprachen zwischen SPD und USPD beruhte. Er umfasste aus den Stadt- und Landkreisen Dortmund und Hörde die Vorstände der Wahlkreisvereine und der lokalen Gliederungen beider Parteien, die SPD-Stadtverordneten in Dortmund, die Gewerkschaftsführer in Dortmund, Vertreter der lokalen AuSR, der Werksausschüsse und den Soldatenrat. Die Vollzugsgewalt übernahm ein 15-köpfiger Vorstand. Die führenden vier Vorstandsmitglieder Mehlich, Schröder, Klupsch und Bartels kamen alle aus der SPD.[31] *Zweitens* wurden die politischen Ziele formuliert: Der Rat „erstrebt die politische und soziale Umwälzung im Sinne der Demokratie und des Sozialismus". *Drittens* beanspruchte er die militärische Gewalt, die Sicherung der Lebensmittelversorgung, die Kontrolle der Industriebetriebe, Banken und des Verkehrs durch Arbeiter- und Angestelltenausschüsse und verkündete die Achtstundenschicht. Auf der Volksversammlung am Fredenbaum kamen aus Dortmund und Umgebung mehr als 30 000 Menschen zusammen. Von vier Podesten aus sprachen Redner von SPD und USPD sowie Soldaten. Am Montag (11. 11. 18) begann die Alltagsarbeit des AuSR in neun Ausschüssen, von denen der Arbeitsausschuss mit Mehlich an der Spitze im Rathaus saß. Max König, der dem AuSR nicht angehörte, stand dem Ernährungsausschuss vor, Robert Umbreit, Geschäftsführer der WAVZ, dem Aufklärungsausschuss. Die USPD blieb vom Vorsitz in einem Ausschuss ausgeschlossen.[32] Die Nichtbeteiligung der christlichen Gewerkschaften im AuSR bemerkte die „Tremonia" fast süffisant (Tr DO 11. 11. 18).

---

31 Durch Abgleich zwischen John, Bio-statistisches Handbuch (wie Fn. 8) und WAVZ 11. 11. 18 sind als USPD-Mitglieder Berg, Bormann, Börsch, Brülling, Kupferschmied, Naserke, Rat, Soltau und Weiler zu ermitteln.

32 Zu den Ausschüssen vgl. Marßolek, Sozialdemokratie (wie Fn. 18), S. 252 f.; Stadtarchiv Dortmund Best. 3 Nr. 1888, fol. 38 f.

In Bochum verkündete am 7. November ein Soldat nach einer Theatervor-stellung die Parole „Freiheit und Brüderlichkeit" und rief zu einem Straßenum-zug auf, zu dem weitere Soldaten stießen. Der Umzug führte zum Bahnhof und zum Bochumer Verein; auf dem Rückweg in die Stadt kam es zu Plünderungen. Am folgenden Tag waren zahlreiche Matrosen unterwegs (WVZ 11. 11. 18). Die Stadtverordnetensitzung, die sich mit der Mehlschieberei beschäftigte, wurde am Nachmittag nicht durch Demonstrationen gestört. Erst abends, nach 20.30 Uhr, organisierten aus Köln zugereiste Soldaten Waffen und befreiten Kriegsgefan-gene auf Zeche Präsident und beim Bochumer Verein sowie im Zentralgefäng-nis. Redakteur Steinkamp und Gewerkschaftssekretär Husemann begleiteten den Zug und „bewirkten, daß alles in Ordnung verlief", konnten aber spätere Plünderungen nicht verhindern (VBB 9. 11. 18). Am 9. November konstituierte sich ein AuSR, in dem die SPD und die freien Gewerkschaften mit Steinkamp und Husemann an der Spitze die Mehrheit und die christlichen Gewerkschaf-ten, darunter der prominente Arbeitersekretär Anton Gilsing (Zentrum), eine Minderheit stellten.[33]

Steinkamp und Husemann präsentierten sich auf einer Volksversammlung mit 12 000 Teilnehmern an der Castroper Straße am 10. November als führende Kräfte im AuSR (VBB 11. 11. 18). Steinkamp stellte einen inneren Zusammen-hang her zwischen der Weigerung des Kaisers, freiwillig zurückzutreten, und den revolutionären Umwälzungen. Man wolle aber „in Ruhe und Frieden […] in neue Zustände" hinüberleiten, „wir wollen nicht alles umstürzen". Wegen der gewaltigen Herausforderungen sollte die Stadtverwaltung im Amt bleiben, aber unter die Aufsicht des AuSR gestellt werden. Als zweiter Redner, der im VBB nur kurz zitiert wurde, mahnte der christliche Gewerkschafter Metzinger, „die Ord-nung aufrecht zu erhalten" und „die freie Meinung zu achten". Am 11. 11. veröf-fentlichte im „Volksblatt" der Alte Verband durch Georg Wißmann einen Auf-ruf „An die Bergarbeiter!", der die jüngste politische Entwicklung im Reich und im Ruhrgebiet mit dem Appell verknüpfte, die Kohleförderung aufrechtzuerhal-ten.[34] In Wißmanns Aufruf finden sich zwei Behauptungen, die in den folgenden Wochen und Monaten den Wirklichkeitstest nicht bestanden: SPD und USPD

---

33   Über die Zeitungen ist die Konstituierung des Bochumer AuSR nicht zu fassen; auch die Literatur ist wenig aussagekräftig; Lorenz, Novemberrevolution (wie Fn. 20), S. 30 f.; Laube, Revolution (wie Fn. 20), S. 260 ff.

34   Der Aufruf erschien mehrfach, zeitgleich in der WAVZ (11. 11. 18), am Tag danach in der GZ (12. 11. 18) und nochmals zum Wochenende (16. 11. 18) in „Der Bergarbeiter", danach der Abdruck bei Spethmann, Ruhrbergbau (wie Fn. 23), S. 98 f. In der Literatur wird der frühe Abdruck im VBB 11. 11. 18 meistens übersehen.

hätten sich vereinigt „in dem Bestreben, die demokratische Ordnung ohne Sünden gegen den heiligen Geist der Demokratie durchzuführen". Auch die weitere Botschaft sollte sich als illusionär erweisen: „Haltet die Arbeit in den Betrieben, haltet die Ruhe in den Industriegebieten unter allen Umständen aufrecht!" Bei Streiks, das Wort fiel nicht, würde das Wirtschaftsleben zusammenbrechen und wegen Kohlennot Hungersnot ausbrechen.

In Gelsenkirchen reagierte Oberbürgermeister Machens am 8. November auf die Menschenaufläufe, die wahrscheinlich aus Köln kommende Matrosen verursachten.[35] Er rief Vertreter der SPD und USPD zusammen und schwor sie darauf ein, Ruhe und Ordnung zu bewahren. Unterdessen bildete sich ein Demonstrationszug aus Soldaten und Arbeitern, der Militärgefangene befreite. Gleichzeitig waren Flugblätter der USPD in Umlauf, die für den nächsten Tag den Generalstreik ausriefen und zu einer Volksversammlung einluden. Noch in der Nacht wurde ein provisorischer Soldatenrat gegründet, der Kontakt zur USPD aufnahm; die wiederum bildete einen provisorischen Arbeiterrat. Noch vor der Volksversammlung am Morgen des 9. Novembers trafen sich SPD, USPD und Gewerkschaften wegen der endgültigen Zusammensetzung des Arbeiterrats. Die Gespräche verliefen nicht einvernehmlich, weil einerseits die SPD eine Mehrheit verlangte, andererseits die USPD die antirevolutionäre Haltung der SPD anprangerte. Ein Soldat vermittelte den Kompromiss, der darin bestand, den Arbeiterrat aus beiden Parteien zu besetzen mit August Woczek (USPD) als Vorsitzenden und Karl Müller (SPD) als Stellvertreter. Die Volksversammlung mit 10 000 Teilnehmern stimmte dieser Lösung durch Akklamation zu. Als Hauptredner kündigte Woczek eine „Republik auf sozialistischer Grundlage" an und erklärte den Generalstreik für beendet. Die Bildung einer eigenen Sicherheitswehr war eine der ersten Maßnahmen, die der AuSR traf. Zudem berief er eine Versammlung aller Arbeiterausschüsse für den 12. November ein, auf der deren Neuwahl bis zum 3. Dezember beschlossen wurde. Die alten Ausschüsse waren aufgrund des Hilfsdienstgesetzes zustande gekommen und repräsentierten nicht mehr den Arbeiterwillen. Die Einbeziehung der Arbeiterräte in das Revolutionsgeschehen unterschied Gelsenkirchen deutlich von Dortmund und Bochum.[36]

Eine ähnlich wichtige Rolle spielten sie in Hagen, wo der politische Wandel am 7. November mit einer Versammlung der Arbeiterräte im Kaisersaal begann. In der Nacht vom 8. auf den 9. November etablierte sich darauf ein von

---

35   Zum folgenden Abschnitt vgl. neben GZ und GAZ (9., 12. u. 13. 11. 18) Stadtarchiv Gelsenkirchen IV/1/19; Wisotzky, Gelsenkirchen (wie Fn. 19), S. 143–148; Goch, Arbeiterbewegung (wie Fn. 3), S. 204–208.

36   Vgl. die Zuschrift „Arbeiterrat in Gelsenkirchen" (GAZ 3. 4. 19).

Vertretern der USPD geleiteter AuSR. Zu dessen Kundgebung am 9. November zogen die Arbeiter „nach Fabriken geordnet".[37] Ähnlich dominant wie in Hagen war die USPD in Düsseldorf. Am Vormittag des 8. November hoffte Oberbürgermeister Oehler durch militärisches Eingreifen die Revolution noch verhindern zu können, doch ergriffen Soldaten aus Köln am Nachmittag des Tages die Initiative. Nach Wahl eines provisorischen AuSR verhandelte dieser mit den Verwaltungsspitzen. Am 9. und 10. November übernahm die USPD mit dem früheren Dortmunder Abgeordneten Erdmann an der Spitze die Führung im AuSR, der am 11. November die Arbeit begann.

5.3 Die ersten Wochen nach der Revolution

Einige bürgerliche Zeitungen taten sich mit der „Umwälzung im Reich" (MS 13.11.18) schwer und vermieden das Wort „Revolution". Unter welcher Bezeichnung auch immer: außen- wie innenpolitisch gab es „Aufgaben von furchtbarem Ernst" zu bewältigen. Hinsichtlich der Wirtschaftspolitik bestand zwischen AuSR und bürgerlicher Presse kein Dissens über das, „was in den nächsten Wochen geschafft werden" musste (GAZ 12.11.18): Es galt, die Demobilmachung zu organisieren und die Wirtschaft auf Friedenszeiten umzustellen sowie gleichzeitig die Ernährung der Bevölkerung zu sichern. Die ersten Aktionen des „neuen Regimes" in Berlin fanden sogar den Beifall der Bochumer Zentrumspartei wegen „der gelungenen Weiterarbeit" unter veränderter Konstellation: „Es geht heute ein demokratischer Zug durch die Welt, von dem ein jeder von uns mehr oder weniger erfaßt wird" (WVZ 18.11.18). Doch wie weit sollte die Demokratisierung gehen?

Auf Einladung des SPD-Bezirks Westliches Westfalen verständigten sich die AuSR dieser Region am 13.11. in Dortmund über eine möglichst einheitliche Vorgehensweise bei der Bewältigung der Alltagsprobleme (VBB 14.11.18). Die spontane Bildung der Räte und das Fehlen einer zentralen Steuerung aus Berlin verlangten nach Vorgaben, um einen Wildwuchs zu vermeiden. König und Mehlich kündigten einen „Grundriß für die Organisation" – wohl nach Dortmunder Vorbild – an. Eine folgenreiche Grundsatzentscheidung war zu diesem Zeitpunkt bereits gefallen: „Die Einrichtungen kommunaler Art sollen erhalten werden, da sie auf jahrzehntelanger Erfahrung beruhen". Die zusammengekommenen Räte verzichteten also explizit darauf, auf lokaler Ebene grundlegende Veränderungen herbeizuführen! Auch deshalb endete das Treffen mit einer Entschließung: „Die

---

37 Vgl. Hanno Lambers, Die Revolutionszeit in Hagen. Die politische Entwicklung von 1917 bis 1924 in Hagen und Haspe, (Diss. Marburg 1962), Hagen 1963, S. 39 u. 47.

bürgerliche Rechtspflege muß erhalten bleiben". Allerdings sollte den Räten zugestanden werden, „im öffentlichen Interesse Polizeiverordnungen [zu] erlassen, die gesetzlichen Charakter haben". Trotz solcher Einschränkungen ließ König keinen Zweifel am Führungsanspruch seiner Partei im gesamten Bezirk. Am 12. November reiste er nach Münster, weil dort „Gefahr im Verzug" war (WAVZ 13. 11. 18). Am Sitz des Generalkommandos stand die Durchsetzungsfähigkeit der Räte in Frage. Die beanspruchte Deutungshoheit manifestierte sich zugleich darin, die SPD-Presse im Bezirk Westlichen Westfalen zu Amtsblättern der Räte zu erklären (WAVZ 14. 11. 18).[38]

Wie verhielt sich das Bürgertum in Bochum, Dortmund und Gelsenkirchen in diesen Novembertagen?[39] Offenbar gärte es in seinen Reihen. In *Bochum* forderte das Zentrum den Übergang des AuSR in einen „Volksrat", „in dem Bürger aller Stände mitwirken" (WVZ 14. 11. 18: Die Revolution und die Bürgerschaft). Das Bochumer Zentrum blickte auf das benachbarte Wattenscheid, wo am gleichen Tag ein Vertrauensausschuss aus Verwaltung, AuSR, Parteien und Vereinen gegründet worden war (WVZ 15. 11. 18). Dergleichen Vorstöße trafen auf heftigen Widerstand der Bochumer SPD aufgrund ihrer Erfahrungen im Kaiserreich. Der Ausschluss von der Gestaltung der Kommunalpolitik unter den Bedingungen des Dreiklassenwahlrechts hatte sie misstrauisch gegen Avancen des Bürgertums gemacht: „Die sonst Feinde der Sozialdemokratie und Demokratie waren, die sich ‚monarchisch bis auf die Knochen' brüsteten, möchten nun dabei sein". Bis zu den Wahlen im Januar müsse aber „die Sozialdemokratie streng darauf halten, daß ihr nicht von zweifelhaften Kräften […] quer dazwischen gefahren wird" (VBB 16. 11. 18). Entsprechend stürmisch verlief eine Stadtverordnetensitzung Ende des Monats. Als Beteiligter titelte Redakteur Steinkamp den Bericht darüber „Revolution auf dem Rathaus" (VBB 25. 11. 18). Eine solche „Revolution" fand bei näherer Betrachtung aber überhaupt nicht statt. Es ging um einen Abgleich zwischen den Rechten der nach dem Dreiklassenwahlrecht gewählten Stadtverordneten und dem AuSR. Das Zentrum und die Nationalliberalen attackierten „die einseitige Parteiherrschaft" der Sozialdemokraten und deren „diktatorische Gewalt" nach dem 9. November. Steinkamp konterte: „Jahrzehntelang haben Sie uns gehindert und von allem ausgeschlossen […] Das hat aufgehört, darüber müssen Sie sich klar sein. Solange wir die Macht haben, werden wir sie nicht unbotmäßig spielen lassen." Tatsächlich

---

38 Hierzu Reininghaus, Revolution (wie Fn. 17), S. 80 (König in Münster) und 131. f. (Amtsblätter).

39 Vgl. allgemein Hans-Joachim Bieber, Das Bürgertum in der Revolution. Bürgerräte und Bürgerstreiks in Deutschland 1918–1920, Hamburg 1992.

beließ es der SPD-geführte AuSR bei einer Kontrolle der Verwaltung und unternahm nicht mehr.

In *Dortmund* dauerte es länger als in Bochum, ehe das Bürgertum die Öffentlichkeit suchte. Zwar erschien in der „Tremonia" am 14. 11. ein Artikel über „die Forderung des Bürgertums nach Berücksichtigung", doch war dies lediglich ein Nachdruck aus Köln. Das Leitorgan der westdeutschen Zentrumspartei würdigte die neue Regierung dafür, „daß die Revolution organisiert und so straffe Ordnung gehalten wird, daß auch nicht der Schein eines bolschewistischen Chaos aufkommen kann". Darin bestand Einigkeit mit der Dortmunder SPD, das Lob der „Tremonia" für Max König am 19. 11. („ein gemäßigter und ehrlicher Gegner") verwundert nicht. Dennoch beanspruchten die bürgerlichen Parteien „das Recht auf strenge Verfolgung der Grundsätze von Demokratie und Freiheit" und ihre Mitwirkung am politischen Leben (Tr DO 14. 11. 18). Für die Bildung eines Bürgerausschusses per Anzeige warben 28 Persönlichkeiten, viele später bei den Januar- und Märzwahlen für das Zentrum, DDP, DVP und DNVP kandidierend (Tr DO 17. 11. 18). Die Zielrichtung war deutlich: „Auch wer im Arbeiter- und Soldatenrat seine Vertretung nicht gefunden hat, soll zur Mithilfe und Mitarbeit Gelegenheit haben". Bei der konstituierenden Sitzung des Bürgerausschusses am 21. 11. war der Vorsitzende des Rats Mehlich Hauptredner (WAVZ 21. 11. 18). Er provozierte zunächst die Anwesenden mit einem Freiligrath-Zitat: „Wir sind die Kraft! Wir hämmern jung das alte morsche Ding, den Staat".[40] Sein Schluss klang viel versöhnlicher, denn er beantwortete die Frage „Was will die Sozialdemokratie?" mit einem weiteren Zitat, diesmal aus dem Sozialistenmarsch von Max Kegel: „Daß Friede waltet, Wohlstand blüht,/ Daß Freud' und Hoffnung hell durchglüht/ der Arbeit Heim, der Arbeit Leben". Mehlich, der selbst Gedichte schrieb, dürfte die Zitate bewusst gewählt haben. Denn mit der letzten Botschaft konnte sich das Bürgertum einverstanden erklären, Mehlich erhielt daher „großen, anhaltenden Beifall", und der Vorsitzende des Bürgerausschusses, der Unternehmer Ludwig Franzius, sicherte ein „harmonisches Zusammenarbeiten" zu. Mehlichs Aura mag den Applaus bewirkt haben. Angesichts der zu diesem Zeitpunkt schon geäußerten Fundamentalkritik des Zentrums an der preußischen Übergangsregierung, auf die noch einzugehen sein wird, bleiben jedoch Zweifel an der tatsächlichen Kooperationsbereitschaft des Bürgertums.

---

40 Mehlich griff auf die 1910 von Konrad Haenisch neu herausgegebene Gedichtesammlung Freiligraths zurück; vgl. André Biederbeck, Rote Erde, in: Lena Krull (Hg.), Westfälische Erinnerungsorte, Paderborn 2016, S. 181–193, hier S. 184 f.

Dessen Wortführer in *Gelsenkirchen* wurde der Verleger des „Gelsenkirchener Anzeigers" Carl Bertenburg. Er schrieb im November 1918 mehrfach Leitartikel. Den ersten, erschienen eine gute Woche nach der Revolution, überschrieb er „Wo bleibt das Bürgertum?" (GAZ 18. 11. 18). Die Antwort folgte nur einen Tag später: „Kopf hoch" (GAZ 19. 11. 18). Bertenburg gab die Losung „Einigkeit und Arbeit" aus und meinte, eine Spannung zwischen AuSR und den Spartakisten erkennen zu können. Deshalb kam „Der Ruf nach der Nationalversammlung" (GAZ 21. 11. 18), für die er dem Bürgertum vorgab, eine Zersplitterung zu vermeiden und Einigkeit zu bewahren. Es dauerte in Gelsenkirchen – wie in Bochum – aber erheblich länger als in Dortmund, bis sich das Bürgertum organisierte. Ein Volksausschuss sollte in Gelsenkirchen erst am 7. Dezember 50 bürgerliche Vereinigungen zusammenfassen (GZ 7. 12. 18). In Bochum hatte sich am 27. 11. ein Bürgerausschuss gebildet, der aber wenig öffentlichkeitswirksam agierte.

Unter den nicht-sozialdemokratischen Parteien übertraf niemand das Zentrum in seiner Ablehnung der neuen Regierung im Reich und in Preußen. Ursache war die Ernennung von „Zehn-Gebote-Hoffmann" zum preußischen Kultusminister am 12. November. Bereits einen Tag danach schoss die Dortmunder „Tremonia" Breitseiten auf Adolph Hoffmann und zugleich auf „das neue Regime", dem es an „jeder rechtlichen Grundlage" fehle (Tr Do 13. 11. 18). Hoffmanns Ernennung werde „in ganz Deutschland und Preußen als geschmackloser Witz der Weltgeschichte aufgefaßt", und sie mobilisierte das Zentrum. In Westfalen, einer seiner wichtigsten Stützpunkte im Reich und Preußen, fand das Vorhaben, sich unter den gegebenen Umständen zu erneuern, große Unterstützung. Namentlich Lambert Lensing, der Verleger der „Tremonia", trat dafür ein.[41] Die „Tremonia" wurde das Sprachrohr des sich organisierenden westfälischen Katholizismus in der Umbruchzeit. Er verhielt sich durchaus ambivalent. Der Aufruf des Dortmunder Katholiken-Ausschusses, denen zu folgen, „die zur Zeit die öffentliche Gewalt ausüben", diente der Aufrechterhaltung der öffentlichen Sicherheit und der Versorgung mit Lebensmitteln (Tr Do 14. 11. 18).

Tags darauf wurden die „Männer und Frauen vom Zentrum" (Tr Do 15. 11. 18) eingeschworen auf die politischen Leitlinien: „Offener Kampf der Anarchie! Nieder mit Willkür und Bolschewismus!" Der flammende Appell ließ offen, gegen wen er sich genau richtete und wer ihn verfasst hatte. Der erste Satz zeigte jedoch die Hauptstoßrichtung. Es ging gegen den Rat der Volksbeauftragten und die neue preußische Regierung, denn (gesperrt): „Berlin ist nicht Deutschland, Berlin ist nicht das deutsche Volk!" Die „Los von Berlin"-Bewegung erreichte weite

---

41 Reininghaus, Revolution (wie Fn. 17), S. 106 f. u. 147. Generell: Rudolf Morsey, Die Deutsche Zentrumspartei 1917–1923, Düsseldorf 1966.

Teile Westfalens. Eine Woche später verbreitete das Zentrum sein Selbstverständnis als „christlich-demokratische Volkspartei" und eröffnete damit faktisch den Wahlkampf (Tr DO 22. 11. 18: Ein neues Zentrum!). Die von Hoffmann intendierte Trennung von Staat und Kirche erwies sich als geeignetes Mittel zur Agitation (WVZ 19./21. 11. 18). Unwidersprochen blieb die „Los-von-Berlin"-Bewegung weder in der SPD- noch in der nationalliberalen Presse. Der „Gelsenkirchener Anzeiger" gewann sogar den preußischen Ministerpräsidenten Paul Hirsch als Autor eines Beitrags über „Das neue Preußen und die Einheit des Reiches" (GAZ 30. 11. 18).

Breiter Konsens bestand im Ruhrgebiet darüber, die Wahl der Nationalversammlung (künftig: NV) so früh wie möglich abzuhalten. Einzig die USPD stellte sich vor allem in Auseinandersetzung mit der SPD dagegen. Ende November trafen die Protagonisten beider Parteien zweimal aufeinander. Auf einer Vollversammlung der AuSR im Wahlkreis Dortmund-Hörde am 26. November betonte König für die SPD: „Die Volksmassen sehnten sich nach Erlösung von Knechtschaft, Hunger und Verzweiflung, in einer länger andauernden Diktatur, einer neuen Machtherrschaft erblickten sie aber keine Erlösung". Deshalb: „Je rascher die Nationalversammlung komme, umso besser, und umsomehr sei auch Gewähr gegeben, daß das Volk für den Sozialismus stimme". Meinberg (USPD) wollte vor Wahlen „erst das Volk für eine sozialistische Abstimmung reif […] machen". „Weil die Arbeiter nicht wüßten, was die Nationalversammlung bringt, sollten sie festhalten, was sie hätten" (WAVZ 28. 11. 18).[42] Mit großer Mehrheit folgte die Versammlung der SPD-Linie. Vier Tage später wiederholte sich der Schlagabtausch, diesmal auf einer Konferenz der AuSR des Industriebezirks in Dortmund. Mehlich stellte darin die inzwischen entwickelten Richtlinien zur Arbeit der Räte vor, während König die Alternative „Nationalversammlung oder Bolschewismus" aufwarf (WAVZ 2. 12. 18). König unterstützte die Reichsregierung, die sich „auf den Boden der Nationalversammlung gestellt" habe. Er forderte, „in dem Gedanken ‚Über die Nationalversammlung zum Sozialismus' muß die ganze Sozialdemokratie einig" sein. Sozialisierung könne nur durch die NV beschlossen werden. Ihm widersprachen für die USPD Woczek (Gelsenkirchen) und Teuber (Bochum).[43] Woczek vermutete, „daß man mit dem Kampf gegen

---

42   Zur Person Meinbergs vgl. die Aufsatzsammlung Adolf Meinberg, Aufstand an der Ruhr. Reden und Aufsätze, Hg. Hellmut G. Haasis/Erhard Lucas, Frankfurt o. J. (1973).

43   Zu seiner Person vgl. Heinrich Teuber, Für die Sozialisierung des Ruhrbergbaus, Hg. Hellmut G. Haasis u. a., Frankfurt a. M. 1973; über Woczek ist wenig bekannt; vgl. Sabine Roß, Biographisches Handbuch der Reichsrätekongresse 1918/19, Düsseldorf 2000, S. 248.

den Bolschewismus den Kampf gegen die Unabhängigen führe". Er bestritt, die USPD sei gegen die NV, vielmehr stehe sie „auf dem Boden des Rechtsstaats" und wolle „Ruhe und Ordnung". Gegen acht Stimmen aus Kreisen der USPD nahm die Konferenz eine Entschließung „für die Nationalversammlung gegen Bolschewismus" an.

6. Die polarisierte Entwicklung im Dezember 1918

Die Dortmunder Entschließung vom 30. November bedeutete einen Pyrrhussieg für die SPD, denn von diesem Zeitpunkt an schien ein gemeinsames Vorgehen mit der USPD kaum noch möglich zu sein. Dies zeigte sich schon knapp einen Monat, bevor sich die USPD aus der Regierung im Reich und in Preußen zurückzog. Ebenfalls am 30. November zog sich in Düsseldorf die SPD aus dem AuSR zurück, wo sie ein Drittel der Sitze hielt, und überließ der USPD das Feld. Ursache war eine Meinungsverschiedenheit über den Modus der Wahlen zum AuSR. Die USPD wollte zur Wahl nur organisierte Mitglieder der Linksparteien zulassen. Das Düsseldorfer Zerwürfnis hatte sich während des Novembers mehrfach angekündigt. Die Düsseldorfer USPD befürwortete eine Sozialisierung von Schlüsselbranchen, u. a. des Bergbaus, und verfügte über ein Netzwerk, das tief in das Ruhrgebiet reichte.[44]

Seit dem 1. Dezember gab es im Ruhrgebiet, aber außerhalb des SPD-Bezirks Westliches Westfalen, ein Organ, das den Positionen links der SPD eine Plattform bot.[45] Die „Freiheit" in Mülheim sah in der ersten Ausgabe ihre Aufgabe darin, den „Sozialismus Wirklichkeit werden" zu lassen und die Massen „von der Notwendigkeit zu überzeugen, zur Tat zu schreiten und sich nicht durch gleißnerische Worte und faule Wechsel auf die Zukunft täuschen zu lassen". Sie verwahrte sich dagegen, von den „Regierungssozialisten beschimpft [zu] werden, welche nur dem Namen nach Sozialisten, in Wirklichkeit aber Stützen der bürgerlichen Gesellschaft sind" (F-MH 1.12.18). Im zweiten Artikel ihrer ersten Ausgabe ging die „Freiheit" auf die Lage der Bergarbeiter ein: „Die Massen murren". Sie rief deshalb „zum Kampf gegen das Kapital" auf und sah „in den eben ausgebrochenen Streiks" im Unterschied zu den Gewerkschaften keine Lappalien, es sei vielmehr „der erste Anfang einer Generalauseinandersetzung zwischen Kapital und Arbeit in Deutschland".

---

44 Lipski, Arbeiter- und Soldatenrat (wie Fn. 28), S. 60 ff.; Nolan, Social Democracy (wie Fn. 28), S. 278–280.

45 Steinisch, Linksradikalismus (wie Fn. 16), S. 174; Lehnert, Rätealltag (wie Fn. 28), S. 182.

Der Vorwurf der „Freiheit", die SPD würde die USPD diffamieren, gibt
Anlass für eine Zwischenbilanz der ersten drei Wochen nach der Revolution. Es
taten sich mehrere, miteinander verwobene Konfliktfelder auf, die die Schlagzeilen in der Medienlandschaft des Ruhrgebiets in der Folgezeit bestimmen sollten:
1.) Die Kontroverse zwischen SPD und USPD beschäftigte nicht nur deren Par-
teiorgane, sondern auch die bürgerliche Presse, die gleichfalls „Bolschewisten"
und „Spartakisten" anprangerte. Die USPD konterte mit dem Begriff „Scheidemänner" für „Regierungssozialisten". 2.) Der Kampf des Zentrums gegen Hoffmann und die Trennung von Staat und Kirche dauerte bis in den Januar 1919 und
über das Ausscheiden der USPD aus der Regierungsverantwortung hinaus an.
Die daraus erwachsene Los-von-Berlin-Bewegung fand nicht nur in der Sozialdemokratie Kritik, sondern auch im bürgerlichen Lager. 3.) Der Arbeitsfrieden
im Bergbau war latent gefährdet und führte zu Appellen aller Parteien außerhalb
der USPD, keine Streiks anzuzetteln. Leserbriefe in der „Bergarbeiter-Zeitung"
dokumentieren jedoch den Unwillen der Bergarbeiter, sich weiter bevormun-
den zu lassen. Es gehe „im alten Geist weiter". „Arbeiter dürfen sich nicht alles
gefallen lassen" (BaZ 23. 11. 18). Die gewerkschaftlichen Erfolge bei den Verhandlungen am 14.11. mit dem Zechenverband konnten offenbar die Basis nicht über
ihre fortdauernde Unzufriedenheit mit den Ergebnissen hinwegtäuschen.[46] Mit
ihrer Zusage, Eingriffe in die Betriebsverhältnisse der Zechen durch die Belegschaften zu verhindern, hatten sich die Gewerkschaften offenbar übernommen.
5.) Auch wenn die Termine für NV und die Preußenwahl erst später im Dezember festgelegt wurden, stand schon der gesamte Monat Dezember im Zeichen
eines Vorwahlkampfes, der breiten Niederschlag auf den lokalen Seiten des
Ruhrgebiets fand. Am 2. Dezember machte die WAVZ mit einer Titelstory auf,
die jegliche journalistische Seriosität vermissen ließ: „Bolschewisten-Verschwö-
rung in Dortmund". Nach eigenen Angaben beruhte die Nachricht auf „verwor-
renen Redereien", die nur einem einzigen Zweck diente, nämlich die USPD und
ihren Dortmunder Sekretär Meinberg zu verunglimpfen.[47] Angeblich hatte sich
jemand vom linken Flügel der Dortmunder USPD an Liebknecht gewandt, um
hier eine Spartakus-Ortsgruppe zu gründen. Meinberg wolle die Parteikasse der
USPD an sich bringen. Eine kolportierte Botschaft lautete: „Die bolschewistische
Welle würde in den nächsten Tagen von Berlin aus auch über das Industriegebiet
schlagen und hier alles hinwegfegen". Die Botschaft an die SPD-Mitglieder lautete: „Von nun ab [...] müssen wir mit diesen bolschewistischen Elementen jede
Gemeinschaft ablehnen". Und die eigenen Anhänger wurden gebeten, „auf der

---

46 Tschirbs, Tarifpolitik (wie Fn. 27), S. 45.
47 So Marßolek, Sozialdemokratie (wie Fn. 18), S. 259 f.

Hut zu sein". Eine Woche darauf diskreditierte das Dortmunder USPD-Mitglied Hubert Börsch seine Partei, als auf seine Behauptung hin in Mülheim Großindustrielle, darunter August und Fritz Thyssen, verhaftet wurden, weil sie die Franzosen gebeten haben sollen, das Rheinland zu besetzen und damit die Gründung einer rheinisch-westfälischen Republik zu beschleunigen. Börsch hatte das Gespräch in einem Dortmunder Hotel erfunden, die Industriellen wurden nach zwei Tagen wieder freigelassen, er selbst verhaftet.[48]

In der Auseinandersetzung mit Hoffmann und in der Opposition des Zentrums gegen die Trennung von Staat und Kirche suchten beide Seiten die Öffentlichkeit. Verleger Lensing machte sich fast ein Vergnügen daraus, Hoffmanns Antwort an ihn vom 1. Dezember in der „Tremonia" zu drucken (3. 12. 18: Adolf Hoffmann als – Kultusminister). Hoffmann, dem inzwischen die Brisanz des Themas bewusst geworden war, versuchte abzuwiegeln und wertete die Angriffe auf ihn als „Agitationsmittel für andere Zwecke". Lensing und das Dortmunder Zentrum blieben unerbittlich: Hoffmann wolle „die Religion aus der Schule entfernen [...] Wir wollen die Volksschule konfessionell erhalten wissen, katholische Kinder von katholischen Lehrkräften unterrichtet haben". Eine Versammlung der Dortmunder Katholiken schrieb an Ebert, es gebe „in der Zeit des drohenden allgemeinen Zusammenbruchs wichtigere Aufgaben, als einen neuen Kulturkampf heraufzubeschwören" (Tr Do 3. 12. 18). Das Zentrum hatte ein ideales Wahlkampfthema gefunden.

„Die Frage einer rheinisch-westfälischen Republik" (Tr DO 11. 12. 18) beschäftigte das Zentrum und alle übrigen Parteien.[49] Die Kölner Erklärung vom 4. Dezember zur Schaffung „einer selbständigen, aber dem Deutschen Reich angehörenden Republik aus den rheinischen und westfälischen Gebieten" zwang das Westfälischen Zentrum, sich zu positionieren. Es erklärte am 12. Dezember in Hamm, nur dann für eine solche Republik einzutreten, wenn es nicht gelinge, „gesetzliche Zustände zu schaffen". Sie sei derzeit „nicht spruchreif" (GAZ 13. 12. 18).[50] Gleichwohl stand das Zentrum in der Kritik der bürgerlichen Presse. „Eine westdeutsche Republik" zu deklarieren, sei Landesverrat, schrieb der Dortmunder Generalanzeiger (5. 12. 18). Noch schärfere Worte fanden die Zeitungen der SPD und USPD. Die „Freiheit" nannte die Kölner Erklärung ein

---

48 Hierzu die Zeitungsberichte in F-MH 7./8. 12. 18; WAVZ 9., 10., 12. 12. 18; GA DO 9./ 10. 12. 18; Tr DO 11./13. 12. 18; Marßolek, Sozialdemokratie (wie Fn. 18), S. 260; Steinisch, Linksradikalismus (wie Fn. 16), S. 183–185.

49 Vgl. Martin Schlemmer, „Los von Berlin". Die Rheinstaatbestrebungen nach dem Ersten Weltkrieg, Köln 2007.

50 Morsey, Zentrumspartei (wie Fn. 41); Reininghaus, Revolution (wie Fn. 17), S. 108; vgl. Tr DO 13. 12. 18.

„gegenrevolutionäres Rattenfängerspiel" (F-MH 5. 12. 18) und überschrieb den Bericht über eine dagegen gerichtete Kundgebung des Essener AuSR „Nieder mit der rheinisch-westfälischen Negerrepublik" (F-MH 17. 12. 18).[51]

Differenzierter äußerte sich Mehlich für die SPD (WAVZ 7. 12. 18: Das russische Vorbild!). Er meinte die Ursache der Kölner Erklärung in der noch ausstehenden Wahl zur NV zu erkennen, die damals erst für den 16. Februar terminiert war, und attackierte aus diesem Anlass Berlin: „Berlin ist nicht das Deutsche Reich und der Berliner Vollzugsausschuß hat kein größeres Recht als der A.- und S.-Rat irgendeiner anderen Großstadt [...] Nirgends ist die politische Unklarheit größer als in Berlin, nirgends die Stimmung schwankender [...] In diesem wüsten Gewoge kann unmöglich das Regierungsschiff sicher und zielklar gesteuert werden". Mehlich teilte diese Auffassung mit dem Zentrum und den Industriellen des Ruhrgebiets, die „die schnellste Einberufung der Nationalversammlung dringend fordern" (Tr DO 11. 12. 18).[52] Bis weit in das Jahr 1919 hinein gab es im Ruhrgebiet einen die Parteien übergreifenden Konsens „gegen die Kölner Richtung" und eine Abspaltung des Rheinlands. Am 31. 1. versammelten sich im Saalbau Essen „alle Kreise des Industriebezirks" und demonstrierten „für die Reichseinheit" (GAZ 1. 2. 19).

Am 1. Dezember 1918 berieten im Dortmunder Rathaus Unternehmer, Gewerkschaftsführer und Parteien die „Kohlennot" im Ruhrgebiet.[53] Einberufen hatte die Konferenz der Arnsberger Regierungspräsident Bake, der wiederum vom Berliner Demobilmachungsamt bedrängt worden war. Die schlimme Kohlenlage führe zum wirtschaftlichen Zusammenbruch des Reiches. Bei der Suche nach den Ursachen der Kohlennot zeigten sich große Differenzen unter den Teilnehmern. Max König nannte als Hauptgrund, die Bergleute seien unterernährt. Sie benötigten mehr Lebensmittel. Der Vorsitzende des Alten Verbandes Sachse machte den Abzug der Kriegsgefangenen verantwortlich und meinte, „es werde Beunruhigung von außen in die Zechen getragen, weil man annehme, Zechenverwaltungen trieben Sabotage". Seine Gewerkschaft hatte in der „Bergarbeiter-Zeitung" vom 30. November im Leitartikel die „Bergleute, Kameraden!" dazu aufgerufen, „dem notleidenden Volke" durch Steigerung der Kohleförderung zu helfen. Die Unternehmer konstatierten eine „Erregung" unter den Bergarbeitern und führten dafür insbesondere Lohnerwartungen an. Sie verwiesen darauf, dass steigende Löhne aber auch steigende Preise verursachten. Einig waren sich

---

51   „Neger" ist im Ruhrgebiet ein Schimpfwort für Katholiken (d. Verf.).
52   Ähnlich GAZ 13. 12. 18.
53   Ein Protokoll ist in mehreren Zeitungen veröffentlicht worden: Tr DO 3. 12. 18; MS 3. 12. 18.

die Beteiligten, dass Streiks unter allen Umständen zu vermeiden seien. In den folgenden Tagen riefen AuSR und Bergarbeitergewerkschaften im Ruhrgebiet zum Streikverzicht auf (WAVZ 2. 12. 18; VBB 2. 12. 18). Damit ließen sich aber die Bergleute nicht mehr besänftigen. Sprachrohr der Unzufriedenen versuchte die „Freiheit" zu sein, die unter der wiederkehrenden Überschrift „Bewegung der Bergarbeiter" von einem Abfall der Bergarbeiter vom Alten Verband berichteten: „Mit erfreulicher Geschlossenheit machen sich die Bergarbeiter des Ruhrreviers von dem Gängelbande los, an dem sie Sachse, Hue und Jochmann geführt haben" (F-MH 14. 12. 18).

Die Verhandlungen der Tarifparteien am 13. Dezember in Essen, die eine 15-prozentige Lohnerhöhung und eine von den Gewerkschaften akzeptierte Erhöhung der Kohlenpreise ergeben hatten, fanden „schärfsten Widerspruch" der Bergarbeiter (F-MH 19. 12. 18). Insbesondere die Belegschaften der westlichen Reviere fühlten sich vom „Alten Verband" verraten, für den Hue in Recklinghausen am 10. Dezember nur ein „Arbeiten, arbeiten und nicht verzweifeln" gefordert, aber keine sozialpolitischen Alternativen verkündet hatte.[54] Die Mahnung, nicht zu streiken, war verhallt. Mehrere Zechen im Raum Duisburg, Oberhausen und Bottrop traten in der dritten Dezemberwoche in den Ausstand. Die SPD-Presse und erst recht die bürgerlichen Blätter hatten hierfür kein Verständnis: „Der Eintritt war von Terroristen erzwungen worden" (VBB 19. 12. 18; ähnlich: WAVZ 18. 12. 18; GZ 27. 12. 18). Die SPD behielt die Entscheidung für Arbeitseinstellungen den Gewerkschaften vor und sah den Streik auf den Möllerschächten in Gladbeck durch „die spartakistischen Scharfmacher" verursacht (VBB 28. 12. 18). Zu diesem Zeitpunkt waren die Streiks bereits eskaliert. Beim Einsatz regulärer Truppen durch das Generalkommando aus Münster mit Billigung Berlins im Raum Duisburg am 26. Dezember waren Tote zu beklagen. Die „Freiheit" klagte die „regierungssozialistischen Mörder" an (F-MH 27. 12. 18). In dieser gereizten Atmosphäre schlugen Waffenfunde hohe Wellen in der Presse. Nachdem Mehlich am 13. Dezember in Castrop-Rauxel einen Düsseldorfer Spartakisten deswegen hatte verhaften lassen, musste er sich von der „Düsseldorfer Volksstimme" beschuldigen lassen, „ein geradezu fanatischer Gegner der Linksradikalen" zu sein, der ein „intimes Zusammenarbeiten" mit dem Generalkommando in Münster pflege (WAVZ 21. 12. 18; F-MH 21. 12. 18). Es zeichnete sich damit sehr deutlich ein weiterer Konfliktherd ab, der Militäreinsatz im Ruhrgebiet.

---

54 Tschirbs, Tarifpolitik (wie Fn. 27), S. 50; Erhard Lucas, Märzrevolution 1920, Bd. 1: Vom Generalstreik gegen den Militärputsch zum bewaffneten Arbeiteraufstand, 2. Aufl. Frankfurt a. M. 1974, S. 54.

„Auf zum Wahlkampf!" rief das Bochumer „Volksblatt" am 3. Dezember
seinen Lesern zu. Drei Wochen später war „der Wahlkampf [...] auf der ganzen Linie entbrannt" (WAVZ 21. 12. 18). An diesem Tag wurde die Entscheidung
des Berliner Rätekongresses allgemein bekannt, die NV-Wahlen am 19. Januar
durchzuführen. Der Rätekongress selbst fand im Ruhrgebiet kaum Widerhall,
zumal dessen Vertreter kaum das Wort ergriffen. Die Aktivitäten der Parteien
überschlugen sich nun; selbst zu Weihnachten ruhte der Wahlkampf nicht. „Parteigenossen! Benutzt die Feiertage zu eifriger Agitation und Aufklärung [...]
Kurz ist die Zeit bis zu den Wahlen, jede Stunde muß ausgenutzt werden", warb
die SPD in Dortmund zu Heiligabend (WAVZ 24. 12. 18). In ihren Lokal- und
Regionalteilen berichtete die Ruhrgebietspresse über Kundgebungen und Aktionen in ihrem Einzugsgebiet. Die Zeitungen veröffentlichten „Praktische Winke
für Wähler". Unter diesem Titel veröffentlichte die GAZ drei Artikel des liberalen Reichstagsabgeordneten Friedrich Weinhausen (GAZ 2.–4. 1. 19). Er informierte die Leser über Kandidatenlisten und mögliche Listenverbindungen und
gab den Parteien Ratschläge zur Agitation. Neben dem redaktionellen Teil sind
die Anzeigen eine wichtige Quelle zur Geschichte dieses ersten, improvisierten
Wahlkampfs unter demokratischen Vorzeichen.[55] Sie waren umso aggressiver
formuliert, je näher der Wahltermin rückte.

Alle Parteien bemühten sich um die Frauen, die erstmals an die Urne gehen
konnten, vor allem das Zentrum und die SPD. Bereits am 17. November startete die „Tremonia" mit einer auf Frauen zugeschnittenen Werbung, indem
sie einen Aufruf des „Katholischen Frauenbund Deutschlands" veröffentlichte
(Tr DO 17. 12. 18). Er trug die Handschrift von Hedwig Dransfeld und machte
aus dem Wahlrecht eine Wahlpflicht für katholische Frauen.[56]

Im Wahlkampf gerieten auch die AuSR auf den Prüfstand. Darüber entstand
eine regelrechte Schlammschlacht zwischen den Parteiblättern. Das Zentrum
kritisierte ihre hohen Kosten und ließ die Nachricht verbreiten, in Dortmund
verschlinge der AuSR monatlich eine Million Mark. In Gelsenkirchen wurde
mit Genuss eine angebliche Bemerkung des Bochumer „Volksblatts" gegen die
„Berliner Sau-Wirtschaft" in den Räten zitiert, die öffentliche Gelder verschlinge.
Im Gegenzug dokumentierten die AuSR ihre Sparsamkeit (Tr DO 10. 12. 18;

---

55 Zu den Wahlen mit Schwerpunkt auf der Analyse der vielfältigen Kommunalergebnisse
    vgl. auch Wilfried Reininghaus, „Drum wählt". Die ersten demokratischen Kommunal-
    wahlen in Westfalen und Lippe 1919, Münster 2019.

56 Vgl. Birgit Sack, Zwischen religiöser Bindung und moderner Gesellschaft. Katholi-
    sche Frauenbewegung und politische Kultur in der Weimarer Republik (1918/19–1933),
    Münster 1998, S. 42–52.

WAVZ 11. 12. 18; GZ 16. 12. 18, 23. 12. 18). Durch die Vorverlegung der Wahlen zur NV war jedoch, das erkannte die „Freiheit" sehr deutlich, ein Ende der Räte abzusehen. Die entsprechende Entscheidung des Rätekongresses kommentierte sie als „Todesurteil" für die Räte und stellte ihren Bericht über „gegenrevolutionäre Tendenzen" des Kongresses unter die ironische, auf die SPD zielende Überschrift „Es ist erreicht!" (F-MH 21. 12. 18). Gemeint war die intendierte Entmachtung der Räte durch die vorgezogenen Wahlen zur NV.

Der Wahlkampf warf noch einmal die Frage auf: „War die Revolution notwendig?" Der Gewerkschafter und Zentrumskandidat Imbusch stellte sie am 22. 12. in Gelsenkirchen (GZ 23. 12. 18). Seine Antwort fiel ebenso mit Nein aus wie einen Tag später die des Bochumer Studienrats Nocke (GZ 24. 12. 18). Eine demokratische Regierung sei bereits Wochen vor dem 9. November eingeführt worden. Beide Reden wurden durch Vertreter der USPD unterbrochen, die am 19. 12. eine Wahlkampfveranstaltung der DDP gesprengt hatte (GZ 21. 12. 18). Nach Weihnachten rechtfertigte sich der AuSR Gelsenkirchen durch Woczek (USPD) und Hoffmann (SPD) in einem Leserbrief für diese Aktionen: „Die Feinde der Revolution und Freiheit versuchen mit allen ihnen zu Gebote stehenden Mitteln, die Vertreter des neuen Systems zu verleumden und zu beschmutzen und die Masse des Volkes dagegen aufzureizen". Sie prangerten die „hetzerische Schreibweise der bürgerlichen und Zentrumspresse" an (GZ 28. 12. 18). Der gegenläufige Kommentar eines Leserbriefs in diesem Zentrumsblatt löste eine Aktion bewaffneter Soldaten gegen die Zeitung aus. Sie erzwangen eine Entschuldigung der Redaktion wegen des Übereifers einer ihrer Mitglieder. Richtig sei vielmehr: der AuSR habe in Gelsenkirchen mustergültig die Ordnung gehalten (GZ 30. 12. 18). In dieser aufgeheizten Atmosphäre enthob der AuSR Gelsenkirchen am 31. Dezember Oberbürgermeister Machens seines Amtes.[57] Aktueller Anlass war ein Streit wegen der Trennung von Staat und Kirche (Machens war Katholik, teilte sonst aber wohl auch nationalliberale Positionen); jedoch schwelte der Konflikt schon länger zwischen Machens und dem Rat, dessen Maßnahmen er hintertrieb.

In Wanne-Eickel wurde gegenüber dem zentrumsnahen „Westdeutschen Herold" ein temporäres Publikationsverbot verhängt, weil er „Nieder mit der Sozialdemokratie!" geschrieben hatte (VBB 28. 12. 18). Die aus diesem Anlass konstatierte „Vergiftung des Wahlkampfs" durch die Zentrumspartei hatte endgültig die Presse erreicht. Dazu trug auch die SPD bei. Sie verabschiedete sich in Dortmund mit einer vor allem gegen das Zentrum gerichteten Wahlkampfanzeige aus dem alten Jahr (WAVZ 31. 12. 18). Darin gab sie die Schuld an den Berliner Verhältnissen indirekt der Zentrumspresse. Vier Jahre Krieg „haben die

---

57   Goch, Arbeiterbewegung (wie Fn. 3), S. 213 f.; GAZ und GZ 3. 1. 19.

Massen erbittert, mit Mißtrauen erfüllt und bis zum Äußersten gereizt. Die Zentrumspresse war vier Jahre lang die getreue Magd der blauen und der schwarzen Junker [...] Während die Spartakisten sinnlos toben, liegt die Reaktion zum Gegenschlag auf der Lauer. Verhindert die Gegenrevolution unter der Losung: Volk strafe das Zentrum!"

7. Januarkämpfe 1919 und die NV- sowie Preußenwahlen

Zur Jahreswende erschien in der WAVZ ein Artikel, der Rückblick und Vorschau zugleich war und das Jahr 1918 zum „Wendejahr der deutschen Geschichte" erhob (WAVZ 31. 12. 18): „1918 war das Jahr des Zusammenbruchs und der Befreiung [...] 1919 soll das Jahr der Vollendung werden". Auf den Wahlen zur NV ruhten große Hoffnungen der SPD: „Eine feste, starke Mehrheit der Mehrheitssozialisten muß uns Raum geben, unbehindert von spartakistischer Gewalttätigkeit und zweideutiger Entschlußlosigkeit die Bahn des sozialistischen-demokratischen Fortschritts abzuschreiten". Zum Programm gehöre auch, „die Umwandlung der Wirtschaft vom Kapitalismus zum Sozialismus in die geregelte Bahn eines festen Plans" zu leiten. Aber noch bevor die Wahlen zur NV am 19. Januar stattfanden, wurde das Ruhrgebiet vom Spartakismus und von Diskussionen über die Sozialisierung der Wirtschaft erschüttert.

Die Spartakus-Unruhen in Berlin im Januar strahlten ins Ruhrgebiet aus. Das größte Aufsehen erregte „Ein Spartakisten-Putsch in Dortmund" (WAVZ 8. 1. 19).[58] Er war Wasser auf der Mühle der Dortmunder SPD bei ihrer entschiedenen Abgrenzung gegen die links von ihr stehenden politischen Kräfte. Was war geschehen? Die USPD hatte am 7. Januar eine Versammlung in den Dortmunder Gewerbeverein eingeladen, auf der nicht nur Ebert und Scheidemann beschimpft wurden. Auch die Absetzung von Mehlich als Vorsitzender des AuSR und anderer wurde gefordert. Im Anschluss setzte sich ein Demonstrationszug in Bewegung in Richtung auf das Gebäude des Bezirkssoldatenrats und marschierte dann zur Kielstraße, der Zentrale der Dortmunder SPD und dem Druckort der WAVZ. Die Demonstranten verbrannten Flugblätter der SPD zur Wahl. Eine Sicherheitswehr griff ein, ohne verhindern zu können, dass kurz vor 23 Uhr die Druckerei der WAVZ besetzt wurde. An dieser Aktion waren die führenden Kräfte der Dortmunder USPD, Meinberg und Jacoby, zeitweilig beteiligt. Im

---

58 Vgl. Marßolek, Sozialdemokratie (wie Fn. 18), S. 263–267; Quellengrundlage: WAVZ
    8.–11. 1. 19; Tr DO 8./9. 1. 19; GA DO 9. 1. 19; DO T 9. 1. 19; VBB 8. 1. 19; GAZ 8. 1. 19. Allgemein: Lehnert, Rätealltag (wie Fn. 28), S. 97.

Stadtzentrum hatten unterdessen aus Essen angereiste Spartakusanhänger versucht, die Reichsbankfiliale zu stürmen. Es kam zu bewaffneten Straßenkämpfen, bei denen Schwerverletzte und ein Toter zu beklagen waren. Die Sicherheitskräfte hatten um 3.00 Uhr die Lage wieder unter Kontrolle. Am folgenden Tag gab es viele Verhaftete, darunter vorübergehend die USPD-Spitze.

Die politischen Folgen der Dortmunder Aktion waren gravierend. Die Dortmunder USPD hatte sich mit dieser unverantwortlichen Aktion, die leichtfertig angezettelt worden war, selbst geschwächt und zerfiel. Ein Teil wanderte zurück zur SPD, der linke Flügel mit Meinberg an der Spitze spaltete sich ab und gründete am 16. 1. eine KPD-Ortsgruppe, ein Rest blieb in der von Hagen dominierten USPD (F-MH 24. 1. 19). Die SPD prangerte die „verbrecherischen Mittel" der Aktion an: „Diese Leute schützen vor, die Erfolge der Revolution zu verteidigen. In Wirklichkeit besorgen sie durch ihr verbrecherisches Vorgehen die Geschäfte der Feinde der Arbeiterbewegung" (WAVZ 8. 1. 19). Mehlich wurde anschließend vom AuSR Dortmund/Hörde zum Volkskommissar ernannt. Als „Diktator von Dortmund" war er Zielscheibe der linken Kritik gewesen, nun wurde ihm tatsächlich „unumschränkte Gewalt über alle Behörden des ganzen Gebiets übertragen" (WAVZ 11. 1. 19). Wie schwach die Kommunisten in Dortmund waren, zeigte die Trauerfeier für Rosa Luxemburg und Karl Liebknecht, zu der am 16. Januar nur 90 Personen kamen.[59] Das „Dortmunder Tageblatt" legte keinen Wert auf Differenzierungen zwischen den politischen Richtungen und sprach vom „Bruderkampf der Sozialisten in Dortmund" (8. 1. 19 A).

Noch vor den Dortmunder Vorfällen waren in Bochum Gewehre und Munition bei mutmaßlichen Spartakisten beschlagnahmt worden (F-MH 5. 1. 19; VBB 6. 1. 19). Dies führte im AuSR zu einer intensiven politischen Diskussion zwischen Husemann (SPD) und Teuber (USPD) darüber, wie sich die bewaffneten Aktionen vor den NV-Wahlen auswirken werden (VBB 9. 1. 19: Revolutionäres aus Bochum). Das „Volksblatt" befürchtete, dass „die Spartakusleute und die linksstehenden Unabhängigen durch ihr brutales und quertreibendes Auftreten großen Massen des Volkes den Sozialismus verekelt haben". Es sah Konsequenzen für die bevorstehenden Wahlen: Was passiere eigentlich, wenn keine sozialistische Mehrheit aus den Wahlen hervorgehe? USPD und Spartakus wollten, so das „Volksblatt", „daß dann die Revolution erneut einsetzen [müßte] und die Arbeiter zu diesem Zweck bewaffnet werden müßten". Husemann verwies außerdem auf die Gefahren von rechts und befürchtete, in einem solchen Fall würde „keine Einmütigkeit im Handeln zu erzielen" sein.

---

59   Marßolek, Sozialdemokratie (wie Fn. 18), S. 267.

Im Unterschied zu Dortmund und Bochum gelang in Düsseldorf am 7./8. Januar dem Spartakusbund bzw. der KPD die Übernahme der Macht im AuSR. Der Oberbürgermeister und die Spitzen der Verwaltung flohen. Vor dem Untersuchungsausschuss des Preußischen Landtags wurde später ein Zusammenhang mit dem Dortmunder Putschversuch gesehen. Angesichts der wirtschaftlichen Schwierigkeiten der Düsseldorfer Metallindustrie und wachsender Arbeitslosigkeit wurden die wirtschaftlichen Forderungen immer radikaler. Von Düsseldorf erhielten in den folgenden Wochen alle Kräfte im Ruhrgebiet, die die Sozialisierung forderten und sie durch Generalstreik durchsetzen wollten, kräftige Unterstützung.[60]

Die Spartakus-Unruhen an Rhein und Ruhr wurden überlagert von immer wieder aufflackernden Streiks, die die Unzufriedenheit der Bergleute dokumentierten. Sie befürchteten nach der Preiserhöhung für Kohle zum 1. Januar weiter ansteigende Lebenshaltungskosten. Zwar vereinbarten die Gewerkschaften und der Zechenverband am 9. Januar eine Teuerungszulage, doch akzeptierten die Bergleute diese Vereinbarung nicht. Ihr Zorn richtete sich nun auch gegen die Gewerkschaften. Sie ignorierten den ihnen oktroyierten Verzicht auf Streiks. Bis zum 13. Januar breiteten sich Streiks auf den Zechen zwischen Hamborn und Gelsenkirchen aus, ein Generalstreik drohte (GAZ 11./13. 1. 19; GZ 13. 1. 19). Aus dieser Situation fand der Essener AuSR einen Ausweg: die „Sozialisierung des Bergbaus". „Sozialisierung" bedeute in den Worten des Rats „vor allem einträgliches Zusammenarbeit aller im Bergbau Werktätigen, vom Kumpel bis zum Betriebsleiter".[61] Um mit der Forderung nach einer so definierten Sozialisierung ernst zu machen, wurden am 11. Januar die Räume des Rheinisch-Westfälischen Kohlesyndikats und des Bergbaulichen Vereins in Essen besetzt. Das Konzept der Essener beendete eine Phase, in der selbst die USPD Vorbehalte gegen eine sofortige Sozialisierung hatte. Noch im November hatten sich z. B. Vertreter der Gelsenkirchener USPD dagegen positioniert. Woczek erklärte, „später wollte man ja auch die dazu geeigneten Betriebe verstaatlichen" (GZ 18. 11. 18). Man benötige Zeit, denn „der Kapitalismus kann nicht mit einem Federstrich beseitigt werden" (GZ 29. 11. 18).

Das Essener Modell zur Sozialisierung setzte auf ein Rätesystem. Die Parole hieß: „Rätesystem ist besser als Streik". In einem Telegramm an das Wolffsche

---

60 Lipski, Arbeiter- und Soldatenrat (wie Fn. 28), S. 73–92 u. 207–214; Nolan, Social Democracy (wie Fn. 28), S. 284–293; Egbert P. Schwarz. Vom Krieg zum Frieden. Demobilmachung in Zeiten des politischen und sozialen Umbruchs im Ruhrgebiet, Frankfurt a. M. 1995, S. 62–67.

61 Aufruf vom 10. 1. 1919, Druck bei Spethmann, Ruhrbergbau (wie Fn. 23), S. 150.

Telegraphenbüro begründete der Essener Rat sein Konzept: „Man war allgemein der Meinung, die Verkündigung der Sozialisierung und Überwachung der Leitung durch ein Rätesystem werde die Massen zu Beruhigung bringen, daß ihre Ziele auch tatsächlich verwirklicht werden und die bisherigen Errungenschaften nicht wieder verloren gehen" (GZ 18. 1. 19). Von unten nach oben sollten Räte eingerichtet werden, ausgehend von Betriebsräten bis zu einem Zentralzechenrat für das gesamte Ruhrgebiet. Zur Vorbereitung der Sozialisierung wurde eine Neunerkommission eingesetzt, die paritätisch aus je drei Vertretern der SPD, USPD und KPD bestand (VBB 14. 1. 19; WAVZ 15. 1. 19). Eine Konferenz aller AuSR im Ruhrgebiet am 13. Januar billigte das Vorgehen; freilich widersprachen die als Gäste geladenen Gewerkschaften der Sozialisierung, sie konnten sich allerdings nicht durchsetzen. Anschließend kehrte (vorübergehend) Ruhe ein. Dem Aufruf der Räte, den Streik zu beenden, folgten die Gelsenkirchener Zechen bis zum 15. Januar (GZ und GAZ 16. 1. 19). Allerdings unterlagen Räte und Bergleute hinsichtlich der Berliner Regierung einer Täuschung. Denn sie war nicht bereit, vor der Wahl zur NV die Sozialisierung zu unterstützen. Sie setzte am 18. Januar mit Hue, Generaldirektor Vögler und einem Bergbeamten Reichsbevollmächtigte für den Kohlenbergbau ein und ordnete die Neuwahl von Arbeiterausschüssen an. Diese sollte aber nicht nach Spielregeln der Neunerkommission ablaufen. Wegen dieser Hinhaltetaktik der Regierung legte sich die Unruhe unter Bergleuten nicht. Ende Januar breiteten sich in den Zechen des Landkreises Dortmund spontane, „unsinnige" Streiks aus, die die WAVZ ausrufen ließ: „Bergleute, laßt euch nicht verhetzen" (23. 1./30. 1. 19).

Zwei Tage vor den Wahlen zur NV riefen in Gelsenkirchen der AuSR sowie alle Parteien gemeinsam zur Ruhe am Wahltag auf (GAZ 17. 1. 19). Bewusst lasse man die Wahllokale ungesichert. Jede politische Auseinandersetzung im und vor dem Wahllokal habe zu unterbleiben. Entgegen aller Befürchtungen verliefen die Wahlen im Ruhrgebiet weitgehend frei von den befürchteten Störungen durch Spartakisten. Im Wahlkreis 18 (Westfalen-Süd) lag die SPD mit 42,2 % der Stimmen vorne, gefolgt vom Zentrum (28,8 %) und der Listenverbindung aus DNVP und DVP (13,5 %). Die DDP erzielte 9,6 % der Stimmen, während die USPD nur auf 5,8 % kam. Die SPD feierte nach eigener Einschätzung einen großen Wahlsieg, weil sie dem bürgerlichen Lager gegenüber den letzten Reichstagswahlen 1912 viele Stimmen abgenommen hatte (VBB 21. 1./22. 1. 19). „Unsere gesamten Gegner sind geschlagen" (WAVZ 21. 1. 19). Das Zentrum konnte nach Angaben seiner Presse seinen Anteil von 1912 halten. Die SPD teilte diese Einschätzung nicht, weil nicht alle Katholiken Zentrumswähler geworden seien. Noch im Nachgang verwahrte sich die SPD gegen „die unglaublichen Lügen", die im Wahlkampf „gegen die Sozialdemokratie verbreitet wurden". Die Schlussfolgerung,

„das Zentrum als maßgebliche Partei" habe „ausgespielt", erwies sich jedoch als voreilig, wie schon die Stadtverordnetenwahl im März zeigen sollte. Ein neutraler Beobachter fand im Dortmunder „Generalanzeiger", bei nüchterner Betrachtung gebe es überall „mehr oder weniger verdrießliche Parteigesichter", selbst bei der SPD (GA DO 22. 1. 19).

Der Wahlausgang in den drei untersuchten Industriestädten variierte, weshalb sich ein genauer Blick auf die Stimmenverteilung lohnt. In Dortmund lag die SPD mit 48,0 % der Stimmen weit vorne, während das Zentrum sich hier mit 25,7 % begnügen musste. Die „Tremonia" drückte ihre Enttäuschung über einzelne Stimmbezirke aus: „'Schwarze Hochburgen' haben nicht gehalten, was man von ihnen erwarten mußte" (Tr DO 21. 1. 19). In Gelsenkirchen schaffte die SPD sogar 50,5 %. Auch hier war das Zentrum mit 27,4 % zweitstärkste Partei vor der Listenverbindung DNVP/DVP mit 12,6 % (GAZ 20. 1. 19). Trotz der markigen Worte der SPD-Presse im Vorfeld gab es in Bochum den geringsten Abstand im Ruhrgebiet zwischen SPD (42,5 %) und Zentrum (32,1 %). Die DDP fand im Ruhrgebiet wenig Wähler, am meisten in Dortmund (8,2 %). In den drei Städten Bochum, Gelsenkirchen und Dortmund kamen nicht einmal 10 000 USPD-Wähler zusammen. Das zeigt die Schwäche einer Partei, die nur über provisorische Strukturen verfügte. Dort, wo sie organisatorisch gefestigt war wie in Hagen, überholte sie sogar die SPD bei den Wahlen zur NV.[62] Insgesamt reichte die Stimmenausbeute der USPD im Regierungsbezirk aber nicht aus, um einen Abgeordneten in die NV zu entsenden.

Eine Woche später standen am 26. Januar bereits die Wahlen zur verfassunggebenden preußischen Landesversammlung an. Alle Parteien bemühten sich, die Wähler für einen weiteren Urnengang zu motivieren. Wenn die SPD-Presse am Samstag vor der Wahl „Auf die Schanzen! Auf zu neuen Siegen" rief (WAVZ 25. 1. 19), so beklagte sie zwei Tage nach der Wahl einen Stimmenverlust von 8000 Stimmen in Dortmund. In Dortmund war die Wahlbeteiligung von über 90 % auf rund 80 % der Stimmberechtigten gesunken. In den drei Städten blieben die Relationen zwischen den Parteien gegenüber dem Vorsonntag annähernd gleich, wenngleich die Dortmunder SPD zugeben musste: „Verhältnismäßig am besten hat das Zentrum abgeschnitten". Sie führte das auf die „fieberhafte Tätigkeit" der Zentrumsagitatoren, die katholischen Geistlichen und Vereine zurück. In Gelsenkirchen, wo sich ebenfalls „eine gewisse Wahlmüdigkeit" breitgemacht hatte, legten das Zentrum und die Listenverbindung DVP/DNVP leicht zu. Beide Parteien führten den Erfolg auf eine „erhöhte Werbetätigkeit" zurück (GAZ 27. 1. 19).

---

62   Vgl. Lambers, Revolutionszeit (wie Fn. 37).

Noch in der Woche nach der Preußenwahl fiel in Berlin die Entscheidung, dass bereits vor dem Zusammentritt der Landesversammlung Kommunalwahlen stattfinden sollten, spätestens am 2. März. Die bürgerliche Mehrheit in der Stadtverordneten-Versammlung in Dortmund protestierte heftig, aber erfolglos gegen diese Ansetzung, am stürmischsten das Zentrum (DO T 5. 2. 19; Tr DO 28./29. 1. 19). Die SPD nutzte dies, um den „Zentrumskapitalisten" vorzuhalten, dass sie „aus materiellen Gründen das Dreiklassenwahlrecht nur ungern ersetzt sehen durch ein freies und gleiches Wahlrecht" (WAVZ 3. 2. 19). Sie verwendete starke Formulierungen: gerade auf der kommunalen Ebene sei es „Zweck des Klassenkampfes", „die Klassenherrschaft der Besitzenden zu durchbrechen" (WAVZ 5. 2. 19). In Bochum setzte der AuSR den Protest der etablierten Stadtverordneten gegen die kommunalen Neuwahlen für die Zwecke der SPD ein. Er rief zu einer Massenveranstaltung am 9. Februar auf: „Man [gemeint sind die alten Stadtverordneten] verschanzt sich hinter formalen Gründen. In Wirklichkeit will man der breiten Volksmasse das Wahlrecht vorenthalten [...] Man will das freie Wahlrecht der Welt zugunsten der Geldsäcke und Hausbesitzerinteressen beschneiden" (MS 8. 2. 19).

Für den Apparat aller Parteien bedeutete die dritte Wahl innerhalb von anderthalb Monaten weitere Anstrengungen, um Kandidatenlisten aufzustellen und Wahlkampf zu führen. In Gelsenkirchen (und kleineren kreiszugehörigen Gemeinden des Umlands) war die Zeitnot am größten, denn die Kommunalwahlen sollten bereits am 23. Februar stattfinden. In der letzten Sitzung der Gelsenkirchener Stadtverordneten in alter Zusammensetzung am 7. Februar wurden die Gründe für den frühen Termin deutlich. Der AuSR wollte die Kontrolle über die Stadtverwaltung abgeben, „wenn die Stadt eine nach der neuen Wahlordnung zusammengesetzte Stadtverordneten-Versammlung besitzt, in der die gesamte Bevölkerung unserer Stadt nach demokratischen Grundsätzen vertreten ist" (GAZ 8. 2. 19). Auf diese Linie schwenkte schließlich selbst die DVP im östlichen Ruhrgebiet ein. Deren Dortmunder Sprecher Dr. Cremer erklärte: „Die baldige Einführung [des neuen kommunalen Wahlrechts, W. R.] war notwendig, um im Gemeindeleben an Stelle der Willkür wieder eine gesetzliche Ordnung nach dem Willen der Mehrheit zu setzen" (GAZ 15. 2. 19).

8. Februareskalation 1919

Anfang Februar ließ sich nicht voraussehen, dass dieser Monat der bisher blutigste im Revolutionsverlauf werden sollte. Mehrere Umstände trugen zur Verschärfung der Lage bei: das Scheitern der Sozialisierungsbewegung im Bergbau,

die Wut der Bergleute über die immer noch nicht verbesserten Lebens- und
Arbeitsbedingungen, die Verhaftung des Generalsoldatenrats in Münster und
die Entfesselung der militärischen Gegengewalt gegen bewaffnete Spartakisten.
Im Ruhrgebiet herrschte einige Tage lang Bürgerkrieg. Die Teilregionen waren
aber in unterschiedlichem Maße davon betroffen. Während es in Bochum und
Dortmund noch vergleichsweise ruhig blieb, waren die Zechengemeinden direkt
jenseits der Stadtgrenzen in die Ausstände involviert. Die Stadt Gelsenkirchen
lag dagegen mitten im Aufstandsgebiet. Seit Mitte des Monats beherrschten
die Kämpfe im Ruhrgebiet die Schlagzeilen der Zeitungen. Dahinter traten die
Berichte über die NV und ihre Beratungen zurück.

Von der Unruhe unter den Bergleuten bekam selbst die Dortmunder Innenstadt am 3. Februar einen Vorgeschmack geliefert, als Zechenbelegschaften
aus Lünen, Derne und Scharnhorst in Sternmärschen in die Innenstadt zogen
(WAVZ 4. 2. 19). Die Demonstrationszüge verliefen friedlich und wurden von
Musikkapellen begleitet. Dabei waren die Zechen nördlich der Stadt im Landkreis Dortmund in hellem Aufruhr. Die Belegschaften der Zechen Minister
Achenbach in Brambauer und Gneisenau in Derne hatten am 20. bzw. 23. Januar
in autonomen Aktionen die Sozialisierung beschlossen und ihre Vorgesetzten
abgesetzt (DZ 20. 1. 19; GA DO 23. 1. 19).[63]

Ein Generalstreik auf allen Zechen des Ruhrgebiets stand spätestens seit
dem 6. Februar auf der Agenda. Schon am 2. Februar waren die Belegschaften der
Gelsenkirchener Bergwerks-AG in den Ausstand getreten, einen Tag später folgten die Zechen Neumühl in Hamborn und Zollverein in Essen (GAZ 3./6. 2. 19).
Die Berichte über die Eröffnung der NV in Weimar waren im Ruhrgebiet über-
schattet von den Bergarbeiterstreiks (GAZ 7. 2. 19). Am 6. Februar beschloss die
Konferenz der AuSR des Ruhrgebiets in Essen, zum 15. des Monats den Gene-
ralstreik auszurufen, falls sich die Regierung weiterhin weigere, die Neuner-
kommission anzuerkennen und ihr die Einführung des Rätesystems sowie die
Kontrolle der Bergwerke zu übertragen. Die Gewerkschaften waren mit diesem
Ultimatum nicht einverstanden und versuchten durch Zusammenkünfte ihrer
Vertrauensleute einer aus ihrer Sicht übereilten Sozialisierung gegenzusteuern
(WAVZ 12. 2. 19; F-MH 18. 2. 19). Auf einer Versammlung in Dortmund am
9. Februar suchte der Redakteur der „Bergarbeiter-Zeitung" Wagner die Schuld
bei den Verantwortlichen in der Regierung und bei den Unternehmern: „Was
die Scharfmacher und die Regierung durch die Behinderung der gewerkschaftlichen und politischen Schulung gesät, das ernten wir jetzt in wilden Streiks"

---

63   Vgl. Marßolek, Sozialdemokratie (wie Fn. 18), S. 283–290.

(WAVZ 11. 2. 19). Dagegen wurde Widerspruch deutlich, denn die Gewerkschaften selbst standen in keinem allzu guten Licht. Sie mussten Kritik einstecken, die bis in die Berichterstattung über Wagners Rede vordrang: „Verschiedene Diskussionsredner wollten für die wilden Streiks die Führer verantwortlich machen, die zu wenig führend seien und besonders die Sozialisierung nicht scharf genug in Anspruch nähmen". Die von der Dortmunder Versammlung beschlossene Resolution trug diesem Anliegen Rechnung: „die alte Forderung auf Demokratisierung und Sozialisierung des Bergbaus" solle „so bald wie möglich" verwirklicht werden.

In diese zugespitzte Situation platzte die Nachricht von der Verhaftung des Generalsoldatenrats in Münster (WAVZ und GAZ 12. 2. 19).[64] Seit Anfang des Jahres 1919 stand er in Opposition zur Regierung, zum Kriegsministerium und zum Generalkommando. Er war auch für das Ruhrgebiet zuständig und hatte sich unter dem Einfluss von bergischen und niederrheinischen Soldatenräten seit November immer weiter nach links bewegt. Der Generalsoldatenrat bestand darauf, die „Hamburger Punkte" des Rätekongresses vom Dezember umzusetzen. Generalleutnant Oskar Freiherr von Watter, der im Januar das Kommando über das VII. Armeekorps übernommen hatte, betrieb mit Rückendeckung von Noske ein Revirement und ließ sich ausdrücklich dazu ermächtigen, gegen den widerspenstigen Generalsoldatenrat vorzugehen. Watter setzte ihn ab und ordnete am 7. Februar die Neuwahl eines Korpssoldatenrats an. Der Generalsoldatenrat erneuerte unbeirrt sein Bekenntnis zu den „Hamburger Punkten" und verwahrte sich gegen die Bildung von Freiwilligenbataillonen. Diese sollten angeblich in das Baltikum ziehen, man befürchtete aber (zu Recht) deren Einsatz im Ruhrgebiet. Watter ließ daraufhin das Freikorps Lichtschlag mit schweren Maschinengewehren in Münster einmarschieren und den Generalsoldatenrat verhaften. In Münster meldete nur der Arbeiterrat gegen diese Aktion einen wirkungslosen Protest an. Selbst die SPD-Presse musste zugeben, dass der Arbeiterrat in Münster auf schwachen Füßen stand (WAVZ 14./15. 2. 19). Sehr früh im November hatten sich die christlichen Gewerkschaften aus dem Arbeiterrat zurückgezogen, der keinen gesellschaftlichen Rückhalt besaß. Er war in Münster isoliert, wo das Zentrum und die katholischen Vereine als beherrschende politische Kräfte dominierten. Diese kooperierten mehr oder minder offen mit General Watter. Der Anspruch der Dortmunder SPD, auf das Westliche Westfalen

---

64 Zum Hintergrund Ulrich Kluge, Der Generalsoldatenrat in Münster und das Problem der
    bewaffneten Macht im rheinisch-westfälischen Industriegebiet, in: Rürup (Hg.), Arbeiter-
    und Soldatenräte (wie Fn. 16), S. 315–398, hier S. 374 ff.

und damit auch auf Münster zugreifen zu können, stieß in der Provinzialhauptstadt deutlich auf Grenzen.[65]

Die Gelegenheit, im Ruhrgebiet selbst einzugreifen, ergab sich für Watter nach dem 10. Februar. In Hervest-Dorsten war der Zechenbeamte Otto Kohlmann ermordet worden.[66] Als Täter waren Spartakisten verdächtig. Am 14. Februar beauftragte die Regierung das Generalkommando, Truppen nach Hervest-Dorsten zu entsenden (WAVZ 17. 2. 19). Noch am gleichen Tag setzte sich das Freikorps Lichtschlag in Bewegung und erreichte am frühen Morgen des 15. Februars Dorsten. Dort waren inzwischen bewaffnete Bergarbeiter aus dem westlichen Ruhrgebiet eingetroffen. Das Freikorps eroberte Dorsten im Laufe des Tages nach heftigen Maschinengewehrgefechten zurück. Das Blutbad wurde in der SPD-Presse wie in bürgerlichen Zeitungen einseitig den Spartakisten angelastet (VBB 20. 2. 19: Das Schlachten in Hervest-Dorsten).

Noch während das Freikorps vorrückte, hatte die Konferenz der AuSR in Essen beschlossen, zum Generalstreik aufzurufen, falls die Truppen nicht bis zum 17. Februar zurückgezogen würden. Solange wollten die Linksradikalen und Syndikalisten aber nicht warten. Sie preschten vor und riefen bereits am 16. Februar in Mülheim den Generalstreik aus (F-MH 19. 2. 19). Die für den 18. Februar erneut einberufene Rätekonferenz in Essen fand unter Tumulten statt. Da der Generalstreik sich gegen die Reichsregierung richten sollte, zog sich die SPD-Fraktion aus der Konferenz zurück. Zugleich schieden ihre Mitglieder aus der Neunerkommission aus. Die Verbliebenen beschlossen den Generalstreik (F-MH 20. 2. 19). „Spartakus erpreßt Streiks", titelte die WAVZ und mutmaßte: „In Berlin, Bremen und Weimar hat Spartakus das Spiel verloren, nun hat er sich unseren Industriebezirk als Operationsgebiet ausgesucht" (19. 2. 19). Die Bergarbeitergewerkschaften hatten schon am Vortag in einem Aufruf versucht, die Bergarbeiter gegen den Generalstreik einzunehmen. Zugleich „ersuchten" sie die Regierung „im Auftrag des überwiegend großen Teils der Belegschaften dringend, unverzüglich die geeigneten Maßnahmen zur Aufrechterhaltung der Ruhe und Ordnung zu treffen" (WAVZ 18. 2. 19). Die Konferenz beendete die seit Mitte Januar andauernde Zusammenarbeit aller sozialistischen Parteien im Ruhrgebiet. Darüber hinaus wurden die Bruchlinien zwischen den Gewerkschaften und ihren Mitgliedern deutlich, die andere, ihrem Alltag nähere Ziele verfolgten.

Die Berichterstattung in den Zeitungen über die nun folgenden Streikaktionen war nicht unparteiisch, wie die „Freiheit" am 19. Februar feststellte: „In

---

65   Reininghaus, Revolution (wie Fn. 17), S. 80 f.
66   Vgl. Erhard Lucas, Blockierte Demokratisierung der Revolutionszeit in Dorsten, Hervest und Holsterhausen, in: Vestische Zeitschrift 90/91 (1991/92), S. 177–230.

der bürgerlichen Presse werden über die Vorgänge entstellte Berichte gebracht, die eigentlichen Ursachen des Streiks werden geflissentlich verschwiegen, dafür versucht man den Lesern einzuflüstern, man habe es lediglich mit spartakistischen Putschen zu tun" (F-MH 19. 2. 19: Der Generalstreik). Diese Aussage gilt jedoch auch für die SPD-Presse und die „Freiheit" selbst. Die Parteigebundenheit aller Zeitungen im Ruhrgebiet macht es schwer, bis zu den Motiven der streikenden oder auch nicht-streikenden Bergleute vorzudringen. Bei den von ihnen verfassten Leserbriefen wissen wir nicht, ob sie nicht von Gewerkschaften veranlasst oder beeinflusst wurden. Die Stimme eines ehemaligen Bergmanns klang gerade deshalb authentisch, weil er nicht auf der Gewerkschaftslinie lag. Otto Wohlgemuth gilt heute als einer der bedeutendsten Repräsentanten der Arbeiterdichtung des Ruhrgebiets.[67] Am 15. Februar veröffentlichte er im Bochumer „Volksblatt" einen kleinen Beitrag „Wie denken die Bergleute über die Kohlennot?" Wohlgemuth beschrieb den Kräfteverfall der Bergleute während des Kriegs durch lange Überstunden und durch schlechte Ernährung: „Und dann kam die Revolution. Überall wehte der frische Wind der Befreiung vom Joch. Nur in der Kohlenwelt, tief unten, blieb alles, wie es war. Auch wir wollen endlich nicht mehr hungern, wollen mehr Freude, mehr Licht".

Die Parole vom Generalstreik griffen in Gelsenkirchen die Kommunisten auf. Sie forderten die Bergleute am 17. Februar durch Flugblatt auf, solange in den Ausstand zu treten, „bis Noskes Bluthunde aus Rheinland-Westfalen hinaus sind".[68] Sie übernahmen die Forderungen der Mülheimer Konferenz, u. a. die Beendigung des Militarismus, die Beseitigung der Regierung Ebert-Scheidemann, die Bewaffnung der Arbeiterschaft und das Verbot der bürgerlichen Zeitungen während des Streiks. Die Gelsenkirchener USPD mit dem Vorsitzenden des AuSR Woczek trat dem Aufruf zum Generalstreik bei, modifizierte aber die politischen Forderungen der Kommunisten.[69] Nicht mehr der Sturz der Regierung Ebert-Scheidemann stand jetzt im Vordergrund, sondern die Durchsetzung des Sozialismus: „Ohne Sozialismus kein Entrinnen aus der kapitalistischen Knechtschaft! Ohne Sozialismus keine Rettung aus dem täglich größer werdenden Elend!" Der Streikaufruf wurde nicht von allen Belegschaften befolgt. Es gelang den Aufständischen zunächst nur, einzelne Zechen mit Gewalt

---

67 Zu ihm vgl. u. a. Anita Overwien-Neuhaus, Mythos, Arbeit, Wirklichkeit. Leben und Werk des Bergarbeiterdichters Otto Wohlgemuth, Köln 1986. Zur Bitterkeit, die aus seinen Worten spricht, vgl. auch Tampke (wie Fn. 21), S. 148. Eine ähnliche Zuschrift ist in der WAVZ am 13. 3. 19 zu finden.

68 GAZ 18./21. 2. 19; Spethmann, Ruhrbergbau (wie Fn. 23), S. 214.

69 Spethmann, Ruhrbergbau (wie Fn. 23), S. 214 f. Dieses undatierte Flugblatt muss am 18. oder 19. Februar entstanden sein.

stillzulegen. Die Zechenwehren und die Gelsenkirchener Sicherheitswehren übernahmen den Schutz der arbeitswilligen Belegschaften. Am 18. Februar wandten sich SPD und Bergarbeiterverbände mit einem Aufruf über die Zeitungen in Gelsenkirchen wie in Dortmund und Bochum an die Belegschaften, „sich nicht zu unklugen Schritten verleiten zu lassen und ruhig an der Arbeit zu bleiben" (GAZ, GZ, VBB und WAVZ, alle 18. 2. 19).

Wie viele Bergarbeiter in Gelsenkirchen tatsächlich in den Streik traten, lässt sich nicht sicher sagen. Nach Aussagen der bürgerlichen und der SPD-Presse in Gelsenkirchen und Bochum standen die meisten Bergarbeiter auf Seiten der SPD und der Verbände. Nach Auswertung der Bergamtsakten kam Stefan Goch dagegen zu dem Schluss, dass auf dem Höhepunkt am 20. Februar in Gelsenkirchen fast alle Bergarbeiter in den Streik getreten waren. Am 19. Februar hatte die von der SPD kontrollierte Sicherheitswehr in Gelsenkirchen elf als Spartakisten bezeichnete Personen verhaftet. Nach einer Demonstration zur Freilassung der Verhafteten vor dem Gericht versuchte der Anführer der Demonstranten eine Handgranate zu zünden. Er selbst und weitere zehn Personen starben, als das Rathaus gestürmt werden sollte. Im Nachgang zu dieser „Schlacht von Gelsenkirchen" (VBB 22. 2. 19) wurde der Soldatenrat aufgelöst, weitere Kommunisten festgenommen und der Vorsitzende des Arbeiterrats Woczek (USPD), angeblich auf eigenen Wunsch, in Schutzhaft genommen. Die Mitglieder der USPD verließen den Arbeiterrat, der unter alleiniger Beteiligung der SPD neu gebildet wurde. Als Ergebnis der Unruhen wurde die Stadtverordnetenwahl in Gelsenkirchen auf den 2. März verschoben (GZ und GAZ 21./22., 26. 2. 19).

Im Stadtkreis Dortmund sprachen sich die Bergarbeiter mit 570 gegen 20 Stimmen gegen den Streik aus (WAVZ 21. 2. 19). Allerdings eskalierte die Situationen in einigen Zechen des Landkreises Dortmund. In Ickern, Mengede und Lünen griff die Dortmunder Sicherheitswehr ein; auf Zeche Mont Cenis in Sodingen streikten schon seit dem 15. Februar zwei Drittel der Belegschaft. Die Mülheimer „Freiheit" nahm dies zum Anlass für eine neuerliche Attacke auf Mehlich: „Das Königreich Ernst des Ersten wackelt" (21. 2. 19). Im südlich von Dortmund gelegenen Landkreis Hörde blieb es weitgehend ruhig, nachdem eine Sicherheitswehr am 18. Februar verhindert hatte, ein Waffenlager zu stürmen.[70]

In Bochum war die Lage vom 16. bis zum 19. Februar unübersichtlich.[71] Die Ergebnisse der Mülheimer Konferenz waren hier noch am gleichen Abend

---

70 Die Berichterstattung in den Zeitungen bietet keinen vollständigen Überblick; vgl. Marßolek, Sozialdemokratie (wie Fn. 18), S. 285; WAVZ 15. 2., 18. 2., 21. 2., GA DO 21. 2., Tr DO 22. 2. 19.

71 Spethmann, Ruhrbergbau (wie Fn. 23), S. 233–235; VBB 19.–22. 2., WAVZ 21. 2. 19.

bekannt geworden, als auf einer Kundgebung auf dem Kaiser-Friedrich-Platz ein USPD-Mitglied erklärte, die Errungenschaften der Revolution dürften nicht durch den Einmarsch von Regierungstruppen gefährdet werden. Die linken Opponenten riefen auf, die öffentlichen Gebäude und die Zeitungen zu besetzen und sämtliche Zechen notfalls mit Gewalt stillzulegen. Einige Zechen wurden besetzt, auch konnte am Abend des 17. Februar die Straßenbahn für mehrere Stunden stillgelegt werden. Ob die Abstimmung auf Zeche Präsident für alle anderen Zechen repräsentativ war, ist offen. Dort stimmen 140 Bergleute für den Streik, 450 aber dagegen. Auch die Metallarbeiter beim Bochumer Verein entschieden sich dafür, nicht zu streiken (BOAnz 19. 2. 19). Am Morgen des 19. Februar ereignete sich ein Blutbad, als die Belegschaft von Ver. Engelsburg an der Arbeitsaufnahme gehindert wurde. Im Laufe dieses Tages stabilisierte der AuSR die Sicherheitswehr und ließ Regierungstruppen nach Bochum kommen, die am Morgen des 20. Februar das zentrale Streikbüro sowie alle öffentlichen Gebäude mit Schutzposten besetzten. Der AuSR erklärte, er habe bewusst dafür gesorgt, dass die Truppen nach Bochum einrücken, um weiteres Blutvergießen zu vermeiden (MS 20. 2. 19). Als Folge dieser Ereignisse schieden die USPD-Mitglieder aus dem Arbeiterrat aus. Aus Sicht der Mülheimer „Freiheit" entpuppte sich die Bochumer SPD neben der Dortmunder als Hauptgegner im Ruhrgebiet. „Wo die Hue und Sachse herrschen", ist „das schmierigste sozialdemokratische Blatt [...] das ‚Volksblatt' und das schäbigste Gewerkschaftsorgan, die ‚Bergarbeiter-Zeitung'," zu Hause. Sie kratzte am Status der populären SPD- und Gewerkschaftsführer und bezweifelte „die Gottähnlichkeit eines Sachse, Hue oder Husemann" (F-MH 22. 2. 19).

Der Generalstreik uferte seit Mitte Februar endgültig zum „Bürgerkrieg im Ruhrrevier" aus (VBB 22. 2. 19). Die Stillegung von Zechen und Industriebetrieben mit Waffengewalt und die Vertreibung der Aufständischen durch Freikorps oder reguläre Truppen führten oft zu tagelangen Kämpfen um öffentliche Gebäude. Am schlimmsten war Bottrop betroffen, das Kommunisten am 17. Februar vergeblich und dann am 19. Februar erfolgreich in ihre Hand brachten.[72] Nach drei Tagen verließen sie den Ort wieder, aber ihre kurze Herrschaft hatte Angst und Schrecken verbreitet. Der Rückzug der Kommunisten aus Bottrop war bereits Ergebnis der Verhandlungen, die am 21. Februar in Münster aufgenommen worden waren. Der nationalliberale Essener Oberbürgermeister Luther hatte Gespräche zwischen dem AuSR Essen und dem Generalkommando in Münster vermittelt. Ein erstes, noch provisorisches Resultat des gleichen Tages

---

72 Zum Ablauf des Geschehens in Bottrop vgl. Tampke, Ruhr (wie Fn. 21), S. 135–137; Reininghaus, Revolution (wie Fn. 17), S. 61–63; VBB 22. 2., GAZ 20.,22., 28. 2. 19.

schloss die sofortige Räumung von Bottrop ein und sah in den Hauptpunkten den Rückzug der Regierungstruppen hinter eine Linie nördlich der Lippe vor bei sofortigem Abbruch der Streiks. Das Essener Streikkomitee stimmte diesen Vereinbarungen mehrheitlich zu. Vor allem die USPD sprach sich für sofortigen Abbruch der Streiks aus, während die Kommunisten weiter streiken wollten (Bergknappe, 5. 3. 19). Der ausgehandelte Kompromiss, der so nach der Härte der Auseinandersetzungen nicht zu erwarten gewesen war, wurde am 22. Februar von beiden Seiten definitiv angenommen. Die Streiks bröckelten in den nächsten Tagen ab. In Gelsenkirchen wurden die Streiks am 24. Februar offiziell beendet. Die dortige Streikleitung gestand ihre Niederlage ein (GZ 25. 2. 19; GAZ 25.–27. 2. 19). Sie führte den Streikaufruf auf die Beschlüsse der Mülheimer Konferenz zurück und stellte im Nachgang selbstkritisch fest, „daß unsere Führer sich der vollen Verantwortlichkeit ihres Handelns nicht bewußt waren. Sie sind nicht in der Lage, ihre Versprechen zu erfüllen". Am 26. Februar gingen 95 % der Zechenbelegschaften wieder zur Arbeit (GAZ 27. 2. 19). Nur in Hamborn dauerten die Streiks bis zum 10. März an.

Nach der vorübergehenden Beruhigung der Lage im Ruhrgebiet ließ das Generalkommando in Düsseldorf das Korps Lichtschlag am 28. Februar einmarschieren.[73] Im AuSR übernahm anstelle der KPD ein Bündnis aus USPD und SPD die Macht. Bei den Neuwahlen des AuSR im März zeigte sich die Stärke der USPD, die 45 % der Stimmen erhielt; nur 12 % entfielen auf die SPD.

Sofort nach Streikende setzten Versuche ein, die Geschehnisse zu verarbeiten. In Dortmund bot dazu eine Vollversammlung der AuSR der Stadt- und Landkreise Dortmund und Hörde am 21. Februar die Gelegenheit.[74] Die Protagonisten Mehlich und Meinberg prallten dabei heftig aufeinander. Mehlich betonte erneut die Gefahren, die vom Linksradikalismus ausgingen, und war „wegen einer Gegenrevolution von rechts weniger besorgt [...] Nur Arbeit kann uns aus Elend und Not erretten". Meinberg wehrte sich gegen den Vorwurf, ein Spartakist zu sein, und erklärte, es müsse Schluss sein mit dem Terror einer Minderheit: „Gewalt müsse mit Gewalt begegnet werden" (WAVZ 21. 2. 19). Auf dieser Sitzung legte die SPD-Mehrheit der Versammlung fest, zu den Neuwahlen im AuSR im März nur solche Organisationen anzuerkennen, die „auf dem Boden der Nationalversammlung stehen und die gesetzmäßige Regierung der deutschen Republik anerkennen". Damit sollten linke USPD-Leute und Kommunisten ausgeschlossen werden, die sich an den Wahlen nicht beteiligten. Die Rechtmäßigkeit

---

73   Lipski, Arbeiter- und Soldatenrat (wie Fn. 28), S. 100–113; Nolan, Social Democracy (wie
     Fn. 28), S. 295.
74   Marßolek, Sozialdemokratie (wie Fn. 18), S. 278.

dieser Maßnahme bestritten USPD und KPD (GA DO 15./17. 3. 19). Die Mülheimer „Freiheit" drehte den Spieß um, berichtete vom „mehrheitssozialistischen
Terror" und fragte „Warum ist Mehlich Volkskommissar der Republik Dortmund?" (F-MH 19. 3. 19).

Der Krisenbewältigung diente dann am 22. Februar eine Volksversammlung
auf dem Fredenbaum. Der AuSR und der Dortmunder Bürgerausschuss protestierten gegen die fortgesetzte Hungerblockade durch die Entente.[75] Die Allianz
zwischen dem SPD-geführten AuSR und dem Bürgertum hatte symbolische
Bedeutung, weil sie neben der Außenpolitik innenpolitische Ziele verfolgte, wie
die gemeinsame Entschließung zeigte: „Dem Bolschewismus kann Deutschland
und die gesamte Kulturwelt nur entrinnen, wenn der Aufhebung der Hungerblockade unverzüglich ein Frieden folgte", der Deutschland territorial nicht
schmälere, „sondern einen Boden der Gerechtigkeit" schaffe (WAVZ 22. 2. 19).

8. Konfliktreicher Revolutionsausklang März/April 1919

Das Ende der Sozialisierungsbewegung Ende Februar verschaffte dem Ruhrgebiet nicht die von vielen erhoffte Ruhe; es gärte weiter. Nach den Streiks
gewann „das Interesse der aufgewühlten Belegschaften an der Arbeitszeitfrage
wieder die Oberhand".[76] Nach etwas mehr als einem Monat brach deshalb eine
neue Streikwelle aus, die sich zu einem Generalstreik mit noch höherer Beteiligung als im Februar über das gesamte Ruhrgebiet ausbreitete. Er dauerte nicht
nur bis weit in den April, sondern hatte langfristige Auswirkungen auf Politik,
Parteien und Gewerkschaften weit über das Ruhrgebiet hinaus und vertiefte die
bereits bestehenden Gräben.

Auswirkungen hatten die Februar-Streiks auch auf die Kommunalwahlen.
Mit guten Gründen erklärte sie der „Bochumer Anzeiger" (1. 3. 19) als mindestens genauso wichtig wie die zur NV und zum Landtag, ging es doch um eine
neue Ausgestaltung der Kommunalpolitik. Das Dreiklassenwahlrecht hatte bisher die SPD, aber auch das Zentrum benachteiligt. Der Wahlaufruf der SPD in
Dortmund am Tag vor der Wahl stellte diesen Aspekt in den Vordergrund: „Für
freie Volksherrschaft gegen Klassenkampf" (WAVZ 1. 3. 19). SPD und Zentrum

---

75   Vgl. Anne Roerkohl, Hungerblockade und Heimatfront. Die kommunale Lebensmittel-
     versorgung in Westfalen während des Ersten Weltkriegs, Stuttgart 1991; Maria Perrefort,
     Aufruhr im Ruhrgebiet – sozialer und politischer Protest im Ersten Weltkrieg, in: An der
     „Heimatfront" – Westfalen und Lippe im Ersten Weltkrieg, Münster 2014, S. 148–169.
76   Tschirbs, Tarifpolitik (wie Fn. 27), S. 62.

stritten sich unverändert in dem kurzen Wahlkampf seit Ende Januar, der von den bürgerkriegsähnlichen Verhältnissen im Ruhrgebiet überschattet war. Die Parteien fanden kaum Zeit, eigene kommunalpolitische Zielvorstellungen zu entwickeln. Bei der SPD in Dortmund standen Fragen der Fürsorge für Kriegsbeschädigte, der Wohnungsbau und die Wirtschaftspolitik auf der Agenda. Hier entwarf einzig die DDP ein ausgefeiltes Programm für eine demokratische Gemeindepolitik, in dem die Hebung und Förderung des Lebensstandards der besitzlosen Klassen und die weitestgehende Selbstverwaltung der Gemeinde auch in der Steuerpolitik vorne standen.[77] Das Zentrum tat sich – wie gesehen – schwer mit diesen Wahlen und musste erst lernen, dass Kommunalpolitik nicht frei von Parteipolitik war und auch von einer christlichen Partei gestaltet werden konnte (Tr DO 28. 1., 20. 2. 19).

Unter solchen Auspizien bot der Ausgang der Wahlen vom 2. März einige Überraschungen. Die Wahlbeteiligung ließ überall zu wünschen übrig. Hatten sich bei den Preußenwahlen noch durchweg über 80 % an den Wahlen beteiligt, so gingen diesmal nur knapp über 60 % zu den Urnen. Auch die Terminierung auf den Karnevalssonntag schreckte offenbar Wähler ab: Es habe „Fastnachtsstimmung, keine Wahlstimmung" gegeben (Tr DO 3. 3. 19). Ein wichtigerer Grund für die sinkende Wahlbeteiligung aber waren die zwei vorangegangenen Wahlen. „Jeder neue Wahlgang hat die Wahlmüdigkeit vermehrt" (DO T 3. 3. 19). Die Ergebnisse in den einzelnen Städten des Ruhrgebiets zeigten einige Gemeinsamkeiten: Aus Zentrumssicht war das Ergebnis eine positive Überraschung. Es ist „anders ausgefallen, als es noch vor kurzem den Anschein hatte. Die Sozialdemokratie, die darauf gerechnet hatte, den Schlußstein unter das Werk der Revolution zu legen und ihre Herrschaft auch in der Gemeinde aufzurichten, hat sich schwer enttäuscht gesehen" (WVZ 4. 3. 19: Die Gemeindewahlen in Rheinland und Westfalen). Nur in kleineren Industriegemeinden gewann die SPD die absolute Mehrheit. In den Industriegroßstädten musste sie sich in der Regel damit begnügen, „eine starke Anzahl von Vertretern in die Gemeindeverwaltung" zu entsenden, „ohne daß es ihr möglich ist, die kommunalen Geschicke nach Belieben und zum Vorteil der sozialistischen Parteiorganisation zu bestimmen". Aus Sicht ihrer Gegner hatte sich die SPD „im ersten Rausche der Revolution in Bezug auf die Werbekraft der sozialdemokratischen Ideen allzu überschwänglichen Hoffnungen hingegeben". Für den Rückgang der SPD-Stimmen machte der „Bochumer Anzeiger" direkt den „Spartakistenunfug" verantwortlich: „Derartige Vorkommnisse stärken Kreise, die für die Aufrechterhaltung der Autorität sind" (BOAnz 3. 3. 19).

---

77 Marßolek, Sozialdemokratie (wie Fn. 18), S. 276 nach DO T 3. 2. 19 und GA DO 20. 2. 19.

In *Bochum* wurde die SPD (35,4 %) sogar vom Zentrum (37,6 %) überflügelt. Bei der Wahl zur NV hatte die SPD noch 10 % vor dem Zentrum gelegen. Die Wahlverbindung DNVP/DVP lag mit 18,0 % abgeschlagen auf Platz 3, die DDP erreichte nur 4,6 % und lag damit nur knapp vor der Polenpartei, die 4,3 % erzielte. „Die Polen haben schlecht gewählt", kommentierte das „Volksblatt" und meinte damit, dass sie ihr Potenzial nicht voll ausgeschöpft haben (3. 3. 19). Im Unterschied zur NV- und Preußenwahl waren die Polen in Bochum auf kommunaler Ebene angetreten – im Gegensatz zur USPD, die in Bochum und in Dortmund fehlte. Das Zentrum begründete in Bochum seinen Sieg durch den Umstand, es habe sich „als das feste Bollwerk gegen die sozialdemokratische Sturmflut" und „die einzige Partei erwiesen, der die zersetzenden Einflüsse des Umsturzes nichts anhaben konnten" (WVZ 3. 3. 19).

In *Dortmund* sah sich die SPD trotz ihrer Einbußen als Wahlsiegerin. Mit 41,4 % der Stimmen bildete sie zwar künftig die stärkste Fraktion in der Stadtverordneten-Versammlung, doch hatte sie gegenüber der NV-Wahl 6,6 % und absolut über 18 000 Stimmen eingebüßt. Am Tag nach der Wahl spekulierte sie weiterhin auf eine linke Mehrheit, falls sie die DDP und die kleine Gruppe der Angestellten auf ihre Seite brachte (WAVZ 3. 3. 19). Harsch ging die zentrumsnahe „Tremonia" mit der SPD ins Gericht. Wohl habe das Zentrum 3000 Stimmen verloren, aber relativ mit 30,1 % gegenüber der Wahl am 19. Januar um 5 % zugelegt. Das Zentrum analysierte, nur die neu eingemeindeten Vororte Brackel, Ewig und Dorstfeld hätten „die Regierungspartei ‚herausgehauen'" (Tr DO 4. 3. 19). Außerdem sei „es durchweg viel leichter, gegen die bürgerliche Mehrheit und den Kapitalismus zu wettern, als bessere Arbeit zu leisten". Zwar habe das Zentrum nicht sein volles Wählerpotenzial ausgeschöpft, doch sei die Kandidatenliste des Zentrums die beste aller Parteien gewesen und habe „Volkstümlichkeit" repräsentiert (Tr DO 4. 3. 19). Das Zentrum legte wie bei den vorangegangenen Wahlen Wert darauf, eine möglichst breite Mischung aller Berufe auf den Kandidatenlisten stehen zu haben. Das liberale „Dortmunder Tageblatt" leitete aus dem Wahlausgang ab, dass „das sogenannte Bürgertum […] die Mehrheit im Dortmunder Stadtverordneten-Parlament behalten" habe (3. 3. 19 A). Rein rechnerisch stimmte das, denn die DVP (14,0 %), DDP (6,2 %), die Wählergemeinschaft der Angestellten (5,0 %) und die DNVP (3,0 %) besaßen zusammen mit dem Zentrum eine strategische Mehrheit gegenüber der SPD. Deren Pragmatismus ließ sie wahrscheinlich dem Leitspruch dieser Zeitung für die künftige Kommunalpolitik zustimmen: „Nicht Revolution, sondern Evolution wird die Arbeitssignatur […] sein".

Der Stadtkreis *Gelsenkirchen* hatte die Wahl wegen der Februarunruhen auf den ersten Märzsonntag verlegt, aber in seinem Umland wurde wie geplant

am 23. Februar gewählt (GAZ 24. 2. 19). Im Amt Wanne lag die Polenpartei, die
zu den beiden früheren Wahlen nicht angetreten war, deutlich vor dem Zentrum und der SPD. In Wattenscheid errang die SPD zwar die relative, aber nicht
die absolute Mehrheit; ähnlich erging es ihr in den Zechengemeinden Leithe
und Höntrop. Für die Wahl in Gelsenkirchen selbst hätte die SPD also gewarnt
sein müssen. Mit 57,5 % lag die Wahlbeteiligung hier niedriger als in Bochum
und Dortmund. Noch gewaltiger („geradezu niederschmetternd", GAZ 3. 3. 19)
waren die Stimmeinbußen der SPD; sie fielen höher aus als in den Nachbarstädten. Sie verlor gegenüber den Januarwahlen die Hälfte ihrer Anteile und
landete nur noch bei 25,5 % der Stimmen. In absoluten Zahlen hatte sie fast
25 000 Stimmen verloren. Dagegen konnte die USPD, die hier zur Kommunalwahl angetreten war, ihren Anteil auf 9,1 % steigern. Auch in den Nachbargemeinden Buer und Rotthausen wurde erst am 2. März gewählt. Hier erreichte
die USPD 29,1 % bzw. 24,5 %; sie lag damit in Buer vor der SPD (18,7 %). Diese
Zahlen belegen deutlich, dass die Februar-Ereignisse zu Lasten der SPD gingen.
Das Zentrum lag jetzt – wie in Bochum – mit 33,7 % vorne und wies absolut bei
einem Minus von 3000 Stimmen gegenüber den Januarwahlen die geringsten
Verluste auf. Die bei der Kommunalwahl getrennt auftretenden Parteien DVP
(12,3 %) und DNVP (4,2 %) bauten ihren gemeinsamen Stimmenanteil gegenüber den Januarwahlen (12,6 % bzw. 12,9 %) leicht aus. Die DDP stagnierte bei
4,2 %, während die Polenpartei in Gelsenkirchen besser abschnitt (6,9 %) als in
Bochum.

In allen Städten des Ruhrgebiets begann nach der Kommunalwahl bald „die
Parlamentarisierung der revolutionären Bewegung".[78] Bei der ersten Sitzung der
Stadtverordneten nach der Wahl waren in Gelsenkirchen die Tribünen vollbesetzt mit Anhängern aller Parteien (GAZ 15. 3. 19). Aus vielen Mitgliedern der
Arbeiterräte wurden Stadtverordnete. Die schlechten Wahlergebnisse der SPD
hatten unmittelbare Konsequenzen auf die Verwaltungsstrukturen der Kommunen. Die Oberbürgermeister von Bochum und Dortmund blieben im Amt, Gräfe
(Bochum) bis 1924, Eickhoff (Dortmund) bis 1933. Das Gelsenkirchener Provisorium an der Stadtspitze seit Jahresbeginn 1919 fand am 10. April ein Ende, als
von Wedelstaedt zum Oberbürgermeister gewählt wurde. Und noch eine weitere
Konsequenz hatten die Kommunalwahlen. Sie machten die AuSR nicht nur nach
Meinung der SPD obsolet. Die Kommunalparlamente galten jetzt als vom Volk
gewählte Organe, die nicht mehr kontrolliert werden brauchten. Damit war das
Ende der Räte im Mai/Juni 1919 vorprogrammiert.[79]

---

78   Goch, Arbeiterbewegung (wie Fn. 3), S. 237.
79   Vgl. Reininghaus, Revolution (wie Fn. 17), S. 82–86.

Wegen der Sozialisierungsbewegung im Januar und Februar waren die Arbeitszeitfragen im Ruhrbergbau zeitweilig in den Hintergrund gerückt. Sie blieben jedoch aufgrund der physischen Erschöpfung der Bergleute virulent und gewannen neue Brisanz nach dem Scheitern der Sozialisierungsbewegung. Der „Ersatzcharakter der arbeitszeitpolitischen Forderungen" kann nicht verkannt werden.[80] Die Forderung nach Einführung der Sechsstundenschicht kam auch deshalb auf, weil der Achtstundentag für alle übrigen Branchen die Bergleute relativ schlechter stellte. Die Bergarbeitergewerkschaften hatten immer die Sonderbehandlung des Bergbaus postuliert und sahen sich nun mit den Forderungen der eigenen Mitglieder nach einer Arbeitszeitverkürzung konfrontiert. Einige Belegschaften gingen so weit, eigenmächtig die Schichtzeiten zu reduzieren. So legte der Arbeiterrat Bottrop auf Drängen der Belegschaften der Zechen Prosper, Welheim und Rheinbaben ab 10. März eine siebeneinhalbstündige Schicht einschließlich der Ein- und Ausfahrt fest.[81] Als der „Alte Verband" am 16. März zu einer Konferenz mit den Arbeiterausschüssen und Betriebsräten nach Bochum einlud, wollte er eigentlich die Bergleute beschließen lassen, zu diesem Zeitpunkt von einer Schichtverkürzung Abstand zu nehmen.[82] Doch weigerten sich die Vertrauensleute, diesem Antrag zu folgen. Vielmehr beschlossen die Delegierten mehrheitlich einen stufenweisen Abbau der Achtstundenschicht auf eine sechsstündige Arbeitsdauer. Vom 1. April sollte eine siebenstündige Schichtzeit einschließlich Ein- und Ausfahrt gelten (VBB 18. 3. 19). Der Alte Verband sah sich deshalb gezwungen, in den anstehenden Verhandlungen mit dem Zechenverband die Schichtzeitfrage zu thematisieren.

In dieser Situation erreichte am 7. März Gelsenkirchen die Zuschrift eines Prominenten unter der Überschrift „Wir wollen arbeiten" (GAZ 7. 3. 19). Heinrich Mann versuchte, eine mittlere Position zwischen den Bergleuten, ihren Gewerkschaften und den Unternehmern einzunehmen: „Wir werden alle sehr viel arbeiten müssen, das steht fest; aber nicht wie früher, für einen Herrenstaat, sondern für einen Volksstaat, der unsere eigene Sache ist [...] Streiks werden nach wie vor den Arbeitern nützlich und jetzt sogar im Interesse des Staates sein". Aber es solle nur Streiks geben, die verantwortet werden können. Durch zu hohe Lohnforderungen dürfe man die eigene Arbeitskraft „nicht selbst lahmlegen". Vor allem solle man sich hüten, „auf einen nicht nachprüfbaren Glauben, genannt Kommunismus" zu setzen. Die Warnungen des Verfassers des „Untertan" fruchteten ebenso wenig wie die ähnlich klingenden Appelle des Gewerkschaftsführers Otto Hue.

---

80 Tschirbs, Tarifpolitik (wie Fn. 27), S. 62.
81 Spethmann, Ruhrbergbau (wie Fn. 23), S. 255 f.
82 Dörnemann, Politik (wie Fn. 27), S. 56–60; Tschirbs, Tarifpolitik (wie Fn. 27), S. 63.

Es war aber ein Ereignis außerhalb des Bergbaus, das die zweite große Streikbewegung im Ruhrgebiet auslöste. Seit dem 15. März fanden in Witten Lohnverhandlungen in der Metallindustrie statt.[83] Arbeiter demonstrierten deshalb
vor dem Rathaus. Bei erneuten Demonstrationen am 25. März ging es um die
Berichterstattung darüber in der zentrumsnahen „Wittener Volkszeitung", die
nach Meinung der Metallarbeiter verfälschend war. Sie wollten wissen, wer der
Gewährsmann eines Berichts über laufende Lohnverhandlungen aus der Vor-
woche war. Als die Polizei einschritt, eskalierte die Situation. 11 Tote und 31 Verletzte waren die Folge. Am Tag darauf traten fast alle Zechen in Witten, Bochum
und Dortmund in einen Solidaritätsstreik. An diesem 26. März führten die
Belegschaften von mehr als 20 Zechen die Sechsstundenschicht eigenmächtig ein
und setzten damit die Tarifpartner noch mehr unter Druck. Bei deren Verhandlungen am gleichen Tag vereinbarten sie für die Untertagearbeiter ab 1. April
lediglich eine Siebeneinhalbstundenschicht. Zu weiteren Zugeständnissen in der
Arbeitszeitfrage waren der Zechenverband und sein Vorsitzender Hugenberg
nicht bereit. Die Gewerkschaften verpflichteten sich im Gegenzug, ihren Einfluss
auf die Einhaltung dieser Vereinbarung auf allen Zechen des Ruhrgebiets geltend
zu machen.[84]

Für den 30. März hatte die Neunerkommission nach Essen eine Konferenz
der Schachtdelegierten des Ruhrgebiets einberufen. Da die Neunerkommission
nach dem Ausscheiden der SPD am 18. Februar nur noch von KPD- und USPD-
Mitgliedern besetzt war, warnte die SPD-Presse vor ihrem Besuch und riet dringend ab, Delegierte zu entsenden (WAVZ 26. 3. 19). Schon die Teilnahme von 475
Delegierten von 195 Schachtanlagen zeigt aber, dass diese Warnung verpuffte.
Die Delegiertenkonferenz beschloss, vom 1. April an in Generalstreik zu treten
und die Arbeit nicht eher wieder aufzunehmen, bis ihre Forderungen bewilligt
sind, u. a. die sofortige Einführung der Sechsstundenschicht, eine 25-prozen-
tige Lohnerhöhung und Anerkennung des Rätesystems. Auf der Konferenz konstituierte sich die „Allgemeine Bergarbeiter-Union" als Zusammenschluss aller
Bergleute, die in Räten organisiert waren. Dies kann nur als Kampfansage an
die „alten" Gewerkschaften verstanden werden, die sich aus Sicht der Delegierten in den Verhandlungen mit dem Zechenverband zu kompromissbereit zeigten. Gewählt wurde ein Zentralzechenrat, der die Neunerkommission ersetzte.[85]

Die vier Bergarbeiterverbände erklärten am 31. März, nicht generell Gegner der Sechsstundenschicht für die Untertagearbeit zu sein. Allerdings waren

83   WAVZ 27. 3. 19; VBB 26. 3., 28. 3. 19; GAZ 26. 3. 19; Tampke, Ruhr (wie Fn. 21), S. 151–153.
84   Spethmann, Ruhrbergbau (wie Fn. 23), S. 264.
85   WAVZ 2. 2. 19; GA DO 31. 1.,1. 2. 19; Dörnemann, Politik (wie Fn. 27), S. 61.

sie nicht davon überzeugt, „daß die plötzliche Einführung der Sechsstundenschicht in der gegenwärtigen Zeit für die deutsche Volkswirtschaft erträglich ist". Sie plädierten aus Verantwortungsbewusstsein gegen einen Streik und warnten „alle besonnenen Arbeiter sich an dem Generalstreik zu beteiligen".[86] Ihre Mitglieder hielten sich nicht an diese Weisungen. Sie wandten sich vor allem vom „Alten Verband" ab. Otto Hue stürzte dies in Verzweiflung. Er fragte sich am 1. April in einem Beitrag in der „Essener Arbeiter-Zeitung", der mehrfach nachgedruckt wurde (WAVZ 2. 4. 19): „Wann und wo endet das Trauerspiel?" Der Beitrag schließt: „Wer jahrzehntelang in Reih und Glied der Arbeiterbewegung mitgestritten, mitgelitten und mitgehofft hat, der sieht nun mit tiefstem Schmerz, wie der schon von Lasalle gegeißelte Unverstand drauf und dran ist, alles zu zertrümmern, was opferfreudige Genossen und Kameraden mühevoll aufgebaut haben". Sein Bild vom „entsetzlichen Selbstmord der Arbeiterklassen" übernahm sowohl die SPD- wie die bürgerliche Presse in den Wochen des Streiks, der immer größere Dimensionen annahm. Auf seinem Höhepunkt befanden sich am 10. April 70 bis 80 % der Bergleute im Ruhrgebiet im Ausstand. Die genauen Zahlen der Streikenden waren schon zeitgenössisch umstritten, sie schwanken zwischen 267 000 und 400 000.[87]

Die Reichsregierung reagierte sofort, als der Generalstreik ausgerufen war. Über das Ruhrgebiet wurde noch am 31. März der Belagerungszustand verhängt und durch Aufrufe in der Presse angekündigt, Regierungstruppen „in das Ruhrrevier" einrücken zu lassen, „um die Arbeiter und die Betriebsanlagen vor dem Terrorismus zu schützen" (BOAnz 1. 4. 19; WAVZ 2. 4. 19; GAZ 1. 4. 19). Der Belagerungszustand wurde am 5. April noch verschärft, denn auf einer zweiten Konferenz der Schachtdelegierten war am Vortag beschlossen worden, die Notstandsarbeiten ab dem 9. April einzustellen, falls die Forderungen der streikenden Bergarbeiter nicht bewilligt würden. Dies hätte dramatische wirtschaftliche Konsequenzen weit über das Ruhrgebiet hinaus gehabt, das massenhafte Absaufen von Zechen stand zu befürchten. Zugleich erkannten die Delegierten den „alten" Gewerkschaften das Recht ab, weiterhin für die revolutionären Bergleute zu sprechen. Sie provozierten damit den Zugriff der Regierungstruppen. Am 8./9. April rückten sie in Essen und Bochum ein – gegen schärfsten Protest des Arbeiterrats Bochum, der der Meinung war, seine Sicherheitswehr würde ausreichen, um Ruhe und Ordnung zu erhalten.[88] Am 7. April wurde der Bielefelder Sozialdemokrat Carl Severing zum Staatskommissar für das Gebiet

---

86   Spethmann, Ruhrbergbau (wie Fn. 23), S. 274 f.
87   Ebd., S. 279–283.
88   Ebd., S. 289.

des Generalkommandos VII.[89] Er war ermächtigt, alle politischen und militärischen Maßnahmen zu treffen, die er für richtig hielt. Severing schlug sein Quartier nicht in Essen, sondern in Dortmund im Gebäude der WAVZ und des SPD-Bezirks Westliches Westfalen in der Kielstraße auf. Dort stand ihm Mehlich als engster Mitarbeiter zur Verfügung. Severing verkündete in der Presse (WAVZ 9. 2. 19) sein Programm und seinen Auftrag, „Ruhe und Sicherheit im rheinisch-westfälischen Industriegebiet aufrechtzuerhalten". Dies wolle er nicht durch „gewaltsame Unterdrückung", sondern durch „Verständigung mit den streikenden Arbeitern" erreichen. „Als Arbeitervertreter" wollte er „zu den Arbeitern reden und als Arbeiter für die Arbeiter handeln". Severing entschärfte einige Bereiche des Belagerungszustandes und ließ die Truppen aus Bochum abziehen.

Unterdessen bewegten sich Zechenverband und Gewerkschaften mühsam aufeinander zu. Zugleich wurde die Reichsregierung eingeschaltet. Am 9. April trafen Zechenverband und Gewerkschaften in Anwesenheit von Reichsarbeitsminister Bauer und Severing in Essen zusammen. Sie fanden eine Kompromissformel, der die Vertreter des Zechenverbandes nur nach einer Intervention von Bauer zustimmten. Ab sofort sollte die Siebenstundenschicht gelten, die weitere Verkürzung der Arbeit sollte eine Kommission prüfen (BOAnz 11. 4. 19).[90] Damit war die Beendigung des Generalstreiks noch nicht erreicht. Zwar schaltete das Freikorps Lichtschlag die zentrale Streikleitung durch Verhaftung am 9. April aus, doch damit konnten die Bergleute zur Wiederaufnahme der Arbeit nicht überzeugt werden (BOAnz 12. 4. 19). Auch die mehrheitliche Annahme der Essener Ergebnisse durch die Vertrauensleute des Alten Verbandes am 11. April in Bochum half nicht viel; Otto Hues Gewerkschaft hatte dramatisch an Ansehen verloren. Viele Belegschaften weigerten sich, die Siebenstundenschicht anzuerkennen. Beispielhaft soll die Resolution angeführt werden, die die Belegschaft von Zeche „Graf Bismarck 1/4" in Gelsenkirchen am 11. April verabschiedete (GAZ 14. 4. 19): Sie forderte unbeirrt und unbeeinflusst von den Kompromissen der Tarifparteien u. a. eine Sechsstundenschicht und eine Lohnerhöhung von 25 %.

Severing reagierte auf den anhaltenden Widerstand mit einem geschickten Schachzug. Er ordnete die Verpflichtung zu Notstandsarbeiten in allen für die Erhaltung wichtigen Betrieben an. Wer sich weigerte, konnte verhaftet werden. Damit war die Möglichkeit gegeben, lokale Streikführer auszuschalten. Am 15. April wurden zudem die Teilnehmer der Schachtdelegiertenkonferenz, die von Essen nach Werden ausgewichen waren, vorübergehend

---

89 Zu Severing vgl. Thomas Alexander, Carl Severing – ein Demokrat und Sozialist in Weimar, 2 Bde., Frankfurt a. M. 1996.

90 Spethmann, Ruhrbergbau (wie Fn. 23), S. 302 f.

verhaftet (Tr DO 17. 4. 19). Severing gestattete eine Neuauflage dieser Konferenz am 17. April in Dortmund, bei der er selbst zeitweilig anwesend war (GA DO 18. 4. 19). Diese prokommunistisch ausgerichtete Konferenz hielt an der Sechs-stundenschicht und der Einführung des Rätesystems im Bergbau fest und wollte den Streik fortsetzen. Doch war die Streikbereitschaft der meisten Bergleute jetzt gebrochen. In den beiden Wochen nach dem 10. April zerfiel die Streikfront nach und nach. Ein „Zögern beim Abbruch des Streiks" stellte das Bochumer „Volks-blatt" am 15. April fest. In Gelsenkirchen war der Streik am 29. April beendet, am 2. Mai arbeiteten alle Schachtanlagen im Ruhrgebiet wieder.

Die Presse im Ruhrgebiet zog in der zweiten Aprilhälfte Bilanzen des Gene-ralstreiks, die pessimistisch gestimmt waren. Das Bochumer „Volksblatt" sprach am 19. April vom „dicken Ende", das noch komme, und sah Arbeitslosigkeit wegen Kohlenmangels voraus. Sie befürchtete, „daß die Bergleute durch ihr Vor-gehen dabei sind, sich ihr Ansehen und ihre Achtung im ganzen Lande zu zerstö-ren". Drei Tage später überschrieb es seinen Leitartikel „Der verlorene politische Streik" (22. 4. 19). Das Bochumer SPD-Blatt war darin nicht frei von Selbstkritik, weil man dem „Stoß einer kleinen Minderheit" gegen die Mehrheit nicht genug Widerstand entgegengesetzt habe. Wenn man irgendeine Gefahr für die Ergeb-nisse der Revolution befürchtet habe, dann von Seiten der alten Reaktion, aber nicht von Seiten der Bergleute. Diese seien als „Sturmkolonne" eingesetzt und von den Kommunisten missbraucht worden. Die zentrumsnahe Dortmunder Tremonia, die zwischenzeitlich von der „Streikseuche" (Tr DO 18. 4. 19) berich-tet hatte, stellte sich am 23. April die Frage: „Treiben wir dem Abgrund entge-gen?" In den Streikaktionen erkannte sie, wie u. a. auch Vertreter der christli-chen Gewerkschaft, den „Fluch des Individualismus" und sah das Bürgertum vor den Revolutionären zurückweichen. Sie verlangte „Mut und Entschlossenheit" sowohl von der Regierung als auch vom Bürgertum, um den Streiks ein Ende zu bereiten. Zum Schluss ging sie auf die Arbeiter zu, denn gegen fanatische Horden (gemeint waren Spartakisten) „sind die Bürger und Arbeiter natürliche Verbün-dete". Zentrum und SPD lagen in der Beurteilung also kaum noch auseinander.

9. Zusammenfassung

Ein abschließender Vergleich zeigt Ähnlichkeiten, aber auch Unterschiede zwi-schen den drei behandelten Ruhrgebietsstädten während der Revolutionsmonate 1918/19 auf. Die improvisierte Machtübernahme am 8./9. November verlief weit-gehend friedlich, aber nicht stereotyp. Der unmittelbare Anstoß kam in allen drei Fällen von außen, dann ergriffen schnell lokale Kräfte die Initiative. In

Dortmund und Bochum dominierte die SPD mit starker freigewerkschaftlicher
Unterstützung die AuSR. Formal waren die USPD in Dortmund bzw. die christlichen Gewerkschaften bzw. das Zentrum in Bochum beteiligt. In Gelsenkirchen
musste wegen der seit 1917 wachsenden Bedeutung der USPD ein Kompromiss
durch die Parität zwischen SPD und USPD gefunden werden. Die Differenz zwischen Dortmund und Bochum auf der einen Seite und Gelsenkirchen andererseits blieb bis in das Frühjahr 1919 hinein konstitutiv. Der Gelsenkirchener AuSR
verhielt sich wegen des Einflusses des USPD radikaler als der der Nachbarstädte.
Nur hier wurde der alte Oberbürgermeister abgesetzt, nur hier wurde ein Presseorgan des Zentrums wegen kritischer Äußerungen kurzzeitig geschlossen. Die
Belegschaften der Gelsenkirchener Zechen waren für Streikforderungen anfäl-
liger als im Osten des Reviers. Ein Wendepunkt in Gelsenkirchen war das Ausscheiden der USPD aus dem Arbeiterrat Ende Februar nach der ersten Streikwelle. Das verhinderte allerdings nicht das Überschwappen der zweiten Streikwelle im Bergbau, als nicht nur Gelsenkirchener, sondern auch Bochumer und
Dortmunder Zechen in den Ausstand traten. Die Unzufriedenheit der Bergleute
mit ihren Arbeitsbedingungen machte vor den Hochburgen der SPD und der
traditionellen Gewerkschaften nicht mehr Halt. Nur von außen, durch das Ausrufen des Notstands und den Einsatz von Truppen durch die Reichsregierung,
konnte die Lage stabilisiert werden.

Eine Radikalisierung wie in Düsseldorf während der Herrschaft von Spar-
takusbund/KPD im Januar und Februar erlebte das östliche Ruhrgebiet nicht.
Diese hing mit den besonderen Ausgangsbedingungen in Düsseldorf zusammen,
wo die von der Metall- und Rüstungsindustrie geschaffenen Strukturen heftig im
Konflikt lagen mit dem starken politischen Katholizismus. Ganz anders verlief
die Entwicklung in Hagen, wo ebenfalls die USPD nach der Revolution die lokale
Politik bestimmte. Hier kooperierte sie mit dem linksliberalen Oberbürgermeister und übte eine sehr pragmatische Herrschaft aus. Ihre führenden Kräfte waren
auf dem gemäßigten Flügel der Partei angesiedelt.

In Dortmund, Bochum und Gelsenkirchen spiegelten bereits die Kommunalwahlen Anfang März die Unzufriedenheit mit der SPD wider. Sie büßte überall
so viele Stimmen ein, dass sie künftig Bündnisse mit bürgerlichen Parteien eingehen musste. Die Hoffnungen, die die Januarwahlen noch gemacht hatten, zer-
stoben. Nach einer vorübergehenden Schockstarre hatten sich das Zentrum, aber
auch die Nationalliberalen in neuer Gestalt erholt. Gleichzeitig gewann die USPD
dort, wo sie wie in Gelsenkirchen antrat, nun Stimmen, die perspektivisch der
KPD zuflossen. Als Resultat bestimmte die Konstellation im März 1919 die weitere Kommunalpolitik im Ruhrgebiet während der Weimarer Zeit. Die SPD blieb
eine wichtige, aber keine unangefochtene Kraft in den Rathäusern. Die Grenzen

der SPD im Ruhrgebiet und darüber hinaus in der Provinz Westfalen zeigten sich auch in der mangelnden Fähigkeit, vom zentralen Ort Dortmund aus Einfluss auf den gesamten Bezirk Westliches Westfalen auszuüben. Der Geltungsanspruch endete dort, wo keine Kohle mehr abgebaut wurde. Weder im katholischen Sauerland noch im Münsterland außerhalb der von der Nordwanderung des Bergbaus erfassten Orte verdrängte die SPD das Zentrum als führende Partei in der Kommunalpolitik.

Die Ausschaltung des Generalsoldatenrats in Münster, die den militärischen Gegenschlag im Ruhrgebiet im Februar 1919 vorbereitete, musste die SPD widerstandslos geschehen lassen. Und selbst innerhalb des Ruhrgebiets musste die SPD Konkurrenz ernst nehmen. Die Katholiken standen unverändert hinter dem Zentrum, viele Protestanten bevorzugten DVP und DNVP. Die radikale Konkurrenz links von ihr wurde die SPD in der Weimarer Zeit nicht mehr los. Z. B. blieben in der Nachfolge von USPD-Hochburgen Teile des Ennepe-Ruhr-Kreises und Bottrop (bis in die frühe Bundesrepublik) Hochburgen der KPD; in Bergbausiedlungen wie Ickern (Kreis Dortmund) besaßen Syndikalisten eine starke Position. Die Teilung der Arbeiterklasse in rivalisierende politische Lager, die 1917 mit der Abspaltung der USPD begonnen hatte, verhärtete sich in gewalttätigen, bürgerkriegsähnlichen Auseinandersetzungen seit Februar 1919. Daran war die SPD keinesfalls unschuldig, denn sie nutzte jede Gelegenheit, um die Anhänger der USPD als Bolschewisten zu denunzieren. Als wahrscheinlich nicht beabsichtigte Nebenfolge musste sie im Ruhrgebiet die wachsende Radikalisierung der Bergarbeiterschaft in Kauf nehmen. Der neuerliche und noch viel blutigere Bürgerkrieg im Ruhrgebiet nach dem Kapp-Putsch im März und April 1920 war eine bittere Konsequenz der Unfähigkeit der SPD, aus dem Spaltungstrauma von 1917 zu lernen.

Die Komplexität der Verhältnisse im Ruhrgebiet in Berlin oder in Weimar zu vermitteln, war gewiss nicht einfach. Wie explosiv die Lage war, konnten Abgesandte aus Berlin seit Jahresende 1918 selbst erfahren. Umgekehrt berichteten die Vertreter des Ruhrgebiets in Berliner Gremien (und nach dem 6. Februar laufend in der NV) über den aufgestauten Zorn der Arbeiterschaft. Auf dem Ersten Rätekongress im Dezember wurde aber kaum über das Ruhrgebiet geredet, aber im Vollzugsausschuss des Zentralrats ließ Max König aus Dortmund seiner Unzufriedenheit über die Untätigkeit Berlins Ende Januar freien Lauf. Er „bedauerte die Lässigkeit der Regierung" in der Sozialisierungsfrage, wenngleich er keine Sozialisierung von Einzelbetrieben wollte.[91] Später kritisierte er

---

91   Eberhard Kolb/Reinhard Rürup (Bearb.), Der Zentralrat der deutschen sozialistischen Republik 19. 12. 1918–8. 4. 1919, Leiden 1968, S. 521–526.

die schwankende Haltung von Otto Hue, teilte jedoch dessen Überzeugung:
„Die Bergarbeiter wollen in erdrückender Mehrheit Arbeit, weil sie wissen, daß
von der Kohlenproduktion Sein oder Nichtsein abhängt".[92] Diese Überlegungen
stimmten aber Ende Februar mit der Alltagserfahrung und der Stimmung unter
den Belegschaften des Ruhrbergbaus nicht mehr überein. Die Bergleute interes-
sierten sich nicht für die volkswirtschaftliche Bedeutung ihrer Tätigkeit, sondern sie verlangten die Reduktion ihrer gemessen an der extremen Belastung
überlangen Arbeitszeit und gerechten Lohn. König als exponierter Vertreter der
SPD im Ruhrgebiet bereitete mit seiner Wahrnehmung aus Funktionärssicht
indirekt dem Einsatz des Staatskommissars Severing den Weg und verschärfte so
nur noch die bestehenden Konflikte. Die Revolution hatte im November 1918/19
im Ruhrgebiet eine soziale Dynamik ausgelöst, die ein halbes Jahr später nur
noch mit militärischer Gewalt zu bewältigen war.

---

92   Ebd., S. 689–672; vgl. Reininghaus, Revolution (wie Fn. 17), S. 65.

PETER STEINBACH

Die Revolutionsperiode 1918/19 in Köln

Historische Jubiläen machen bewusst, dass gedeutete Vergangenheit immer zugleich „das Kind der Gegenwart" ist. Dass auch vor 100 Jahren die unmittelbare revolutionäre Gegenwart den Blick auf die Geschichte und das historische Urteil prägen konnte, verdeutlicht ein anonymer Jubiläumsartikel in der Rheinischen Zeitung (künftig: RZ); dieser erinnerte nach Revolution, Wahlen zur Nationalversammlung (künftig: NV) und Regierungsbildung unter Scheidemann an die Revolution von 1848/49. Der Autor war bestrebt, deren Scheitern mit dem ihm nicht zweifelhaften Erfolg der Revolution von 1918/19 zu verknüpfen. Im deutenden Rückblick eines geschichtspolitisch versierten Journalisten wird das Scheitern der bürgerlichen Revolution von 1848 mit dem Verlauf der politischen Umwälzung von 1918/19 verglichen und geschichtspolitisch legitimiert: „Während die Revolution von 1848 im Zeichen des deutschen Bürgertums stand, steht die von 1918 im Zeichen des deutschen Proletariats. Und damit erweitern und vergrößern sich die Ziele, aus der rein politischen wächst die Revolution zur sozialen." Den gravierenden Unterschied zwischen den beiden Revolutionen identifizierte der Autor aber nicht allein durch den ausgebliebenen bzw. den 70 Jahre später behaupteten Erfolg der Umwälzung, sondern in der Möglichkeit, nunmehr ohne „blutige Gewalt" den „Fortschritt" zu sichern: „Nicht die Tatsache eines Kampfes auf Leben und Tod, nicht der rein physische Mut schafft für unsere Begriffe Helden, sondern die sittliche Berechtigung und das sittliche Ziel des Kampfes. Dieses ehren wir in den Märzkämpfern von 1848, und in der bewegten und zerwühlten Gegenwart erst recht" (RZ 20. 3. 19).

1. Warum Köln? – Zur Geschichts- und Zeitungslandschaft

Mit dem erwähnten Artikel der RZ rückt mehr als eine nur lokalhistorisch geprägte Deutungsperspektive in den Vordergrund. Sie ist für meinen Versuch bestimmend, den Verlauf der Revolutionsmonate von 1918/19 in einer durch den Katholizismus geprägten rheinischen Großstadt zu beschreiben, die bisher nicht im Zentrum der Revolutionsgeschichtsschreibung stand. Ihre Besonderheiten scheinen mit wenigen Namen und Begriffen charakterisierbar zu sein.

Man verweist auf die spezifische Prägung des rheinischen Katholizismus, auch
auf Oberbürgermeister Konrad Adenauer, betont die hervorgehobene Sonder-
stellung als Brückenkopf einer von den Westalliierten besetzten entmilitarisierten Zone und die separatistischen Bestrebungen, die Jahrzehnte später in der
Debatte über Adenauers Westorientierung und Westbindung noch einmal eine
Rolle spielen sollten. Im Folgenden wird die Dynamik der revolutionären Veränderung allerdings nicht aus diesem Vorverständnis interpretiert, sondern versucht, die Umbruchsituation zwischen Herbst 1918 und Frühjahr 1919 fast im
Tagesverlauf und im Mit- und Gegeneinander der Kölner Presse zu verfolgen. Als
deutender Chronist lässt man sich in diesem Fall auf die Zeit selbst ein, versetzt
sich in eine offene Situation, die ihren Ausgang noch nicht kennt.

Durch die britische Besetzung, die auch den entmilitarisierten rechtsrheini-
schen Brückenkopf umfasste, schien der Raum von der Entwicklung des Reiches
abgelöst. Die örtlichen Machtstrukturen erschienen durch die starke Stellung des
politischen Katholizismus und eine deutschnational-borussisch geprägte Bürger-
lichkeit eher als durch die Sozialdemokratie bestimmt, die allerdings den Reichstagswahlkreis Köln-Stadt 1912 knapp in der Stichwahl gewonnen hatte. Die
Revolution scheint einen lokalen Paradigmenwechsel einzuleiten, denn politisch
initiativ wird die RZ, die starke Stellung des Zentrums wird herausgefordert und
erschüttert. Sie erklärte sich durch tief verankerte konfessionelle Gegensätze, die
im heftig ausgetragenen Kulturkampf entstanden waren, der ein kräftiges regio-
nales Sonderbewusstsein förderte. Die im katholischen Bachem-Verlag erscheinende „Kölnische Volkszeitung" (= KVZ) galt in Köln als „Adenauer-Zeitung"
(RZ 19.12.18) und zugleich als wichtige überregionale Stimme des politischen
Katholizismus. Die nationalliberal orientierte „Kölnische Zeitung" (= KZtg)
sprach das politisch differenzierte Kölner Bürgertum an. Sie galt als eines der
wichtigsten deutschen Organe des Nationalliberalismus, spiegelte aber auch
konservative Positionen. Die KZtg war bereits in der Bismarckzeit zur Stimme
geworden, die gegen den politischen Katholizismus Stellung nahm. Die RZ hingegen spielte innerhalb des SPD-Spektrums keine herausragende Rolle, zählte
dort aber zu den auflagenstärksten Organen (1920: 75 000).[1] Sie übernahm häufig Positionen des „Vorwärts" und galt als Sprachrohr der rheinischen SPD, die in
den Freien Gewerkschaften verankert war.

Bis Ende Oktober 1918 hatten nur wenige über die Folgen eines fatalen
Kriegsausgangs für Staat und Gesellschaft nachgedacht, ohne die breite Stimmung beeinflussen zu können. Die Kapitulation konfrontierte die Menschen
mit einer zusammenbrechenden Ordnung, die dadurch zur „Welt von gestern"

---

1   Kurt Koszyk, Die Presse der deutschen Sozialdemokratie, Hannover 1966, S. 127.

(Stefan Zweig) wurde. Wie ging man damit um? Unter dem Eindruck der militärischen Kapitulation wurden die revolutionären Veränderungen an der Küste · und in Berlin erstaunlich wenig wahrgenommen und in den Kölner Zeitungen entsprechend knapp – wenn überhaupt – kommentiert. Exemplarisch wird dies deutlich mit der Einführung des Frauenwahlrechts am 12. November 1918: Ohne dass Schlagzeilen auf dieses Ereignis hingewiesen hätten, fand diese intensiv, über Jahre hinweg erkämpfte Ausweitung des Wahlrechts erstaunlich sang- und klanglos statt. Erst Wochen später fand sich in der RZ ein Artikel, in dem die Einführung des Frauenwahlrechts zwar nicht als Epocheneinschnitt gewürdigt, aber zumindest angesprochen wurde (2. 12. 18). Weitere Artikel widmeten sich vor allem dem Effekt dieses Wahlrechts und prognostizierten (zutreffend) positive Auswirkungen vor allem für die Zentrumspartei.[2]

In der Regel wird Köln heute mit dem Namen Adenauers[3] verbunden, seitdem er am 18. September 1917 zum Oberbürgermeister gewählt worden war. Köln zählte zu den deutschen Festungsstädten.[4] Die Vergangenheit der Bischofstadt Köln ist vor allem kirchengeschichtlich intensiv erforscht worden. Die moderne Stadtgeschichte hatte trotz der markanten Industrialisierung und der Bedeutung der Stadt als Verkehrsknotenpunkt deutliche Defizite.[5] Dabei wuchs die Bevölkerung Kölns zwischen 1882 und 1917 von etwa 150 000 Einwohnern auf etwa 610 000 an, dies als Folge von Industrialisierung und Binnenwanderung, aber auch der Eingemeindungen.

In gewisser Weise gilt die relative Vernachlässigung auch trotz hilfreicher Arbeiten für die Geschichte der Arbeiterbewegung Kölns.[6] Dabei ist zu

---

2　Die Einführung „weiblicher Wahllokale" diente vor allem der empirischen Überprüfung mancher Vermutungen, nicht aber, den Wählerinnen eine unbeeinflusste Stimmabgabe zu ermöglichen; RZ 13. 1. 19. Allg. Angelika Schaser, Zur Einführung des Frauenwahlrechts vor 90 Jahren am 12. November 1918, in: Feministische Studien 1 (2009), S. 97–110.

3　Vgl. Hugo Stehkämper (Hg.), Konrad Adenauer – Oberbürgermeister von Köln, Festgabe der Stadt Köln zum 100. Geburtstag ihres Ehrenbürgers, Köln 1976.

4　Gerhard Voigtländer-Tetzner, Die Festung Köln im August 1914, in: Volker Schmidtchen (Hg.), Festungsbau im 19. Jahrhundert, Köln 1990, S. 16–91.

5　Sehr hilfreich ist allerdings Thomas Mergel, Köln im Ersten Weltkrieg, in: Internetportal Rheinische Geschichte, abgerufen unter: http://www.rheinische-geschichte.lvr. de/Epochen-und-Themen/Themen/koeln-im-ersten-weltkrieg/DE-2086/lido/57d1365e 54c212.59206620. – Erst nach Fertigstellung dieses Textes war verfügbar: Ders., Köln im Kaiserreich 1871–1918, Köln 2018, worin der Abschnitt „Revolution in Köln?" (S. 486 ff.) aber nur wenige Seiten umfasst.

6　Manfred Faust, Krieg, Revolution, Spaltung. Die Kölner SPD 1914 bis 1920, in: Gerhard Brunn (Hg.), SPD in Köln, Köln 1986, S. 83–126; Manfred Faust, Sozialer Burgfrieden im Ersten Weltkrieg. Sozialistische und christliche Arbeiterbewegung in Köln, Essen 1992.

berücksichtigen, dass hier die Sozialdemokratie seit dem letzten Jahrzehnt des 19. Jahrhunderts eine beachtliche Stärke gewonnen hatte, wenngleich die Arbeiterbewegung im Bereich des Umlands („Köln-Land") wesentlich schwächer war. Prägend wird die Arbeiterbewegung nicht zuletzt in der Umgebung Solingens. Im Umland erstarkte die sozialdemokratische Linke. Dies wurde in der Revolutionszeit entscheidend für das Kräfteverhältnis von SPD und USPD, deren linker Flügel später mit anarcho-syndikalistischen und kommunistisch-spartakistischen Tendenzen kooperierte.

Die sozialdemokratische Arbeiterbewegung des Kölner Raumes artikulierte sich in der 1894 begründeten RZ. Diese Zeitung steht im Zentrum der folgenden Auswertung, weil es darauf ankam, die örtliche Dynamik der Revolutionsperiode zu erfassen. Die bürgerlichen Konkurrenzorgane reagierten zunächst überwiegend auf die politischen Veränderungen. Die Nationalliberale Partei stützte sich auf die KZtg, die älteste Zeitung Kölns. Sie galt nicht nur als gut informiert, sondern auch als regierungs- und staatsnah und hatte auf Reichsebene durchaus eine Funktion als Korrespondenzblatt. Zwar wurde ihre Position häufig in weltanschaulich nahestehenden deutschen Tageszeitungen referiert und diskutiert, doch war ihre Verankerung in der lokalen Gesellschaft mit der von RZ und der KVZ nicht zu vergleichen. Dennoch galt die KZtg als eine der führenden deutschen Tageszeitungen und erlangte mit vier Tagesausgaben und einer Auflage von 200 000 Exemplaren[7] überregionale Bedeutung; sie verstand sich als Organ der „Mitte", aber es schlugen sich in der KZtg auch sonst vor Ort wenig repräsentierte konservative Positionen nieder.[8] Im Laufe der Weimarer Republik stand die KZtg der DVP und der Position Stresemanns nahe.

Die KVZ erschien seit 1868 als Nachfolgeblatt der seit 1860 erscheinenden „Kölner Blätter" im Bachem-Verlag, der besonders eng mit der Zentrumsfraktion verbunden war. Sie entwickelte sich vor allem während des Kulturkampfes als Organ, dessen Artikel von anderen katholischen Tageszeitungen übernommen wurden. Insofern wurde die KVZ sehr einflussreich als Korrespondenz-Organ der katholischen Lokalpresse andernorts. Während des Krieges stieg die Auflage auf etwa 30 000 Exemplare, wobei zu berücksichtigen ist, dass im katholischen Milieu die mündliche Beeinflussung über die Kirche einen Multiplikator-Effekt bedeutete. Die Zeitung erschien bis zu dreimal täglich.

---

7   Manfred Pohl, M. DuMont Schauberg, Frankfurt a. M. 2009, S. 38; im Folgenden wird, da pro Tag bis zu vier Ausgaben erschienen, bei der KZtg die Nummer neben dem Datum aufgeführt, auch bei der KVZ wird so verfahren.

8   So wurden sehr oft die Positionen nationalliberaler und konservativer Redner nacheinander referiert und auch entsprechend rubriziert; Vgl. KZtg 989 v. 23. 10. 18 u. 1004 v. 27. 10. 18.

2. Vorzeichen des Umbruchs und deutsche Oktoberreformen

Vom unmittelbaren Kriegsgeschehen wurde Köln erst spät berührt.[9] Obwohl weit im Westen gelegen, war die Stadt erstmals am 24. März 1918 zum Ziel eines Bombardements geworden.[10] Vorboten einer Beunruhigung in der breiteren Bevölkerung schlugen sich in einer gewerkschaftlichen Protestversammlung nieder, die die Ernährungsfrage zum Gegenstand hatte (RZ 5. 7. 18). Als führende Sozialdemokraten sprachen der Metallgewerkschafter August Haas und als Vorsitzender der örtlichen SPD Wilhelm Sollmann, der wenige Wochen nach Kriegsende zum ersten Chronisten der „Kölner Revolution" werden sollte.[11]

Sollmann war mit seinen Eltern 1896 nach Köln zugezogen. Protestantisch erzogen und aus Coburg stammend, hatte er eine kaufmännische Lehre absolviert und sich als Gasthörer der Handelshochschule Köln wirtschaftliche Kenntnisse und historisches Wissen angeeignet. Er war überzeugter Abstinenzler, trat 1908 aus der Kirche aus, gehörte zuvor jedoch dem CVJM an, bis er 1907 die Freie Jugend als sozialdemokratischen Bildungsverein begründete. 1902 trat er der SPD bei, wurde 1911 erstmals Redakteur der RZ und kehrte nach einer Unterbrechung, die ihn in die Redaktion des „Fränkischen Volksfreundes" nach Würzburg führte, in die RZ-Redaktion zurück. Seit 1914 gehörte er dem Kölner Parteivorstand an, ein Jahr später wurde er Vorsitzender des Sozialdemokratischen Vereins im Wahlkreis Köln-Stadt. Er befürwortete zwar die Kriegskredite, stand aber zuvor eher dem linken Flügel der SPD nahe. Dieser linke Flügel der Partei war äußerst schwach, erst 1917 kam es zur Bildung einer Ortsgruppe der USPD, die im Herbst auf knapp 300 Mitglieder anwuchs. In den Betrieben hatten sich einzelne Sympathisanten der Spartakusbewegung zu erkennen gegeben, wurden aber ebenso wie die Anhänger der USPD an den Rand gedrängt. Im Sommer 1917 kam es jedoch zu größeren Streiks, an denen bis zu 20 000 Menschen beteiligt gewesen sein sollen.

Der revolutionäre Umbruch kündigte sich nur höchst verhalten an und illustriert die besonderen Ausgangsbedingungen des Revolutionsverlaufs in Köln.

---

9   Vgl. Heinrich Reuther, Köln im Ersten Weltkrieg, Hg. Gabriele Oepen-Domschky, in: Thomas Deres u. a., (Hg.), Köln im Kaiserreich, Köln 2010, S. 131–155; Volker Standt, Köln im Ersten Weltkrieg. Veränderungen in der Stadt und des Lebens der Bürger 1914–1918, Göttingen 2014.

10 Mario Kramp, 1914: Vom Traum zum Alptraum – Köln und der Beginn des Bombenkriegs in Europa, Köln 2014.

11 Wilhelm Sollmann, Die Revolution in Köln, November 1918, 20 S., vgl. RZ 30. 11. 18; ferner W. Sollmann, Revolutionsmärchen, in: RZ 6. 12. 18.

Die KZtg wie auch die KVZ konzentrierten sich im Oktober auf diplomatische und militärische Hauptereignisse, vernachlässigten aber weitgehend die örtlichen Verhältnisse. Sie blieben auf die Wilson-Note als „Schicksalsfrage" (KZtg 952 v. 12. 10. 18) und später auf die Kaiserfrage (KZtg 1026 v. 31. 10. 18) fixiert. Rechtsbürgerliche und Zentrum schienen wirklich nach wie vor „geblendet von dem strahlenden Glanz, mit dem die Waffentaten unserer ruhmreichen Heere vier Jahre lang die Welt erfüllt haben" (KZtg 933 v. 7. 10. 18). Die Zentrumspresse bekannte sich sogar noch entschiedener zum Kaiser (KVZ 821 v. 17. 10. 18). Borussisch geprägt[12], übersah die KZtg die Stimmungslage der Bevölkerung, die auf Mangelversorgung und Notlagen verwies, und zeichnete das Schreckbild einer bolschewistischen Herrschaft (940 v. 9. 10. 18). Sie beschwor mit dem deutschen Arbeitswillen vor allem das ungebrochene Vertrauen in die Führung (KZtg 920 v. 3. 10. 18).[13] Wichtig für die Bürgerlichen schien die Forderung, „einen Frieden in Ehren" zu erreichen (KZtg 944 v. 10. 10. 18).

Ein kritischer Rückblick und darin die Auseinandersetzung mit politischer Verblendung oder blindem Vertrauen wurde allerdings abgelehnt. Es sei „töricht, über Vergangenes nachzudenken", denn der „Augenblick" verlange „unsre ganze Kraft", nicht aber „Klage" und „Anklage" (KZtg 975 v. 18. 10. 18). Die KVZ übertraf diese Versuche, die Vergangenheit zu verklären, sogar um ein Vielfaches. Dieser Versuch, dem kritischen Rückblick zu widersagen, macht verständlich, weshalb andererseits die Sozialdemokraten immer wieder forderten, die Haltung der alten Führungsschichten rückblickend kritisch zu beurteilen und Konsequenzen für die Herausforderungen der Gegenwart zu ziehen. Überraschend dabei ist, dass die Sozialdemokratie wiederholt Fehler einräumte.

Insgesamt stand die Kölner SPD vor einer anderen Ausgangslage als die bürgerlichen Gegner. Auf einer der ersten großen Kölner Versammlungen, die sich der Ernährungsfrage widmeten, wurde Sollmann, der seit Frühjahr 1915 Mitglied der städtischen Lebensmittelkommission war, bereits im Sommer 1917 offen kritisiert. Dies war vielleicht die Folge der Ruhrepidemie und der zunehmenden Tuberkulose-Erkrankungen, später kam die Spanische Grippe hinzu. Die Versorgungslage war schlecht, geschwächte Organismen konnten sich in den „Seuchen" überdies wegen der prekären hygienischen Situation kaum behaupten.

---

12   „Preußen ist nicht nur ein Begriff [...] Preußen ist ein Gedanke, der einst der Geschichte der Völker den Stempel aufdrückte"; KZtg 956 v. 13. 10. 18.

13   Dieser Überzeugung entsprach, dass noch am 30. 10. 18 zur Zeichnung der Kriegsanleihe aufgefordert wurde. Ähnlich argumentierte die KVZ 796 v. 9. 10. 18. Vgl. zur Bedeutung beschworenen Vertrauens den Beitrag von Karl Heinrich Pohl, Revolution in Kiel?, in: Detlef Lehnert (Hg.), Revolution 1918/19 in Norddeutschland, Berlin 2018, S. 21–98, hier S. 25.

Im Sommer 1917 brach zudem ein Streik der Straßenbahnschaffnerinnen aus und lässt sich als Indikator einer entgleitenden Situation deuten. Unzufriedenheit und Streiks richteten sich nicht gegen die Mehrheits-SPD, die nach dem Tod des bisherigen Reichstagsabgeordneten Adolf Hofrichter am 14. 10. 1916 seit einer Burgfriedenswahl durch Jean Meerfeld vertreten wurde. Die bürgerlichen Parteien verzichteten, wie es in der Periode des „Burgfriedens" üblich war, auf einen Wahlkampf. So wurde Meerfeld von ca. 5 % der Wahlberechtigten gewählt, nur ein Wähler von 3094 hatte nicht für ihn gestimmt.

Die Kritik an den als zu gering eingeschätzten Leistungen der SPD-Vertreter in der Kommunalversorgung führte dazu, dass die Mitarbeit in der Selbstverwaltung in den Partei- und Volksversammlungen immer wieder gerechtfertigt werden musste (RZ 19. 9. 18). Die Diskussionen über die schlechter werdende Ernährungslage wurden offensichtlich immer erbitterter geführt. Sollmann rechtfertigte sein Verhalten in der Versorgungsfrage durch Sachzwänge, die er nicht beeinflussen könnte. Darin unterschied er sich von Haas, der als Gewerkschafter zumindest den Erwartungen der Zuhörer mehr entgegenkam und die „seelische Notlage" der hungernden und an den Rand der Kräfte gelangten Bevölkerung zunächst offensichtlich besser einzuschätzen verstand.

Der politische Systemwechsel hatte sich bereits am 2. Oktober 1918 in der Presse angedeutet, als am Tage vor der Ernennung des neuen Reichskanzlers Max von Baden prophezeit wurde, dass „ernste Tage" bevorstünden. Diese Erwartungen wurden „mit ungeahnten Entwicklungsmöglichkeiten" verknüpft, gaben also zum politischen Pessimismus keinen Anlass. Beklagt wurden allerdings nicht nur „Uninteressiertheit" und „sträflicher Fatalismus", sondern dass weite Volkskreise den „ungeheuren Ernst der Stunde […] nicht entfernt" erkennen würden. In dieser Bemerkung wird der Spagat zwischen der politischen Verantwortung für die Lebenslagen und der Kritik an den bestehenden Verhältnissen deutlich – und blieb auch in den folgenden Monaten bestimmend. In der RZ war zu lesen, dass die „Sozialdemokraten seit Kriegsbeginn unablässig […] die Auspowerung und Auswucherung des Volkes durch eigene Volksgenossen, die sträfliche Nichtachtung berechtigter Volkswünsche durch eine auf ihre Vorrechte ungeniert pochende Herrenkaste" angeprangert hatten (2. 10. 18).

Die KZtg konnte hingegen am Vortrag der beginnenden Oktoberreformen nur von Gerüchten berichten und bezog sich auf Meldungen des „Vorwärts" und im „Berliner Tageblatt" als die „der neuen Regierung am nächsten stehenden Blätter" (922 v. 3. 10. 18). Indirekt wurde den Wählern so der politische Wandel vermittelt, der Konservative und Nationalliberale nicht in die Interfraktionelle Arbeitsgemeinschaft integriert hatte. Einen Tag darauf konnte die KZtg die neue Regierung vorstellen und ebenso überrascht wie erstaunt den Regimewechsel verkünden: „Über Nacht und ohne daß wir recht zur Besinnung und zu Atem gekommen wären, haben wir die konstitutionelle Monarchie, unter der wir 70 Jahre schlecht und recht gelebt haben, abgestreift und sind ein Staat mit parlamentarischer Regierungsform geworden" (926 v. 4. 10. 18).

„Volksblock, nicht Parteiherrschaft" – mit dieser Floskel erinnerte das Sprachrohr des Zentrums (KVZ 776 v. 2. 10. 18) am Vortag der Ernennung Max von Badens an die Beschwörung nationaler Einheit. In der Berichterstattung spiegelte sich weiterhin eine spürbare Rat- und auch Konzeptlosigkeit, die sich steigerte, als Mitte Oktober die Punkte Wilsons bekannt wurden. Sie zu nutzen sei eine Aufgabe „unserer demokratisch-sozialistischen Regierung in Berlin" (RZ 10. 10. 18). Die KVZ appellierte hingegen an die Arbeiter „in Deutschlands Schicksalsstunde", den „sinn- und gewissenlosen Redereien" der „Elemente" zu widerstehen, die „im Dienste der Feinde" stünden (782 v. 4. 10. 18); sie gab damit zu verstehen, dass sie die Vertreter der Arbeiterbewegung weiterhin nicht nur als Verräter betrachtete, sondern unbeirrbar den Durchhaltewillen eines „starken und einigen Volkes" beschwor (KVZ 792 v. 9. 10. 18). So bleibt es überraschend wie bezeichnend, dass sich die Vorstellung vom einem „Verrat" durch Revolution früh andeutete und rasch in die Polemik gegen angebliche Novemberverbrecher umschlagen konnte.

Der sich in den ersten Oktobertagen abzeichnende Stimmungsumschwung innerhalb des Regierungslagers und im Zentrum wurde von der RZ genau registriert, allerdings weniger auf die örtlichen Verhältnisse bezogen als auf die reichspolitischen Veränderungen. Diese schlugen sich stärker in der KVZ nieder; als einzige Zeitung vor Ort widmete diese dem Rücktritt Ludendorffs eine ausführliche Betrachtung, in der sogar der „rachedurstige freimaurerische Haß" als Erklärung des Stimmungsumschlags beschworen wurde (851 v. 28. 10. 18). Die KVZ richtete diese Häme zugleich gegen die örtliche SPD und gegen die RZ, die als „Gerichtshof von Willkürs Gnaden" tituliert wurde (856 v. 29. 10. 18). Hier schlug sich eine Verbitterung nieder, die in Köln den auf Reichsebene längst praktizierten politischen Kompromiss erschweren musste.

Es war bemerkenswert, dass die RZ diese Diffamierung nicht aufgriff. Die Reaktion auf die „knieschlotternde Fassungslosigkeit" der ehemaligen „Schwätzer und Schreier" und „fahnenflüchtigen Hasenherzen", die „vier Jahre lang mit dem Munde die halbe Welt verschlingen wollten", sei deshalb „Verachtung" (10. 10. 18). Zwei Tage später orientierte die RZ ihre Leser auf ein neues und diesmal weitergehendes Ziel: „Noch stecken wir in den Anfängen der Demokratisierung", war zu vernehmen. Dies aber bedeutete, „im Kampfe gegen das Alte die Führung" gegenüber den „Ober-Bureaukraten" zu erringen (12. 10. 18). Noch aber ging es nicht um die Gegenüberstellung von „Räten" und „Geheimräten", sondern um die Mobilisierung der Basis. Unterstützung erhoffte sich die Kölner SPD Mitte Oktober von einer „Werbewoche", um neue Bevölkerungskreise zu erschließen. Wenig später wurde berichtet, die Auflage der RZ hätte sich seit den Oktobertagen verdreifacht, was auch Rückschlüsse auf die steigenden Mitglieds-zahlen erlaubte – man sprach einmal von 5000 Neuzugängen (ebd.). Die USPD hingegen blieb schwach, von Sollmann wurde sie Anfang Dezember 1918 „im Kölner Industriegebiet" auf etwa 300 Mitglieder geschätzt (RZ 6. 12. 18).

Mitte Oktober 1918 wurde der Blick auf die absehbaren „gewaltigen Aufga-ben" der Stadtverwaltung gelenkt. Dies sollte illustrieren, wie sehr es der SPD nicht um Revolution, sondern um eine pragmatische Daseinsvorsorge, d. h. noch nicht um einen sich zudem erst vage abzeichnenden Regimewechsel ging: „Man stelle sich vor, welche Menschenmassen in Köln untergebracht und verpflegt wer-den müssen, wenn die besetzten Gebiete in einer kurz bemessenen Frist zu räu-men sind. Bei der geographischen Lage Kölns wird unsere Stadt unbedingt einen bedeutenden Teil der heimwärts flutenden Truppen beherbergen und ernähren müssen" (RZ 14. 10. 18). Erwartet wurde die Fortsetzung einer bereits begon-nenen Massenflucht der Begüterten. In manche der leerstehenden Wohnungen wurde eingebrochen. Deshalb wurde schon Mitte Oktober die Aufstellung einer Bürgerwehr erwogen. In verlassenen Wohnungen, so deutete man an, würden nach dem nun für möglich gehaltenen Waffenstillstand die in die Stadt strömen-den Soldaten unterkommen.

Als drängender wurde die „plötzliche große Arbeitslosigkeit" empfunden, die ein „enges Zusammenarbeiten zwischen bürgerlichen und militärischen Behör-den, Unternehmertum und Gewerkschaften" verlange. Die „Arbeiterklasse" müsse dabei „den größten Wert darauf legen, daß ein wirtschaftlicher Zusam-menbruch und ein gesellschaftliches Durcheinander vermieden wird". Hier bot sich die Zusammenarbeit zwischen SPD, Gewerkschaften und Stadtverwaltung an. Die Verpflichtung zur Daseinsvorsorge bezeichnete allerdings nur eine Ebene verantwortungsvollen Handels. Eine weitere betraf die sich abzeichnende kon-frontativ-agitatorische Ebene. Dass die ehemaligen politischen Führungsschich-ten die „Nerven" verloren hatten (RZ 19. 10. 18), war etwa an der Behauptung erkennbar, im Heer hätte sich ein „guter Geist" nicht durch Gerüchte einer dro-henden Niederlage irritieren lassen: „Die Deutschen sind unbesiegt der Über-macht gewichen", wurde verkündet (KVZ 860 v. 31. 10. 18). Die verbal militante Abwehr der Sozialdemokratie schränkte die Kooperationsmöglichkeit vor Ort ein. Allerdings ließ sich Adenauer, wesentlich pragmatischer eingestimmt, durch diese ideologisierten Ausfälle wenig beeinflussen.

Dass in den bürgerlichen Zeitungen Kölns unverdrossen gefordert wurde, die „Monarchisten" hätten sich dem „Übermut" aller entgegenzustemmen, die auf Beseitigung der Monarchie hinarbeiteten, sollte die Furcht verstärken, der Zusammenbruch der Monarchie bereite dem Bolschewismus in Deutschland den Boden (KVZ 871 v. 4. 11. 18, 883 v. 8. 11. 18). So wurde von Anbeginn der Popanz des Bolschewismus beschworen. Die Kölner SPD war nicht bereit, dies einfach hinzunehmen, umso weniger, als sich inzwischen vor den Bankschaltern eine allgemeine Unsicherheit und unübersehbare Beunruhigung der Bevölkerung bemerkbar machte. In den frühen Novembertagen wurden erhebliche Geldbeträge abgehoben, sodass die Stadtverwaltung Notgeld ausgeben musste. Die RZ sah in diesem Verhalten den Ausdruck eines bürgerlich-bornierten Egoismus: „Ihre Phantasie schauert in Bildern, in denen plündernde Heere und blutiger Bürgerkrieg das Land durchtoben. Dabei müßte ein Rest kalten Blutes und ein Funken Überlegung jedem sagen, daß die Gefahr eines feindlichen Einfalls noch in sehr weiter Ferne liegt und mit dem Gedanken des Bürgerkriegs in Deutschland nur von Phantasten gespielt wurde: Das arbeitende Volk will Frieden nach außen und Ruhe und Ordnung im Innern, um mit gesammelter Kraft die riesigen umwälzenden Aufgaben bewältigen zu können, die als wahrhaft revolutionäre Forderungen politisch, wirtschaftlich und sozial vor uns stehen" (RZ 19. 10. 18).

Die Einbruchserien, die Lebensmitteldiebstähle und die Sorge um Ersparnisse waren der Hintergrund der Forderung, in der Übergangsphase zwischen Krieg und Waffenstillstand Sicherheit zu fordern und Ordnung zu versprechen. Unsicherheit ging aber auch von der Unberechenbarkeit der militärischen Führung aus. So wurde in der RZ (ebd.) vor einer letzten Kriegsanstrengung gewarnt, gleichsam vor einer „letzten Riesenflamme". Unüberlegte Militäraktionen würden dem militärischen Gegner nur erleichtern, seinen „Fuß des Siegers auf den Nacken" zu setzen – eine bemerkenswert frühe Abwehr einer offensichtlich bereits virulenten Dolchstoßlegende, die in den bürgerlichen Zeitungen vorbereitet wurde. So erörterte die KVZ (878 v. 7. 11. 18) ausführlich die „Schuldfrage" und stellte sich zugleich dem Vorwurf, die bisherigen kaiserlichen Kabinette in der Kriegsfrage vorbehaltlos unterstützt zu haben. Ausnahmsweise wegen dieses Schlüsselbegriffs einer Diskreditierung der Novemberrevolution einen halben Monat vorgreifend, sei bereits hier erwähnt, dass ein Leitartikel unter dem bezeichnenden Motto „Nach russischem Muster!" früher als gemeinhin angenommen die Vollversion der Dolchstoßlegende zu Deutschlands nach außen hin behaupteter „Ehrlosigkeit" formulierte: „Es ist, als ob es hinterrücks aus den eigenen Reihen einen tödlichen Dolchstoß erhalten hätte und nun als starrer Leichnam an der Heerstraße läge" (KVZ 932 v. 26. 11. 18).

Als die KVZ den Beginn der Umwälzungen in Hamburg und Bremen registrierte, verbreiteten sich erste Gerüchte über Putschversuche, die die Kölner

SPD als Indikator drohender Gegenputsche von Militärs und alten Eliten ansah. Hinzu kam die Beunruhigung des öffentlichen Klimas durch eine Tritt fassende USPD. In Hamborn und Mülheim seien Flugblätter verbreitet worden, in denen erklärt würde, die „Regierungssozialisten" hätten durch ihre Regierungsbeteiligung „die Proletarier verraten". Einerseits wurde diese Agitation durch die Betonung möglicher Abwehrmaßnahmen der „Alldeutschen und Putschisten" erklärt; andererseits war zu spüren, dass sich revolutionäre Bestrebungen der „,unabhängigen' Sozialisten" verfestigten (RZ 22. 10. 18).

Zwei Tage später war dann nicht mehr zu bezweifeln, dass sich in Köln nicht nur die USPD, sondern auch die Anhänger des „Spartakusbundes" artikulierten, wenngleich die äußerste Linke – „und das [sei] für Köln bezeichnend und [nicht] überraschend" (RZ 24. 10. 18) – die das liberale Bürgertum einschließende „Vertrauenskundgebung" zugunsten der SPD nicht beschädigen könnte. So zumindest reagierte der Kölner SPD-Vorstand und bot sich als verlässlicher Partner der Kommunalverwaltung an. Dies wurde später honoriert, denn dem Kölner Arbeiter- und Soldatenrat (künftig: AuSR) wurden Räume im Rathaus zur Verfügung gestellt.

Sollmann verstand es in seiner ersten großen Kölner Rede, einerseits das Friedensverlangen aufzugreifen und die Forderung zu betonen, einen Waffenstillstand zu schließen. Andererseits würdigte er Kaiser Wilhelm II. als einen „vom besten Willen beseelten Idealisten" und nahm ihn angesichts der ihm entzogenen „Herrengunst" in Schutz. Er betonte zugleich, der Kaiser sei kaum in der Lage, die sich andeutende Entscheidung zwischen Monarchie und Republik aufzugreifen und notwendige Entscheidungen zu akzeptieren. Angesichts der antibolschewistischen Agitation der Bürgerlichen betonte Sollmann schließlich als wichtige sozialdemokratische Aufgabe und damit auch zwischenparteiliche Frontstellung die Abwehr des „russischen Bolschewismus": „Die deutsche Revolution ist da! Nicht aber der Bürgerkrieg. Ihn durch einen rechtzeitigen gewaltigen demokratischen Durchbruch zu verhindern, ist die geschichtliche Aufgabe der deutschen Sozialdemokratie. Bürgerkrieg in diesem Augenblick würde die Auflösung der Front, die Anarchie, feindliche Heere im Lande, Verkehrsunterbindungen und damit schlimmste Hungersnot bedeuten" (RZ 24. 10. 18).

Sollmann machte in seiner Rede, die bei den Teilnehmern der „Volksversammlung" zustimmend aufgenommen wurde, das revolutionäre Dilemma der Kölner Ausgangslage überdeutlich. Die ideologischen Fronten verliefen zwischen Sozialdemokraten und Katholiken, spiegelten also eine brisante, jederzeit ideologisierbare Gemengelage, die geprägt war durch Importe aus den sich herausbildenden Zentren der deutschen Revolution in Kiel, München und Berlin. Deshalb präsentierte sich die Kölner SPD als ein Ordnungsfaktor mit dem Anspruch, die Lebensverhältnisse in der Stadt und ihrer Umgebung sichern zu wollen. Hingegen wurden die lokalen Ereignisse und revolutionären Veränderungen kaum thematisiert. Die örtliche Konfliktsituation, die vor allem durch Presseäußerungen hätte zugespitzt werden können, blieb eigentümlich farblos. Die KVZ honorierte diese Zurückhaltung der RZ weniger als die KZtg.

3. Widerhall und verschiedenartige Einflüsse der Novemberrevolution

In diesem Kontext wirkten sich intensiv kritisierte Vorbehalte des sich mit dem Umbruch langsam politisch modifiziert neudefinierenden Zentrums (KVZ 919 v. 21. 11. 18, 924 v. 23. 11. 18) gegen die von Adolph Hoffmann (KVZ 948 v. 2. 12. 18) im Sinne einer „Jakobinerfreiheit" (KVZ 928 v. 25. 11. 18) forcierte Religions- und Kulturpolitik aus, die umfangreiche Richtigstellungen der örtlichen SPD nach sich zogen (RZ 22. 11. 18), aber auch die Beunruhigung durch die Unruhen in Berlin. Eine weitere Frontstellung berührte die wachsende Bedeutung der USPD im Raum Mülheim und Aachen. Die Bürgerlichen ließen sich diese Entwicklungen, die sie in ihrer Bolschewismusfurcht bestätigen sollten, nicht entgehen. Die RZ reagierte, indem sie betonte, „natürlich" denke kein Sozialdemokrat an ein „reaktionäres Gewaltregime" (12. 12. 18). Dies bedeutete nichts anderes, als auf die von links erhobenen Unterstellungen zu reagieren, die SPD bereite eine Zusammenarbeit mit den Vertretern der alten Mächte vor.

Sollmann war durch eine doppelte Frontstellung belastet. Die Bestrebungen der USPD forderten ihn heraus, er reagierte durch eine deutliche Stoßrichtung gegen den „Bolschewismus". Auch hatte er sich gegen die Unterstellung der KVZ (944 v. 30. 11. 18) zu behaupten, die Revolution sei gar nicht notwendig gewesen. Angesichts der „telegraphisch" aus Berlin übermittelten Nachrichten, die in die bürgerliche Presse Köln lanciert wurden, hatte der Vorsitzende der Kölner SPD keine andere Möglichkeit, als den Gestaltungsanspruch seiner Partei zu bekräftigen und zu betonen, nur mit ihr ließe sich der oftmals prophezeite „Kladderadatsch" verhindern. Einerseits war er überzeugt: „Von demokratischen Rechten wird man nicht satt." Andererseits forderte er, „die geistigen und körperlichen Kräfte des Proletariats zur schaffenden Mitarbeit zu mobilisieren" und die „völlige Umwälzung des Obrigkeitsstaates in den freien Volksstaat" in Angriff zu nehmen, die kapitalistische Wirtschaft umzuwälzen und im „Glauben an eine bessere Zukunft [...] die schwarze Wolke des Pessimismus" zu vertreiben und die „Revolution zu verteidigen" (RZ 3. 1. 19).

Diesem Ziel sollte eine überparteiliche Massenveranstaltung – die KZtg nannte sie eine „Volkskundgebung" – dienen, bei der u. a. die rheinischen Reichstagsabgeordneten aller Parteien sprachen: Für das Zentrum Wilhelm Marx ebenso wie der nationalliberale Abgeordnete Hugo Böttger und der Sozialdemokrat Meerfeld. Böttger wurde durch Zwischenrufe verdeutlicht, wie die allgemeine Stimmung endgültig umgeschlagen war. Aber auch der SPD-Redner machte noch Konzessionen an die „Massenpsyche", wie er sie empfand. So erklärte er, „unsere Soldaten kehrten nicht als Geschlagene" heim und forderte für die Deutschen einen „gleichberechtigten Platz an der Tafel der Völker" (KZtg 1027 v. 4. 11. 18).

Das Ende des Krieges schien für die konservativen Kräfte – so behaupteten sie nun – schon seit Wochen angebahnt (KVZ 944 v. 30. 11. 18). Sie reagierten vor allem auf den Waffenstillstand, den Österreich-Ungarn geschlossen hatte (KZtg 1029 v. 4. 11. 18). Die Einstellung der Kämpfe im Westen war nur eine Zeitfrage. Als wichtigste Großstadt der Etappe und verkehrstechnisches Nadelöhr war Köln besonderen Belastungen ausgesetzt. Die Demobilisierung wurde weniger als Herausforderung als vielmehr als eine Bedrohung für Ordnung und Sicherheit empfunden. Die in den norddeutschen Hafenstädten forcierten Erosionsprozesse militärischer Ordnung schlugen sich in der örtlichen bürgerlichen Presse hingegen kaum nieder. So verkündete die KZtg noch am 4. November, deutsche U-Boote hätten fast 50 000 BRT versenkt. Zu diesem Zeitpunkt waren in Wilhelmshaven und Kiel bereits Entwicklungen zu beobachten, die in merkwürdigem Spannungsverhältnis zu der Frage stehen, die Meerfeld in den Raum gestellt hatte: „Ob ein Endkampf noch möglich sei […]". Angesichts der militärtaktischen Überlegungen verneinte er diese Frage entschieden, beschwor selbst in der Niederlage jedoch noch einmal seinen „Glauben an die Sieghaftigkeit großer Rechtsideen in der Geschichte". Bei der genauen Lektüre der bürgerlichen Tageszeitungen (KZtg 1032 v. 5. 11. 18) war aber erkennbar geworden, dass die revolutionären Bewegungen inzwischen mit Karlsruhe und Stuttgart auch Süddeutschland erreicht hatten.[14]

Unter Berufung auf die KZtg erwähnte die RZ am 5. November die sich anschließende Ausweitung des Matrosenstreiks in Kiel und beklagte ohne völliges Verständnis für die Matrosen wie für die Brisanz der allgemeinen Lage die Todesopfer: „Das neue Deutschland ist mit Blut besudelt worden". Hier wird erstmals die Ambivalenz deutlich, mit der die SPD zu kämpfen hatte. Die Hintergründe der Weigerung der Matrosen, den sinnlosen Befehlen der Seekriegsleitung

---

14 Vgl. zum Hintergrund den Ausstellungskatalog: Vertrauensfragen. Der Anfang der Demokratie im Südwesten 1918–1924, Hg. Haus der Geschichte Baden-Württemberg, Stuttgart 2018, S. 32 f.

zum Auslaufen und zur Opferung aus einem überholten Ehrbegriff zu folgen, blieben verborgen; stattdessen reagierte die RZ zumindest entschlossen, lehnte die weiterhin bestehenden Zensurbestimmungen ab und trat so für die uneingeschränkte Presse- und Informationsfreiheit ein.

In Köln konnte man zu dieser Zeit offenbar wenig mit der neuen Organisationsform der Soldatenräte anfangen. Die KZtg sah in ihrer Bildung unmittelbar den drohenden Beginn einer „Diktatur des Proletariats" und appellierte unter dem Eindruck dieser Fehleinschätzung an die Sozialdemokratie, den Verlauf der Revolution mitverantwortlich – und das bedeutete: mäßigend – zu gestalten. Allerdings handelte es sich dabei vor allem um einen letzten Versuch, die vergehende Monarchie zu retten und die Republik zu verhindern (KZtg 1032 v. 5. 11. 18). Ihre Drohung, an die Stelle der Monarchie werde unweigerlich die bolschewistische Diktatur treten, beeindruckte die Kölner SPD allerdings gar nicht. Sie vermeldete den Neueintritt von 300 Mitgliedern und kündigte zugleich für den 9. November eine große Volkskundgebung im Gürzenich – einer Festhalle – an.

In den ersten beiden Novemberwochen deutete sich an, dass sich die Kölner SPD zunehmend durch die USPD[15], aber darüber hinaus durch eine noch nicht recht durchschaubare radikalere oppositionelle Strömung herausgefordert fühlte, die sich im Kreis der kooperationsunwilligen Teile der USPD herausgebildet hatte. Diese radikalere Strömung manifestierte sich in Flugblättern, deren Verfasser nicht identifiziert werden konnten (RZ 6. 11. 18).[16] Neben eine Auseinandersetzung mit den alten politischen, sich zur Monarchie bekennenden Kräften trat für die SPD somit die Konfrontation mit einer radikalen Linken, der eine „Zertrümmerungssucht" und eine „unterirdische ziellose Wühlarbeit" unterstellt wurde. In dieser Hinsicht stimmten KZtg und RZ überein.[17]

Aufgefangen wurde solche gleichermaßen oppositionell-antibürgerliche und antibolschewistische Grundstimmung durch die Entschließung Sollmanns, die neben der Ehrung der getöteten Aufständischen und der Abdankung der „Hohenzollerndynastie" die „Freilassung aller politischen Gefangenen", eine NV und eine „großdeutsche sozialistische Republik" verlangte (RZ 7. 11. 18; KZtg 1040 v. 7. 11. 18). Immer deutlicher wurde, dass es nicht mehr nur darum ging, den Wunsch zu realisieren, „freie Bürger" zu schaffen, sondern eine

15 Erstmals wird im Zusammenhang mit einer Versammlung in Köln-Mülheim der Diskussionsbeitrag eines Anhängers der USPD („unabhängiger' Genosse") in der RZ 7. 11. 18 erwähnt.

16 „Niemand weiß, woher sie kommen und was ihre Urheber wollen."

17 Vgl. KZtg 1036 v. 6. 11. 18 mit dem Abdruck eines Aufrufs des SPD-Parteivorstands.

quasi-revolutionäre Basisbewegung zu formieren. „Für Kompromißlerei" sei kein Platz und keine Zeit mehr, denn „die zwölfte Stunde ist längst überschritten" (RZ 8. 11. 18). Was aber mochte es bedeuten, wenn erklärt wurde, dass nun die Massen „sich ihre Führer" wählen, denen zu folgen sei? Hatte sich die politische Initiative auch in Köln auf die Straße verlagert?

Nach den Meldungen, die am 8. November zu lesen waren (KZtg 1044 v. 8. 11. 18), konnte nicht mehr bezweifelt werden: „Über Nacht hat […] die Sturmflut der Revolution auch Köln ergriffen". Das Straßenbild wurde von „revolutionären Truppen" beherrscht; eine Delegation des Kieler AuSR wurde erwartet, vor dem Hauptbahnhof kam der Verkehr zum Erliegen (KZtg 1045 v. 8. 11. 18, 1048 v. 9. 11. 18). Meerfeld und Sollmann sprachen dort für die SPD und verlasen das Ultimatum, das Ebert und Scheidemann am Vortrag[18] formuliert hatten und das endgültig den Rücktritt des Kaisers besiegelte (KZtg 1049 v. 9. 11. 18).

Als die Kölner Straßenversammlung stattfand, war der Rücktritt des Kaisers noch nicht erfolgt. Absehbar war, dass sich in Köln die Basis des am Tag zuvor gebildeten Rates durch die Unterstützung der Christlichen Gewerkschaftsbewegung erheblich ausgeweitet hatte. Diese Nachricht war nicht zu unterschätzen, wurde doch schlagartig deutlich, dass auch der politische Katholizismus sich differenzierte. Insofern bildete sich mit dem Kölner AuSR trotz der negativen Grundhaltung der KVZ eine breit akzeptierte Ordnungsmacht (zumal ihm in Rathaus auch Arbeitsräume von Adenauer zugewiesen worden waren). Der USPD-Vertreter Hecker sprach während der Straßenversammlung und beruhigte die Stimmung, wodurch die kleine Gruppe der Spartakisten geschwächt wurde. Unsicherheit empfanden viele angesichts der bewaffneten Soldaten, zumal wilde Gerüchte herumschwirrten, die sich später als grundlos herausstellten. Es sei zu Handgreiflichkeiten gegenüber Offizieren gekommen, sogar ein Todesopfer sei zu beklagen. Auch das stellte sich als Falschmeldung heraus.

Die Demobilisierung und Entwaffnung der Soldaten stellte das erste Ziel des neuen Komitees dar, das hälftig aus Vertretern der beiden sozialdemokratischen Parteien gebildet war und dessen Benennung als AuSR vertrauter wurde (RZ 8. 11. 18). Zugleich wurde betont, dass „niemand die Offiziere […] tätlich angreifen dürfe". Einmütig wurde im Rat gefordert und versichert, die Ordnung zu bewahren. Der erste Aufruf des Kölner AuSR lautete deshalb: „Wer plündert oder stiehlt, wird sofort festgenommen und aufs schwerste bestraft" (KZtg 1047 v. 9. 11. 18). Einzelne Übergriffe mussten in den Folgetagen durch Sicherheitskräfte eingedämmt werden, die „wahllos" und nicht selten aus den zurückströmenden

---

18 Dieses Ultimatum von Ebert u. a. vom 7. 11. 18 hatte die KZtg in der 1. Morgen-Ausg. bekanntgemacht (1042 v. 8. 11. 18).

Einheiten stammend verpflichtet worden waren. Dass die Kölner Situation viel kritischer war, als zunächst wahrgenommen wurde, machte Sollmann zwei Tage später auf einer Pressekonferenz deutlich. Für ihn ging es weiterhin um die zentrale Frage, ob sich die SPD der Mitwirkung versagen oder versuchen sollte, die Umwälzung „in geordnete Bahnen zu lenken". Die Einigung mit der USPD erfolgte vor Ort rasch und problemlos und war unbelastet von den Berliner Konfrontationen. Sollmann sah im AuSR Kölns die „einzige Rettung vor der wildbewegten, vielleicht mit Blut getauften Anarchie" (RZ 10. 11. 18).

Die KZtg reflektierte die allgemeinpolitischen Entwicklungen am deutlichsten und gab damit den anderen Lokalzeitungen nicht selten das Thema vor. Sie bezeichnete die neuen Verhältnisse, die mit und nach der Flucht des Kaisers entstanden waren, und die Ausrufung der Republik durch Scheidemann (Liebknecht wurde nicht erwähnt) als „organisierte Anarchie". Dies war ein Widerspruch in sich und spiegelte die Ratlosigkeit, die sich in einem Kommentar niederschlug. In ihm wurde versucht, das Unvorstellbare zu begreifen, zugleich aber auch das so rätselhaft und nicht durchschaubare Entstehende zu diffamieren: „Deutschland hat den 7. November, den Jahrestag der russischen Revolution, mit einer ziemlich getreuen Kopie des Umsturzes im Osten begangen, der dort zum Bolschewismus geführt hat. [...] Die Art, wie sich diese weltgeschichtlichen Ereignisse von nie dagewesener Bedeutung und ungeahnter Tragweite vollzogen, erschüttern im Volke die Zuversicht, ob denn überhaupt noch etwas von dauerndem Bestande sein kann, was durch Ordnung des geselligen und staatlichen Zusammenlebens gefügt und zusammengehalten wird" (KZtg 1052 v. 11. 11. 18). Diese Empfindungen erklärten sich zugleich aus der Erwartung, mit den bekanntgewordenen Waffenstillstandsbedingungen geradezu die politische Endzeit erreicht zu haben (KZtg 1053 v. 11. 11. 18, 1056 v. 12. 11. 18, 1059 v. 13. 11. 18). Neue Nahrung erhielt diese Niedergeschlagenheit durch abschreckende und das Bürgertum angeblich tief erschütternde Nachrichten über die Münchener Revolutionsereignisse. Dabei waren die Beschreibungen Eisners fokussiert auf dessen Bemühungen, die deutsche Mitschuld am Krieg dokumentarisch nachzuweisen.

Die RZ betonte am Tag nach der Konstituierung des AuSR: „Köln ist vollkommen ruhig" (9. 11. 18). Diese Versicherung richtete sich gegen Gerüchte, mit der Freilassung politischer Gefangener hätten auch viele Kriminelle die Freiheit erlangt und seien nun in der Lage, ihre kriminelle Tätigkeit wiederaufzunehmen. So bekam der Begriff „Novemberverbrecher" zunächst einen handfesten Bezug und wurde erst viel später diffamierend auf die Politiker ausgedehnt, die die neue Ordnung überwunden, den Friedensvertrag unterzeichnet und die Verfassung geschaffen hatten. Kriminelle wurden vor allem für die „verhältnismäßig geringen Ausschreitungen [...] gegen das Eigentum" verantwortlich gemacht

(RZ 9. 11. 18). Wenige Wochen später wurde begrüßt, dass mit der Revolution die „alten Fesseln" gesprengt seien (RZ 26. 11. 18). Diese ambivalente Haltung charakterisierte die Kölner SPD als letztlich revolutionierenden Ordnungsfaktor.

Am 8. November hatte sich aus der Versammlung im Gürzenich ein AuSR konstituiert und mit sieben Ausschüssen und gleichberechtigten Vorsitzenden eine differenzierte Struktur geschaffen.[19] Ihm schlossen sich am Folgetag „fast sämtliche Kölner Truppenteile" an. Am 11. November wurde überdies ein Vertreter der Freien Gewerkschaften als Mitglied des AuSR aufgenommen. Dieser wurde nicht nur zum Anlaufpunkt der Soldaten, sondern hatte im Rahmen des „wilden Ausbruchs" der Bewegung Funktionen der klassischen Kommunalverwaltung zu erfüllen, die allerdings zeitlich befristet und sachlich begrenzt werden sollten. Nur solange, bis eine neue Zentralgewalt gebildet worden sei, werde der AuSR seine Funktion ausüben: „Heute sind alle Fäden abgerissen; er hat für den geordneten Verlauf aller Dinge zu sorgen. Hat sich das neue Deutschland eine neue Verfassung gegeben, ist die deutsche Republik als Zentralmacht etabliert, dann werden die Arbeiter- und Soldatenräte abtreten; ihre Mission ist in dem Augenblick erfüllt, wenn der neue Verwaltungskörper arbeiten wird" (RZ 11. 11. 18).

Die „Bürgerlichen" ahnten jedoch, dass aus der Selbstverwaltung eine neue Form der politischen Partizipation hervorgehen könnte. Die ordnende Tätigkeit vor allem der SPD im AuSR akzeptierten sie, planten aber über den Tag hinaus und bereiteten die Verteidigung angestammter bürgerlicher Positionen vor. In die Offensive ging das Zentrum in den frühen Dezembertagen mit einem Aufruf, der erstmals den Anspruch erhob, die Forderungen des „rheinischen Bürgertums" zu präsentieren (KVZ 957 v. 5. 12. 18). Damit kündigte sich auf lokaler Ebene die Blockbildung an, die für alle Ebenen – NV-, Preußen- und Kommunalwahl – bestimmend wurde.

Auch die Mitglieder des Sicherheitsausschusses des AuSR betonten ihre Aufgabe, „geordnete Bahnen" des öffentlichen Lebens zu garantieren. Sie suchten umgehend Kontakt zur Polizei und nahmen auch Verbindung zu Adenauer auf. Die Rechtsbürgerlichen hingegen versuchten, jene Kräfte zu sammeln, die sich „in den Dienst der Allgemeinheit" (KZtg 1057 v. 12. 11. 18) stellen wollten. Damit suggerierten sie, der AuSR vertrete eigene oder sozialistische Interessen. Deshalb wurden immer wieder Behauptungen kolportiert, die Mitglieder der Ausschüsse und des AuSR würden sich finanzielle Sonderzahlungen genehmigen. In der

---

19 Im Vorsitz hatte die SPD mit zwei Mitgliedern bei einem Mitglied der USPD die Mehrheit, es wurden Ausschüsse für Sicherheit, Verpflegung und Unterkunft, Abtransport und Einkleidung, Presse, Sanitätswesen, Finanzen und Verkehr gebildet; vgl. RZ. 9. 11., 12. 11. 18.

„Bürgerwehr", die bereits in den Septemberwochen, also lange vor Kriegsende diskutiert wurde, sah man den Ausdruck einer bürgerlichen Gemeinsamkeit und festigte zugleich die Aufgabe einer bürgerlichen „Sammlung". Damit war eine klare Frontstellung gegen die Sozialdemokratie verbunden, die zunehmend diskreditiert wurde. Die bürgerlichen Gegner nahmen dem AuSR dessen zentrales Ziel, die Gewährleistung von Sicherheit und Ordnung, einfach nicht ab. Denn es ging dabei nicht nur darum, Plünderungen zu verhindern oder die Überwachung und „Aufrechterhaltung des geregelten Geschäftsganges" der Behörden zu sichern, sondern es ging um Legitimationsfragen (KZtg 1061 v. 14. 11. 18).[20]

In einige zentrale örtliche Behörden wurden Vertreter des AuSR als einer neuen Autorität entsandt. Ausdrücklich zielte diese Maßnahme aber nicht auf einen Eingriff in die Reichs- und Landesgesetze und die insgeheim betriebene Herstellung einer neuen Ordnung, sondern es ging pragmatisch um die Gewährleistung der kommunalen Grundversorgung. Deshalb wurde betont: „Der neu sich bildenden Staatsordnung und Zentralgewalt" bleibe „überlassen, auch die neue Gesetzgebung einzuführen" (RZ 9. 11. 18). Dies bedeutete, dass die Vertreter der Räte zugleich die Übernahme und Anwendung der neuen Gesetze sicherstellen sollten, also behördliche Verwaltungsaufgaben übernahmen.

So trat die Absicherung des Verfassungswandels und Regimewechsels vor Ort neben die Absicherung einer weiterhin in den gewohnten Bahnen verlaufenden Rechtsprechung, Daseinsversorgung und Leistungsverwaltung; wichtige Abgaben kommunaler Praxis bezogen sich auf die „Verproviantierung" und eine Sicherung des „musterhaften Verhaltens der Bevölkerung". Dem AuSR ging es nicht um einen gesellschaftlichen Umsturz. Er sollte befristet gewährleisten, dass die neue Staatsordnung „in geordneten Bahnen" entstünde. Diesem Ziel diente die „Bürgerwehr", die durch den AuSR auf eine andere Grundlage als die bürgerliche Selbsthilfe angesichts von Eigentumsdelikten gestellt wurde. Denn ihr sollten vor allem demobilisierte Soldaten angehören. Die Sorge um die Versorgung der Bevölkerung schränkte in Köln die Wahrnehmung der hauptstädtischen Umwälzungen nicht ein, die sich am 9. November in Berlin ereignet und wie ein Lauffeuer auch in Köln verbreitet hatten.[21] Der Tag müsse als „ewig unvergängliches Feuerzeichen in der Weltgeschichte" unvergesslich bleiben, hätte der Umbruch doch selbst die „Kältesten und Starrsten" beeindruckt. Die meisten Meldungen sickerten aber nur langsam durch, weshalb der Kölner nur „nach und

---

20 „Die Frage ist, inwieweit das gewalttätig heraufgeführte neue Recht der Gerechtigkeit entspricht."

21 Vor allem die Berichterstattung der KZtg ermöglichte ein genaueres Bild der Proteste, Aufstände und revolutionären Ereignisse.

nach [...] ins Bild gesetzt worden sei": „War er gestern noch halb und halb, heute ist er schon ganz Republikaner [...] Von Großvaters Zeiten an kein Preuße von Blut, kann und wird er sich in das Neue bald fügen – und hat sich schon gefügt. Vor allem: die Ordnung, die der Arbeiterrat geschaffen, dünkt ihm als nicht zu übertreffen. Daß ein preußischer Schutzmann auch höflich sein kann, hätte er nie für möglich gehalten" (RZ 11. 11. 18).

Eine ungeklärte Frage, die die Menschen vor Ort beschäftigte, war die Besetzung Kölns durch alliierte Truppen. Eine Kölner Delegation, der auch Sollmann angehörte, versuchte im Hauptquartier Klarheit zu gewinnen. In Köln befürchtete man offensichtlich die Internierung oder die Gefangennahme junger Männer im militärpflichtigen Alter. Unklar war auch die Nationalität der alliierten Besatzung. Befürchtet wurde schon sehr früh die Besetzung des Rheinlandes durch französische Truppen (RZ 14. 11. 18).[22]

Erhebliche Sorgen bereiteten befürchtete Boykottaktionen der Landwirte. Bereits in den Kriegsjahren hatte dies für Gerüchte gesorgt, in denen der Wohlstand der Bauern mit der Unterversorgung der städtischen Bevölkerung kontrastiert wurde. Die Sicherung der Ernährung beeinträchtigte den Zusammenhalt mit den Bewohnern von „Köln-Land", wo das Zentrum eine starke Stellung hatte. „Die Bauern fürchten um ihr Eigentum", hieß es (RZ 13. 11. 18). Dagegen wandte sich ein „ländlicher Vertrauensrat", der dazu aufrief, ein „Höchstmaß an Pflichterfüllung" zu leisten, um die erwartete „Lebensmittelkatastrophe" abzuwenden (RZ 14. 11. 18).

Mitte November kündigte sich die überregionale Zusammenarbeit der rheinischen und westfälischen AuSR an. Bald wurde ein allgemeiner Berliner Kongress für „wahrscheinlich" gehalten. So wurde wiederum ein partizipatorischer Zwiespalt deutlich. Denn gleichzeitig wurde die Übereinstimmung des Kölner AuSR mit der Ankündigung baldiger Wahlen zu einer „Konstituante" im Sinne Eberts betont. Die bürgerlichen Zeitungen drängten auf eine möglichst baldige Wahl. Die Kölner SPD teilte diese Position und unterschied sich von der USPD, die die Wahlen verschieben wollte. Mit der Parole „Demokratie steht gegen Diktatur" wandte sich die Kölner SPD bereits im November 1918 nicht nur gegen die „Feinde der Demokratie von links", sondern informierte zugleich über die organisatorische Abspaltung der Spartakusleute von der USPD. Luxemburg und Liebknecht folgten, so hieß es, dem „russisch-bolschewistischen Vorbild"; sie verwürfen das „Mehrheitsprinzip der Demokratie" und seien bestrebt, „die neue Gesellschaft auf die proletarische Diktatur zu gründen" (RZ 15. 11. 18).

---

22 Damals war noch nicht bekannt, dass britische Truppen Köln zu besetzen hatten.

Auswirkungen dieser neuen Frontstellungen innerhalb der Arbeiterbewegung waren auch in Köln zu spüren. So wurden die Leser der RZ durch eine Zuschrift aus Köln, die in der „Bergischen Arbeiterstimme" der USPD erschienen war, über Diskussionen informiert, die Kölner Sozialdemokraten betrafen. Der Korrespondent griff nicht nur den „Durchhalte-Sollmann" wegen seiner Zusammenarbeit mit Behörden und „Bürgertum" an und erklärte: „Die jetzige Revolution ist absolut sinnlos, wenn sie nicht dazu führt, die politische Macht dauernd in die Hände des Proletariats zu legen. Wir geben die politischen Machtmittel, durch die man uns bisher knechtete, nicht wieder heraus" (ebd.). Die Kölner SPD reagierte konfrontativ und bekannte sich zu ihrer Überzeugung, nicht einfach über die Köpfe und gegen den Willen der Bevölkerung zu handeln: „Besten Dank für soviel Offenheit. Wir wissen jetzt, woran wir sind. Ganz selbstverständlich gibt es für uns mit Leuten dieses Schlages keine Gemeinschaft. Mögen sie ihre knabenhaften Phantasien austoben wo sie wollen: wir setzen uns weder an einen Tisch mit ihnen zusammen noch werden wir dulden, daß sie innerhalb der jetzigen Kölner Bewegung überhaupt legalen Einfluss bekommen." Man könne den Sozialismus nicht wie eine neue Staatsverfassung durch eine „Proklamation" einführen, sondern benötige eine „Volksmehrheit, die sich mit diesem allmählich und planmäßig auszuführenden Unternehmen einverstanden erklärt". Diese Mehrheit sei in den bevorstehenden Wahlen zur NV zu gewinnen (RZ 18.11.18).

Der Unterschied zwischen der SPD und den Vertretern der bürgerlichen Parteien bezog sich auf die Ausgangslage der Revolution. Die Kölner SPD hatte den Übergang zur Republik problemlos akzeptiert; die KZtg beschwor sogar die „bürgerlichen Wähler", nicht mehr dem „alten System" und „Obrigkeitsstaat" nachzutrauern, sondern sich „ohne Vorbehalt und Zweideutigkeit zur Republik zu bekennen (KZtg 1074 v. 18.11.18)[23], und sei es, um eine bolschewistische Umwälzung zu verhindern (KZtg 1076 v. 19.11.18). Vorbehalte bestanden weiter, wie die Bemerkung zeigte, dass das „aus einem Staatsstreich [entstandene] Chaos [...] vorläufig als Republik bezeichnet" werden könne (KZtg 1086 v. 23.11.18). Mit der Ankündigung der Wahlen zur „Konstituante" setzte in Köln schlagartig der Wahlkampf ein.[24] Zwar wurde der endgültige Wahltermin erst viel später

23 „Bürgertum und Republik". Als Beispiel einer besonderen Kompromissbereitschaft siehe die Zuschrift des Mainzer Rechtsanwalts Hans Solhan, An die Nationalliberalen – ein Mahnruf, in: KZtg 1078 v. 20.11.18; sowie Bürgertum und Volksstaat, in: KZtg 1106 v. 30.11.18: „Der Aufbau eines neuen Staatskörpers [...] kann nur gelingen unter freudiger und entschlossener Mitwirkung der großen Mehrheit des ganzen Volks".

24 Am 16.11.18 fand die erste Wahlversammlung der Liberalen, am 17. vormittags der Demokraten und des Zentrums, nachmittags die der SPD statt, gleichzeitig in sechs Veranstaltungen. RZ 18.11.18; KZtg 1072 v. 18.11.18.

bekannt gegeben.[25] Vergleichsweise schnell wurde das neue und ungewohnte Wahlrecht beschrieben (RZ 4. 12. 18). Der Wahlkampf selbst verlief wie vormals zum Reichstag: Kleine Anzeigen wurden in den redaktionellen Text geschoben, Versammlungen wurden durchgeführt, über die dann auch die Presse berichtete. Wahlflugblätter waren selten und wurden vor allem von der USPD als Information eingesetzt, da ihr keine lokale Zeitung zur Verfügung stand.

In der Erwartung der unmittelbar auch von den politischen Gegnern zugespitzten Auseinandersetzung wurde die mobilisierende Parteiparole von der RZ noch im November ausgegeben: „Wie alle Kriege der Welt ein Kinderspiel waren gegen diesen Weltkrieg, der jetzt hinter uns liegt, so sind alle Wahlkämpfe, die wir um den alten Reichstag geführt haben, ein wahres Kinderspiel gegen den Wahlkampf, der jetzt entbrennt." Man forderte Rationalität, sprach sich gegen eine Ideologisierung aus und erinnerte in diesem Zusammenhang sogar an die fatale Wirkung politischer Werturteile im Geschichtsunterricht. Obwohl Sollmann der Vorsitzende der Kölner SPD war, wurde der während des Krieges in einer Nachwahl bestellte Reichstagsabgeordnete Meerfeld zum Wortführer der Wahlkampagne. Er deutete den Umbruch als eine gewaltfreie, unblutige, gleichsam friedlich verlaufene Revolution, erinnerte an Lassalle, der prophezeit hätte, dass das Proletariat „seine Revolution anders durchführe als das Bürgertum", und sprach davon, der Krieg habe die Vorbedingungen der Revolution „reifen" lassen. Zugleich beschwor er den Zusammenhalt mit Deutschösterreich und beanspruchte für die SPD die Führung bei der politischen Neugestaltung, beklagte hingegen die „furchtbaren Bedingungen des Waffenstillstands" und appellierte an das „Weltgewissen", um einen Verständigungsfrieden zu erreichen (RZ 19. 11. 18). Seine Argumentation machte deutlich, dass die Kölner SPD politische Schlagworte aufgriff, die sie auch im Bürgertum akzeptabler machen sollten.

Bei den Liberalen kam hingegen die Problematik der politischen Umorientierung deutlicher zur Sprache. Wenn sie unverdrossen „Ordnung und Disziplin" (KZtg 1063 v. 14. 11. 18) verlangten, bekräftigten sie nicht nur die Hauptforderung des „deutschen Bürgertums" (KZtg 1066 v. 15. 11. 18), angesichts des „Weltsteppenbrandes" eine verfassunggebende NV zu bilden, sondern unterstellten der Sozialdemokratie, diese zu unterlaufen. Spürbar war die Ermüdung der öffentlichen Erregung, die den „unblutigen Verlauf der Revolution" erklären sollte (KZtg 1067 v. 16. 11. 18). Angesichts dieser Gelassenheit ist verwunderlich, wenn das SPD-Organ von einem „Sturm bei den Liberalen" sprach (RZ 10. 11. 18). Der SPD-Berichterstatter erinnerte, auf die Kriegsjahre zurückblickend, an die

---

25 RZ 3. 12. 18; vgl. RZ 9. 12. 18: Gefahr im Verzuge!, nach der Vorverlegung des Wahltags vom 16. 2. auf den 19. 1. 19.

Kehrtwendung des Liberalismus, zumal sich die bürgerlichen Parteien Mitte November zu einer großen politischen Kundgebung von „vereinigten Liberalen", Demokraten und Zentrum zusammengefunden hatten, die gegen die Linke gerichtet war (KZtg 1072 v. 18. 11. 18).[26]

Die Hauptfrontstellung der SPD richtete sich allerdings gegen die „Spartakusleute". Den Wahltermin hinauszuschieben oder eine Diktatur zu errichten, wurde dabei nahezu gleichgesetzt. So betonte die Kölner SPD, in der Beteiligung an den bevorstehenden Wahlen drücke sich nicht allein der Respekt vor demokratischen Traditionen aus, sondern es werde bewiesen, dass Sozialdemokraten „keine Angst vor dem Volke" hätten. Die Unterstützung des Spartakusbundes verstärke Kriegsgefahren, vor allem aber vergrößere sich die Gefahr einer Separation des Rheinlandes: „In dieser Atmosphäre gedeihen die Spaltpilze. Erst sprach man nur tuschelnd und zaghaft davon, nur einige wenige schienen es aussprechen zu wollen; dann wurde man lauter; der Kreis vergrößerte sich; heute spricht man auf Straßen und Gassen darüber: über die Gründung einer Republik Rheinland. Der Separatismus von ehedem kommt wieder hervor. Das rheinische Bürgertum erinnert sich der geschichtlichen Vergangenheit [...] da ihm das Preußentum noch ferne war" (RZ 21. 11. 18).

4. Separatismus-, Kultur- und andere Dezemberkonflikte

So kam neben der Bolschewismusfurcht eine neue Ebene der Auseinandersetzung der SPD mit der radikalen Linken in den Wahlkampf: Die Furcht vor der Abtrennung vom Reich. Mitte Dezember verkündete die KVZ (974 v. 11. 12. 18), die „Zukunft" der Rheinlande sei gefährdet. Frankreich plane die gesamten Rheinlande zu annektieren. Von Berlin sei keine Hilfe zu erhoffen; deshalb müsse die Gründung einer „Rheinisch-Westfälischen Republik" betrieben werden (KVZ 976 v. 12. 12. 18). Um ein dezidiert separatistisches Programm ging es dabei zunächst nicht, sondern das Ziel des am 4. 12. in einer Versammlung von etwa 5000 Menschen ins Leben gerufenen „Freiheitsbundes der deutschen Rheinlande" war es, Zweifel an der Existenz einer deutschen „Einheitsrepublik" zu wecken.

Die Parole „Los von Berlin" (KVZ 978 v. 13. 12. 18) forderte die SPD rasch auf den Plan.[27] Als Sprachrohr des Zentrums hätte, so verbreitete die RZ, die KVZ die Gefahr der Loslösung der Rheinlande vom Reich zwar dementiert; dennoch

---

26   Siehe auch KZtg 1100 v. 28. 11. 18: Demokratie und Liberalismus.

27   RZ 30. 11. 18: Gestern alldeutsch – heute franzosenfreundlich; vgl. auch RZ 4. 12. 18: Die westdeutsche Republik; weiterhin: RZ 5. 12. 18.

säßen die rheinischen Vorbehalte gegenüber Preußen tief, umso mehr, als von den Sympathisanten einer Separation das Gefühl vermittelt würde, die deutsche Regierung kümmere sich nicht um die westlichen Landesteile. Die Regierung leiste sogar der Willkür Vorschub, hätte doch jede „Revolution ihre eigenen Gesetze" (KVZ 995 v. 19. 12. 18). Der RZ gelang es nur bedingt, die Debatte einzugrenzen oder in eine konstruktivere Richtung zu lenken. Denn es ging um viele Aspekte, zum einen um die „Zerschlagung" Preußens, also um jene Reichsreform, die die Weimarer Republik begleitete, zum anderen um die Frage, ob die Annäherung an Frankreich gewisse Aussichten eröffnete, nicht in vollem Maße an den sich abzeichnenden Reparationen beteiligt zu werden. Hinzu kam ein kaum zu übersehender antipreußischer Grundzug, der die Verfolgungserfahrungen der Katholiken im Kulturkampf aufgriff. Die Wunden waren nicht verheilt; mehr noch: durch die Ungeschicklichkeiten des USPD-Kulturpolitikers Hoffmann waren historische Erfahrungen leicht zu aktualisieren.

Voraussetzung einer Entschärfung der Separatismus-Agitation war, dass es der SPD gelang, den Vorwurf eines Antiklerikalismus zu entkräften, der sich vor allem an der Kultur- und Bildungspolitik des „Zehn-Gebote-Hoffmanns" entzündete. Abgesehen von kulturkämpferisch anmutenden Abwehrbemühungen ging es den Vertretern des Zentrums um die Diskussion des zukünftigen Gewichts Preußens im Reich. Deshalb plädierten einige Vertreter des politischen Katholizismus für eine Aufteilung Preußens (KVZ 999 v. 20. 12. 18) und die Bildung von vier neuen Länderverbünden, die „Republik" genannt wurden (KVZ 961 v. 6. 12. 18).[28]

Seit den späten Novembertagen formierten sich die parteipolitischen Konfliktlinien auch in Köln neu. Die Nationalliberalen traten zunächst unter einem neuen Parteinamen als „Deutsche Republikanische Volkspartei" an. Sie zielte auf den Zusammenschluss mit Fortschrittlern und Demokraten und wollte einen „Block" gegen sozialistische und bolschewistische Bestrebungen darstellen. Das Zentrum hingegen mobilisierte die katholischen Wähler durch die Ankündigung eines angeblich geplanten linken „Gewaltstreichs", der auf die Trennung von Staat und Kirche zielte. Die SPD beschwor unverdrossen die nationale Einheit. Zum einen bekannte sie sich symbolisch im Zusammenhang eines kurz aufflackernden Flaggenstreits zu neuen Farben der Republik; zum anderen beanspruchte sie in der Auseinandersetzung mit den „Unabhängigen" die Rolle als eigentliche „Reichspartei", die als sozialdemokratische „Mehrheitspartei" agiere (RZ 27. 11. 18). Offensichtlich hatte sich die Vorstellung von der SPD als

---

28 Vgl. die Kartenskizze Los von Berlin! Der Wiederaufbau Deutschlands durch vier deutsche Republiken!, KVZ 971 v. 10. 12. 18.

„reichstreue" Partei, die während des Krieges gepflegt wurde, so verfestigt, dass diese Grundausrichtung auch in der Revolutionszeit nachwirkte. Dabei irritierte, dass die Frage nach der Kriegsschuld früh von Eisner aufgeworfen wurde. Die RZ rechtfertigte die Bewilligung der Kriegskredite, sie behauptete, dass es sich dabei nicht um ein „moralisches Urteil", sondern um eine „Schicksalsfrage" gehandelt hätte und verwies auf die „schnoddrige Geschwätzigkeit" und die „ausgemachte Feigheit" des Kaisers – dies auch, um die in Kreisen des Bürgertums weiterhin befürwortete Monarchie zu diskreditieren (RZ 28. 11. 18).

Die SPD bekannte sich insofern zu ihrer Geschichte, als sie die „Durchführung des alten sozialistischen Programms" beschwor und sich von den bürgerlichen Gegenparolen nicht bremsen ließ; sie betonte die „gleichberechtigt nebeneinander stehenden" Werte von Sozialismus und Demokratie und setzte sich mit diesem Bekenntnis von Spartakus und dem „radikalen Flügel" der USPD ab, die „plötzlich jetzt, wo zum erstenmal [...] die restlose Durchführung von Demokratie möglich" sei, „nichts mehr von Demokratie wissen wollten". So zeichnete sich eine Auseinandersetzung an vielen Fronten ab, die vor allem die SPD bedrängte: Die Liberalen beschworen Sozialisierungsängste, der politische Katholizismus Kulturkampferinnerungen[29], die Alldeutschen und konservativen Anhänger der ehemaligen „Vaterlandspartei" nutzten die inzwischen bekanntgewordenen Pläne der Alliierten, um zu beunruhigen. Als größte Belastung der SPD erschien ihr die „Befehdung [...] von ganz links". „Unser aller Schicksal ist so entsetzlich, daß jeder verbrecherisch handelt, der uns mit Pferdekuren nach den Rezepten Liebknecht-Luxemburg kommt. Vermehrung der Wirrnis bedeutet Hunger und Tod. Die Demokratie haben wir, den Sozialismus werden wir bekommen. Die Putschisten der Spartakusgruppe aber wollen in wahnsinniger Verblendung das Volk in blutige Abenteuer hineintreiben, deren Ende die Anarchie, die Auflösung aller gesellschaftlichen Ordnung und furchtbares Elend sein müßten" (RZ 3. 12. 18).

Diese Frontstellung bedeutete nicht einen vorbehaltlosen Kampf gegen die Linke; das illustriert eine kleine Episode. Bei einer Versammlung der Kölner Kolonialwarenhändler hatte der Redner behauptet, die Berliner Revolutionsregierung bestünde aus „ausgerissenen Zuchthäuslern". Auf Nachfrage erklärte der Referent, damit habe er Karl Liebknecht und Rosa Luxemburg gemeint. Zur Rede gestellt, korrigierte er seine Behauptung. Der Berichterstatter kommentierte den Widerspruch aus der Mitte der Versammlung. Ein „Rest von Anstand" hätte diese Schmähung untersagt, weil beide „wegen ihrer politischen Gesinnung hinter Schloß und Riegel gesetzt worden" seien (ebd.). In diesem kleinen Geplänkel wurden so nicht

---

29   Den Kultusminister Hoffmann bezeichnete die RZ als einen „von wirklicher Kultur wenig angekränkelten Mann" (3. 12. 18).

nur die scharfen Gegensätze sichtbar, sondern es war deutlich, dass in Köln teilweise noch eine gemilderte Form der Auseinandersetzung gepflegt wurde.

Eine neue Situation war die Anwesenheit britischer Besatzungstruppen in geräumten linksrheinischen Gebieten und den Brückenköpfen Köln, Koblenz und Mainz.[30] Die KZtg sah darin „Fremdherrschaft" (1113 v. 2. 12. 18), gewiss eine Übertreibung. Die Anordnung Adenauers, beim Einmarsch der Briten in Köln die Flaggen einzuziehen, deutete allerdings einen Wandel der Befindlichkeiten an. Mitte November räumten die deutschen Truppen die Kampfstellungen. Bis Anfang Dezember 1918 hatten sie die linksrheinischen Gebiete verlassen. Die Besatzungstruppen sollten zwar keiner „feindlichen Kundgebung" ausgesetzt werden; klar war aber auch, dass ihnen kein „Willkommensgruß" (ebd.) entboten werden sollte. Da die „Revolutionsregierung" von den Alliierten nicht anerkannt worden sei, unterstützte der Kölner Vorstand der SPD Adenauer bei seinen Versuchen, mit der britischen Besatzungsmacht einen *modus vivendi* zu finden.

Mit der Besetzung durch britische Truppen verstärkte sich die – nicht begründete – Angst vor einer Geiselnahme vor allem junger Männer (RZ 5. 12. 18).[31] Gerüchte verbreiteten sich, etwa von der Versenkung eines Kriegsschiffs. Entscheidend veränderte sich die kommunalpolitische Bedeutung des Kölner AuSR und nicht zuletzt die öffentliche Kommunikation (RZ 11. 12. 18).[32] Denn die britischen Militärbehörden beschränkten das öffentliche Leben, machten die Veröffentlichung der Zeitungen von ihrer Genehmigung abhängig. Vergleichsweise rasch stellte sich aber heraus, dass die Eingriffe in das Kölner Pressewesen nicht gravierend waren.

Ausführlich und doch Ängste vor Unruhen schürend, wurden die revolutionären Ereignisse in München und Berlin auf eine Weise kommentiert, die in der Wahrnehmung Kölner Separatisten neue Überlegungen einer Absonderung bestärkten.[33] Die vor allem publizistisch oder auf Wahlkundgebungen

---

30 Vgl. die Karte der betroffenen Gebiete: KZtg 1077 v. 19. 11. 18.

31 Beschwichtigend hieß es, wenn es dazu käme, hätten Sozialdemokraten nichts zu befürchten, hingegen die „Kreise, die jahrelang am meisten gegen England gehetzt haben und die, wenn sie nicht elend geflunkert und aufgeschnitten haben, den Engländern jetzt mit tödlichem Hasse werden begegnen müssen."

32 Es durfte keine Flugschrift und kein Flugblatt gedruckt und verbreitet werden. Die Publikation von Zeitungen durch die britische Militärbehörde musste genehmigt werden. Seit dem 13. 12. 18 wurde über dem Zeitungskopf der RZ angezeigt, die Zeitung erscheine mit Genehmigung „der britischen Behörde".

33 Vgl. den Bericht über die Versammlung der SPD am 4. 12. 18 in der RZ v. 5. 12. 18, wo es hieß: „Geht das so weiter, dann werden sich die bekannten Bestrebungen im Rheinland verstärken."

zentrumsnaher Wähler verbreitete Aufforderung, sich vom Reich zu lösen, griff die KZtg auf; sie verknüpfte ihre Kritik jedoch nicht mit einem konfessions-politisch motivierten Separatismus, wie er sich in der KVZ niederschlug, son-dern interpretierte das Schlagwort „Weg von Berlin!" durch den Wunsch, Deutschland nicht von Berlin „verseuchen" zu lassen und deshalb die anstehen-den Verfassungsberatungen nicht in Berlin zu führen (KZtg 1096 v. 26. 11. 18).

Der im Zeitraum vor der Wahl zur NV weiterhin als Reichstagsabgeord-neter[34] apostrophierte Meerfeld plädierte zwar für die Reichseinheit, erwies zugleich aber der angeblichen Besonderheit des rheinischen Lebensgefühls seine Referenz. In einer Rede vor dem „Freiheitsbund der Rheinlande" betonte er ein so nicht erwartetes Verständnis für die rheinische Sonderart (RZ 6. 12. 18). Auch die KZtg versuchte sich darin, historische Reminiszenzen zu nutzen; offensicht-lich handelte es sich um eine Referenz an empfundene Gefühle, die umso nach-drücklicher zurückgewiesen wurden, als es den Separatisten nach Ansicht des Referenten nicht zuletzt darum ging, sich „gegenrevolutionäre Tendenzen nutz-bar zu machen" (8 v. 4. 1. 19). Die Reaktionen der Versammelten spalteten offen-sichtlich die Zuhörerschaft.

Allerdings musste eine gewisse Zeit vergehen, ehe es gelang, Positionen zu entwickeln, die einerseits Stimmungen der Wahlbevölkerung aufnahmen, ande-rerseits aber ein eindeutiges Bekenntnis zur Einheit des Reiches ablegten. Die Vorstöße des Zentrums wurden kritisch kommentiert[35] und relativiert, aber nicht immer derart entschieden und grundsätzlich zurückgewiesen, wie dies der Rat der Volksbeauftragten für notwendig gehalten hatte.[36] In Köln wurde jedes Einheits-bekenntnis auf bürgerlicher Seite umso mehr abgeschwächt, je näher die Wahlen rückten (RZ 12. 12. 18). Es herrschte eine Grundstimmung des Abwartens, viel-leicht aus der Hoffnung heraus, die belastende Debatte über eine Loslösung vom Reich würde sich im Zeitverlauf entschärfen (KZtg 1125 v. 6. 12. 18). So hieß es in der KZtg: „Der Ruf nach einer rheinischen Republik erscheint uns gerade jetzt äußerst übel angebracht" (1119 v. 4. 12. 18). Deutlicher als die ehemaligen Natio-nalliberalen, die sich zuvor als Vertreter der Idee von Reich und Nation verstanden

---

34 So wurde sogar erwogen, den Reichstag wieder einzuberufen, weil die Siegermächte angeblich mit dem Rat der Volksbeauftragten und dem AuSR nicht verhandeln wollten, RZ 12. 12. 18.

35 KZtg 1122 v. 5. 12. 18: Die rheinisch-westfälische Zentrumsrepublik; KZtg 1132 v. 9. 12. 18: Die Frage der rheinisch-westfälischen Republik; KZtg 1142 v. 13. 12. 18: Zur rheinisch-westfälischen Republik; KZtg 1148 v. 15. 12. 18: Die Neuordnung im Reich.

36 „An das deutsche Volk", mit dezidierter Bemerkung zu den Kölner Diskussionen über „Abtrennung und Selbständigmachung ehemaliger Teile des Reiches oder Preußens vom Gesamtgebiet."

hatten, sprachen sich eine Versammlung der Demokraten[37] und eine Veranstaltung der SPD (RZ 7. 12. 18) für die Einheit des Reiches aus. Ihre Teilnehmer konfrontierten Wünsche und Bestrebungen, Deutschösterreich im Reich zu halten, mit den Trennungsabsichten und erschlossen so Konsequenzen, die die Separatisten nicht bedacht hatten.

Die bürgerlichen Parteien forderten viel entschiedener: „Ordnung, nicht Putsche" (KZtg 1127 v. 7. 12. 18) und waren während der vom Zentrum vorangetriebenen frühen Debatte über den rheinischen Separatismus vor allem mit ihrer Neuorganisation[38] und der Abwehr des Berliner „Putschistenwahnsinns" (KZtg 1129 v. 8. 12. 18) beschäftigt. Die überkommenen Grenzziehungen zwischen den politischen Parteiungen schienen nicht mehr tragfähig; die neuen Konfrontationsmuster hingegen waren andererseits schwerlich geeignet, neue Kooperationsmuster zu begründen (KZtg 1120 v. 5. 12. 18). Auch wenn die KZtg in den Adventswochen mit der Feststellung: „Berlin redet und geht auf die Straße, im Reiche wählt man" (1139 v. 11. 12. 18), Zweifel an der Stabilität der politischen Ordnung nährte, wuchs trotz Kritik an der „Diktatur der Straße" und an der Regierung die Bedeutung der Sozialdemokratie angesichts der „Rheinbündelei" (KZtg 1142 v. 13. 12. 18). Bedrohlich schien den Bürgerlichen zunehmend die Zersplitterung im alten Parteiensystem. Diese Erosion wurde wegen des Verzichts auf eine „scharfe Scheidelinie gegen die Klassenherrschaft der Sozialdemokratie" als „Spaltung der bürgerlichen Linken" (KZtg 1153 v. 17. 12. 18) wahrgenommen. Deshalb plädierte die KZtg entschieden für eine „Listenverkoppelung" (1183 v. 29. 12. 18).

Die RZ fand zu einer Wahlaussage zurück, die sich gegen angebliche Bestrebungen rheinischer „Zentrumsleute" richtete, dem „Klerikalismus eine Domäne am Rhein zu sichern" (9. 12. 18). Verglichen mit dem spezifischen Problem des virulenten rheinischen Separatismus und den ideologischen Gegensätzen, die die bevorstehenden Wahlentscheidungen beeinflussten, rückten wirtschaftspolitische Fragen so lange in den Hintergrund, bis die Problematik der Sozialisierung und der Betriebsräte im Zusammenhang mit den Verfassungsberatungen intensiver erörtert wurde.

Die KZtg widmete den Verhandlungen des Berliner Reichskongresses der AuSR (1153 v. 17. 12. 18)[39] großen Raum und forderte vom „Kabinett Ebert" die

---

37 Parallelveranstaltung im Gürzenich, in: RZ 6. 12. 18.

38 Leopold v. Wiese, Der Liberalismus in der demokratischen Republik, in: KZtg 1129 v. 8. 12. 18; KZtg 1150 v. 16. 12. 18: Die Auflösung der alten Nationalliberalen Partei; KZtg 1174 v. 24. 12. 18: Welche Partei?

39 So wurde behauptet, die Wahl zur NV werde „gleichbedeutend" mit dem Todesurteil für das Rätesystem sein; KZtg 1163 v. 20. 12. 18.

„moralische und materielle Entwaffnung der linksradikalen, der anarchistischen Opposition" (1165 v. 21. 12. 18). Allerdings versuchten die Kölner Gegner der örtlichen Sozialdemokratie, die Öffentlichkeit durch Falschmeldungen zu verunsichern. So wurde behauptet, die AuSR hätten 800 Mio. Mark „vergeudet". Auch verbreitete man erneut, die Mitglieder hätten sich selbst erhebliche Summen bewilligt, seien für Erschießungen und die Deckung von Eigentumsdelikten verantwortlich (RZ 10. 12. 18).

Die Anzahl der Artikel, mit der die RZ Gräuelnachrichten zu korrigieren suchte, belegt die Zuspitzung der Diffamierungen durch die gegnerische Wahlpropaganda. Die Gegner der SPD versuchten, die Nachrichten von den heftig ausgetragenen Konflikten in Berlin (KZtg 1176 v. 27. 12. 18) und München zu nutzen, um auch die Kölner Sozialdemokratie zu diskreditieren (KZtg 6 v. 3. 1. 19). Mit der Versicherung, die Menschenrechte zu achten, bekräftigten die so Diskreditierten ihre Entschlossenheit, die Rechte der Minderheiten und auch individuelle Persönlichkeitsrechte zu verteidigen. Die RZ wandte sich gegen die Unterstellung, mit dem Rückzug der USPD aus der Regierung sei der Boden bereitet für eine „Diktatur der Mehrheitssozialisten" (KZtg 1187 v. 31. 12. 18). Das Bekenntnis der RZ zur Rede- und Pressefreiheit sollte allen Versuchen der Gegner einen Riegel vorschieben, die SPD als Partei der Willkür und der Rechtsverletzung zu verunglimpfen. Deshalb wurden die verschiedenen Übergriffe einzelner AuSR, die aus anderen Teilen Deutschlands berichtet wurden, kritisiert und zurückgewiesen (RZ 13. 12. 18).

5. Die (Wahlkampf-)Gegner der SPD rechts und links

Die Zentrumspresse hätte, so die RZ, vier Jahre „wider Wahrheit und Christentum" gepredigt und den Krieg als eine „Sendung Gottes zur Läuterung der Seelen" gerechtfertigt. Deshalb lautete nun die Parole: „Volk strafe das Zentrum", es sei nicht zuletzt das Zentrum für „Ausbeutung und Plünderung", ja für den „Massenmord von Millionen" und das „Krüppeldasein von Hunderttausenden" verantwortlich, so dass „ein Meer von Tränen" den „Kriegsverlängerern zur Last" fallen müsse.[40] Die politische Mobilisierung des konservativen und rechtsliberalen Bürgertums erfolgte sehr schleppend. Auch die drohende angebliche „sozialistische Springflut" entfaltete kein Erschrecken des Bürgertums. Die ehemaligen Nationalliberalen setzten somit ihre politische Hoffnung auf Verfassungs-

---

40   Anzeige, RZ 13. 12. 18. Derartige Anzeigen häuften sich, wurden aber auch inhaltlich in einem Leitartikel aufgegriffen: RZ 23. 12. 18.

verhandlungen und den „Schmelzofen des künftigen Parlamentarismus" (KZtg 30 v. 12. 1. 19). Gegen die Unterstellung, die Sozialdemokratie versuche die Mitwirkung bürgerlicher Kreise zu behindern, wurde betont, die SPD hätte „mit möglichster Beschleunigung" das „entmündigte Bürgertum" an den Staatsgeschäften beteiligt und so ihre „ehrliche demokratische Gesinnung" bewiesen. Korrekturen von Artikeln, die in der KVZ – dem „Bachemschen Schwindelblatt" (RZ 17. 12. 18) – erschienen[41], waren immer häufiger zu lesen. Sie zeigten, dass im Wahlkampf lokal- und konfessionspolitische Pressekontroversen zunehmend Gewicht erlangten.[42]

Gleichzeitig versuchte Sollmann, die Kölner Anhänger der USPD zu gewinnen und sich von den Verbindungen zwischen USPD und Spartakusbund im Kölner Raum abzugrenzen. Vielleicht schwante ihm, dass für die SPD die Stimmenmehrheit im Köln-Aachener Raum nicht leicht zu erringen war, nicht zuletzt, weil er andeutete, „unter dem Frauenwahlrecht" sei der Kampf gegen das „rheinische Zentrum [...] außerordentlich schwer" geworden.[43] Im Unterschied zu den Nationalliberalen und dem Zentrum stellte sich Sollmann seiner Vergangenheit. Bemerkenswert war seine deutliche politische und persönliche Selbstkritik, denn er, einst Befürworter der Kriegskredite, konzedierte nunmehr: „Wir alle haben während des Krieges manchen Fehlgriff getan, und manche herbe Kritik an unserem Verhalten war verdient" (ebd.). Neben die Selbstkritik der Kölner SPD-Führung trat allerdings auch unübersehbar die affirmative Akzeptanz der von der regierenden SPD entscheidend mitgetragenen Berliner Entwicklungen. Dies diente nicht zuletzt dazu, der Öffentlichkeit deutlich zu machen, dass die SPD nicht zu den Putschisten gehörte, die einige Wochen, den Medien zufolge, die Regierungsfähigkeit erheblich geschwächt hatten. Noch zum Jahresende erwähnte die RZ, welche ordnende Energie die SPD entfaltet hatte, als sie den Streiks, Besetzungen und Gewaltausbrüchen in Berlin entgegengetreten war (30. 12. 18).

Ebenso wichtig war aus Sicht der Kölner SPD-Führung die Distanzierung von Adolph Hoffmann – auch dies Ausdruck der Bekräftigung irritierender Kulturkampfunterstellungen durch die Zentrumspartei (RZ 27. 12. 18)[44] und

---

41 Zuweilen war auch von der „Adenauer-Zeitung" die Rede, vgl. RZ 19. 12. 18.

42 Vgl. RZ 20. 12., 23. 12. 18: Zentrum und Sozialdemokratie – mit der Tendenz, Zentrumswähler für die Sozialdemokratie zu gewinnen. In diesem Zusammenhang wurde auch entschlossen gegen Hoffmann agitiert. Deshalb bekräftigte die RZ 24. 12. 18: Kein Krieg gegen Ordensschwestern.

43 W. Sollmann, Sozialdemokratische Einheitsfront?, in: RZ 21. 12. 18.

44 Ferner RZ 2. 1. 19: Staat und Kirche; RZ 3. 1. 19: Der ‚neue Kulturkampf'; RZ 6. 1. 19: Die Kulturkampfglocke; RZ 10. 1. 19: Klerikale Hetze vor dem Kriege, lenkte den Blick auf die Verantwortung des Zentrums für die Kriegspolitik.

der doppelten Frontstellung gegen die antikonfessionell agierende Linke[45]. In den konfessionspolitischen Auseinandersetzungen wirkte es dann geradezu entlastend, dass auch die Liberalen für eine Trennung von Staat und Kirche eintraten.[46] Die Landtags-Wahlergebnisse in Bayern, Baden und Württemberg wurden in der RZ trotz der starken Position der katholischen Partei als eine Befreiung vom „Zentrumsjoch" mit Hilfe eines „wirklich demokratischen Wahlrechts" gedeutet (RZ 15. 1. 19).

Zugleich aber mussten vor Ort die katholischen Gemüter besänftigt werden. Die Kölner SPD sei bereit, Brücken zu den Katholiken unter den Wählern zu bauen, stecke doch „in der Sozialdemokratie selbst […] Religion", betonte die RZ (ebd.). Frontstellungen taten sich allerdings gegenüber der Rechten auf. Wenngleich deren Unterstellungen die SPD wenig berührten, wurde doch deutlich, dass sich die Gegensätze zwischen den bürgerlichen Parteien zunehmend stärker manifestierten. So unterstellte ein Redner der DVP auf einer Wahlversammlung der DDP, sich als „Mitläufer der Sozialdemokratie" erwiesen zu haben. Ihre Offenheit wurde umso schärfer kritisiert, als sich in den Augen des Referenten die „radikalen Juden mehr hervorgedrängt" hätten (KZtg 9 v. 4. 1. 19). Der Aufruf, „national zu wählen", war die Konsequenz dieser agitatorischen Exklusion, die sich zugleich antisemitisch verstehen ließ (KZtg 11 v. 5. 1. 19). Die KVZ war diesbezüglich noch massiver aufgetreten, sie polemisierte gegen das Handeln „des hergelaufenen, rassefremden Eindringlings Kurt Eisner" (953 v. 4. 12. 18) und kolportierte für diesen gebürtigen Berliner zur antisemitischen Stimmungsmache den Namen „Salomon Kosmanowsky aus Galizien" (945 v. 1. 12. 18).

In den Mittelpunkt der Agitation rückten mit Jahresende auch in der SPD die Erwartungen an die NV (RZ 27. 12. 18). Hinweise auf künftige Verfassungsziele[47] machten es ihr leichter, die agitatorisch hoch brisante und entsprechend riskante Sozialisierungsfrage zu entschärfen (RZ 23. 12. 18), zugleich aber die Revolution als Versuch zu rechtfertigen, den „eisernen Ring des Militarismus zu sprengen".[48] Mit den bürgerkriegsähnlichen Entwicklungen in Berlin, die in allen drei

---

45 Die Resolution einer Massenversammlung vom 30. 12. 18 in Köln-Mülheim forderte, „gegenrevolutionären Putschen mit allen Machtmitteln rücksichtslos entgegenzutreten"; RZ 31. 12. 18.

46 RZ 11. 1. 19: Staat und Kirche, diskutiert einen Artikel der „Frankfurter Zeitung", offensichtlich auch in Ermangelung einer demokratisch-linksliberalen Presse vor Ort.

47 Fritz Stier-Somlo, Die neue Reichsverfassung, in: KZtg 18 v. 8. 1. 19, 23 v. 9. 1. 19, 24 v. 10. 1. 19.

48 RZ 2. 1. 19: War die Revolution nötig; RZ 3. 1. 19: Die Verteidigung der Revolution; dies war eine Reaktion auf den Artikel der KVZ 944 v. 30. 11. 18: War das notwendig?

Zeitungen[49] ausführlich behandelt wurden, verschoben sich – nicht zuletzt unter dem Eindruck der Düsseldorfer Konflikte (KZtg 28 v. 11. 1. 19) – die Kölner Perspektiven erneut. Die Bürgerlichen versuchten den Eindruck zu wecken, in Berlin sei mit den Januarkämpfen eine „zweite Revolution" ausgebrochen (KZtg 28 v. 11. 1. 19). Sie verstärkten so wenige Tage vor der Wahl die Unsicherheit. Besonderem Druck sah sich die SPD ausgesetzt, wurde sie doch von ihren Gegnern immer in die Nähe von USPD und gar Spartakusbund gerückt sowie mit den als „Sowjets" bezeichneten AuSR identifiziert: „Endlich Taten in Berlin – ganz Deutschland wird aufatmen! Die Regierung setzt Gewalt gegen Gewalt. Schon ist Blut geflossen. So tiefbetrübend es ist, daß Arbeiter gegen Arbeiter wüten und die Reichshauptstadt das entsetzliche Schauspiel wilder Straßenkämpfe bietet: es gibt keinen anderen Weg mehr, Ordnung zu schaffen. Die Verbrecher an Volk und Vaterland, in deren Hirnen der Wahnsinn rast, als wären sie dem Tollhause entsprungen, sind nicht anders mehr zu Paaren zu treiben als mit denselben Mitteln, auf die sie ihre Schreckensherrschaft aufbauen" (RZ 6. 1. 19).

Die Entwicklungen in den Dezember- und Januartagen 1918/19 waren für die RZ nicht voll überschaubar. Dennoch wurde mit Noskes Ernennung zum „Kommandanten" die Hoffnung verknüpft, er sei in der Lage, „das Gebot der Stunde zu erfüllen" und „Ordnung an der Stelle der Anarchie" zu schaffen. Die politischen Gegner auf der Linken wurden charakterisiert durch ihren „gemeinsamen Haß gegen die Demokratie" und ihre „Furcht vor friedlicher Entwicklung zum Sozialismus". Sie galten der Kölner SPD nicht nur als „Radaubrüder", sondern wurden als „spartakistische Verbrecher" tituliert, „mit denen niemand Gemeinschaft" haben dürfe: „Unklare Gefühlspolitik hat heute weniger denn je Berechtigung. Bei den großen Gegensätzen zwischen Ordnung und Anarchie gibt es nur ein Entweder – Oder" (ebd.).

Gleichzeitig mit der Beschreibung der politischen Veränderungen in Berlin waren soziale Probleme des Kölner Arbeitslebens zu behandeln. Unterschiedliche Gesellschaftskreise, nicht zuletzt Beamte und Lehrer, wurden direkt angesprochen, Probleme der erschwerten beruflichen Wiedereingliederung der Soldaten in ihr Arbeitsleben beklagt. Vor diesem Hintergrund wird auch verständlich, dass großer Raum dem Nachweis ordnungsgemäß verwalteter finanzieller Aufwendungen für den Kölner AuSR gewidmet wurde (RZ 3. 3. 19). In den Verleumdungen der Mitglieder des Rates klang bereits das Misstrauen an, das sich wenige Jahre später gegen „Parteibonzen" richten sollte.

---

49 Ausführlich KZtg 18 v. 8. 1. 19: Die Berliner Unruhen; die Berichterstattung der KZtg über Berlin als „Hochburg der Revolution" war sehr detailliert, vgl. KZtg 26 v. 10. 1. 19 und folgende Ausgaben.

In den ersten Januarwochen wandelte sich das Bild, dass sich die SPD von ihrem Hauptgegner machte. Die Agitation der Zentrumspartei wurde vor allem in den Lokalspalten abgehandelt, gleichsam als ein publizistischer Dialog, der zuweilen zum Schlagabtausch wurde. Ideologisch viel stärker aufgeladen war die Auseinandersetzung mit den linken Anhängern der USPD und den „Spartakusleuten", die – wie Kautskys Warnung zitiert wurde – Deutschland „in ein Tollhaus" verwandelt hätten (RZ 8. 1. 19). Vor allem durch die Wahlversammlungen wurden die Berliner Auseinandersetzungen in die Kölner Presse und damit in die Öffentlichkeit getragen (RZ 9. 1., 14. 1. 19). Meerfeld, der auf der Köln-Aachener Liste Erstplatzierte, sprach vor 3000 Zuhörern im Gürzenich und betonte, gegen die Rechtsbürgerlichen gerichtet, sie kennten „keine Freiheit, keine Gleichheit, keine Brüderlichkeit" und seien hauptverantwortlich für die Dauer des Krieges, für „Revolution und Spartakus", die so zu „legitimen Kindern des Krieges und des Bürgertums" geworden seien. Diese zweiseitige Frontstellung gegen die Rechte und gegen die Linke blieb die wohl größte Belastung des SPD-Wahlkampfes. Offensichtlich diente die Distanzierung von den Berliner Unruhen auch dazu, bürgerliche Wählerstimmen zu gewinnen, etwa mit dem Versprechen, „unter allen Umständen wieder Ruhe und Sicherheit" herzustellen (RZ 8. 1. 19). Was aber sollte man mit „allen Umständen" verbinden?

In der ersten Januarhälfte wurde immer deutlicher, dass die Berliner Entwicklungen nicht mit den Kölner Erfahrungen in Einklang zu bringen waren. Besonders gut war die KZtg über den Kampf gegen den „Spartakusbund" informiert. So berichtete sie mit Datum vom 14. 1. über eine Hausdurchsuchung bei Liebknecht und meldete die Verhaftung von 500 Spartakusleuten; einen Tag später las man von der Verhaftung Rosa Luxemburgs. Der Tod beider wurde unmittelbar berichtet. Dabei stützte sich die Redaktion zum einen auf den angeblich „amtlichen Bericht", zum anderen aber wurde nicht auf Kommentare verzichtet, die die vorher aufgereizte Stimmung spiegelten: „Kein menschlich denkender Mensch wird einem andern den Tod wünschen [...] Dennoch wird heute jedermann in Deutschland, dessen Herz des Vaterlandes Weh wie ein Schwert durchdringt, aufatmen bei der Nachricht von dem Ende der beiden geistigen Führer des Spartakusbundes. Besser dies Ende mit Schrecken für die Schuldigen an dem Brudermord, der deutsche Erde mit deutschem Blut gerötet hat, als ein Schrecken ohne Ende für unser ganzes Volk, das Frieden und Ordnung, Arbeit und Ruhe wünscht, um das zerstörte Haus des Reiches neu wieder aufzubauen" (KZtg 44 v. 17. 1. 19). Einen Tag später verstieg sich die KZtg zu der Erklärung, mit dem Tod der führenden Spartakisten hätte sich ihr „Schicksal [...] erfüllt", hätten sie den Hass des Volkes geerntet, den „sie ihr Leben lang gesät" hätten. Geradezu zynisch wurde betont, beide seien immer Anhänger der „Volksjustiz" gewesen. Dies ging mit der Suggestion einher, nun sei das Urteil dieses Volksgerichts gesprochen worden, auch wenn Tragik darin läge, „daß gerade das Volk sie dem ordentlichen Gericht entzog und selbst die Lynchjustiz in die Hand nahm".[50]

Scheinbar zurückhaltender reagierte die KVZ, sie lenkte den Blick auf die bekämpfte Regierung der „Niederlage-Demokratie", der der „Niederlage-Sozialismus" gefolgt sei (5 v. 2. 1. 19). Es bestehe „kein Zweifel, daß die Tat [...] von allen rechtlich denkenden Menschen verurteilt" werde. Das deutsche Volk hätte es jedoch nicht nötig, „von dieser Regierung darauf aufmerksam gemacht zu werden, wohin solche Zustände führen. Die Entrüstung der Regierung ist billig. Durch ihre Untätigkeit und ihr Zaudern, durch ihre Politik des Verhandelns mit den Verbrechern hat sie diese gestärkt und zu den kühnsten Taten ermutigt. Sie hätte durch energisches Zugreifen die Spartakusbewegung im Keime ersticken müssen und sie hätte dadurch verhindert, daß Unbesonnene zur Selbstjustiz greifen" (KVZ 47 v. 17. 1. 19).

Selbst die örtliche Wahlagitation der SPD hatte sich in Köln in den Januartagen immer entschiedener gegen Liebknecht und Luxemburg gerichtet. Sie wurden als Gesinnungsgenossen der „russischen Bolschewisten" bezeichnet, die das Privateigentum mit „einem Schlage" beseitigen wollten (RZ 8. 1. 19). Dabei hatte die SPD sozialpolitische Forderungen bekräftigt. Es mag neben der Bekräftigung des organisierten kollektiven Selbsthilfegedankens der Arbeiterbewegung zugleich eine Konzession an bürgerlichen Vorbehalte gewesen sein, wenn die Kölner SPD Vorstellungen einer „korrumpierenden und den Menschen entmündigenden Wohltäterei" eine Absage erteilte: „Sie verzichtet darauf, unter den Tischen der Reichen die Brosamen aufzulesen. Im Bewußtsein der gewaltigen Bedeutung der Arbeiterklasse verlangt sie Rechte statt Wohltaten. Der moderne Arbeiter haßt und verabscheut die Wohltätigkeit, die ihn, den Mitschöpfer des gesellschaftlichen Reichtums auf die Stufe des Bettlers hinabdrückt" (RZ 9. 1. 19).

Der Kölner Wahlkampf wurde in den letzten Tagen vor dem Urnengang weniger durch den Mord an Liebknecht und Luxemburg überschattet, als es spätere Schilderungen vermuten lassen. Am Vortag von deren Ermordung hatte sich die Reichsleitung der SPD mit einem Aufruf an die Öffentlichkeit gewandt und behauptet, die „braven Truppen der Republik" hätten den Aufstand im Berliner Zeitungsviertel niedergeworfen, „der alle friedlichen Errungenschaften der Revolution zu vernichten drohte" (RZ 14. 1. 19). Die Folge einer aufgeheizten

---

50 KZtg 45 v. 17. 1. 19: Karl Liebknecht und Rosa Luxemburg; sowie: Für unsere Arbeiter, in KZtg 50 v. 19. 1. 19: „Das einzige Heilmittel bei einem Krebsgeschwür wie dem Spartakusaufstand ist der blutige Eingriff: Ausschneiden des Geschwürs mit Stumpf und Stiel."

Stimmung war eine Radikalisierung der Sprache, die sich schon Mitte Dezember 1918 in der Kölner Publizistik niedergeschlagen hatte: „Nachdem die in ihren Anfängen politische Bewegung zu wüstem Verbrechertreiben ausartete, konnte es für Urheber neuer Attentate auf die Sicherheit des Lebens, neuer willkürlicher Angriffe auf das Eigentum und neuer Störung unserer freiheitlichen Revolutionsordnung keine Schonung mehr geben" (RZ 15. 12. 18). Wie sehr die innersozialistischen Frontstellungen inzwischen verhärtet waren, wurde in dem Artikel deutlich, der mit dem Tod von Liebknecht und Luxemburg das „Ende von Spartakus" prophezeite: „Dem Leben der beiden Führer des Spartakusbundes ist auf tragische Weise ein Ziel gesetzt worden." Liebknecht sei erschossen worden, „als er seinen Begleitmannschaften entfloh; Rosa Luxemburg aber wurde das Opfer einer haßerfüllt auf sie eindringenden Menge, vor deren Wut man sie vergebens zu schützen suchte. So trat an beide der Tod in furchtbarer Gestalt heran" (RZ 16. 1. 19).

Hier kommt es nicht darauf an, die inzwischen besser erforschten Umstände des Doppelmordes zu rekonstruieren. Die „amtliche Darstellung" (ebd.) hatte mit der später von Historikern ermittelten Realität nichts gemein.[51] Mit gewundenen und falschen Erklärungen wurden die Übergriffe und Morde nicht nur verklärt, sondern indirekt entschuldigt. So hieß es einerseits, dem Schicksal beider gebühre „menschliches Mitgefühl". Andererseits aber wurde hervorgehoben, die Toten hätten eine „öffentliche Gefahr" bedeutet und sich mit „einer Blutschuld" beladen; dafür hätten sie „zur Rechenschaft gezogen" werden müssen. Auch wenn man ihnen „diesen Tod auf der Straße" nicht gewünscht hätte, so erinnerte die RZ daran, dass sich Liebknecht durch seinen „zur Krankhaftigkeit gesteigerten Antimilitarismus [...] immer weiter von den Parteitraditionen entfernt hätte". Seine Agitation wurde nicht nur als eine Auflehnung gegen „alle Parteidisziplin" und als „unheilvolle Wühlarbeit gegen die Partei" gedeutet, sondern es wurde betont, „zahlreiche Russen beiderlei Geschlechts hätten seinen Geist gefangen genommen". „Sein zweifellos pathologischer Zustand trieb ihn gemeinsam mit Rosa Luxemburg von einer Wahnsinnstat zur andern, und

---

51 Vgl. die bereits erheblich korrigierte Darstellung der Ermordung in der RZ 24. 2. 19: Der Fall Liebknecht-Luxemburg, wo immerhin konzediert wurde, dass der Umgang mit den Taten einen „breiten Schatten auf die Militärjustiz und auf das Offizierskorps des beteiligten Regiments" würfe. Die Erhellung des Tatbestands wurde gar als „wahre Befreiung" bezeichnet. Die Regierung wurde allerdings gerechtfertigt und verteidigt: „Aber nicht sie war es, die die Scheußlichkeiten des Bürgerkriegs entfesselte und, zum Kampf herausgefordert, in dem es nicht um ihr persönliches Los, sondern um die Zukunft des ganzen Volkes geht, mußte sie und muß sie zur Waffe greifen, die ihr als nächste zur Hand liegt."

daß er, geistesverwirrt, seiner Sinne nicht mehr Herr gewesen sei, ist die einzige, wirklich die einzige Erklärung. Frau Luxemburgs russischer Bolschewismus verband sich mit ihm [...] Beide hat auf grauenvolle Weise der Tod ereilt. Ihre Anhänger werden nach Rache schreien und für das tragische Geschick ihrer Führer wiederum die Regierung Ebert-Scheidemann verantwortlich machen. Die spartakistische Seuche ist mit dem Tode jener beiden noch nicht erloschen. Aber die Seuche wird überwunden; sie wäre auch überwunden worden, ohne daß Karl Liebknecht und Rosa Luxemburg den Tod erlitten hätten" (RZ 17. 1. 19).

Die Stimmung beruhigte sich, Empörung oder moralische Erregung war in Köln nicht festzustellen. Der große Wahlaufruf der RZ rückte vielmehr die verfassungs- und konfessionspolitischen Grundfragen in den Blick. Die KZtg forderte das Bürgertum auf, aufzuwachen und zum „Schmied seiner Zukunft und seines Glücks" zu werden (47 v. 18. 1. 19), die KVZ beschwor Glaubenstreue und Festigkeit. Beherrschendes Konfliktthema blieb die Kultur- und Religionspolitik der Berliner Regierung. Hoffmann wurde zum Popanz im Zivilisationskonflikt. Seine Haltung ermöglichte der KVZ, Erinnerungen an die Zeiten des Kulturkampfes zu wecken (6 v. 3. 1. 19) und zum „Kampf der Weltanschauungen" aufzurufen (36 v. 14. 1. 19). Es entsprach der Stimmung vor Ort, wenn die KVZ konstatierte, die SPD befände sich in der Defensive.

Am Tag nach der Wahl verkündete die RZ: „Das Volk vertraut uns!" (20. 1. 19) und stellte zugleich voreilig fest: „Das Zentrum erschüttert!"; bei genauer Prüfung des Kölner Wahlergebnisses bedeutete dies eine Übertreibung, gewannen doch SPD und Zentrum die nahezu gleiche Stimmenzahl.[52] Im Großwahlkreis Köln-Aachen dominierte hingegen das Zentrum. Gleichzeitig ging es nun um die preußischen Landtags- und Gemeindewahlen, sie warfen ihre Schatten voraus (RZ 23. 1., 27. 1. 19). Beide Wahlgänge schwächten die SPD gegenüber dem 19. Januar. Vielleicht lässt sich diese Schwächung durch die fortgesetzte Separatismus-Agitation erklären, die die Vertreter des rheinischen Katholizismus fortführten, obwohl sich gegen ihre Versuche, eine „Rheinische Bundesrepublik" zu gründen, am 29. Januar eine Kölner „Doppelversammlung" gewandt hatte (KZtg 84 v. 31. 1. 19). Im Mittelpunkt der Berichte über die Entstehung neuer politischer Konstellationen wie der Koalitionsfragen standen in allen Kölner Tageszeitungen die Themen von nationaler und verfassungspolitischer Bedeutung.

---

52 RZ 23. 1. 19, Amtliches Wahlergebnis Köln-Stadt: SPD: 119 891 = 38,6 %; Zentrum 126 777 = 40,9 %; DDP 33 898 = 10,9 %; DVP 16 893 = 5,4 % ; DNVP 8690 = 2,8 %; USPD 4246 = 1,4 % der gültigen Stimmen.

6. Nach den Wahlen: Verfassungs- und andere Systemfragen

Bereits zwei Tage nach der Wahl zur NV wurde der von Hugo Preuß erarbeitete Verfassungsentwurf im SPD-Organ als „Programm der Freiheit" vorgestellt (RZ 21. 1. 19).[53] Weitere Artikel in Kölner Zeitungen versuchten die anstehenden Verfassungsdiskussionen zu antizipieren. Zunächst scheint man von zeitlich befristeter Präsenz der NV in Weimar auszugehen (RZ 27. 1. 19), einem Ort, den die Rechtsbürgerlichen zum „Sinnbild des Deutschtums" ausdeuteten (KZtg 57 v. 21. 1. 19). Die RZ betonte unter Berufung auf „gut unterrichtete Kreise", der Versammlungsort sei schon längere Zeit beschlossen worden (22. 1. 19). Rasch aber ging es um die Frage, wie eine neue „provisorische Reichsgewalt" geschaffen (RZ 28. 1. 19) und die Rolle Preußens in der Republik bestimmt werden könne (KZtg 81 u. 83 v. 30. 1. 19). Offen blieb zunächst die Frage möglicher Zusammenarbeit unterschiedlicher Gruppierungen in der NV. Wichtig für die Gestaltung der Verfassung und der politischen Entwicklungen war allerdings, ob es den „bürgerlichen Parteien" gelingen konnte, mit der SPD eine gemeinsame Basis zu finden. Dabei taten sich die Rechtsbürgerlichen außerordentlich schwer und verwiesen auf die sich ausbreitenden Streikbestrebungen und die Aktivitäten der Räte; sie verwiesen auf Bremen, wo die Entstehung einer „Kommunistenrepublik" (KZtg 90 v. 8. 2. 19) prophezeit wurde, und versuchten, Abwehrhaltungen zu stärken.

Die RZ überbewertete diese Entwicklungen nicht, sondern artikulierte ihre kaum übersehbare Skepsis, die sich auf Wahlkampferfahrungen stützte.[54] Die SPD verstand sich als Reichseinigungspartei und versuchte, parteienübergreifend Gegenbestrebungen zum Separatismus zu bündeln (RZ 4. 2. 19). Das „Streben nach Einigung" bestimmte nicht zuletzt innerparteiliche Diskussionen der SPD (RZ 4. 2. 19) und mündete in eine konzentrierte, ruhige Berichterstattung über die Weimarer Verhandlungen und Entscheidungen. Darum bemühte sich auch die KZtg und veröffentlichte eine Artikelfolge des liberalen Kölner Hochschullehrers Stier-Somlo.[55] Besonders hervorgehoben wurde dieses konstruktivere Klima von den Kölner SPD: „Die ersten vier Tage von Weimar haben unter einem glücklichen Stern gestanden. Man hat das Gefühl, daß dort die Arbeit am richtigen Ende angefaßt wird und daß es vorwärts geht" (RZ 11. 2. 19).

---

53   Vgl. auch KZtg 55 v. 21. 1. 19: Der Entwurf der neuen Reichsverfassung; KZtg 57 v.
      21. 1. 19: Die Denkschrift über die Reichsverfassung; ferner Stier-Somlo, Was will der
      Entwurf der deutschen Reichsverfassung, in: KZtg 66 v. 24. 1. 19.
54   RZ 30. 1. 19: Die Bürgerlichen unter sich.
55   Fritz Stier-Somlo, Die künftige Verfassung des Deutschen Reiches, in: KZtg 92 v. 8. 2. 19,
      96 v. 9. 2. 19, 98 v. 10. 2. 19.

Die Wahl Eberts (KZtg 104 v. 12. 2. 19) schien in gewisser Weise den Abschluss des revolutionären Regimewechsels zu bedeuten: Mit seiner Wahl als „Nachfolger des Kaisers", so zumindest vermeldete die RZ (13. 2. 19) – „statt des Mannes von Gottes Gnaden der von Volkes Gnaden" – schien es, als gerönne „die Revolution [...] zum staatlichen Werden", als eröffnete sich die Chance, aus der SPD-Programmatik den „Sozialismus als werdende Wirklichkeit" hervorgehen zu lassen (RZ 12. 2. 19). Auch die KZtg artikulierte eine positive Grundstimmung (102 v. 11. 2. 19). Die KVZ hingegen verharrte in der Kulturkampfrhetorik. Gegen den – in der Fraktionssitzung artikulierten – Widerspruch der rheinischen SPD hinsichtlich der Einbindung des Zentrums in die Koalitionsregierung unter Scheidemann (RZ 17. 2. 19) kam dennoch die erste, dann auch von der KVZ akzeptierte, Weimarer Koalitionsregierung unter Scheidemann zustande.

Streik und Proteste im Ruhrgebiet relativierten allerdings die Erwartung, mit der Konsolidierung der NV und der Bildung einer Regierung sei nun der obstruktive Kurs korrigiert, der naturgemäß die Wahlauseinandersetzung bestimmt hatte. Denn Mitte Februar kam es im Zusammenhang mit Streiks im Bergbau zu neuen gewaltsamen Auseinandersetzungen.[56] „Blutige Kämpfe" steigerten sich der Berichterstattung zufolge in einen „brodelnden Hexenkessel" und führten angeblich „allenthalben" zu dem „Verlangen", Regierungstruppen einzusetzen. Dieser Alarmismus beeinflusste die politische Grundstimmung und richtete sich außerhalb der Streikgebiete vor allem gegen die Linke; dies leitete deren Schwächung im Köln-Aachener Raum durch die Abwehrbereitschaft des Bürgertums ein.

Die SPD musste hingegen Brücken zum Bürgertum und auch zum politischen Katholizismus bauen. Die im zurückliegenden Wahlkampf zugespitzten Vorbehalte, die weiterhin gegen die keineswegs einhellig gebilligte Zusammenarbeit mit dem Zentrum sprachen, sollten mit dem Argument relativiert werden, in der Zentrumfraktion säße „eine Anzahl Arbeitervertreter". Diese Annäherung blieb jedoch durch die „von klerikaler Seite" betriebene Separatismus-Debatte überschattet (RZ 13. 2. 19). Einen ganz neuen Akzent setzte Sollmann, der „auf Wunsch Noskes" als einer der Vertreter der NV in die Oberste Heeresleitung entsandt wurde, die noch in Kassel-Wilhelmshöhe residierte und unmittelbar vor der Verlegung nach Kolberg stand, weil angeblich „die Polen und die Bolschewikis [...] den militärischen Grenzschutz im Osten" erzwängen (RZ 15. 2. 19). Sollmann war augenscheinlich von Hindenburg beeindruckt, der ihn in „ehrlicher Herzlichkeit" begrüßt und zugleich betont hatte, er hätte sich „innerlich nicht gewandelt". Sollte es angesichts der Debatten über den Einfluss der

---

56 RZ 19. 2. 19; RZ 21. 2. 19: Die Spartakiden im Ruhrgebiet; RZ 22. 2. 19: Ernste Lage im Industriegebiet; RZ 24. 2. 19: Der Aufruhr im Ruhegebiet u. Die Bottroper Schreckenstage.

Heeresleitung, der Freikorps und der Fragen über die Kriegsschuldfrage beruhigend wirken, wenn Sollmann seine Leser fragte: „Ob das Hauptquartier wirklich der Sitz von gegenrevolutionären Bestrebungen ist, wie so oft behauptet wurde?"

Sollmann war bewusst, dass „man im Hauptquartier den Soldatenräten nicht Freund sei". Dies bedeutete in seinen Augen jedoch nicht, dass Hindenburg oder Groener die Absicht hätten, die neue Regierung zu bekämpfen. Wie ehrbewusst die Generalität weiterhin war, machte ein im Zuge einer Vorwärtsverteidigung öffentlich gemachter Depeschenwechsel zwischen Hindenburg und Scheidemann deutlich[57], mit dem Sollmann konfrontiert war. Scheidemann hatte Ludendorff als Hasardeur bezeichnet und eine scharfe Reaktion Hindenburgs provoziert, die Scheidemann umgehend zurückwies, indem er sich auf seine Erfahrungen bezog, die er als Mitglied der unter Max von Baden gebildeten Regierung hatte machen können. Sollmann war dieser Disput bei seinem Besuch in Kassel möglicherweise nicht bekannt; vermutlich aber wollte er nur diesen Eindruck erwecken. Überraschend war, dass er den Umzug nach Kolberg begleitete, denn von dort aus schaltete er sich mit einem Artikel in die Debatte über das kommunale Wahlrecht ein (RZ 21. 2. 19).[58] Später gehörte Sollmann der Delegation an, die in Versailles den Friedensvertrag mit auszuhandeln hatte, berichtete aus unmittelbarer Teilnahme aber auch über die Debatten in der NV.[59]

Die Distanzierung der Regierung Scheidemann von Hindenburg trug zu einem weiteren Misstrauen gegenüber den Sozialdemokraten im rechtsbürgerlichen Lager bei. Bernstein warb in einem grundlegenden Artikel zwar um „Vertrauen", zugleich aber gegenüber der Linken um „Einigkeit". Er war überzeugt, vieles „in höchstem Grade Unliebsame [wäre] nicht geschehen, vieles bedauernswerterweise Unterbliebe aber zur Verwirklichung gekommen", wenn die Sozialdemokratie als „geeinte Kraft" hätte wirken können.[60] Verfassungsgestaltung, Sozialismus, der Kampf gegen den Militarismus und damit gegen die „Gefahr

---

57 RZ 23. 2. 19: Hindenburg und Scheidemann: Zwei Briefe [vom 19. 2. 19]; RZ 24. 2. 19: Die Verteidigung Ludendorffs. Dabei ging es nicht nur um Persönliches, sondern in der Vorbereitung einer sich abzeichnenden Dolchstoßlegende um die Zurückweisung des „Versuchs der Reaktionäre, die Revolution mit Schuld an der Niederlage zu belasten." Vgl. weiter RZ 1. 3. 19: Ludendorff – der Vergeßliche; RZ. 5. 3. 19: Der Glückspieler Ludendorff.

58 In dieser Auseinandersetzung um das Gemeindewahlrecht wurde deutlich, dass Gemeindewahlen als Grundlage der örtlichen Machtverteilung und auch Interessenwahrung galten, also einen sehr hohen Stellenwert hatten.

59 Vgl. W. S[ollmann], Frau Abgeordnete hat das Wort, in: RZ 24. 2. 19 (über die erste Rede einer Frau vor der NV); vgl. auch RZ 23. 2. 19: Die erste Frau [i. e. Marie Juchacz] in der Nationalversammlung.

60 Eduard Bernstein, Zur Frage der Einigkeit, in: RZ 19. 2. 19.

einer militärischen Reaktion" stellten in seinen Augen die entscheidenden Herausforderungen dar, die eine Einigung zwischen SPD und Teilen der USPD
ermöglichen sollten.

Wie schon die Ermordung von Liebknecht und Luxemburg wurde die
Ermordung Eisners[61] – „eines Mannes des reinsten Wollens" (RZ 22. 2. 19) – als
weiterer Einschnitt empfunden. „Immer steiler, immer blutiger" sei die revolutionäre Entwicklung verlaufen und belaste die weitere politische Entwicklung entscheidend, kommentierte die KZtg und sah sich zugleich in ihrer Skepsis sowie
in der Ablehnung der SPD-geführten Regierung bestätigt: „Die junge deutsche
Republik durchlebt in diesem Februar ihre bittersten Stunden. Während sich in
Weimar das äußere Gerüst vollendet, brodelt es von unten auf und unterwühlt
die Stützen: Spartakus ballt die Faust gegen den Mehrheitswillen des deutschen
Volkes. Aber daneben grinst uns der politische Mord ins Gesicht; als Gewaltmittel
der jungen reaktionären Horde, ausgeübt von Fanatikern, die durch Beseitigung
von Menschen eine geschichtliche Wende auslöschen wollen" (132 v. 21. 2. 19).

Eisner wurde, anders als Mitte Januar die beiden Ermordeten, in der RZ
als ein vom „Ethos durchglühter" Mensch gewürdigt. Deutlich wurde zugleich
die fortgesetzte Verurteilung von Liebknecht und Luxemburg, vielleicht auch,
weil es angesichts der Attentate nun um den „besonnenen Aufbau im Geiste des
Sozialismus und der Demokratie" im „entschlossenen Kampfe gegen die alten
Gewalten" gehen müsste, „die nicht aufhören wollen, auf ihre Stunde zu hoffen". Allerdings überstürzten sich die Münchener Ereignisse und befeuerten
im Bürgertum die Revolutionsfrucht, die sich in der Ablehnung einer „Diktatur der Räte" artikulierte und weiter Gewaltexzesse nach sich zog. Diese wurden
zwar als Ausdruck einer „Gefühlsroheit" zurückgewiesen (RZ 24. 2. 19), zugleich
aber das Schreckbild einer – zudem wiederum separatistisch orientierten (RZ
26. 2. 19) – Münchener Räterepublik entfaltet (RZ 25. 2., 3. 3. 19). Dies erschien
umso bedrohlicher, als sich auch in Mitteldeutschland neue Streikbewegungen
formierten, die Gegenkräfte im politisch sich immer wirkungsvoller organisierenden Bürgertum mobilisierten (RZ 28. 2. 19).

Vor dem Hintergrund drohender Massenstreiks (KZtg 130 v. 21. 2. 19) verschärfte sich die nach dem Tod von Liebknecht und Luxemburg keineswegs
abklingende heftige Auseinandersetzung mit dem Spartakusbund; dies umso

---

61 In der KZtg 132 v. 21. 2. 19 war zu lesen, Eisner sei „dem Schicksal verfallen, das Leute sei-
nes Schlages andern so oft und gern zugedacht" hätten. Seine Regierung sei eine „durch
Meuchelmord gemilderte Despotie" gewesen. Eisner hätte sich „mit der Verbohrtheit des
Fanatikers" der Einsicht verschlossen, „daß seine Zeit um war, und er forderte so die
Kugel aus dem Lauf, die seinem verhängnisvollen Wirken das notwendige Ziel setzte".

heftiger, weil schon vor dem Krieg über den politischen Massenstreik gestritten worden war und es nun nicht so leicht für die SPD zu sein schien, Unterschiede zwischen den aktuellen Streikzielen und der Massenstreikdebatte zu begründen.[62] Umso mehr war es wichtig, die in der Verfassung zu verankernde Vertretung der Arbeiter und ihrer Interessen im neuen Arbeitsrecht zu erläutern (RZ 6. 3. 19). Die bürgerlichen Blätter sahen darin den Beleg ihrer Warnungen vor der „Sozialismus-Demokratie". Angesichts der „stürmischen" Forderung „uneingeschränkter Demokratisierung" beruhigten sich die Debatten nicht. Es ging offenbar nicht allein um Demokratisierung, sondern auch um eine Umstellung der „Gütererzeugung". Jedenfalls weckte ein Mitglied des „Zentralrats" mit seiner Frage nach den Reaktionen des Bürgertums auf gemeinwirtschaftliche Forderungen Abwehrkräfte. So stand im März erneut die Auseinandersetzung um angebliche „weitere Radikalisierung der Proletariermassen" im Raum (RZ 7. 3. 19).

Es zeichneten sich folglich die Februarwochen durch eine schwer durchschaubare Parallelität von Verfassungsdiskussionen und parlamentarischen Entwicklungen (KZtg 132 v. 21. 2. 19) auf der einen, Basisbewegungen auf der anderen Seite aus. Dabei wurde deutlich, wie schwer sich die rechtsbürgerlichen Kräfte damit taten, die Weimarer Koalition als legitime Regierung anzuerkennen, denn jede Überstimmung der parlamentarischen Minderheit wurde als deren „Vergewaltigung" gedeutet (KZtg 135 v. 22. 2. 19). Vor dem Hintergrund der Münchener Unruhen kam der Beratung der preußischen Verfassung (RZ 28. 2. 19), die knapp zeitversetzt zu den Weimarer Verfassungsberatungen stattfand, zusätzliche Bedeutung zu, denn Preußen galt als „Hort der Reaktion". Dies hatte für die Sozialdemokraten andere Konsequenzen als für die Konservativen und ehemaligen Nationalliberalen. Zwar machten alle rheinischen Blätter klar, sie würden Preußen sozusagen gern auf dem Altar der deutschen Einheit opfern; nicht aber, um eine rheinisch-westfälische Republik zu begründen, für die vor allem die KVZ entschiedenen Fürsprechern das Wort erteilte.

7. Ausklang bis ins Frühjahr 1919

Die Konfliktlinien, die sich seit Oktober 1918 gebildet und zugleich immer wieder als Reaktion auf die weiteren Entwicklungen gewandelt hatten, verdeutlichen einen politischen Stillstand, trotz der Streiks und Unruhen, trotz der Verfassungsdiskussionen und sozialen Verwerfungen in den postrevolutionären

---

62 RZ 4. 3. 19: Der politische Massenstreik; RZ 5. 3. 19: Der Berliner Generalstreik; RZ 6. 3. 19: Der Generalstreik u. Der Streikwahnsinn.

Monaten. Vielleicht ist dies Ausdruck von Kölner Sonderentwicklungen wie z. B. der Verschiebung von Kommunalwahlen in den Herbst 1919 angesichts der Besetzungssituation. Eine Weltsicht und Weltverständnis verändernde Bewegung suggerierten vor allem die publizistischen Schwerpunktthemen. Ob die „Anarchie im Wirtschaftsleben" beklagt oder die „sozialistische Einheitsfront" beschworen wurde (RZ 8. 3. 19), ob separatistische Bestrebungen attackiert oder Konturen der „neuen Gesellschaftsverfassung" skizziert wurden (RZ 10. 3. 19) – offensichtlich hatten sich in den vier Monaten, die seit dem Ausbruch der Novemberrevolution vergangen waren, Gegensätze verfestigt, die tief verwurzelt waren in den lokalen und regionalen Konfliktmustern. So entsteht der Eindruck, dass selbst in der Revolution das diskursive Potenzial in Köln relativ gering war.

Das zeigte sich am publizistischen Niederschlag der Verfassungsberatungen (KZtg 143 v. 25. 2. 19), die nach den vorbereitenden Artikeln des Staatsrechtlers Stier-Somlo[63] einen Kontrast zu den emotionalisierenden Diskussionen über die im Raum stehende (Betriebs-)Räteverfassung (RZ 12. 3. 19) darstellten. Besorgnisse der politischen Rechten wurden nicht zuletzt mit Nachrichten von gewaltsamen Unruhen verstärkt (RZ 14. 3. 19). Die Rechtsbürgerlichen warnten vor der linken „Desperadopolitik" (KZtg 145 v. 26. 2. 19) und wollten die Bolschewismusfurcht für sich nutzen[64]; sie zerstörten so im Kern das Vertrauen zur neuen Regierung. Es kam weniger auf Gestaltung der neuen Ordnung als auf die Ausbremsung des politischen Gegners an. Negative Partizipation[65], die auf Verhinderung und Behinderung des politischen Gegners setzte, ließ sich somit bereits in der Entstehungsphase der Weimarer Verfassungsordnung als Charakteristikum von Beharrung und Wandel feststellen.

Die Rechtsbürgerlichen waren ebenso wie die Unternehmer möglicherweise durch den bemerkenswerten Zulauf der Gewerkschaftsmitglieder beunruhigt[66] und deuteten „die Entwicklung der Arbeiterräte zu Betriebsräten" – für die SPD handelte es sich dabei um „unendlich wichtige Organe der sozialen Umgestaltung"[67] – wesentlich zurückhaltender. Semantisch nutzten die

---

63 Fritz Stier-Somlo, Zum endgültigen Entwurf der Reichsverfassung, in: KZtg 153 v. 28. 2. 19.

64 KZtg 152 v. 28. 2. 19: Ein agitatorischer Tag; dagegen dann: Front gegen rechts!, in: RZ 28. 3. 19: „Die Reaktion hat sich sehr verrechnet, wenn sie glaubt, daß das deutsche Volk aus Bolschewistenangst unter ihre Fittiche kriechen wird."

65 Jürgen Bergmann/Klaus Megerle, Gesellschaftliche Mobilisierung und negative Partizipation, in: Peter Steinbach (Hg.), Probleme politischer Partizipation im Modernisierungsprozeß, Stuttgart 1982, S. 376–437.

66 Paul Umbreit, Die dritte Million, in: RZ 12. 3. 19.

67 So Friedrich Stampfer, Bildungsfragen, in: RZ 19. 3. 19; RZ 27. 3. 19: Sozialdemokratie und Arbeiterrat.

Rechtsbürgerlichen die Vieldeutigkeit des Rätebegriffs[68], um den Eindruck zu wecken, in Weimar fände weiterhin ein „Tanz auf dem Vulkan" statt (KZtg 163 v. 4. 3. 19). Als Durchbruch „zukünftiger Sozialisierung" wurde von der SPD hingegen das „Kohlebewirtschaftungsgesetz" gefeiert, während die politische Rechte darin eine „Diktatur unseres Wirtschaftssystems" erblicken wollte (KZtg 168 v. 6. 3. 19). So sollte das neue kollektive Arbeitsrecht, unbestreitbar eine große Errungenschaft der Weimarer Verfassung, durch die Gegenüberstellung von „Arbeitersozialismus und Bolschewismus" (RZ 21. 3. 19) die polemischen, belastenden und diskreditierenden Argumente der Unternehmerseite in den Augen der SPD ab absurdum führen.

Überraschend ist, dass in den innenpolitischen Debatten die Probleme des Friedensschlusses bis in das Frühjahr 1919 eher in den Hintergrund gerückt wurden. Die Dynamik der Friedensverhandlungen richtete sich dann endgültig gegen die neuen politischen Kräfte. Sie wurden mit den Folgen einer Katastrophe belastet, die ihre Wirkungen erst seit 1920 voll entfaltete. Sehr angriffslustig wurde im Zusammenhang mit der Zurückweisung der Behauptung Ludendorffs von der „Hauptschuld [...] der Heimat, die Widerstandskraft des Heeres allmählich zermürbt zu haben", die Verantwortung der alten Eliten für Kriegsführung und die Kriegsopfer beschworen (RZ 28. 3. 19). Offensichtlich ging es weniger um die Erörterung der Kriegsschuld als um eine Deutung der militärischen Kapitulation. Die Brisanz der Auseinandersetzung mit separatistischen Tendenzen schwand nicht. Vor allem die RZ bekämpfte und beklagte den Separatismus (27. 3. 19). Kultur- und konfessionspolitische Fragen bestimmten das Kölner Konfliktklima und rückten immer wieder in den Vordergrund (RZ 19. 3. 19). Sie mündeten fast regelmäßig in das entscheidende Problem dieser Monate, nämlich die konstruierte und sich in dieser Weise tatsächlich niemals stellende Pseudoalternative: „Sozialismus oder Kommunismus".[69] In den Verwerfungen einer vergleichsweise ruhigen Großstadt wie Köln zeigte sich, wie weit entfernt die gelingende Errichtung des neuen Gemeinwesens war, das nicht durch die sozialisierte Gütergemeinschaft bestimmt werde, sondern immer das „wertvolle Recht der Persönlichkeit des Einzelnen und der Völkerfamilie" im Blick gehabt hätte. „Wir müssen es uns selbst bauen, und nicht Einrichtungen aufzwingen lassen. [...] Der Sozialismus erobert den Menschenstern, denn er ist der Fortschritt, er ist das Leben."[70]

---

68   Vgl. KZtg 160 v. 3. 3. 19: Regierung und Rätesystem; so wurde behauptet, die Macht werde „im Zeichen der Demokratie mit einem Rätesystem" geteilt, KZtg 163 v. 4. 3. 19.
69   Louise Elsas, Sozialismus oder Kommunismus, in: RZ 1. 4. 19.
70   Ebd.

Es war ein schwieriger, konfliktreicher und umstrittener, keineswegs klar vorgezeichneter Weg, der in Köln seit der ersten Novemberwoche 1918 eingeschlagen wurde. Die Akteure konnten sich anfangs den Ausgang des Experiments, das bald „deutsche Revolution" genannt wurde, nicht vorstellen. Wenn die RZ von „Revolutionsmärchen" sprach, dann in einem doppelten Sinne: Zum einen waren viele Berichte zum Geschehen übertrieben; zum anderen aber konnte der Ausgang durchaus märchenhaft anmuten. Sollmann resümierte: „Die Revolution in Köln ist sehr wenig romantisch und phantastisch verlaufen. Mit dem nüchternen Hergang der Dinge sind weder die Spartakusmänner in der U.S.P. noch ihre Gegenfüßler in der Kölner Zentrumspartei zufrieden. Vor allem vermissen beide das Salvenfeuer und das Blutvergießen, da sie sich ohne Schrecken und Grausen eine richtig ‚gemachte' Revolution nicht vorstellen können" (RZ 5. 12. 18). Aber trotz der spürbaren Gegenbewegungen auf der Rechten und der Linken entzog sich gewiss der Phantasie der Zeitgenossen, dass die Gegner der Republik unter Führung der NSDAP Hitlers einmal die Abwendung der Deutschen vom „System" der „Novemberverbrecher" und „Bonzen" vollenden könnten, weil sie versprachen, die eigentlichen „Vollender der deutschen Revolution" zu sein.

VOLKER STALMANN

Eine „politische und soziale Umwälzung in bester Ordnung": Die Revolution 1918/19 in Frankfurt am Main

Frankfurt am Main kam in der Revolution von 1918/19 eine besondere Rolle zu. Dies lag nicht nur daran, dass die Mainstadt eine der führenden deutschen Großstädte und eine Hochburg der sozialdemokratischen Arbeiterbewegung war. Vielmehr nahm Frankfurt aufgrund der Zugehörigkeit zur neutralen Zone, die aufgrund des Waffenstillstandsvertrags vom 11. November 1918 auf dem rechten Rheinufer eingerichtet wurde, eine vom übrigen Reich differierende Sonderentwicklung in der Revolution ein. Deutschland bildete letztlich im Winter 1918/19 keinen einheitlichen Kommunikationsraum, sondern setzte sich aus zahlreichen, unterschiedlich ausgestalteten Räumen mit je eigenen Zentren zusammen. Die Entwicklung der Revolution in den ländlichen Gebieten differierte von derjenigen in den Metropolen und den Industrieregionen wie dem Ruhrgebiet. Einen besonderen Verlauf nahmen die Ereignisse auch in den Abtretungsgebieten oder im Mitte Dezember 1918 von den Alliierten besetzten Rheinland und eben auch der damals rechts des Rheins eingerichteten neutralen Zone.

Im Folgenden soll am Beispiel Frankfurts der Frage nach der regionalen Ausformung des revolutionären Geschehens nachgegangen und das Besondere und Charakteristische der Entwicklung in der Mainstadt herausgearbeitet werden. Dabei sollen in einem ersten Schritt die im November 1918 in der Revolution kulminierenden Entwicklungslinien und damit die politischen, sozialen und ökonomischen Ursachen des Umsturzes näher umrissen werden. Daran anschließend werden Organisation und innere Struktur des Frankfurter Arbeiter- und Soldatenrats (nachfolgend: AuSR) und seine Stellung im Institutionengeflecht der Stadt in den Fokus rücken. Schließlich müssen auch die Handlungsmöglichkeiten der revolutionären Akteure und ihre Gestaltungsgrenzen thematisiert werden, um die Frage nach den Chancen für die Durchsetzung genuiner Forderungen der Arbeiterbewegung und für eine umfassende demokratische Neuordnung einer Klärung zuführen zu können.

Da Protokolle des Frankfurter AuSR nicht überliefert sind, musste zur Rekonstruktion des Revolutionsverlaufs auf die Frankfurter Presse und die Erinnerungen der damaligen Akteure rekurriert werden. Dabei werden nicht nur die revolutionären Ereignisse in ihrer journalistischen Spiegelung, sondern auch die Vorstellungen, Ansichten und Meinungen der hinter den Presseorganen stehenden politischen Richtungen und Bevölkerungsschichten wiedergegeben.

Frankfurt verfügte über eine breit aufgestellte Presselandschaft. Zu den tonangebenden Blättern der Mainmetropole zählte die „Frankfurter Zeitung" (= FZ), die 1856 von Leopold Sonnemann unter dem Titel „Neue Frankfurter Zeitung" gegründet wurde. Die Tageszeitung avancierte rasch zu einem der führenden überregionalen Blätter des Reiches, das in politischer Hinsicht den Linksliberalen, nicht zuletzt der südwestdeutschen Deutschen Volkspartei nahestand. Galt es zunächst vornehmlich als Wirtschaftsblatt, so weitete sich mit der Zeit sein journalistisches Spektrum, wenngleich es auch in der Weimarer Republik bevorzugt von Vertretern der Finanzwelt und der freien Berufe gelesen wurde. Diese politische Prägung, die in den anonym veröffentlichten Leitartikeln ihren Niederschlag fand, zeichnete das Blatt auch während der Revolution aus. Von 1917 bis 1934 wurde die kollegiale Redaktion von Heinrich Simon, dem Enkel Leopold Sonnemanns, geleitet.[1] Neben die FZ traten die etwas konservativer grundierten „Frankfurter Nachrichten" (= FN), die seit 1855 als Beilage im wöchentlich herausgegebenen „Intelligenzblatt" erschienen. Entstanden 1910 aus der Fusion von „Journal", „Frankfurter Presse" und „Intelligenzblatt", entwickelten sich die FN rasch zu einer tonangebenden bürgerlichen Regionalzeitung.[2]

Das bekannteste Organ der Frankfurter Sozialdemokratie war die seit 1890 herausgegebene „Volksstimme" (= Ve), die im Kaiserreich zu einem der namhaftesten Blätter der SPD avancierte. Der geschäftliche Erfolg ließ nach der Gründung der Union-Druckerei nicht lange auf sich warten. Die durch den Ausbruch des Ersten Weltkrieges ausgelöste Spaltung der SPD sollte sich auch in der Redaktion des Parteiorgans widerspiegeln. Seit Februar 1919 gab auch die südwestdeutsche USPD ein eigenes Organ heraus, das am Freitag erscheinende Wochenblatt „Volksrecht" (= Vt), für das Konrad Lang als Herausgeber und Toni Sender als Redakteurin verantwortlich zeichneten.[3] Die Frankfurter Ortsgruppe der KPD folgte im März 1919 mit dem Wochenblatt „Freiheit" (= Ft), das ab April als Tageszeitung erschien und von dem 25-jährigen Georg

---

1 Vgl. Zeitungsstadt Frankfurt am Main. Zur Geschichte der Frankfurter Presse in fünf Jahrzehnten, Hg. Alfred Estermann, Frankfurt a. M. 1994, S. 53–72. Vgl. auch Kurt Koszyk, Deutsche Presse 1914–1945, Berlin 1972, S. 216–219.

2 Vgl. Zeitungsstadt (wie Fn. 1), S. 53 u. 65; Koszyk, Presse (wie Fn. 1), S. 146.

3 Vgl. Kai Gniffke, Die Arbeiterpresse, in: Zeitungsstadt (wie Fn. 1), S. 242–259; ferner Volksrecht 1. 2. 1919, S. 1. Vgl. auch Toni Sender, Autobiographie einer deutschen Rebellin, Frankfurt a. M. 1981, S. 126–129.

Handke redigiert wurde.[4] Die Zentrumspartei schuf sich erst 1923 mit der „Rhein-Mainischen Volkszeitung" ein einflussreiches Sprachrohr[5] so dass für die Untersuchung auf eine dezidiert katholische Stimme, d. h. auf ein Publikationsorgan des politischen Katholizismus, verzichtet wurde. Angesichts der relativen Schwäche der Zentrumspartei in Frankfurt, deren Ergebnisse in Frankfurt nicht viel über 10 % lagen, erschien dies vertretbar.

1. Frankfurt vor dem und im Ersten Weltkrieg

Die frühere Reichsstadt Frankfurt a. M. gehörte seit 1866 zum Königreich Preußen. Nach dem deutsch-deutschen Krieg wurde die auf der Seite Österreichs kämpfende Stadt von Preußen annektiert und Teil des Regierungsbezirks Wiesbaden innerhalb der Provinz Hessen-Nassau. Im Kaiserreich erlebte Frankfurt einen beispiellosen Aufstieg zu einer der führenden Industriestädte des Reiches. Begünstigt durch die Lage am Main entwickelte sich die Stadt zu einem nationalen und internationalen Verkehrsknotenpunkt. Frankfurt wurde zu einem Hauptstandort der chemischen und elektrotechnischen Industrie und zu einem der wichtigsten Finanzzentren Europas. Mit der Gründung der Universität 1914 avancierte die Stadt auch zu einem wichtigen Ort der Bildung und Wissenschaft. Als führende Bank- und Industriemetropole war Frankfurt vor dem Krieg eine der reichsten Städte Europas. Durch den wirtschaftlichen Aufstieg kam es zur umfassenden Zuwanderung aus den umliegenden armen Mittelgebirgsregionen und dem süddeutschen Raum. Frankfurt profitierte allerdings nicht nur von der Binnenwanderung, sondern auch von den vier großen Stadterweiterungen, durch die die Stadtbevölkerung von 103 000 im Jahr 1875 auf 414 000 im Jahr 1910 wuchs.[6]

Der Reichtum floss vor allem einer kleinen Schicht von Bankiers, Unternehmern und Großkaufleuten zu, die in ihren imposanten Stadtvillen einen repräsentativen Lebensstil pflegten. Der Großteil der Bevölkerung führte das Leben von sozialen Randexistenzen. Nach der Einkommensstatistik und dem Verwaltungsbericht von 1912 verfügten fast 64 % der Bevölkerung über ein Jahreseinkommen

---

4 Handke sollte später in der DDR zum Minister für Innerdeutschen Handel avancieren. Vgl. Franz Neuland, „Auf zum letzten Gefecht". Spartakusbund und KPD in Frankfurt am Main und der Region Rhein-Main von 1916/18–1956, Frankfurt a. M. 2013, S. 24.

5 Vgl. Bruno Lowitsch, Der Kreis um die Rhein-Mainische Volkszeitung, Wiesbaden 1980.

6 Vgl. Thomas Nipperdey, Deutsche Geschichte, Bd. 1: Arbeitswelt und Bürgergeist, München 1993, S. 37.

von weniger als 1500 Mark und lebten mithin in prekären Verhältnissen. Nach der Berufsstatistik von 1907 gehörten rund 87 % der Bevölkerung zum Proletariat und zur unteren Kleinbürgerschicht, während lediglich 12 % zu den besser verdienenden Kleinbürgern und nicht ganz ein Prozent oder 4063 Personen zu den gut verdienenden Bürgern und Großbürgern zählten.[7]

Gegenüber ihrer wirtschaftlichen Dynamik und Modernität stach das politische System der Mainmetropole negativ ab. Die Verfassungsorgane Magistrat und Stadtverordneten-Versammlung (= SV) blieben vom aufziehenden Massenzeitalter eigentümlich unberührt. Während es seit 1867 bzw. 1871 ein allgemeines, gleiches, direktes und geheimes Männerwahlrecht für den Reichstag des Norddeutschen Bundes bzw. des Deutschen Reiches gab, blieb die politische Mitbestimmung auf regionaler und lokaler Ebene ein Privileg Weniger: Nur 56,6 % der Reichstagswähler besaßen 1912 auch das Wahlrecht zur Frankfurter SV, während 74 % der Reichstagswähler an den preußischen Abgeordnetenhauswahlen, die aufgrund des indirekten, öffentlichen und ungleichen Dreiklassenwahlrechts erfolgten, teilnehmen konnten. Die Wahl zur Frankfurter SV war zwar direkt und geheim, aber ein Großteil der über 24 Jahre alten, männlichen Stadtbevölkerung blieb aufgrund des Zensus vom Wahlrecht ausgeschlossen. Wahlberechtigt waren nur jene, die die Gemeindesteuern bezahlt hatten und zudem entweder ein Wohnhaus besaßen, ein Gewerbe mit mindestens zwei Gehilfen ausübten oder ein Jahreseinkommen von mindestens 1200 Mark bezogen. Die Wähler durften keine Armenunterstützung empfangen, mussten mindestens ein Jahr in der Stadt wohnen und einen eigenen Hausstand besitzen. Die Hälfte der 64 SV-Abgeordneten (1900) musste Hausbesitzer sein. Zwar wurden die Abgeordneten für sechs Jahre gewählt, doch fand alle zwei Jahre eine Drittelerneuerung des Parlaments statt.[8]

Das zensitäre Wahlrecht benachteiligte vor allem die Sozialdemokraten, die bereits 1884 das bislang von den Linksliberalen gehaltene Reichstagsmandat für Frankfurt zu erobern vermochten. Den Wahlkreis konnte die SPD mit Ausnahme der Wahl von 1907 bis zum Ersten Weltkrieg behaupten.[9] Die Dominanz der Partei auf Reichsebene hob sich vorteilhaft von der durch das Wahlsystem bedingten Schwäche auf kommunaler Ebene ab. 1904 gehörten lediglich zwei von insgesamt

---

7   Vgl. Renate Wolter-Brandecker, Stiefkinder einer Revolution. Arbeiterleben in Frankfurt am Main 1918–1923, Frankfurt a. M. 1989, S. 36 f.

8   Vgl. Dieter Schneider, Zwischen Römer und Revolution 1869–1969. 100 Jahre Sozialdemokraten in Frankfurt a. M., Frankfurt a. M. 1969, S. 38.

9   Vgl. Carl Wilhelm Reibel, Handbuch der Reichstagswahlen 1890–1918. Bündnisse, Ergebnisse, Kandidaten, 2 Bde., Düsseldorf 2007, hier Bd. 1, Nr. 192, S. 781–785.

64 Abgeordneten der Frankfurter SV der SPD an, doch gelang es der Partei, die Zahl ihrer Mandate trotz des 1200-Mark-Wahlzensus bis 1912 auf 23 zu erhöhen. Ihr politischer Einfluss blieb jedoch begrenzt, da die in der SV dominierenden Liberalen ihnen in den Deputationen der städtischen Ämter, in der Sozialpolitik und der Wohlfahrtspflege zumal, keine Mitspracherechte einräumen wollten.

Mit über 11 000 Mitgliedern zeichnete sich die SPD vor dem Krieg durch einen hohen Organisationsgrad aus, der auch für die Freien Gewerkschaften galt. Die in der Stadt herrschende liberale Atmosphäre, das starke organisatorische Umfeld, zu dem auch die Arbeiterkultur- und die Konsumvereinsbewegung zu rechnen ist, und die starke Stellung der auf sozialpolitische Kompromisse ausgerichteten Gewerkschaftsführer begünstigten eine moderate Grundierung der Partei, die vor dem Krieg durch Vertreter des rechten Flügels wie Max Quarck (1860–1930) repräsentiert wurde. Als Sohn eines Landgerichtsrats geboren, hatte Quarck nach der Promotion zum Doktor der Rechte eine Anstellung als Journalist bekommen und von 1887 bis 1891 als Redakteur für die FZ gearbeitet. 1893 trat er in die SPD ein und erhielt zwei Jahre später eine Anstellung als Redakteur der Frankfurter „Volksstimme", der er bis 1917 verbunden bleiben sollte. Wegen sog. „Pressevergehen" wurde er in dieser Zeit zu insgesamt neun Monaten Gefängnis verurteilt. Nachdem er 1901 in die Frankfurter SV gewählt worden war, erhielt er 1912 auch ein Mandat für den Reichstag, dem er bis 1920 angehören sollte. Während der Revolution spielte er in Frankfurt keine tragende Rolle mehr, da er zum Delegierten des Rates im Regierungspräsidium in Wiesbaden und von Dezember 1918 bis Juni 1919 zum Beigeordneten im Reichsamt des Innern in Berlin ernannt wurde.[10]

Für Frankfurt hatte der Ausbruch des Ersten Weltkrieges einschneidende Folgen. Die Umstellung der Wirtschaft auf Kriegsbedürfnisse führte zur Schließung zahlreicher Betriebe. Bereits Ende August waren davon 56 Fabriken der Metallindustrie und zahlreiche Bau- und Handwerksbetriebe betroffen. Zugleich legte die von den Alliierten über Deutschland verhängte Seeblockade den für die Mainmetropole so wichtigen Handel weitgehend lahm. Die Lage der Arbeiter verschlechterte sich nach Beginn des Krieges zusehends. Die zunehmenden Schwierigkeiten bei der Lebensmittelversorgung und die damit verbundenen gesundheitlichen Probleme, die Mangelernährung, die Übermüdung infolge regelmäßiger Überstunden in der Rüstungsindustrie führten wiederholt zu Unfällen. Vor diesem Hintergrund kam es am 8. Februar 1917 zu einer Explosionskatastrophe bei der Firma Stempel, bei der ein Werkmeister und 58 meist

---

10 Vgl. Wilhelm Heinz Schröder, Sozialdemokratische Parlamentarier in den deutschen Reichs- und Landtagen 1867–1933, Düsseldorf 1995, S. 661.

junge Arbeiterinnen ums Leben kamen. Zwölf Tage später forderte eine Deto-
nation bei der Firma Griesheim-Elektron vier Menschenleben.[11] Zu den Leid-
tragenden des Krieges zählten neben den Arbeitern, den kleinen Gewerbetreiben-
den und Handwerkern auch Angestellte und Beamte, deren Kaufkraftverluste die
der Arbeiter bald überstiegen. Bereits im September 1914 warnte der Frankfurter Magistrat in seinem Bericht an den Regierungspräsidenten, in dem er auf die
nach der ersten Brotpreiserhöhung eingetretene Missstimmung in Bevölkerung
einging, vor weiteren Preiserhöhungen, da diese „überaus nachteilige Folgen für
die öffentliche Ordnung" haben müssten.[12]

Die erschreckenden Fronterlebnisse und die entbehrungsreichen Erfahrungen an der „Heimatfront" stellten die Arbeiter vor elementare Herausforderungen. Zudem erfuhren die Stellung der Arbeiterorganisationen in Staat und
Gesellschaft und letztlich auch die Kräfteverhältnisse zwischen den einzelnen
Gruppen in Partei und Gewerkschaften einen grundlegenden Wandel. So wurde
bei Ausbruch des Krieges die innerparteiliche Opposition in Frankfurt auf einer
Generalversammlung abgewählt, wodurch die Anhänger der Burgfriedenspolitik in der Partei, aber auch in der Redaktion der „Volksstimme" unter Führung
Quarcks den Ton angaben.[13] Doch auch in der Frankfurter SPD gewannen bald
die Kriegsgegner an Resonanz. Insbesondere die „Volksstimme" wurde nun zu
ihrem Sprachrohr. Im Frühjahr 1915 griff deshalb der Parteivorsitzende Friedrich Ebert persönlich in die Auseinandersetzungen in der Redaktion ein und
brachte das Blatt wieder auf Parteilinie.[14]

Damit war der innerparteiliche Streit aber keineswegs beendet. Als im Juni
1915 reichsweit 370 Funktionäre in einem Offenen Brief an den SPD-Partei- und
Fraktionsvorstand die Burgfriedenspolitik scharf verurteilten und Maßnahmen
zur Beendigung des Krieges forderten, fanden sich unter den Unterzeichnern auch
mehrere Frankfurter Funktionäre. Zu ihnen zählten der Parteisekretär Robert
Dißmann (1878–1926), der Redakteur der „Volksstimme" Gustav Hammer und
ein führender Angestellter der Metallarbeitergewerkschaft, Georg Bernard.[15] Auf

---

11 Vgl. Wolter-Brandecker, Stiefkinder (wie Fn. 7), S. 58.
12 Vgl. Hans Drüner, Im Schatten des Weltkrieges. Zehn Jahre Frankfurter Geschichte von
     1914 bis 1924, Frankfurt a. M. 1934, S. 118.
13 Vgl. Christoph Moß, Jakob Altmaier. Ein jüdischer Sozialdemokrat in Deutschland
     (1889–1963), Köln 2003, S. 41 f.
14 Vgl. Franz Neuland, Der Weltkrieg, die Frankfurter Arbeiterschaft und ihre Organisation,
     in: Ruth Diehl/Detlef Hoffmann (Hg.), Ein Krieg wird ausgestellt. Die Weltkriegssamm-
     lung des Historischen Museums (1914–1918), Frankfurt a. M. 1976, S. 25–62, hier S. 30.
15 Vgl. ebd., S. 28 f.; zum Offenen Brief vgl. Susanne Miller, Burgfrieden und Klassenkampf.
     Die deutsche Sozialdemokratie im Ersten Weltkrieg, Düsseldorf 1974, S. 107 ff.

der im selben Monat stattfindenden Generalversammlung der SPD stellten die Kriegsgegner 44 % der Kandidaten, so dass es nicht verwundern mochte, dass die Partei neben den Jahreshauptversammlungen nur noch selten Distriktversammlungen anberaumte.[16]

Der Versuch, Dißmann durch seine Einberufung zum Heeresdienst politisch auszuschalten, misslang, da er für dienstuntauglich erklärt wurde. Als er sich zwölf Monate lang in Lazaretten und Heilanstalten untersuchen und behandeln lassen musste, fand er in der jungen Toni Sender (1888–1964) eine wichtige Mitstreiterin, die den Kontakt zwischen ihm und den oppositionellen Parteimitgliedern aufrechterhielt.[17] Als im April 1917 in Gotha die USPD gegründet wurde, avancierten Dißmann, Heinrich Hüttmann (1868–1928) und Sender in Frankfurt zu ihren Führern. Dißmann, ein gelernter Maschinenbauer und lange Jahre hauptamtlicher Geschäftsführer im Deutschen Metallarbeiterverband (DMV), war seit 1912 als Parteisekretär der SPD in Frankfurt tätig. Nach Gründung der USPD sollte er den Posten eines Bezirkssekretärs bekleiden, bis er 1919 zu einem von drei gleichberechtigten Vorsitzenden des DMV gewählt wurde und im darauffolgenden Jahr ein Mandat für den Reichstag erhielt. Nach der Rückkehr der Rest-USPD verstärkte er den linken Flügel der SPD im Reichstag.[18]

Der gelernte Maurer Hüttmann war mit 27 Jahren Vorsitzender des Eutiner Maurerverbandes und mit 33 Bezirksleiter des Maurer- und Bauarbeiterverbandes in Frankfurt geworden. 1904 ließ er sich in die Frankfurter SV und acht Jahre später als Vertreter des Wahlkreises Kassel 2 in den Reichstag wählen, dem er mit einer kurzen Unterbrechung bis zu seinem Tode 1928 angehören sollte. 1922 sollte Hüttmann, der kurzzeitig auch ein Mandat für den Preußischen Landtag erhalten hatte, ebenso wie Dißmann wieder zur SPD zurückkehren.[19]

Toni Sender war als Tochter eines wohlhabenden jüdischen Kaufmanns in Biebrich (heute Wiesbaden) geboren und wurde nach dem Besuch einer privaten Handelsschule für Mädchen kaufmännische Angestellte einer Frankfurter Metallhandelsfirma. Früh engagierte sie sich politisch in der SPD und während ihres Aufenthaltes in Paris bei den französischen Sozialisten. Bei Kriegsausbruch ging sie wieder nach Frankfurt. Für die USPD saß Sender seit 1919 in der Frankfurter SV und seit 1920 im Reichstag. 1933 emigrierte sie in die Tschechoslowakei

---

16 Vgl. Neuland, Weltkrieg (wie Fn. 14), S. 29.

17 Vgl. ebd., S. 30. S. u. auch Fn. 20 die Schreibweise: Tony.

18 Vgl. Joachim Hoffmann/Günter Simon, Linker Gewerkschaftsführer und unabhängiger Sozialdemokrat: Robert Dißmann (1878–1926), in: Beiträge zur Geschichte der Arbeiterbewegung 41,4 (1999), S. 106–121.

19 Vgl. Schröder, Parlamentarier (wie Fn. 10), S. 524.

und zwei Jahre später in die USA. Größere Bekanntheit erlangte sie vor allem durch ihre 1940 erschienene Autobiographie.[20]

„Für die SPD am Untermain, von der außer den Distrikten im Kerngebiet Frankfurts nur ein Teil des Distrikts Bockenheim intakt blieb, kam die Gründung der USPD einer innerparteilichen Katastrophe gleich."[21] Denn während der Wahlkreis Frankfurt, den Quarck im Reichstag vertrat, der Mehrheitspartei die Stange hielt, trat der Reichstagswahlkreis Hanau-Gelnhausen-Orb mit den Frankfurter Stadtteilen und Vororten Bockenheim, Ginnheim, Praunheim, Preungesheim, Eckenheim, Eschersheim, Berkesheim und Seckbach ins Lager der USPD über. Auch der Reichstagswahlkreis Höchst-Homburg-Usingen mit den bedeutenden chemischen Werken folgte mehrheitlich der USPD.[22]

Die Frankfurter SPD, die noch vor dem Krieg 11 333 Mitglieder zählte, hatte nach dem Kriegsausbruch durch die Einziehungen einen drastischen Mitgliederschwund zu verzeichnen. 1916 zahlten nur noch 3504 Sozialdemokraten ihre Beiträge. Bis Ende 1917 ging die Mitgliederzahl weiter auf 2686 zurück, doch lässt sich schwer abschätzen, wie viele Mitglieder zur USPD übergetreten waren und wie viele zum Heeresdienst eingezogen wurden. Dennoch dürfte die Zahl der USPD-Anhänger auf einige Hundert zu beziffern sein. Der Handlungsspielraum der neuen Partei blieb jedoch bis zum Kriegsende durch staatliche Gegenmaßnahmen (Einziehung führender Parteifunktionäre, Verbot von Versammlungen) und durch Einflussnahmen der alten Partei stark begrenzt.[23]

Ungeachtet der Abspaltung behielt die SPD einen starken linken Flügel, der die Burgfriedenspolitik der Parteiführung auch weiterhin scharfer Kritik unterzog. Dies war unter anderem Folge der 1917 erfolgten Ablösung Quarcks als politischer Redakteur der „Volksstimme" durch den 27-jährigen Jakob Altmaier, der den Parteilinken zuzurechnen war. 1913 der SPD beigetreten, sollte er bis 1919 die „Volksstimme" leiten und in der Weimarer Republik sich als Journalist und Auslandskorrespondent für verschiedene Zeitungen und Zeitschriften verdingen.[24] Nach der Berufung Altmaiers zum politischen Redakteur der „Volksstimme" begann sich das Blatt allmählich vom Kriegskurs der Parteileitung zu

---

20 Vgl. ebd., S. 699 f.; Tony Sender 1888–1964, Rebellin, Demokratin, Weltbürgerin, Historisches Museum Frankfurt am Main, 1992; Anette Hild-Berg, Tony Sender (1888–1964). Ein Leben im Namen der Freiheit und der sozialen Gerechtigkeit, Köln 1994.

21 Vgl. Neuland, Weltkrieg (wie Fn. 14), S. 32.

22 Vgl. ebd., S. 31.

23 Vgl. ebd., S. 32 f.

24 Vgl. Moß, Altmaier (wie Fn. 13), bes. S. 41–58; vgl. auch ders., Jakob Altmaier (1889–1963). Ein (fast) vergessener Sozialdemokrat, in: Internationale wissenschaftliche Korrespondenz zur Geschichte der deutschen Arbeiterbewegung 37,2 (2001), S. 228–246.

distanzieren.[25] Altmaier zeigte früh klare Kante und trat entschieden für eine Reform des preußischen Wahlrechts ein (Ve 22. 2. 18). Der erneuten Bewilligung der Kriegskredite durch die SPD-Reichstagsfraktion im Juli 1918 begegnete er mit Unverständnis und Verärgerung (Ve 16. 7. 18). Ungeachtet aller Kritik stellte er jedoch das Prinzip der Landesverteidigung nicht in Frage und blieb dabei der offiziellen Parteilinie verbunden.[26]

In Frankfurt war es während des Krieges weitgehend ruhig geblieben.[27] Als es im Januar 1918 in Berliner Rüstungsbetrieben zum Massenstreik kam, folgten dem Beispiel in der Mainstadt lediglich 150 Munitionsarbeiter. Auch nachdem Frankfurt im August Ziel eines feindlichen Luftangriffs geworden war, änderte sich wenig. „[Ä]ußerlich blieb die Ruhe und Ordnung gewahrt bis in die ersten Novembertage hinein; […] nichts schien darauf hinzudeuten, daß eine große politische Umwälzung im Anzuge sei."[28] Während des Krieges sahen es die bürgerlichen Zeitungen als ihre Aufgabe an, zu Ruhe und Ordnung aufzurufen, um die „Disziplin hinter der Front" zu wahren. Die sich abzeichnende militärische Niederlage blieb der Bevölkerung weitgehend verborgen. Tag für Tag waren Berichte über die „glänzenden Abwehrerfolge" der deutschen Armee zu lesen (FN 27. 10. 18 M). Die Überschriften „Das Scheitern des englischen Durchbruchs" und „Der Großangriff der Italiener abgewiesen" suggerierten eine militärische Stärke, die damals nicht mehr existierte (FN 24. 10. 18 A, 26. 10. 18 M). Noch Anfang November wurde über die „gewaltige Abwehrschlacht im Westen", von den Erfolgen des deutschen Heeres bei der Vereitlung der alliierten Durchbruchsversuche berichtet (FN 2. 11. 18 A).

Eine klarere Sicht auf die militärische Lage fand die FZ, die Ende Oktober sich und ihren Lesern eingestehen musste, dass „uns der Feind im Augenblick unbedingt überlegen ist". „Seit dem 18. Juli hat der Feind die Initiative und uns bleibt nur eine mühselige und opferreiche Verteidigung" (20. 10. 18, 1. MB). Als

---

25 Vgl. Wolter-Brandecker, Stiefkinder (wie Fn. 7), S. 76.

26 Vgl. Moß, Altmaier (wie Fn. 13), S. 41–48.

27 Erst am 1. Oktober 1916 kam es im Frankfurter Ostpark zu einer Friedenskundgebung der SPD, auf der neben Otto Braun, Hermann Müller, dem Dresdner Reichstagsabgeordneten Gradnauer auch die Frankfurter Quarck, Sinzheimer und Gräf vor 20 000 bis 25 000 Menschen sprachen. Im folgenden Jahr fand dort erneut am 30. September eine Friedenskundgebung mit rund 20 000 Teilnehmern statt, zu der SPD, Fortschrittliche Volkspartei und Zentrum auf der Grundlage der vom Reichstag am 19. Juli verabschiedeten Friedensresolution aufgerufen hatten. Für ein rasches Kriegsende setzten sich auch etwa 7000 Menschen ein, die am 1. Mai 1918 an der ersten großen Maikundgebung seit 1914 im Tivoligarten teilnahmen. Vgl. Moß, Altmaier (wie Fn. 13), S. 77 f.; Neuland, Weltkrieg (wie Fn. 14), S. 39–43.

28 Drüner, Im Schatten (wie Fn. 12), S. 326.

die Reichsregierung Anfang Oktober auf Drängen der OHL ein Waffenstill-standsgesuch an die Alliierten stellte, wurden die Konsequenzen in den Frank-furter Blättern aufgrund der herrschenden Zensur nicht oder nur am Rande dis-kutiert. Anders sah es mit den Ende Oktober eingeleiteten Verfassungsreformen aus, die das Reich in eine parlamentarische Monarchie verwandelten. So wie die FZ die Reformen befürwortete und die ihnen zugrundeliegende „große, klare Linie" lobte (28. 10. 18 A), fanden auch die FN bei der Besprechung der geplanten Vorhaben Worte der Zustimmung (17. 10. 18 A).

Am Vorabend der Revolution war die Stimmung in der Stadt gleichwohl deplorabel. Die Probleme bei der Lebensmittelversorgung, die katastrophalen Arbeitsbedingungen in den Rüstungsbetrieben, die Unzufriedenheit mit den politischen Verhältnissen und der Wunsch nach rascher Beendigung des Krieges waren groß. Hinzu kam im Oktober noch eine Grippe-Epidemie, die die ohnehin angeschlagene Gesundheit vieler Arbeiter noch weiter schwächte (FN 17. 10. 18 A).

Ende Oktober meldete sich auch die USPD wieder zu Wort. In einer Ver-sammlung im Schumanntheater am 27. Oktober hielt der Parteivorsitzende Hugo Haase vor etwa 6000 Teilnehmern eine Rede zum Thema „Weltfriede und Arbei-terklasse", in der er die „sozialistische Republik" forderte und bezugnehmend auf die allerorten verlangte Abdankung des Kaisers unter stürmischem Beifall ausrief: „Die Zeiten der Kronenträger sind vorüber!" (Ve 28. 10. 18). Demgegen-über mahnte die SPD zur Besonnenheit. In einer Entschließung, die die Konfe-renz des Bezirksvorstandes der SPD, der örtlichen Parteileitung, der Redaktion der „Volksstimme" und von Vertrauensleuten aus Frankfurter Betrieben am 31. Oktober annahm, wurden die Frankfurter Arbeiter vor „unüberlegten Schrit-ten" gewarnt. „Erfordern es die Umstände, dann werden die Vertrauensmänner der Arbeiterschaft das Signal zum Kampf geben, der dann organisiert geführt werden muß" (Ve 31. 10. 18). Dass die Sozialdemokraten das bestehende System nicht mehr zu akzeptieren gedachten, zeigte sich auch daran, dass sie ihr Blatt, die „Volksstimme", seit dem 1. November nicht mehr der Zensurbehörde vorlegten.[29]

2. Ausbruch und Verlauf der Novemberrevolution in Frankfurt

Erste Nachrichten von den Kieler Unruhen drangen am 5. November nach Frankfurt, als auch die bürgerlichen Blätter über den Matrosenaufstand berich-teten. Mahnend wurde in diesem Zusammenhang auf die russischen Versuche

---

29   Vgl. Erhard Lucas, Frankfurt 1918/19. Der Arbeiter- und Soldatenrat, Frankfurt a. M. 1969, S. 17.

der Einflussnahme auf die innere Entwicklung im Reich hingewiesen und die Meldung über einen Moskauer Kurier, in dessen Gepäck sich Flugblätter in deutscher Sprache befanden, die offen zum revolutionären Kampf aufriefen, breit herausgestellt (FN 5. 11. 18 A). Am 7. November erreichte die Revolution schließlich auch Frankfurt, als gegen 19.30 Uhr ein aus Kiel kommender Zug mit rund 150 Matrosen im Hauptbahnhof eintraf.[30] Um die mit roten Kokarden geschmückten Matrosen drängten sich Hunderte Neugierige, so dass der Großteil der Matrosen sich der Verhaftung durch das vom stellvertretenden Generalkommando entsandte Bereitschaftskommando entziehen und in der Menschenmenge untertauchen konnte. Am selben Tag war es bereits in der Mainstadt zu Gehorsamsverweigerungen gekommen, als Soldaten des Infanterieregiments 81 sich gegen ihren Abtransport an die Front zur Wehr setzten.

Der Ausbruch der Revolution in Kiel und die sich in Windeseile in Deutschland ausbreitende revolutionäre Welle stießen bei der „Volksstimme" auf Begeisterung: „Es war sichere deutsche Arbeit, die sich des Zieles voll bewusst ist: politische und soziale Umwälzung in bester Ordnung" – so schwärmte Altmaier, nicht ohne vor der „von links und rechts aufspritzenden Gischt" und der damit verbundenen Gefahr einer möglichen Besetzung des Reiches durch die Alliierten zu warnen (Ve 7. 11. 18). Die Freude und der Gefühlsüberschwang, den Altmaier mit vielen Zeitgenossen damals teilte, fanden ihren Niederschlag auch in seinem gut 62 Seiten starken Bericht über die Ereignisse in der Mainstadt, die er unter dem Titel „Frankfurter Revolutionstage" 1919 herausbrachte.[31]

Am Morgen des 8. November steuerte ein weiterer Zug mit rund 80 Matrosen Frankfurt an. Obwohl er auf ein Nebengleis nach Ginnheim umgeleitet wurde, gelang es dem zu spät eintreffenden Bereitschaftskommando nicht, die Matrosen festzusetzen. Noch am selben Tag setzte sich der kommandierende General des XVIII. Armeekorps, der seit Kriegsausbruch Träger der Staatsautorität war, aus Frankfurt ab, nachdem er zuvor die laufenden Geschäfte seinem Stabschef Generalmajor von Studnitz übertragen hatte.[32] „Man sieht die Revolution stündlich näherrücken", so erinnerte sich der SPD-Redakteur Altmaier. „Sie ist da. Sie hat uns gepackt, hat uns erfaßt in ihrem wilden Sturm. Es wird einem taumelig, wie im Frühjahr [...]. Draußen auf der Straße werden Extrablätter verteilt. Ueberall

---

30 Vgl. Franz Neuland, Die Matrosen von Frankfurt. Ein Kapitel Novemberrevolution 1918/19, Frankfurt a. M. 1991; ders., Kaiser, Genossen und Soldaten. Der Erste Weltkrieg und die Arbeiterbewegung in Frankfurt und im Rhein-Main-Gebiet, Bad Homburg 2014; Schneider, Zwischen Römer und Revolution (wie Fn. 8).

31 Jakob Altmaier, Frankfurter Revolutionstage, Frankfurt a. M. 1919.

32 Vgl. Drüner, Im Schatten (wie Fn. 12), S. 329 f.; Altmaier, Revolutionstage (wie Fn. 31), S. 4 f.

stauen sich Menschenmengen. Die Ladentüren der Geschäftshäuser schließen sich nicht mehr. Verkäuferinnen in weißen Blusen stehen halb auf der Straße und gucken neugierig von einem Ende zum andern."[33]

SPD und Gewerkschaften versuchten sich nun an die Spitze der Bewegung zu stellen und sie einzudämmen. So bildeten die Fraktionen von SPD und Fortschrittlicher Volkspartei der SV einen „Wohlfahrtsausschuss", der sich aus je vier Abgeordneten unter dem Vorsitz des linksliberalen zweiten Bürgermeisters Hermann Luppe zusammensetzte. „Seine Aufgabe", so schrieb die FZ, „wird nicht nur in der Aufrechterhaltung der Ordnung und öffentlichen Sicherheit zu bestehen haben, sondern wir sehen darin ein Organ, das geeignet ist, die Wünsche und Forderungen aller Kreise, denen es nicht am Zerstören, sondern am revolutionären Aufbau gelegen ist, entgegenzunehmen und die Verbindung zwischen den Instanzen des alten Staats und den Neues Fordernden herzustellen" (8. 11. 18 A). Auch die Vorstände der SPD und des Gewerkschaftskartells mahnten zu Ruhe und Besonnenheit und warnten vor unüberlegten Schritten, sprachen sich andererseits aber auch für eine „geordnete Fortführung einer vertieften Reformbewegung" aus (Ve 8. 11. 18).

Um den Wohlfahrtsausschuss zu ergänzen, begaben sich führende Sozialdemokraten, der Reichstagsabgeordnete Hermann Wendel, der Bezirkssekretär Max Groger, der Redakteur Jakob Altmaier, der Journalist Karl Kirchner und der Kaufmann Leopold Harris, zum Generalkommando, um vom Chef des Stabes General von Studnitz die Genehmigung zur Wahl von Soldatenräten in allen Truppenteilen zu bekommen. „General von Studnitz", so gab Johanna Harris-Brandis die Eindrücke und Erinnerungen ihres Ehemannes und späteren Vorsitzenden des Soldatenrats Leopold Harris wieder, „war absolut nicht verlegen, er machte den Eindruck, als hätte er auf unseren Besuch gewartet und sagte: ‚Ist es denn schon soweit?' worauf wir ihm klarmachten, dass es etwas Unabänderliches sei und wir nur zu ihm kämen, um Blutvergießen zu vermeiden. Er möge sofort seine Offiziere instruieren. Der General sagte das zu und hat es auch getan."[34]

Die Tatsache, dass die Frankfurter SPD vom obersten Militär die Erlaubnis zur Revolution erbat, sollte ihr später noch den Spott ihrer linken Kontrahenten eintragen. Die Einhaltung des „Dienstweges" zeigt in aller Deutlichkeit, dass die SPD in ihrem Bemühen um Einhegung der revolutionären Bewegung auch zu einer engen Zusammenarbeit mit den alten Gewalten bereit war. Aufgrund des Garnisonsbefehls fanden um 21 Uhr in allen Frankfurter Kasernen

---

33 Altmaier, Revolutionstage (wie Fn. 31), S. 6 f.

34 Vgl. die von Johanna Harris-Brandis wiedergegebenen Erinnerungen von Leopold Harris, in: Institut für Stadtgeschichte (ISG) Frankfurt am Main, S1–18, Teil 2, S. 48.

unter Leitung eines SPD-Vertreters Versammlungen der Soldaten statt, in denen
die Mitglieder des Soldatenrats gewählt wurden, die am folgenden Morgen um
9 Uhr im Gewerkschaftshaus ihre Führung wählen und ihre Forderungen formulieren sollten (FZ 9. 11. 18, 2. MB; Ve 9. 11. 18). Am selben Abend erließ der
provisorische Soldatenrat einen Aufruf, in dem er sich an „unsere Brüder im
Waffenrock" wandte. „Das Morgenrot der Freiheit geht über Deutschland auf!
Ein Volk erwacht! Da gilt es, Bürger im feldgrauen Rock! In erster Reihe sind wir
berufen, das große Werk der Erneuerung Deutschlands vor tückischen Anschlägen der Rückwärtser zu schützen." Hatte sich die SPD nun auch an die Spitze der
revolutionären Bewegung gesetzt, so vergaß sie doch, Patrouillen auszusenden
und die strategisch wichtigen Punkte in der Stadt zu besetzen. Dadurch wurde
sie von der Entwicklung letztlich überfahren.[35]

Denn an jenem Abend war nicht nur die SPD aktiv. Zeitgleich fanden auch
Versammlungen der USPD und der Soldaten statt. Nicht zuletzt die USPD versuchte die Gunst der Stunde zu nutzen und die Führung der Revolution in der
Mainstadt zu übernehmen. Dißmann war am selben Tag von einer Sitzung der
Parteileitung und der Parteisekretäre aus Berlin zurückgekehrt. Angesichts der
sich überstürzenden Ereignisse berief er noch für denselben Abend eine Versammlung der Betriebsräte ins „Schlesinger Eck" ein. Toni Sender hatte sich morgens noch pflichtbewusst zur Arbeit begeben, es wegen der revolutionären Vorgänge jedoch nicht lange im Büro ausgehalten und deshalb ihren Vorgesetzten
um die Erlaubnis gebeten, früher gehen zu dürfen, um „Soldaten zu treffen und
mit den Menschen auf den Straßen zu sprechen. Es muß bald etwas geschehen,
und ich empfinde es als meine Pflicht, mich nicht davon auszuschließen."[36] Selbst
die revolutionär gesinnte Sender glaubte mithin, um Genehmigung für die Teilnahme an der Revolution nachsuchen zu müssen. „In diesen Mittagsstunden" des
8. November „wußten wir noch nicht, was in den Kasernen der Infanterie geschehen würde. Unter den Soldaten gärte es, [...] aber über die Haltung des Offizierskorps war nichts bekannt. [...] Wir beschlossen, in die Kasernen zu gehen, um mit
den Soldaten Kontakt aufzunehmen, Heinrich Hüttmann, Mitglied des Reichstages und unabhängiger Sozialist, schloß sich uns an. Wir wurden gut aufgenommen. [...] Ich berichtete ihnen über die Ereignisse in der Marine und die Botschaft
der Matrosen und sprach von unserer Entschlossenheit, daß Südwestdeutschland ihrem Beispiel folgen und nötigenfalls jeglichen Widerstand zerschmettern
solle. Begeisterter Beifall! Die Soldaten unterstützten die Revolution. Sie würden

---

35 Ebd., S. 49.
36 Sender, Autobiographie (wie Fn. 3), S. 100.

Soldatenräte gründen."[37] Es gelang Sender und Hüttmann, Soldaten, die wegen Meuterei inhaftiert worden waren, aus dem Gefängnis zu befreien.[38]

Am Abend trafen sich die Betriebsleute der USPD im „Schlesinger Eck". Dißmann und Sender berichteten über den Matrosenaufstand in Kiel und die sich im Reich ausbreitende revolutionäre Bewegung, warnten vor dem „verdächtigen" Wohlfahrtsausschuss und forderten dazu auf, Frankfurt an die Spitze der Bewegung in Südwestdeutschland zu stellen. Die Versammlung erklärte sich schließlich zum provisorischen Arbeiterrat und rief für den folgenden Tag zum Generalstreik und zur Wahl von Arbeiterräten in den Betrieben auf.[39] Doch neben SPD und USPD trat an jenem Abend mit den kriegsmüden Soldaten ein dritter Akteur auf die politische Bühne, der zu Beginn der Revolution eine bestimmende Rolle spielen sollte. So zogen in den Abendstunden des 8. November mehrere Hundert Soldaten, begleitet von zahlreichen Arbeitern, vom Hauptbahnhof zur landwirtschaftlichen Halle, wo sie Hüttmann zur Wahl von Arbeiterräten zu animieren versuchte und den Zug anschließend zum „Schlesinger Eck" lenkte. Dort riß der junge Vizewachtmeister Moser die Initiative an sich und erbat Auskunft über das Fehlen der SPD, um deutlich zu machen, dass die Soldaten mit keiner Partei etwas zu tun haben und unter sich bleiben wollten. Der Tross zog daraufhin weiter zum „Frankfurter Hof", wo das Hotel in Beschlag genommen und ein „provisorischer Ausschuss" der revolutionären Soldaten unter Führung Mosers und des der USPD nahestehenden Vizefeldwebels Reinhardt gebildet wurde.

Der 21-jährige Moser, Sohn eines Görlitzer Fabrikbesitzers und Student der Staatswissenschaften, war Vizewachtmeister der Reserve und wollte ursprünglich am 8. November von Freiburg, wo sein Ersatzbataillon stand, nach Berlin fahren, legte jedoch in Frankfurt, wo die Revolution ausgebrochen war, einen Zwischenhalt ein. „Drei Stunden später ist der Durchreisende das Haupt der Frankfurter Revolution und bis zum nächsten Morgen liegt das Geschick der Stadt in seiner Hand."[40] Reinhardt war bereits am selben Abend auf der unter Leitung der SPD durchgeführten Soldatenratsversammlung gewählt worden. Um den Einfluss auf die Soldaten nicht zu verlieren, eilte Dißmann, der Sender die Leitung der Betriebsräteversammlung übertragen hatte, zum „Frankfurter Hof". Ihm gelang es, den Ausschuss für einen Aufruf zur Errichtung einer sozialen deutschen Republik zu gewinnen. Zudem solidarisierte dieser sich mit

---

37   Ebd., S. 102.
38   Ebd.
39   Vgl. ebd., S. 102–106.
40   Altmaier, Revolutionstage (wie Fn. 31), S. 56.

dem von der USPD dominierten Arbeiterausschuss, mit dem er die exekutive und legislative Gewalt in der Stadt übernehmen wollte.

Sender ließ die Betriebsräteversammlung, auf der noch die Einzelheiten des für den folgenden Tag angekündigten Generalstreiks besprochen wurden, ausklingen. „Die Zeit drängte, und es lag noch viel Arbeit vor uns. Keiner von uns war müde – wir durchlebten so spannungsreiche und glückliche Stunden. Wir waren eine Gemeinschaft, welche gegenseitiges Vertrauen miteinander verband. Ich war deshalb nicht überrascht, daß niemand meine Führung in Frage stellte, obwohl ich noch so jung war und sich viele Graubärtige im Saal befanden."[41] Um Fakten zu schaffen, beschloss die Versammlung, den Königlichen Polizeipräsidenten Karl Rieß von Scheurnschloß abzusetzen, der als Feudalprivilegierter und Vertreter des alten Regimes verhasst war. Vier Arbeiterdelegierte wurden mit der Festnahme des Polizeipräsidenten beauftragt, trafen diesen jedoch auf der Hauptwache nicht an. Er „war zu Hause und schlief!"[42] Als neuer provisorischer Polizeipräsident und „Lebensmitteldiktator" wurde der Stadtverordnete Hugo Sinzheimer (SPD) inthronisiert, während der Reichstagsabgeordnete Wendel zum Chef des Frankfurter Presse-, Nachrichten- und Zensurwesens ernannt wurde (FN 9. 11. 18 A; FZ 10. 11. 18, 1. MB). Der 43-jährige Sinzheimer hatte sich nach seiner Promotion zum Dr. iur. 1903 in Frankfurt als Rechtsanwalt niedergelassen und war Rechtsberater des Metallarbeiterverbands, 1914 auch Mitherausgeber der Zeitschrift „Arbeitsrecht" geworden. Von der linksbürgerlichen Demokratischen Vereinigung her kommend 1914 der SPD beigetreten, erhielt er 1919 ein Mandat für die NV und spielte in den Verfassungsberatungen eine führende Rolle bei der Ausarbeitung des Artikels 165 der Weimarer Reichsverfassung.[43] Der 34-jährige Wendel, Sohn eines preußischen Beamten, war seit 1908 für das Feuilleton der „Volksstimme" zuständig, wurde 1910 in die Frankfurter SV und in den Reichstag gewählt, dem er bis 1918 angehören sollte.[44]

Am 9. November versuchten die unter Leitung der SPD gewählten Soldatenräte ihren Einfluss auf die Entwicklung zu wahren. Sie trafen sich im Gewerkschaftshaus und zogen zum „Frankfurter Hof", wo ein achtköpfiges

---

41 Sender, Autobiographie (wie Fn. 3), S. 108.

42 Ebd., S. 107.

43 Vgl. Christoph Müller, Hugo Sinzheimer (1875–1945), in: Detlef Lehnert (Hg.), Vom Linksliberalismus zur Sozialdemokratie. Politische Lebenswege in historischen Richtungskonflikten 1890–1945, Köln 2015, S. 145–174; Keiji Kubo, Hugo Sinzheimer. Vater des deutschen Arbeitsrechts, Köln 1995.

44 Vgl. Franz Osterroth, Biographisches Lexikon des Sozialismus, Bd. 1: Verstorbene Persönlichkeiten, Hannover 1960, S. 331 f.

Leitungsgremium mit den Präsidenten Moser und Reinhardt und mehreren SPD-nahen Vertretern gewählt wurde (dazu auch FN 9. 11. 18 A, 10. 11. 18 M). Zu politischen Sekretären des Soldatenrats wurden der SPD-Redakteur Altmaier und Schott von der USPD ernannt (FZ 10. 11. 18, 1. MB). In einem gemeinsamen Aufruf erklärten SPD und USPD, den Soldatenrat „mit allen Kräften" unterstützen zu wollen (Ve 9. 11. 18).

Die alten Gewalten gaben widerstandslos nach und fügten sich den neuen Akteuren. So erkannte Oberbürgermeister Voigt die revolutionäre Umwälzung an und unterstellte sich dem neuen Soldatenrat. Durch den neuen Polizeipräsidenten wurde er ebenso wie der Leiter des Lebensmittelamtes Schmude im Amt bestätigt. Auch das Generalkommando unterstellte sich dem Soldatenrat. „Das war", so Altmaier, „die Kapitulation des Militarismus in Frankfurt".[45]

Die SPD versuchte auch im Arbeiterrat Fuß zu fassen und forderte deshalb eine paritätische Besetzung des Gremiums. Dies lehnte jedoch die USPD ab, die sieben der neun Posten für sich reklamierte. Als Altmaier im Soldatenrat über die Auseinandersetzung zwischen den beiden sozialistischen Parteien berichtete, war die Empörung über den Bruderstreit groß. „Stürmische Entrüstung bei den Soldaten. Zwei Minuten später geht dieses einstimmig beschlossene Ultimatum an die streitenden Brüder: ,Wenn sich die beiden Parteien innerhalb zehn Minuten nicht geeint haben, daß jede gleichviel Stimmen im Arbeiterrat erhält, wird der Soldatenrat so lange die unumschränkte Gewalt übernehmen, bis der Zusammenschluß der Arbeiter über die Köpfe der Führer hinweg vollzogen ist!' Fünf Minuten später hat Frankfurt einen Arbeiterrat, zusammengesetzt aus sieben Mehrheitssozialisten und sieben Unabhängigen."[46] Altmaier hatte sich zuvor an den neuen bayerischen Ministerpräsidenten Kurt Eisner (USPD) als Schlichter gewandt, der kurz darauf die Streitparteien telegraphisch zur Einigung aufrief. „Einigung der Arbeiterschaft auf revolutionärer Grundlage unter allen Umständen notwendig. Persönliche Unversöhnlichkeit muß im Interesse einer siegreichen Revolution unbedingt ausgeschaltet sein." Dißmann musste nachgeben. Mit diesem gelungenen Schachzug Altmaiers hatte die SPD eine paritätische Besetzung beider revolutionären Gremien erzwungen.[47]

Der von der USPD proklamierte Generalstreik fand am 9. November kaum Beachtung, alles schien seinen gewohnten Gang zu gehen. Dennoch war der Umbruch, das Neue überall zu spüren. Lastwagen mit roten Fahnen, Soldaten

---

45   Altmaier, Revolutionstage (wie Fn. 31), S. 9.
46   Ebd., S. 34 f., Zitat S. 35.
47   Ebd., S. 35.

und Matrosen mit nach unten hängenden Gewehren prägten das Stadtbild.[48] Am selben Tag versuchten die beiden sozialdemokratischen Parteien der Bevölkerung die Ereignisse des vergangenen Tages zu erläutern, ihre Anhänger zu mobilisieren und für ihre Ziele zu gewinnen. So fand im Frankfurter Ostpark eine Kundgebung der USPD statt, auf der Dißmann, Hüttmann und Sender vor einer immer zahlreicher werdenden Menschenmasse sprachen, „zuerst Tausende, dann Zehntausende. In kurzer Zeit war das riesige Areal schwarz von Männern und Frauen".[49] Eine weitere Veranstaltung der USPD fand wenig später im Schumanntheater statt, wo Dißmann und Brennecke auf die Bedeutung der anstehenden Wahl der Arbeiterräte in den Betrieben hinwiesen. „Die Arbeiterräte haben sich für die Durchführung der Revolution einzusetzen, sie müssen jeden Augenblick, wenn sie einberufen werden, zur Stelle sein und müssen bereit sein, auch ihr Leben in die Schanze zu schlagen, wenn es gilt, für die Revolution zu kämpfen und die Revolution zu verteidigen." Zugleich wurde die Forderung nach Vergesellschaftung der Produktionsmittel zum „Wohle der gesamten Arbeiterschaft" erhoben und damit ein die Anhänger mobilisierendes Ziel vorgegeben (Ve 10. 11. 18).

Auf der Versammlung der SPD im Schumanntheater am Nachmittag wurde unter großem Beifall die Nachricht vom Thronverzicht des Kaisers und des Kronprinzen sowie der Ernennung von Ebert zum Reichskanzler verlesen. Anschließend hielt Wendel eine „Leichenrede auf das alte System", in der er jedoch vor naiver Siegesgewissheit warnte, da die preußischen Junker nur auf den Moment warten würden, wo sie wieder ihre Maschinengewehre einsetzen könnten. Seine Rede schloss mit einem Hoch auf die deutsche, soziale Republik (FZ 10. 11. 18, 1. MB).[50]

Am 10. November erließ der provisorische Arbeiterrat einen Aufruf an die „arbeitende Bevölkerung", in dem er zu Ruhe und Ordnung aufrief und vor Plünderungen und Ausschreitungen warnte. „In dieser entscheidenden Stunde fordern wir Euch auf, unser Werk nicht durch Taten des Terrors und des Unverstandes zu entehren!" Gleichzeitig wurde das „öffentliche und Privateigentum [...] zunächst unter den Schutz des Arbeiter- und Soldatenrats" gestellt. Neben der

---

48 Vgl. Drüner, Im Schatten (wie Fn. 12), S. 335.
49 Sender, Autobiographie (wie Fn. 3), S. 113.
50 Die Kundgebung der SPD wurde von der USPD mit ungläubigem Misstrauen registriert. „Sind sie alle zu Revolutionären geworden?", fragte sich Toni Sender auch mit Blick auf die allgemeine Stimmung in der Bevölkerung. „Zumindest bei einigen scheint mir die Bekehrung zu plötzlich, um wahr zu sein. Diese unerwartete allgemeine Begeisterung für die Republik macht mich äußerst mißtrauisch. [...] Der Wandel kam zu plötzlich – eine Nacht voll kühner Maßnahmen hatte genügt. Feste Überzeugungen werden nicht so rasch erworben." Sender, Autobiographie (wie Fn. 3), S. 112.

Aufrechterhaltung der öffentlichen Ordnung liege das Hauptaugenmerk auf der Lebensmittelversorgung der Stadt. „Nach fünfzig Monaten des Mordens soll das werktätige Volk nunmehr Frieden, Freiheit und Brot haben!" (FN 10. 11. 18 M; vgl. auch FZ 12. 11. 18, 1. MB).

Nach der Wahl der Arbeitervertreter in den Betrieben, wo ein Delegierter auf 400 Arbeiter kommen sollte, konstituierten sich am 11. November der Arbeiterrat und ein paritätisch besetzter Vollzugsausschuss. Vorsitzende wurden Hüttmann (USPD) und der aus Berlin stammende Max Groger (SPD), seit April 1918 Dißmanns Nachfolger als Bezirkssekretär. Generalsekretärin des Arbeiterrats wurde Toni Sender (FZ 12. 11. 18, 1. MB). Zugleich wählte die Vollversammlung des Soldatenrats eine neue Spitze. Die beiden Vorsitzenden Moser und Reinhardt, deren autoritäres und eigenmächtiges Verhalten auf Kritik gestoßen war, wurden abgesetzt und durch Leopold Harris (SPD) ersetzt.[51] Die SPD konnte zufrieden sein, mit dem Vorsitzenden des Soldatenrats und dem provisorischen Polizeipräsidenten vermochte sie zwei zentrale Positionen zu besetzen. Auch gelang eine paritätische Besetzung des Arbeiterrats, so dass sie mit Groger einen der Vorsitzenden und mit Altmaier auch einen der beiden politischen Sekretäre im Rat stellen konnte.[52]

Der 11. November wurde zum Revolutionsfeiertag erklärt, um – wie es im Aufruf des AuSR vom selben Tag hieß – die „Morgenröte der Freiheit zu feiern, die endlich auch über deutsche Lande aufgegangen ist, und Zeugnis dafür abzulegen, daß das Proletariat sein Schicksal in die eigene kräftige Faust genommen hat" (FN 11. 11. 18 M). Zur Feier der Revolution fand eine Großkundgebung des AuSR im Ostpark statt, auf der Bernard, Groger und Quarck für die SPD sowie Dißmann und Hüttmann für die USPD sprachen. „Alle mahnten zur Ordnung und Einigkeit und bezeichneten es als die wichtigste Aufgabe, die Staatseinrichtungen im Sinne des Sozialismus auszubauen" (FN 11. 11. 18 A).[53] „Da sitze einer auf der Redaktion und schreibe", so brachte der „Volksstimme"-Redakteur Altmaier die damalige Stimmung auf den Punkt, „wenn sich die Ackerschollen in Fruchtbarkeit aufkrümeln, wenn das Eis kracht und der Sturmwind das Alte zusammenfegt in den Schutthaufen. Es kribbelt in den Fingerspitzen, und wenn man jahrelang den Tag des Frühlings mit Worten herbeigesehnt, wenn man auf ihn seit Jugendgedenken gläubig gehofft, da bleibe einer in der Stube sitzen und registriere den Zeigerstand."[54]

---

51   Vgl. die Erinnerungen von Leopold Harris (wie Fn. 34), S. 49.
52   Vgl. Moß, Altmaier (wie Fn. 13), S. 51.
53   Vgl. Drüner, Im Schatten (wie Fn. 12), S. 338 f.
54   Altmaier, Revolutionstage (wie Fn. 31), S. 6.

Neben SPD und USPD, die ihren Einfluss in den Revolutionsgremien sichern konnten, war auch die zahlenmäßig unbedeutende Spartakusgruppe unter Fritz Meyer, bis 1917 Vertriebsleiter der „Volksstimme", in den Rätegremien vertreten. Im Gegensatz zur Berliner Gruppe waren die Frankfurter Spartakisten der USPD nicht beigetreten, auch weil Dißmann eine autonom agierende Gruppierung in seiner Partei nicht tolerieren wollte. Als 18 USPD-Funktionäre, die zugleich Mitglieder des Arbeiterrates waren, am 17. März 1919 zur KPD übertraten, vermochten die Kommunisten unter Führung Meyers schließlich eine eigene Fraktion im Rat zu bilden.[55]

Nachdem sich bereits die Stadtverwaltung und das Generalkommando dem revolutionären Gremium unterstellt hatten, versuchte der AuSR seine Oberhoheit auch gegenüber der Universität und der SV durchzusetzen. Vor dem Senat der Universität versprach Sinzheimer, die Rechte der Hochschule und die Freiheit von Wissenschaft und Forschung zu wahren, forderte gleichzeitig aber auch ein Verbot der Mensuren und die Auflösung der studentischen Verbindungen. Während sich das Professorenkollegium und der Senat der Autorität des Rätegremiums unter der Bedingung, dass die Lehrfreiheit gewahrt bliebe, unterstellten, stieß Sinzheimer mit seinen scharfen Angriffen auf das Verbindungswesen bei den Studenten auf heftigen Widerspruch. „In der akademischen Jugend", so beklagte Altmaier, „sitzt noch tief das reaktionäre Blut".[56]

Der SV wiederum hatte der Arbeiterrat eine Erklärung vorgelegt, nach der er sich als „höchste Vertretung der Stadt" titulierte. Er gab der Erwartung Ausdruck, dass „alle Behörden und Vertretungskörperschaften von Frankfurt a. M. die gegebenen Machtverhältnisse anerkennen. Sie haben ihre Tätigkeit in Übereinstimmung und unter Kontrolle des Arbeiter- und Soldatenrates auszuüben. Die Stadtverordnetenversammlung und der Magistrat würden bis zur Schaffung neuer Notwendigkeiten, spätestens bis zur Ausrichtung einer neuen Gemeindeordnung in der deutschen sozialistischen Republik ihre Tätigkeit in ihrer gegenwärtigen Zusammensetzung auszuüben haben" (Ve 13. 11. 18; FN 13. 11. 18 M). Auch der kommandierende General des XVIII. Armeekorps erklärte dem Arbeiterrat seine Bereitschaft zur Zusammenarbeit. „Er trat sehr feierlich in Zivilkleidung auf", so erinnerte sich Toni Sender, „um sich dem Arbeiter- und Soldatenrat zur Verfügung zu stellen. Dabei äußerte er sein Verständnis für die Entwicklung der letzten Tage und gab, anscheinend von echtem Patriotismus beseelt, seinen Wunsch zu erkennen, im Interesse des Wohlergehens der Nation die Massen zu unterstützen. Nur wer die stolze Kaste der deutschen Generäle gekannt hat,

---

55　Vgl. Neuland, Gefecht (wie Fn. 4), S. 15–18 u. 27.
56　Altmaier, Revolutionstage (wie Fn. 31), S. 38–40, Zitat S. 40.

vermag sich vorzustellen, was für ein Maß an Selbstverleugnung dieser Mann für seinen Schritt aufbieten mußte."[57]

Um seinen Anspruch auf die oberste politische Gewalt wahren zu können, entsandte der AuSR zur Kontrolle vier Delegierte in den Magistrat, von denen je zwei der SPD und USPD angehörten; weitere Beigeordnete wurden in die wichtigsten städtischen Ämter, in das Lebensmittel-, das Arbeits-, Wohnungs-, Wohlfahrts- und Jugendamt, in die Schulbehörden, die Anstaltsdeputation, das Elektrizitäts- und Bahnamt, sowie in die Oberpost- und Eisenbahndirektion entsandt. Zum Delegierten im Regierungspräsidium wurde Quarck bestimmt. Als Zeichen des Sieges über die alten Gewalten wehte seit dem 13. November die rote Fahne auf dem Rathaus (Ve 13. 11. 18; FN 14. 11. 18 A).

Eine Zäsur markierte Mitte Dezember die Einrichtung einer 50 Kilometer breiten, neutralen, entmilitarisierten Zone östlich des Rheins aufgrund des am 11. November geschlossenen Waffenstillstandsvertrags. Da Frankfurt in die neutrale Zone fiel, musste der Soldatenrat aufgelöst werden (FN 16. 11. 18 M). Dessen Vorsitzender Leopold Harris behielt jedoch auch nach dessen Auflösung seinen Sitz in der Exekutive des Arbeiterrats.[58] Die Einrichtung der neutralen Zone war für die revolutionäre Entwicklung in der Mainstadt von nachhaltiger Bedeutung, da sie zu einer allgemeinen Entmilitarisierung in der Stadt beitrug und zugleich eine militärische Intervention von außen unterband bzw. von der Zustimmung der Alliierten abhängig machte.

Das Bürgertum hatte sich lange zurückgehalten und die Hoffnung auf einen geordneten Verlauf des revolutionären Umbruchs gehegt. Doch die Sorge, dass die revolutionären Ereignisse in einem Bürgerkrieg münden und das Reich wehrlos machen könnten, nahm rasch zu (FZ 8. 11. 18 A). So warnten die FN bereits am 7. November davor, dass sich Deutschland nicht im Chaos verlieren dürfe. „Die Wegweiser sind: Ruhe, Selbstzucht, Ordnung und dann gläubiges Vertrauen auf unser liebes, herrliches Vaterland, auf dem so schwer die Hand des Schicksals lastet." Das Blatt konnte am folgenden Tag nicht umhin, seine Bewunderung für die „Ordnungsliebe und Ordnungskraft des deutschen Volkes", „das noch vor dem Ende des furchtbarsten Krieges ohne Gewalt und Blutvergießen das alte staatliche Gewand abstreifte", zum Ausdruck zu bringen (FN 8. 11. 18 A). „Man muß der Umwälzung das Zeugnis ausstellen, daß sie ausgezeichnet funktioniert. Die Regie klappt, die Organisation läßt nichts zu wünschen übrig. Was Frankfurt seit Freitag erlebte, ist so gewaltig und trotzdem äußerlich so wenig

---

57   Sender, Autobiographie (wie Fn. 3), S. 116.
58   Vgl. die Erinnerungen von Leopold Harris (wie Fn. 34), S. 52; Drüner, Im Schatten (wie Fn. 12), S. 346; Lucas, Frankfurt 1918/19 (wie Fn. 29), S. 67.

wahrnehmbar, daß man die Spannung und Neugierde begreifen kann, die das Publikum auf die Straßen trieb" (FN 12. 11. 18 M).

Andererseits konnten die FN nicht umhin, „das völlige Versagen des Bürgertums" in der Revolution scharf zu kritisieren. Die Zurückhaltung des Bürgertums sei eine „beschämende Erscheinung" gewesen und „aufs äußerste verhängnisvoll, wenn das Bürgertum in seiner jetzigen Betäubung verbleibt, wenn es den Entschluß und die Fähigkeit nicht aufbringt, sich wieder als dienendes Glied in das Ganze einzufügen und an der Aufrichtung der neuen Ordnung tätig mitzuarbeiten" (FN 17. 11. 18 M; vgl. auch FN 15. 11. 18 M). Besonders der Fortschrittliche Volksverein der Stadt, der im November in der neugegründeten DDP aufgehen sollte, meldete sich früh zu Wort. So geißelte Justizrat Heilbrunn in einer Mitgliederversammlung scharf die „politische Passivität des deutschen Bürgertums" und rief zu mehr Mitarbeit auf. Gleichzeitig artikulierte er den Anspruch des Bürgertums auf Mitsprache und bekundete die Bereitschaft zur Zusammenarbeit mit der SPD, wenngleich er Klassenkampfmaßnahmen entschieden ablehnte (FN 14. 11. 18 M).

Die Linksliberalen konnten mit dem Ergebnis der Revolution zufrieden sein, da die Abdankung des Kaisers und der Übergang zur parlamentarischen Republik die Handlungsspielräume des liberalen Bürgertums deutlich erweitert hatten. Die Revolution, so die FZ am 11. November, habe „im Bewußtsein des Volkes ihr Ziel und ihren Sinn gefunden, die eine deutsche Republik, der freie deutsche Volksstaat, das Reich auch der sozialen und wirtschaftlichen Gerechtigkeit und Freiheit – das soll sie bringen!" Auch wenn Deutschland bislang ein Bürgerkrieg erspart geblieben sei, sah die FZ doch die Gefahr, dass „ultraradikale, bolschewistische Elemente" sich der ganzen Bewegung bemächtigen könnten (11. 11. 18 M). „Die deutsche Revolution", schrieb die FZ „hat ungeheuer viel erreicht, das dem Volke nie wieder entrissen werden kann: die Republik, die Möglichkeit einer vollständigen Demokratisierung und Sozialismus im weiteren Sinne, denn künftig wird sich jede Partei unmöglich machen, die nicht mit gutem Willen und mit ihren letzten Kräften an der Sozialisierung der Republik mitarbeitete. Aber der Ausbau erfordert auch Zeit und dasjenige Gefüge der gesetzgebenden und regierenden Mächte, das an eine allgemeine Volksvertretung geknüpft ist" (FZ 20. 11. 18, 2. MB; vgl. auch FZ 15. 11. 18 A). Die Bereitschaft der Linksliberalen, in die von den Sozialdemokraten erhobene Forderung nach Sozialisierung einzustimmen, mag überraschen. Doch war diese Haltung weitgehend damals herrschenden Stimmungen geschuldet, die mit dem Begriff Sozialisierung ganz unterschiedliche, teilweise einander widersprechende Vorstellungen verbanden.

3. Das Selbstverständnis des AuSR und die Verfassungsfrage

Nach Ausbruch der Revolution dominierte innerhalb der SPD der linke Flügel um die beiden Redakteure der „Volksstimme", Altmaier und Richard Wittrisch. Beide forderten ein rasches Ende des Bruderkampfes und ein enges Zusammengehen mit der USPD (Ve 17. 12. 18, 29. 1. 19). Dem Versuch des erweiterten SPD-Vorstands, die Spaltung der Arbeiterbewegung zu überwinden und eine Wiedervereinigung beider Parteien zu erreichen, war indes kein Erfolg beschieden. Die Parteiführung der USPD hielt es nicht einmal für nötig, den Vorschlag der SPD zu beantworten (Ve 13. 11. 18; Mitteilung Nehrkorns in: Ve 24. 12. 18). Der vom SPD-Ortsvorstand unternommene Einigungsversuch musste misslingen, da die USPD-Führung um Dißmann und Sender auch weiterhin der SPD mit großem Misstrauen begegnete und einer Zusammenarbeit, die in Berlin im Rat der Volksbeauftragten ihren organisatorischen Niederschlag gefunden hatte, innerlich ablehnend gegenüberstand. Während beide mitunter den Blick für das politisch Mögliche und Machbare verloren, hielt der dem rechten USPD-Flügel zuzuordnende Hüttmann die Verbindung zur SPD.[59]

Die Frage nach dem Charakter und dem Selbstverständnis des AuSR stellte sich früh. Verstand sich der AuSR als ein Vertretungsorgan sämtlicher Erwerbstätigen, und das hieß eben auch der Angestellten und Beamten, oder doch eher als ein auf die Arbeiterschaft beschränktes revolutionäres Gremium, das einer gesellschaftlichen Klasse ein Sondervertretungsrecht sichern sollte? Am 24. November fand auf Initiative des Arbeiterrats eine Versammlung der Beamten und Angestellten sowie der freien Berufe statt, die einen Ausschuss aus 23 Personen wählte, der in Verhandlungen mit dem Arbeiterrat über die Erweiterung des revolutionären Gremiums treten sollte (zur Einberufung: FZ 21. 11. 18, Bericht in: FZ 25. 11. 18). Während sich die Exekutive des Arbeiterrats für die Zuwahl von 21 Vertretern der Beamten, Angestellten und freien Berufe aussprach, lehnte das Plenum am 9. Dezember mit 62 gegen 56 Stimmen den Vorschlag ab, weil – wie Dißmann und andere Redner betonten – der Charakter des Rates als „revolutionäres Tribunal" gewahrt bleiben sollte (FZ 10. 12. 18, 2. MB; Dißmann in USPD-Versammlung am 8. 12. 18, in: Ve 9. 12. 18). Die Frage wurde deshalb wieder an die Exekutive zurückverwiesen. Diese beharrte jedoch auf ihrer Meinung und schlug am 27. Dezember erneut die Aufnahme von nunmehr 15 Beamten- und Angestelltenvertretern vor, „weil diese Gruppen in ihrer großen Mehrheit zu den Arbeitern gehörten". Das Plenum gab diesmal seinen Widerstand auf und stimmte einer personellen Erweiterung zu (FZ 28. 12. 18, 2. MB).

---

59   Vgl. auch die etwas verklärende Sicht bei Lucas, Frankfurt 1918/19 (wie Fn. 29), S. 42.

Während die Frage der sozialen Erweiterung des Gremiums umstritten war, bestand über die politische Ausrichtung des Rates weitgehend Einigkeit. So traf ein Antrag der DDP auf Vertretung im Arbeiterrat sowohl in der Exekutive als auch im Plenum auf einhellige Ablehnung (FZ 10. 12. 18, 2. MB; Dißmann in: Ve 9. 12. 18). Wiederholt diskutiert wurde im Arbeiterrat auch die Frage nach dem künftigen Herrschaftssystem, die sich auf die Frage Rätesystem oder verfassunggebende NV verkürzen ließ. Obwohl die Entscheidung über die Herrschaftsform im gesamten Reich in den Kompetenzbereich des Mitte Dezember stattfindenden Reichsrätekongresses fiel, nahm auch der Frankfurter AuSR zu dieser Frage Stellung. Während die SPD für eine rasche Einberufung der NV plädierte und den Arbeiterräten lediglich im wirtschaftlichen Bereich gewisse Zuständigkeiten übertragen wollte, setzte sich die USPD für ein Fortbestehen der Räte neben den Parlamenten ein. Die Notwendigkeit einer Konstituante wurde zwar anerkannt, doch sollte der Wahltermin so weit hinausgeschoben werden, um in der Übergangsperiode durch eine sozialistische Umgestaltung von Wirtschaft und Gesellschaft vollendete Tatsachen zu schaffen. So bekannte sich der AuSR am 18. November, als er erstmals über die Frage beriet, zur Einberufung einer NV und damit zum parlamentarischen System, konnte sich jedoch in Bezug auf den Zeitpunkt der Wahl nicht einigen. Die vom Arbeiterrat angenommene Resolution gab gleichwohl der Hoffnung Ausdruck, dass die NV ein „Bollwerk der Demokratie und des Sozialismus" sein werde. In derselben Entschließung bekräftigte der Rat im Übrigen seinen Anspruch auf Ausübung der höchsten politischen Macht und proklamierte als Ziel „die Vergesellschaftung bestimmter Großbetriebe" (Ve 21. 11. 18; FZ 20. 11. 18, 2. MB).

Zu einer weiteren Klärung der Fronten kam es am 27. November, als der Arbeiterrat erneut über diese Frage diskutierte. Die „Volksstimme" hatte am selben Tag die Linie vorgegeben, als sie die „baldige Einberufung der Nationalversammlung" reklamierte. Das von der Zeitung vorgestellte Aktionsprogramm der SPD forderte bis zum Zusammentritt der NV neben der Stärkung des Arbeiterrats durch Wahrnehmung der Aufsicht und Kontrolle der Behörden einschneidende Maßnahmen. Dazu zählten die Einziehung der Kriegsgewinne, die Aufhebung der Familienfideikommisse, die Einziehung der Krongüter und „vorbereitende Maßnahmen" zur Sozialisierung der wichtigsten Industriezweige, wobei die Entscheidung über die Entschädigung und die Form der Vergesellschaftung der NV vorbehalten bleiben sollte.

Im Gegensatz zur SPD warnte Dißmann im Arbeiterrat erneut vor einer überhasteten Einberufung der NV und plädierte für eine mehrere Monate während Übergangsperiode, in der die Voraussetzungen für die „Durchführung sozialistischer Ziele" und damit für eine sozialistische Umgestaltung von Wirtschaft und Gesellschaft geschaffen werden sollten. Große Bedeutung maß Dißmann der „politischen Aufklärungsarbeit" bei, da er eine sozialistische Mehrheit bei den anstehenden Wahlen keineswegs für gesichert hielt. Auch wenn an jenem Abend keine Beschlüsse gefasst wurden, hatte die Diskussion dazu beigetragen, die unterschiedlichen und sich teilweise widersprechenden Standpunkte der beiden sozialistischen Parteien deutlicher herauszuschälen (FZ 28. 11. 18, 2. MB).

Wie gefährdet die Position der revolutionären Akteure war, zeigte sich am 11. Dezember, als in der FN die Meldung zu lesen war, dass die Entente die AuSR in der neutralen Zone auflösen werde. Nach Rücksprache mit dem Soldatenrat in der Obersten Heeresleitung in Kassel zeigte sich, dass die Nachricht auf die OHL zurückging und nicht der Wahrheit entsprach, da die Entente sich lediglich die Kontrolle in der neutralen Zone vorbehalten hatte. Sinzheimer forderte deshalb umgehend die Zurücknahme der Meldung durch die OHL, die dieser Forderung schließlich auch nachkam. Im Plenum des AuSR war die Falschmeldung und seine damit verbundene Diskreditierung Gegenstand der Aussprache. Rasch wurde die Forderung nach Zensurmaßnahmen laut, die allerdings beim Redakteur der „Volksstimme", Wittrisch, und dem Gewerkschafter Zimmermann auf Ablehnung stieß. Vielmehr beschloss das Plenum, beim Rat der Volksbeauftragten gegen derartige „Schwindelnachrichten" zu protestieren, da die Verbreitung von Nachrichten „über angeblichen Bolschewismus in Deutschland" eine „Gefährdung der Revolution" darstellen würde. Offen wurde eine „Änderung des offiziellen Pressesystems" reklamiert (Ve 12. 12., 13. 12. 18). Es sei Aufgabe des in Berlin Mitte Dezember tagenden Rätekongresses, so mahnte Sinzheimer am 14. Dezember in der „Volksstimme", Meldungen über Pläne der Entente bei einer politischen Radikalisierung Deutschlands, die von einer Nichtverlängerung des Waffenstillstands bis zum Einmarsch einer alliierten Besatzungsarmee in Berlin reichten, auf ihren Realitätsgehalt hin abzuklopfen (VS 14. 12. 18).

An den am 16. Dezember eröffneten Rätekongress wurden auch in Frankfurt große Hoffnungen geknüpft. So gab Wittrisch in der „Volksstimme" der Erwartung Ausdruck, dass der Kongress „wirtschaftliche Tatsachen" schaffen werde, die „keine Nationalversammlung mehr rückgängig machen" könne. Dazu zählte er vor allem die Sozialisierung des Bergbaus, die der USPD die Trennung vom Spartakusbund und die Wiedervereinigung mit der SPD erleichtern könne (Ve 17. 12. 18). Begrüßen musste Wittrisch deshalb auch den Beschluss des Rätekongresses, die Regierung zu beauftragen, mit der Sozialisierung der hierfür reifen Industriezweige zu beginnen. Auch die Entscheidung des Kongresses, die Wahlen zur NV auf den 19. Januar 1919 auszuschreiben, traf auf Zustimmung, wenngleich Wittrisch das Auseinanderdriften der beiden sozialdemokratischen Parteien nach dem Kongress offen bedauerte. Positiver äußerten sich dagegen die beiden Frankfurter Delegierten der SPD, Brennecke und Harris, die nach ihrer Rückkehr aus Berlin die Entscheidungen des Kongresses vor dem Arbeiterrat würdigten (Ve 21. 12. 18, sowie die Sitzungen des AR am 23. u. 27. 12. in: Ve 24. 12., 28. 12. 18).

Nach der Entscheidung des Rätekongresses zugunsten der parlamentarischen Demokratie begann sich die Rätebewegung seit Ende Dezember 1918 zusehends zu radikalisieren. Der Gang der Revolution in Frankfurt wurde dabei von den Ereignissen und Vorgängen in der Reichshauptstadt beeinflusst, die ausgehend vom Epizentrum Berlin wie seismographische Wellen in unterschiedlicher Stärke die übrigen Regionen Deutschlands erfassten und Charakter und Verlauf der Auseinandersetzungen wesentlich mitbestimmten. So führten die Weihnachtskämpfe in Berlin dazu, dass die Frankfurter SPD immer deutlicher von ihrer Berliner Parteiführung abzurücken begann. Dabei brachte Wittrisch sein Entsetzen über die Berliner Vorgänge in der „Volksstimme" offen zum Ausdruck und sparte nicht mit Kritik an den Berliner Genossen, die durch ihre Politik, nicht zuletzt durch die „Ueberspannung des Disziplinbegriffs" die USPD vor den Kopf stoßen und damit eine weitere Zusammenarbeit der beiden Parteien unmöglich machen würden. Es gehe, so Wittrisch, nicht nur um eine formelle Parität im Rat der Volksbeauftragten, sondern auch um eine geistige Verständigung der beiden Parteien. „Positive sozialistische Taten könnten auch jetzt noch versöhnend wirken, davon ist aber wenig zu merken" (Ve 27. 12. 18).

Den Weihnachtskämpfen folgte der Januaraufstand in Berlin, bei dem mehr als 160 Menschen ums Leben kamen. Zu den Opfern des Aufstands zählten auch die beiden Führer der KPD, Luxemburg und Liebknecht, die bei den folgenden brutalen „Säuberungsaktionen" am 15. Januar ermordet wurden.[60] Auch wenn die beiden Ermordeten als Führer der zum Jahreswechsel gegründeten KPD für die Eskalierung der Situation in der Hauptstadt mit verantwortlich zeichneten, wurde ihnen doch auch vom politischen Gegner Respekt gezollt. So verbeugte sich die „Volksstimme" ein letztes Mal vor den beiden „Edelopfer[n]", „deren Tod wir besonders bedauern, weil wir wissen, daß es nur edle Motive waren, von denen sie sich tragen und leiten und – verblenden ließen" (Ve 17. 1. 19). Anlässlich der Beerdigung Liebknechts, des „so schmählich dahingemeuchelten Vorkämpfer[s] für des Volks Freiheit", ließ die USPD den „Blutsozialisten" vom Schlage Noskes und Scheidemanns ihre Verachtung spüren. Unter dem Schutz Eberts würde die Bourgeoisie, das Unternehmertum „wieder mit der größten Frechheit ihr Haupt" erheben (Vt 1. 2. 19).

---

60 Zum Januaraufstand vgl. Eberhard Kolb, Die Arbeiterräte in der deutschen Innenpolitik 1918–1919, Düsseldorf 1962, S. 223–232.

Die bürgerkriegsähnlichen Zustände in Berlin wirkten auch in Frankfurt krisenverschärfend. Am 17. Januar nahmen rund 8000 Menschen an einer Protestkundgebung gegen den Mord an den beiden KPD-Führern im Zirkus Schumann teil.[61] Auf scharfe Kritik stieß die Politik der Volksbeauftragten insbesondere beim linken Flügel der Frankfurter SPD. Dieser legte am 16. Januar dem Arbeiterrat eine Entschließung vor, in der dem Rat der Volksbeauftragten zahlreiche Versäumnisse vorgeworfen wurden. So sorge er nicht für den Schutz der AuSR, beseitige nicht „den reaktionären Geist in allen Verwaltungszweigen" und ignoriere die Beschlüsse des Rätekongresses, nicht zuletzt die Forderung nach Verstaatlichung des Bergbaus. Die Familienfideikommisse würden nicht aufgehoben, die Krongüter nicht eingezogen, ein Enteignungsrecht des Staates gegenüber dem Großgrundbesitz nicht festgelegt, eine Proklamation der sozialen Grundrechte der zukünftigen Verfassung als Grundgesetz unterbliebe ebenso wie die Errichtung eines Staatsgerichtshofs für Kriegsverbrecher. Diese Versäumnisse hätten die verheerende Entwicklung in Berlin mit verursacht. Es gelte nun, dieser Politik der Versagungen dringend Einhalt zu gebieten. „Wir halten die jetzige Reichsregierung nicht mehr für fähig, ihre durch die Revolution gestellte Aufgabe zu erfüllen. Wir fordern ihren Rücktritt. Wir wollen eine Regierung, die im Geiste der Einigkeit zusammengesetzt ist aus Vertretern aller sozialistischen Gruppen, die auf dem Boden einer gemeinsamen, planvollen Aktion steht. Von dieser neuen Regierung erwarten wir die sofortige Verwirklichung der ausgesprochenen Mindestforderungen. An alle Arbeiter- und Soldatenräte Deutschlands ergeht der Ruf, den furchtbaren Ernst der Stunde zu erkennen und, bereit zu jedem Kampfe, die Revolution zu schützen" (Ve 17. 1. 19).

Die Entschließung der linken Sozialdemokraten stellte eine offene Misstrauenserklärung gegenüber der Berliner Parteiführung dar und zeigte, wie tief inzwischen die Gräben innerhalb der SPD waren. Die Resolution illustrierte allerdings auch ein gebrochenes Verhältnis zum parlamentarischen System, da der Räteregierung gegenüber der NV das Recht der Auflösung und des nochmaligen Appells an das Volk vorbehalten sein sollte, um eine Rücknahme der revolutionären Errungenschaften durch eine bürgerlich dominierte NV verhindern zu können. Diesen offenen Affront der Reichsregierung durch die SPD-Linken wollte der Frankfurter SPD-Ortsvorstand allerdings nicht unwidersprochen lassen. Offen wurde deshalb die Entschließung bedauert und die gegen die Reichsregierung erhobenen Vorwürfe als „sachlich unrichtig" bezeichnet (Ve 17. 11. 18).

Vor dem Hintergrund der blutigen Auseinandersetzung in Berlin begann die konservativ-liberale Presse ihre Zurückhaltung, deren sie sich anfangs befleißigt

---

61   Vgl. Lucas, Frankfurt 1918/19 (wie Fn. 29), S. 60.

hatte, abzustreifen und nunmehr offen die als untragbar empfundenen politischen Verhältnisse anzugreifen. Scharf kritisierten die FN Anfang Januar die „Ohnmacht der Regierung", von der man bislang nur „schöne Reden und Proklamationen gehört" habe – „Taten jedoch standen bisher gänzlich aus" (6. 1. 19). Ausführlich berichteten die FN über den „Entscheidungskampf" (7. 1. 19 M) und den „Endkampf" in Berlin (9. 1. 19 M), um nach der Niederschlagung des sog. Spartakusaufstands ihre Freude offen zum Ausdruck zu bringen. „Das Berliner Bürgertum ist heute wie von einem schweren Alp befreit. Die Sturmtruppen werden überall reichlich bewirtet und frohgestimmt begleitet die Bevölkerung die Truppen". „Berlin freut sich, daß die Ruhe wenigstens in einem Teile der Reichshauptstadt wieder hergestellt ist" (FN 12. 1. 19 M). Durch den Januaraufstand avancierte die Spartakusgruppe, die sich der neugegründeten KPD angeschlossen hatte, für die bürgerliche Presse zum roten Tuch. Berichte der FN über den „spartakistischen Kleinkrieg" in Berlin (14. 1. 19 A), über „Spartakus in Schlesien" (10. 1. 19 M) oder „Spartakus Herr in Düsseldorf" (10. 1. 19 A) sollten den verängstigten Leser aufrütteln und vor dem „Terror dieser Minderheit" (4. 1. 19 A) warnen.

4. Politische Handlungsspielräume und Gestaltungsgrenzen

Als Tagungsstätten dienten beiden revolutionären Gremien anfangs Frankfurter Hotels. Während der Soldatenrat im „Frankfurter Hof" verblieb, residierte der Arbeiterrat in den ersten Tagen im „Hotel Du Nord", um sich kurz darauf in einem fünfstöckigen Wohn- und Geschäftshaus an der Ecke Karlsstraße/ Niddastraße niederzulassen. Während im Erdgeschoss das Hauptkommando des Marine-Sicherheitsdienstes und eine größere Wache einquartiert waren, hatte im 1. Stock die Geschäftsstelle des Arbeiterrats in zwei zusammengelegten Wohnungen ihren Sitz, die auch der Exekutive als Tagungsraum diente. Das Plenum des Arbeiterrats tagte dagegen einmal in der Woche im Sitzungssaal der Stadtverordneten im Rathaus. Die Wahl dieses Tagungsorts spiegelt das Selbstbild und Selbstverständnis des Arbeiterrats als eines Ersatzparlaments wider, das einer bis dahin diskriminierten und in der Frankfurter SV unterrepräsentierten Bevölkerungsschicht eine angemessene Vertretung sichern sollte. Das Bemühen um Transparenz fand seinen Ausdruck in der Öffentlichkeit der Sitzungen, die seit dem 27. November Besuchern offenstanden und auch bei wichtigen politischen oder sozialpolitischen Themen regen Zuspruch fanden.[62]

---

62   Vgl. Lucas, Frankfurt 1918/19 (wie Fn. 29), S. 64.

Während die Exekutive für die laufenden Geschäfte, für die Vorbereitung der Plenarsitzungen und die Vertretung nach außen zuständig war, wurden die großen Fragen im Plenum besprochen: Probleme des Arbeits- und Wohnungsmarkts oder der Lebensmittelversorgung standen wiederholt auf der Tagesordnung. Nicht selten wurden auch Vertreter der zuständigen Behörden eingeladen, die den Sachstand kenntnisreich referierten und Stellung zu den geplanten Maßnahmen nehmen konnten. Das Verhältnis des Rates zur Presse war ambivalent. Am 12. November richtete der Arbeiterrat einen Nachrichtendienst ein, der für die mediale Vermittlung der Politik und die Veröffentlichung der Aufrufe zuständig war. Das in den Räumen des stellvertretenden Generalkommandos untergebrachte und in fünf verschiedene Abteilungen untergliederte Amt unterstand der Leitung des Reichstagsabgeordneten Wendel und dessen Vertreter, Redakteur v. Zwehl, die durch einen aus den Journalisten Kirchner und Lang bestehenden Beirat verstärkt wurden. Auch der Rat strebte letztlich nach Meinungs- und Deutungshoheit und versuchte Einfluss auf die mediale Topographie des öffentlichen Raums zu nehmen (FZ 13. 11. 18, 1. MB).

Übte der Arbeiterrat in den ersten Revolutionstagen noch eine allgemeine Pressezensur aus, so beschränkte man sich fürderhin darauf, den Abdruck der Bekanntmachungen an hervorragender Stelle von der Presse zu verlangen. Seit dem 4. Dezember gab der Rat schließlich auch ein eigenes Verordnungsblatt heraus, das seine wichtigsten Verordnungen und Aufrufe der Öffentlichkeit und besonders den Behörden zur Kenntnis bringen sollte.[63] Zur Deckung der ihm entstehenden Kosten, zur Bestreitung seiner laufenden Arbeiten und zur Finanzierung seines Personals wurden dem AuSR am 10. Dezember von der SV 200 000 Mark unter dem Vorbehalt der Rückforderung an die Stadtkasse zur Verfügung gestellt. Als die finanziellen Forderungen, die der AuSR am 28. November beim Magistrat erhoben hatte, in der SV verhandelt wurden, gab es dort Kritik. So mahnte der Stadtverordnete Goll den AuSR, „mehr gegen die Verschleuderung des Nationalvermögens" zu tun, als dies bisher der Fall gewesen sei. „Das Prinzip der Selbstherrschaft dürfe man nicht überspannen" (Ve 11. 12. 18; FN 11. 12. 18 M; FZ 11. 12. 18, 2. MB). Bis zum 30. Juni 1919 sollte er, im Kontrast zu reichsweit verbreiteten Meldungen über angebliche Verschwendungen der AuSR, lediglich 67 000 Mark abrufen.[64] Die Mitglieder des AuSR erhielten ein Tagegeld von 14 Mark. Es war eine „Einheitsbesoldung, die jeder, sei er Straßenkehrer, Fabrikarbeiter oder Staatsoberhaupt erhielt: Ein sozialistisches Prinzip,

---

63　Vgl. ebd.
64　Vgl. ebd, S. 63–65.

sein Amt als Pflicht, nicht als Gelderwerb aufzufassen.["65] „Still und geräusch-los", so erinnerte sich der Vorsitzende des Soldatenrates Harris, „ohne dass die Bevölkerung viel davon merkte, erledigten die wenigen sozialistischen Leiter des Arbeiter- u. Soldatenrats die ungeheuerliche Aufgabe. Monatelang wurde, in des Wortes vollster Bedeutung, Tag und Nacht gearbeitet."[66]

Die Bevölkerung wurde dazu aufgerufen, Ruhe zu bewahren und durch Befolgung der Maßnahmen des AuSR zur Aufrechterhaltung der Ordnung bei-zutragen. „Unsere wichtigste Aufgabe war", so Harris, „dem Publikum beizubrin-gen, dass alles seinen Gang zu gehen habe, wie vorher; dass es auch nicht unsere Aufgabe sei, heute in dieser, morgen in jener Angelegenheit einzugreifen, sondern dies sei Sache der zuständigen Verwaltung, die zu funktionieren habe."[67] Dafür versprach der Rat alle Maßnahmen zum Schutz des Privateigentums zu ergreifen, gegen Plünderer standrechtlich vorzugehen und für die Lebensmittel zu sorgen. Nicht nur die Revolutionstage, sondern auch die Sicherstellung der Lebensmittel-versorgung und die Rückführung des deutschen Heeres, die nach dem Waffen-stillstandsvertrag bis zum 10. Dezember abgeschlossen sein musste, machten die Aufrechterhaltung der öffentlichen Ordnung unerlässlich. Das Versorgungspro-blem, d. h. das Akquirieren der Lebensmittel und ihre Verteilung, war zwar in ers-ter Linie Sache der öffentlichen Behörden, aber der AuSR wandte sich wiederholt an die ländliche Bevölkerung. „Die erwerbstätige Bevölkerung des flachen Landes hat darum von der neuen Ordnung der Dinge nichts zu befürchten. Sicherheit des Lebens und Eigentums wird durch die Arbeiter- und Soldatenräte gewährleistet. Die ländliche Bevölkerung hat aber alles zu befürchten, wenn die Lebensmittel-versorgung der großen Städte ins Stocken gerät. Dann verliert die neue Ordnung die Gewalt über die hungernden Massen." Dann würden marodierende Truppen plündernd durchs Land ziehen. Wenn sie ihre „Dörfer und Güter vor furchtbarem Schicksal bewahren" wollten, dann sollten sie „bereitwillig alle Anordnungen und Bestimmungen der Arbeiter- und Soldatenräte" befolgen und die Lebensmittel-versorgung der Städte nicht behindern (FN 11. 11. 18 M).

Während der fünfmonatigen Übergangszeit bis zu den SV-Wahlen entfal-tete der Rat auf sozialpolitischem Gebiet eine rege Tätigkeit. Der Handlungs-spielraum des Frankfurter AuSR war gleichwohl relativ gering. Denn die ent-scheidenden Beschlüsse zum Achtstundentag, zum Arbeitsrecht oder zur Ein-führung einer Erwerbslosenunterstützung waren Mitte November 1918 vom Rat der Volksbeauftragten in Berlin gefasst worden, der hierin weitgehend den

---

65 Vgl. die Erinnerungen von Leopold Harris (wie Fn. 34), S. 50.
66 Vgl. ebd., S. 53.
67 Vgl. ebd., S. 50.

Vorgaben des zwischen Arbeitgebern und Gewerkschaften geschlossenen Stin-
nes-Legien-Abkommens folgte.[68] Innerhalb dieses Rahmens konnte der AuSR
gleichwohl einige Akzente setzen. So ordnete er am 13. November in Ausführung der am Vortag erlassenen Verordnung des Rates der Volksbeauftragten die
sofortige Einführung des achtstündigen Arbeitstages bei vollem Lohnausgleich
an (Ve 15. 11. 18). Angesichts der von Unternehmern angedrohten Schließung
der Betriebe war er auch bereit, Zwangsmaßnahmen anzuwenden, wie immer sie
auch aussehen mochten (Hüttmanns Bericht im AR am 3. 12. 18, in: Ve 4. 12. 18).
Ein weiteres Regelungsfeld betraf die im November 1918 von der neuen Reichsregierung eingeführte Erwerbslosenfürsorge. So wurden nicht zuletzt auf Druck
von Arbeitslosendemonstrationen die Unterstützungssätze für Erwerbslose wiederholt erhöht. Erschwerend kam hinzu, dass die Arbeitslosen von der Spartakusgruppe und der zum Jahreswechsel 1918/19 gegründeten KPD für eigene
Zwecke instrumentalisiert wurden und damit über eine durchaus einflussreiche
Vertretung unter Leitung des Schlossers Xaver Widmann verfügten.[69]

Um ihren Forderungen Nachdruck zu verleihen, übten die Arbeitslosen
auch offenen Druck aus. So drang am 23. Dezember ein Demonstrationszug von
Arbeitslosen in die Sitzung des Arbeiterrates ein und verlangte unter dem Eindruck des kurz zuvor zu Ende gegangenen Rätekongresses die Sozialisierung
der Betriebe und die Auflösung von Hamsterlagern (Ve 24. 12. 18). Am 8. Januar
unterbrach erneut ein Trupp von demonstrierenden Arbeitslosen eine Sitzung
des Rates, um eine Erhöhung der Unterstützungssätze auf die Höhe des in Stuttgart gezahlten Betrags zu reklamieren (FN 9. 1. 19 M; Ve 9. 1. 19; FZ 9. 1. 19,
2. MB). Um die Sympathien der Arbeitslosen nicht zu verlieren, kam der Rat dieser Forderung nicht nur nach, sondern versprach zudem diese Sätze nicht nur
für sechs Tage, sondern für die ganze Woche zu zahlen und die Krankenkassen-
beiträge für die Arbeitslosen zu übernehmen. Nach diesem Beschluss erhielten
Arbeitslose den gleichen Betrag, den ihre arbeitenden Kollegen derselben Bran-
che bekamen. Um möglichst viele Arbeitslose wieder in Lohn und Brot zu bringen und die steigende Arbeitslosigkeit zu bekämpfen, führte der AuSR im Januar
die 36-Stunden-Woche ein. Dieser Maßnahme stimmte auch der Magistrat zu,
der überdies in jenen Monaten Notstandsarbeiten vergab (Sitzung des AR am
3. 1. 19, in: FZ 4. 1. 19, 2. MB; FZ 5. 1. 19, 2. MB).

---

68 Der Aufruf des Rats der Volksbeauftragten an das deutsche Volk vom 12. 11. 1918, in:
    Gerhard A. Ritter/Susanne Miller (Hg.), Die deutsche Revolution 1918–1919. Doku-
    mente, 2. Aufl. Hamburg 1975, S. 103 f.; die Vereinbarung zwischen den Arbeitgeber-
    verbänden und den Gewerkschaften vom 15. 11. 1918, in: ebd., S. 237–239; Dieter Krüger,
    Das Stinnes-Legien-Abkommen 1918–1924, Berlin 2018.
69 Vgl. Neuland, Gefecht (wie Fn. 4), S. 24–26.

Die KPD versuchte Ende Januar auf zwei großen Versammlungen die Arbeitslosen für ihre politischen Ziele zu gewinnen und gegen die Reichsregierung und die SPD in Stellung zu bringen (Ve 7. 2. 19; Vt 7. 2. 19). Ungeachtet dieser kommunistischen Einflussnahmen oder vielleicht auch gerade wegen derartiger Versuche bemühte sich der Rat, die Arbeitslosen zu integrieren. Mit der inzwischen gegründeten Arbeitslosenkommission verständigte er sich darauf, je zwei Vertreter der Arbeitslosen in das Lebensmittelamt, in die dort angesiedelte Beschlagnahme-Abteilung und in die Recherchen-Abteilung des Polizeipräsidiums zu delegieren. Zudem wurde am 4. März die gesamte 19-köpfige Arbeitslosenkommission im Arbeiterrat mit Sitz und Stimme aufgenommen. Damit versuchte der Rat nicht nur seine Basis zu erweitern, sondern auch möglichen Friktionen mit Arbeitslosen im Ansatz vorzubeugen.[70]

In den Verantwortungsbereich des AuSR fiel auch die Sicherheitsfrage. Um die Polizeikräfte in Frankfurt zu verstärken, beschloss dieser Anfang November, einen Marinesicherungsdienst und eine Arbeiterwehr aufzustellen. Dem etwa 200 Mann starken Marinesicherungsdienst, der bis zum Friedensschluss in Frankfurt die Polizei bei ihrer Arbeit unterstützen sollte, standen der Marine-Intendantur-Applikant Wilhelm Grönke und wenig später der Matrose Hermann Stickelmann vor. „Wenn Frankfurt bisher ruhig schlafen konnte, es ist dem Marinesicherungsdienst zu danken, zu dem sie sich umgebildet haben. Gehaßt von dem Westend, gefürchtet von den dunklen Gestalten der Altstadt, von allen Eisenbahndieben und Automobilschiebern, von den Apachen der Wildemannsgasse bis zu den Kavalieren in Lackschuhen. Millionen von Werten haben die Matrosen gerettet und alle, die sich in der Revolution ‚gesund' machen wollen, scheuen sie wie den Tag."[71] Neben den Marine-Sicherheitsdienst trat die später als „Hilfspolizei" titulierte Arbeiterwehr[72], die aus politisch und gewerkschaftlich organisierten Arbeitern bestehen und dem Polizeipräsidium unterstellt werden sollte (FZ 16. 11. 18, 2. MB). Anfang Dezember verfügte die in „Hilfsmannschaft" umbenannte Truppe eine Stärke von rund 1700 Mann. In den folgenden Monaten wurde die polizeiliche Hilfstruppe leicht reduziert und umfasste im Februar ca. 1300 Mann (FZ 8. 12. 18, 2. MB).

Wenn der AuSR auch seine exekutiven Befugnisse in der Organisierung des Sicherheitswesens an das Polizeipräsidium unter Sinzheimer abtrat, so vermochte er doch seinen Einfluss durch Einsetzung einer sog. Präsidialkommission zu wahren, die im Polizeipräsidium die Interessen des Rates wahrnehmen und

---

70   Vgl. Lucas, Frankfurt 1918/19 (wie Fn. 29), S. 93.

71   Vgl. die Erinnerungen von Leopold Harris (wie Fn. 34), S. 57.

72   Vgl. Sender, Autobiographie (wie Fn. 3), S. 57.

den Polizeipräsidenten bei der Ausübung seines Amtes unterstützen sollte. In dieser Kommission wurde bald eine paritätische Vertretung der beiden Parteien geschaffen, die jeweils zwei Mitglieder stellten.[73] Um Sicherheit und Ordnung in der Mainmetropole gewährleisten zu können, erlaubte die Entente zusätzlich zur Hilfspolizei und dem Marine-Sicherheitsdienst die Aufstellung einer Truppe des früheren Heeres, die polizeiliche Aufgaben wahrnehmen und dem Polizeipräsidium unterstellt sein sollte. Diese Aufgaben fielen am 12. Dezember einer Kompanie des Infanterieregiments Nr. 171 zu, dessen Platz nachfolgend eine Kompanie des Frankfurter Infanterieregiments Nr. 81 übernahm (Ve 12. 12., 14. 12., 16. 12. 18; FZ 15. 12. 18, 2. MB, 15. 2. 19, 2. MB).

Die mit der Aufstellung der Hilfsverbände verbundenen Kosten stießen beim Magistrat und dem preußischen Innenministerium, die von Sinzheimer zur Übernahme der Kosten aufgefordert worden waren, auf offene Kritik. Die Auseinandersetzungen über die finanzielle Regelung der Frage offenbarten die Spannungen und Reibungen im Verhältnis der neuen revolutionären Akteure zur alten Stadtobrigkeit, aber auch zur preußischen Revolutionsregierung. So gab der Frankfurter Magistrat erst nach wiederholten Einwendungen die Mittel für die Hilfspolizei unter dem Vorbehalt der Rückforderung an die Staatskasse im Dezember frei. Am 10. Dezember bewilligte die SV den von Sinzheimer für die Unterhaltung der Polizei geforderten Betrag von 667 000 Mark (FN 11. 12. 18 M; FZ 11. 12. 18, 2. MB; Ve 11. 12. 18). Der Schriftverkehr mit dem preußischen Innenministerium gestaltete sich demgegenüber wesentlich komplizierter. So wurde die Sollstärke der Frankfurter Polizei, für die das Innenministerium finanziell aufkommen wollte, auf 312 Mann heruntergerechnet und gleichzeitig eine Senkung der Tagegelder auf 11 Mark gefordert. Wie schwierig das Verhältnis zur preußischen Regierung war, reflektiert auch die Tatsache, dass Sinzheimer als provisorischer Polizeipräsident noch Ende Januar nicht einmal in seinem Amt bestätigt worden war.[74]

5. Das Verhältnis zum Militär und der Durchmarsch des Feldheeres am 2. Dezember

Das Verhältnis zum Militär war erwartungsgemäß schlecht. So lehnte das aktive Generalkommando, das sich in Bad Nauheim niedergelassen hatte, eine Kontrolle durch Soldatenräte offen ab. Auch fanden Anordnungen der Exekutive

73 Vgl. Schneider, Zwischen Römer und Revolution (wie Fn. 8), S. 88; Lucas, Frankfurt 1918/19 (wie Fn. 29), S. 66 f.; Drüner, Im Schatten (wie Fn. 12), S. 341.
74 Vgl. Lucas, Frankfurt 1918/19 (wie Fn. 29), S. 69.

des Arbeiterrats beim neuen Kommandeur von Studnitz des Abschnittskom-
mandos IV der neutralen Zone, das sich auf Frankfurt erstreckte, in der Regel
keine Beachtung (Ve 12.12.18). Dies lag auch daran, dass die Rückkehr des
Feldheeres Anfang Dezember zu einem allgemeinen Erstarken der gegenrevolutionären bürgerlichen Kräfte im gesamten Reich führte. Konterrevolutionäre
Anschläge erschütterten damals Berlin und andere deutsche Städte. Konservative Kreise versuchten Offiziere dafür zu gewinnen, dem revolutionären Spuk
ein Ende zu bereiten und mit den durchmarschierenden Fronttruppen die AuSR
abzusetzen. Im Rheinland war es bereits vorgekommen, dass Offiziere rote Fahnen entfernten, Mitglieder des AuSR verhafteten, Flugblattverteiler misshandel-
ten und Flugblätter zerrissen. Vor dem Durchzug der 5. Armee durch Frankfurt
am 2. Dezember warnte der Rat die Bevölkerung mit Verweis auf „Vorkommnisse in verschiedenen Städten" deshalb „vor Versuchen Unberufener, sich unter
dem vermeintlichen Schutz der Fronttruppen gegen Einrichtungen und Abzeichen der Arbeiter- und Soldatenräte zu vergehen" (Ve 30.11.18).

Der Einzug des aus Frankreich kommenden Feldheeres am 2. Dezember bot
dem AuSR eine Gelegenheit, sich als neue Obrigkeit zu inszenieren. Doch bereits
im Vorfeld wurde Kritik an den mangelnden Vorbereitungen der Frankfurter
Stadtverwaltung für die Begrüßungsfeier laut, die sich letztlich auch gegen den
AuSR richtete. „Wir bedauern es sehr", so schrieben die FN, „daß nicht rechtzeitig unter Heranziehung von künstlerischen Kräften an die Ausschmückung der
Einzugsstraßen herangegangen wurde. [...] Was noch gutzumachen ist, müßte
schleunigst nachgeholt werden" (26.11.18). Bei der offiziellen Begrüßungsfeier
schien der AuSR, folgt man Berichten der bürgerlichen Zeitungen, nur eine gedul-
dete Nebenrolle gespielt zu haben. So hielt ein Vertreter des Rates, Landwehr-
mann Müller, dessen Name die FN im Übrigen nicht für erwähnenswert hielten,
eine kurze Begrüßungsrede und hieß die fünfte Armee mit den Worten „Sie kehren in ein demokratisches Deutschland zurück" und „Sie sind berufen, an dem
Aufbau des neuen demokratischen Volksstaates mitzuhelfen" willkommen.[75]
Dieser kurzen Rede folgten die Ansprachen von Oberbürgermeister Voigt und
General von der Marwitz, die auf großen Beifall stießen und von der bürgerlichen
Presse ausführlich wiedergegeben wurden. Der Durchmarsch der Fronttruppen
vollzog sich an jenem Tag in Frankfurt ohne nennenswerte Probleme.[76]

Für den AuSR gestaltete sich der Versuch, den öffentlichen Raum symbolisch
zu besetzen, als ein schwieriges Unterfangen. So schien der Vertreter des AuSR

---

75 Vgl. Drüner, Im Schatten (wie Fn. 12), S. 344, insgesamt zum Einzug des Feldheeres vgl.
    343 f. Vgl. auch Ve 3.12.18.
76 Vgl. Drüner, Im Schatten (wie Fn. 12), S. 343 f.

in der Wahrnehmung kaum Beachtung zu finden, während dem Oberbürgermeister und dem General die Aufmerksamkeit der konservativen und liberalen
Presse gehörte. Die Ersetzung der schwarz-weiß-roten Flagge durch die schwarzrot-goldene mochte aber in Frankfurt, wo in jenen Tagen Erinnerungen an die
Revolution von 1848/49 immer wieder wach wurden, durchaus auf Zustimmung
treffen. In diesem Sinne sprachen sich auch die FN aus, gehe doch wieder „ein
mächtiges Sehnen nach Einigung aller Deutschen", und das hieß eben auch der
Deutsch-Österreicher, durch das Volk. „Was die schwarz-weiß-rote Fahne nicht
konnte, die alte schwarzrot-goldene Fahne wird's vollbringen. Das soll unsere
Hoffnung sein" (12. 11. 18 A).

6. Das Verhältnis des AuSR zum Magistrat und zur SV

Gegenüber den städtischen Körperschaften versuchte der AuSR seinen Anspruch
auf Ausübung der obersten politischen Gewalt und der damit verbundenen Kontrollfunktionen zu wahren. Seit dem 18. November wohnten zwei Delegierte
den Sitzungen des Magistrats bei. Die noch vor Ausbruch der Revolution erwo-
gene Entsendung von SPD- und USPD-Vertretern in den Magistrat wurde bald
fallengelassen, so dass sich der AuSR auf die Ausübung seines Kontrollrechts
beschränkte (Dißmann im AR am 3. 12. 18: Ve 4. 12. 18, ferner Ve 2. 12., 6. 12. 18).
Auseinandersetzungen mit den revolutionären Akteuren ging der Magistrat aus
dem Weg, wandte sich jedoch am 23. Dezember an das preußische Innenministerium mit der Frage, inwieweit der Rat zu seiner Kontrolltätigkeit berechtigt sei.
Eine Antwort traf erst zwei Monate später ein und fiel im Sinne des Magistrats
aus. So wertete der preußische Regierungschef und Innenminister Hirsch (SPD)
eine derartige Kontrolle städtischer Körperschaften als ungesetzlich und forderte
den Rat auf, die Entsendung von Beigeordneten in Zukunft zu unterlassen.[77]
　　Zur Wahrnehmung seiner Kontrollfunktionen entsandte der AuSR Anfang
November Delegierte auch in die wichtigsten städtischen Ämter. In einem
Abkommen vom 2. Dezember wurden die Kontroll- und Einflussmöglichkeiten
des AuSR geregelt und die Beigeordneten vom Magistrat bestätigt (FZ 4. 12. 18,
2. MB; Ve 2. 12., 4. 12., 6. 12. 18). Da der Rat den Anspruch erhob, für den
Bereich des 18. Armeekorps zuständig zu sein, das Frankfurt am 18. November zu seinem Sitz erhoben hatte, beorderte er Vertreter in die vor Ort sitzen-
den Mittelbehörden der preußischen Verwaltung, in die Oberpostdirektion und

---

77　Vgl. Lucas, Frankfurt 1918/19 (wie Fn. 29), S. 72.

die Eisenbahndirektion. Zudem fungierte Quarck als Vertreter des Frankfurter AuSR im Wiesbadener Regierungspräsidium (Ve 22. 11., 14. 12. 18).[78] Die Zusammenarbeit zwischen der Verwaltung und den neuen Akteuren schien, wie dies Hüttmann in einer Versammlung des AuSR Ende November betonte, reibungslos zu funktionieren (FZ 20. 11. 18, 2. MB). Dennoch begann die Stadtverwaltung bald, die neuen Machthaber mit Nichtachtung zu strafen. „Dass Oberbürgermeister Voigt", so Harris, „die Einladung zu den wichtigen, wirtschaftlichen Verhandlungen geflissentlich ignorierte, war nur eines der vielen Symptome, wie die gehobenen Schichten des Bürgertums und die Verwaltung, unsere schwierige Situation mit stoischem, passiven Widerstand beantwortete. Statt dass sich die besten Kräfte unsrer geistigen Elite zur Mitarbeit gedrängt hätten, suchte ich vergebens nach geeigneten Mitarbeitern bei den Schwierigkeiten, die solch verlorener Krieg mit sich bringt, bis zur Neuordnung normaler Verhältnisse."[79]

Polizeipräsident Sinzheimer bekräftigte Anfang Dezember im Rahmen eines Aufklärungsabends des AuSR in seinem Referat über die „Revolution und Verwaltung" den Anspruch der Revolutionäre auf Kontrolle des kommunalen Behördenapparats. Der AuSR werde „die Verwaltung allein führen bis eine Nationalversammlung es anders bestimmt". Auch bei der Organisation der Übergangswirtschaft wolle man mitwirken. „Wir wollen die Demokratisierung des ganzen öffentlichen und wirtschaftlichen Lebens. Der Bolschewismus ist mit aller Macht zu bekämpfen und die Sozialisierung restlos durchzuführen" (FN 6. 12. 18 A). Das Verhältnis zur SV war aufgrund ihrer elitären Zusammensetzung und des Selbstverständnisses des revolutionären Gremiums als eine Sondervertretung der bislang auf kommunaler Ebene unterrepräsentierten Arbeiterschaft nicht unproblematisch. Zwar hatte die SV die Oberhoheit des Rates im November 1918 anerkannt, doch stand das Parlament aufgrund der unterschiedlichen Repräsentationsvorstellungen in einem natürlichen Gegensatz zum AuSR. Angesichts der Ungewissheit über die zukünftige Entwicklung und des bereits vom Rat der Volksbeauftragten angekündigten allgemeinen, gleichen Verhältniswahlrechts entschied die SV am 19. November, die für Ende des Monats anstehenden Ersatzwahlen bis auf weiteres zu verschieben. Neuwahlen sollten schließlich erst am 2. März aufgrund einer am 24. Januar von der preußischen Regierung erlassenen Verordnung stattfinden. In jener Übergangszeit erwuchs dem Rat in der DDP ein selbstbewusster Gegenspieler, den er in einem Mitte Dezember angeschlagenen Plakat als revolutionsfeindlich zu brandmarken versuchte. Gegen diese Angriffe legten die Linksliberalen am 17. Dezember in der SV Protest ein und forderten

78   Vgl. Drüner, Im Schatten (wie Fn. 12), S. 341.
79   Vgl. die Erinnerungen von Leopold Harris (wie Fn. 34), S. 55.

den Magistrat zu entsprechenden Schritten auf. Auf Antrag der DDP legte die SV auch Einspruch gegen die von der preußischen Regierung verordnete Auflösung aller bestehenden Gemeindevertretungen ein (Ve 18. 12. 18).

7. Das Ende der Revolution in Frankfurt und die Wahlen

Früh erhob das linksliberale Bürgertum seine Stimme. In einer Kundgebung von Vertretern der demokratischen Arbeiter-, Angestellten- und Beamtenorganisationen Ende November wurde nicht nur vor einer überhasteten Sozialisierung gewarnt, sondern auch, wie von Bürgermeister Luppe, die rasche Einberufung der NV gefordert. Mit Nachdruck forderte der Stadtverordnete Balzer die SPD auf, zu erklären, „wohin der Weg gehen soll" (FN 25. 11. 18 M; vgl. auch Versammlungsbericht in: FZ 14. 11. 18, 2. MB). Es sei nicht zu verkennen, so die FN, „daß die Masse der Bevölkerung Berlins und des ganzen Reiches eine in ihrer Auffassung feste Regierung will, daß sie Ordnung will und der Sozialdemokratie die Kraft zutraut, die Ordnung aufrecht zu erhalten. Der Spartakusbund verhält sich in dieser Masse wie ein Sandkorn gegen einen Fels. Er muß durch die Drohung mit Gewalt auf seine bewaffneten Umzüge verzichten" (7. 12. 18 A). In einer Zuschrift an die FN warnte der Geh. Admiralitätsrat a. D. Paul Koch vor übereilten Schritten der Sozialisierung. Zwar gäbe es eine Reihe von Betrieben, die sich dafür eignen würden. „Unzulässig" erscheine jedoch „die Ausschaltung privater Betriebszweige bei allen denjenigen Wirtschaftszweigen, bei denen besonderes Geschick und besondere Tatkraft die eigentlich treibenden Kräfte sind". Wo es gelte „die persönliche Betriebsamkeit durch verpflichtete Beamte zu ersetzen", müssten Schwierigkeiten erwachsen. Das Fehlen fachlich geeigneten Personals und die Neigung zur Anhebung der Arbeiterlöhne würden letztlich zu wirtschaftlichen Problemen und zur „Verarmung" führen (6. 12. 18 M).

Eine wichtige Zäsur und Wegmarke in der revolutionären Entwicklung bildeten die Wahlen zur NV, die von dem in Berlin tagenden Rätekongress auf den 19. Januar angesetzt worden waren. Diese Entscheidung zugunsten der raschen Einberufung einer Konstituante stärkte die Position der SPD auch in Frankfurt. Angesichts der bevorstehenden Wahl mahnte Altmaier in der „Volksstimme" die beiden sozialdemokratischen Parteien, die Spaltung zu überwinden und die von allen Seiten bedrohte Republik zu verteidigen. „Unser Streit ist heute nur noch ein eingebildeter und wehe dem, der da sagt, er wäre unheilbar. Hinweg mit den ‚Führern', die sich der Einigung entgegenstellen. […] In der Stunde, da wir geschlossen marschieren, dann erst wird die Revolution gesiegt haben" (Ve 17. 12. 18). Doch bei der USPD saß die Enttäuschung tief und rief eine

Trotzhaltung hervor, die Toni Sender am 27. Dezember im Plenum des Arbeiterrats zum Ausdruck brachte. „[J]edenfalls werde sich das revolutionäre Proletariat nicht gefallen lassen, daß ihm die Errungenschaften der sozialen Revolution entrissen würden", um schließlich mit der bedeutungsschwangeren Drohung zu enden, dass die Arbeiterschaft „auch zu einer zweiten Revolution bereit" sei (FZ 28. 12. 18, 2. MB).

Nach der Einführung des Frauenwahlrechts durch den Rat der Volksbeauftragten am 12. November zählten Frauen während des Wahlkampfs zu den von den Parteien besonders umworbenen Zielgruppen. „Diesmal", so erinnerte sich Altmaier, „sind alle ‚k.v.', sogar die Frauen, und noch niemals hatten die Köchinnen so viele Verehrer, die nicht um ihr Herz noch um ihren Braten, doch um ihren Stimmzettel werben und streiten".[80] Eine von Frauen der SPD in die Paulskirche einberufene Versammlung sprach sich in einer Resolution für einen „Staat der Freiheit und sozialen Gerechtigkeit" aus, in der auch die „Frauen zur vollen Mitarbeit an einer glücklicheren Zukunft Deutschlands berufen" sein sollten. Gleichzeitig wurde die „Zusage baldiger Einberufung einer deutschen konstituierenden Nationalversammlung" begrüßt (FN 18. 11. 18 M; FZ 18. 11. 18 M). Würde aber, so wandte sich Pfarrer Ernst Lehmann fragend an die Leser der FN, „die große Mehrzahl der deutschen Frauen dazu das Parteischiff finden, das auch sie an der Seite des Mannes zwischen der Scylla einer permanent gewordenen Revolution und der Charybdis der Reaktion in eine gesicherte deutsche Zukunft hineinträgt, in der es wieder zu leben lohnt?" (8. 1. 19 M). Eine gewisse Skepsis gegenüber dem Wahlverhalten der Frauen konnten die FN nicht verhehlen. So gaben sie der Befürchtung Ausdruck, dass die „Bürgerfrauen" den politischen Verhältnissen und den Parteien ohne großes Verständnis gegenüberstünden und durch den Wahlkampf nur „verwirrt" würden, so dass es möglich sei, dass sie gar „wahlscheu" würden (18. 1. 19 A). Die FN versuchten die Männer mit dem Frauenwahlrecht zu versöhnen. „Deutscher Familienvater! Du brauchst Deine Stellung im häuslichen Kreis nicht zu ändern, bleib nur, der Du warst und der Du bist, aber hole Deine Frau und Deine Töchter heran, so ungewohnt es Dir auch ist, Politik mit ihnen zu verhandeln." Und: „Du sollst Deiner Frau und Deinen Töchtern politischer Leiter und Führer werden" (23. 12. 18 A).

Anfangs schüchtern und zurückhaltend, aber unmittelbar vor den Wahlen umso entschiedener traten die Konservativen der DNVP auf, die sich für ein „starkes Deutsches Reich, das alle deutschen Stämme umfaßt", aussprachen, „in dem deutsche Zucht und Ordnung herrscht, christlicher und sozialer Geist lebendig

---

80 Altmaier, Revolutionstage (wie Fn. 31), S. 60.

ist" (FN 18. 1. 19 M). Der DNVP kam zugute, dass sie von der Wahlkampfhilfe der evangelischen Geistlichen profitieren konnte, was allerdings bei Liberalen auf heftige Kritik stieß (FN 18. 1. 19 M). Offensiv trat die DVP auf und warnte insbesondere vor der Wahl der linksliberalen DDP. „Eine Partei", so hieß es im Wahlaufruf der DVP, „die sich derartig wenig der Not des Bürgertums bewußt ist, kann nicht die Partei des liberalen Bürgers sein; deshalb wählt Männer, die bürgerliche Politik auf nationaler, freiheitlicher und sozialer Grundlage zu treiben in der Lage sind und den Trennungsstrich nach links gegen Bolschewismus, übertriebene Sozialisierung und demokratische Zwangswirtschaft zu ziehen wissen" (FN 15. 1. 19 M). Noch Mitte Dezember, als die Frage des zukünftigen politischen Systems der Klärung harrte, hatte die DVP zurückhaltend agiert und sich für die Sozialisierung dazu geeigneter Betriebe ausgesprochen (FN 14. 12. 18 A). Aber auch die DDP versuchte in ihrem Wahlkampf dem Ruhebedürfnis der Bürger entgegenzukommen, indem sie für die „Erhaltung und Schaffung geordneter Zustände" eintrat und scharf die „Diktatur der Straße" verurteilte (FN 27. 12. 18 M).

„Inzwischen treibt der Wahlkampf in Frankfurt zur Siedehitze", so erinnerte sich Altmaier. „Hie Sozialismus – hie Kapitalismus! Alle Mauern, Bretterzäune und Schaufenster sind mit bunten Plakaten und Bildern beklebt. Wie Schneeflocken wirbeln die Flugblätter umher. Dort leuchtet es blau von allen Laternenpfählen: ‚Wählt Luppe!', hier rot: ‚Jedermann hat die Pflicht, die sozialistische Republik zu unterstützen!' ‚Die Glocke mahnt: Wählt die Liste Rießer!' ‚Erzberger, ein Mann des Volkes, wünscht:' ‚nur die Liste Robert Dißmann!' Also steht es an einer Mauer geschrieben. In jeder Nacht huschen die Ankleber mit Leimtopf und Pinsel wie die Heinzelmännchen über die Straßen, und es ist ein Wettrennen zwischen den Beauftragten der verschiedenen Parteien nach leeren Mauerstellen und Schaufenstern."[81]

Der Sieg, den die SPD bei den Wahlen zur NV am 19. Januar errang, war beeindruckend. In Frankfurt entfielen 45,6 % der Stimmen auf die Partei, während die USPD weit abgeschlagen mit 4,5 % auf einem hinteren Platz landete. Die DDP avancierte mit 24,4 % zur stärksten bürgerlichen Kraft, das als Christliche Volkspartei antretende katholische Zentrum gewann 11,7 %, die DVP 9,3 % und die DNVP 4,5 %. Die Frankfurter KPD hatte sich an der Wahl nicht beteiligt.[82] Das Wahlergebnis machte deutlich, dass die große Mehrheit der Frankfurter Arbeiterschaft auch weiterhin die Politik der SPD zu unterstützen gedachte und die Politikangebote der äußersten Linken und Rechten nur geringe Resonanz

---

81	Ebd., S. 61.
82	Zum Wahlergebnis vgl. Lucas, Frankfurt 1918/19 (wie Fn. 29), S. 83. Zur KPD vgl. Neuland, Gefecht (wie Fn. 4).

fanden (vgl. FN 21.1.19 M). Dies sollte sich erst im Laufe der folgenden Monate ändern, als die unter Führung Eberts und Noskes stehende SPD durch ihr enges Bündnis mit den alten Machteliten und die brutale Niederschlagung der Aufstandsversuche in der Arbeiterschaft geradezu schlagartig an Zustimmung verlor.

Ungeachtet ihres beeindruckenden Ergebnisses war die Enttäuschung der SPD groß, die absolute Mehrheit verfehlt zu haben. Die „Volksstimme" sah pessimistisch in die Zukunft (29.1.19) und vermochte auch den Unmut über die Koalition mit der als klerikal verschrienen Zentrumspartei nicht zu verhehlen (Ve 8.2.19). Verbittert nahm die USPD das Wahlresultat zur Kenntnis, das nur den Schluss zulasse, dass in Weimar nun „der Revolutionsbankrott feierlich erklärt" werde (Vt 7.2.19). Liberale und Konservative konnten dagegen mit dem Ergebnis zufrieden sein, da die gefürchtete sozialdemokratische Mehrheit nicht eingetreten und die SPD auf eine Zusammenarbeit mit den Liberalen verwiesen war. Mit den Wahlen zur NV habe sich das deutsche Volk auch gegen eine Sozialisierung entschieden „und eine Grenze gezogen" (FN 23.1.19 M). Für die Kommunisten wiederum, die sich an der Wahl nicht beteiligt hatten, war „die Nationalversammlung das Grab der Revolution, das Proletariat sieht, wie in Weimar eitle Parteistreber sich wohlbezahlte Regierungs- und Ministerposten erschachern" (Ft 1.3.19).

Vor den preußischen Wahlen machten die bürgerlichen Parteien noch einmal mobil. In einer Versammlung der DVP warnte der Stadtverordnetenvorsteher Wilhelm Kalle erneut vor den „Irrlehren der Sozialdemokratie" und beteuerte, dass seine Partei nicht nur die Interessen der Wirtschaft und des Bauernstandes wahrnehmen, sondern auch für die religiöse Erziehung in der Schule eintreten werde (FN 25.1.19 M). Auch die DNVP appellierte in markigen Worten an ihre Wähler: „Preußen darf nicht untergehen. Die Kräfte, die in ihm lebendig waren und den Grund für Deutschlands Größe schufen, müssen uns erhalten bleiben. – Es sind: Schlichtheit und Einfachheit, Pflichtbewußtsein und Ueberzeugungstreue, Sinn für Zucht und Ordnung, Liebe zum Vaterland und christlicher Geist" (FN 24.1.19 M). Die DDP wiederum versuchte sich sowohl von den Konservativen als auch von der SPD abzusetzen und für den „Geist der Freiheit und der Demokratie" zu werben. „Fort mit dem Geist, nein mit dem Ungeist des Dreiklassenwahlrechts, fort mit der Selbstsucht aller seiner Verteidiger! Kein Landrat – aber auch kein Arbeiterrat" (FN 23.1.19 M).

Bei den Wahlen zur preußischen verfassunggebenden Landesversammlung vermochte die SPD am 26. Januar ihr Frankfurter Ergebnis leicht auf 46,2 % zu steigern, während die USPD minimal auf 4,3 % fiel. Konnte die DDP ihr Ergebnis von 24,4 % exakt halten, so gab es bei den anderen bürgerlichen Parteien geringe Verschiebungen: Die Zentrumspartei gewann leicht hinzu und erhielt 12,5 %, die

DVP wiederum verlor 1,2 % und kam auf 8,1 %, die DNVP stagnierte bei 4,5 %.[83] Die gegenüber den NV-Wahlen gesunkene Wahlbeteiligung beklagten die FN, die allerdings auch einräumten, dass der preußische Landtag schon früher immer das „Aschenbrödel gegenüber dem Reichstag" gewesen sei (27. 1. 19 M).

Ungeachtet der sich allmählich bemerkbar machenden Wahlmüdigkeit versuchten Liberale und Konservative vor den Wahlen zur SV am 2. März ihre Anhänger zu mobilisieren. Beklagt wurden dabei die Zersplitterung des bürgerlichen Lagers und das Fehlen einer Listenverbindung der bürgerlichen Parteien. „Zwischen Demokraten, Volkspartei, Zentrum, Mittelstand und Deutschnationalen hätte sich eine Verständigung erzielen lassen müssen; was im politischen Kampf begreiflich ist, der Widerstand der Parteigrundsätze, kommt bei der vorwiegend wirtschaftlichen Natur der Kommunalpolitik nicht als grundsätzlich trennendes Moment in Betracht" (FN 25. 2. 19 M).

Bei den Wahlen zur Frankfurter SV am 2. März 1919 kam die beginnende Abwendung gerade auch der Arbeiterschaft von der SPD offen zum Ausdruck. So verlor die Partei gegenüber den Wahlen zur preußischen Landesversammlung 10 % und stürzte auf 36,1 % ab. Gewinner waren die USPD, die ihren Stimmenanteil auf 8,5 % verdoppeln konnte, und die Mitte-Rechts-Parteien Zentrum und DVP, die auf 13,4 % bzw. 9,4 % kamen. Die konservative DNVP und die Mittelstandspartei erhielten 5,9 % bzw. 3 %. Die DDP konnte sich mit 23,4 % weitgehend behaupten und wohl Verluste nach rechts partiell von der SPD kompensieren.[84]

Die Abstimmung, so kommentierten die FN die Kommunalwahl, habe „erfreulicherweise gezeigt, daß das Bürgertum auf dem Boden der demokratischen Republik nicht gewillt ist, sich im Rathaus einer auf einseitiger Klassenpolitik aufgebauten Gemeindeverwaltung unterzuordnen" (FN 4. 3. 19 M). Auch die USPD konnte mit dem Resultat zufrieden sein, zumal die „Regierungssozialisten" deutliche Stimmenverluste hatten hinnehmen müssen. „Der Massenabfall von der Mehrheitspartei kennzeichnet deutlich die Unzufriedenheit des Volkes mit der revolutionsfeindlichen Politik der Scheidemänner" (Vt 7. 3. 19). Die Zugewinne der USPD im März waren zwar im Wesentlichen der Unzufriedenheit vieler Arbeiter mit der Politik der SPD geschuldet, doch dürften die Unabhängigen auch von der Gründung einer eigenen Wochenzeitung, dem „Volksrecht", die seit dem 1. Februar bezogen werden konnte, profitiert haben. Unbeschadet der seit Januar 1919 zu beobachtenden Wahlverluste der SPD und des Wiedererstarkens

---

83 Zum Wahlergebnis vgl. Lucas, Frankfurt 1918/19 (wie Fn. 29), S. 83.

84 Ebd.; ferner https://de.wikipedia.org/wiki/Politik_in_Frankfurt_am_Main#Weimarer_Republik.

der bürgerlich-konservativen Kräfte wollte sich die „Volksstimme" nicht von der parlamentarischen Demokratie abbringen lassen und hielt an der Gleichsetzung von Sozialismus und Demokratie fest (17. 4. 19). Die Stabilität der DDP hing nicht zuletzt mit dem Einfluss der linksliberalen FZ zusammen, die die Politik der Partei auch medial zu kommunizieren verstand.

Nach den Wahlen zur Frankfurter SV stellte sich die Frage nach der Zukunft des Arbeiterrates. Sollten sich die Räte nach den Wahlen auflösen oder neben dem Parlament fortbestehen – in welcher Form auch immer? Wie kontrovers diese Frage auch in der SPD diskutiert wurde, zeigte sich, als der Arbeiterrat am 21. Januar zusammentrat. So sollten die Räte nach dem Willen des dem linken SPD-Flügel angehörenden Harris zwar keine Exekutivgewalt ausüben, aber doch „den übergeordneten bestimmenden Aufsichtsapparat bilden", sozusagen als „Regenerator innerhalb des Verwaltungsapparats" sowie als „Stütze der Autorität der Regierung" fungieren. Diese Forderung nach einem Fortbestehen der AuSR traf bei Brennecke auf scharfen Widerspruch, da er die Auflösung dieser Gremien nach den Wahlen für selbstverständlich hielt (FZ 22. 1. 19, 2. MB).

Ungeachtet der sich auf Reichsebene und in Preußen bildenden Weimarer Koalition aus SPD, Zentrum und DDP hielt die Frankfurter SPD im Arbeiterrat an der Zusammenarbeit mit der USPD fest und positionierte sich damit in kritischer Distanz links von der Reichsregierung und Parteiführung. Der anhaltende Unmut über die Politik der SPD-Führung wurde deutlich, als der Reichswehrminister Noske die Stadt Hanau nach wiederholten Ausschreitungen und Plünderungen am 22. Februar militärisch besetzen ließ[85] und der Arbeiterrat diese Aktion einstimmig „aufs schärfste" verurteilte (FZ 26. 2. 19, 2. MB). Die als bedrohlich empfundene Situation erzwang am 4. März erneut eine Diskussion über die Zukunft der Räte. Nachdem Bernard (USPD) die Forderung erhoben hatte, dass die Arbeiterräte wieder ihre Macht zurückgewinnen müssten, betonte auch Sinzheimer, dass die „politische Demokratie" einer Ergänzung bedürfe. Die rechten SPD-Vertreter lehnten zwar eine Verquickung von Demokratie und Rätesystem entschieden ab, räumten andererseits ein, dass die Arbeiterräte in Zusammenarbeit mit den Gewerkschaften weiterexistieren könnten. Die Versammlung einigte sich schließlich auf eine Resolution, in der ein Fortbestehen der Arbeiterräte, die die Kontrolle über die Verwaltung in Staat und Gemeinde ausüben sollten, und ihre Verankerung in der Reichsverfassung reklamiert wurde. Eine wichtige Rolle wurde dem Zentralrat zugewiesen, dem nicht nur ein Begutachtungsrecht der wirtschafts- und sozialpolitischen Regierungsvorlagen

---

85   Vgl. Kolb, Arbeiterräte (wie Fn. 60), S. 296.

vor ihrer Einbringung, sondern auch ein Initiativrecht für Gesetzentwürfe in den Parlamenten und im Falle der Ablehnung der Vorlagen das Recht zur Beantragung einer Volksabstimmung zukommen sollte (Ve 5. 3. 19; FZ 5. 3. 19, 2. MB). Die Diskussion wurde im Arbeiterrat am 11. und 19. März fortgesetzt (Ve 12. 3., 20. 3. 19; FZ 12. 3. 19, 2. MB, 20. 3. 19, 2. MB).

Es war ein letztes Aufbäumen der USPD und des linken Flügels der SPD, die ihre Machtbastion nicht widerstandslos aufgeben wollten. Die Besetzung Hanaus durch Regierungstruppen motivierte die radikale Linke zusätzlich. „Die besten Genossen und Genossinnen", so schrieb das KPD-Organ „Freiheit", „sind in Fesseln geschlagen und schmachten hinter Gefängnismauern" (7. 3. 19). In der Versammlung von SPD-Vertrauensleuten am 9. März forderte nun auch Brennecke ein „größeres Mitbestimmungsrecht der Arbeiterräte". „Die Arbeiterräte sollen wirtschaftliche und sozialpolitische Fragen selbständig regeln." Ebenso sollte ihnen ein Kontrollrecht zustehen. Auch der rechte Flügel war bereit, den Arbeiterräten wirtschaftliche Mitspracherechte zuzubilligen, die sie in engster Zusammenarbeit mit den Gewerkschaften ausüben sollten. Politische Macht, so Karl Kirchner, dürften sie jedoch nicht bekommen. In dieser Frage bestand letztlich ein Konsens innerhalb der SPD. Dennoch artikulierte sich die Unzufriedenheit mit dem Ergebnis der Revolution in der von den Vertrauensleuten angenommenen Resolution, die neben der Auflösung des alten Heeres und der Errichtung einer Volkswehr auch die „sofortige Inangriffnahme der Vergesellschaftung großkapitalistischer Unternehmungen, wie Bergbau, Schiffahrt und Versicherungswesen", die Einziehung aller Kriegsgewinne und die sofortige Aufnahme diplomatischer Beziehungen mit Russland und Polen forderte (Ve 10. 3. 19; FZ 10. 3. 19, 2. MB).

Die Stellung des Arbeiterrats wurde durch die Berufung des früheren Vorsitzenden des Soldatenrats Harris zum kommissarischen Leiter des Frankfurter Polizeipräsidiums am 24. April gestärkt. Er wurde Nachfolger Sinzheimers, der ein Mandat für die NV erhalten hatte. Sinzheimer, so Harris, „wollte nicht mehr das schwierige Amt ausüben, das mit 14 Mark Inflationsgeld bezahlt wurde".[86] Eine Auflösung des Arbeiterrats hätte nach den Wahlen zur SV, die am 18. März zu ihrer konstituierenden Sitzung zusammentrat, naheliegen können. Doch der Arbeiterrat blieb weiter im Amt. Er entwickelte sich in zunehmendem Maße zu einem Forum der USPD, die sich nunmehr ganz dem Rätesystem verschrieb (Vt 4. 4., 8. 4. 19; auch Ft 27. 3., 10. 4. 19). Beflügelt wurde die Partei durch die Ausrufung der ungarischen Räterepublik Ende März, die das „Volksrecht" die Parole „Der Weltrevolution entgegen!" anstimmen ließ (28. 3. 19).

---

86   Vgl. die Erinnerungen von Leopold Harris (wie Fn. 34), S. 50.

Die radikale Linke vermochte dabei von der sich verschärfenden Ernährungssituation und der steigenden Arbeitslosigkeit zu profitieren (Ft 1. 4. 19). So fiel der Nährwert der zugeteilten Lebensmittel mit 1484 Kalorien noch unter den des Steckrübenwinters 1916/17.[87] Angesichts dieser deplorablen Versorgungslage kam es in der Stadt am 31. März 1919 zu schweren Ausschreitungen und Plünderungen, als eine aufgebrachte Menge vom Lebensmittelamt in die Innenstadt zog, Polizeireviere stürmte, Gefangene aus den Haftanstalten befreite und Lebensmittelläden sowie Bekleidungsgeschäfte plünderte. Dem Marinesicherungsdienst gelang es erst nach erbittert geführten Straßenkämpfen am folgenden Tag die Unruhen niederzuschlagen (Vt 1. 4. 19). Bei dem Aufruhr kamen insgesamt 20 Personen ums Leben, darunter drei Hilfspolizisten der Arbeiterwehr und des Marinesicherungsdienstes.[88]

8. Ausblick und Fazit

In die Diskussion über die Zukunft der Arbeiterräte mischte sich auch der preußische Innenminister Heine ein, der am 10. Juni 1919 in einem Erlass deutlich machte, dass sie nach der demokratischen Wahl der Gemeindeparlamente keine Existenzberechtigung mehr besäßen. Doch blieb dieser Erlass in Frankfurt vorerst ohne größere Folgen. Dass sich das revolutionäre Gremium so lange halten konnte, lag nicht nur am Widerstand der im Arbeiterrat dominierenden USPD und linken SPD, sondern auch an der Zugehörigkeit Frankfurts zur neutralen Zone, die ein Eingreifen der Reichswehr an die Zustimmung der Franzosen band. Zudem wurde der Arbeiterrat durch den kommissarischen Frankfurter Polizeipräsidenten Harris unterstützt, der die Frankfurter Polizei und die Sicherheitswehr gegenüber Zugriffen der Militärbehörden abzuschirmen verstand.

So hatte auch die Niederschlagung der bayerischen Räterepublik im Mai 1919 keine unmittelbaren Auswirkungen auf Frankfurt. Vor dem Hintergrund der blutigen Auseinandersetzung im Südosten des Reiches beschworen die bürgerlichen Blätter gleichwohl erneut das Gespenst des Bolschewismus; sie berichteten ausführlich über die Ereignisse in München und die von Spartakisten angeblich verübten „bestialische[n] Schandtaten" (FN 5. 5. 19 M). Vom Sieg der Gegenrevolution in München wollte sich die USPD nicht entmutigen lassen. Das Proletariat fühle, so schrieb die „Freiheit" unter dem Titel „Die apokalyptischen

---

87 Vgl. Neuland, Die Matrosen (wie Fn. 30), S. 39.

88 Vgl. ebd., S. 39–46; Karl Maly, Geschichte der Frankfurter Stadtverordnetenversammlung, Bd. 2: Das Regiment der Parteien 1901–1933, Frankfurt a. M. 1995, S. 295 f.

Reiter", „die Schläge, die die Bourgeoisie in ihrer Raserei seinen Vortruppen versetzt, tief im Herzen. Aber es weiß, daß es Sieger sein wird über das Chaos, trotz aller Rückschläge" (7. 5. 19). Empört reagierte die „Freiheit" auf die Versuche der bürgerlichen Presse, die „Spartakisten" in München zu verunglimpfen (15. 4. 19).

Die Reichsregierung vermochte erst am 27. September 1919, nachdem die Franzosen ihre Erlaubnis erteilt hatten, die Reichswehr in Frankfurt einmarschieren zu lassen. Einschneidende Maßnahmen blieben jedoch aus. Der Arbeiterrat konnte vorerst seine Arbeit fortsetzen. Auch Harris blieb im Amt, doch trat er auf Druck seiner Partei am 11. November zurück. Am darauffolgenden Tag kam es schließlich nach einer hitzigen Debatte mit der USPD zum Auszug der SPD-Delegierten und damit zur Sprengung des Arbeiterrates. Faktisch entmachtet wurde der Rumpf-Arbeiterrat am 22. November, als Reichswehreinheiten die Hilfspolizei, d. h. die Arbeiterwehr und den Marinesicherheitsdienst, entwaffneten und auflösten. Die Hoffnungen, die USPD-Vertreter an den Arbeiterrat als Führungsinstrument einer „zweiten Revolution" banden, erfüllten sich nicht. Nachdem die SV dem Arbeiterrat die Kontrollbefugnisse entzogen hatte, wurden auch die letzten noch verbliebenen Beigeordneten im Wohnungs- und Lebensmittelamt von der USPD abgezogen. Der Arbeiterrat sollte während des Kapp-Putsches 1920 keine Rolle mehr spielen.[89]

Die Revolution in Frankfurt war eine „politische und soziale Umwälzung in bester Ordnung", wie die „Volksstimme" am 7. November 1918 stolz vermerkte.[90] Sie verlief unblutig und ohne größere Zwischenfälle. Während die SPD sich von Anfang an für ein parlamentarisches System aussprach, war die USPD schon früh bereit, das Rätesystem in einer wie auch immer gearteten Form in die neue Zeit zu transponieren. Die USPD plädierte auch für einen möglichst späten Wahltermin zur NV, da sie in der Zwischenzeit nicht nur die sozialistische Umgestaltung der Wirtschaft und die Demokratisierung des Staates vorantreiben, sondern auch die heimkehrenden Soldaten durch Aufklärung und Agitation für ihre Ziele gewinnen wollte. Erst nach der Wahl zur NV setzten USPD-Politiker wie Dißmann auf das Rätesystem, das ihrer in freien Wahlen chancenlosen Partei ein Sondervertretungsrecht sichern sollte. Im Arbeiterrat wurde zwar von allen Beteiligten die Sozialisierung der Wirtschaft als ein dringendes politisches Desiderat bezeichnet, doch blieben durchgreifende Maßnahmen aus. Das lag zum einen an der Konzeptionslosigkeit der USPD, zum anderen an der dilatorischen

---

89 Vgl. Schneider, Zwischen Römer und Revolution (wie Fn. 8), S. 88–92; Maly, Das Regiment der Parteien (wie Fn. 88), S. 299 f.

90 Diese Formulierung wurde – als durchaus charakteristisch – in den Titel dieses Beitrags übernommen.

Haltung der SPD, die diese Frage der gewählten Konstituante überlassen wollte. Die vom AuSR (bzw. Arbeiterrat) ergriffenen Maßnahmen beschränkten sich letztlich auf die Aufrechterhaltung der öffentlichen Ordnung, die Sicherstellung der Lebensmittelversorgung, die Umsetzung der sozialpolitischen Beschlüsse des Berliner Rates der Volksbeauftragten und die Pazifizierung der Arbeitslosen durch Zugeständnisse. Das mag auf den ersten Blick nicht viel erscheinen, war jedoch bei näherem Hinsehen eine durchaus beachtliche Leistung, die ein provisorisches Gremium in einer schwierigen Übergangszeit erbrachte.

Die Zugehörigkeit Frankfurts zur neutralen Zone begünstigte eine Sonderentwicklung, die zum einen den Wegfall des Soldatenrates Mitte Dezember 1918 und damit eine allgemeine Entmilitarisierung des politischen Lebens in der Mainstadt herbeiführte. Zum anderen wurde Frankfurt durch seinen Sonderstatus auch lange Zeit dem militärischen Zugriff des Reiches entzogen und blieb bis zum Einmarsch der Regierungstruppen Ende September 1919 sozusagen eine Insel der Seligen, auf der beide sozialdemokratische Parteien auch weiterhin ihre theoretischen Diskurse führen und mit dem provisorischen Polizeipräsidenten Harris tatsächliche Macht ausüben konnten. Doch die nunmehr fehlende Legitimationsbasis des Arbeiterrates, sein ungeklärtes Verhältnis zum Stadtparlament und das wiederholt Anstoß erregende Auftreten der Hilfspolizei diskreditierten den Rat und mit ihm teilweise auch die Revolution. Das begünstigte den Wunsch nach Rückkehr zu „geordneten Verhältnissen", der im Bürgertum schließlich übermächtig wurde.

Die Autoren

Dr. Holger Czitrich-Stahl, Geschichtslehrer an der Bettina-von-Arnim-Oberschule in Berlin-Reinickendorf

Dr. Detlef Lehnert, Professor für Politikwissenschaft an der Freien Universität Berlin, Präsident der Hugo-Preuß-Stiftung und Vorstandsvorsitzender der Paul-Löbe-Stiftung

Jörg Pache, M.A., freier wissenschaftlicher Mitarbeiter in Ausstellungs- und Forschungsprojekten

Dr. Wilfried Reininghaus, Professor für Westfälische Landesgeschichte an der Universität Münster und Präsident des Landesarchivs Nordrhein-Westfalen (i. R.)

Dr. Volker Stalmann, Wissenschaftlicher Mitarbeiter bei der Kommission für Geschichte des Parlamentarismus und der politischen Parteien in Berlin

Dr. Peter Steinbach, Professor (i. R.) für Neuere und Neueste Geschichte an der Universität Mannheim, Wissenschaftlicher Leiter der Gedenkstätte Deutscher Widerstand in Berlin